개념과 역사,
근대 한국의 이중어사전 1

- 외국인들의 사전 편찬 사업으로 본 한국어의 근대

연구편

동아시아개념어총서

황호덕·이상현 공저

박문사

"이 책은 2007년 정부(교육과학기술부)의 재원으로 한국연구재단

(구 학술진흥재단)의 지원을 받아 수행된 연구임(NRF-2007-361-AL0014)"

1. '100년 동안의 고독'들을 읽어 나가며
― 국문학자의 외국어 공부?

흔히 유사 이래 최고의 베스트셀러 혹은 장르라고 한다면, 성서를 비롯한 종교 경전들이 꼽히곤 한다. 하지만 종류로 말하자면, 근대 100년 동안 가장 많이 팔린 책은 사전들이라 해야 할 것이다. 국어사전, 영한사전, 일한사전, 중한사전, 불한사전, 독한사전 등등. 누구나 갖고 있고, 종종 가진 것 중에는 가장 두껍고 비싸며, 마치 종교 경전이 그러하듯 없다고 살지 못할 바는 아니나 없고서는 '말씀'이 안 되는 바로 그런 책 말이다. 마치 와인병 따개와 같아서 항상 필요한 것은 아니나, 없으면 답답할 뿐더러 더러는 전후 분위기(context) 자체를 망쳐 버리는 이것. (집 안 서재 귀퉁이에서 걸어 나와 이제 인터넷을 통해 아예 '대문'(portal) 노릇을 하고 있는 이것.) 하지만 이런 무시무시하게 두꺼운 말의 다발을 찬찬히 뜯어 읽으며 번민하는 일이란 입시 전쟁을 앞둔 사생결단의 수험 전사(戰士)들에게나 더러 있을 법한 일이지, 결코 바쁘게 살아가는 일반인의 몫이 아닐 것이다. 좀 더 자주 찾기는 한다지만, 학자들이라고 해서 예외겠는가. 그렇다. 그 누구도 "사전을 찾는다"라고 하지 "사전을 읽는다"라고 하지는 않는 것이다.

국어사전은 물론이거니와, 어느 집에나 굴러다니는 영한사전 혹은 일한사전 등속에 대해 함께 생각해보자는 말은 그래서 심상한 한편, 기이하게 들릴 수도 있을 제안일 터이다. 더구나 학술적으로는 '이중어사전' 혹은 '대역사전'이라 불리는 이들 사전의 오래된 역사로부터 우리가 살아온 100년의 삶, 적어도 말의 살림살이를 가늠해보자고 한다면 진지한 학자들조차 고개를 갸우뚱거릴지 모른다. 사전을 함께 읽자고 한다면? 상상하기 어렵다. 하지만 생각해보면 사전도 책인 마당에, 책에게는 좀 미안한 일이 아닌가. 게다가 이 책은 또 어떤 책인가. 마지막까지 지니고 있거나, 산 걸 또 사기도 하는 그런 '책 중의 책'이 아닌가.

이렇게 물어보면 어떨까. 그들이 부모나 형제, 자식보다도 오랫동안 우리 곁을 지켜왔고, 앞으로도 그럴 터인데 과연 언제까지 그들을 저 고독 속에 내버려 둘 것인가. 평생 동안 고락을 함께 해 온 그들 없이 어찌 우리의 삶을 말할 수 있단 말인가. 두 번째, 우리가 말 안에서 살아가고 있고, 또 우리 모두는 말하는 동물인데 어찌 우리들이 일용하는 양식인 말들이 빼곡하게 담겨 있는, 이 풍성한 메뉴판을 읽어 두지 않는단 말인가. 이 사전 안의 말들을 이해할 때에야만 '말하는 동물'로 살아온 우리들 자신의 몸, 삶, 말 역시 이해 가능한 것이 아닐까. 물론 하나는 전적으로 농담이고 다른 하나는 '농반진반'이다. 아니 진심이다.

우리가 강조해두고자 하는 말은 이것이다. 우리말을 통해 우리 삶에 대해 알고 싶다면, 국어사전이 아니라, 이중어사전을 '먼저' 보아야 한다는 것. 적어도 문세영이 출판한 『조선어사전』이 1938년에 출간되기 전까지 한국어를 한국어로 풀이하는 총체적인 형태의 '국어사전' 혹은 '조선어사전'은 단 한 차례도 출판된 적이 없다. 그렇다는 것은 한국어라는 하나의 말을 하나의 개념 혹은 언어로 규범화하고 고정하는 일을 수행한 것이 실제로는 이중어사전들이었을 수 있음을 의미한다. 국어사전, '우리말'의 살림들은 어디서 왔는가. 듣기 싫을지 모르겠지만, 우리가 보기에 '우리말' 정리의 상당 부분은 저 외국인들의 '이중어사전'으로부터 왔다. 우리가 썼지만, 그들이 정리해낸 언어들, 그러니까 우리는 이중어사전의 역사를 통해 '우리말'의 변천에 대한 하나의 과학적 인식에 이를 수 있으리라 믿었으며, 그 결과가 바로 우리들이 내놓는 이 책이다.

한문, 일본어, 영어로 이동해온 '배움'과 '입신출세'의 입구가 말해주는 바, 우리는 외국어와 함께 살아 왔다. 함께 살아온 것뿐 아니라, 때때로 그것만이 우리 삶의 분명한 흔적을 표시하고 있다. 앞서 우리는 우리들의 100년이 외국어사전과 함께한 100년이었다고 말했다. 함께 살아온 것들에는 그만한 이유와 사연이 있으며, 그렇다고 할 때 그것 없이 우리 삶을 해명하기란 불가능에 가깝다. 외국어들 속에서 한국어의 역사와 운명을 보는 일, 약간은 에두르는 길이 될 수 있겠지만 이제 그 일의 성격과 과정에 대해 이야기해보려 한다.

2. 벽안(碧眼)의 KOREAN,
5년간의 동행 혹은 잊고 갚지 않은 빚에 대하여

멀리는 약 130년 전, 가까이는 약 80년 전에 외국인들이 이 땅에 남겨놓은 수백 쪽씩의 말뭉치들에 대한 관심, 그러니까 1880에서 1931년 사이에 발간된 10여 권의 이중어사전과 한국인이 편찬한 두 권의 사전에 대한 우리들의 관심이 책에 대한 구상으로 발전하게 된 것은 5년 전인 2007년 봄으로 거슬러 올라간다.

오랜 외국 생활을 끝내고 다시금 '고유한' 학술장에 들어서기 위해 부심 하던 한 '신진교수'와 박사학위논문의 막바지에서 도저히 구해 낼 성싶지 않은 외국어 자료 뭉치들을 헤치울 포정(庖丁)의 칼을 찾아 헤매던 '예비 박사'가 다른 몇몇 동학과 함께 한 테이블에 둘러 앉아 같은 책을 읽고 있었다. 우리는 번역과 근대, 번역어와 학술, 정확히는 번역된 근대 학술 개념어에 관한 연구서를 읽고 있었고, 함께 어떤 책을 번역하고 있었다. 그리고 그 책은 바로 사전들, 그 중에서도 이중어사전의 계보들 속에서 근대 일본과 중국을 움직인 주요 개념어들의 생성과 변천을 이야기하고 있었다. 자연 발생적으로 생겨나거나 사멸하는 말을 주워 담고 갈고 닦아 사회적 약속과 규범들 속으로 다시 돌려보내는 사전. 그러니까 이중어사 전은 서구의 충격 속에서 급변해 온 동아시아인의 삶의 궤적들과 부침 투성이의 문명화의 과정을 고유한 가치들 속에서 재해석하고 절합(切合) 하여 온 기나긴 투쟁을 매 시간마다 기록하여 문자로 확정해 온 살아 있는 '역사서'였다.

개별 시점에서 가졌을 한 단어의 의미는 거대한 텍스트의 다발들 속에 흩뿌려진 상태 속에서는 좀처럼 가늠하기 힘든 면이 있다. 텍스트의 연쇄 속에서 맥락 의존적으로 결정되는 한 단어의 뜻과 기능에 대해 이야기한 다는 것은 원천적으로 자의적인 것일 수밖에 없다. 반면, 사전에 등재된 단어들은 한 단어 한 단어가 그 자체로 하나하나의 주소와 인상, 의미와 기능을 확정적인 형태로 부여받으며 등장한다. 이중어사전에 등재된 말들 역시 마찬가지다. 비록 한 언어의 관계망 안에서 표현되거나 정리된 것이 아니라, 이질 언어들 간의 등가성을 기준으로 그 의미가 확정되기는 하지만 이중어사전에는 한 언어공동체의 특정 시대를 규정했던 말들의 전체상이 오롯이 드러나 있다. 말과 삶과 몸의 흔적을 단어들 저마다가 가진 집들 속에서 발견할 수 있는 것이다.

이중어사전 속의 말들은 맥락 속에서 자의적으로, 또 유추를 통해 가늠되는 것이 아니라 고유어-한자의 관계에 의해 묘사되거나, 외국어에 의해 등가적으로 고정된다. 따라서 오히려 그 의미의 풀이들은 다소 폭력적이라 할 정도의 '고정값'에의 지향을 보여준다. 그렇다는 것은 서구어 및 이를 매개한 일본어와의 관계 속에서 수험된 한국의 근대성을 생각할 때, 이 자료의 약점이라기보다는 장점을 보여준다고도 할 수 있다. 즉 번역과 근대에 관한 고찰들에서, 이들 이중어사전이 일종의 표준적인 도식을 제공할 수도 있다는 것이다. 사전 편찬자들과 당대 언중에게는 적어도 하나의 동일한 지향이 있었을 것으로 판단된다. 세계 여러 언어와 교환 가능한 보편적 언어에 대한 충동, 번역할 수 있고 번역될 수 있는 언어로서의 한국어에 대한 지향이 그것이다. 선교사들이나 식민자들과 같이 비록 반쯤은 외부자일 수밖에 없는 사람들에 의해 기획되고 편찬된 사전들이지만, 적어도 (어휘집 수준의 것을 제외하고는) 한국인들이 만든 사전이나 한국어사전이 달리 없었던 현실에서 이들 사전은 한 언어의 계보를 고고학적으로 파악하는데 극히 중요한 자료가 아닐 수 없다. 삶과 말을 다루는 '과학'을 이 메마르고 문식(文飾) 하나 없는 책 속에서 시험할 수 있지 않을까, 하는 생각은 따라서 비단 우리만의 기대가 아니다. 생각해보면 그 어떤 나라에서든 최초의 사전들은 옥편이나 라틴어-고유어 대역 어휘집과 같은 '이중어사전'들이었고, 오히려 그러하기에 당대의 언어가 갖는 고유성과 보편성을 함께 생각할 수 있는 단서가 되는 까닭이다.

무엇보다 잊고 갚지 못한 빚이 있다. (물론 받아야 할 빚도 있다.) 이들 사전의 주요 편찬자들인 선교사들이 포교와 같은 특정한 목적을 갖고 이 땅에 온 것은 사실이지만, 그들이 지녔을 사명의 염(念)이 흔히 수십 년에 걸친 시간과 억만금의 돈과 튼튼한 기관, 무엇보다 헌신적이고 뛰어난 편집자가 두루 갖추어져야 겨우 가능할 사전 만들기를 가능하게 했던 것도 사실이다. 성서는 1895년부터 1934년까지 무려 1천 6백만 권이 인쇄되어 전파되었으며, 그 과정에서 만들어진 이중어사전들 역시 한국문화사에 적지 않은 영향을 끼쳤다. 그 중요성이나 문화사적 의의가 지금은 거의 잊혀져 버리다시피 했지만 그 사전들이 나왔던 당대에는 그렇지 않았다.

『한영ᄌᆞ뎐』(1897) 편찬에 즈음해『독닙신문』의 한 논설은 이렇게 썼다.

> "조선 사람은 천 년을 살면서 자기 나라 말도 규모 있게 배우지 못하였는데 이 미국 교사가 이 책을 만들었은즉 어찌 고맙지 아니 하리오. 조선 사람은 누구든지 조선말도 배우고 싶고 영어와 한문을 배우고 싶거든 이 책을 사서 첫째 조선 글자들을 어떻게 쓰는지 배우기 바라노라."[1]

또한 자산(自山) 안확(安廓)이 쓴 「辭書의 類」를 보면, "조선어의 사서(辭書)라하면 운서(韻書), 옥편(玉篇) 등 한문을 주로 하고 정음(正音)을 부주(附註)한 서류(書類) 외에는 볼만한 책이 없었다. 근대에 이르러 서양의 학자[西士學者]에 의하야 비로소 정음의 순서 의하여 언어를 배열하게 되니 비로소 여기에 이르러 조선어의 사서는 신기축(新機軸)을 발하게 되었다."[2]라는 상찬의 말이 나온다. 안확은 운서(韻書)나 옥편(玉篇)과 다른

---

1) 『독닙신문』, 1897년 4월 24일자.
2) 安廓, 「辭書의 類」, 『啓明』8, 1925.5. 권오성・이태진・최원식 편, 『自山安廓國學論著集』5, 여강출판사, 1993, pp.17-18.

정음 즉, 언문(국문, 한글) 어휘들을 담은 한국어사전의 등장 그 자체가 혁신적인 일이자 새로운 토대의 구축임을 말하고 있다.

마찬가지로 문학사가 임화 역시 이 사전들의 의의를 '성서 번역과 언문 운동'의 장에 특기해 놓고 있다. 기독교 수입이 조선 근대화의 단초가 되었다거나 교회 경영이 신교육의 효시를 지었다거나, 기독교 사상이나 그것이 가져온 여러 문화가 신문화 형성의 자극이 되고 나아가 그것을 배양한 것은 거듭 말할 필요도 없다고 전제하며, 임화는 "교서(敎書)의 번역 간행이 신문화의 표현 형식인 언문 문화를 개척한 공로를 생각하면 실로 깊은 감회를 금할 수 없다."라고 적었다. '언문 부흥의 기념할 선구'로서의 성서 번역은 사서(辭書)를 낳았으며, 이 사서, 이를테면 "『한불ᄌ뎐』은 조선어사전의 효시이며 아직까지도 그 뒤 간행되는 모든 사서의 전범이 되는 바로 공헌이 크다."라고 적었다. 임화가 소위 『개설신문학사』를 집필하던 시점(1939.9.2-1941.4.)에 한국인이 편찬한 최초의 총체적 언어사전인 『조선어사전』(1938)이 출간되어 있었음은 말할 것도 없다. 단순히 일국 언어사적 의미뿐 아니라, 임화는 게일의 『한영ᄌ뎐』(1897, 1911, 1931)이 "『한불ᄌ뎐』 다음으로 가장 권위 있는 저술로 오늘날에 이르도록 우리의 안두(案頭)[책상머리: 인용자]에 놓여 중보(重寶)[중요한 보물: 인용자]가 되고 있다."[3]라고 썼다. 언문, 번역, 글체, 사상, 교육, 문화의 전 부문에 걸친 성서 번역 및 그 산출물의 영향은 그들과 함께 같은 시공간에 살았던 한국인들에 의해 거듭 강조되고 또 칭양된 바 있는 것이다.

물론 조선어학회 사건으로 대변되는 바, 이런 한국어사전의 결핍이 반드시 역량 부족이나 무관심의 결과인 것만은 아니었다. 해방 후 봇물처럼

---

3) 임화, 『개설신문학사』(1939.9.2-1941.4.), 임규찬 편, 『임화문학예술전집2: 문학사』, 소명출판, 2009, pp.112-117.

터져 나온 한국어사전들이 이를 증거한다. 그렇다고는 하나 '조선어사전' 혹은 '국어사전'의 출간사에 놓인 말들은 언어 정리 과정의 실상에 비해 이들 외국인들의 업적을 지나치게 간소하게 취급해 온 것은 아닌가 하는 생각이 들게 한다. 일본인들의 작업은 그렇다 치더라도, 예컨대 다음과 같은 사전 「머리말」은 이중어사전 발간의 실상을 과소 반영하는 한편 '국어사전' 편찬에의 의지를 '과대 평가'하는 언급이 아니었을까 싶다.

> 우리는 수많은 말이 있습니다. 배우기와 쓰기 쉽고 아름다운 글을 가졌습니다. 그러면서도 아직까지 말을 하는 데 앞잡이가 되고 글을 닦는 데 가장 요긴한 곳집이 되는 사전(辭典)이 하나도 없습니다. (외국 사람들이 조선말을 배우려고 만든 몇 가지 대역체(對譯體)로 된 것은 있지마는)[4]

> 우리들이 항상 힘써서 배우고 닦고 한 것은 다만 남의 말, 남의 글이요, 제 말과 제 글은 아주 무시하고 천대해 왔다. 날마다 뒤적거리는 것은 다만 한문의 자전과 운서뿐이요, 제 나라 말의 사전은 아예 필요조차 느끼지 아니하였다. 프랑스 사람이 와서는 프랑스 말로써 조선어 사전을 만들고, 미국, 영국 사람이 와서는 각각 영어로써 조선어 사전을 만들고, 일본 사람이 와서는 일본 말로써 조선어 사전을 만들었으나, 이것은 다 자기네의 필요를 위하여 만든 것이요, 우리의 소용으로 된 것이 아니었다.[5]

물론 조선어학회의 일관된 입장대로 어쩌면 외국인들이 만든 "辭典은 모두 外人이 朝鮮語를 學習하기 위하야 編成된 辭典이요, 朝鮮人이 朝鮮語를 學習하기 爲하여서 編纂한 辭典이 아닐뿐더러, 言語와 文字에는 아

---

4) 靑嵐 文世榮 著, 『朝鮮語辭典』, 朝鮮語辭典刊行會, 1938.
5) 조선어학회, 『조선어학회 지은 조선말 큰 사전1 ㄱ-깊』, 을유문화사, 1947.

무 合理的 統一이 서지 못한 辭典들"[6]일지 모른다. (앞으로 보겠지만 존스
의 『영한ㅈ뎐』과 같이 몇몇 사전들은 교육 현장에서 영어를 배우는 한국
인들을 직접 겨냥한 사전이었다.) 그러나 사전에 실린 수많은 어휘들은
하늘에서 떨어지거나 거리에서 바로 채집되는 그런 것이 아니다. 또한
국가 기구 혹은 주권, 여타 기관의 도움 (적어도 허용) 없이 일거에 이루어
질 수 있는 것도 아니다.[7]

있었던 것은 그 자체로 자신의 역사를 갖고 있으며, 그 역사적 의의는
있었던 것이나 만든 사람의 의지를 넘어서 존재한다. 근대를 보는 관점
역시 그런 것일 터이다. 물론 식민지 근대화론처럼 식민과 근대를 저울에
다는 그런 일을 해보자는 것은 아니다. 하지만 근대라는 결과와 근대의
목적은 그 자체로 별도의 평가가 필요하며, 그 낱낱 위에서 비로소 종합도
가능하다. 의지의 몫은 과정이나 사건의 몫보다 이념적으로는 클 수 있어
도, 현실적으로는 그렇지 못할 수도 있다. 의지처럼 되지 못한 상처로 인
해, 이미 일어난 사건을 평가절하하거나, 이미 일어난 사건과 스스로의
의지로 일으킨 사건의 관련을 애써 무시할 수는 없다. 이런 언급을 할
수밖에 없었던 당대의 상황과는 별도로, 이 책을 쓰는 우리는 결과적으로
'빛'이 있었다고 판단했다. 왜냐하면 이들 외국인들이 만든 사전에 등재되
었던 어휘들이 거의 남김없이 해방 전후 사전들의 말뭉치가 되었고, 또
이들 사전에도 등재되어 있는 까닭이다.

---

6) 「朝鮮語辭典編纂會趣旨書(七年前 朝鮮語辭典編纂會를 發起할 때에 發表한 것)」,
『한글』 제4권 제2호, 1936.2.1.
7) 조선어학회가 해방 후 발행한 『조선어학회 지은 조선말 큰 사전』 역시 미군정의
협조와 미국 록펠러 재단의 물자지원을 얻었다. 사전을 열자마자 첫 장에는 다음
과 같은 박스 기사가 나온다. "미국 록펠러 재단에서 원조하여 준 물자로써 박아낸
것이다. 그 물자 값의 절반으로써 이 책을 싸게 하였다. 이에 적어 원조한 이의
후의에 감사를 표한다."

과연 어떤 빚은 빚이기도 하고, 돌려받아야 할 채권이기도 하다. 이를테면 조선의 구관(舊慣) 조사 사업을 목적으로 편찬된 조선총독부의 『조선어사전』은 실질적으로 조선인들이 만들었으나[8], 최종 단계에서는 조선어 해제를 모두 박탈당한 채 발간되었다. 여기서 빼앗긴 한국어 해제란 어쨌든 갚아야 할 빚이 아니라 받아내야할 빚일지 모른다. 하지만 그 사전 역시 이후 사전들의 어휘집에 다대하게 상속되었다. 역사에서의 시간이란 당위의 연쇄라기보다는, 이미 일어난 사건이 만들어낸 다른 사건들과의 연쇄이다. 모든 상속이 그러하듯, 상속자는 어떤 경우에서든 채권뿐 아니라 채무까지도 상속(해야) 한다. 진정한 청산이란, 부채에 대한 정당한 셈을 포함해야 하는 것이 아닐까.

천태산인(天台山人) 김태준은 「고전섭렵 수감」에서 이렇게 썼다. "물론 후인의 연구물 특히 구미인의 조선 연구에 관한 2천 종의 문헌을 등한히 할 수 없다. 그러나 이런 말은 말하기 쉽고 행하기 어렵다."[9] 서사(書肆)하나 똑똑한 것이 없던 나라, 그것도 망국의 백성으로 태어난 김태준에게는 경성제국대학에 맘대로 드나들 수 있는 신분도, 모리스 쿠랑이 『한국서지』에서 적어놓은 일본 동양문고의 조선 관련 서적을 볼 수 있는 금전과 지위도 없었다. 그가 식민지 최고의 엘리트였음에도 말이다. 이 빚은 알고는 있으나, 갚기 어렵고 갚기 위해 무언가를 행하기도 어려운 빚이었다.

그러나 우리에게도 그럴까. 우리는 그렇지 않다고 느꼈고, 그래서 한국의 '서사(書肆)'와 도쿄의 도서관들과 북미의 도서관들을 뒤지기 시작했다. 보잘 것 없지만, 이 책에서 다루어진 만큼의 사료들을 우리는 얻었고 또

---

8) 小倉進平, 『增補注訂: 朝鮮語學史』, 刀江書院, 1964, p.51.
9) 김태준, 「古典涉獵 隨感」, 『東亞日報』 1935.2.9.-1935.2.16. 정해렴 편역, 『金台俊 文學史論選集』, 현대실학사, 1997, p.255.

읽었다. 빚을 조금이나마 갚았다고는 전혀 생각할 수 없다. 갚을 수 있는 빚이 아닐지도 모른다. 문제는 셈해보는 것이다. 다만 잊지 않고 있고, 또 잊지 않는 방법을 생각해 본 것이라 여겨주었으면 좋겠다.

3. 잊지 않는 방법
― 자료의 역사성과 현재성, 번역어 및 개념사 연구와 관련하여

처음부터 끝까지 우리를 괴롭힌 질문은 과연 우리가 기억하는 자로서 '자격'과 '기억의 방도'를 갖고 있는지에 관한 것이었다. 이를테면 우리는 '국어학자'가 아니다. 이를테면 우리는 '교인'이 아니다. 게다가 우리는 '역사학도'도 아니며, '영어학도'나 '불어학도'는 더더욱 아니다. 그러나 우리는 기억이란 자격이 아니라, 그때 그곳에 있었다는 것, 그것을 목도했다는 것이라 여겨보기로 했다. 우리가 증언할 수 있는 것, 우리가 본 것만이라도 증언할 수 있다면 어떨까, 아니 그것 말고 도대체 어떤 증언, 어떤 기억이 있을 수 있을까, 라고 묻기로 했다.

이 책은 시론적인 수준에서이기는 하지만, 앞서 말한 바 번역어 연구의 일환으로 시작되었다. 느슨한 의미만을 가지겠지만, 개념사, 개념어 연구, 관념사, 어휘사 등등의 연구 영역에서 이루어지고 있는 연구의 방법과 성과들을 참고할 수밖에 없었으며, 그 과정에서 우리가 가진 자료의 방대함에도 불구하고 우리가 할 수 있거나 개입할 수 있는 영역이 생각보다 크지 않다는 냉정한 진단을 하지 않을 수 없었다. 따라서 우리들의 '기억법'은 세부에 관한 것이나 '역사'에 관한 것이 아니라, 일종의 자료의 성격에 관한 아웃라인 그리기와 이를 통한 자료적 가치의 환기 차원에 머문게 아닌가 싶다. 개념사나 번역어 연구를 위한 실질적인 '독해'는 아직 시작되지도 않았다고 말하는 편이 담백한 고백일 것이다.

그래서 우리는 일단 이 작업의 첫 결산을 이중어사전의 생성 과정과 이 사전들의 역사적·사료적 가치로 축소하기로 했으며, 애초에 생각했던 번역어 연구, 개념사 연구의 과제는 일종의 시론적인 고찰로서만 진행하기로 하였다. 본래의 목적을 만족시키기 위해서는 훨씬 많은 시간이 필요하다고 느꼈다.

마냥 끝없는 작업을 해가기보다는 일단 우리가 현재까지 정리해낸 사료들과 번역한 글들, 데이터베이스화한 한-영, 영-한 대역 관계 목록의 일부나마 공개하고, 오랫동안 이런 저런 자리에서 예고한 영인집과 함께 발간하는 편이 낫겠다고 판단했다. 그렇게 해서 나온 결과가 다음의 연구편 1권, 번역편 1권, 영인편 총11권이다.

『개념과 역사, 근대 한국의 이중어사전 1─외국인들의 사전 편찬 사업으로 본 한국어의 근대』(연구편)
『개념과 역사, 근대 한국의 이중어사전 2─외국인들의 사전 편찬 사업으로 본 한국어의 근대』(번역편)
『한국어의 근대와 이중어사전』(영인편) I - XI

우선 제1부에 실린 세 편의 글을 통해 한국어 관련 이중어사전의 통국가적 생성 과정과 어휘 유통의 동선에 대한 실증적 검토, 한영사전 및 영한사전을 주 대상으로 한 사전 간의 계보적 관련성에 대한 검토, 대역 관계 확정을 위한 고민의 행로에 대한 묘사를 행했다. 주지하다시피 사전은 상호 참조-베끼기 현상이 가장 현저한 텍스트이다. 가장 적나라하게 드러나는 사전들 간의 참조 체계를 통해 근대 한국어의 변천뿐 아니라, 초기 한국학 연구의 구성 과정이 얼마간 짐작될 수 있으리라 여긴다. 이 과정을 통해 근대 초입에서 이루어진 외국인 선교사들의 언어 정리 사업 및 학술 연구가 차후의 한국어 정리 사업이나 한국학의 편제 구성에 적잖은 영향을 끼쳤고, 당대에는 이 영향이 실감 차원에서 광범위하게 존재하고 있었음을 확인할 수 있었다. 선조들의 실감이 우리에게는 부인해야 할 만감(萬感) 어린 사건들로 망각될 수 있음을 얼마간 엿볼 수 있을 것이다.

아울러 제2부에서는 한국 근대 개념어 연구에 있어서 외국인들의 한국어 연구 및 외국어에 대한 의미 고정 과정이 함의하거나 시사해줄 수 있는 '영역'을 표시해보려 했다. 이를테면 이중어사전의 어휘 대역 방식에 드러나는 구문맥(歐文脈)과 한문맥(漢文脈)의 착종이 의미하는 바를 '소설'에 있어서의 신문명어=번역어가 어떠한 서사 내적 동력을 발휘하는지를 살펴보기도 했고, 외국인 선교사들의 한국문학 번역이 구미 한국학에 어떠한 영향을 주었는지에 대해 일부 검토해 보기도 했다. 이 과정에서 번역의 가치, 번역물의 선정 등이 이른바 정전의 형성에 상당한 역할을 했던 것이 아닌가 하는 가설을 제기해 보았다. 한편 한국어로 하는 학술에 있어서 초기의 혼란스러운 상황이 어디서 기인했는지를, 소위 이질언어 간 번역을 생략한 문화 번역 과정을 지도화해보려 한 선교사들의 한국학 관련 서지 정리 작업 및 학술 대역어 검토 작업을 통해 우리는 한국학 담론의 초기적 과정에서 외국인들이 그려낸 그림이 차후의 학술 제도나 개념, 범주에 상당한 영향력을 발휘했음을 다시금 확인하였다. 제2부의 마지막 장에서는 한자어 중심의 대역 관계가 서구어의 압도적 영향력 아래서 일부 해체되어, 영어를 비롯한 외국어를 소리나는 대로 적는 소위 음역(音譯) 현상으로 바뀌게 되는 역사적 전환점을 '모던 외래어'의 문제를 통해 살펴보았다. 소위 한문맥(漢文脈) 아래서의 구문맥(歐文脈)의 상승적 절합이, 구문맥의 영향력 확대로 인해 '번역 없는 번역[音譯된 외래어]'을 확산시키는 과정에 대해 논하였다. 한자 문명을 통과하고 회전하며 '번역되거나/번역한 동아시아의 근대'의 출발 및 교통 과정으로부터, 미국발 자본주의의 팽창과 함께 시작된 번역 없는 모더니즘까지의 역사가 산발적이나마 뚜렷이 눈에 들어오리라 믿는다. 한국어를 하는 외국인에서 외국어를 하는 한국인으로, 거기서 다시 외국어를 말하지 못한 채 외래어를 말하는 한국인으로 이동해 온 언어의 헤게모니 변천이 바로 그것이다.

앞으로의 연구를 짐작하려 하거나 이 책을 '개념사' 혹은 '번역어' 및 '신어' 자료로 읽는 분들을 위해, 연구편의 각장 뒤에는 주요 개념어의 대역(對譯) 양상을 【개념뭉치】라는 이름으로 실었다. 이를테면 근대, 문화, 문명, 진화, 진보, 정치, 정부, 민족, 국가, 식민지, 인류, 인종, 인간, 대중, 시민, 민중, 가족, 사회, 계급, 민주주의, 공산주의, 사회주의, 혁명, 자본, 노동, 역사, 과학, 철학, 물리학, 교육, 우주, 자연, 감각, 개인, 권리, 자유, 종교, 미신, 이단, 민속, 풍속, 사랑, 연애, 미, 예술, 언어, 문학, 소설, 시, 언어, 사진, 영화, 언어학, 어학, 의식, 비평, 비판, 개념 등의 어휘를 둘러싼 대역 관계의 변화 추이 목록이 그것이다. 물론 이 자료들은 가공되거나 해석되지 않은 채, 일종의 '말뭉치'로만 제시되어 있다. 이를 통해 '이야기'를 만드는 일이 앞으로 우리가 해야할 일, 나아가 독자들의 몫일 것이다.

애초에 이중어사전들을 읽으며 우리가 염두에 둔 것은 이들 사전의 대역 관계가 넓게는 언어사나 담론사, 좁게는 어휘사 혹은 개념사의 각 지점에서 하나의 지표가 되어 주었으면 하는 바람이었다. 이 지표 주위로 펼쳐진 수많은 역사적 텍스트들을 이 지표에 대조하고 이 지표에 모으고, 이

지표와 길항하거나 이 지표의 예외로서 언급하며, 한권의 통일성을 갖춘 '(이중어사전으로 본) 한국 근대 개념어의 역사'를 쓰는 것이 이 책의 소박하고도 '원대한' 목표였다.

사전에 실려 있는 대역 관계가 모든 것을 해결해줄 것이라는 신념을 가진 적은 없다. 따라서 지표를 지표로 정당화하기 하기 위해, 우리가 해야 할 것은 우선 이 사전의 생성 배경과 한국어 텍스트와의 연결 관계, 어휘 정리의 범위와 방법, 언어 간 상속 관계들을 확인하는 일이었다. 하지만 결국 이 시점에서 우리는 그것만을 겨우 해냈음을 자인할 수밖에 없다. 한국 근대 개념어의 역사에 대한 사전을 쓰는 일은 아직 우리에게는 먼 훗날의 일이며, 아마 그때 우리는 사전을 연구하고 있지 않을 것이다. 말이란 정의가 아니라 사용이고, 따라서 말의 역사 역시 하나의 책 혹은 한 종류의 책들로부터가 아니라 그 모든 책들로부터 '연역'되어야 할 것이기 때문이다. 그러나 아마 그때에도 우리가 연구해서 정리해 놓은 수십만 단어의 말뭉치들은 '하나의' 지표로서는 계속 남아 있을 것이라 믿는다. (어쩌면 그러한 작업을 하는 '우리'조차 더 많아질지도 모르고, 더 적어질 수도 있겠다.)

이 이중어사전이라는 역사적 자료를 읽으며 애초에 느꼈던 낭패감은 두 가지였다.

우선 첫째, 이 사전은 '우리'가 만든 사전이 아니다. 즉 언중의 범위에 들어가지 않거나 적어도 애매하게만 발을 걸치게 되는 외국인들에 의해 이루어진 사전 작업이 과연 한국어의 법칙과 현실을 정확하게 반영하고 있었을까.

둘째, 여기에 실려 있는 수많은 새로운 개념어들, 그러니까 문명 번역의 과정에서 생산된 신생 한자어 혹은 근대 외래 한자어들은 우리가 번역한 개념이 아니라, 일종의 외래어로서 이입된 것이 아닌가. '新漢語', '新文明語', '新製漢語'(일본), '新詞'(중국), '신생 한자어'(한국) 등이라 명명되곤 하는 이 단어들의 원천은 거의 대부분 한국이 아니다. 따라서 일본이나 중국과 같이 번역어의 '창출' 과정을 통해 '번역한 근대'를 검토하는 작업이 우리에게는 불가능하거나 적어도 (언어) 식민화의 과정에 대한 묘사에 한정될 수밖에 없는 것은 아니가.

그에 대한 우리의 대답이야말로 이 책 자체이겠지만, 위 두 질문이 또한 독자들이 이 책을 대할 때 가질 질문이라 여겨지기에 간단하게나마 답해보려 한다.

우선 첫 번째 질문에 대한 우리의 잠정적 답변부터 간략히 이야기해보겠다. 이 사전들은 '그들'이 만든 사전이 아니다. 아니, 정확히는 그들의 힘만으로는 도저히 만들어질 수 없는 사전이었다. 성서 번역이 그러했듯, 이 사전들은 어휘 수집에서 해제 및 출판에 이르기까지 거의 전 과정을 함께한 수많은 한국인 조사(助士)들에 의해 이루어졌으며, H. H. 언더우드의 경우는 아예 공저자로 이들의 이름을 표지에 넣고 있기까지 하다. (조선총독부의 관료이자 후에 경성제대의 교수가 된 오구라 신페이는 그의 책 『조선어학사』에서 1920년에 출간된 총독부의 『朝鮮語辭典』을 아예 '조선인의 것'으로 분류했다.) 이들이 단순히 조사였던 것만은 더더욱 아니다. 이들은 만약 '국가'가 있었다면 국문연구소에서 문법과 사전을 만들었을 사람들이었다. 이를테면 존스(George Herber Jones)의 『영한ᄌ뎐』의 편찬에 송기용(宋綺用)이나 총독부의 『조선어사전』에 조력한 어윤적(魚允迪), 현은(玄檃)과 같은 인물은 주시경과 함께 대한제국의 '국문연구소'에서 일했던 연구소의 위원들이었다. 문화의 상속은 피나 국경과 관계없이도 일어나며, 그런 의미에서 문화적 상속은 문화적 협업의 다른 표현이기도 하다.

두 번째 질문에 대한 우리의 답은 듣기에 따라서는 극단적인 태도처럼 느껴질지 모른다. 우리는 언어는 기원이 아니라 사용의 관점에서 평가되어야 한다고 믿고, 또 그렇게 주장한다. 그 말이 어디서 왔느냐보다 중요한 질문은 그 말이 한 사회에서 무엇을 산출했고 어떤 일을 하였는가에 있다. 물론 수많은 일본어의 홍수 속에서 선교사들은 일본어에 의한 한국어의 식민화나 주체의 상실을 보기도 했다. 심지어 일본어사전이나 중국어사전을 옆에 놓고 영한사전, 한영사전을 편찬하기도 했다. 그러나 그들이 한국에 도래한 일본제 한자어들, 번역의 고통 없이 사용되는 신문명어들을 비로소 긍정하게 된 것은 다름 아닌 3·1운동과 그에 이은 공론장의 폭발 때문이었다. 흥미로운 것은 바로 그 순간, 소위 그 번역어들, 신어들, 신문명어들, 사상 술어들을 한국어의 맥락 안에서 정의해보려는 한국인 스스로의 노력도 본격화되었다는 사실이다. 식민주의는 당위나 정화 노력 속에서 극복되는 것이 아니다. 식민주의의 극복은 잊을 수 없는 타자인 식민자와 잊기 쉬운 자기인 피식민자로서의 스스로를 계속 의식하는 과정 그 자체를 뜻하는지도 모른다.

다시 말해 그 말이 어디서 왔고, 어떻게 사용되고, 어떤 과정 속에 놓였는가, 그 말을 통해서 혹은 그 말을 전용하여 실천하려 한 것이 무엇이었는가, 라는 질문 속에서만, 우리는 번역어 혹은 개념사의 문제로 접근해 들어갈 수 있다. 기원의 몫은 사용 혹은 실천의 몫보다 클 수 없다. 모든 언어는 크레올화로부터 자유롭지 않으며, 오히려 그러한 현상에 대한 직시야말로 언어의 역사를 읽는 가장 바른 방법일지 모른다. 문제는 사유의 식민성이나 잃어버렸다고 알려진 주체의 재생 혹은 재건이 아니다. 중요한 것은 고유한 주체를 회복하는 일이 아니라, 사유들의 성립과 그 행로를 탐구하는 일이다. 만약 고유성이나 주체라는 것이 있다면, 바로 이 과정과 사건 속에만 있을 것이다. 번역하는 주체, 번역을 의식하는 주체, 번역을 의식하지 않고도 번역어로 싸우는 주체 그 모두야말로 진정 '고유한(vernacular)' 근대의 주체들이 아닐까. 고유한 장에서 외래적인 것과 싸운 흔적들이 '고유어'로서의 지위를 가지지 못한다면 '토착어'들인들 무슨 소용 있겠는가. 그 흔적을 계속 의식하는 한에서 우리는 번역어가 아니라 고유어에 대해, 외국어의 장력이 아니라 '국어'의 역사 그 자체에 대해 연구했다고 믿는다.

이 책은 개인 연구에서 그 착상이 시작되어 세미나 연구 모임을 거쳐 다듬어졌으며, 황호덕·이상현 두 사람의 오랜 만남과 허다한 대화들, 지난했던 분업과 협업을 통해 진전되어 갔다. 물론 항상 이 작업에만 매진했던 것은 아니다. 하나의 연구 주제에 매달릴 수 없게 하는 수많은 난관들로 인해, 본격적인 자료 수집과 번역, 독해를 시작한 2008년 이후에도 많은 지체가 있었고 길고 짧은 중단이 거듭되었다. 더구나 필자 두 사람의 근무지가 갈리면서, 물리적인 이유로 더 이상 매주 만나 작업을 하거나 하는 일이 불가능해졌다. 결국 우리는 의도된 형태의 책을 차후의 일로 미루는 대신, 현재의 우리에게 가능한 책을 먼저 내기로 했다. 그렇게 하자 각자가 각처에서 발표한 바 있은 글들을 완전히 통합해가며 새로운 글을 계속 써나가기보다는, 그 개별성을 지켜 주면서 기왕의 글을 보완해 나가는 보다 기능적인 방법이 유일한 대안으로 부상했다. 더구나 우리에게는 함께 며칠이고 밤을 새가며 온전히 함께 쓴 글도 있으니, 변명거리도 없다 할 수 없었다.

끝으로, 이 연구서의 각장을 집필한 사람을 여기에 명시해 둔다. 머리말 격인 '책을 내며'와 서설, 제1장, 제4장, 제7장, 에필로그는 황호덕이, 제2장,

제5장, 제6장은 이상현이 작성했다. 그리고 제3장은 함께 써서 이름을 나란히 해 발표했다. 영인편의 경우, 이상현이 자료의 윤곽과 특징에 관한 초고를 작성한 후, 황호덕이 이를 읽고 보충하는 방법으로 진행했다. 얼마간의 수정을 거치기는 했으나 애초에 개별 논문으로 순차적으로 발표된 만큼, 각 논문이 처음 게재된 지면에 관한 정보를 책의 마지막에 실어 두었다.

번역은 두 사람이 나누어 초역한 후, 번역(사연구)가 김희진 선생의 감수를 받았으며, 최종적으로 황호덕이 전체적으로 원문과 다시 대조해 교정·교열·윤문을 했다. 영인편의 해제와 번역편 모두, 교차해서 읽고 고치치는 윤독 과정을 여러 차례 거쳤으나, 연구편의 경우에는 서로의 글에 손대는 일은 최소화하는 선에서 '상호 조언'하는 수준으로 갈음하였다. 시간도 시간이지만, 다시 세세한 대목들에 대한 논쟁이 이어질 것이고 결국 '원점에 있을지도 모를 원래의 책'을 처음부터 다시 쓰자는 식으로 귀결될 게 뻔해 보였기 때문이다. 그 대신, 각 장의 말미에 기왕의 글에서 충분히 다루지 못한 내용을 【보론】의 형식으로 실어 이중어사전의 전모에 대한 이해를 돕도록 하였다. 아울러 각 장마다에는 그 장에서 주요하게 다루어지거나 해당 장에서 문제적이라 여겨지는 개념들이 이중어사전에 어떻게 등재되어 있는지를 확인할 수 있는 【개념뭉치】를 수록하였다. 사전 전체를 통독하거나 일일이 찾아보지 않더라도 쉽게 근대 한국을 구성한 주요 개념들의 대역 관계 변천을 확인할 수 있을 것이다. 특히 문세영의『조선어사전』(1938)에 등재된 관련 어휘를 보충하여 개항·개화기에서 식민지 시기까지의 어휘사적 변동과 개념의 재편 과정을 일목요연하게 알 수 있도록 하였다. 번역편에 실은 '영한이중어사전 5종의 공통표제어 및 대역 관계 변천표'와 함께, 관련 학자들이 여러 용도로 유용하게 사용하실 수 있으리라 여긴다. 책을 읽어가는 중간 중간, 찬찬히 뜯어보면 흥미로운 대목이 많을 것이다.

오랫동안 이루어진 작업이 갖는 특유의 오류들이 빈출하거나, 필자와 작성 시기가 서로 다른 각 글들 간의 불균질성, 또 각 사전에 대한 해제와 번역, 관련 논문을 함께 출판하면서 발생한 내용상의 반복 등이 적잖이 눈에 거슬릴까 걱정이지만, 각각의 체계를 만들기 위해 벌어진 일이니 양해해 주시기 바란다. 이런 형태로나마 중간 보고를 할 수 있게 되어 기쁘고 후련하다.

한국 근대문학 연구자와 한국 고전문학 연구자가 만나 이뤄진 이 연구가 대체 어떤 분과 학문에 속할지 우리로서도 좀 막막한 느낌을 지울 수 없다. 사전학이나 어휘사든, 번역사 혹은 외국인들의 한국학 연구든, 아니면 오늘날 많이 이야기되는 개념사나 학술사 연구든 어느 영역에 있어서도, 우리의 연구는 아직 그러한 '학(學)의 문턱'에 와 있는 것 같다. 관련 공부들을 해나갔지만, 낮게나마 깃발을 들기에는 여러모로 어줍지 않음을 자인하게 된다. 지금으로서는 사전, 번역, 개념, 고유성의 문제들이 여기 저기 들어박힌 이 책을 하나의 성좌로 엮어가며 읽어주실 독자들을 기다릴 밖에 없겠다. 파상적인 접근들이 하나의 구심력 속에서 넓혀질 수 있는 날이 머잖아 올 것이라 믿고 싶다.

독자들의 질정을 통해 책의 개정과 다음 작업들을 이어가겠다는 약속의 말씀과 함께 이제 저 '이중어사전'으로의 여행을 시작할까 한다.

2012년 4월 2일
황호덕 · 이상현 拜識

목차

일러두기

- 'Korea' 관련 어휘는 되도록 한국, 한국인, 한국어로 통일하려 했다.
  다만 특별히 'Chosun, Chosen, 朝鮮'으로 표기되어 있는 경우나, 제
  국 일본-식민지 조선의 대응 구도가 명백한 경우, 고유명의 경우는
  '조선', '조선어'로 표기된 부분이 있다. (예)『朝鮮語辭典』, 朝鮮耶
  蘇敎書會 등.

  대한제국 성립과 한일병합 등을 기준으로 국명·민족명의 변화를
  반영해 각각 '조선' '한국' '조선'으로 나누어 번역할 수도 있겠으나,
  일단 다양하게 변화한 국명이나 언어명을 아우르는 개념으로 '한
  국, 한국인, 한국어'를 사용하는 것이 낫다고 판단했다. 아울러, 서
  양인 사전 편찬자들이『鮮英字典』(1925)의 경우를 제외하고는,
  『韓佛字典』(1880),『韓英字典』(Underwood1880, Gale1897, Gale1911,
  Gale1931),『英韓字典』(Underwood1890, Scott1891, Jones1914) 식으
  로 '한(韓)'이라는 국명·민족명을 일관되게 사용하고 있음을 고려
  하였다.

- 인용의 경우는, 될 수 있는 대로 원문대로 인용하되 현대 문법에
  의거해 띄어쓰기를 했다.

- 외국인, 외국지명, 외국어 및 외래어 표기는 국립국어원의 '외래어
  표기 규정 및 표기 용례'에 준해 표기하였다.

1. 번역의 세 국면
   ### - 문화 내 번역, 이질 언어 간 수용 번역 및 전파 번역

번역이 한국 어문과 한국 사상에 미친 영향의 문제는 오늘날 가장 중요한 국어(국문)학의 논제, 나아가 인문학 전체의 의제가 되어 있다. 또한 문화 간 접변이 가장 급속했을 뿐더러 그에 대한 적응 내지 응전 역시 가장 치열하게 전개된 때가 근대 계몽기에서 식민지 시기에 이르는 시기라는 데에는 별다른 이견이 없을 줄 안다. 따라서 서구의 충격, 근대 한국, 한국어라는 세 국면을 함께 생각할 때 역시 '번역'이라는 문제가 이 삼자를 매개하는 현상 혹은 실천으로 전제되는 것은 극히 당연하다 하겠다. 한 언어의 계통 발생을 강조하는 일국 어문학사적 관점이, 언어를 둘러싼 횡적 접변(接變)을 아우르는 문화번역사적 관점에 의해 도전받고 또 조정되고 있는 것이 최근 학계 전체의 한 동향이자 부인할 수 없는 역사의 한 국면이 아닐까 한다. 실상, 번역의 중요성은 안확, 김태준, 임화와 같은 초기 문학사가들에 의해 강조되었고, 서재필이나 윤치호와 같이 성서 번역을 현대 한국어의 기점으로까지 소급하는 생각들도 없지 않았다.

번역과 근현대 한국어의 변화라는 문제를 생각하는 데 있어 우리가 흔히 전제하는 관점은, 서구어나 일본어로부터 한국어로의 번역 혹은 중역(重譯)의 문제이다. 하지만 조금만 더 생각해 보더라도 그 양상이 그리 단순한 것만은 아님을 알 수 있다. 왜냐하면 서구나 메이지 일본 혹은 근대 중국 원천의 문학이나 사상을 번역할 수 있는 도착어 혹은 목표어라 할 한국어가 고급 문어 혹은 높은 추상 수준을 갖는 '글말'로서 장기간 경영되어 왔다고 보기는 어렵기 때문이다. 이를테면 근대 개념어의 경우도 마찬가지이다. 이른바 번역이 전제하는 '등가성'이라는 원리하에서, 번역해야 할 '한국어' 혹은 한국어로 된 '개념어'들은 재발견되어야 할 것이라기보다는 창출되어야 할 대상이었던 것인지도 모른다.

그렇다고 할 때 이 창출 과정은 대략 세 가지 방향에서 전개되었던 것으로 보인다. 우선 첫째, 언해 전통의 창신 혹은 재발견으로서의 '문화 내 번역'이 문제가 된다. 둘째, 고유어 화자에 의해 주도된 목표 언어 중심의 이질 언어 및 텍스트에 대한 '수용 번역'이라는 현상이 있다. 셋째, 주로 서양인 선교사나 외교관 혹은 식민자 그룹인 일본인에 의해 이루어진 원천 언어/텍스트 중심의 '전파 번역'이 중요한 번역 경로 중 하나였다. 우선 문화 내적 번역의 경우. 이를테면 신성한 묵어에서 속어 준용으로의 이행으로도 요약될 수 있을 이 방향의 실천은 한문 텍스트를 한글이나 국한문체로 번역한 사례를 염두에 둔 표현이다. 수용 번역의 경우는 서구어나 일본어를 해득한 한국인 저자들에 의해 수행된 번역을 뜻하는데, 개화기 이후에 새롭게 강조된 '문명화'의 동선을 염두에 둔 분류라 하겠다.

특히 이 책에서 우리가 주목했던 부분은 '전파 번역'이라는 경로이다. 『성서』와 서양 고전을 중심으로 이루어진 전파 번역과 아울러, 그 수행자들에 의해 정리된 문화 내 번역과 수용 번역의 현상을 좁게는 어휘사, 넓게는 개념사적 측면에서 살펴본 결과가 바로 이 책의 얼개가 되었다. 서구어와 한국어 간의 연동 및 교환 체계의 성립, 서구 원천의 개념이 번역되는 과정에서 창출된 '번역한 근대'의 문제를 논제로 삼으면서, 우리는 가장 기능적인 단위인 '어휘/개념'에 주목했고, 그 가장 기능적인 저작인 '이중어사전'을 연구 대상으로 삼았다.

요컨대 이 책에서 강조하고자 하는 부분은 그간 간과되어 온 전파 번역의 경로이다. 주로 선교사 및 식민자 그룹에 의한 번역 작업을 염두에 둔 것으로, 외국인 화자가 한국어를 익혀 자신이 속한 문화로부터 생산된 텍스트를 한국어로 옮긴 사례를 가리킨다. 외국인들에 의해 번역된 성서나 교리서의 한국어역, 서양 문학이나 사상의 번역은 한국 근대 번역사에서 빼놓을 수 없는 주요 국면 중 하나이다. 『성서』, 『천로역정』과 같은 종교물뿐 아니라, 서양의 주요 고전들의 번역 역시 비록 발췌해서 요약한 형태이기는 하나 이들에 의해 먼저 이루어졌다. 언어가 해당 사회의 사회적 계약 및 관습의 결과인 까닭에, 이들의 전파 번역은 당대 조선 사회의 언어 현실을 지도화(mapping)하는 과정과 함께 수행되었으며, 따라서 비록 그들이 근대 한국어를 '만든' 것은 아니지만, 그들의 번역 및 언어 정리를 통해 당대 한국어의 근대적 재편 과정이 오롯이 드러나는 것도 사실이다.

이 책에서는 '전파 번역'의 과정을 그들이 남긴 이중어사전 및 관련 기록을 통해 고찰하면서, 이 입장에 비친 '문화 내 번역' 및 '수용 번역'의 실태를 소위 어휘사 및 개념사적 수준에서 환기시키고자 한다. 특히 외국인 선교사들의 번역 작업과 이들이 파악한 개화기 및 식민지 시기의 언어 상황이 이 책의 논제가 될 것이다. 초기 선교사들이 한국어의 입말이나 민중들의 일반 수준을 우선하여 초기 번역사에 개입했던 까닭에, 1895년 이래의 근대 계몽기의 공론장에서 발생한 한국어의 변화에 대해서도 비교적 객관적이고 정확한 논평을 할 수 있었다고 본다. 이들은 변화해가는 한국어와 한국어 담론을 선교 지평의 확대와 선교 대상의 이해라는 관점에서 파악할 수밖에 없는 입장에 있었고, 따라서 한국 사회의 변동에 누구보다도 민감하게 반응하였다. 요컨대 전파 번역의 수행자들은 번역의 실천가이자 번역의 비평가라는 독특한 지위를 갖는다.

일찍이 자산 안확은 "세종 이래 최세진, 박성원 등의 학자가 나와 조선어 연구를 시도하였다 하나, 이는 모두 외국어를 번역함에 대조할 뿐"이라고 주장하였으며, "현대 수만의 외래어를 일절 폐지하고 고대어를 사용하자"라는 주장을 곡론불합리설(曲論不合理說)이라 일축한 바 있다.[1] 안확의 지적은 애초부터 일국 국어에 대한 연구가 '번역적 관점' 없이는 성립하기 어렵다는 점, 또 일국의 국어가 번역이나 언어 이입에 의한 일종의 '오염'이나 '확장' 없이는 언어적 갱신에 이를 수 없음을 갈파했다는 점에서 하나의 탁견이었다. 그런 안확이 영국인 외교관 아스톤(Aston)과 스콧(Scott), 지볼트(Siebold), 프랑스 신부 달레(Dallet), 선교사 언더우드(Underwood)와 게일(Gale)의 한국어사전 및 문법서 편찬을 당대 조선어 연구의 대표격으로 지적하며, 조선어의 가치와 이에 대한 연구를 주창하고 있음은 의미심장하다. 번역 수행자이자 '번역하는 근대 한국/번역된 근대 한국'의 실천가이자 관찰자였던 그들의 저작물―이중어사전을 통해 근대 한국어의 발생 과정과 그 정리 과정을 묘사해 보는 일이 가능할 것이다.

본연적이라 믿어지는 한국어에 대한 감각을 유지한 상태에서 근현대

---

1) 안확, 「조선어의 가치」, 『학지광』 제4호, 1915. 2. 권오성・이태진・최원식 편, 『自山安廓國學論著集』5, 여강출판사, 1993, pp.10-11.

한국어의 새로운 변화를 파악할 수 있었을 서양인들, 특히 선교사 그룹의 독특한 관점을 통해 근대 한국의 번역과 한국어의 변화, 개념의 역사에 대해 생각해 보려 한다.

2. 문화 전통과 문화 내 번역, 언문과 언해의 몫은 얼마나 되는가

문화 내 번역이란 무엇인가. 이미 『서유견문』의 저자 유길준이 그의 저서 서문에서 언급하고 있는 바, 칠서언해(七書諺解)의 전통이 그것이다. 이를테면 "우리나라의 칠서언해의 법을 대략 모방하여(我邦七書諺解의 法을 大略 倣則ᄒᆞ야)", 「서유견문서」) 만들어 내었다는 국한문체는 두 가지 의미에서 번역이다. 첫째 칠선언해라는 한문 경서의 번역 문체를 모방하였다는 점에서 그렇고, 그 모방을 유도한 원천이 후쿠자와 유키치의 『서양사정(西洋事情)』을 비롯한 당대 일본의 문체였다는 점에서도 그렇다.[2]

이에 대해 한국어 성서 완간까지 번역 사업에 종사했던 제임스 게일은 한국어는 "서적 언어의 문장 순서에 있어, 서적 형태의 언어는 구어와 유사하지만 훨씬 많은 한자어 형태가 섞여 있고 어조사 혹은 수식어에 의해 방해를 받는다."[3]라고 썼다. 이 말이 함의하는 바는 조선의 고급 문어가

---

2) 더불어 어휘의 차원에서 볼 때도 『서유견문』은 과거 "중국이나 한국문헌에 보이지 않는 한자어"(일본어계 한자어)를 내포하고 있다. 이한섭은 『서유견문』의 한자어 1,317語를 조어의 기원에 따라 분류하고, 일본기원 한자어 273어, 중국기원 한자어 583원, 일본기원일 가능성이 높은 한자어 72어, 판단불가 한자어 383어로 규정한 바 있다.(이한섭, 「『서유견문』에 받아들여진 일본의 한자어에 대하여」, 『일본학』 6, 동국대학교 일본학연구소, 1987.)

3) J. S. Gale, "Preface to the First Edition", 『韓英字典한영ᄌᆞ뎐(A Korean-English

처음부터 한문에 의한 간섭 즉, '문화 내적 번역'에 의해 틀지워졌음을 암시한다. 실상이 어떻든 소위 담론 수준에서 보자면, 언해 문체의 전통에에도 시대의 한문 번역 문체[書き下し]에서 기인한 메이지 일본어의 아속혼합문(雅俗混合文)이 절합된 모습이 당대의 '고급' 한국어였던 셈이다. 요컨대 일본어 표현을 한글로 대체하는 일종의 코드 스위칭(code-switching)식의 번역이 유행함으로써 한국 근대어, 특히 교술적인 담론들의 문체가 언해 전통을 역사적 근거로 삼은 번역 투로 낙착되어 갔던 것이다. 그 과정에서 일본에서 번역된 서구 개념어들 및 중국을 경유한 서양의 학술 개념이 다대하게 국한문체라는 에크리튀르를 타고 이입되게 된다. 그리고 그 이입을 지도화한 것이 우리가 앞으로 살필 대역사전(對譯辭典), 소위 '이중어사전'이라는 일련의 자료군이다.

일찍이 매천 황현은 이런 언어적 변동을 "갑오경장 이후로 시무에 임하는 사람들은 '諺文'을 '國文'으로 칭하고, '眞書'는 그 밖으로 말하여 '漢文'이라 하였다. 이에 '國漢文' 3자가 마침내 方言으로 되면서 '眞諺'이란 명칭은 사라지고 말았다."[4]라고 평가한 바 있다. 당시의 한문 식자층 사이에서도 국한문체를 언해 문의 전통을 따른 것으로 보기보다 "일본 문법을 본받은 것"으로 보는 관점이 우세했음이 얼마간 짐작된다. 이 일본 문법을 타고, 성현이 말씀하지 않은 바인 '문자'들, 즉 서양 학술 개념의 번역어들이 한자어라는 형식으로 대규모로 이입되었던 것이다.

전통이라는 것이 대개 재발견되거나 창조된 것일 뿐이라는 주장이 있거니와, 유길준의 『노동야학독본』과 이인직의 『혈의 누』에서 뽑은 아래의

   Dictionary)』, Yokohama: Kelly & Walsh, 1897.
4) 甲午後趨時務者盛推諺文曰國文 別眞書以外之曰漢文 於是國漢文三字遂成方言 而眞諺之稱泯焉 其狂佻者倡漢文當廢之論 然勢格而止 黃玹, 『梅泉野錄』卷之二 중에서(『매천야록』, 김준 역, 교문사, 1994. 한문본: p.89).

두 사례만 보더라도 언해 전통의 상속보다는 일본어식 훈독(訓讀)이나 부속철자[振り假名]가 당시의 한국어에 큰 영향을 미치고 있었음을 확인할 수 있다.

새 김생 버러지 물고기 종류　　다 그 묘화　　　사람 호올　　　복　　　신령 성홈
禽獸과虫며魚의種類가皆其造化이어날人이獨로사람되는福을어더靈혼性이잇신
즉어디질겁지아니ᄒ리오5)

일청전쟁　　총소리　　　평양일경　　　　　　　　　　　　　　　청인　　　군사
日淸戰爭 총소리ᄂ 平壤一境이 써ᄂ가는 듯ᄒ더니 그 총소리가 긋치미 淸人의 敗혼 軍士ᄂ
추풍　　낙엽　　　　　　그러면 무슨까닭으세상　　　　한가지일　　　죽기
秋風에 落葉갓치 훗터지고…(중략)… 然則 何故로 世上에 사라잇ᄂ고 一事를 기다리고 死를
참고 잇섯더라6)

번역에 의한 한국어의 변화는 문장 수준에서 더 나아가 어휘들의 성격과 총량 그 자체를 바꾸는 수준에 도달해 있었다. 이를 테면 유길준은 『서유견문』의 '정부의 치제(治制)' 관련 장에서 서양 정치의 중요 특징을 다음과 같이 적어 나간다.

　第一條 自由任意 自由任意ᄂ 結斷코國法을不畏ᄒ야放蕩自恣ᄒᄂ意아니니其國
　　　　에居ᄒ야何事를 行ᄒ든지 國法에不背ᄒᄂ時ᄂ 其所好를任從ᄒᄂ趣意라
　第二條 宗敎信服
　此ᄂ各人이 其信服ᄒᄂ宗旨를崇奉ᄒ기許ᄒ고政府가是를勿關ᄒ야 民間의軌轢
　　　　ᄒᄂ紛爭을宰制홈이라
　第三條 技術과文學을勵ᄒ야新物의發造ᄒᄂ路를開홈
　此ᄂ富國ᄒᄂ大道와利民ᄒᄂ妙理니新造物의專賣權을許施ᄒᄂ種類라

---

5) 유길준, 『노동야학독본』, 제7과, 『유길준전서Ⅱ』, p.275.
6) 이인직, 『혈의 누』, 권영민 교열·해제, 서울대학교출판부, p.171, p.189.

第四條 學校를建ᄒ야人民을敎育홈
此는人民의知識을廣博히ᄒ며才藝를高明히ᄒ고工業을奮發ᄒ게ᄒ는事라[7]

위에 등장하는 정부, 자유, 임의, 종교, 분쟁, 기술, 문학, 전매권, 학교, 인민, 교육, 지식, 공업 등등의 용어가 번역어이거나 새롭게 근대적 맥락에서 재정의된 용어임은 두말할 나위도 없다. 갑오경장 후의 담론장의 폭발적 증가는 이런 신어 혹은 번역어를 다대하게 유포하기에 이르렀다.

이런 새로운 학술어들을 '영한사전'의 형태로 정리했던 선교사 존스(G. H. Jones)는 이런 번역적 환경을 다음과 같이 설명하고 있다. "도처에 학교들이 설립되고 있으며, 현대적 사상의 다양한 전문 용어에 해당하는 등가어를 문의하는 교사와 학생들이 늘어났다. 나의 작업은 이런 필요를 충족하기 위해 첫걸음을 내디디려는 시도이다. 등가어를 제시하기 위해 중국과 일본에서 쓰이는 용어들을 자유로이 이용하였으며, 거기서 쓰인 용어가 한국 학자도 이해할 수 있는 경우 그 용어를 사용하였다. 중국과 일본에서 수행된 작업들은 한국에서의 작업에 커다란 도움이 되었다. 지금 한국은 이웃 나라들이 맺은 학술적 결실들을 향유할 수 있게 된 셈이다."[8] 적어도 1914년의 시점이 되면, 서양의 추상 개념과 같은 학술 용어들이 한국어로 재현할 수 있게 되었음을 여기서 확인할 수 있다.

존스는 총독부에 의해 주도된 제도 개편과 그에 따른 새로운 용어의 증가, 교육, 새로운 신문·잡지 매체 등이 중국과 일본으로부터의 언어의 유입을 격증시켰고, 그 근본 원인이 중국과 일본의 번역 작업에 있음을

---

7) 유길준, 「西遊見聞 序」, 『西遊見聞(影印本)』, 이한섭 편, 도서출판 박이정, 2000 참조. (※발췌 인용임.)

8) G. H. Jones, "Preface", 『英韓字典영한ᄌ뎐(*An English-Korean dictionary*)』, Tokyo, Japan: Kyo Bun Kwan, 1914.

간파하고 있었다. 문명 사무와 전통을 아우르는 새로운 문체인 국한문체가 주도적 문체이자 번역 문체로 자리잡자, 중국과 일본을 경유해 들어온 많은 번역 개념들과 사상, 문학이 한국어 그 자체를 변화시키는 수준에 이르게 된다. 흥미로운 것은 이들 선교사들이 한국어를 정리하며, 『전운옥편』 등 기왕의 한자 학습서에 나오는 한문-한글 대역어 목록들을 참조해 어휘 조사를 행했고 그로부터 뜻과 철자를 확정해갔다는 점이다.[9]

한문과 한글의 대응 체계 자체를 소위 '언해'의 범주라 이해한다면, 언해 전통이란 게 발명된 것만은 아니었던 셈이다. 서양의 개념어들을 번역하려 하자, 한자 전통이 다시 소환되었던 것이다. 또한 이 번역어 혹은 개념어들을 이해하는 방식이 다시 옥편과 같은 기존의 언어 질서에 의해 간섭 받게 되면서 소위 외래 개념의 고유화라는 현상이 벌어지게 된다. 번역어를 한자어 자체의 내포로 재정의하는 현상이야말로 '번역한 근대'의 중요한 극면이었다 하겠다.

3. 이질 언어 간 번역의 출현과 수용 번역
: 한문맥(漢文脈)과 구문맥(歐文脈)의 절합

개화기는 한자문명권 즉 문화 내 번역으로서의 지역화(localization)의 전략과는 본질적으로 다른 이질 언어 간 번역, 문화 간 번역이 본격화된 시기이다. 근대 문명 사무를 담당하는 근대어, 근대 문체가 새롭게 모색되었다. 기존의 한문맥(漢文脈)과 서구어의 문맥[歐文脈]이 절합된 시기로,

---

9) H. G. Underwood, "Preface", 『韓英字典한영ᄌ뎐(*A Concise Dictionary of the Korean Language*)』, Yokohama: Kelly & Walsh; London: Trübner & Co., 1890.

전통 담론과 근대화 담론이 착종되면서 그 변화가 언어에까지 미쳤다.

언어 간 번역, 특히 수용 번역은 전파 번역과 달리 소위 고유어(vernacular)의 활성화나 외래어의 강화로 나타나지 않았다. 늘어난 어휘들은 오히려 한자어였으며, 이에 따라 문어의 번역어화 혹은 번역 투의 일반화가 현저해졌다. 즉 서양의 충격과 서양 문명의 수용이 한자어와 국한문체를 통해 이루어지는 사태가 일어난 것이다. 우리가 일상적으로 사용하는 주요 분과 학문의 명칭들이나 지금은 일반화되어 있는 주요 개념들을 통해 그 변화의 추이를 잠깐 살펴보도록 하자.

필자들은 이 책에 담길 원고들을 함께 써나가는 기간 동안, 총 5종에 이르는 영한이중어사전을 대상으로 약 19,748개에 이르는 영어 표제어와 그 한글 풀이들을 모두 입력하여, 총 627개의 공통 표제어를 얻은 바 있다. 이 과정에서 한국어의 문어화 과정에서 한자의 개입이 지속적으로 가중되어 왔고 여기에 번역이나 번역적 근대 담론이 큰 역할을 했음을 확인할 수 있었다.[10) 서론적인 논의인 만큼 그 세목을 자세히 언급할 수는 없겠으나, 그 중 11개의 영어 표제어와 이에 대한 한국어 풀이를 대상으로 한국어의 변화 추이에 대한 대체적인 짐작을 얻어 보려 한다. 일반적인 사전의 특징상, 표제어나 풀이항에는 각 시기별 어휘의 대표성이나 문헌의 대표성이 비교적 객관적인 형태로 반영되어 있으리라 믿고 싶다.

---

10) 여기에 대해서는 이 책의 제3장을 참조.

영어 표제어	언더우드 (Underwood) (1890)	스콧(Scott) (1891)	존스(Jones) (1914)	게일(Gale) (1924)	언더우드 (Underwood) (1925)
Civilization	n. 교화	교화, 조화, 덕화	n. 교화(敎化): 문명(文明): 기화(開化)	기화開化 문명文明	n. 교화(敎化), 기도(開導) (2)문명(文明), 기화(開化), 기명(開明)
Science	n. 학, 학문	학, 격물궁리, 직조	n. 과학(科學): 학술(學術): (knowledge) 학문(學問): 지식(知識): (in compounds) 학(學)	리과理科 학술學術	n. (1)과학(科學), 학술(學術), 학(學). (2)학문(學問), 지식(智識).
Individual	n. 위, 손, ᄒ나	놈	n. 일기인(一個人): (single)단독(單獨): 기인(個人)	기인箇人	n. (1)ᄒ나, 단(單), 단독(單獨), 일기인(一個人), 기인의(個人), 각각의(各各). (2)기인뎍(個人的), 고유의(固有).
Music	n. 풍류, 노래	풍류, 풍악	n. 음악(音樂): (notes) 곡됴(曲調): 음률(音律): (score)악보(樂譜)	음악音樂	n. 풍류(風流), 음악 (音樂).
Philosophy	n. 학, 학문, 리	격물궁리	n. 철학(哲學)	철학哲學	n. 철학 (哲學), 철리 (哲理), 원리 (原理), 리론 (理論), 학 (學).
Position	n. 터, 곳, 자리, 픔, 등분	터, 자리, 디위	n. (place) 곳(處); 자리(座); (situation) 위치(位置); (circumstances) 디위(地位); (rank) 신분(身分): (employment) 과(窠); 일자리(雇業)	디위地位 처디處地	n. (1) 위치(位置), 잇ᄂ곳. (2) 진디(陣地). (3) 디위(地位), 직임 (職任). 직분(職分). (4) 분한(分限), 경우(境遇), 쳐디(處地). (5) 상틱(狀態), 즈세(姿勢), 틱도(態度), 향빅(向背). (6) 립론(立論), 츌론(出論). -, v.t. 두다, 위치를 뎡ᄒ다(位置).
Progress	v.t. 압흐로가오, 더가오, 나아가오	낫다, 자룩가다, 느러가다	n. 진보(進步); (in skill) 견진(前進); (in civilization) 기진 (開進); (advance or decline) 성쇠(盛衰)	진힝進行 진보進步 향상向上 발달發達	v.t. (1)나아가다, 젼진ᄒ다(前進), 진힝ᄒ다(進行). (2)진보ᄒ다(進步), 쳔션ᄒ다(遷善), 향상ᄒ다(向上). -, n. (1)나아감, 견진홈(前進). (2)진보됨(進步), 향상됨(向上), 경과(經過)(병의), 진도(進度)(과학

영어 표제어	언더우드 (Underwood) (1890)	스콧(Scott) (1891)	존스(Jones) (1914)	게일(Gale) (1924)	언더우드 (Underwood) (1925)
					科學의), 셩쇠(盛衰), 쇼장(消長)(국운의 國運).
Public	to be. 공번되오, 무인부지ᄒᆞ오, 랑쟈ᄒᆞ오	빅셩	a. (not private) 공변(公便); (pertaining to the state) 국가뎍(國家的); (state-owned) 관유(官有); (concerning the public) 공ᄉ의(公事上); 공즁샹(公衆上)	묘령妙齡 셩년成年	a. 공의(公), 공립의(公立), 공기의(公開), 공공덕(公共的), 공즁덕(公衆的), 나타난, 드러난.
Right	to be. 올소, 가ᄒᆞ오, 갸륵ᄒᆞ오, 그릇지안소	(correct)-올타	a. 올흔(公平): (correct) 바른(正當); (just) 공졍흔(公正): 졍직흔(正直): (opp. of left) 우편(右便): (suitable) 덕당흔(適當)	도리道理 권리權利	a. (1)올흔, 가흔(可), 졍당흔(正當), 당연흔(當然). (2)갸륵흔, 그릇지안이흔. (3)브른, 올흔, 우편의(右便). (4)거쥭의, 것희. (5)직츄(直推)(긔하학의). -, n. (1)올흔것, 졍의(正義), 도리(道理), 공도(公道), 공의(公義). (2)권리(權利), 권(權), 젼권(專權). (3)올흔편, 우편(右便). (4)거쥭, 것.
Sovereign	n. 님금, 님군, 황,왕	나라님, 님군, 샹감	n. 군쥬(君主): 쥬권자(主權者)	원슈元帥 군쥬君主	n. (1)님군, 님금, 군쥬(君主), 쥬권자(主權者), 황(皇), 왕(王). (2)영국의돈일흠(英國錢之名稱). -, a. (1)주권가진(主權), 지존흔(至尊), 최고흔(最高), 독립흔(獨立), ᄌᆞ쥬ᄒᆞᄂᆞᆫ(自主). (2)뎨일가ᄂᆞᆫ(第一), 최샹의(最上).
Speech	n. 말, 말슴	말	n. 말슴(言): 방언(方言): (formal address) 연셜(演說): 강셜(講說): (power of) 셜화 젹(력의 오기?) (說話力)	언론言論 (freedom of)언론ᄌ유言論 自由	n. (1)말, 담화(談話), 말슴, 언론(言論). (2)연셜(演說), 강연(講演). (3)어됴(語調), 어투(語套), 방언(方言), 언(諺).

위의 표에서도 알 수 있는 바, 고유어에서 한자어로의 어휘의 이동 및 확대라는 현상은 의심할 나위가 없다. 이를 매개한 것이 소위 번역, 나아가 번역적 근대라 통칭될 수 있는 '문명화 과정'이었을 터이다. 예를 들어 'Individual'에 대응되어 있는 '하나, 놈'과 같은 고유어 표현이 '개인, 단독, 개인적'과 같은 표현으로 변화하는 과정에 자리 잡은 시기가 바로 갑오경장을 기점으로 한 소위 개화기/근대 계몽기였다.

양자 간의 등가성의 우열이나 번역의 적합성을 쉽사리 논할 수는 없다. 'Individual'만 하더라도 그 어원이 '더 이상 나눌 수 없는 것(in+dividual)'이라 할 때, 이를 하나 혹은 '놈'이라 번역하는 일은 지금도 문맥에 따라서는 '적합하다.' 그러나 일상어가 개념어화되는 과정에서 특정한 이데올로기가 반영되고, 그럼으로써 근대적 가치가 표현을 통해 하나의 역사성을 얻어가는 과정만은 명백히 발견된다.

예컨대, 근대를 상징하는 'Progress'라는 단어에 대응된 한국어 표현만 보더라도 상황은 분명해 보인다. '앞으로 가오, 더 가오, 나아가오'와 같은 풀이는 방향과 운동에 관련된 중립 표현에 가깝다. 또한 이어지는 시기에 이 영어 단어는 '낫다, 자라가다, 늘어가다'와 같이 비교적 긍정적 고유어 표현을 얻게 된다. 중요한 것은 이 표현의 귀착점이다. "진보, 전진, 개진, 발달, 향상"과 같은 한자어 풀이는 필시 한문맥과 구문맥이 결합한 결과이자 진보의 이데올로기를 반영한 결과이었을 터이다. 더욱 극단적인 사례가 'speech'의 번역어들이다. '말, 말씀' 같은 표현이 '담화, 언론, 연설, 강연, 방언' 등으로 옮겨 가는 과정은 한국말의 역사 그 자체를 반영하는 한편, 번역 투에 의한 한국어의 석권을 예감하게 한다. 즉 언문일치라는 요청에도 불구하고, 일상어와 개념어의 분리, 구어와 문어의 분리, 생활어와 학술어의 분리가 번역에 의해 촉진되고, 또 그 과정에서 후자가 언어적 권위를 갖게 되는 소위 '개념화' 현상이 한자어의 증가와 함께 또 하나의 근대적 언어 현상을 보여주고 있었다.

비록 그 번역이 한국에서 행해진 것이 아니라 일본이나 중국을 통해 이루어지고 이입된 것이라 할지라도, 이들 단어가 한국어에 안착된 데에는 그만한 사정이 있었다고 본다. 우선 정치적으로는 일본 세력 및 그 지지자들이 정치적 실권을 잡으면서 진행된 각종 개혁과 교육 제도 개편을 한 원인으로 지적할 수 있다. 이에 따라 근대 제도 및 관련 개념의 유입이 일어났다. 일본으로 유학을 다녀온 사람과 한국에 유입된 일본 문헌의 증대로 인해 일본에서 직수입된 번역이나 중국을 경유한 번역어들이 대규모로 유입되었다.

이런 상황에 대한 이해를 위해서는 제임스 게일의 한영사전 편찬 과정이 참고가 된다. 게일은 당대 신문·잡지로부터 어휘를 채집했으며, 고전 번역 과정에서도 적잖은 어휘들을 얻었다. 그러나 후기로 갈수록 이보다는 일본에서 나온 사전을 직접 참조하는 방법으로 기울어졌다. 왜냐하면 일본제 한자어들이 이미 한국에서 광범위하게 유통되고 있었을 뿐더러, 언중들의 지지 또한 얻고 있었기 때문이다. 게일이 쓴 『한영ㅈ뎐』제3판 서문에는 일본인이 만든 여러 사전을 두루 참고해서 어휘수가 증대되었음이 명확히 표시되어 있다.[11] "이노우에의 위대한 업적", 조선총독부의 『조선어사전』, 최근 출판물 등으로부터 35,000개의 새로운 어휘를 추가했다고 말하고 있는 것이다(여기서 이노우에는 이노우에 주키치(井上十吉)의 영일사전일 가능성이 크다.).

원한경(H. H. Underwood) 역시 전통적 고유어로부터 개화기의 언어

---

11) J.S. Gale, "Preface to the third edition", 『韓英大字典(*The Unabridged Korean-English Dictionary*)』, 京城: 朝鮮耶蘇教書會, 1931.

변화, 나아가 1920년대 담론까지를 포괄한 그의 영한사전(1925)에서 "『오사카마이니치신문(大阪每日新聞)』의 영어 신어 5,000목록에서 참조한 단어 몇백 개가 추가되었음"을 밝히고 있으며, "이처럼 단어를 추가한 것 이외에도, ……『산세이도 사전(三省堂辭典)』의 훌륭한 정의도 가능한 한 많이 이용했으며, 한문으로 된 정의의 대부분은 『산세이도 사전』과 『중국 상업 사전』에서 따 왔다."[12]라고 밝히고 있다. 이렇게 일본이나 중국에서 발간된 사전으로 영어 단어를 풀이할 수 있었다는 것은 그만큼 일본, 중국의 번역어에 의해 근현대 한국어가 큰 영향을 받았음을 방증하는 것이라 하겠다. 더구나 이들 선교사들의 사전과 어휘 목록은 차후 한국인들의 언어 정리 사업에도 적잖은 영향을 주었다. 일단 한번 만들어진 말, 그래서 사전 안에 등재된 말은 좀처럼 한민족어의 어휘 목록에서 좀처럼 빠지는 법이 없다. 심지어 이런 개념화된 어휘의 사용은 추후에 이어지는 수용 번역에서 적극적으로 확대 재생산되기까지 할 정도로 확고하게 자리를 잡는다.

물론 선교사들이 이런 상황을 그대로 긍정한 것은 아니었다. 제임스 게일은 이런 번역 상황을 이렇게 요약했다. "오래된 것은 사라졌고, 새로운 것은 아직 도래하지 않았다. 일본적 관념들, 서구적 관념들, 신세계의 사상들이 그 존재가 명확히 정의되지도 못한 채, 마치 무선 전신들과 같이 허공 중에서 서로 충돌하고 있다."[13] 한국의 근대 문명이란 그에게 미궁과도 같은 것이었다.

---

12) H. H. Underwood, "Preface", 『英鮮字典(*An English-Korean Dictionary*)』, 京城: 朝鮮耶蘇敎書會, 1925.

13) James Scarth Gale, "Korean Literature", *The Christian Movement in Japan, Korea, and Formosa*, Kobe, 1923, p.468.

오늘날, 도쿄제국대학의 졸업생들은 그들의 선조가 남긴 것들, 그러니까 문학적 업적과 같은 특별한 유산들을 읽을 수 없다. 세상에 이런 일이 있을 수 있단 말인가? 조선의 문학적 과거, 한 위대하고 놀라운 과거는 이런 대격변에 의해, 오늘의 세대에게 사소한 흔적조차 남기지 못한 채 어디론가 파묻히고 말았다. 물론 오늘의 젊은 세대들은 이런 사실에 더없이 무지하며, 이런 상실 속에서도 극히 행복해 한다. 그들은 그들 세대의 잡지를 가지고 있는데, 거기다 철학 논문들에서 배운 지식으로 온갖 확신에 가득차 칸트와 쇼펜하우어에 대해 쓴다.[14]

그러나 이런 상황을 돌이키기란 불가능했다. 게일이 "Korean Literature"(1923)의 결론에서 쓰고 있는 바 "어쨌든 새로운 것은 도래할 것"이었고, 필요한 것은 그것이 자연스럽고 또 격조 있는 것이 되기 위한 시간이었다. 깊이야 어떻든, 칸트와 쇼펜하우어의 용어와 제국대학발(發) 문체가 동양의 고전이나 한문, 또 미성숙 상태의 고유어를 대체하여 갱신하고 있었던 까닭이다.

영한사전을 비롯한 외국인들의 이중어사전이나, 영일사전 등을 참조하며 실제 번역을 해 나갔을 한국의 번역가들을 생각한다면, 근현대의 한국어 자체가 근원적으로 어휘적 수준의 중역(重譯)에 의해 커다란 편익과 함께 그 이상의 곤란을 겪었음은 족히 짐작이 된다. 한국의 수용 번역이 한국어에 미친 영향은 그런 의미에서 일본(이나 중국)의 번역물이 한국어에 끼친 영향과 따로 떼어 생각하기 어렵고, 그런 의미에서 한국의 근대어는 일종의 '중역한 근대'[15]라는 말로 요약될 수 있는 측면이 없지 않다. 성서 번역을 위해 한국어를 공부하고, 또 이를 위한 사전과 문법서를 편찬

---

14) 위의 책, p.465.
15) 이 용어는 조재룡이 다음 논문에서 애써 강조한 용어이다. 조재룡, 중역(重譯)의 인식론: 그 모든 중역들의 중역과 근대 한국어, 『아세아연구』통권 145호, 2011,

하고 나아가 한국 문화를 연구하고 번역했던 외국인 선교사들의 고민과 그 해결 방향이 이를 증명하고 있지 않은가.

주지하다시피, 해방 이전까지 한국인이 한국어사전이나 이중어사전을 만든 사례는 극히 드물다. 외국인 선교사들이나 식민자들에 의해 만들어진 오랜 사전의 역사에 비한다면, 김동성의 『최신선영사전(最新鮮英辭典)』(1928)이나 문세영의 『조선어사전』(1938), 보다 작게는 심의린의 『보통학교 조선어사전』(1925)과 같은 사례는 오히려 예외적인 위업이라고까지 말할 수 있다. '말뭉치'라는 말처럼 선행 외국인들의 작업이 뭉치의 형태로 추후의 한국어사전 편찬이나 이중어사전 편찬에 크고 작은 영향력을 끼쳤음은 논증된 적이 없으나 여러 회고들을 통해 볼 때 명확하다 하겠다. 이 참고 목록에는 일본에서 발행된 사전류도 포함된다. 그렇다는 것은 한국의 근대어 연구, 개념사 연구가 가진 고유한 난점과 문제 틀의 포괄성을 암시한다 하겠다. 이중어사전 창출 과정의 통국가성(通國家性, transnationality)에 대한 이해야말로, 한국 근대의 고유성에 접근하는 길인 것이다.

4. 현대 한국어와 중역,
끝나지 않는 개화기-고유성을 읽는 또 하나의 문법

한국어의 회복 혹은 번역 투의 제거, 고유한 근대에의 고찰이라는 오랜 소망이 있다. 그러나 "Heaven helps those who help themselves."를 번역한 "天ハ自ラ助クルモノヲ助く"라는 문장을 "天은 自助하는 자를 助한다."라고 번역[16]하는 일들, 종종 그런 가혹한 중역을 동반하며 형성된 한국어에

---

16) 사뮤엘 스마일즈(Samuel Smiles)의 Self-Help를 번역한 나카무라 마사나오(中村正

있어 고유어의 회복이라는 문제, 번역 투의 극복이라는 문제, 한국어다운 번역이라는 문제는 쉽지 않은 난제에 속한다.

이를테면 중역(重譯) 역시 필요의 산물이고, 이 필요란 보다 넓은 의미에서의 창조와 관련되어 있는 것도 사실인 까닭이다. 쓰보우치 쇼요(坪內逍遙)가 번역한 셰익스피어로 영문학을 배우고 원서는 다루지조차 않던 장소17)에서 그러한 책들을 일본어로부터나마 번역한다는 것의 의미는 '중역'이라는 말로 간단히 정리할 수 있는 성질의 것이 못 된다. 마찬가지로 개념어 연구에 있어서도 문제는 창출 과정 그 자체라기보다는 그 화용론적 양상일 터이다. 요컨대 담론적 질서와 현실적인 체제 변동을 근대 한국이라는 고유한 장소 안에서 이해하는 일이야말로 우리들의 과제인 것이다.

해방기의 영문학자이자 비평가였던 김동석은 "러시아어를 모르면서도 에세-닌에 대하여 생리적인 공감을 느끼고 역(譯)까지 하였다는 것은 장환[오장환: 인용자] 또한 에세-닌과 꼭 같은 혁명기의 시인이기 때문"이라고 말한 바 있다. 필요가 실천을 낳고 실천이 현실을 만든다. 김동석은 이렇게 쓰고 있다. "시란 한 번 번역해도 그 생명의 절반을 잃어버리는 것이어늘 중역은 더 말할 것도 없다. 하지만 이 시집을 장환이 에세-닌에 의탁하여 시방 조선의 시대와 시인을 읊은 것이라 보면 많은 독자에게 크나큰 공명을 일으킬 것이다."18) 어쩌면 한국어와 한국 사상을 압도해버린 개화

直)의 『西國立志編』(1871)을 번역한 홍영후의 『靑年立志編』(博聞書館, 1925)의 제1장 제1절의 번역.

17) 이화여전 영문학의 사정에 대한 김갑순의 회고를 참조. 최영 외 대담, 「한국영문학의 어제와 오늘3; 김갑순 선생을 찾아서」, 『안과밖』 제4호, 영미문학연구회, 창작과비평사, 1997.

18) 金東錫, 「詩와 革命-오장환 譯 「에세닌 시집」을 읽고」, 『藝術과 生活』, 博文出版社, 1947. 『김동석평론집』(1989), 서음출판사, p.183.

기의 상황이나, (후기) 식민지의 급박한 현실이 잉태한 번역 및 번역 문체의 주류성, 그럼에도 불구하고 실제의 번역은 중역이나 언어 이입이라는 현상에 의존했던 사정은 그 나름의 역사적 한계이지 누구의 탓이라 이야기하기 어렵다.

중역은 또 다른 원텍스트를 불러들인다는 점에서 일종의 '모자란 번역'이다. 하지만 여기서도 '충실한 번역'은 원리상으로는 얼마든지 존재할 수 있다. 왜냐하면 원리상 중역 자체도 언어 간 번역임에 틀림없기 때문이며, 오히려 보다 많은 언어들 사이에서 '언어'를 구하고 있다고도 할 수 있기 때문이다. 중역 역시 일본어(나 중국어)와 한국어 사이의 번역이다. 서양의 선교사들이 이런 언어 이입을 비판적으로 묘사하면서도 한일 간, 한중 간 번역의 주도성을 적극적으로 전유했던 것도 이때문일 것이다.

애초에 번역이라는 말의 어원에는 '지식과 제국의 이동'이라 뜻이 포함되어 있다. 제국의 이동(translatio)은 식민자가 지배권을 갖는다는 개념으로 역사적 사상이나 이상을 넘어서는 일이며, 자체가 식민화가 진행되는 과정의 사소한 부분에까지 거대한 우주적 일관성을 부여해준다[19].

우리들의 한국어, 이 우주는 어떤 이동의 산물인데, 흥미로운 것은 이 이동이 앞서 말한 바, 중국 중심의 천하 질서의 장기 지속 속에서 일어난 문화 내 번역, 외국인들에 의한 전파 번역, 한국인 중심의 수용 번역의 세 갈래 길을 따라 일어났다는 점이다. 이 세 길을 종합하는 방법은 어디에 있을까. 우리는 감히 '이중어사전'의 창출 과정이 세 길의 교차점 속에서 존재한다고 주장한다. 따라서 우리는 '이중어사전'을 입구로 하여 번역, 개념어, 근대 한국어의 제 문제들을 매우 기능적이고 구체적인 형태로

---

19) 더글러스 로빈슨, 『번역과 제국』, 정혜욱 역, 동문선, 2002, pp.87-89.

확인하려 하였고, 이 책은 그 첫 결과물이다.

　서설을 마치며 하나의 에피소드를 환기시킴으로써 우리가 다룬 대상의 역사성과 현재성을 다시금 강조하고자 한다. 해방 후 일본이 물러가고 미국이 들어오던 국면의 한국어는 과연 어땠을까. 좀 더 좁혀 말해 새로운 한국어 환경에서 가장 중요한 번역 도구였을 이중어사전은 어떠했을까. 여기 하나의 증언이 있다.

　　미군정 하에 있는데 아무래도 우리가 서양 문화를 계승해서 뭘 알아야 독립국가 행세를 하지, 안 그러면 또 일본의 속국이 되기 쉽다, 뭘 해야 되겠냐니까 뭐 별 큰 얘기는 없지 않느냐, 우리들은 나이 많은 사람도 많고 더 공부할 기회도 없는 사람들인데……그러면 무슨 일을 어떻게 하느냐는 물음에 한 여남은 명 모두가 사전이 있어야겠다는 데에는 이견이 없더라. …(중략)… 이양하는 직장이나 가족도 없이 최정우 집에 하숙을 하고 있어서 항상 둘이 같이 다니고 그랬는데, 나중에 알았지만, 그 뒤에 그 둘이 사전을 만들려고 시작을 했단다. 'ABC'까지는 되어 있대. 나하고 합작을 한 것은 6·25 직전쯤인데 'ABC'는 되어 있으니까 나더러 'DEF'를 하라는 거야. 일본 사전을 베끼는 거지. 우리가 어찌 금방 사전을 만드나. 이치가와(市川三喜) 선생이 만든 '포켓용 리틀 딕셔너리'를 베껴서 가기로 했지. 그걸 하다가 이양하는 미국에 갔지. 내가 마무리를 하기는 했다만. 그건 거의 비슷하게 번역을 했는데 말이 어떻게 하느냐가 문제란 말야. 일본 시대 때는 한국말을 못 썼으니 영어 단어 하나하나를 우리말로 어떻게 해야 하는지……한자는 그냥 쓰기로 했다. 가령 'school'이면 '學校'라고 한자로 써 놓고 그것을 우리말로 '학교'라고 썼지. 그러니까 'school'에 대해 같은 한자를 쓰고 일본 말과 우리말은 서로 달리 읽는 셈이지. '철학'이라면 일본말로는 '데쓰가쿠'지만 우리말로는 '철학'이란 말야. 한자는 안 쓰고 한자음을 가지고 우리말이라 하고 일본말은 일본 사람이 쓰던 한자를 그냥 쓰는 거지. 그것밖에는 방법이 없었어. 안 그러면 몇십 년을 기다려 우리말이 생겨날지 알 수가 없는데 어쩌나. 일본

사람들이 그 뒤에 말하는 걸 들으니, 서양 사람들 말을 번역하는 데 수십 년이 걸렸는데 그것을 배워서 한국 사람들은 절약이 되었다는 거야. 그것은 사실이야.[20]

그렇다는 것은 다음과 같은 결과를 낳았다.[21] 첫 번째, plain water를 '순수한 물/담수'로 번역하고 '맹물'을 등재하지 않는 경우와 같이, 소위 고유어가 빠지게 된다. 이는 당연히 고유어를 지향하는 문학어의 번역에 있어서 일상어적 감각과 문학적 효과를 떨어뜨리는 주범이 된다. 두 번째 crane을 '학(鶴)'으로만 번역하여 '두루미'가 빠지는 경우처럼, 실제로 쓰이는 번역어가 빠지기도 한다. 이는 당연히 번역에 있어서의 어휘 선택의 폭을 줄여 버리기에, 다양한 문맥에 대한 대응력을 떨어뜨린다. 세 번째로 coeval을 '같은 나이의 사람, 같은 시대의 사람'으로 번역하여, '동갑내기, 동시대인'이라는 경제적인 전달이 저해되는 경우처럼, 번역어가 단어가 아니라 설명으로 그쳐 버리는 경우가 있을 수 있다. 이는 축자 번역이라는 번역의 기본 공정을 둔화시키며, 번역문을 설명조로 만들 수 있는 위험을 발생시킨다. 네 번째, face에 '얼굴'이나 '표정, 안색' 관련 어휘를 다양하게 배치하여 나가면서도 '낯'이라는 고유어를 놓치는 경우처럼, 보충해야 할 번역어들이 적지 않다. 한자어와 고유어의 분할뿐 아니라 고유어 내부에

---

20) 이상옥 외 대담, 「한국영문학의 형성; 권중휘 선생을 찾아서」, 『안과밖』 제2호, 영미문학연구회, 창작과비평사, 1997.

21) '사전' 자체의 중역으로부터 발생하는 이런 이중어사전의 문제점에 대해서는 이재호, 영한사전의 문제점, 『영어영문학』 제46권, 제2호, 2000를 참조. 『영한사전』류를 폭넓고 꼼꼼히 검토한 한 원로 영문학자는 이렇게 일갈한다. "한영사전의 역사를 보면 독자는 많은 번역어 보충의 필요성을 절실히 느낄 것이다. 영한사전 편찬의 역사는 일본 『英和字典』 편찬의 역사와 비교해 보면, 영한사전은 영문학 교수들의 참여가 거의 없는 수치스런 역사라 해도 지나친 말이 아닐 것이다." 위 논문, p.441.

서의 다양한 분절을 고려해야 하는 번역에서는 이 또한 난관이다. 다섯
번째, '좌골신경통(sciatic neuralgia/坐骨神經痛)'의 반대어로 '우골신경통'
이 연상된다 해도 방법이 없듯이, 무엇보다 한자 단어가 한글로만 적혀
있어 의미 전달 기능이 마비된 경우들이 허다하다.

변화하는 국제 환경에의 대응과 다양한 원천의 지식 생산의 필요성을
생각하는 한, 여전히 번역은 한국 문화의 중요한 사명 혹은 국면임에 틀림
없다. 그러나 문제는 이런 '중역적' 상황이 여전히 진행형인 데다, 개선의
여지도 별로 없어 보인다는 점이다. 음역 중심의 '무(無)번역의 번역'이
만들고 있는 난경(難境)은 말할 것도 없다. 언문일치를 이상으로 삼는 민
주주의 및 문학어의 지향과 한자어로 이루어진 번역어의 세계 사이에서
작업해야 하는 번역가들의 곤경은 단순히 직역인가 중역인가[22], 번역 투
인가 아닌가 하는 문제를 넘어서 있는 것이 아닐까. 우리가 살펴야할 것은
'진정한' 고유성의 회복이 아니라, 한문맥과 구문맥이 절합되며 생성된 근
대 한국어의 역사, 즉 역사의 고유성 그 자체이다.

우리의 견해는 좀 더 작게도 말해질 수 있다. 국어사전 편찬과 관리도
중요하겠지만, 이중어사전에 대한 체계적인 조사와 비판과 제언도 필요하

---

[22] 『일한사전』이나 『한일사전』의 경우는 상황이 더욱 심각하다. 거의 모든 한자어가
음역되어 있는 이들 사전이 미칠 결과는 재앙적인 수준이다. 그나마 식민지 시기
이래의 단어 교환이 이질감을 상쇄하여 왔지만, 식민지 시기의 문헌을 읽은 사람
이라면 누구나 '及(および), 取締(とりしまり)'와 같은 일본식 한자어의 빈출과 그
에 따른 문맥의 막힘에 당황한 적이 있을 것이다. 해방 후 한국 문학의 일본어
번역을 도모하며, 백방으로 번역자를 구하던 김소운이 번역된 문장의 결과를 보고
느낀 바는 이랬다. 사전부터 잘못됐고, 사전 없이 번역할 수 있다는 생각부터가
고약하다. 한·일국교정상화 이후 한국의 휘문출판사가 '최초의 일한사전' 편집을
의뢰했으나 "일한사전은 일본어를 배우는 한국인을 위한 것이니 일본 문화 수입을
돕는 것"이라면서 거절한 뒤 한일사전의 편찬을 맡아 1967년 초판을 발간한 일화
도 그러한 차원에서 이해가능하다. 김인범, 「친일반민족인사(?)―나의 아버지 김
소운」, 『대산문화』 2007년 가을호 참조.

다. '국어 정책'이나 '국어 사랑'은 정화와 선양에만 있는 것이 아니다. 때때로 그것은 외국어 공부 안에서도 실천되어야 마땅하다. 왜냐하면 역사가 이미 그러하기 때문이고, 국어 역시 누군가의 외국어인 까닭이다. 더구나 우리 삶은 더 이상 외국어 없이 영위될 수 없다. 그 첫 지점에 외국인들의 이중어사전이 있는 것이다. 그래서 우리는 이중어사전을 읽는다. 수많은 번역가가 그러했듯이, 왼손에 펼쳐 들고, 오른손으로 써나간다. 이 책은 이와 같은 양손 쓰기를 요청하는 것이다.

1부

한국어 관련
이중어사전
편찬 과정과 원리
: 계보적 고찰

번역가의 왼손, 이중어사전의 통국가적 생산과 유통
: 언어 정리 사업으로 본 근대 한국(어문)학의 생성

버드 비숍 女史를 안 뒤부터는 썩어빠진 대한민국이
괴롭지 않다 오히려 황송하다 歷史는 아무리
더러운 역사라도 좋다
진창은 아무리 더러운 진창이라도 좋다
— 金洙暎, 「巨大한 뿌리」(1964) 중에서

1. 어떤 동상이몽, 일국학(一國學)의 통국가성(通國家性)

1907년의 한 신문 기사는 한국에서 근대 한국(어문)학이 어떻게 탄생하
게 되는지에 대한 중요한 암시점을 제공하고 있어 흥미롭다. "周時經과
美人「奇一」· 法人「安神夫」· 日人 高橋亨이 韓語硏究會를 組織하다[1]."

---

1) 『大韓每日申報』, 1909年 12月 29日. "연구회조직 한국인 쥬시경 미국인 쎄일 법국인
안신부 일본인 고교제씨가 치작일오후칠시에 동양협회에 회동ㅎ여 한어연구회를
조직ㅎ엿다더라." 아마 이 기사를 받아쓴 것으로 보이는 동일한 내용의 기사가
미국에서 발간된 『신한민보』 1910년 2월 2일자에도 실려있다. "한어연구회 한국인
쥬시경 미국인 쎄르 법국인 안신부 일본인 고교형 졔씨가 동양협회에셔 한국말
연구회를 조직ㅎ얏다더라." 또한 게일이 주시경에 관한 언급한 것으로 추론되는
글이 한 편 있다.(이만열, 류대영, 옥성득, 『대한성서공회사』Ⅱ, 대한성서공회,
1994 115-116쪽) 로스 킹은 개신교 선교사의 정서법 논쟁과 한국 근대 지식인의
정서법 재정을 비교검토하여 '국학'과 '한국학' 사이의 관련성을 추론한 바 있다.
("Western Missionaries and the Origins and the Origins of Korean Language Modernization,"

이 한 줄이 국어학과 국문학 혹은 국사라는 쉽게 번역되지 않는 학문을 하는 이들에게 던져 줄지도 모를 파문으로부터 우리들의 이야기는 시작된다.

여기서 미인(美人) 기일(奇一)은 캐나다인 선교사 게일(James Scarth Gale)이며, 일인(日人) 고교형(高橋亨)은 경성제대의 조선학을 이끈 다카하시 도루이다.[2] 이 〈한어연구회〉가 흥미로운 것은 이런 이름들이 보여주는 혼종성이야말로 불어, 영어, 중국어, 독어, 일본어, 조선어가 서로의 어휘집을 번역·교환하는 이중어사전의 성립 과정 및 이를 하나의 원천으로 하여 형성된 근대 '조선어/한국어사전'의 운명을 예감케 하기 때문이다.

주지하다시피, 주시경은 근대 한국어 연구의 상징이자 언어민족주의의 구성에서 가장 시원적인 존재이다. 다카하시 도루는 이때 막 도쿄제국대학을 졸업(1902)한 후 대한제국 관립 중학 교사로 일하고 있기는 했으나, 한일합방과 함께 곧 조선총독부 관리로 변신하기 직전이었다. 총독부 시학관을 거쳐 경성제대에서 조선어 조선문학 제1강좌를 담당했던, 그러니까 유일한 조선(인)문학 강좌 교수였던 그가 한국학 연구에 남긴 족적은 긍·부정을 떠나 다대하다. 마찬가지로 제임스 게일은 언더우드(Horace Grant Underwood) 등과 함께, 한글 성서를 번역하여 편찬하며 근대 한국어 형성에 결정적인 전환을 일으킨 사람[3]이자, 한국 고전 및 한국 역사 연구

Journal of international and area studies 11 (3): 7-38. Seoul: Institute of International Affairs, Graduate School of International Studies, Seoul National University, 2005 pp. 26-33.)

2) 다카하시 도루에 대해서는 박광현, 「경성제대 '조선어학조선문학' 강좌 연구-다카하시 도루(高橋亨)를 중심으로」, 『한국어문학연구』제41집, 2003; 「다카하시 도오루와 경성제대 '조선문학'강좌」, 『한국문화』제40호, 서울대 규장각 한국학연구원, 2007; 구인모, 「조선연구의 발산과 수렴의 교차점으로서 민족성 연구」, 『한국문학연구』제38집, 2010 등을 참조.

3) 게일은 성서 번역에 참여한 여섯 명의 선교사 중 한 사람이었다. 게일과 언더우드

를 학문적 차원으로 끌어올린 몇 안 되는 초기 한국학자 중 한 사람이었
다.[4] 이 사소할 수도 있는 기사가 중요한 이유는, 바로 이와 같이 한국어
연구, 나아가 한국학 연구의 창생이 처음부터 매우 통국가적인(transnational)
방식으로 성립되고 있었음을 보여주고 있기 때문이다.

　주시경의 제자이자, 차후 김동성의『最新鮮英辭典』편찬에서 교열을
돕게 되는 권덕규의 회고는 이렇다. "學部 內에 國文硏究所가 開設되매
그 硏究의 中樞가 되며 外人 間에 韓語硏究會가 設立되매 그 辯難의 標準
이 되"[5]었다. 그러나 주시경을 표준으로 하여, 외인이 충실히 한국어를
'학습'한 것만은 아니다. 그런 일방적 관계란 없다. 주시경은 한국어 문법
서 편찬의 표준을 캘리포니아주의 영문법 교과서 속에서 찾았다.[6]

　국어학자 김윤경은 이 장면을 이렇게 묘사한다. "영국인 선교사 게일
박사는 서양 사람을 위한 한국어 연구소를 차린 적이 있었는데 그(주시경:
필자)는 여기에도 초청되어 강의하였다. 게일 박사는 영국왕립협회 아시
아 지부장으로 있으면서 우리 역사와 문헌을 많이 섭렵한 사람이다."[7]
그러나 식민지기의 한 회고를 보면, 같은 장면이 조금 달리 표현되어 있다.

　　만이 성서 전역의 전 과정에 참여했다. 여기에 대해서는 류대영·옥성득·이만열
　　공저,『대한성서공회사Ⅱ』, 대한성서공회, 1994 참조.
4) 예컨대, 브루스 커밍스의『한국현대사』(김동노·이교선·이진준·한기욱 공역,
　　창작과비평사, 2003) 등에서 제임스 게일은 지금도 여전히 역사적 실감을 제공하
　　는 인용의 원천이다. '찾아보기'를 기준으로 그의 이름은 총 16면의 지면에 나오며,
　　이는 고종보다는 한 차례 적지만, 인촌 김성수와는 동일한 숫자다. Bruce Cumings,
　　Korea's Place in the Sun: a modern history, W. W. Norton & Company, 1997. 인용빈도
　　에 있어서 단일학자로는 최다이며, 원천으로서는『New York Times』다음이다.
5) 권덕규,「周時經先生傳」,『朝鮮語文經緯』, 廣文社, 1923, p.42.
6) 정승철,「『국어문법』(주시경)과 English Lessons」,『국어국문학』134, 2003.
7) 김윤경,「주시경: 한글문화의 높은 스승」,『한국의 인물 탐사기 6』, 오늘, 1996,
　　p.340.

전도하기 위하여 성서를 한글로 번역하여 우민 남녀 노유(老幼)에게 그 성격을 읽히기 위하여 한글을 가르치며, 이미 소개함과 같이 학교를 처처에 설립하고, 자녀를 모아 교육하되 종래 유교 교육과 같이 순한문으로 하지 아니하고, 순한글로 하였습니다. 종래에는 유학에 중독되어 한문이 아니면 문자가 아니라고 생각하여, 한문을 모르면 크게 부끄럽게 생각하지마는 한글을 모름은 태연할 뿐 아니라, 도리어 모르는 것을 자긍할 만큼 한글을 멸시하였던 것입니다. 그러하오나 보배가 언제까지든지 묻히어 있을 것이 아니기 때문에, 마침내 기독교가 그 그릇된 생각을 깨뜨리고, 한글의 가치를 천명하여 광채를 세계적으로 발휘하게 함에 큰 공적을 끼친 것입니다.[8]

김윤경의 회고는 매우 상징적인데, 왜냐하면 한국에 관한 학문과 이것을 가능하게 한 근대 한글이 바로 성서와 외국인들에 의한 자극, 아니 외국인과의 협업의 소산이었음을 그가 발설하고 있기 때문이다.

우리의 의문은 소박하다. 어쩌면 좌절된 프로젝트 혹은 무(無)로부터의 창조라는 형태로 이야기되거나, 총독부의 공권력과 조선어학회의 한글 표준화 작업이 길항하며 완성된 것으로 이야기되어 온 한글 표준화 운동과 한국어사전 편찬이 실제로는 훨씬 통국가적이고 복잡한 과정을 통해 이루어졌다는 것은 아니었을까? 예컨대, 최초로 조선어학을 체계화한 학자로 이야기되는 오구라 신페이는 그의 저서를 통해 일관되게, 선행 연구들을 "조선인의 著述(朝鮮人の著)·내지인의 저술·외국인의 저술"이라는 세 가지 분류 체계 속에서 논하고 있다.[9] 또한 諺解를 經子類, 敎化類,

---

8) 김윤경, 『朝鮮文字及語學史』, 조선기념도서출판관, 1938, p.64. 차후의 모든 밑줄과 굵은 글씨의 강조는 필자의 것임.
9) 小倉進平, 『增訂朝鮮語學史』, 刀江書院, 1940. 3장 2절의 조선어 보통 사서, 3장5절의 음운·어법·어계(語系), 3장 7절의 성서번역 작업과 언문 로마자 전사 문제, 3장 8절 語原, 3장 11절 언문에 관한 일반적 연구, 3장 12절 언문의 기원, 3장 14절

政法類, 歷史類, 語學類 및 종교, 기술적 지식, 가요 및 문학 등으로 분류한 그의 체계는 모리스 쿠랑에 이르러 확립된 한국 서지의 분류법을 그 기본으로 하고 있는 것처럼 보인다.[10] 그러니까 오구라 신페이에 따르면, "조선 어학사의 범위는 무릇 두 부분으로 이루어진다. 즉 그 하나는 조선인 및 외국인의 조선어 그 자체에 대한 연구의 역사요, 그 둘은 조선인의 외국어에 대한 연구의 역사이다."[11] 그렇다면 우리가 한국 학술사의 기본이 되는 한국어문학에 대한 고고학적/계보학적 접근을 위해서 해야 할 일은 "조선인 및 외국인의 조선어 연구"와 "조선인의 외국어에 대한 연구"의 역사를 호혜적으로 구성하는 일일지 모른다.

또 다른 사례, 이를테면 제국일본의 핍박에도 불구하고 조선인에 의한 조선학이 본격적으로 개시된 시간으로 이야기되는 1930년대 중반의 한 '국사학자'(당시로서는 '조선학'자)의 일상은 결코 일국적이지 않다. "매번 도서가 갖추어져 있지 않아 참고할 길이 없던"[12] 조선 학자 문일평은 매일 같이 (경성제대) 대학 도서관에 가서 사료를 베낀다. 이번에는 규장각 표압인(票押印) 서명(署名)을 청구해야 한다. "경성제대 다카하시 도루 교실에서 다다 마사토모를 기다린다." 다다의 집으로 가 메밀국수를 먹는다. 도원(道園, 김홍집)의 사진은 위당(爲堂, 정인보)에게 있고, 홍영식의 사진은 원한경(元漢慶, Horace Horton Underwood)에게 있다. 일람각(一覽閣)

이두 및 토 등이 모두 이런 편제로 되어 있다.

10) 모리스 쿠랑(Maurice Courant)의 『한국서지(Bibliographie Coréenne)』(1894-1896)는 조선총독부 도서관 사무 촉탁(朝鮮総督府図書館事務嘱託)으로 후에 교토대학(京都大學) 교수가 되는 오구라 치카오(小倉親雄)에 의해 영역본으로부터 그 서론이 중역된다. モーリス・クーラン, 「朝鮮書誌序論」, 小倉親雄譯註, ロイズ英譯, 『挿畵』, 1941.

11) 小倉進平, 『增訂朝鮮語學史』, 刀江書院, 1940, p.1.

12) 문일평, 『문일평 1934년: 식민지 시대 한 지식인의 일기』, 이한수 역, 살림출판사, 2008. 원문은 한문.

주인 육당(六堂)이라면 쉽겠지만, 자손들이나 장서가들이 얼마나 쉽게 내어줄지 알기 어렵다.

한말 관립법어학교(官立法語學校) 전(前)교사 마태을(馬太乙, Emile Martel), 경성제대 교수 다카하시 도루, 다다 마사토모(多田正知), 오다 소고(小田省吾). 1934년 벽두의 한 달 반 동안 문일평이 만난 사람들이다. 시노부 준페이(信夫淳平), 덕니(德尼, Owen N. Denny), 산도(山島, William F. Sands), 묄렌도르프(Paul George von Mllendorff), 윌리엄 엘리엇 그리피스(William Eliot Griffis), 아서 매킨지(Frederick Arthur Mckenzie), 제임스 스캇 게일(James Sacrth Gale). 1934년의 첫 두 달 동안 문일평이 읽었거나, 읽기로 해 번역을 맡겼던 저자들의 이름이다. 『近世外交史』, 『China and Corea(清韓論)』, 『UNDIPLOMATIC MEMORIES: The Far East 1896-1904(極東回想錄)』, 『穆麟德傳』, 『隱遁王國(Corea: The Hermit Nation)』, 『支那外交通史』, 『The Tregedy of Korea(한국의 비극)』, 『A History of Korean People(朝鮮文化史)』, 『朝鮮史講座』, 『ОписаниеКореи, составленновконцеляриииминитерствафинансов(韓國志)』, 『靑丘學叢』, 『露國東方策』, 『Korea Review(朝鮮評論雜誌)』. 문일평의 1934년 일기의 첫 두 달 동안 등장하는 외국 서적의 이름과 그 원제들이다. 물론 당연히 그가 읽는 가장 많은 글은 한국이라는 땅에서 생산된 한적(漢籍)들이지만, 그는 만나야 하고 번역해야 하고, 무엇보다 돌아 다녀야 한다. 그가 특별한가. 외교사에 관심이 있었다는 점에서는 그럴지 모르지만, 오히려 초년에 유학한 그는 진단학회 멤버들 중에서도 가장 외국어에 약한 사람 중 하나였다. '조선학' 혹은 한국학은 과연 어디까지가 조선인의 것인가.

그렇다는 것은 단순히 언어나 역사의 문제에 국한되지 않는다. 단적으로 말해, 경성제국대학으로부터 연역되거나, 민간학으로부터 연역된 한국어문학 혹은 한국학의 발생에 대한 이해와는 별도로, 한국학의 원천 자체가 이미 '오염된 것' 혹은 제국(어)들의 교통로에서 시작되었고, 거의 언제나 그 교통로 안에 있었던 것이 아닐까 하는 것이 이 글의 문제 의식인 것이다.

학술 및 지식 생산의 토대 혹은 원천으로 지적되는 요소들에는 여러 가지가 있다. 국가의 안보 및 정책상의 고려, 자본의 이해 관계, 제국(주의)의 지정학적 이해관계, 대학을 중심으로 한 사회적 재생산, 근대화 동력 산출을 위한 개발학적 요구, 정당 정치에 따른 가치중립적 가설 지대 구성, '관학'에 저항하는 민간학 운동과 사회운동, 문자 그대로의 우연 등등이 그것이다. 이런 요소들의 다양한 배치 속에서 구성되어 온 한국의 근대 학술은 어디서 왔으며 지금 어디로 가고 있는가. 주지하다시피, 최근 자국학 구성 및 비판, 지역학 및 정책 학문 비판, 자본 개입에 대한 검토, 중앙 및 지역의 위계, 학술 권력의 성립 등의 형태로 학술사에 대한 다양한 연구가 이루어지고 있다. 그러나 한국 혹은 동아시아 학술사를 연구하는 데 있어서, 그 전범 형성의 통국가적 구성 및 유통에 대한 탐구는 그 필요성에도 불구하고 간과되어 오다시피 했다. 일국학의 탈구축에서 한걸음 더 나아가, 그 구성 과정의 통국가성(transnationality)을 살피는 작업이 요청된다.

그렇다고 할 때, 근대사상 및 학술을 형성한 개념, 전범, 권력의 시작과 변천을 살피는 작업은 오늘날 현대 한국인들의 사유를 낳은 '원천과 과정', '대과거와 근과거'를 살피는 일일 뿐 아니라, 국가들 사이에서 유동하는 사유의 미래를 생각하는 데 있어서 매우 중요한 지점이라 할 것이다. 나는 이 글에서 조선말에서 식민지 시기에 이르는 기간 동안 산출된 각종 이중어사전을 대상으로, 근대 한국어의 학술 개념어 정리 작업과 한국에 관한 지(知)의 근대 학문화 과정의 일단에 대해 살피게 될 것이다. 왜냐하면 외국인들이 최초로 한국에 관한 지(知)를 형성하는 과정은, 한국인 신자들과 공동으로 이루어지는 성서의 번역과 이와 동시에 수행되는 사전 편찬과 같은 일을 통해서였고, 이는 그 자체로 통민족적인 협업의 첫 지점이기 때문이다. 이를 통해 형성된 지식을 아카데미즘의 훈련 위에서 번역해나갈 때, 그들의 한국학—우리들이 앞으로 참고하게 될 한국에 관한 학술이 생겨나게 될 터이다. 한국(어문)학의 장은 어떻게 시작되고 있는가.

신앙과 앎의 공동체, 만남과 서신, 책과 논문 읽기를 통해 구성되는 아카데미아 위의 협업과 경합, 국가 단위의 학술사로서는 좀처럼 포착되기 어려운 '학술 공화국(Republic of Letters)'[13]을, 다양한 이념과 지(知)가 각축하는 식민화 공간 한양 혹은 경성을 중심으로 묘사해 보려 한다. 이를 통해, '한국학'이라는 (일)국학의 통국가적 구성 과정, 즉 실로 다양한 힘의 질서와 정치 문화적 기획들, 사상사적 도전들의 한 자락을 해명할 수 있으리라 믿는다.

---

13) Ian McNeely & Lisa Wolverton, *Reinventing Knowledge: From Alexandria to the Internet,* W. W. Norton & Co., 2009. (이언 F. 맥닐리·리사 울버턴, 『지식의 재탄생: 공간으로 보는 지식의 역사』, 채세진 역, 살림출판사, 2009); Goodman, Dena, *The Republic of Letters: A Cultural History of the French Enlightenment.* Ithaca NY: Cornell University Press, 1994. 대개 '서신공화국'으로 번역되며, 본래는 르네상스에서 계몽주의 시대까지(16-18세기)의 원거리 학문 네트워크를 뜻하는 말이다. 서신 교환, 학회, 학술지 등에 의해 등장한 초지역적 학술집단과 그들의 신념·소속감을 지칭한다.

2. 제국들의 한국학 혹은 '國學'의 원천 - 이중어사전과 근대 한국어

오직 하나의 언어로 표제어와 풀이 문장을 제시한 사전을 단일어 사전 (monolingual dictionary)이라 할 규정할 때, 이중어사전(bilingual dictionary) 이란 표제어와 풀이 문장이 서로 다른 언어로 구성된 사전으로, 흔히 '대역 사전(對譯辭典)'으로도 불린다.14) 그러나 대역사전에는 『漢韓日英新字典』 과 같이 풀이 언어가 둘 이상으로 대역되어 있는 경우가 있어 이는 '다중어 사전(多重語辭典)'이라는 별도의 명칭을 부여할 만하다.15) 단일어사전과 이중어사전은 그 목적을 각각 달리하는데, 이중어사전은 특히 외국어 학 습 혹은 번역과 관련되어 있다. 이중어사전 자체가 원천 언어(source lan-guage)로부터 목표 언어(target laguage)로의 횡단적 이동(trans·latio)이라 는 점에서 번역을 위한 본원적 축적이자, 그 자체로 완전한 '번역물'이라 할 수 있다. 현재까지 그 편찬자와 서명이 확인되는 한국어 관련 어휘집과 주요 이중어사전들의 목록을 해방 전 시기까지 확인해보면 다음과 같 다.16)

---

14) 사전의 유형에 대해서는 이병근, 『한국어사전의 역사와 방향』, 태학사, 2000, pp.17-18.

15) 『漢韓日英新字典』은 이가원 감수, 김유열 편으로 1975년 실제로 간행(대영출판사) 된 사전의 이름이다. 다른 편자에 의해 한국어, 중국어, 일본어, 불어, 독어, 영어를 대역하는 『세계어사전』도 간행된 적이 있다.

16) 이 목록은 여전히 완전한 것이 못 되며, 더 많은 조사가 필요하다. 이 분야에 대한 가장 종합적 연구는 후에 조선총독부의 『朝鮮語辭典』편찬에도 관여하는 오구라 신페이의 『朝鮮語學史』, 刀江書院, 1940에 의해 이루어졌다. 그 외 이응호, 「외국인 의 사전 편찬 사업」, 『明知語文學』7, 명지어문학회, 1975; 김봉희, 「게일 (James Scarth Gale, 奇一)의 한국학 저술활동에 관한 연구」, 『서지학연구』3, 1988; 박영환, 「19세기 서양인의 국어연구」, 『서양인의 한국문화 이해와 그 영향』, 동서문화연구 소, 한남대출판부, 1989; 박대헌, 『서양인이 본 조선―조선관계 서양서지―』상/하, 壺山房, 1996; 이영희, 「게일(Gale)의 〈한영자던〉 연구 」, 대구카톨릭대학 석사학위

	발행인	제명	서지 사항 (소장처)	발행 연도	분량 (면수)
1	Broughton, William Robert	A voyage of discovery of the North Pacific Ocean: performed in his Majesty's Sloop Providence, and her tender, in the years 1795, 1796,1797, 1798	London: T. Cadell and W. Davies in the Strand	1804	불명
2	Hall, Basil	Account of a voyage of discovery to the west coast of Corea, and the great Loo-Choo island : with an appendix, containing charts, and various hydrographical and scientific notices	London: John Murray	1818	불명
3	J. H. Klaproth	Asia polyglotta	Paris (러시아 대장성 『한국지』에 서 거론 오구라 신페이 거론)	1823	불명

논문, 2001; 이병근, 「서양인 편찬의 개화기 한국어 대역사전과 근대화―한국 근대 사회와 문화의 형성과정에 관련하여―」, 『한국문화』 28, 서울대학교 규장각한국 학연구원, 2001; 박형익, 『사전과 사전학』, 월인, 2004 등의 연구가 있다. 한편 조재 수는 일찍부터 이 자료의 중요성을 강조하며, 자료를 수집하여 위 사전들의 상당 수를 해제하고 그 서문과 첫 몇 장을 영인한 『국어사전 편찬론』(과학사, 1984)을 내놓았다.

이 표는 위 연구 외에 1900년까지의 서양인들의 한국 연구를 망라한 러시아 출판 『국역한국지』(러시아에서 1900에 출판된 책의 번역), 원한경(H. H. Underwood) 의 서구인 한국 관련 논저 서목에서 II장 언어와 문학(Language and Literature) A. 사전 및 단어 목록(Dictionaries and Word lists)에 정리된 24편의 논저, 전미도서 관, 전일본도서관 검색 웹, 메이지 · 다이쇼 한국학 관련 문헌 목록 등을 통해 정리 한 것이다. 러시아 대장성 지음, 『국역 한국지』, 한국정신문화연구원 역, 1984, pp.391-392(러시아 대장성, КОРЕИ, S-Peterburg, 1900); H. H. Underwood, "A Partial Bibliography of Occidental Literature on Korea", *Transactions of the Korea Branch of the Royal Asiatic Society* 20, seoul: Korea, 1931) 다만 그 편찬 목적이 다른 척독(尺牘) 류나 신어사전 등은 제외했다.

17) 郭忠求, 「≪露韓會話≫와 咸北 慶興方言」, 『震檀學報』 62, 진단학회, 1986.

	발행인	제명	서지 사항 (소장처)	발행 연도	분량 (면수)
4	C. Gutzlaff	The journal of two voyages along the coast of China, in 1831, & 1832 : the first in a Chinese junk, the second in the British ship Lord Amherst : with notices of Siam, Corea, and the Loo-Choo islands : and remarks on the policy, religion, etc., of China. cf) Remarks on the Korean Language(*Chinese Repository* Ⅰ,1883)	New York: John P. Haven	1833	불명
5	Medhurst	Translation of a Comparative Vocabulary of the Chinese, Corean and Japanese Language, to Which is added the Thousand Character Classic, in Chinese and Corean.	불명(러시아 대장성 『한국지』에 서 거론)	1835	불명
6	Gutzlaff	Translation of a Comparative Vocabulary of the 'Chinese, Corean, and Japanese Language; to which is added the 1,000 Character Classic in Chinese and Corean	불명 (원한경의 서지목록에 만 등재)	1835	불명
7	Siebold	Sive vocabularium Sineense in Corai anum Conversum	불명 (러시아 대장성 『한국지』에 서 거론)	1838	불명
8	Belcher	Narrative of the voyage of H.M.S Samarang during the year 1843-1846	London 이하 불명(원한경 의 서지목록, 러시아 대장성 『한국지』에 서 거론)	1848	불명
9	L. de Rosny	Vocabulaire Chinois-Coréen-Ainu etc.	Paris (원한경의 서지목록에 만 등재)	1861	불명
10	Smith, F. Porter	A Vocabulary of proper names, in Chinese and English, of places, persons, tribes, and sects, in China, Japan, Corea, Annam, Siam, Burmah, the straits and adjacent countries	Shanghai	1870	불명
11	М. Пуцилло (Putsillo, Mikhail)	Опытъ русско-корейскаго словаря: 뎌션최이	С.-Петербу ргъ: Типографія гогенфель день и Ко. 상트페테르 부르그 (서울대 소장)	1874	730

	발행인	제명	서지 사항 (소장처)	발행 연도	분량 (면수)
12	L. Methchnikoff	Vocabulaire Japonais-aino-Coréen	Ban Zai San Vol. Ⅳ. (원한경의 서지목록에 만 등재)	1880	불명
13	Les Missionaires de Corée de la Société des Missions Étrangère de Paris (Ridel, Félix Clair)	한불즈뎐(Dictionnaire Coréen-Français/par les missionnaires de Corée de la Société des Missions étrangères de Paris.)	Yokohama: C. Lévy Imprimeur-Libraire	1880	707
14	Coste, George	Dictionnaire Coréen-Français	小倉進平, 『朝鮮語學史』에 서명만 등재 미확인	1880	불명
15	Satow, Aston, Chamberlain	A manual of Korean geographical and other proper names romanized	Yokohama: Japan Mail Office (연세대학교 도서관 소장)	1883	70
16	Ludovico Nocentini	The Names of the Sovereigns of the old Corean States.	China Branch of the R.A.S. XXII	1888	10
17	Underwood, Horace Grant	한영즈뎐 A Concise Dictionaryof the KoreanLanguage cf. 영한즈뎐 An English-Korean Dictionary (Poket-edition in two volumes)	Yokoham : Kelly & Walsh; London: Trübner & Co.	1890	496
18	Daveluy, Marie Nicolas Antoine (다블뤼, 安敦伊), 주교)	Parvum vocabularium Latino-Coreanum ad usum studiosae juventutis Coreanae.	Hongkong: Typis Societatis Missionum ad Exteros (서울대, 東京大學, 拓植大學, 九州大学 등 소장)	1891	301
19	Scott, James	English-Corean dictionary: being a vocabulary of Corean colloquial words in common use	Corea: Church of England Mission Press	1891	371

	발행인	제명	서지 사항 (소장처)	발행 연도	분량 (면수)
20	불명	Korean Phrase book for the Use of Travellers.	불명 (원한경의 서지목록에 만 등재)	1891	63
21	F. Ohlinger	Pocket List of Foreign Residents in Korea and their Korean Names. Analysis of Korean surnames and list of 214 Chinese Radicals with their Designation, Analysis, etc. in Korean.	불명 (원한경의 서지목록에 만 등재)	1893	불명
22	Gale, James Scarth	韓英字典 한영ㅈ뎐 A Korean-English Dictionary	Yokohama: Kelly & Walsh	1897	1167
23	John W. Hodge	Corean words and phrase: A handbook and pocket dictionary for visitors to Corea and new arrivals in the country	Seoul: printed and published privately, 1897. (하버드대 소장)	1897	145
24	Charles Alévêque	법한ㅈ뎐=Petit Dictionnaire Français-Coréen	Seoul: Imprimerie "Seoul Press" (Hodge & Co.) (서울대 소장)	1901	359
25	Wm. A. Carden.	One Hundred Corean Phrases.	불명 (원한경의 서지목록에 만 등재)	1901	16
26	John W. Hodge	Corean words and phrases: being a handbook and pocket dictionary for visitors to Corea and new arrivals in the country	Seoul: Seoul Press – Hodge & Co. (도쿄대 소장)	1902 2nd ed	369
27	Koto and Kanazawa	Catalogue of the Romanized Geographical Names of Korea	Tokyo (서울대 중앙도서관 소장)	1903	불명
28	불명	List of the Proper Names of Bible.	(역대한국문 법대계)	1903	52
29	러시아正敎 宣敎協會	Опутв Краткаго Русско-Корей скаго Словаря 試篇 露韓小辭典[17]	Казан: 러시아正敎 宣敎協會	1904	불명

	발행인	제명	서지 사항 (소장처)	발행 연도	분량 (면수)
30	U. Kaseki.	A Pronouncing Geographical Dictionary of Manchuria and Northern Korea	불명 (원한경의 서지목록에 만 등재)	1905	불명
31	日語雜誌社 編纂	日鮮會話辭典	日語雜誌社(京城學堂內) (長崎大学 附属図書館 経済学部分 館 所蔵)	1906	491
32	柿原治郎	日鮮いろは辭典	小倉進平, 『朝鮮語學史 』에 서명과 해설이 있으나, 판본 미확인	1907	불명
33	Gale, James Scarth	韓英字典(A *Korean-English Dictionary*)	The Fukuin Printing CO., LT. Yokohama	1911	1164
34	M. Kanazawa	Untersuchungen uber die Japanischen und Koreanischen Ortsnamen in alten Zeiten. (日鮮古代地名の研究)	京城: 朝鮮總督府, 明治45[1912] (서울대, 연세대, 고려대)	1912	불명
35	Andreas Eckardt	Koreanische Sprichwortes	Geist des Osten Ⅰ	1913	2
36	Gale, James Scarth	韓英字典=A Korean-English dictionary	京城: 朝鮮耶蘇教 書會	1914	252
37	Jones, George Heber	英韓字典=영한ᄌ뎐 An English-Korean dictionary	Tokyo, Japan: Kyo Bun Kwan (서울대)	1914	391
38	V. N. Krylov	A Dictionary of Japanese Geographical Names in Korea	불명 (원한경의 서지목록에 만 등재)	1914	92

	발행인	제명	서지 사항 (소장처)	발행 연도	분량 (면수)
39	笹山章 著	鮮語自在: 新案獨學; 日鮮イロハ辭典; 新案獨學鮮語自在	京城: 朝鮮出版協會 (京都大學, 大阪大学 所藏)	1918	200
40	般岡獻治 編纂	鮮譯國語大辭典	東京: 大阪屋號書店 (서울대 소장)	1919	1259
41	朝鮮總督府	朝鮮語辭典	京城: 朝鮮總督府	1920	1023
42	井口弥 壽男 著	實用本位日鮮辞典	東京: 丁末出版社 (大阪市立大 學 소장)	1922	604
43	山本正誠 著	最新朝鮮語會話辭典	京城: 朝鮮印刷株 式會社 (서울대 소장)	1922	384
44	Gale, James Scarth	三千字典 / Present Day English-Korean(Three thousand words)	(연세대 소장)	1924	77
45	H.G. Underwood, H.H.Underw ood	An English-Korean Dictionary	京城: 朝鮮耶蘇敎 書會	1925	741
46	불명	Das Japanische Lautwesen im Zusammenhange mit dem Koreanischen dem der Liu-Kui under der Aninu-Sprache. E. V. Zenken, Mitt. des Seminars fur Orientalische Sprachen-zu Berlin 29	불명 (원한경의 서지목록에 만 등재)	1926	9
47	T. Ogura	A Korean Vocabulary, Bulletin of the School of Oriental Studies 4	불명 (원한경의 서지목록에 만 등재)	1926	10
48	禹錯根 著	日鮮解話辞典	共濟會, Songbon (미확인:worl dcat상에만 나타남)	1926	108

	발행인	제명	서지 사항 (소장처)	발행 연도	분량 (면수)
49	金東成 著; 權悳奎校閱	最新鮮英辭典 / The new Korean-English dictionary	京城: 博文書館: 星農園 (서울대, 東京大學 등 所藏)	1928	672
50	W.M. Baird	An English-Korean and Korean-English dictionary of parliamentary, ecclesiastical and some other terms	Seoul: Christian Literature Society of Korea (小倉進平, 『朝鮮語學史』 에 서명만 등재: 소장처 불명)	1928	xiii 102
51	朝鮮語 研究會 (李鼎燮:發 行兼編輯人)	鮮和新辭典	京城: 朝鮮語 研究會 (東京大學, 京都大學 등 소장)	1930	833
52	Gale, James Scarth	韓英大字典 (The Unabridged Korean-English Dictionary)	京城: 朝鮮耶蘇教 書會	1931	1796
53	博文書館 編 著作兼發行 者 盧益亨	(模範)鮮和辭典	京城: 博文書館, 昭和11 (1936년 판 서울대, 가톨릭대 소장)	1933	674, 96 (한자 자전)
54	Auctore P.Laurentio Youn (尹乙洙)	羅韓辭典=Dictionarium Latino-Coreanum	京城: 聖니콜라스 神學校	1936	780
55	李鍾極 編	(鮮和兩引)모던 朝鮮外來語辭典	京城: 漢城圖書 (서울대 소장)	1937	331

1) 이중어사전의 사정(射程)
— 벽안(碧眼)의 조선어 교사, 그의 독서, 그의 人間交際

이들 이중어사전의 성격은 어떤 것이었고, 이들 사전이 번역과 한국어에 끼친 영향력은 어떤 것이었을까. 물론 이들 외국인 주도의 이중어사전들은 선교와 식민 지배라는 목적하에서 각각 성서 번역, 식민 정책학적 요구에서 생산된 것이다. 그러나 그게 다는 아니다. 최초의『한영ᄌᆞ뎐』편찬자인 제임스 게일의 경우18)를 통해, 어떻게 일국의 학술 혹은 학지가 형성되어 가는지 살펴보기로 하자.

개화기의 대표적인 선교사 겸 한국학자 중 한 사람이었던 게일(奇一)이 편찬한『한영ᄌᆞ뎐』에 대한『독닙신문』소개 기사는 이 사전 편찬의 의의를 알려주고 있어 흥미롭다.

> 미국 교사 게일 씨가 몇 해를 두고 조선말과 영어 옥편을 만들었는데 그 옥편이 일전에야 출판이 되어 일본서 박아 서울로 보내었는데 책 장수는 일천 삼백여 장인데 조선말 밑에 한문과 영어로 주를 내고 또 책 끝에는 각색 긴요한 일들을 기재하였더라. 이 옥편은 조선에 처음으로 이렇게 좋은 것이 생겼고 이 책 만든 이는 다만 조선 사람에게뿐이 아니라 세계 사람에게 큰 칭찬과 감사한 말을 들어야 마땅할 것이 이 책이 매우 학문 있게 만들었고 긴요하기가 조선 사람에게와 외국 사람에게게도 이만큼 긴요할 것이 없고 영어와 한문은 고사하고 조선

---

18) 게일의 정전 개념 및 조선 문학 개념은 전형적인 선교사, 인류학자의 것이었다. 그는『구운몽』,『용재총화』, 천예록』을 비롯한 각종 귀신담에 매우 관심이 많았는데, 이들 저작이 조선인의 영혼 관념을 알려주리라 믿었기 때문이다. 한문이나 한학에 적대적이었던 그는 한학 학습과 번역의 과정에서 한문으로 씌어진 것이야말로 '조선의 문학'이라 믿게 되었고, 이에 따라 신문학은 조선이 탈각되고 타락되는 과정이라 간주되게 된다. 현대성을 종교적으로 유해한 변화라 믿었던 장로교 선교사로서의 보수성이 작용한 결과일 것이다. 이에 대한 상세한 언급, 즉 제임스 게일의 한국학에 대한 전반적 설명은 이 책의 제5장을 참조할 것.

사람들이 이 책을 가졌으면 조선말들을 똑똑이 배울 터이요 조선 글자를 어떻게
쓰는 지도 알 터이니 어찌 조선에 큰 사업이 아니리오. 조선 사람은 천 년을
살면서 자기 나라 말도 규모 있게 배우지 못하였는데 이 미국 교사가 이 책을
만들었은즉 어찌 고맙지 아니 하리오. 조선 사람은 누구든지 조선말도 배우고
싶고 영어와 한문을 배우고 싶거든 이 책을 사서 첫째 조선 글자들을 어떻게
쓰는지 배우기 바라노라.[19]

그러니까, 『한영ᄌ뎐』은 영어 교과서였을 뿐 아니라, 조선말 교과서—
"조선에 큰 사업"이기도 했다. 이런 일을 '남'이 해주니 어찌 고맙지 않겠는
가. 아니, 바로 그런 이유로 게일 그는 남이 아니다. 의도(전도)가 아니라
사용(pragmatics) 혹은 학문의 관점에서 볼 때는 적어도 그렇다.

주시경 등의 〈한어연구회〉, 『독닙신문』의 칭양과 함께 등장했던 게일
이라는 이름은 각각 한말 한학과 한국 학문을 상징하는 두 이름인 운양
(雲養) 김윤식(金允植), 구당(矩堂) 유길준(俞吉濬)과도 연결되는데, 왜냐
하면 그들이 나날의 삶에서 만나고 이야기하고 서로의 생각을 읽고, 그
어떤 방법을 익혔기 때문이다. 적어도 게일은 내용 없는 신문학가들보다
는 한학자들을 더 존경했고, 그들에게서 조선성(Koreaness)을 찾았다. 어
떤 의미에서, 그들은 학술 공동체의 일원이었다. 예컨대 1907년 어느 날,
대동학회에 참석하러 가는 운양의 행보를 따라가 보자. 유도(儒道)로 체
(體)를 삼고, 신학문으로 용(用)을 삼는 대동학회(大東學會)에서 돌아온
김윤식은 혼자가 아니다. 연동 교회에 갔다가, 밤늦게야 귀가하고 있는
그는 게일과 함께 있다.[20] 이 노정객의 학문과 게일의 종교(학)와 유길준

19) 『독닙신문』, 1897년 4월 24일자.
20) "이십칠일 이십삼일 경술일. 대동학회 개회/ 영국사람 기일(奇一)이 방문했음. 맑
    음. 밤에 눈이 조금 내림. 오늘 대동학회가 명륜당에서 개회했는데 만조백관(滿朝

의 국가학이 회전하는 장소에서 한국에 관한 지(知)가 형성되고 있었던 것은 아닐까?

흔히 한국 최초의 본격적인 근대 번역물로 이야기되는 『천로역정 (Pilgrim's Progress)』의 번역자(1894년 번역)이기도 한 게일에게 한국어는 영어와는 달리 "고정화된 일련의 법칙과 인쇄 문헌에 의해 인위적으로 구성된 언어"가 아니었다. 학술을 감당하는 문어는 결코 아니었으며, 따라서 에크리튀르로서도 아직 형성 중이었다. 예수의 일화, 우화를 담은 『복

百官: 조정의 모든 벼슬아치)이 모두 모였는데 나와 학대(學大)·총대(總大)·치암(痴庵)·구당(矩堂)이 강사가 되어주기를 청하였다. 하오(下午) 11시 반에 개회식을 거행하였다. 회장 신기선(申箕善)이 학회의 취지(趣旨)를 설명하고 다음으로 나와 여러 강사들이 차례로 연설하였다. 그 다음 내빈으로 일본 부총감 소네 아라스케(曾禰荒助)가 논어(論語)를 인용하며 연설하였고 그 다음 법대(法大)가 연설하였고 그 다음으로 회원들이 치사(致詞)하였다. 마지막으로 관학유생(館學儒生)이 감사의 뜻을 올렸다. 여러 사람들의 연설이 같지 않았지만 모두 유도를 체(體)로 삼고 신학문을 용(用)으로 삼아서 실용을 밟아서 실행하였고 허탄한 문장의 의미를 답습하지 않았다. 여규형(呂圭亨)이 서기(書記)가 되었다. (식을) 시작할 때는 아악(雅樂)을 연주했고 마칠 때는 속악(俗樂)을 연주했다. 차와 술과 병과(餠果)를 올리고 나서 마쳤다. **돌아오는 길에 나는 치암(痴庵)·구당(矩堂)과 함께 연동교회당으로 영국사람 기일을 방문했다. 저물녘에 집으로 돌아왔다.**"(강조는 필자들의 짓) 二十七日 二十三日庚戌 大東學會開會 / 英人奇一訪問 晴, 夜微雪, 今日 大東學會, 開會于明倫堂, 滿朝皆會, 請余及學大·總大·痴庵·矩堂爲講師, 下午十一時半, 行開會式, 會長申箕善, 説明學會趣旨, 其次, 余及諸講師, 次第演說, 其次 來賓,日本 副統監曾禰荒助, 引論語演說, 其次法大演說, 其次會員賓致詞, 其終, 館學儒生, 致感謝之意, 諸人演說不同, 皆以儒道爲體, 新學問爲用, 踏實做去, 勿踏虛文之意也,呂圭亨爲書記, 初奏雅樂, 終奏俗樂, 進茶酒果餠而罷, 歸路余與矩堂·痴庵訪英人奇一于蓮洞教堂, 迫暮還家. 金允植, 『續陰晴史』卷十二, 〈하236〉, 1907년 ○월 23일. 다음의 기사도 그러한 사례이다.
"이십육일 초오일 기해일에 영국사람 목사 기일. 월, 맑음 나는 가미양위탕(加味養胃湯)을 복용(服用)했다. 윤중(允中)·중임(仲臨)·세경(世卿)·백하(伯河)·이재영(李載榮)·린수(麟壽)가 왔다. 연동의 영국인 목사 기일이 남주원(南柱元)과 함께 내방했다." 二十六日 初五日己亥 英人牧師奇一 月, 晴, 余服加味養胃湯,允中·仲臨·世卿·伯河·李載榮·麟壽來, 蓮洞英人牧師奇一, 與南柱元來訪. 金允植,『續陰晴史』卷十二, 〈하452〉, 1918년 12월 26일.

음서』의 번역에는 적합하나, 바울의 교리를 담은『갈라디아서』, 『로마서』
의 번역은 어려운 언어였다고 그는 말한다. 한국어는 영어와 대등한 근대
어가 아니라 "생활의 단순함"을 표현함에 적절한 자연어였다.[21]

게일의 이런 진술은 언문일치를 향한 근대소설의 기본 전제와는 사뭇
다른 시각을 보여준다고 할 수 있다. 한국어가 생활, 행동, 대화를 재현할
소설적인 담화 구조에 더 적합한 언어라고 말하고 있기 때문이다. 그에게
있어 소설을 구성하는 한국의 문학어는 근대성과는 상당히 다른 차원의
문제였음을 암시한다. 시급히 정립되어야 할 것은 소설이 아니라 사물과
이치를 논하는 학술어였다. 즉 그는 '개념의 부족'을 이야기하고 있는 셈이
다. 그는 학술적 글쓰기에 있어서 한글, 국문이 부적합한 언어임을 지적한
다. 그 이유는 이 시기의 그에게 한문은, 한국을 이해하는 독특하고 중심
적인 요소를 지닌 문자 체계가 아니었기 때문이다. 이 시기까지만 해도
게일에게 한학은 근대에 걸맞지 않는 비효율적인 학문이며 한자(문)는 "죽
어 있는 문자"였다. 즉, 한국에서 탐구할 가치 있는 유일한 대상은 문자를
모르는 백성들의 구전설화뿐이라고 그는 인식했다.[22] 이런 그의 한국어
관 속에서 묘사되는 한국인은 "종교가 없는 민족"으로 형상화된다. 물론
이때의 종교는 기독교적 의미에서의 종교이지만, 어쨌든 19세기말 20세기
초두의 경성을 살았던 그가 보기에 학술어, 사유의 언어로서의 근대 한국
어는 지금 막 생성 중이었다. 요컨대 그의 사전은 생활어와 새로운 사유를
위해 생성 중인 신조어들의 집산지였고, 계속 개정되어야 했다.[23]

---

21) J. S. 게일,『전환기의 조선』, 신복룡 역, 집문당, 1999, p.31. (James Scarth Gale, *Korea in Transition*, New York: Eaton & Mains, 1909, pp.21-22.)

22) 제임스 게일,『코리언 스케치』, 장문평 역, 현암사, 1970, pp.69-70. (James Scarth Gale, *Korean Sketches*, New York: Fleming H. Revell Company, 1898. (『近世 東亞細亞西洋語資料叢書』38, 경인문화사, 2000 영인본, pp.388-389.))

예컨대 게일은 1897년의 첫 사전 출판 이후에도 『매일신보』 등의 신문
과 『개벽』 등의 잡지를 따라 읽어가며 꾸준히 어휘집을 넓혀 갔다. 왜냐하
면 "동양에게 가장 오래된 언어 중 하나임에도 불구하고 한국어는 여전히
만들어지는 과정에 있기 때문이다." 그러나 중국에서 나오는 사전을 비롯
한 현재까지의 사전들은 이를 반영하고 있지 못하다.[24] 예컨대, 그는 *The
Korea Magazine*에 기고된 한국어학 강습란을 통해 『매일신보』를 여러 차
례 예제로 인용하고 있으며, 춘원 이광수의 기독교론을 검토하는 글을
싣기도 했다.[25]

한국어 학습을 하려는 자는 이 신문을 매일 한 시간 정도 읽는 것이
최선의 방법이라고 쓰고 있는 것으로 보아[26], 제임스 게일은 당시 유일하
다시피 했던 한글 신문이었던 『매일신보』를 매일 읽고 또 어휘들을 채집
했던 것 같다. 그는 이 글에서 지난 호에서 제시한 근대어(modern words)
혹은 신어(new word)[27]에 대한 여러 사람들의 답변에 대해 논평하며, '관

---

23) 구체적인 개정 과정과 어휘 수집 정리의 메커니즘에 대해서는 다음 장에서 논하기
  로 한다.
24) James Scarth Gale, "Modern Words and the Korean language", *The Korea Magazine*,
  1917 July, Seoul, Chosen: Y.M.C.A. Press. (*The Korea Magazine* I, p.304.)
25) James Scarth Gale, "Christianity in Korea", *The Korea Magazine*, 1918 December. (*The
  Korea Magazine* II, pp.533-534.)
26) James Scarth Gale, "Difficulties of the language", *The Korea Magazine*, 1917 September,
  Seoul, Chosen: Y.M.C.A. Press. (*The Korea Magazine* I pp.386-387.) "쟝훈이가 션통
  데를 쓰러내이나니 려총통이 외국공ᄉ관으로 도망을 가나니 단긔셔의 군ᄉ가 북
  경 총격경을 ᄒ나니 믌글듯ᄒ던 지나도……" 같은 문장을 주의 깊게 읽고 번역해
  보는 일에 대한 제안 자체도 만약 형성 과정의 근대어에 대한 이해가 없다면 불가
  능한 통찰일 것이다. 또, "The Korean Language(A Newspaper Paragraph)", *The Korea
  Magazine*, 1918 November.(*The Korea Magazine* II, pp.497-498.)
27) 그가 낸 예제의 목록은 아래와 같다. "經濟上困難경제상곤란, 理想的人物리상적인
  물, 青年界影響청년계영향, 法律上對照법률상대됴,一時的事業일시적사업, 人類
  界模範인류계모범, 處理上不便처리상불편, 政治的觀念정치적관념, 實業界注意실
  업계쥬의, 學術上進就학술상진취, 心理的作用심리적작용, 道德上問題도덕상문

넘'이 과연 "ideal"의 번역어로 최적이라면 '이상적 인물=ideal man'은 어떻게 할 것인지, '경제적 곤란'을 "economic distress"로 번역해도 좋은지, '學問上理論'을 "Theory by itself is ineffectual"을 번역할 경우 '學問'이라는 단어가 빠지게 된다는 점 등등을 지적한다. 그 외에도 그가 『靑春』[28), 『廢墟』[29) 등의 잡지를 읽어나간 흔적은 여기저기서 발견되며, 원천에 대한 자각이 충분하다고 할 수 없는 신생 한자어들을 맵핑하여 개념어로서의 지위를 부여하는데 골몰한 흔적이 역력하다.

서구어의 번역으로부터 자국어를 창출하는 과정으로서 이야기되는 일본의 근대 학술 편성과는 달리[30), 한국에서의 서구어-한국어의 상호형상화 도식(schema of configuration)은 '이입된 신조어들을 영어 문맥 안에 고정하려는 외국인들의 노력'을 통과해 진행되고 있었던 측면이 더해져 있었다. 또한 이런 작업은 당연히 그러한 언어들의 생성지인 중국과 일본에서 생산된 어휘집 및 사전들을 참조하게 되는 경향을 통해 일본과 중국으로부터의 언어 유입으로 이어졌다. 앞으로 살피겠지만, 그 과정에서 대량의 신생 한자어, 즉 신조어들이 근대 한국어 안에 기입되게 된다.

데, 可及的範圍가급적범위, 學問上理論학문상리론, 實際的經驗실제적경험" James Scarth Gale, "Modern Words and the Korean language", *The Korea Magazine*, 1917 July, Seoul, Chosen: Y.M.C.A. Press. (*The Korea Magazine I*, p.305.)

28) Richard Rutt, "Footprints of the Wildgoose: Horak hongjo or Hodong sorak ki by Kumwon.", *Transactions of Korea Branch of the Royal Asiatic Society* 68, 1993, pp.57-97. 『鷺山 李殷相博士 古稀紀念 論文集』, 鷺山 李殷相博士 古稀紀念 論文集 刊行委員會, 1973에서는 미간행된 게일의 번역물에 관하여 언급했는데, 그 번역 저본은 『靑春』11, 12에 게재된 「湖東西洛記」(金錦園)이었다.

29) 예컨대 게일은 그의 글("Korean Literature" *The Christian Movement in Japan, Korea, and Formosa*, D.C. Holtom Published, 1924)에서 『廢墟』2호에 실린 吳相淳의 「힘의 숭배」중 "창조"를 번역·소개하였다.

30) 대표적인 경우로, 마루야마 마사오(丸山眞男)·가토 슈이치(加藤周一), 『번역과 일본의 근대』, 이산, 2001.

중요한 것은 이렇게 이입된 언어들의 목록 — 즉, 이중어사전들이 한국어 정리 작업의 원천으로서 작용한다는 사실이다. 「조선어사전 편찬회취지서」(1929)와 최초의 조선어사전을 편찬자였던 문세영의 고백(1938)을 보자.

朝鮮民族에게 辭典이 없다 함은 이미 上述한 바이다. 그러나 西洋人 宣敎師들이 예수교를 傳道하기 爲하여 朝鮮語를 學習할 目的으로 編成한 辭典이 數種이 있으니, 西曆 1880年에 佛國 宣敎師의 손으로 佛國 巴里에서 出版된 韓佛字典이 그 하나요 1890年 米國人 宣敎師 언더우드 씨의 손으로 日本 橫濱에서 出版된 韓英字典이 그 둘이요, 1897年에 英國人 宣敎師 께일氏의 손으로 역시 日本 橫濱에서 出版된 韓英字典이 그 셋이다. 그리고 또 1920年에 朝鮮總督府에서 朝鮮語를 日本語로 解釋한 朝鮮語辭典이 出版되었다. 우에서 말한 辭典은 모두 外人이 朝鮮語를 學習하기 위하야 編成된 辭典이요, 朝鮮人이 朝鮮語를 學習하기 爲하여서 編纂한 辭典이 아닐 뿐더러, 言語와 文字에는 아무 合理的 統一이 서지 못한 辭典들이다.[31]

우리는 수많은 말이 있습니다. 배우기와 쓰기 쉽고 아름다운 글을 가졌습니다. 그러면서도 아직까지 말을 하는 데 앞잡이가 되고 글을 닦는 데 가장 요긴한 곳집이 되는 사전(辭典)이 하나도 없습니다. (외국 사람들이 조선말을 배우려고 만든 몇 가지 대역체(對譯體)로 된 것은 있지마는)[32]

역설적으로 위의 두 언급은 조선어사전 편찬자들이 한결같이 이들 소위 '외인'들이 그들의 목적을 위해 편찬했고, 종종 '외국'에서 인쇄해 오기

---

31) 「朝鮮語辭典編纂會趣旨書(七年前 朝鮮語辭典編纂會를 發起할 때에 發表한 것)」, 『한글』 제4권 제2호, 1936.2.1.
32) 靑嵐 文世榮 著, 『朝鮮語辭典』, 朝鮮語辭典刊行會, 1938.

까지 한 사전을 의식하고 또 참조하고 있었다는 것을 알려 준다. 이중어사 전 혹은 대역사전의 초기 연구자 중 한 사람은 이들 사전의 발행을 계기로 "저 나라말은 천시하고 한자만 숭상하고 한자말과 쓰던 한국인에게 국어 과학적 정리와 연구를 목적으로 국어 애용 운동이 일어나게 되었다"고 쓰고 있다.[33] 역설적으로 조선어사전 자체가 참조와 경합의 결과라는 것이다. 분명한 것은, 조선어사전이 없는 현실에서, 이들 이중어사전이 번역뿐 아니라 조선어사전의 역할을 아울러 해 왔고 그러한 각 이중어 사전의 어휘 축적과 상호 교환 위에서 성립된 것이 조선어사전이었다는 사실이다.

총독부가 조선민족에게 주는 조선어의 규범을 이야기하고 있는 상황, 즉 식민지라는 상황으로 인해 이런 교환과 언어적 교통은 더욱 강화되었 다고 해야 할 것이다. 조선총독부에 의한 『조선어사전』(1920) 편찬을 평하 며 국어학자 김민수는 다음과 같은 요지의 이야기를 한 적이 있다. "이 사전이 일본인의 필요에 의해 편찬된 것이기는 하지만, 당시로서는 일종 의 표준어 사정과 같은 성격을 겸하고 있었던 것이 아닌가 싶다. 당시의 서울말에 기초한 이 사전은 실제로 일제하에서 표준 조선어의 기준이었을 것으로 생각된다. 1930년대의 조선어연구회의 『鮮和辭典』, 1938년 문세영 의 『조선어사전』 등 이후에 출판된 사전의 확실한 토대가 되기도 했다."[34] 국가 단위의 행정력과 통제가 필요한 언어 통일의 과제는 국민국가 기획 의 좌절과 함께 식민 당국의 느리고 의심 많은 손길로 넘어갔다.

사전이 필요했던 상황에서, 우리말 사전의 역할은 외국어 어휘를 우리 말 어휘와 대응시켜 놓은 '대역사전'이 담당하게 된 측면이 있다. 이런 대

---

33) 이응호, 「외국인의 사전 편찬 사업」, 『明知語文學』 7, 명지어문학회, 1975, p.28.
34) 김민수, 『국어정책론』, 탑출판사, 1973, pp.76-78.

리 보충은 어떤 의미에서, 그 자체로 통국가적 학술 공화국의 성립으로 나타났다. 조선땅에서 살기가 어려워 연해주로 도망친 무학의 조선인 노동자(『露韓辭典』), 믿음으로 한글을 익히고 또 선교사들의 제자이자 스승이 된 교인들(『韓佛字典』), 수십 년간 게일의 조선어, 한문 선생이 되어 준 이창직(李昌稙)과 게일의 말을 따라 서양문학을 역술하던 이원모(李源謨)와 이교승(李敎承), 근대어를 대폭 등재한 존스(George Herber Jones)의 『영한ᄌ뎐』의 편찬에 기여한 현순(玄楯), 오세광(吳世光), 송기용(宋綺用), 이익채(李益采)[35]와 같은 인물들이 그들이다. (식민 권력 안으로 체념함으로써 일종의 '참여'에 도달한 조선인 촉탁들, 즉 조선어의 규범을 세운 셈이 된 박이양(朴彝陽), 현은(玄檃), 송영대(宋榮大), 김돈희(金敦熙)와 같은 사람들의 모습도 떠올려 볼 수 있을 것이다.) 이 종교와 권력 내의 통국가적 협업이 한국어와 한국어 문학의 규범을 만들었다고 하면 지나친 과장이 될까. 그도 그럴 것이, 대개 이 사전의 편찬자들은 동시에 한국 문학의 번역자들이자 외국 문학의 한국어 역자들이고, 한국의 언문일치를 구성한 가장 중요한 계기인 성서의 번역자들이며, 언어 규범을 강제하는 '공공권력'이었기 때문이다. 제국대학의 학자가 한국(어문)학의 중요한 원천으로 이야기했던 외국인의 연구, 내지인의 연구—실은 또 한 축의 외국인인 일본인의 연구를 한국어·한국문학사가 오랫동안 적잖이 간과해 온 사정 속에 무엇이 있는 것일까. 혹 거기에 근대어, 근대 학술어, 한국(어문)학의 중요한 비밀이 숨어 있는 것은 아닐까.

---

35) George Herber Jones, "Preface", *An English-Korean dictionary*, Tokyo, Japan: Kyo Bun Kwan, 1914, III-IV.

2) 이중어사전의 통국가적 발생과 유통 ―『한영ᄌᆞ뎐』의 경우

위의 서지 목록에서 보이듯이,『한불ᄌᆞ뎐』(1880)이나『한영ᄌᆞ뎐』(1897) 이전에도 서양어-한국어 대역사전은 존재했다. 그러나 이들 사전은 대개 단순한 어휘집, 일상어 중심의 소사전 혹은 특정 지역의 방언이어서 당대 언어생활의 전모를 알기 어렵다. 본격적으로 문어적인 표제어까지를 대거 포함하고 전문어까지를 등재한 대역사전은『한불ᄌᆞ뎐』과『한영ᄌᆞ뎐』이 었다. 따라서 이들 사전을 통해 개화기의 언어 생활과 근대 사회·문화의 형성을 가늠해 볼 수 있다.[36]

그렇다는 것은 이 사전들이 근대 한국어의 형성을 살펴보는 데 있어서 뿐 아니라, 근대 개념어나 학술 용어, 학문 편제들의 성립을 확인하는 데 있어서도 유용하고 또 신뢰할 만한 자료가 된다는 것을 뜻한다. 비록 서양 선교사들의 포교를 위한 목적에서 생산되거나, 식민지 지배와 관련해 생 겨난 사전들이라 할지라도, 이들 사전들에는 공히 조선의 지식인들이 폭 넓게 참여하고 있었다. 따라서 그 대표성이나 창출 원리가 통상의 국어사 전과 다르기는 하지만, 이들 어휘가 일단 사회적으로 통용되고 조선의 지식인들이 인준할 수 있을 만큼 일반화된 어휘였다는 사실은 부인할 수 없을 것이다. 오히려 이들 사전이야말로 근대 한국어와 개념사의 변동을 서구적 원천과 일본 및 중국에서의 번역어 성립 속에서 통시적, 공시적으 로 파악하는 열쇠가 될 수 있을지 모른다. 왜냐하면 이들 사전의 성립 자체가 기본적으로 재래의 한국어와 한국어 속에 창출되고 있던 말들, 또 창출되기를 희망하거나 불가피하게 도입되어야 할 개념들을 목록화하

---

36) 이병근,「서양인 편찬의 개화기 한국어 대역사전과 근대화―한국 근대 사회와 문 화의 형성과정에 관련하여―」,『한국문화』28, 서울대학교 규장각한국학연구원, 2001, p.2.

는 과정이었을 것이기 때문이다.[37] 서구어로부터의 번역 과정에서 발생한 언어가 아니라, 일단 한자어로서 이입된 후 서구어와의 대응 관계 속에 자리잡는 이들 새로운 한국어들 역시, 분명 이런 과정을 통해서 하나의 민족성(nationality)을 표시하는 상호 형상화의 도식을 구성하게 될 것이었다. 이는 또한 조선어나 조선문학이 이미 상실된 국가 위에서나마, '조선'이라는 국가를 계속 상상토록 하는 기능을 수행했던 측면을 대외적으로 각인시켰던 기능도 아울러 가진다.[38] 마치 "Seoul, Chosen: Y.M.C.A. Press"라는 표지가 Chosen에 지역이나 민족을 넘은 국가 환상을 부여하듯이.

번역어와 신조어를 통해 형성된 근대 개념어 혹은 학술어의 형성을 살펴보기 위해서는 어휘의 증감과 그 요인에 대한 분석이 필요하다. 특히 어휘의 증감과 그 이념을 살펴보기 위해서는 세 차례(소사전을 포함하면 네 차례)에 걸쳐 발간된 제임스 게일의 한영 이중어사전과 이와는 상반되

---

37) 존스 사전의 서문에서 신성 한자어에 대한 언급은 "불가피하게 도입해야 될 개념"에 대해서 잘 말해 준다. 존스는 그의 사전에는 많은 어휘들이 당시 한국에 사회/관습화되지 않은 개념임에도 향후 교육/학술의 장을 위해 수록해야 했음을 스스로 말한 바 있다. 이에 대해서는 이 책의 제3장과 영인편 해제에서 좀 더 상세히 언급하도록 할 것이다. (George Herber Jones, "Preface", *An English-Korean dictionary*, Tokyo, Japan: Kyo Bun Kwan, 1914, III-IV.) 간단히 부기하자면, 존스의 사전은 전통적 지식 체계를 독해할 목적으로 비슷한 시기에 편찬되기 시작한 조선총독부의 『朝鮮語辭典』(1920)의 사례, 즉 '구관제도조사사업(舊慣制度調査事業)'의 방향과는 정반대되는 취지에서 편찬되었던 셈이다.

38) 국민국가와 국민어의 담론은 외국어 단어들 간의 일대일 대응을 상정함으로써 번역을 통해 각개의 내셔널리티를 확정하는 '상호 형상화의 도식'(schema of configuration)에 기초한다. 각개의 정체(政體)를 그에 고유한 언어로부터 기초짓는 이런 방식은 일국 내의 민족·언어·문화를 균질적이고 단일적인 실체로 상정하게 한다는 점에서 국가 구성의 기본적 요소이다. 사카이 나오키, 『번역과 주체』, 후지이 다케시 역, 이산, 2005. (Sakai Naoki, *Translation and Subjectivity*, Minesota Univ., 1997.) 서문 참조.

는 입장을 주목할 필요가 있다. 즉, '舊慣制度調査事業'이라는 목적에서 시행되어, 전통적 지식체계의 독해를 위해 편찬된 조선총독부 주도의 『朝鮮語辭典』의 경우[39]를 대조해 보는 것이 도움이 될 것 같다. 우선 제임스 게일의 사전의 경우, 다음과 같은 시기별 대별이 가능하다.

게일의 한영자전 (1897, 19911, 1931)[40]

서지 사항		본문 부분의 항목수 (증감)	구성 체제
초판	韓英字典한영ᄌᆞ뎐 (*A Korean-English Dictionary*), Yokohama: Kelly & Walsh, 1897	약 35,000어	* **서두 부분**(pp. Ⅰ-Ⅷ) -서문("Preface", pp. Ⅰ-Ⅲ.) -서설("Introduction", pp. Ⅳ-Ⅶ. 한글발음법 및 구결표 포함) -기호 및 약호 등에 대한 설명("Explanations of Marks, Contractions Etc.", p. Ⅷ) * **본문 부분(어휘부**, pp. 1-1096) -1부(한영사전(Korean-English Dictionary, pp. 1~836.))와 2부(중영사전(Chines-English, pp. 837~1096))로 구성 - 알파벳 표음 순으로 항목배열 - 한자어와 고유어를 *표기로 구분 * **부록 부분**(pp. 1-64.) - 일본, 중국, 조선 순으로 역대 왕조 연표를 서기로 환산하여 제시(pp. 1-15) - 이십사절기("The Solar Terms",

39) 1918년부터 1920년 사이 사전 편찬과 관련하여 작성된 서류를 모아 놓은 『書類綴(4)』 <奎 22004>에는 사전 편찬에 참조 도서 목록이 정리된 서류가 있다. (「朝鮮語辭典編纂事務終了報告」) 여기서 인용된 서적을 정리하면 다음과 같다.
進宴儀軌, 樂學軌範, 淸選考, 禮記, 譯語類解, 喪禮備要, 四禮便覽, 奎章全韻, 國朝文獻錄, 佩文韻府, 兩銓便攷, 銀臺條例, 刑法大典, 六典條例, 陰崖日記, 靑坡劇談, 五山說林草藁, 海東樂府, 己卯錄補遺, 稗官雜記, 丙辰丁巳錄, 謏聞瑣錄, 師友名行錄, 慵齋叢話, 韓英字典, 康熙字典, 雉岳山, 春香傳, 靑邱謠書, 雅言覺非, 老乞大, 朴通事, 蒙語類解, 捷解新語, 龍飛御天歌, 華城儀軌, 國朝寶鑑, 牧民心書, 文獻備考, 大東韻玉, 武藝圖譜, 兵學指南, 芝峯類說, 山林經濟, 太平歌, 日本語學音編, 儒胥必知, 濟衆新編, 東醫寶鑑, 字典釋要, 東國輿地勝覽, 註解明律, 大典會通, 字典註釋, 筆苑雜記, 秋江冷話, 海東野言, 數學正宗, 吏文輯覽, 本草綱目, 三才圖會, 朝鮮水産誌, 四書奎璧, 無寃錄, 法規類編, 韓語通, 韓佛字典, 交隣須知

서지 사항		본문 부분의 항목수 (증감)	구성 체제
			pp. 15-16), 십이지, 십간, 십진법 ("The Twelve Branches or Hours", "The Ten Celestial Stems", "The Decimal System", p. 16)·육십갑자(pp. 17-18) - 부수별 한자, 한자음(pp. 19-64)-
재 판	韓英字典 (*A Korean-English Dictionary*), (인쇄)The Fukuin Printing CO., L'T. Yokohama (출판)Korean Religious Tract Society 1911	약 50,000어 (1판+15,000) -인명,지명 10,000 항목 추가	* **서두 부분**(pp. Ⅰ-Ⅻ) - 「머리말」("Forward", p. Ⅰ.), - 「초판본 서문」("Preface To First Edition". pp. Ⅲ-Ⅴ.), - 「서설」("Introduction", pp. Ⅵ-Ⅹ. 한글발음법 및 구결표 포함), - 「기호 및 약어 풀이」("Explantions of Marks, Contractions Etc.", pp. XI-XII.) * **본문 부분**(**어휘부**, pp. 1-1114) -1부(한영사전(Korean-English Dictionary)를 먼저 출간한 후, **2부를 별권으로 출판**(1914) - **한글 자모 순**으로 항목배열 - 한자어와 고유어를 *표기로 구분 * **부록 부분**: - 「諸國年代表」(pp. 1115-1143): 초판과 달리 연대왕조가 한 면에 중국(지나), 한국(죠션), 일본의 순서로 배치됨. - 육십갑자("The Sixty Year Cycle", pp. 1144-1145) - 「백년력에 대한 해제」(Explanation of the Hundred Year Carendar(인용자 Calendar의 오기인 듯), p. 1146), 「백년력」("One Hundred Year Calendar", p. 1147-1154)
제 3 판	韓英大字典 (*The Unabridged Korean-English Dictionary*), 京城:朝鮮耶蘇教書會 1931	약 82,000어 (2판+35,000) -인명,지명 10,000 항목 삭제 * 이노우에의 영일사전, 총독부 발간 사전 및 당시의 출판물로부터 35,000어 추가 * 1927년까지 게일이 수집한 75000단어에 7000단어가 추가되어 발행됨	* **서두 부분**(pp. i - x ⅷ) -사전 편찬자의 「머리말」("Forward"p. iii) -게일의 「3판 서문」("Preface to The Third Edition",p. ⅴ.) -게일의 「2판 서문」("Preface to The Second Edition", p. ⅶ.) -게일의 「1판 서문」("Preface to The First Edition", pp. ⅸ-xi) - 「서설」("Introduction" pp. x ⅲ- x ⅶ, 한글발음법 및 구결표 포함) - 「기호 및 약호 등에 대한

서지 사항	본문 부분의 항목수 (증감)	구성 체제
		설명("Explanations of Marks, Contractions Etc.", p. ⅹⅷ) * **본문 부분**(pp.1-1763) - 2부(중영사전(Chines-English))가 사라짐. - 한글 자모 순으로 항목배열 - 한자어와 고유어를 미구분 * **부록 부분**(pp.1764-1781) - 「한국의 왕들과 왕조」("Dynasties and Kings of Korea", pp.1765-1766), 한글자모 순으로 된 왕들의 이름("Names of Kings in Korean Alphabetical Orders", pp.1767-1768): 전대의 사전과 달리 중국, 일본 역대왕조표가 사라짐 -1850-1951에 해당되는 육십갑자 年名("Names of the Years 1850-1951. A.D.", p.1769), 「십이지」("The Twelve Hours of the Far-Eastern Day 십이지 十二支", p.1770), 「육십갑자」("The sixty Year Cycle", p.1771-1772) - 「백년력에 대한 해제」("Explanation of the Hundred Year Calendar", p. 1773), 「백년련」("One Hundred Year Calendar", pp.1774-1781)

우선, 최초의 『韓英字典 한영ᄌ뎐 A *Korean-English Dictionary*』(Yoko-hama: Kelly & Walsh, 1897)은 표제어뿐 아니라, 부록에 수록된 일본・중국・조선 순의 왕조 연표 기술과 한글 표제어와는 별도로 작성된 개별

---

40) 아래 도표의 내용은 각 사전의 서문 그리고 사전의 거시 구조를 정리하여 제시한 것이며 표제어의 증감 양상 역시 마찬가지이다. 현재 선행 연구(이영희, 「게일의 『한영자전』 연구」, 대구카톨릭대학교 대학원, 2001)에 따르면, 1897년 판은 1부(한국어-영어)는 33,537 표제어, 2부(한자-영어)는 12,133 표제어로 되어있다. 1911년 판의 경우는 48,623 항목으로 밝혀졌다. (이은령, 「19세기 이중어사전 『한불자전』(1880)과 『한영자전』(1911) 비교연구」, 『한국프랑스학논집』 72, 2010 참조) 부록의 국가 별 배치의 순서 속에서 서양의 연표는 늘 고정되어 배치되어 있었다는 점도 주목할 필요가 있다.

한자어에 대한 말풀이로 인해, 한국어문의 문화적·정치적 독자성에 회의
적인 입장을 표한 듯한 인상이 짙다. 약 35,000 어휘를 수록하고 있는데,
한국어 단어와 한자를 전후 2부로, 문어와 구어를 일일이 구분하고 있음이
특징적이다. 당시의 언문이치(言文二致)와 언어 분할의 증거이자, 추상도
가 높은 한글 언어의 빈곤에 대한 대응이었을 것이다. 더구나 한자-영어부
를 따로 두어, 하나 하나의 한자 자체를 한국어의 한 형태로 보고 있기까지
하다.

중요한 것은 이 과정에서 기왕에 출간된 한국어 관련 이중어사전뿐 아
니라, 자일즈(H. A. Giles)의 『中英辭典(*A Chinese-English dictionary*)』(London:
Bernard Quaritch; Shanghai: Kelly and Walsh, 1892)을 중요한 참조 텍스트로
삼고 있다는 사실이다. 특히 제2부의 한자-영어부는 이 사전에 크게 의존
하고 있는 것으로 보인다. 제1부 한국어-영어 부분에서 표제어 채집과 말
풀이를 하는데에 참고한 사전들은 다음과 같다.

- F. Ridel, *Dictionnaire Coréen-Français* (1880)
- H. G. Underwood, *A Concise Dictionary of the Korean Language* (1890)
- J. Scott, *English-Corean dictionary: being a vocabulary of Corean colloquial words
  in common use* (1891)

특기할 만한 점은 게일이 자신의 서문을 통해 자일즈의 한국어관에 대
해 신랄한 비판을 가하고 있다는 사실이다. 자일즈는 그의 사전의 권두
논문인 「문헌학적 고찰(Philoligical Essay)」을 통해 한글의 자모와 기원을
소개하며 다음과 같이 기술한다. 첫째, 조선어에 한자어가 들어왔던 까닭
에, 조선어가 전부 없어져 버렸다는 것. 둘째, 기원에서 볼 때 한글은 산스

크리트어적 표기를 중국의 필기구-붓에 의해 표기하기 좋게 변형함으로써 성립되었다는 것. 셋째, 언문(諺文, vulgar script)이라 불리는 한글은 그 기원의 관점에서 보아, 대개 산스크리트어의 원리를 적용한 초기적 시도라는 것. 넷째, 이 하층의 글자는 매우 쉬워 모든 한국어 화자가 문해력을 가지고 있고, 어떤 유럽인이라도 한 시간 안에 다 배워 읽을 수 있다는 것. 다섯째, 언문에는 구두점이 없고, 단어와 단어의 구별이 극히 어렵다는 것. 또한 일본의 가타카나 역시 언문의 정신을 본떠 만들어진 문자라는 부언 역시 눈에 띈다.[41]

이런 견해들 대부분에 대한 반박으로 인해, 게일은 자신이 이 사전에 기초해 한자 해제를 구상했고, 또 많은 어휘들을 여기서 채집했다는 사실조차 스스로 잊어버릴 정도였다. 다음 출판에서는 해당 비판이 사라지지만, 이 초판의 서문은 게일이 한국(어문)학의 전문가로서 자신의 위치를 확보하려는 강한 의지를 가졌다는 점, 또 그 과정에서 중국어 및 일본어에 대한 한국어의 언어적 독자성을 명확히 정립하지 않을 수 없었다는 점을 암시한다.

1911년 개정판인 『韓英字典(*A Korean-English Dictionary*)』(印刷: Yokohama: The Fukuin Printing CO., L'T, 1911, 出版: Korean Religious Tract Society)과 전편의 2부격으로 한자어를 수록한 『韓英字典(*A Korean-English Dictionary (The Chinese character)*)』, (Yokohama: The Fukuin Printing CO., L'T., 1914.)에서 두드러지는 점은 어휘수 증가인데, 약 50,000 어휘로 늘어났다. 다만 약 10,000개의 어휘가 인명, 지명이어서, 실제로 늘어난 어휘는 5,000여 어휘가 아닐까 생각된다.

---

41) H. A. Giles, "Philoligical Essay", A *Chinese-English dictionary*, London: Bernard Quaritch; Shanghai: Kelly and Walsh, 1892, xx.

1897년판에 이어 이 판에서도 한자어를 *표시로 따로 구분하여, 고유어와 한자어 간에 차이가 있음을 표시했다. 부록의 왕조가 중국, 한국, 일본 순으로 제시되어 있어, 한국이 중국과 일본 사이에 놓이게 했다. 추가된 단어의 출처를 명확히 밝히고 있지는 않아, 어휘 채집의 경위를 확인하기 어려우나, 당시 게일이 구약성서 및 신약성서(특히 신약) 번역 출판에 전념하고 있었다는 것, 또 이 번역자회에서 서구어 외에 한문, 일본어 성서를 비교 대조하고 어휘사전들과 주석들을 참고하고 있었다는 점에서 보아, 성서 번역에 필요한 어휘들을 위주로 채집되었으리라 짐작된다.[42]

이 사전의 중요한 특징은 단어의 배열이 알파벳순에서 한글 자모순으로 바뀐 것, 신어가 대폭 늘어난 것, 부록으로서 60간지와 서기를 부가한 점 등이다. 아울러, 1911년판의 한자-영어 부분(2부)이 별권으로 1914년에 출판되었던 사실도 부기해 둘 필요가 있겠다.

1931년에 출간된 『韓英大字典(The Unabridged Korean-English Dictionary)』(Seoul 京城: The Christian Literature Society of Korea, 朝鮮耶蘇敎書會, 1931)에서는 이전과 달리, 더 이상 문어와 구어를 구분하지 않고 있다. 언문일치의 진전에 따른 결과 혹은 더 이상 이런 구별이 어려울 정도로 폭증한 한자어 중심의 미디어 환경 때문일 것이다. 한자-영어 사전 부분이 사라졌으며, 한국의 왕조만 부록에 제시되어 있어 이전과 같은 중국/일본 사이에서의 위치잡기가 사라져 있다. 결과적으로 한자와는 다른 형태의 한국어

---

42) 언더우드, 게일, 레널즈, 스크랜튼 위원과 그에 딸린 조사인 이창직, 김명준, 김정삼이 성서의 주요 번역자들이었는데, 이들의 보고에 따르면, 이들의 번역은 조어(造語) 혹은 언어 유입을 수반할 수밖에 없었으리라 짐작된다. "한국어와 같이 빈약한 언어로 번역하는 일은 무척 힘든 것이다. 한국어에는 믿음, 소망, 사랑, 거룩, 은혜, 진리, 영생 등과 같은 단어들이 없었다."여기에 대해서는 류대영·옥성득·이만열 공저, 『대한성서공회사』 II, 대한성서공회, 1994, pp.66-67.

세계를 그려내고 있는 셈이다. 대체로 조선 독자의 문화를 폭넓게 인정하
고, 한국 고전을 번역하는 작업을 병행하며, 중국학과 일본학의 종속 변수
로서의 지위를 탈각시키려 했던 것으로 판단된다. 한국의 한문 문화와
한문학에 대한 게일 자신의 심화된 이해 역시 큰 영향을 주었을 것이다.
인명, 지명을 제시한 10,000개의 어휘가 삭제되었음에도, 82,000 어휘가
등재되어 어휘수가 절반 이상 비약적으로 증가했다. 따라서 그 명칭도
『韓英大字典(*The Unabridged Korean-English Dictionary*)』[강조: 필자]이라
하였다. 요코하마에 보관되어 있던 게일의 한영사전 인쇄본과 활판이 1923
년의 관동대지진으로 인해 파괴된 후, 게일은 3년 이상 이 작업에 매달렸
으나 은퇴로 인해 완성을 보지 못했고, 조선야소교서회(朝鮮耶蘇敎書會)
의 요청으로 피터스(Alexander Albert Pieters) 목사가 원고의 최종 편집과
출판을 위한 인쇄 준비를 수행했다. 그는 피터스 부인과 게일 박사의 조사
(助士) 이원모의 도움을 받았다.[43] 오구라 신페이에 따르면 "현재까지 시
중에 유통되는 **조선어사전 중**, 가장 잘 정비되어 있을 뿐 아니라 신용할
만한 것이라 이야기되고 있다"[44]는 것이다.

　앞서 살핀 바, 당대 신문 잡지로부터의 어휘 채집과 해제, 고전 번역
과정에서의 한자어 확보가 큰 역할을 했을 것이지만, 게일이 쓴 사전 제3
판 서문에는 여러 사전을 두루 참고해서 어휘수가 증대되었음이 명확히
표시되어 있다.[45] 우선 "이노우에의 위대한 업적", 조선총독부의 『조선어
사전』, 최근 출판물 등으로부터 35,000개의 새로운 어휘를 추가했다고 말

---

43) "Foreword", 『韓英大字典(*The Unabridged Korean-English Dictionary*)』, 京城: 朝鮮耶
　　蘇敎書會, 1931.
44) 小倉進平, 『增訂朝鮮語學史』, 刀江書院, 1940, p.37.
45) J. S. Gale, 「Preface to the third edition」, 『韓英大字典(*The Unabridged Korean-English
　　Dictionary*)』, 京城: 朝鮮耶蘇敎書會, 1931.

하고 있다(게일, 「3판 서문」, 1927). 여기서 이노우에는 이노우에 주키치
(井上十吉)의 영일사전일 가능성이 크다. 이 사전의 표제는 『井上和英大
辭典(*Inoue's Comprehensive Japanes-English Dictionary*)』이며, 1910년대 중
반부터 20년대까지 당시로서는 가장 많이 읽힌 베스트셀러 사전이었다.[46]
이 사전이 여러 판[47] 중 어느 것인지는 어휘를 하나하나 대조해보지 않는
한, 확정짓기 어려우나, 게일이 1931년판의 서문을 쓴 것이 1927년 4월인
것으로 보아, 만약 이노우에 주키치의 사전을 참고했다면 1917년판 혹은
1921년판이었을 것이다. 개정 당시의 최근 판(井上十吉, 『井上和英大辭典』,
東京: 至誠堂 1921)을 참조하지 않았을까 추측된다.

　게일은 또한 Shimoda의 사전에 도움을 받았다고 하는데, 당시 이만한
작업을 할 수 있었던 인물로 영일, 일영 사전을 만든 인물은 발견하지
못했다.[48] 제3판 서문의 말미에는 작업 준비와 총괄은 자신을 도와 준

---

46) 小島義郎, 『英語辞書の変遷—英·米·日を併せ見て』, 研究社, 1999 참조. 李鍾極
　　의 『(鮮和兩引)모던朝鮮外來語辭典』(漢城圖書, 1937, p.10) 역시 이노우에 주키치
　　의 사전을 참고한 것으로 되어 있다.

47) 井上十吉, 『新譯和英辭典』, 東京: 三省堂 1909; 井上十吉, 『英和中辭典』, 東京: 至誠
　　堂, 1917; 井上十吉, 『井上和英大辭典』, 東京: 至誠堂 1921; 井上十吉, 『井上英和中
　　辭典』, 東京: 井上辭典刊行會, 1928.

48) 시모다 마사미(下田次郞) 정도이나, 구체적 문헌을 통해 볼 때 일본어사전을 편찬
　　한 사실은 확인되지 않는다. 芳賀矢一, 下田次郞編纂, 『日本家庭百科事彙』, 東京:
　　富山房, 1906. 한편 영일사전의 편찬자로 시마다 유타카(島田豊)가 있고 여기에
　　이누우에 쥬키치도 교열을 하고 있어 조심스럽게 오기의 가능성도 생각해볼 수
　　있지만, 일단 적혀 있는 것과 다른 발음이기에, 억측이 될 수 있다. 현재로서는
　　판단하기가 쉽지 않다. 참고로 시마다 유타카 편찬의 사전으로는, 島田豊纂訳,
　　『附音挿図和譯英字彙: An English and Japanese Lexicon: explanatory, pronouncing
　　and etymological, containing all English words in present use, with an appendix』(校
　　訂: 曲直瀬愛. 校閱: 杉浦重剛, 井上十吉), 大倉書店, 明治21年刊(1888). → 島田豊
　　纂訳, 『再訂增補和譯英字彙: An English-Japanese lexicon: explanatory, pronouncing
　　and etymological, containing all English words in present use: with an applendix』,
　　第17版, 東京: 大倉書店, 1898.

조선인 학자 이원모, 이창직, 이교승에 의해 이루어졌음을 밝히고 있다. 그들의 섬세한 도움 없이는 작업 자체가 불가능했을 것이라며 서문을 마치고 있는데, 실제로 이들은 성서와 서양서의 한국어 번역에 반평생을 함께 한 사람들이었다.

　이상에서 알 수 있듯이, 이들 사전은 첫째 근대 한국어, 특히 신생 한자어로 대표되는 새로운 학술 개념어의 동아시아 내 유통과 안착 과정, 특히 사회적 일반화 과정을 가늠할 수 있는 하나의 지표가 된다. 분명 여타의 외국어, 특히 중국어와 일본어에 대한 과잉 참조 속에서 만들어진 것은 사실이나, 이 사전에는 어김없이 조선인 교열자들이 그 화용론적 안전성을 검증하는 적극적인 참여자 혹은 숨은 저자로서 자리잡고 있었다. 또한 어떤 의미에서 게일 사전의 표제어들이 추후 한국어사전의 편찬과정에서 현역 한국어로 확정된 면도 있을 것이다. (물론 여기에 대해서는 방대한 양의 입력과 대조를 통한 정확한 데이터 작업이 요청된다.)

　무엇보다 이중어사전 내의 한국어 등재는 외국어와의 상호 형상화 및 대조 속에서 한국어가 의미화되었다는 것과 근대 한국어의 어휘군이 결정되어 감을 뜻한다. 당시에는 "조선어를 조선어로 설명한 사전이 일반에 생소하게 생각될 정도"로, 번역의 기반이 되는 이중어사전이 곧 조선어사전이라는 생각이 팽배했다.[49] 한국어사전이 없는 곳에서 번역어-이중어사전이 한국어사전을 대체했다는 것은 무엇을 뜻하는가. 이 말은 각 언어 사이의 어휘 수준의 연결이 아니라, 번역적 재현에 의해 근대 한국어의 어휘군이 결정되었음을 뜻하며 언어생활의 기반이 되는 사전에 이미 말의 통국가적인 생산과 유통 과정이 깊이 개입되어 있었음을 뜻한다 할

---

49) 최경봉, 『우리말의 탄생』, 책과함께, 2005, p.75.

것이다.

3) 한문맥(漢文脈)적 독해의 장 ─ 한일대역사전과 현대 국어

조선총독부 편의 『朝鮮語辭典』의 편찬 경위와 의미에 대해서는 이미 수편의 논문이 제출되어 있다.[50] 따라서 여기서는 영한사전과 대비되는 한일대역사전의 이데올로기적 기능과 사전 편찬의 주체 문제에 한정해 이야기해보려 한다. 그도 그럴 것이 그 스스로도 편찬에 참여했던 오구라 신페이가 이 사전을 '조선인의 저술'로 분류하고 있는 데 반해, 거개의 한국 학자들은 편찬 목적과 경위를 들어 일관되게 "『朝鮮語辭典』이 '朝鮮人의 著'라고 못박은 小倉進平의 해제는 믿을 만한 것이 못된다"[51]고 평가하고 있기 때문이다.

1911년 조선총독부 취조국에서 시작한 편찬 작업은 책임자 오다 간지로(小田幹治郎)를 포함해 16명(일본인 6명, 한국인 10명)이 참여한 것으로 되어 있다. 통역관 시오카와 이치타로(鹽川一太郎)를 주임으로 하여 박이양, 현은, 송영대, 김돈희 등의 조선인이 조선총독부취조국위원으로서 참가하였다.[52] 일 년간 조선에서 나온 한문 자료를 중심으로 표제어를 모아 13만7천여 단어(이중 고유어는 2만어 내외)를 채집한다. 최초에는 일본어

---

50) 이병근, 「朝鮮總督府編 ≪朝鮮語辭典≫의 編纂目的과 그 經緯」, 『震檀學報』 59, 진단학회, 1985. (이병근, 『한국어사전의 역사와 방향』, 태학사, 2000); 矢野謙一, 「朝鮮總督府 朝鮮語辭典編纂の經緯」, 『韓』 104, 1986.11; 森田芳夫, 『韓国における国語·国史教育』, 原書房, 1987; 安田敏朗, 『「言語」の構築』, 三元社, 1999 등을 참조.

51) 이병근, 『한국어사전의 역사와 방향』, 태학사, 2000, p.224.

52) 이와 같이 사전의 표제어 채집과 선정, 해제 작업을 담당했던 것은 기본적으로 조선인 위원들이었다. 따라서 오구라 신페이는 이 사업이 애초부터 관주도의 형식으로 진행되었음에도 불구하고, 이 사전을 "조선인의 저작"으로 분류하고 있다. 小倉進平, 『增補注訂: 朝鮮語學史』, 刀江書院, 1964, p.51.

와 조선어로 해제를 달 방침이었으나, 최종 과정에서 조선인 위원들이 단 해제는 빠지고 이를 해석한 일본어 해제만이 실리게 된다.

조선총독부 편의 『朝鮮語辭典』은 최종적으로 한자어 40,734어, 고유어 17,178어, 이두 727어를 통틀어 총 58,639어를 수록하였다. 그리고 각 단어는 한자가 있는 경우에는 그 한자를 대(大)표제어로 하여, 이 한자로부터 시작되는 파생어나 단어들을 전부 싣는 방식으로 되어 있다. 다시 말해 각 한자 아래에 한자어들을 종속시키고, 그에 따라 한글은 한자를 읽는 주음부호화되어 있다. 애초에 참고한 사전류들에 '漢和' 사전류나 일본어 사전이 많은 데다,[53] 한국(어)의 중국(어)에 대한 종속성을 부각할 수 있는 방식이기도 했다. 편집 원리상, 고유어로만 존재하는 단어들의 무게는 상당히 떨어진다고 할 수 있다. 더욱 특징적인 것은 근대 이후에 생겨난 신조어들이 대부분 빠져 있다는 점이다. 반면 이두의 대량 수록 등에서 볼 수 있듯이, 오랜 역사 동안 한국에서 생산된 한적(漢籍)들을 읽는데 도움이 되게 했다. 논자들에 따라서는 이 사전이 애초에 '舊慣制度調査事業'의 하나로 기획되고, 3·1운동의 와중에 '조선어 표제어-조선어에 의한 풀이-일본어 대역'이라는 형식에서 한일대역사전으로 변질되었기에, 결국 "일본인 관리가 한국 문서를 이해하는 데 도움이 되는 주석 사전"에 그쳤다고 보기도 한다.

과연 문명어 관련 어휘들도, 고전적 용례가 있는 경우에는 거의 고전적 용례에 따르고 있다. 다음과 같은 식이다. "文明 光彩ありて分明なること [광채가 있고 분명한 것]", "文化 世の中の開け進むこと [세상이 열려 앞으

---

53) 여기에 대해서는 조선총독부 參事官室 사서위원회에서 1920년에 편찬한 『朝鮮語辭典』을 만드는 과정을 작성한 문서들을 모은 書類綴(奎 22004)를 참조. 이병근, 위 글, 위 책, p.213. 이 「서류철」의 일부를 『개념과 역사, 근대 한국어와 이중어사전』2(번역편)에 번역해 실었으니, 참고해주기 바란다.

로 나아가는 것." 반면 식민지 기간에 나온 거의 유일한 단일 언어 해제의 종합적 사전인 문세영의 『조선어사전』에는 '문명'이 이렇게 해제되어 있다. "문명(文明) (名) ㊀광채가 나고 똑똑한 것 ㊁덕이 높고 지혜가 밝은 것 ㊂학술과 교화가 진보하고 풍속이 미화(美化)하여진 현상." 더구나 '야만'에는 반대말이 '문명'이라 표시되어 있다.

특히, 총독부 기획의 이 사전에는 문제가 될 법한 표제어들은 아예 등장하지 않기도 한다. 여타의 1910년 이후 이중어사전에 예외 없이 등장하는 '식민지'와 같은 어휘가 그렇다. 물론 문세영의 『朝鮮語辭典』에는 관련 어휘가 충분히 등재되어 있다. 한 일본인 학자는 총독부 사전 수록 어휘의 특징을 다음과 같이 요약하고 있다.

> "『朝鮮語辭典』은 표제어로서 많은 한자어를 수록하고 있다. 특히 조선 특유의 한자 숙어를 다수 취해 넣었고, 이두까지도 수록하고 있다. …(중략)…그런데 한자어를 중시하는 한편, 조선어 안에 이입된 일본제 한자어(和製漢語)의 대부분은 삭제하였다. …(중략)…이런 특색은 편찬에 참가했던 사람들의 조선어관과 사전에 대한 견해를 반영하고 있는 것으로 생각된다. 유교 안에서 성장한 조선의 지식인들에게 한자는 지식에 접근하는 중요한 수단이었을 것이고, 일본인 통역관들에게 있어서도 조선어는 문헌을 해독하기 위해 필수적인 지식이었을 것으로 생각된다. …(중략)…조선의 지식인들은 그들에게 자명한 것이었던 고유어보다는 우선 전적(典籍)에 쓰인 많은 한자 숙어를 채집하였다. …(중략)…일본인 담당자들에게 일본제 한자어는 자명한 것이었기에, 문헌으로부터 채집한 조선 특유의 한자 숙어 쪽이 보다 가치 있는 것으로 느껴졌다. …(중략)…『朝鮮語辭典』의 또 하나의 특색으로 정치 제도에 관한 표제어가 충실하다는 것을 들 수 있을 것이다. 이는 사전 편찬의 중심이 된 일본인들이 관리들이었고, 붙박이 통역관들이었다는 것에 주목해야 함을 뜻한다. …(중략)…이 와중에 오구라 신페이는 언

어학자로서 편찬 중의 사전을 조선어 어휘의 총체를 기술하는 사전으로 만들어야 한다는 의견을 피력했다. 그러나 오구라 신페이의 의견은 부분적으로밖에 채용되지 않았다. 이 사전의 편찬에서 오구라 신페이는 사전 편찬에 들어간 원고에 사전적 형식을 부여하는 역할밖에 할 수 없었다. 『朝鮮語辭典』의 특질을 요약하자면, 서양인 사전으로부터 고유어를 채용하고 전적들로부터 한자 숙어를 채용한 다음, 조선의 지식인들이 해설을 붙이괴일본어로 해제를 하여: 인용재 일본인 관리가 조선의 문서를 읽기 위해 편찬한 사전이라고 말할 수 있을 것이다.”[54]

고유어를 축소하고 일본제 한자어(和製漢語)의 대부분을 삭제하고, 외래어는 거의 찾아볼 수 없는 이 사전이 불러일으키는 효과란 어떤 것일까.

어떤 의미에서 과연 그 과정을 살필 때, 이런 결과는 예견된 것이었고, 이 사전의 목적 자체가 조선어의 총량을 등재하는 데 있지 않았던 것도 분명하다. 하지만 결과적으로 볼 때, 한자 형태소 중심의 배열과 과거 추수적 언어 채집은 총독부가 편찬(編)한 이 사전이 당대의 조선어를 근대성, 안에 두려 하지 않고, 한자라는 중국적 원천에 가두어 두려 했던 것은 아닌가 하는 생각을 불러일으킨다.

반대로 1930년대 중반에 나온 한 외래어사전은 아예 한자를 조합하는 훈역(訓譯)을 넘어, 직접적으로 서구 원천을 이입시키는 음역(音譯)으로 나아간다. 근대가 아니라, ‘모던’ 시대가 개시되고 있었던 것인데, 이것이야말로 식민성의 산물이자 근대성—아니, 모더니티 지향의 일부였을 터이다.[55]

---

54) 矢野謙一, 「朝鮮總督府 朝鮮語辭典編纂の經緯」, 『韓』104, 1986.11; 安田敏郎, 『「言語」の構築』, 三元社, 1999, pp.238-239에서 재인용.

55) 李鍾極, 「自序」, 『모던朝鮮外來語辭典』, 京城: 漢城圖書, 1937. 한자어로 번역되지 않은 채, 음값에 따라 표기되어 직접적으로 유입된 외래어들의 총목록을 제시한 일종의 음역(音譯)사전이다. 이 사전에 대해서는 본서의 제7장에서 살펴보게 될

결과적으로 이 사전은 누구의 것인가. 필자로서는 확답하기 어려운 대로, 일본인의 것만도 아니라고 말하고 싶다. 의도와 실상 혹은 그 전개는 괴리되기도 한다. 그도 그럴 것이 편찬 주체의 열정과 작업 요인을 일단 괄호 안에 넣고 보자면, 1920년의 조선총독부『朝鮮語辭典』의 어휘는 명백히 1931년 게일의『한영대ㅈ뎐』에 이입되어 고전적 한자어의 풍부화에 기여했고, 그런 한편 게일의 사전 역시 1938년 문세영의『조선어사전』에 수렴됨으로써 결국 식민지기 최후의 조선어사전은 양자를 아우르는 형태가 되었기 때문이다. 종교와 식민권력이라는 이유로 간단이 이런 원천을 부인할 수는 없다.

4) 고유어 혹은 한자의 훈(訓)

「한국에 미친 중국의 영향」에서 게일은 1897년 작업을 했던『한영ㅈ뎐』의 경험을 토대로, 한문과 한글의 관계에 관하여 언급한다. 그가 수집한 32,789개의 어휘 중 21,417개의 어휘가 한자어이며 11,372개의 어휘가 한국어(모어)라고 했다. 서구적 사상을 나타내는 유입된 신조어들 역시 한자어로 표기된다는 사실을 거듭 강조했다.『한영ㅈ뎐』의 2부를 구성하는 한문사전 즉 옥편에는 10,850개의 한자어가 있는데, 이들을 읽기 위해서는 의미를 지칭하는 한국어 훈과 한자어 음을 함께 알아야 한다는 사실을 강조했다. 한자의 한국어 훈을 통하여 게일은 한국어(모어) 어휘 7,700개를 발견할 수 있었다고 술회했다. 요컨대, 고유어 역시 '번역', 특히 한자의 번역 과정에서 발견되었던 셈이 된다. 그러나 그 나머지에 해당되는 한국어(모어) 어휘를 찾아낼 수 없었다고 말했다. 글자화된 고유어 혹은 고유

것이다.

어의 말뭉치란 주로 (성서 번역과) 한자의 훈을 통해서 밖에 찾을 수 없었던 것이다. 무엇보다 언어정리의 기초가 되는 한글로 된 '문어' 문헌의 절대량이 극히 부족하다고 여겼기 때문이다.

게일은 "이처럼 지금가까지 수세기 동안 한국에 미친 중국의 영향은, 중국에서 기원하지 않은 것이 한국인들의 삶에서, 문학에서 그리고 사상에서 하나도 없다는 특징이 있다"고 하면서 "언어에 있어서도, 한국은 중국과는 전혀 다른 형태를 지니고 있었음에도 불구하고 중국의 언어를 접목시켰고, 그것과 본질적으로 똑같은 사상을 펼쳤기 때문에 그 사상을 전달하기 위해서는 한문이 필요하였고, 이것이 한국인들이 그들의 글을 경멸하는 이유"라고 설명하였다. 그 결과로 "諺文은 漢文의 노예가 되었고, 문장에서 저급한 역할을 맡는, 즉 어미, 연결사, 어형변화에 사용되었고, 한문은 명사와 동사로서의 주된 역할을 하였다"는 점을 비판적으로 서술하고 있다.[56] 그 역시도 자일즈만큼은 아니지만, 중국어와 한국어, 일본어 사이의 언어 교환이 그 연원을 훨씬 깊은 곳에 두고 있음을 모를 리 없었기 때문이다.

게일은 다음의 두 문장을 인용하여 그러한 점을 증명해 보이려 했다.

Ol yŭ-ram-e yŭ-geui wa-sŭ chi-nă-nit-ka a-mori tŭ-un nal-i-ra-do tŭ-un-jul-do mo-ro-get-ko do I keul chŭ keul nŭ-li po-go keu ka-on-dă deus-sal pʻu-rŭ po-ni ŭ-ri-sŭk-ko u-sŭ-un mal-do man-ha na-ra il kwa sa-ram-eui ma-am-eul tŭ-rŭ al-get-to-ta i-je o-nan sa-ram teung u-e do yet sa-ram sseun mal-i it-nan-dă keu gŭt o-sŭ o-myŭn do cha-ja po-ri-ra keu-rŭ-han-dă-i nom-i wei a-ni o-nan-go (올 여람에 여기 와서 지내니까 아무리 더운 날이라도 더운 줄도 모르겠고 또 이 글 저 글 널리 보고 그 가운데 뜻을

56) James Scarth Gale, "The Influence of China upon Korea", *Transactions of the Korea Branch of the Royal Asiatic Society 1*, 1900, pp.18-19.

풀어보니 어리석고 우스운 말도 많아 나라 일과 사람의 마음을 두루 알겠도다
이제 오는 사람 등에도 옛 사람 쓴 말이 있는데 그것 없으면 더 찾아보리라 그러
한대 이놈이 왜 아니 오는고)[57]

이와 대조하여, 게일은 한문, 그러니까 한자어와 함께 한국말 구어체를
사용하여 같은 내용을 번역해보면 그 언어가 훨씬 더 완전해지고 풍부해
지는지 알 수 있다고 하면서 아래와 같이 기록한다.

(Keum-nyŭn)-e-nan (chang-chang-ha-il)-eul (Puk-han-san-sŭng)-e-sŭ (sŭ-gyŭn)-ha-
ni (chŭng-sin)-i (soai-rak)-ha-yŭ (sin-t'ye)-ka (kang-gŭn)-ha-ta (pi-sŭ)-ha-gi-nan (Puk-
han)-i (tye-il)-i-ra (sŭ-ch'ăk)-eul (yŭr-ram)-ha-go (i-wang-yŭk-tă-sa)-ral (sang-go)-ha-ni
(ka-so)-wa (in-sim)-eul (ka-ji)-ro-ta (si-bang) (ha-in) (pyŭn)-e (ko-in)-eui (keui-rok)-
han (sŭ-chăk)-eul (pu-song)-ha-yot-ket-nan-dă (ko-dă)-ha-gi-ga (sim)-hi (chi-ri) ha-to-
ta (今年에는 蒼蒼何日을 北漢山城에서 宿營하니 精神이 刷樂하여 身體가 剛健하
다 避暑하기는 北漢이 第一이라 書冊을 閱覽하고 已往歷太事를 詳考하니 可笑롭
고 愚昧한 史籍이 不少하여 國事와 人心이 可知로다 時方 下人 便에 古人의 記錄
한 書冊을 付送하였겠는데 苦待하기가 深히 支離하도다.)[58]

그러나 이런 환경이 단어 단위의 일본어를 대량으로 불러들이는 결과
를 낳게 되었음은 주지의 사실이다. 앞서 말했듯이, 게일의 사전은 여타의
사전과 달리 3차례의 급격한 증보를 거쳤기 때문에, 어휘 변동을 알 수
있는 중요한 증거가 된다. 또한 당시 신문 등의 광고를 통해 볼 때, 또

---

57) 이용민, 「게일과 헐버트의 한국사 이해」, 『敎會史學』 제6권 제1호, 한국기독교회사
학회, 2007.
58) 위와 같음. 국한문체 문장은 이용민이 재구(再構)한 것임. 공히 게일의 영어 번역문
은 생략한다.

그 자신이 한국어 신문·서적들을 읽어간 양으로 볼 때『한영ᄌ뎐』의 표준적 지위에 있었던 것으로 보인다. 따라서 우리는 적어도 일본어의 유입과 근대 교육의 정착기까지, 또 그 이후에도 게일의『한영ᄌ뎐』이 당대의 언어질서를 확인하는 중요한 지표가 될 수 있다고 본다. 이 사전의 어휘에는 은폐된 형태의 일본어의 착종과 중국으로부터 유입된 漢譯漢字 역시 자리하고 있는데, 각 시기별, 사전별 일본어의 유입을 알 수 있는 사례 보고가 있다. 메이지 시기에 생산된 번역어, 신조어들이 현대 한국어에 얼마나 등재되어 있는 것일까.

〈사전별 일본어 어휘 도입 비율〉

사전	한영ᄌ뎐(1890)	한영ᄌ뎐(1897)	조선어사전(1920)	우리말큰사전(1957)
어휘수	23어(1.9%)	121어(10.1%)	394어(32.9%)	1089어(91.1%)

위의 표는 메이지기의 이중어사전을 어휘별로 총망라한『明治のことば辞典』(飛田良文, 東京堂, 1986)을 기준으로 작성된 것이다. 즉『明治のことば辞典』에 등장한 번역어가 조선어 혹은 한국어사전에도 등장하는지의 여부를 검토한 것으로, 1957년『우리말큰사전』을 기준으로 할 때 약 90% 정도의 등재비율을 보여준다.[59] 1931년에 발간된 게일의『한영대ᄌ뎐』을 면밀히 조사해 보아야 좀 더 완전해지겠지만, 어쨌든 이 표에 따르면 갑오경장을 거쳐 본격적으로 일본에 의한 식민지 지배가 진행되면서 일본어휘의 유입이 급격히 증가함을 볼 수 있다.

---

59) 尹岡丘,「日本からの漢語導入－『明治のごとば辞典』における韓語見出し語の韓國語への導入を中心に」,『日語教育』16, 한국일본어교육학회, 1999. 각각의 체계에 따라 편집된 여러 사전들 사이의 어휘 비교가 갖는 문제점도 없지 않을 것이나, 게일의 사전 안에서 일어난 변화와 같이 하나의 사전 안에서의 어휘 변화를 확인해 본다면 이런 점을 보완할 수 있을 것이다.

문제는 해방 후 편찬된 사전들에서, 오히려 어휘수의 증가에 따라 이들 일본식 한자어들이 대부분 한국어에 받아들여지고 있다는 사실이다. 물론 가장 체계적인 사전으로서의 한글학회편『우리말큰사전』이 갖는 망라성과 종합성이 고려되어야 할 것이다. 편입된 일본어 어휘들의 실제 활용도에 대한 고찰 역시 필요할 터이다. 하지만 한 가지 분명한 사실은 지적 가능하다. 정치적 해방에도 불구하고 식민지 문화의 유산과 두 사회의 등질성은 오히려 강화되었거나, 적어도 확정적인 것 혹은 서면화된 현상이 되었다는 사실이 그것이다. 요컨대 번역어와 신문물의 도입에 의한 한자어 중심의 등재 어휘의 증가와 해방 후 근대식 교육의 일반화·대중화로 인해 일본식 근대 어휘의 '한국어' 내부로의 등재 비율은 더욱 높아지고 있었던 것이다.

이들 사전의 언어 채용의 순서와 과정을 따라가 보면 다음과 같은 흐름을 읽어낼 수 있다. 게일, 조선총독부의 사전 그리고 이 두 사전을 참조한 주요 사전들의 서문들을 통해서 다음과 같은 언어의 통국가적 유통 경로를 유추할 수 있다. 이들 이중언어사전 간의 참조 현상 혹은 언어 이동의 과정은 다음의 표와 같이 요약된다.

약칭	Ridel 1880	Underwood 1890	Scott 1891	Gale 1897 (초판) 1911 (1부개정판) 1914 (2부개정판)	Jones 1914	조선총독부 1920	Gale 1924	Underwood 1925	Gale 1931
한국어 → 영어	韓佛字典 (한국어 →불어)	韓英字典 1부 (게일 공저) →		韓英字典		朝鮮語辭典 (한국어 → 일어) →			韓英大字典
영어→ 한국어		韓英字典 2부 (헐버트 공저) →	*English-Corean dictionary* ↗		英韓字典	三千字典 →		英鮮字典	
관련 출판물	1) 문법서 -리델 문법서 (1881) -스콧 문법서 (1887)	1) 문법서 발행 - 언더우드 문법서(1890) - 스콧 문법서 개정(1893) - 게일 문법서(1894) 2) 참조사전 - 언더우드: 윌리엄스의 중영사전(1874) - 게일: 자일즈의 중영사전(1882) 3) 비고 - 지석영, 『자전석요』(1909)				1) 문법서 발행 -게일 문법서 개정(1916) -언더우드 문법서 재출판(1915) 2) 참조사전 - 언더우드(1925): 이시카와(石川)의 일영사전 - 게일(1931): 이노우에의 영일사전 3) 비고 - 최남선, 『신자전』(1915) - 김동성, 『최신선영사전』(1928) - 이종극, 『모던조선외래어사전』(1937) - 문세영, 『조선어사전』(1938)			

※"→"표시는 참조를 직접 명시한 자료가 있는 경우에만 표기

〈서지사항〉

1. **Ridel 1880**: Les Missionnaires de Corée, de la Société des Missions Étrangères de Paris, 『한불ᄌᆞ뎐韓佛字典(*Dictionnaire Coréen-Français*)』, Yokohama: C. Lévy Imprimeur-Libraire, 1880.
2. **Underwood 1890**: Underwood, Horace Grant, 『韓英字典한영ᄌᆞ뎐(*A Concise Dictionary of the Korean Language*)』, Yokohama: Kelly & Walsh; London: Trübner & Co., 1890.
3. **Scott 1891**: Scott, James, 『*English-Corean dictionary: being a vocabulary of Corean colloquial words in common use*』, Corea: Church of England Mission Press, 1891.
4. **Gale 1897**: Gale, James Scarth, 『韓英字典한영ᄌᆞ뎐(*A Korean-English Dictionary*)』, Yokohama: Kelly & Walsh, 1897.
5. **Gale 1911**: Gale, James Scarth, 『韓英字典(*A Korean-English Dictionary*)』, Yokohama: The Fukuin Printing CO., L'T., 1911.
6. **Jones 1914**: Jones, George Heber, 『英韓字典영한ᄌᆞ뎐(*An English-Korean dictionary*)』, Tokyo, Japan: Kyo Bun Kwan, 1914.
7. **Gale 1914**: Gale, James Scarth, 『韓英字典(*A Korean-English dictionary(The Chinese Character)*)』, Yokohama: The Fukuin Printing CO., L'T., 1914.
8. **조선총독부 1920**: 朝鮮總督府 編, 『朝鮮語辭典』, 朝鮮總督府, 1920.
9. **Gale 1924**: Gale, James Scarth, 『三千字典(*Present day English-Korean: three thousand words*)』, 京城: 朝鮮耶蘇敎書會, 1924.
10. **Underwood 1925**: Underwood, Horace Grant & Underwood, Horace Horton, 『英鮮字典(*An English-Korean Dictionary*)』, 京城: 朝鮮耶蘇敎書會, 1925.
11. **Gale 1931**: Gale, James Scarth, 『韓英大字典(*The Unabridged Korean-English Dictionary*)』, 京城: 朝鮮耶蘇敎書會, 1931.
12. **Williams 1874**: Williams, Samuel Wells, *A Syllabic dictionary of the Chinese language: arranged according to the Wu-fang yuen yin, with the prounciation of the characters as heard in Peking, Canton, Amoy, and Shanghai*, Shanghai: American Presbyterian Mission Press, 1874.
13. **Giles 1892**: Giles, Herbert Allen, *A Chinese-English dictionary*, London: Bernard Quaritch; Shanghai: Kelly and Walsh, 1892.
14. **石川 1924**: 石川林四郎, 『(袖珍)コンサイス和英辭典(*Sanseido's concise Japanese-English dictionary*)』, 東京: 三省堂, 1924.
15. **井上 1921**: 井上十吉, 『井上和英大辭典』, 東京: 至誠堂 1921.

게일 스스로의 말처럼, "오래된 것은 사라졌고, 새로운 것은 아직 도래하지 않았다. 일본적 관념들, 서구적 관념들, 신세계의 사상들이 그 존재가 명확히 정의되지도 못한 채, 마치 무선전신들과 같이 허공 중에서 서로 충돌하고"[60] 있었던 것이다. 어떻게 할 것인가. 이 사람은 모든 말들의 목록 위에서 생각하되, 그러나 한자로 된 그것들 속에서 찾아내려 하였다.

---

60) James Scarth Gale, "Korean Literature", *The Christian Movement in Japan, Korea, and Formosa*, Kobe, 1923, p.468.

그러자, 영어 안에서 한자들이 횡단하듯 옮겨 다니기 시작했다. 아니 이미 그러한 횡단을 영어로 붙잡는 작업이 그의 일이었는지도 모른다.

3. 한국 인문학자의 왼손, 순수하고 더러운

번역가에게는 언제나 두 책이 있다. 텍스트와 이중어사전이 바로 그것이다. 번역의 물리적 과정이란 간단히 말해 오른손에 필기구를 들고, 가운데 놓아둔 텍스트를 보며, 때때로 왼편에 놓인 콘사이스 따위를 뒤적이는 일에 다름 아니다. 한국에서의 '학문하기' 역시 그러한 풍경에서 크게 벗어나지 않을 것이다. 근대화와 서양화라는 역사적 전개에 있어, 근대의 학술 전범이란 흔히 서양의 방법과 개념에 의해 한국에 관한 지(知)의 총체를 재구성하는 일로 여겨졌다. 예컨대 근대 개념어 생산과 이 개념을 통한 한국(문화)사의 맵핑(mapping)은 자기 구성의 과제와 번역자의 과제를 동시에 수행하는 일에 가까운 것이었을 터이다.

그러나 이런 과제는 '한국인'들에 의해 독점되어 온 것으로 역사화되어 온 것과는 달리, 그 초기적 양상에 있어서는 명백히 통국가적 학술공동체/신앙공동체/경합적 협력의 산물이었던 것으로 보인다. 이를테면 번역가의 왼손에 놓인 사전에 새겨진 이름은 한국인의 그것이 아니었다. 오히려 한국인들의 이름은 사전의 안쪽에서 '숨은 저자'로서 기념되었다.

근대 한국의 이중어사전들의 통국가적 생산(중국사전으로부터, 일본사전으로부터의 번역어 도입)과 유통을 이야기하는 일은 근대어의 발생과 그 조건, 근대 학술어들을 생성하는 언설 공간, 이 언설 공간 위에서 시도되는 번역의 문제를 생각하는 가장 기초적인 조건과 그 역사를 표시하는 일이 될 것이다. 다시 말하지만, 번역가의 왼손에는 이중어사전이 있다. 그런데, 이 사전은 또한 '국어/조선어' 사전이기도 했다. 왜냐하면 조선어 사전이 존재하지 않았기 때문이다. 어떤 의미에서 이 사전은 번역을 관장하는 한편, 문어 자체의 규범을 상당부분을 형성해왔다고도 할 수 있다.

원 텍스트(source text)와 목표 텍스트(target text)라는 개별 언어를 넘은 차원에서 존재하는 일치—그러니까 순수 언어의 가능성이라고도 할 이것은 과연 번역의 이상(理想)이다. 벤야민(Walter Benjamin)의 말처럼 번역자의 과제는 원문의 언어나 번역하는 언어의 활성화가 아니라, 궁극적으로는 '순수한 언어'와의 충일한 관계에 의해 규정된다. 그렇다고 할 때 과연 한국어는 어떤 언어인가. 이 중역에 중역을 거듭한 교통로의 언어, 식민지의 언어로 어떤 비평을 할 수 있는 것일까. 과연 '한국' 학술은 가능한가.

불가능할 것이 무엇인가. 아니 바로 이 세계 언어가 착종된 언어를 통해서야말로, 개별 언어의 귀속을 넘은 순수 언어의 문제를 생각할 수 있는 것이 아닐까. 언어의 근원에 번역가능성이 이미 내재하는 이 언어, 근대 한국어.

소위 근대 한국어 · 한국문학의 중요한 특질로 흔히 '중역(重譯)된 근대성'이 이야기된다. 좋은 번역가는 외국어 담론의 전달이 어려울 경우, 용어법의 한계를 넘어서 번역의 과정에서 자신의 언어를 부수고 재구성하는 쉽지 않은 일을 해야 한다. 그러나 일본어 텍스트의 번역에서는 그와 같은 파괴 과정이 훨씬 약화되며, 일본어와 조선어 사이의 번역 작업이란 종종 '일제잔재'로서 청산의 대상이 되기도 한다. 한편 일본어로부터의 번역은 그것이 숨길 수 있는 것인 한에서, 매끈한 번역으로서 선호되기조차 한다. 과연 일본어의 영향이 사라지면 이런 중역 현상도 끝나는 것일까.

그러니까 중역에서 가장 중요하지만 언제나 간과되는 문제가 있다. 근

대 한국어 자체가 중역 과정에서 산출되었다는 사실이 그것이다. 중역의
문제는 한국어와 일본어 사이의 문제가 결코 아니다. 그것은 한국어 '내부'
에 이미 존재하는 문제이며, 정도의 차이는 있을지라도 (일본어를 포함한)
여타의 모든 언어를 번역할 때 언제나 나타나는 현상이다. 번역을 시작하
며 펴드는 우리들의 이중어사전들이 그렇고, 그것의 해제어인 국어(사전)
의 어휘들이 그렇다. 무슨 말인가 하면, 여타의 언어를 매개하며 순수한
언어의 가능성을 찾아 나서게 하는 한국어가 이미 어떤 의미에서 중국어,
일본어, 영어의 '크레올'일 수도 있다는 것이다. 극단적인 말이지만, 원리
적으로 어떤 원문에서 번역하든 한국어역은 언제나 중역본이 된다. 단어
수준에서 이미 '중역'이 일어나, 고유화되었던 까닭이다. 한국의 학술도
어쩌면 마찬가지일지 모른다. 이를테면 우리는 이 원천을 끝까지 파고
들어감으로써 '번역자의 과제'의 첫 출발점 혹은 귀환점에 설 수 있는 것이
아닐까.

　일본·일본어는 오랫동안 조선어를 예외적 언어, 즉 '배제하는 포함'의
대상으로 종속시켜 왔다. 그렇다는 것은 이 언어 사이의 불평등으로 인해,
일본어가 계속 조선어 안으로 진입해 들어왔음을 뜻하며, 어떤 의미에서
이 두 언어 사이에 이질성이 크게 약화되었음을 뜻한다. 번역의 어원적
의미에서 가장 큰 최종적 개념은 '지식과 제국의 이동'이라 한다. 제국의
이동(translatio)은 식민자가 언설의 지배권을 갖는다는 것을 뜻하는데, 따
라서 번역은 식민화가 진행되는 과정의 사소한 부분에까지 거대한 우주적
일관성을 부여해준다. 그런데 한국에 있어서 이 일관성은 일본어와 조선어
사이에서만 일어난 것이 아니라, '중역'이라는 문제권이 보여주듯이 보다
폭넓은 통국가적인(transnational) 번역의 반복을 통해 생겨났다는 것이다.

　이중어사전의 통국가적 유통이란 무엇을 뜻하는가. 중국어 사전, 일본

어 사전과 날 것의 조선어를 통과해 불어 · 영어 어휘를 불러내고, 이를 다시 조선의 고유어나 조선의 한자음에 일치시켜 보는 일이 바로 그것이 다. 애초부터 모든 사전들이 일어, 때때로는 중국어를 통과하고 있었다. 앙리 메쇼닉이 가장 '순도높은' 언어로 알려진 프랑스를 두고 말했다는 "프랑스어는 크레올이다"라는 명제를 조금 인유해보자면, "한국어야말로 크레올이다." 바로 그렇기 때문에 언어와 언어 사이, 언어들의 이동, 번역 을 통해서만 상상가능한 순수언어의 문제를 염두에 두지 않는다면, 우리 가 무엇을 생각하든 우리는 근대 한국어로 생각한 것이 아니다. 근대 한국 어, 한국어문학 안에서 독특하게 종합되는 근대 학술 언어의 통국가성으 로부터 다시 시작할 수 있을 것이다.

물론 사전이 언어의 기원이나 원천일 수는 없다. 조선어사전이 있어야 조선과 조선어문에 대해서 생각할 수 있는 것도 아니다. 그러나 모든 지역 학과 민족학의 결합이 그러하듯이, 사물을 명명하고 질서화하는 말과 지 식의 범주화 · 계열화 · 해제 과정 속에서야말로 '학술'의 대상과 방법 · 술 어가 생성된다. 한국(어문)학의 첫 생성은 그런 의미에서 아버지로부터가 아니라 삼촌들로부터의 유전이었으며, 나로부터가 아니라 남으로부터 더 많은 생각거리를 얻었다. 이 글은 그 어떤 특정한 기원에 대해서가 아니라, 그러한 단선적 기념의 불가능성에 대해 이야기했다.

'나'라는 것의 개체성이 가장 먼저, 그리고 가장 확실히 드러나는 순간은 가족 유사성이라는 범주 속에서이다. 주변을 살필 일이다. 이중어사전의 성격과 편찬 과정에 주목하느라, 개별 개념들의 번역 과정이나 번역어들 의 유통과 안착 양상에 대해 구체적으로 살피지 못하였다. 간단한 일이 아닌데다, 번쇄한 작업이기에 차후의 장들에서 설명해 나가려 한다.

【보론1】 조선총독부의 『朝鮮語辭典』에 관하여

1장에서 거론한 조선총독부의 『朝鮮語辭典』은 1920년에 발행된 한일이중어사전이다. 이 책은 서두 부분과 본문에 해당하는 어휘부(「朝鮮語辭典」, pp. 1-983)로 구성되어 있으며, 서두 부분에는 「凡例」(pp. 1-3), 「諺文索引」(pp. 1-4), 「漢字索引」(pp. 1-15), 「漢字音索引」(pp. 1-15)이 수록되어 있고, 어휘부(pp. 1-983)에는 한자어 40,734어, 고유어 17,178어, 이두 727어로 총 58,639어가 수록되어 있다. 『조선어사전』은 1920년 3월에 1,000부가 먼저 인쇄되어 필요한 기관에 배부되었고, 일반인에게 발매하기 위하여 1920년 12월에 발행할 때는 인쇄자의 의뢰에 따라 오다 간지로(小田幹治郎)의 「朝鮮語辭典 編纂의 經過」를 첨부한 형태로 출판되었다.

초기의 국학자 자산 안확, 오구라 신페이(小倉進平) 두 사람 모두, 조선총독부가 사전 편찬에 투자한 대규모의 인력, 비용, 시간을 높이 평가했으나, 이 사전의 수록 어휘 즉, 내용적인 측면에 대해서는 그렇게 보지 않았다. 사전 편찬과 관련된 조선총독부 공문서에 나온 다음과 같은 발행 목적이 그 이유를 잘 말해준다.

"예부터 조선에는 옥편이라는 것이 극히 간이한 한자자전이 존재하는 것 외에 시세(時世)에 맞는 사전을 찾을 수 없었다. 바야흐로 국어[인용자: 일본어]가 나날이 조선 안에 보급되어 서울과 시골(都鄙)을 불문하고 국어[인용자: 일본어]를 해독하지 못하는 자가 드물기에 이르렀다. 점점 조선어(鮮語)는 휴폐(休廢) 상태가 되어감에 오늘날 정확하게 전거로 삼을 만한 사전을 편찬해두지 않으면 앞으로 문서를 읽기에 아주 불편을 느끼게 될 뿐만 아니라, 내지인으로서 조선어를 가르치려는 자의 고통이 다대했다."(「朝鮮語辭典編纂事務終了報告」)

이 사전은 일본어의 입장에서 현재의 조선어보다는, 과거 조선을 번역하기 위한 필요에서 편찬된 것이었다. 이처럼 사전의 지향점이, 소멸되는 과거 조선의 문학어, 즉 조선의 과거 문헌에 대한 해독과 관련되었기에 한문과 이두가 그렇게 중요하게 다루어진 것이다. 편찬 목적과 방향으로 인한 여러 한계들에도 불구하고, 이 사전은 향후 언더우드家의 『英鮮字典』(1925), 게일의 『韓英大字典』(1931), 최초의 국어사전이라 일컬어지는 문세영의 『朝鮮語辭典』(1938)에까지 중대한 영향을 미쳤다.

나아가 오구라 신페이는 이 사전을 '조선인의 저술'로 분류했다. 오다 간지로(小田幹治郎)가 쓴 「朝鮮語辭典 編纂의 經過」를 보면, 참여한 한국인들로 김돈희(金敦熙), 박이양(朴彝陽), 박종렬(朴宗烈), 송영대(宋榮大), 어윤적(魚允迪), 윤희구(尹喜求), 이완응(李完應), 이한목(金漢睦), 정만조(鄭萬朝), 정병주(鄭丙朝), 한영원(韓永源), 현은(玄檃)이 명시되어 있다.

또한 초기의 편찬 계획상에서는, '조선어 표제어-조선어에 의한 풀이-일본어 대역'이라는 형식이었다는 설이 제기된 바 있거니와, 현재 남아 있는 공문서는 조선어 표제어-조선어 풀이의 실상이 어떠했는지를 다음과 같이 잘 보여주고 있다.

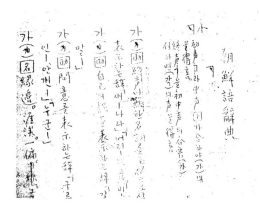

즉, 조선인들이 수행한 작업의 범위나 이들의 면면에 대한 탐구 역시, 남겨진 중대 과제의 하나라 하겠다.

▌ 참고문헌

안자산, 「辭書의 類」, 『啓明』 8. 1925.5.

이병근, 『한국어사전의 역사와 방향』, 태학사, 2000.

황호덕, 「번역가의 원손, 이중어사전의 통국가적 생산과 유통」, 『상허학보』 28, 2010.

황호덕・이상현, 「번역과 정통성, 제국의 언어들과 근대 한국어」, 『아세아연구』 145, 2011.

小倉進平, 『增訂補注 朝鮮語學史』, 東京: 刀江書院, 1964.

高橋亨, 「朝鮮文學硏究-朝鮮의 小說」, 『日本文學講座』 15, 京城: 新潮社, 1932.

矢野謙一, 「朝鮮總督府 朝鮮語辭典編纂의 經緯」, 『韓』 104號, 1986.11.

森田芳夫, 『韓国における国語・国史教育』, 原書房, 1987.

安田敏郎, 『「言語」の構築』, 三元社, 1999.

【개념뭉치1】

'사전' 관련 항목

1. 英韓 대응 관계

① dictionary: ㅈ뎐, ㅈ휘(Underwood 1890, Scott1891) ㅈ뎐(字典), 옥편(玉篇) [especially the Chinese-Korean dictionary in use among the Koreans] Biographical dictionary 인명ㅈ뎐(人名字典), Pocket dictionary 회중자뎐(懷中字典) (Jones 1914) **ㅅ뎐(辭典)** (Gale 1924) ㅈ뎐(字典), ㅈ휘(字彙), 옥편(玉篇), ㅅ뎐(辭典) Biographical dictionary 인명ㅈ뎐(人名字典): Pocket dictionary 회즁ㅈ뎐(懷中字典) (Underwood 1925)

② lexicon: ㅈ뎐, ㅈ휘(Scott 1891), ㅈ뎐(字典): ㅈ휘(字彙)(Jones 1914), **ㅅ뎐(辭典)**, ㅈ휘 (字彙).(Underwood 1925)

cf) Lexicographer: ㅈ뎐편즙쟈(字典編輯者) (Jones 1914)

2. 韓英 대응관계

① ㅈ뎐(字典): A dictionary. See. 옥편(Gale 1897-1931)

· ㅈ휘(字彙): Dictionnaire; catalogue des mots, des caractères d'écriture.(Ridel 1880) A dictionary. See. ㅈ뎐(Gale 1897-1931)

· 옥편(玉篇): nom d'un livre fait en forme de Dictionnaire. Dictionnaire chinois-coréen.(Ridel 1880) The name of a Chinese-Korean dictionary(Underwood 1880) The ordinary Chinese-Korean dictionary; a dictionary See. ㅈ뎐(Gale 1897-1931) A dictionary; a lexicon. (김동성 1928)

② ㅅ뎐(辭典): A dictionary. a lexicon.(김동성 1928-Gale 1931)

사셔(辭書): A dictionary; a lexicon. (김동성 1928)

cf) 사셔편찬법(辭書編纂法): lexicography(김동성 1928-Gale 1931), 수셔편 챤가
(辭書編纂家) A lexicographer.

3. 韓日 대응관계(『조선어사전』, 1920)

字書(ㅈ서): 文字를 彙集して解釋したる書籍。(字典·字彙)

4. 한국어사전(문세영, 『조선어사전』, 1938)

사전(辭典): 말을 모아서 벌려 놓고 낱낱이 그 뜻을 해석한 책. 辭書, 辭揮
옥편(玉篇): 한문글자를 모아서 배렬하고 그 글자의 음·새김을 적은 책.
자전(字典): 한문 글자를 수집배렬(蒐集排列)하여 낱낱이 그 뜻을 해석한 책.
　　　字書, 字彙.

'민족, 국가' 관련 항목

1. 英韓 대응관계

① Nation: 나라, 국(Underwood 1890) Nation, national 나라 국(Scott 1891) Nation
국(國) (people) **국민(國民)**. Law of Nations 국제공법(國際公法) (Jones 1914)
국민(國民)(Gale 1924) (1) 나라, 국 (國), **국가(國家)**. (2) 국민(國民), 빅셩
(百姓), 민족(民族). (Underwood 1925) 네슌(nation) 國民, **民族**, 國家 (이종
극 1937)

· National: 본국의 National Customs 나라풍속, National law 나라법, 국법.
National flag, 국긔(國的)(Underwood 1890) National 국뎍(國的), **국민상(國民上)**,
(state) **국가상(國家上)**. National board of defence, 국방위원회(國防委員
會), National anthem, 국가(國歌), National customs, 국풍(國風), National

debt 국채(國債), National constitutions, 국제(國制), National interests 국익 (國益), National policy 국시(國是), National prestige 국위(國威) (Jones 1914) National flag 국긔(國旗), National anthem 국가(國歌), National affair 국ᄉ (國事), National defence 국방(國防), National debt 국ᄌ(國財), National relations 국교(國交), National resources 국력(國力), National rights 국권(國權), National script 국문(國文) (Gale 1924) (1) 나라의, 국의 (國). (2) 국민의 (國民), **민족 뎍 (民族的)**, 공중덕 (公衆的), 공공덕 (公共的). National affairs, 국ᄉ (國事). National anthem 국가 (國家). National character, 국민셩 (國民性). National custom, 국풍 (國風). National debt 국채 (國債). National defence, 국방 (國防). National flag, 국긔 (國旗). National law 국법 (國法). National policy 국시 (國是). National prestige, n. 국위 (國威). National relation, n. 국교(國 敎). National resources, n. 국력(國力). National right, n. 국권 (國權). National script, n. 국문 (國文). 네슈낼(nationl) = 내쇼날 (이종극 1937)

· **Nationality**: 국젹(國籍) (Jones 1914) (1) 국톄 (國體), 국슈 (國粹). (2) 국젹 (國籍), 션젹 (船籍).(Underwood 1925)

② **State**: 형세, 졍샹, 나라, 디위, 모양(Underwood 1890) 나라 국(Scott 1891) State (condition) 형편(形便): 형셰(形勢): 모양(模樣) (circumstances) ᄉ세 (事勢): ᄉ졍(事情): (political community) 국(國): **국가(國家)**: 나라(國) (civil government) 졍부(政府): 졍치(政治): (one of the U.S) 련방(聯邦): 방(邦): (pomp and dignity) 영요(榮耀): 위엄(威嚴) Church and State 종교와 졍치 (宗敎政治), Minister of State 국무대신(國務大臣), State Carriage 어챠(御車), State Policy 졍략(政略) 국시(國是), The safety of the State 국가안녕(國家安 寧) (Jones 1914) State funeral 국장(國葬), State railway 국유텰도(國有鐵道), State religion 국교(國敎) (Gale 1924) (1)형셰(形勢), 형편(形便), 졍형(情形), 경우(境遇), 샹틱(狀態) (2)위(位), 신분(身分), ᄌ격(資格) (3)화려ᄒ것(華 麗), 장관(壯觀) (4)나라, 국가(國家) (5)국(國), 쥬(州), 방(邦) (6)국무(國務),

정권(政權), (1)나라의, 국가의(國家) (2)쥬의(州), 방의(邦) (3)화려혼(華麗), 장관의(壯觀) Chair of State 옥좌(玉座), Secretary of State 국무대신(國務大臣), 국무경(國務卿), United States 합즁국(合衆國), State of affairs 물정(物情), 형편(形便) State of health 긔분(氣分), State department 국무셩(國務省), State funeral 국장(國葬), 인산(因山) State monopoly 전매관업(專賣官業), State paper, 공문(公文), 관문셔(官文書), State railway, 국유텰도(國有鐵道), State religion, 國敎 State socialism, 국가샤회쥬의(國家社會主義) (Underwood 1925)

2. 韓英 대응관계

① 나래(國): Etat; nation; gouvernement; roi(Ridel 1880), Country, state, nation, government, king(Underwood 1890), The state; a kingdom. The government; the King(Gale 1897-1931) A country; a state; a nation; a realm.(김동성 1928)

② 국가(國家): Maison du roi(Ridel 1880), The Kingdom; the reigning dynasty; the state(Gale 1897-1911) A state; a country; The reigning dynasty(Gale 1931) A state; a country; a nation. 例 국가학 (學) Political Science, 국가만능쥬의(萬能主義) Collectivism.(김동성 1928)

cf) 국가뎍정략(國家的政略): National policy, 국가샤상(國家思想) Patriotism; love of country, 국가안위(國家安危) The safety or danger of the country (Gale 1911) 국가경제(國家經濟) State economy, 국가교육(國家敎育) State education, 국가긔관(國家機關) A state organ, 국가만능쥬의(國家萬能主義) collectivism, 국가쥬의(國家主義) Nationalism opp.社會主義, 국가학(國家學) Political Science, opp.社會學 (Gale 1931)

③ 국민(國民): The nation; the people of a country(Gale 1911) A nation; the people(김동성 1928) The nation; the people(Gale 1931)

cf) 국민사상(國民思想): A people's loyalty; devotion to one's country (Gale1911-1931), 국민군(國民軍) The militia(Gale 1911)→The national army(Gale 1931), 국문과(國文科) The national literature course, 국문학(國文學) National literature, 국민경찰(國民警察) A law to one's self; each his own protector, 국민외교(國民外交) The nation's foreign diplomacy, 국민장(國民葬) A public funeral; A national burial (Gale 1931)

④ 민족(民族): A nation; a race; a people; a tribe(김동성 1928) A nation; a people (Gale 1931)

cf) 민족교(民族驕): Pride of the people; esprit de corps, 민족ㅈ결쥬의(民族自決主義) Self-determination in government (Gale 1931)

3. 韓日 대응관계(『조선어사전』, 1920)

· 國家(국가): 國
· 國民(국민): 國家の人民
· 百姓(빅셩): 人民.(黔首)

4. 한국어사전(문세영, 『조선어사전』, 1938)

① 국가(國家): (1) 나라. 邦國 (2) (法) 확정한 영토 안에서 공익을 위하여 정치기관을 조직한 백성의 집합체

② 국민(國民): 같은 국적(國籍)을 가지고 있는 인민.

cf) 국민교육(國民教育): (敎) 국민에게 그 본분, 실무를 알리는 것을 목적으로 하는 교육, 국민도덕(國民道德) (1) 국민으로서 가져야할 도덕 (2) 그 나라 백성에게 특유한 도덕, 국민성(國民性) 일반 국민에게 공통되는 고유한 특성, 국민주의(國民主義) 같은 국가를 조직하고저 하는 주의

③ 나라: (1) 지구 위에서 각기 정부의 통치밑에 있는 행정구역, 國家, 邦國. (2) 「나라님」의 준말. (3) 정부(政府), (4) 국토(國土)

④ 민족(民族): 국민의 종족

cf) 민족성(民族性): 그 민족에 특유한 정신, 민족자결주의(民族自決主義) 현재 세계에는 대소 강약의 여러 나라가 있으나 이것들은 다 같이 존립권(存立權)이 있고 이 존립권은 서로 존중하지 아니하면 안된다는 주의, 민족주의(民族主義) (1) 같은 민족으로 국가를 조직하고저 하는 주의 (2) 민족의 향상을 꾀하여 그 조직한 국가의 발달을 도모하는 주의 (3) 삼민주의(三民主義)의 하나.

'대중, 민중, 시민' 관련 항목

1. 英韓 대응관계

① People: 빅셩 만민(Underwood 1890) 빅셩 민(Scott 1891) 빅셩(百姓): lit. "the hundred family names" 민(民), (the nation) **국민(國民)**, 인민(人民) (Jones 1914) 빅셩(百姓) (Gale 1924) (1) 세샹사롬, 세간 (世間). (2) 빅셩 (百姓), 만민 (萬民), 국민 (國民), 서민 (庶民), 인민 (人民). (3) 집안사롬, 가족 (家族), 일문 (一門). (4) 민족 (民族). 살다, 살게ᄒ다, 치우다(빅셩을).(Underwood 1925)

② Citizen: 빅셩(Underwood 1890) 사롬, 빅셩(Scott 1891) 국민(國民), 공민(公民) (Jones 1914) **시민(市民)**, 공민(公民) (Underwood 1925)

cf) Civilian: 문관, 션빅(Underwood 1890) 빅셩(Scott 1891) 평인(平人), 평민(平民), 문관(文官), 민법학자(民法學者) (Underwood 1925)

2. 韓英 대응관계

① 빅셩(百姓): (Cent, noms de famille) Peuple, tout le peuple d'un royaume, tous les sujets. populace, distincte des hommes en place et des nobles; homme du peuple. (Ridel 1880) The people, all the people(Underwood 1890) The various surnames-the people see. 인민(Gale 1897-1931) 백성(百姓) The common people; the populace; the lower (김동성 1928)

cf) 인민(人民): The people; the plebian class(Gale 1911-1931) People; the public; subjects; citizens. The common people; the populace; the lower classes; the masses (김동성 1928)

· 만민(萬民): (dix, mille, peuples) Tous les peuples de l'univers(Ridel 1880) All the people, all the people of the world(Underwood 1890) All the people; the masses See. 빅셩(Gale 1897-1931) All the people ; the whole nation (김동성 1928)

· 평민(平民): The common people ; the middle class(Gale 1897-1931) The common people; a commoner(김동성 1928)

· 셔민(庶民): The people. See. 빅셩(Gale 1911-1931) The people; the masses(김동성 1928)

② 시민(市民): Trades-people, The inhabitants of a town(Gale 1911-1931) Towns people; townsmen; citizens. (김동성 1928)

cf) 시민권(市民權): Civil right(Gale 1911-1931)

· 공민(公民): A citizen(김동성 1928-Gale 1931)

· 대즁(大衆): The people; the masses; a great number of people; a immense crowd(Gale 1911-1931)

③ 민즁(民衆): The nation at large; public(Gale 1911-1931) People; the populace; the crowd (김동성 1928)

3. 韓日 대응관계(『조선어사전』, 1920)

庶民(셔민): 人民。(凡民)。

民衆(민즁): 衆多の人民。大衆(대즁) 多數の人

市民(시민): 市內に於て商業を營む人民。(市井, 鄙語, 시졍아치)

4. 한국어사전(문세영, 『조선어사전』, 1938)

① 대중(大衆): (1) 세상에 있는 여러 사람 (2) 절에서 사는 모든 중.

cf) 대중말 표준어(標準語), 대중문학(大衆文學) 대중에게 환영 받을만한 쉬운 문학.

② 민중(民衆): 세상의 모든 사람.

cf) 민중오락(民衆娛樂) 일반 민중에게 맞는 오락, 민중화(民衆化) 민중에 동화하는 것.

③ 백성(百姓): 관직 또는 관직이 없는 사람. 국민. 인민. 黎民. 黔首.

· 만민(萬民): 모든 백성 萬姓, ·서민(庶民) 모든 백성, 庶人

· 시민(市民): (1) 시내에 사는 백성 (2) 「시정」(市井)과 같음.

cf) 시정(市井): 시내에서 상업(商業)을 하는 사람. 市民.

· 인민(人民): 정부에 딸린 사람. 백성

· 평민(平民): (1) 벼슬이 없는 사람 (2) 양반이 아닌 보통사람.

'언어' 관련 항목

1. 英韓 대응관계

① Language: 말, **언어**, 말슴(Underwood, 1890), 말(Scott, 1891) 말(言), 말슴

(語), 언어(言語), 방언(方言), In compounds 어(語) as: 영어(英語) English lang uage, 일어(日語) The Japanese language, Literary language 아언(雅言), 문리 (文理), National language 국어(國語), Language study 어학(語學), language teacher 어학선생(語學先生) (Jones 1914) 언어(言語)(Gale 1924) (1) **국어(國 語)**, 말, 언어(言語), 말슴. (2) 용어(用語), 지화(指話)(벙어리의), 어법(語 法), 어풍(語風), 말ᄒᆞᄂᆞᆫ방법. english language, 영어(英語). foreign language, 외국어(外國語), 타국말. language study, 어학(語學).(Underwood 1925)

② Word: 말, 말슴, 긔별, 소문(Underwood 1890), 말(speech), 긔별(News) (Scott 1891) 말(語), 말슴(言), 언ᄉ(言辭), 언어(語) (Jones 1914) **언어(言語)** (Gale 1924) (1)말, 말삼, 언ᄉ(言辭), 언어(言語), 글ᄌ(字) (2)(pl)담론(談論), 셜 화(說話) (3)쇼식(消息), 음신(音信), 긔별(寄別), 젼언(傳言), 보고(報告) (4)명령(命令), 호령(號令), 지휘(指揮) (5)암호(暗號), 경구(驚句) (6)징론 (爭論), 셜젼(舌戰) (7)약속(約束), 셔약(誓約) (8)복음(福音), 셩경(聖經) (9) 격언(格言), 속담(俗談) Word book, 용어집(用語集), 셜원(說苑) (Underwood 1925)

③ Saying: 속담, 말ᄒᆞᆫ것, 닐ᄋᆞᆫ것(Underwood 1890), 말, 속담(Scott 1891) 말, 줌언(箴言), 격언(格言), 속담(俗談), 리언(俚諺), 비유(譬喩). (Underwood 1925)

④ Speech: 말, 말슴(Underwood 1890), 말(Scott 1891) 말슴(言), 방언(方言), (formal address) 연셜(演說), 강셜(講說), (power of) 셜화적(說話力), Freedom of speech 언론ᄌ유(言論自由) (Jones 1914) 언론(言論) (freedom of speech) 언론ᄌ유(言論自由) (Gale 1924) (1)말, 담화(談話), 말슴, 언론(言論). (2) 연셜(演說), 강연(講演). (3)어됴(語調), 어투(語套), 방언(方言), 언(諺). Freedom of speech, 언론ᄌ유(言論自由): speech and action, 언힝(言行).: To make a speech, 발언ᄒᆞ다(發言).(Underwood 1925)

2. 韓英 대응관계

① 말(言): Parole, mot, langage, langue, discours, expression. (Ridel 1880) Word, Speech, language. expression. (Underwood 1890) Word, Speech, saying, language. See. 언어. (Gale 1897-1911) 左同, 말슴(Gale 1931) A language ; a tongue; a word; a term; speech; dialect(김동성 1928)

cf) 말슴(言辭): Parole, mot, langage.(Honorif.) (Ridel 1880) 말슴(言辭) Speech, word, what was said, (hon.)(Underwood 1890) 말슴(言語) word, speech, saying(Respect) (Gale 1897) Speech, words, saying (Hon). A respectful form for words, sayings(Gale 1911-1931)

cf) 말슴(言語): word, speech, saying(Respect) (Gale 1911) 左同, Also. 말슴(Gale 1931) Saying(resp) (김동성 1928)

② 언어(言語): Parole, mot, proverbe, sentence.(Ridel 1880) Words, language, conversation See. 언변(Gale 1897) Words, language, conversation See. 말(Gale 1911-1931) language; speech(김동성 1928)

cf) 언어불통(言語不通) Unintelligibility of language. 언어불공(言語不恭)ㅎ다 To use disrespectful language. 언어샹통(言語相通): Verbal communication. (Gale 1911-1931) 언어힝사(言語行使): Words and deeds(Gale 1911) 언어힝동(言語行動): Words and deeds, 언어동단(言語同斷): Unspeakable; abominable, 언어슈작(言語酬酌): Talks, conversation(Gale 1931)

cf) 언문일치(言文一致): The oneness of the oral and written languages.(Gale 1911), The unification of the oral and written languages(Gale 1931)

③ 방언(方言): Idiome, accent, langage spécial d'un endroit.(Ridel 1880) Idiom, accent, language of a district(Underwood 1890) A dialect, the particular langua ge of a district. See. 스토리(Gale 1897-1911), A dialect, a praticular language, an idiom, See. 스토리(Gale 1931) A dialect; provincialism; brogue; patois. (김동성 1928)

cf) 스토리: A provincialism(Underwood 1890) Slang, the talk of the lower classes,. A provincialism; a dialect, a country form of speech-in contrast to that of Söul. See. 방언.(Gale 1897) Slang, the talk of the lower classes,. A provincialism; a dialect,; a country form of speech-in contrast to that of Seoul.(Gale 1911-1931) 사투리(方言) A provincial accent; dialect; provincialism; brogue; corruption (김동성 1928)

cf) 방언학(方言學): Philology(Gale 1931)

3. 韓日 대응관계(「조선어사전」, 1920)

· 말: 言語。(言辭, 言語, 말쌈, 말씀)　　말쌈, 말씀: 「言語」に同じ。

· 言語(언어): 「말」(言語)に同じ。

cf)言語不遜(언어불손): 「言辭不恭」(언수불공)に同じ。言辭不恭(언수불공): 言辭の傲慢なること。言語不通(언어불통): 言語異なりて互に通ぜざること。言語酬酌(언어슈작): 言語て問答すること。言語行使(언어힝ㅅ): 言語と行動

· 方言(방언): 或地方のみに行はる言語。(土話)

4. 한국어사전(문세영, 「조선어사전」, 1938)

· 언어(言語): 사람의 의사(意思)를 표시하는 소리의 결합(結合). 말.

cf) 언어도단(言語道斷): 말하랴 말할 수 없는 것. 탄할 것 못되는 것. 언어불통(言語不通) 말이 달라서 서로 통하지 못하는 것. 언어상통(言語相通) 말이 서로 통하는 것, 언어수작(言語酬酌), 말로 서로 문답하는 것. 언어행동(言語行動), 언어와 행동. 언어행사(言語行使)

· 말: (1) 입으로 사물·의사를 표하는 목소리 (2) 사람과 사람 사이에 쓰는 목소리의 결합한 것. (3) 꾸지람 (4) 이야기하는 것 (5) 언어(言語), 언사(言辭)

· 말슴: 웃으른이 하시는 말, 말의 존대.

· 말씨: 말을 하는 태도. 口氣.

· 언사(言辭): 말. 말씨.

· 방언(方言): 사투리

cf) 사투리: 어떠한 지방에서만 쓰는 말. 土語. 土音. 土話. 方言.

'어학/언어학' 관련 항목

1. 英韓 대응관계

① Language study: **어학(語學)**(Jones 1914-Gale1924)

cf) language teacher: 어학션생(語學先生) (Jones 1914)

cf) Linguist 통ᄉ(Scott 1891) 어학쟈(語學者) (Jones 1914)

② philology: 박언학(博言學), 언어학(言語學) comparative philology 비교박언학(比較博言學) (Jones 1914) 언어학(言語學)(Gale 1924) 언어학 (言語學), 박언학 (博言學). (Underwood 1925)

③ Etymology: (science of) 졍ᄉ학(正辭學), (in grammar) 품ᄉ론(品詞論), 어류론(語類論) (Jones 1914) (1)ᄉ학(蜡學), ᄌ학(字學), 어원학(語源學). (2)어류론(語類論), 폼ᄉ론(品詞論)(문법의). (Underwood 1925)

④ Grammar: **문법**(Underwood 1890, Scott 1891) 문법(文法) (Jones 1914) 문법론(文法論) 문뎐(文典) (Gale 1924) 문법(文法), 문뎐(文典). (Underwood 1925)

2. 韓英 대응관계

① 어학(語學): The science of language ; linguistics, philology(Gale 1911-1931) language study 例 어학쟈(者) A linguist(김동성 1928)

cf) 어학교(語學敎): A language school, 어학도(語學徒) A language school student, 어학쟈(語學者): A philologist. 어학ᄒ다 To study languages.(Gale 1911-1931)

② 언어학(言語學): Philology(김동성 1928 - Gale 1931) 언어학자(言語學者) A philologist(김동성 1928-Gale 1931)

③ 문법(文法): Régles de l'écriture, des caractères, du style(Ridel 1880) Grammar, rules of grammar(Underwood 1890) Rules and methods of composition-grammar(Gale 1897-1931)

3. 韓日 대응관계(「조선어사전」, 1920)

語學(어학): 外國語を學習すること。

cf) 語學徒(어학도): 外國語を學習する學生。語學生(어학싱): 「語學徒」(어학도)に同じ。

文法(문법): 文章と作法。

4. 한국어사전(문세영, 「조선어사전」, 1938)

① 어학(語學): (1) 말의 발달, 변화, 성질 및 용법(用法)을 연구하는 학문. 言語學. 博言學. (2) 외국말을 배우는 것.cf) 어학도(語學徒) 「어학생」(語學生)과 같음. 어학생(語學生) 외국말을 배우는 학생. 어학도(語學徒)

② 언어학(言語學): 언어의 원리를 과학적으로 연구하는 학술. 博言學. 필롤로지.

③ 박언학(博言學): 「언어학」(言語學)과 같음.

④ 문헌학(文獻學): 고전(古典)을 주로 하는 학문. 민족의 언어와 문학을 조사하여 그 문화의 성질을 밝히는 학문.

⑤ 문법(文法): (1) 글을 짓는 법측, (2) 글자의 음형(音形) 말의 성립, 변화, 결합법들을 연구하는 학문

'국어/국문' 관련 항목

1. 英韓 대응관계

· Vernacular: 언문, 샹말, 스토리(Scott1891) (indigenous language) 국어(國語): 방언(方言): 본국어(本國語): (colloquial) 쇽어(俗語) (Jones 1914) 국어(國語), 방언(邦言), 쇽어(俗語), 토어(土語), 스토리(司土俚) (Underwood 1925)

· Alphabet: 언문, 반절(Underwood 1890), 반절(Scott 1891) 반절(反切) (Jones1914-Gale 1924) 반절(半切), 언문(諺文), 즈모문(字母文), 즈모(字母) (Underwood 1925)

· National script: 국문(國文) (Gale 1924-Underwood 1925)

2. 韓英 대응관계

① 국어(國語): The national tongue; the language of a country (Gale 1911-1931) A national language; vernacular; mother tongue. (김동성 1928)

② 언문(諺文): alphabet coréen, littérature commune, langage vulgaire (Ridel 1880) The common Korean alphabet(Underwood 1890) The native Korean writing. the Ünmun. See. 국문.(Gale 1897-1931) The Korean Alphabets.(김동성 1928)

cf) 국문(國文): The national character Ünmun(Gale 1911) The national characters; the national literature(김동성 1928) The national literature. Korean unmun. See. 언문(Gale 1931)

반절(半切): alphabet, syllabaire, écriture vulgaire des Coréens; tableau des syllabes coréennes (Ridel 1880), alphabet(Underwood 1890), The Ünmun syllabary(Gale 1897) the Korean Alphabet (Gale1931)

3. 韓日 대응관계(『조선어사전』, 1920)

國語(국어): 一國の言語。 國文(국문): 自國の言語にて製作したる文學。

4. 한국어사전(문세영, 「조선어사전」, 1938)

국어(國語): (1) 모든 국민이 쓰는 그 나라의 말 (2) 한 나라의 특유한 말

국문(國文): 자기 나라의 말로 지은 글.

반절(反切): (1) 한문 글자 두자법. 곧 「文」자의 음은 「無分別」곧 「無」의 「ㅁ」과 「分 」의 「ㄴ」을 합하면 「문」이 된다는 것. (2) 종래의 쓰던 언문.

> ㄱㄴㄷㄹㅁㅂㅅㅣㅇ
> 가갸 거겨 고교 구규 그기ㄱ
> 나냐 너녀 노뇨 누뉴 느니ㄴ
> 다댜 더뎌 도됴 두듀 드디ㄷ
> 마먀 머며 모묘 무뮤 므미ㅁ
> 바뱌 버벼 보뵤 부뷰 브비ㅂ
> 사샤 서셔 소쇼 수슈 스시ㅅ
> 아야 어여 오요 우유 으이ㅇ
> 자쟈 저져 조죠 주쥬 즈지ㅈ
> 차챠 처쳐 초쵸 추츄 츠치ㅊ
> 카캬 커켜 코쿄 쿠큐 크키ㅋ
> 타탸 터텨 토툐 투튜 트티ㅌ
> 파퍄 퍼펴 포표 푸퓨 프피ㅍ
> 하햐 허혀 호효 후휴 흐히ㅎ
> 과궈 놔눠 돠둬 롸뤄 뫄뭐 봐붜
> 솨숴 와워 좌줘 촤취 콰쿼 톼퉈
> 퐈풔 화훠 각간 갇갈감갑갓강개

'식민지' 관련 항목

1. 英韓 대응관계

Colony: 본국에셔타국쌍을차자셜립혼고을(Underwood 1890) Colonize, colony

월타경ᄒ다, 옴기다(Scott 1891) 쇽디(屬地): 쇽국(屬國) (Jones 1914) (1)식민
(殖民) (2)식민디(殖民地), 쇽디(屬地), 쇽국(屬國) (Underwood 1925)

2. 韓英 대응관계

① 기쳑(開拓)ᄒ다: To reclaim; to open up; to colonize; to reclaim land; to bring
land under cultivation. (Gale 1911) to open up; to colonize; to reclaim land;
to bring land under cultivation.(Gale 1931)

cf) 기쳑쟈(開拓者): A colonist(Gale 1931)

cf) 개쳑(開拓): Colonisation; bring under cultivation; reclamation of waste land
(김동성 1928)

· 이민(移民)ᄒ다: To emigrate-of the people; to colonize(Gale 1911-1931)

cf) 이민디(移民地): The place whither people are allowed to emigrate; a colony,
이민회사(移民會社): An emigration company. (Gale 1931)

cf) 이민(移民): An emigrant; an immigrant; emigration; immigration 例 이민제
한법(制限法) An immigration restriction law (김동성 1928) Emigrants (Gale
1931)

② 식민(植民)ᄒ다: To colonize(Gale 1911-1931)

· 식민디(植民地): colony(Gale 1911-1931) 식민디(地) A colony. (김동성 1928)

· 식민(植民): colonial people(Gale 1911-1931) Colonisation; colonists. (김동성
1928)

cf) 식민셩(植民省): The Department of Colonization, 植民會社(식민회사): colonial
company(Gale 1931) 식민정책(植民政策) A colonial policy(김동성 1928-Gale
1931)

3. 韓日 대응관계(『조선어사전』, 1920)

開拓(기쳑): 土地を拓くこと。

4. 한국어사전(문세영, 「조선어사전」, 1938)

① 개척(開拓): 토지를 개간하는 것.

② 이민(移民): 외국에 옮아가서 사는 백성.

③ 식민(植民): 국외(國外)의 미개지에 국내(國內)의 백성을 많이 이주(移駐) 시켜서 영주(永住)하게 하고 본국과 관계를 보존하여 경제생활(經濟生活) 을 하는 것.

　식민지(植民地): 나라안의 백성을 나라 밖으로 옮기어 살게하는 땅.

구어 · 문어 · 번역어, 언더우드의
『한영ᄌᆞ뎐』(1890)과 그 후

1. 「원목사행장(元牧師行狀)」에 기록된 언더우드 사전 발간의 의미

[언더우드: 인용자]牧師가 渡朝日에 土人 宋德祚氏를 交際ᄒᆞ야 朝鮮語를 學習
ᄒᆞᆯ 식 古 丁若鏞, 李家煥, 南尙達 洪鐘三 諸氏의 規定ᄒᆞᆫ 國文需用法을 採用ᄒᆞ야
英韓字典과 新舊約聖書飜譯에 着手ᄒᆞ니 國文需用法의 一枚짐이 自此爲始ᄒᆞ엿
스며 (奇一牧師, 「元牧師行狀」, 『神學世界』, 1916.11.)

게일은 언더우드의 업적들을 외국인의 번역적 성과가 아니라 한국인에
게도 "과거 한국의 현인들로부터 채용한 국문 사용법의 한 장을 연 시원"
이라고 평했다. 게일의 이 짧은 진술에 함의된 언더우드 사전이 지닌 그
"시원"으로서의 의미는 과연 무엇일까? 흥미로운 점은 이곳에 언더우드
이전 프랑스 천주교 신부들의 선행 업적이 드러나 있지 않다는 사실이다.
상기 인용문의 송순용(宋淳容, 字는 德祚)은 프랑스 신부들에게 한국어를
가르쳐본 경험이 있었고, 또한 "『韓佛字典』의 편집에도 관여"했던 인물이
었다. 언더우드는 "그를 한국어 교사로 채용한" 것을 하나님의 "섭리"라고

까지 표현했다(1885.7.6, Ⅰ, p.11).[1] 송순용과 알게 된 것은 정약용, 이가환과 함께 했던 천주교 신부들의 유일무이한 한국어에 관한 선행 업적을 언더우드가 상속하게 됨을 의미하는 것이었기 때문이다.[2] 이 점에서 송순용이란 인물이 당시 언더우드에게 있어 "한국어의 권위 그 자체"라는 평가는 지극히 타당한 것이다. 그러나 게일의 행장 속에서는 이런 문맥이 보이지 않는다. 1916년이라는 시점에서 한글 운동의 시원을 연 주체는 엄연히 개신교 선교사란 인식이 전제되어 있었던 셈이다.

이와 같은 게일의 진술은 오늘날 언더우드 사전이 지닌 의미를 곱씹는 데에도 중요한 시사점을 던져 준다. 언더우드의 이중어사전을 서구인(타자)의 한국학 연구 혹은 국어사전에 대한 불완전한 보완물로 규정하는 것만으로 간과되는 지점에 대하여 말해주고 있기 때문이다. 사실 언더우드의 사전과 이후에 이어진 서구인들의 이중어사전 발간이라는 행보는 근대 한국어의 형성과정과 긴밀하게 겹쳐져 있다. 그 역사적인 실상을 살펴보면, '국어'가 확정되지 않았던 장소에서의 작업, '국어'의 범위를 초과하는 단위에서의 작업이 종국적으로 국어를 형성하는 과정이었다. 그들의 행보는 근대의 국민어, 국어의 형성 과정에 개입한 서구어와 한국어라

---

1) 이만열, 옥성득 편역, 『언더우드 자료집』 Ⅰ-Ⅴ, 국학자료원, 2005-2010. 이하 인용시 '년.월.일, 권, 쪽수'로 제시; 2장에서 검토하는 언더우드의 사전은 Horace Grant Underwood, 『韓英字典한영ᄌ뎐(A concise dictionary of the Korean Language)』, Yokohama, Kelly & Walsh; London: Trubner & Co, 1890. 초기 언더우드의 행보에 대한 총괄적인 검토는 이만열, 「선교사 언더우드의 초기활동에 관한 연구」, 『한국기독교와 역사』 14, 2001를 참조.

2) 달레의 기록(C. 달레, 『한국천주교회사』, 안응렬·최석우 역, 분도출판사, 1979. (Charles Dallet, histoire De L'ÉGLISE De CORÉE, Paris: Librairie V. Palme, 1874.))을 보면, 게일이 정약용, 이가환을 거론했던 까닭은 이 점에 기인한 것으로 보인다. 달레의 저술을 보면, 남상규, 홍종삼이란 인물은 거론되어 있지 않다. 그들이 어떠한 인물들인지에 대한 구체적 정보를 과문한 필자는 찾지 못했다.

는 두 언어의 접촉, 즉 "언어 간 번역"(Interlingual Translation)이라는 한국의 중요한 역사적 사건인 것이다. 이 사건들의 흔적이 남겨진 이중어사전들은 당시 한국어의 실상을 살필 수 있는 역사화 된 국어사전을 지니지 못한 우리에게 한국어가 재편되는 일련의 과정을 보여줄 가능성을 지니고 있다. 여기서 한국어의 재편 과정을 범박하게 정의하면 한글 문어를 구성하는 어휘들이 영어와 등가교환의 관계가 형성되는 것이라고 할 수 있다. 이는 서구어와의 접촉으로 말미암아 한국어-영어의 대응 관계가 형성됨에 따라 한국어가 한자 문화권을 초과하는 단위로 재편되어 근대의 세계 질서 속에서 통국가적으로 유통될 기반이 생성된 역사라고 말할 수 있다.[3]

당시의 상황과 현장을 여실히 추체험할 수 있게 해주는 언더우드 부부의 서간문, 잡지 기고문, 연례 보고서가 집성된 『언더우드 자료집』은 언더우드의 이중어사전 출판 속에 담겨 있던 비전과 그 형성의 저변을 조명해줄 수 있다. 언더우드는 "한국과 같은 개척지에 나"온 선교사는 "온갖 일에 손을 댄 만물박사(萬物博士)"가 되어야 한다고 했다(1885.8.25., I, p.115). 그의 말처럼 한국은 그에게 많은 소명이 부여된 땅이었으며, 의당 그가

---

3) 다른 외국어보다 영어를 주안점에 둔 까닭은 두 가지 이유이다. 첫째, 원한경(H. H. Underwood)은 자신의 서지 목록(1931)에서 정리된 서구인 저술의 총량 2,842편 중에서 영어 2,842편, 불어 205편, 독일어 186편, 러시아어 56편, 라틴어 38편, 이탈리아어 15편, 네덜란드어(Dutch) 9편, 스웨덴어(Swedish) 8편이라고 말했다. 즉, 1931년 완성한 이 서구인의 한국 관련 저술 중 가장 많은 분량을 차지하는 언어는 영어였다는 사실 때문이다.(H. H. Underwood, "A Partial Bibliography of Occidental Literature on Korea", *Transactions of the Korea Branch of the Royal Asiatic Society 20*, 1931. (이하 「서목」으로 약칭) 이 잡지 속에는 「서목」을 작성하는 과정과 배경이 기술된 논문인, "Occidental Literature on Korea"(이하 「논문」으로 약칭)이 있는데 이곳에서 대략적인 경위를 파악할 수 있다("Occidental Literature on Korea", *Transactions of the Korea Branch of the Royal Asiatic Society 20*, Seoul: Korea, 1931)). 둘째, 이 한영대응관계의 형성과 20세기 한국의 국문 운동의 시기적 인접성 때문이다.

편찬한 사전 속에서도 한국어에 대한 그의 비전이 내재되어 있다. 이 글에서는 이 소명과 비전을 되짚어 보기 위하여 그의 이중어사전의 가장 중요한 특징인 소형 사전과 한영영한사전이란 면모에 주목해 볼 것이다. 이와 관련하여 중점적으로 다루게 될 측면은 그간 상세히 조명되지 않았던 언더우드, 게일의 한국어에 대한 증언들이다. "그들의 증언이 말해주는 한국어의 실상이 얼마나 당시 한국의 언어 실상에 부합되는 것이며 객관적인가?"라는 질문은 과문한 필자의 능력으로는 해결할 수 없는 어려운 과제이다. 무엇보다 언더우드의 경우 사전 속 어휘의 용례를 검토할 자료를 상정하기가 그리 쉽지 않기 때문이다. 다만 이 글에서는 언더우드의 사전 편찬과정과 그 저변들, 그리고 그의 사전 전후로 출판되었던 서구인들의 이중어사전 편찬사라는 맥락 속에서 그의 사전이 지닌 의미—한영 대응 관계 형성의 시원—를 짚어보고자 한다.[4]

2. 언더우드 이중어사전 한영부(韓英部)와 한국의 구어

1900년 이전 시기 서구인의 한국관련 저술들을 러시아 대장성이 집성한 『한국지』에서, 한국어는 중요한 주제 항목으로 존재한다. 한국어는 그들에게 한국 민족과 사회를 연구해야 될 중요한 지식 중 하나였다. 여기서

---

4) 언더우드의 이중어사전 속 어휘에 대해서는 그 음운, 표기, 의미를 검토함으로 19세기말 국어의 특성을 분석한 연구가 존재한다(배수열, 「19세기 말엽의 국어연구—언더우드의 「한영자뎐」을 중심으로」, 경남대학교 석사학위논문, 1986). 그러나 더욱 중요한 고찰의 지점은 일차적으로 각 이중어사전들의 어휘 유통의 경로, 즉 상호 참조에 대한 실증적 연구이며 또한 그의 이중어사전의 생성 과정 그 자체에 대한 면밀한 검토일 것이다.

한국어라는 대상을 확정해 준 것은 한국인들의 말과 글 그 자체가 아니었다. 그것은 오히려 한국어가 속한 어족의 문제와 한문과 국문이 사회에서 차지하는 상이한 위상의 문제를 다룬 달레(Claude-Charles Dallet), 헐버트(Homer Bezaleel Hulbert), 쿠랑(Maurice Courant) 등의 저술들, 즉 한국인들의 언어를 추상화된 하나의 실체로 상정한 학술적 논의들이었다. 근대의 언어 내셔널리즘과 언어 도구관이란 관념은 서구인들의 한국어에 관한 인식에도 함께 작동하고 있었다. 비록 구체적인 각론들은 생략되었지만 주석의 형태로 서구인의 한국어학 관련 논의들은 『한국지』에 정리되어 있었기 때문이다. 여기서 천주교, 개신교 선교사들의 저술들은 한국어 연구에 있어서 가장 큰 업적으로 평가된다.[5]

본문 중에서 가장 먼저 거론된 업적은 달레의 『한국천주교회사』 서설(1874)의 한국어 관련 항목이다. 『한국지』의 논자는 달레의 주장이 부족하고 불완전한 자료적 여건에서 도출된 것임을 지적했는데 이는 적절한 발언이었다. 특히, 한국어가 "서양에는 전혀 알려져 있지 않으므로, 약간의 설명은 주제의 참신성 때문에 모든 독자의 흥미를 끌 수 있을 것이고, 전문적인 학자들에게 무익하지도 않을 것"[6]이라는 달레의 진술은 이 시기 한국어의 국제적 실상을 잘 보여 준다. "리델 주교와 그의 세 동료들은 그들의 선임자인 순교자들의 일한 것을 부분적으로 다시 만들어, 몇몇 박식한 본토의 천주교인들의 도움을 얻어 한국어 문법과 사전을 준비하였"고 "이 저작들은 사정이 허락하면 근간 출판될 것이"(pp.137-138)란 그의 진술은 이후 등장하게 될 한국어를 하나의 자명한 실체로 만드는 동력

---

5) 러시아 대장성, 『국역 한국지』, 한국정신문화연구원 역, 1984, pp.391-392. (러시아 대장성, KOPEИ, S-Peterburg, 1900.)

6) C. 달레, 『한국천주교회사』 上, 안응렬·최석우 역, 분도출판사, 1979, p.137.

이 무엇인지를 암시한다.

달레가 지칭했던 서적은 리델(Félix Clair Ridel)이 출판하게 될 사전(1880)과 문법서(1881)였다.[7] 사전과 문법서는 한국어의 형상을 한국인이 한국에서 자연스럽게 습득하게 되는 말과는 다른 모습으로 변모시켜 준다. 그 속에서 한국어는 외국인을 위한 교육과 학습의 대상, 즉 인공적인 교육과 학습을 통해 습득해야 할 의사소통의 도구로 규정되기 때문이다. 하지만 더욱 주목해야 될 측면은 이런 그들의 작업이 결코 외국인들을 위한 것만으로 규정되지 않았다는 사실이다. 물론 그러한 인식이 한국인에게서 드러난 시점은 개신교 선교사들의 선교 활동이 진행된 시기였다. 한국어의 이런 외부(국제)적인 실상이 언문일치의 문어(국민어)와 한국어에 대한 학술적 담론이 부재했던 당시 한국 내부(국내)적인 실상이기도 했다는 점, 그리고 천주교 선교사가 아니라 개신교 선교사들이 한글 운동을 촉발시킨 선구자로 인식되었던 측면을 겹쳐서 생각해볼 필요가 있다.

게일의 『韓英字典』 출판(1897)을 "죠션 사룸은 몇 쳔년을 살면셔 즈긔 나라 말도 규모잇게 빈호지 못하여ᄂᆞᆫ딕 이 미국 교샤가 이 칙을 ᄆᆞᆫ드럿슨즉 엇지 고맙지 아니ᄒᆞ리요"라 언급한 기사는, 게일의 사전 발행이 당시 한국에는 존재하지 않았던 한국어에 대한 연구와 국어사전의 발생이란 의미를 분명히 담지하고 있었던 점을 보여준다.[8] 어학적 연구의 대상, 인공적인 교육과 학습의 대상이라는 한국어의 총체적 형상을 서구인 선교사들은 한국인들에게 제공해준 셈이다. 한국 어휘들을 모으며 그 의미를 확정하는 작업, 이런 어휘들을 문장 속에 배치할 정서법 및 체계적인 문법

---

7) 이런 프랑스의 전반적인 한국어학연구에 관해서는 심지연, 「개화기 프랑스 사람들의 한국어 연구에 대하여」, 『민족문화연구』 48, 고려대 민족문화연구소, 2008을 참조.
8) 『독닙신문』, 1897.4.24.

을 확립하는 작업은 자연 상태에 놓여 있던 한국어를 시각적이며 추상적인 대상으로 규범화하는 작업을 의미했기 때문이다. 그것은 한국어를 서구인뿐만 아니라 한국인 역시도 인공적으로 배워야 할 지식으로 변모시켜주는 것이며, 이는 국민을 위한 균질화된 국어를 가시화해주는 작업이었다.9)

그러나 리델의 사전이 지닌 업적을 계승한다는 것이 언더우드에게는 그리 녹록한 차원의 문제가 아니었다. 더불어 당시 형성된 한국어/불어의 관계를 한국어/영어의 관계로 재편하는 것은 언더우드에게 있어서는 시급히 해결해야 할 당면 과제였다. 개신교보다 이른 시기에 한국에 들어와 문법과 사전을 보유했던 천주교는 "한국어에 능통한 선교사", "한글 천주교 문학 관련 소책자", "성당 건축의 기획", "천주교 신학교와 학생들"을 지니고 있었다. 이는 "만일 개신교가 그 의무를 수행하지 않을 경우 이교도들 대신 천주교도들을 개종시켜야 할 지경"에 이르리라고 우려할 정도의 수준이었다.(1886.1.31, Ⅰ, pp.24-25) 언더우드가 종교 사업과 변별된 "세속적인 문서 사업"으로 사전과 한국어 문법서의 출판을 중요한 성과로 짧게나마 거론했던 것은(「1891년 2월 한국선교회 연례회의 회의록」, Ⅰ, p.276) 의당 당연한 결과였다.10)

---

9) 이런 관점은 이연숙의 논의(이연숙,『국어라는 사상―근대 일본의 언어인식』, 고영진・임경화 역, 소명, 2006, pp.15-23. (李姸淑,『「國語」という思想』, 東京: 岩波書店, 2004.))에 빗진 것이다.

10) 그들의 한국어 학습과 당시 그들의 교재에 대한 언더우드 부부의 회고는 H. G. 언더우드,『한국개신교수용사』, 이광린 역, 일조각, 1989, pp.114-115. (Horace Grant Underwood, *The Call of Korea*, Fleming H. revell Commpany, 1908); L. H. 언더우드,『언더우드―한국에 온 첫 선교사』, 이만열 역, 기독교문사, 1990, pp.105-106. (Lilias Horton Underwood, *Underwood of Korea*, New York: F. H. Revell, 1918); L. H. Underwood,『언더우드 부인의 조선견문록』, 김철 역, 이숲, 2008, pp.24-27. (Lilias Horton Underwood, *Fifteen years among the top-knots, or, Life in*

언더우드가 발행한 소형 사전은 한국어 전체를 포괄하는 것은 아니었다. 그의 서간과 사전의 서문을 살펴보면, 그는 소형 사전과 더불어 대형 사전을 기획하고 있었음을 알 수 있다. 대형 사전이 1/3가량이 완성된 형태였고, 그는 이후 2년 정도의 시간을 통해 작업이 마무리될 것으로 예상했다(1890.5.11, I, pp.207). 물론 종국적으로 이 대형 사전의 제작은 게일이 담당하게 되지만(「언더우드 부인의 편지」, 1893.10.27, II, p.13), 본래 기획을 담당했던 사람은 언더우드였던 것이다. 여기서 소형/대형 사전이란 형태로 구분을 가능하게 했던 한국어 어휘의 전체상을 제시해준 모델은 리델의 『韓佛字典』이었다. 이는 언더우드 이중어사전의 1부(韓英部)의 동역자이며 이후 한영사전 편찬을 중점적으로 담당하게 된 게일의 서간을 통해서 발견할 수 있다.

1893년 2월 25일 엘린우드(Frank Field Ellinwood)에게 보내는 게일의 편지를 보면, 게일이 사전 작업을 담당하게 된 이유는 프랑스어에 대한 독해능력 때문이었다. 게일은 당시 한국의 개신교 선교사 중 누구보다도 『韓佛字典』을 잘 활용하여 대형 사전을 작업할 수 있는 능력을 지닌 자였다.11) 역학서(譯學書)의 어휘집인 유해류(類解類)와 비교하여 『韓佛字典』은 당시 그들에게 있어 일상생활의 구어를 포괄할 만한 가장 유효한 한국어 어휘 목록을 제시해 주는 자료였다.12) 게일은 그의 사전 서문(1897년)

Korea, Boston: American Tract Society, 1908)을 참조. 언더우드의 한국어 학습 그리고 성서교리 등의 문서사업에 관한 내용은 이만열, 위의 책, 2001, pp.19-27을 참조.

11) 제임스 S. 게일, 『제임스 S. 게일 목사의 선교편지』, 김인수 역, 쿰란출판사, 2009, p.57.

12) 이지영의 논문은 서구인의 이중어사전을 사전 편찬사란 관점에서 객관적이며 계량적인 차원에서 검토할 방법론과 결과물을 제시한 중요한 논문이라고 할 수 있다(「사전 편찬사의 관점에서 본 『韓佛字典』의 특징—근대 국어의 유해류 및 19세기의 『國漢會語』, 『韓英字典』과의 비교를 중심으로」, 『한국문화』 48, 서울대 한국문화연구소, 2009, pp.75-79). 그의 연구에 따르면 『韓英字典』 수록 총 19,446 항목

에서 "사전을 준비하는 작업 과정에서, 프랑스 신부들이 편찬한 단어들의 목록이 작업의 기반"으로 활용되었으며, "사전을 준비하는 6년 동안, 수천 개 이상의 단어가 유용한 자료들로부터 추가되"었다고 했다. 실제로 수록된 어휘량을 참작한다면 게일의 이런 진술은 온당한 것이다.13) 이는 게일의 사전이 『韓佛字典』 수록 어휘들 전반을 검증하여 수록했으며, 『韓佛字典』 이상의 어휘수를 보유한 대형 사전임을 나타낸다. 『韓佛字典』에 대한

중 11,718 항목이 공통된 한자어이며 그 일치율은 51.01%로 밝혀졌다. 이 중에서 이전 시기 유해류에 등재되지 않은 『韓佛字典』 수록 새로운 한자어가 9,016 항목으로 전체 한자어 중 39.25%를 차지한다.

13) 이영희의 「게일의 『한영자전』 연구」(대구가톨릭대학교 대학원, 2001)에 따르면 1부(한국어-영어)는 33,537 표제어, 2부(한자-영어)는 12,133 표제어이다. 게일은 『韓佛字典』에서 불필요할 정도로 동일한 말들을 반복한 것을 하나의 어휘 차원으로 정리했다고 서문에서 밝힌 바 있다. 나아가 한 글자로 된 한자를 『韓佛字典』 역시 포함하고 있었다는 점을 감안해야 한다. 즉, 12,133 표제어에 이르는 2부의 구성 역시 당시 한국어의 전체상과 관련하여 중요한 사항이었다는 점을 간과해서는 안 된다. 한문 문어를 별도로 분별함에 있어서 공헌했던 것으로는 참조했던 중영 이중어사전의 차이점이 존재한다. 언더우드와 게일이 참조했던 중영사전의 '禮'란 한자의 풀이 방식을 펼쳐보면 다음과 같다.

* 언더우드 참조: Williams 1880 禮 礼 From worship and a sacrificial vase; the character '體' body resembles it; the contracted form is common. / A step, an act, particularly acts of worship 事神, which will bring happiness; propriety, etiquette, ceremony, rites; the decent and the decorous in worship and social life; decorum, manners; official obeisance, worship; courtesy; offering, gifts required by usage, vails.

* 게일 참조: Giles 1892 禮 Ceremony; etiquette; politeness; Presents; offerings. Worship.

언더우드가 참조했던 윌리엄스에 비해 자일즈의 풀이는 한결 더 간결하며 어휘 간 일대일 교환의 관계로 제시해주는 것이었다. 게일은 1897년 그의 사전 서문에서 "자일즈(Giles)의 사전에서 얻은 간결한 정의들은 중국에 있는 학생들에게 도움이 되는 그만큼 한국 학생들에게도 큰 도움"이 될 것이라고 했다. 그리고 자일즈의 한자 풀이를 그의 사전 2부 "한자-영어"부에 대폭 수용했으며, 자일즈가 용례로 제시한 한자어와 그 풀이(禮義, 禮貌, 禮文, 禮法, 禮度, 禮節 등)를 1부에 수용했다. 한자를 간결한 영어 풀이로 그 훈을 제시해주는 진전된 모습이 게일 사전의 어휘를 풍성한 형태로 만든 셈이다.

온전한 발전적인 계승은 게일에 이르러 비로소 가능해진 셈이다. 언더우드 사전 한영부의 표제어수와 『韓佛字典』에서 가져온 것으로 예상되는 표제어수를 정리해보면 다음과 같다.

구분	언더우드 韓英部 표제어 총량	『韓佛字典』 참조표제어	구분	언더우드 韓英部 표제어 총량	『韓佛字典』 참조표제어
ㅇ표제어	765	674	ㅍ표제어	128	125
ㅎ표제어	361	337	ㅅ표제어	585	553
ㄱ표제어	851	814	ㄷ표제어	468	447
ㅋ표제어	14	14	ㅌ표제어	91	89
ㅁ표제어	346	337	ㅈ표제어	468	447
ㄴ표제어	326	319	ㅊ표제어	154	145
ㅂ표제어	376	363	총계	4,910	4,637

언더우드의 이중어사전에 수록된 어휘들의 출처는 최소 94% 이상이 『韓佛字典』이라 추측된다.[14] 언더우드의 사전이 지닌 의미는 게일의 『韓

---

14) 일차적으로는 표제어 사이의 유사성을 가장 중요한 준거로 활용했다. 하지만 그 당시 국어 정서법이 통일되지 않은 사정이 존재한다. 특히 언더우드와 리델의 사전은 동사가 큰 차이점을 보이는데 그 이유는 '-오/소'란 종결어미를 기본형으로 설정한 언더우드 사전의 독특한 특성 때문이다. 이에 대하여 이지영의 선행 연구는 서구인 이중어사전을 계량적으로 고찰할 좋은 방법론을 제시했다. 그것은 병기된 한자를 중심으로 언더우드가 가져온 것으로 판단되는 표제어 수를 측량하는 것이다. 한자가 병기되지 않았을 때에는 한국어 풀이 부분의 유사성을 기준으로 판단했다. 비일치 항목은 이런 측면에서 『韓佛字典』에서 그 연원을 찾기 어려운 경우를 모두 포함한 것이다. 즉, 언더우드가 게일과 함께 수행한 작업의 대략적 윤곽은 『韓佛字典』의 29,026 항목의 한국어 어휘 중에서 5,000 어휘를 엄선한 셈이다(『韓佛字典』의 표제어 총량은 이은령, 「19세기 이중어사전 『한불자전』(1880)과 『한영자전』(1911)의 구조비교연구」, 『한국프랑스학연구』 72, 2010, pp.5-6을 참조). 철자법과 한국어 의미 풀이에 대해서도 언더우드는 리델의 사전에서 변개한 부분이 있음을 그의 서문에서 명확히 밝혔다. 즉, 동일한 어휘 항목이지만 이 변모에 대한 검토도 면밀히 이루어질 필요가 있다.

佛字典』출판에 이르는 과도기적인 과정에서 『韓佛字典』에 수록된 일정량의 어휘들을 엄선했으며, 프랑스어 풀이를 영어풀이로 재편했다는 측면에서 규명해야 한다. 아울러 별도의 활용 용례가 없이 어휘와 개념 풀이만으로 구성된 목록에서 이런 작업을 한다는 것 역시 상당한 난제였음을 염두에 두어야 한다. 언더우드는 그의 이중어사전 서문에서 "즉각적인 활용에 대비할 수 있도록 작고 간결한 포켓판 사전, 한국어에서 가장 유용한 단어들을 가능한 한 모두 포함하는 사전"을 발행해 줄 것을 요청받았고, 이에 맞춰 "가장 흔히 사용되는 단어들(common words)을 모두 수록하는 동시에 그 분량 면에서 포켓용 사전이라는 한도를 넘지 않도록 하는 것"을 사전 편찬의 목표로 삼았다고 밝혔다.

이런 편찬의도에 걸맞게, 선행연구에서 언더우드의 소형사전과 리델, 게일의 대형사전은 각각 일상 회화용 어휘로 국한되는 사전과 문어 어휘를 내포한 사전으로 평가받고 있다.[15] 물론 이런 지적은 타당하다. 언더우드는 한국인들과의 대화 속에서 접한 어휘들을 중점적으로 그의 사전에 배치했을 것이기 때문이다. 그러나 이런 시각 속에 간과된 점이 있다. 그 것은 언더우드의 소형사전이 리델의 대형사전을 참조한 것이며 그 이후에 출판된 것이란 사실이다.

즉, 선행연구 속에서 언더우드, 리델, 게일의 사전이 표상해 주는 구어와 문어의 층위를 구분하는 이런 직관이 생성된 더 근원적인 역사가 언더우드의 작업 속에는 내재되어 있다. 그것은 구어가 기록되고, 수집됨으로써 새로운 한글 문어가 생성되는 역사이다. 이는 선행 연구 속에서 소형/대형 사전을 구분하게 해 주는 구어와 문어란 경계와 구분이 생성되는

---

15) 이병근, 위의 글, 2001 참조.

역사라고 말할 수 있다. 언더우드는 한국의 구어 상황을 재구해 줄 만한
단서들과 널리 유통되는 한글 문어와 같은 대상들, 즉 문헌화되어 전승되
는 구어 자료를 대면할 수 없었기 때문이다.

　언더우드가 이루지 못했던, 리델 사전의 계승, 대형사전 작업을 실현한
게일의 『韓英字典』 초판 서설(Introduction, 1897)을 펼쳐보도록 하자.

> 만일 언어가 쓰인 단어나 분절된 음성이라는 수단에 의해 사고들을 표현하는
> 것이라 규정된다면, 일본어처럼 한국어에도 구어, 서적 형태[한글 문어: 인용자]
> 그리고 문자라는 세 가지 언어가 있는데, 여기서 서적 형태란 한국 본래의 서기
> 방식(native script)[언문: 인용자]으로 쓰인 것을 뜻하고, 문자란 한문으로 된 것을
> 의미한다.[16]

　그는 "언어"를 "쓰여진 단어나 분절된 음성이라는 수단에 의해 사고들을
표현하는 것"이라 정의한 후, 한국어를 구어, 한글 문어 및 한문 문어라는
세 층위로 구분한 셈이다. 여기서 한글 문어를 지칭하는 용어는 상기 인용
문이 잘 보여주듯 서적 형태(Book-form)인데, 이는 경서 언해본과 같이
서적으로 출판된 서적의 한글을 지칭하며 "구어의 어순에 따르지만 많은
한자(어)와 형식적인 조사와 어미를 지닌 것"으로 규정된다. 하지만 이
한글 문어는 오늘날 우리가 상상하는 '구어가 기록된 형식', '언문일치'라
상정된 형태를 의미하는 것이 아니었다.

　게일은 한국의 구어에 대하여, "문학이나 다른 어떤 종류의 문어 형태도
갖지 못한 언어"이며, "오직 소리로만 전해져 온 유물(antiquity)"이라고 말
한다. 또한 그가 보기에는 균질되며 규범화된 공통된 발음을 지니지 못한

---

16) J. S. Gale, "Introduction", 『韓英字典 한영ᄌ뎐(A Korean-English Dictionary)』,
　　Yokohama: Kelly & Walsh, 1897.

언어였다. 이런 게일의 시각을 보면, 그의 구분처럼 경서 언해본의 한글
문어는 구어와 분리된 것이었다. 사전 발행 이전에 간행된 게일의 초판
문법서(1894)는 문어와 구어를 분리한 독특한 구성을 지닌 저술로 평가된
다.[17] 하지만, 실제 그 양자는 한국어의 출처, 즉 문헌(주로 경서언해본)과
수집한 구어란 구분에 따른 것이며, 주로 동사의 종결어미에 따라 구분되
었다. 그는 이 서문에서 실제 구어를 채집하여 이 문법서를 구성했음을
밝혔다. 1897년 사전까지 게일은 정서법의 미비와 문헌화된 구어 자료의
부족으로 인해 '한국의 구어를 기록하는 작업'과 '한국의 구어를 찾는 작업'
이 어렵다는 사실을 지속적으로 토로하였다.[18] 당시 한영이란 대응 관계
란 측면에서 본다면, 한국의 구어는 확정된 층위를 지니지 못했고 오히려
기록됨으로 새롭게 창출되는 과정에 놓여 있었다. 즉, 우리는 리델과 언더
우드 사이에는 한국의 구어가 엄선되며 기록됨으로 확정되는 역사를, 언
더우드와 게일 사이에는 이 형성된 구어를 기반으로 한 새로운 한글 문어

---

17) J. S. Gale, 『辭課指南』,(初版) Seoul: Trilingual Press, 1894; (改訂版) Seoul: The Korean
   Religious Tract Society, 1916(김민수, 하동호, 고영근 편, 『歷代韓國文法大系』 14-15,
   塔出版社, 1979의 영인본을 그 참고 대상으로 한다). 이에 대한 전반적 검토를
   수행한 논저로는 남기심, 「『辭課指南』考」, 『동방학지』 60, 연세대학교 국학연구원,
   1988; 심재기, 「게일 문법서의 몇 가지 특징·原則談의 설정과 관련하여」, 『한국문화』
   9, 서울대 규장각 한국학연구원, 1988 참조.
18) 개신교 선교사들에게 정서법에 관한 논쟁이 1902-1906년까지 진행되었다. 게일을
   포함한 개신교 선교사들의 연례 보고서 나아가 잡지 속 정서법 논쟁에 대한 구체
   적인 검토는 로스 킹(Ross King)의 다음 논문들을 참조. Ross King, "Western Missionaries
   and the Origins and the Origins of Korean Language Modernization", *Journal of
   international and area studies 11* (3): 7-38. Seoul: Institute of International Affairs,
   Graduate School of International Studies, Seoul National University. 2005 pp.17-26;
   "Dialect, Orthography and Regional Identity: P'yong'an Christians, Korean Spelling
   Reform, and Orthographic Fundamentalism," *The Northern region and Korean culture,
   history and identity*. Ed. Sun Joo Kim. University of Washington Press, 2010
   pp.145-150.

가 생성된 역사를 가정해 볼 수 있다.

언더우드가 구어를 어휘군으로 선정하여 기록하는 그 순간, '경서 언해본에 나타난 한글 문어'만으로 재구할 수 없었던 한국의 구어를 재현해줄 새로운 한글 문어를 생성시켜 준다. 즉, 이 구어의 확정 작업은 실은 새로운 한글 문어를 예비하는 작업이었다. 이를 반영하듯 이 과정 중에는 한국인의 음성을 기록하는 규범과 기술이 존재했다. 언더우드는 구어의 발음 그대로를 전사하는 것을 결코 정서법의 기본으로 삼지 않았다. 그 까닭은 구어의 발음이 사람마다 서로 다르다는 차이, 즉 균질화되어 있지 않던 당시 구어 상황의 문제 때문이었다.

그에게 기준이 되는 좌표는 어디까지나 한자라는 문자였다. 가장 근본이 되는 것은 『전운옥편』에 기록된 한국 한자음이었다. 해당 한자음이 없을 경우, "나모라고도 ᄒᆞ고 나무라고도 ᄒᆞ니 모와 무를 엇더케 쓰리오 아마도 나모목ᄒᆞ니 나모라 쓰는 거시 올코"(「언문ᄎᆞ례」)라는 기술이 보여주듯, 기록되어, 한자의 훈으로 전하는 어휘였다.[19] 그리고 그 연원을 잃어 버린 구어에 대하여 그 한자어의 기원을 찾아 철자법을 명확히 하기위해서 『韓佛字典』을 절대적인 기준으로 삼았다고 말했다.[20] 언더우드의 사전 1부 韓英部(한영사전)를 구성하는 가장 중요한 출처가 『韓佛字典』이란 사실은 역으로 그가 발견한 가장 귀중한 문헌화된 구어자료가 『韓佛字

---

19) 여기서 한자훈의 출처를 언더우드는 '옥편'이라고 말했다. 하지만 오늘날 사전의 형태로 한자훈이 제시된 경우는, 상당량 후대인 『자전석요』와 『신자전』이다. 『천자문』 혹은 경서언해 속에 배치된 한자훈을 참조했을 가능성이 높다고 추론된다.
20) 이는 발음되는 소리와 기록·전승된 한자음 사이에서 중도를 취한 게일과의 변별점이기도 하다. 게일은 "1)아래아(·)의 폐기, 2)목적격 'ᄋᆞ'를 '으'로 바꿈, 3)ㅅ, ㅈ, ㅊ+복모음을 ㅅ, ㅈ, ㅊ+단모음으로 전환"을 골자로 한 '신철자법'을 1902년 주장한 바가 있다. 그러나 북부지방 교인들의 심한 반발로 인해 이는 실현되지 못했다.(류대영·옥성득·이만열 공저, 『대한성서공회사』 II, 대한성서공회, 1995, pp.59-60.)

典』임을 반증해 준다. 언더우드는 『韓佛字典』의 어휘군에 대한 배제와 선택 그리고 그에 대한 기록화를 통해 영어와 교환되는 가장 일상적인 어휘군을 확정했다고 말할 수 있다.

언더우드의 사전은 『韓佛字典』, 『韓英字典』에 대한 언더우드 사전의 미수록 어휘를 문어의 차원으로 환원하여 준다. 이런 면에서 언더우드 사전은 그가 감지했던 『韓佛字典』, 『韓英字典』의 언어들과 대비되는 구어의 층위를 오늘날 우리에게 전해주는 자료라고 말할 수 있다. 언더우드는 사전과 함께 그가 발행한 문법서에 배치된 언어를 구어로 규정했다. 이 점은 스콧의 영한사전(1891)과 문법서, 나아가 다카하시 도루의 문법서(1910)에도 동일한 것이었다. 그 속에서 배치된 한국어는 모두 한국의 구어로 규정되었기 때문이다.21) 즉, 한국의 구어는 1890-1910년 사이 외국인의 한국어학서가 탐구하고자 한 공통적이며 추상화된 실체였다.

실제 언더우드의 이중어사전 속 개별 어휘들에 대한 검토를 통해 언더우드가 구어의 층위에 해당되는 어휘를 선정했던 논리를 밝혀 그가 접촉했을 구어 상황을 재구해 보는 것은 매우 중요한 작업이다. 그러나 그 작업은 언더우드, 게일이 당시 한글 문어 자료를 찾을 수 없어 고심했던

---

21) "周時經과 美人 奇一(게일: 인용자) 法人 安神父 日人 高橋亨(다카하시 도루: 인용자)이 韓語硏究會를 組織하다"(『매일신보』, 1909.12.29)이란 기사가 보여주듯, 한국인, 서구인, 일본인들의 한국어 연구는 결코 분리된 것이 아니었다. 다카하시 도루(高橋亨), 『韓語文典』, 東京: 大橋新太郎, 1909, p.2. (김민수·하동호·고영근 편, 『歷代韓國文法大系』第2部 第14冊, 塔出版社, 1979.) 하지만 그 구체적인 실상을 말하기는 어려운 형국이다. 게일이 주시경에 관한 언급한 것으로 추론되는 글이 한 편 있으며(『대한성서공회사』 II, pp.115-116), 로스 킹은 개신교 선교사의 정서법 논쟁과 한국 근대 지식인의 정서법 재정을 비교 검토하여 관련성을 추론한 바 있다. ("Western Missionaries and the Origins and the Origins of Korean Language Modernization," *Journal of international and area studies 11* (3) 7-38, Seoul: Institute of International Affairs, Graduate School of International Studies, Seoul National University, 2005, pp.26-33.)

것만큼이나 오늘날의 입장에서도 그리 쉬운 것이 아니다. 오히려 이 글에서 던지고자 하는 질문은 조금은 다른 것이다. 첫째, 기록된 구어자료를 발견할 수 없었음에도 그가 가장 일상적인 단어를 선택했다고 말할 수 있었던 근거는 무엇일까? 즉, 그는 어떻게 한국 구어의 전체 윤곽을 상정할 수 있었을까? 둘째, 왜 언더우드는 대형사전 발행을 목표로 하고 있었을까? 이와 관련하여 성서 번역에 있어 한글/한문 문어 사이에서 보여준 혼선의 양상이 의미하는 것은 무엇인가? 왜 그들의 『그리스도 신문』의 발행은 게일의 『韓英字典』 초판의 출판 전후였던 것일까? 즉, 언더우드가 구어를 한국어의 층위를 확정하는 과정과 그 기반을 살펴보고, 그가 엄선한 어휘목록을 초과하는 어휘를 지닌 대형사전 발간을 시도한 이유를 살펴보려고 한다.

3. 한국 구어의 윤곽과 한글 문어를 향한 비전

언더우드의 한국어 학습에 큰 도움을 준 이는 역시 한국 현지인 교사와 조사(助士)들이었다. 언더우드는 그의 문법서에서 책으로만 한국어를 온전히 학습할 수 없다는 점을 강조하고, 현지인 한국어 교사 혹은 한국인들과의 대화가 필수불가결한 과정이라고 말했다. 좋은 한문학자들이기도 한 한국인 교사들은 문자를 읽는 올바른 발음법과 표현 형식, 관용구들에 대해 설명해줄 수 있으며, 동의어들 간의 구분, 학생의 실수를 교정해줄 수도 있는 존재였다. 그러나 이들 중에 문법의 규칙과 철자법을 정확하게 알고 있는 자는 드물었다. 이에 따라 언더우드는 진정한 의미에서 현지인 어학 교사를 찾을 수 없다고 말했다.[22] 즉, 언더우드가 한국어란 전체상을 감지하기에 한국어 교사들만으로는 채워질 수 없는 공백이 분명히 존재했다. 그것은 한국의 구어 자체를 규범화하여 기록할 정서법과 품사별, 구문별로 체계적이며 유형화해 줄 영어로 저술된 한국어 문법서의 부재와 긴밀히 관련된다. 이는 한국어를 추상화된 하나의 통일체로 상상할 수 있게 해 주는 전제조건이었던 셈이다. 당시 언더우드가 참조했을 로스(John Ross)나 매킨타이어(John McIntyre) 등의 한국어학 관련 저서 역시 회화 자체가 아닌 한국어 문법을 온전히 규명해주는 서적은 아니었다.[23]

그에게 이런 공백을 보완해준 것은 한글로 번역된 임브리(William Imbrie)의 책 『英日語原』이었다. "한국어에 맞게 약간씩 고쳐진 이 문장들은 한국어 공부에 훌륭한 자료가" 될 것으로 그는 예상했고 문법서의 작업을 진행했다(1886.1.31, Ⅰ, pp.27-28). 언더우드의 문법서 서문을 보면 그에게 번역된 한국어를 제공해줬던 이는 송순용이다. 하지만 그 결과물의 출판 여부는 확실치 않다.[24] 1887년 발행된 스콧의 문법서는 분명히 언더우드가 느꼈던 그 공백을 채워줄 만한 요소를 지니고 있었다. 그러나 언더우드는 선교부에 여전히 한국에는 체계적인 문법서가 없기에 그의 문법서가 발행되어야 한다고 건의했다. 그가 보기에 스콧의 문법서가 리델이 발행

---

22) H. G. Underwood, "Introductory remarks on the study of Korean", 『韓英文法』(*An Introduction to the Korean Spoken Language*), Yokohama, Seishi Bunsha, Kelly & Walsh, 1890, pp.1-2(김민수, 하동호, 고영근 편, 『歷代韓國文法大系』제2부 제3책, 塔出版社, 1979). 이 책이 실제 선교사들의 한국어 교육 과정에 활용된 예는 2005. Ross King, 「영어권 학습자를 위한 문법 교육(Korean grammar education for Anglophone learners: Missionary beginnings)」, 『한국어교육론』2, 국제한국어교육학회, 한국문화사, 2005를 참조.

23) 이에 대해서는 고예진, 「개화기의 한국어 학습서 연구—언더우드(Underwood)의 『韓英文法』을 중심으로」, 부산대학교 석사학위논문, 2008을 참조.

24) 한글로 번역된 임브리의 책을 발견할 수 없어서 필자는 영어로 작성된 그의 서적을 참조했다. 출처는 다음과 같다. William Imbrie, *Handbook of English-Japanese Etymology*, Tokyo, 1880.(서울대학교 중앙도서관 소장)

한 문법서의 쉬운 부분만을 번역했으며, 그 예문부가 너무 두서없이 나열되어 있었기 때문이다.(1888.8.14, Ⅰ, p.114).

이런 스콧 문법서에 대한 비판은 임브리의 문법서로 말미암아 가능한 것이었다. 임브리는 그의 서문에서 문법론이 '철자법', '운율론', '품사론', '문장론' 등과 나누어져 연구되는 당시의 경향과 자신의 저술이 다른 방식의 서적임을 명시했다. 그는 당시의 이런 경향과 변별하기 위하여 "문장론에 수반된 품사론(어원학)(Etymology, the fellow of Syntax)", 역사적인 어원학과 변별된 "문법적 품사론(어원학)(Grammatical Etymology)"이란 용어를 가져왔다고 했다. 그의 문법서는 품사론의 개요를 보여준 후, 그에 해당하는 회화 범주에서 중요한 단어들이 포함된 예문을 제시하는 방향으로 구성된 것이다. 이는 단순히 문장의 유형을 분류해서 나열하던 종래의 방식을 보완하기 위해서였다. 이로 말미암아 임브리의 문법서에 배치된 예문들은 문법 사항과 긴밀한 연관 관계를 지니며 제시된다. 이런 사항들은 언더우드의 문법서 2부 예문부에 잘 반영되어 있다. Be 동사와 관련된 공통된 부분을 제시해보면 다음과 같다.

구분	Imbrie		Underwood	
	풀이 방식	해당 일본어	풀이 방식	해당 한국어
공통점	1. 조동사가 아니라 독립적으로 활용될 때	ある / いる、おる	1. 단순히 존재를 표현하며 독립적으로 활용될 때	잇소 / 업소
	2. 명사와 대명사 다음에 술어로 올 때	てある	2. 서술할 명사나 대명사 다음에 올 때	이오(요) / 아니오
	3. "become"과 동일한 뜻일 때	なる	4. "become"과 동일한 뜻일 때	되오 / 안되오
차이점	4. 형용사 다음에 술어로 올 때	별도의 항목으로 서술	3. 서술할 형용사 다음에 올 때	예문만을 제시

임브리의 문법서가 언더우드에게 제공해준 통찰은 스콧 문법서에 대한 보완점에 국한되지 않는다.[25] 임브리와 언더우드의 문법서는 영어 문법서의 기본 구문에 맞춰 한국어/일본어를 배치하는 방식이다. 만약 문법을 설명하는 언어를 한국어/일본어로 바꿔본다면, 이 서적은 오히려 영문법 서적에 근접한 것이 된다. 즉, 그 구성 방식은 영어를 한국어/일본어로 번역하는 양태라고 할 수 있다. 임브리는 이런 사실을 분명히 알고 있었다. 그는 서문에서 이 책이 "영어의 관점"에서 구성된 것이며 그들이 표현하고 싶은 "영어식 사고"를 일본어로 번역하는 것에 도움을 주기 위해 편찬했음을 분명히 밝혔다.

언더우드에 의해 임브리 문법서 속 일본어의 자리를 대신한 한국어는 과거와는 다른 층위의 표상으로 변모된다. 영한이라는 번역적 구도는 한국어 어휘를 수집하여 그들의 언어로 풀이하는 방향(한국어 → 영어, 한영사전)과는 전혀 다른 차원 즉, 영어를 번역할 한글 문어(번역문)를 창출하는 행위이기 때문이다. 한국어는 영어식 사고, 그들의 생각을 표현하며 전달할 도구라는 새로운 형상을 지니게 된다. 서구의 문명을 번역/재현할 한국어야말로 언더우드에게 있어서 과거 한문 문어를 대신할 새로운 한글 문어가 지닌 가능성이자 목적지였다. 아직 축적되지 못한 한글 문어를

---

25) 이런 언더우드의 지적은 그의 문법서를 통해 극복된다. 스콧의 문법서는 1부가 리델의 10품사 중 관사, 분사, 간투사를 생략한 채 편성되어 있었다. 이에 비해 언더우드는 관사를 제외한 9품사의 체재를 택했다. 리델의 문법서와 달리 "명사의 곡용을 인정하지 않고 곡용 어미를 후치사로 선정한 점", 경어법을 별도로 분리시킨 점, 종결어미를 서법의 관점에서 직설법과 의도법으로 양분하고 전자에는 평서형과 의문형을 후자에는 청유형과 명령형을 소속시킨 그의 관점은 상당히 온당한 시각으로 평가받는다.(고영근, 『국어문법의 연구: 그 어제와 오늘』, 탑출판사, 1983, pp.11-12.) 스콧의 2부 예문부와 달리, 언더우드는 품사별 핵심구문에 의거하여 예문을 제시해 주었다. 이런 성과는 사실 임브리의 문법서에 빚진 것이었다.

정초할 분명한 좌표를 제공해주기 때문이다. 그리고 이 좌표는 영어보다 한국어와 상대적으로 근접한 언어, 일본어란 또 다른 참조항을 통해 구성 (중역)되는 것이었다.

언더우드의 이중어사전은 동시기 발행된 그의 문법서와도 긴밀한 상관관계를 지닌다. 첫째, 그의 2부 영한사전이라는 새로운 형식의 도입이다. 둘째, 동사/형용사의 기본형으로 '오'란 종결어미를 선택한 독특한 특성이다. 그의 문법서를 보면 한국의 회화 상황에서 '다'는 아랫사람 즉, "하인들이나 아이들에게 쓰는" 종결어미였다. 대등한 인간관계에서의 공손한 표현이 "-오 혹은 -소"란 종결어미였다(pp.106-107). 구어상황과 이런 기본형 선정은 밀접한 관계를 지닌 것이다. 마지막으로 언더우드의 이중어사전이 문법서와 긴밀한 관계를 보여주는 것은 품사와 관련된 사항이다. 일례를 들어 보자.

언더우드(Underwood) 1890	스콧(Scott) 1891
• Abandon v.t. 내여브리오, 브리오 　Abandoned 바린 • Abhor v.t. 뮈워ᄒ오, 흐ᄒ오, 이들나ᄒ오, 　졀치ᄒ오 　Abhorrence n. 뮈워홈이, 흐홈이, 이들나홈이,	• Abandon 브리다, 버리다, 벗놋타 　Abandoned(forsake) 외롭다 　Abandoned(depraved) 악ᄒ다, 몹쓸 • Abhor, abhorrence 뮈어ᄒ다 뮙다

표제어 'Abandoned'를 보면 알 수 있듯, 스콧는 영어 단어가 지닌 다의성에 대한 번역을 중시한 점을 알 수 있다. 이에 반해 언더우드는 동일한 품사적인 구분 아래 한국어와 영어를 배치하는 것을 더욱 더 중요시했다. 이런 양상은 두 사람의 사전 속에 상당량 일관성을 보인다. 이로 말미암아 언더우드의 사전은 한국어 어순을 숙지한 서구인이 즉각적으로 단어를 추출하여 활용할 수 있는 특징을 지닌 셈이 된다. 그의 사전은 품사라

는 단위 속에서 영어와 한국어의 관계를 등가교환의 관계로 만들어 준 셈이다.

그의 사전은 그의 문법서에 대하여 더 많은 어휘를 지닌 소중한 보완물이 된다. 해당 품사별로 어휘를 보충해주는 역할을 담당하기 때문이다. 그러나 한국어 문법의 확립, 소형사전의 어휘만으로 그가 지닌 한국어에 대한 비전은 충족될 수 없었다. 언더우드는 중국어가 "말을 외우기 잘하는 사람"에게 유리한 언어였다면, 한국어는 일본어와 함께 "모든 문제의 원인과 유래를 찾도록 훈련을 받은 사람들"에게 쉬운 언어라고 했다.26) 이는 다분히 표의/표음 문자란 구분과도 관계되는 것이었다. 하지만 언더우드는 한국어, 중국어, 일본어와의 관계를 쉽게 단정하지 않았다. 그 까닭은 그가 보기에 어휘의 측면에서 한국어가 중국어(한자)와 긴밀한 영향관계를 지니고 있었기 때문이었다.

언더우드는 그의 문법서가 어디까지나 구어 표현에 초점을 맞춘 것임을 명시했다. 그는 문어에서 쓰이는 종결어미와 몇몇의 표현들은 결코 구어에서 발견할 수 없어, 한국어의 구어와 문어는 다른 것이라고 했다(p.4). 언더우드는 한국의 문어에는 한자가 모든 공식적인 서간, 철학적 저술들과 같이 진정한 가치가 있는 곳에서 쓰이지만, '諺文'은 시시한 사랑 이야기나 동화 같은 저급한 곳에 쓰인다고 했다. 이런 특성으로 말미암아 형성된 외국인들의 "말(speech)은 언문"이란 인식에 관해 "언문"은 단지 서기체계(a system of writing)일 뿐이기에 틀린 것이라고 지적했다(pp.4-5).

언문의 한영 대응 관계를 펼쳐보면 다음과 같다.

---

26) H. G. 언더우드, 위의 책, 이광린 역, 1989, pp.55-56.

諺文

The common Korean alphabet (Underwood 1890)

The native Korean writing; Ünmun See. 국문 (Gale 1897-1911),

The native Korean writing; oral and written languages (Gale 1931)

이 대응 관계는 언문이라는 개념의 사회적 변천사를 보여준다. 언더우드 사전에서 언문은 그의 문법서의 규정처럼 한국의 표음 문자를 지칭하는 의미였을 뿐이다. "구어와 문어를 포함한 언어"라는 차원의 의미를 지니고 있지 않았다. 언더우드의 사전에는 국문(國文)이라는 한국어가 배치되어 있지 않다. 게일의 사전에서 언문과 유사어로 배치된 "國文"은 1897-1911년까지 국자(國字) 차원의 의미("The national character-Ünmun")를 지니고 있었다. 이는 사전 속에서 한문과 대비된 용어로 언더우드의 진술과도 사실 동일한 의미였다.[27] 즉, 1890-1897년 사이 사전에 배치된 언문=국문(諺文=國文)은 쓰기(표기)의 한 방식일 뿐, 그에 수반된 문학작품을 지

---

27) 국문(國文)이 국문학이란 어휘와 유사한 의미를 지니게 된 것(The national literature, Korean Ünmun)은 1931년판 사전이다. 1911년에서 1931년 사이에 '언문'과 '국문'에 있어 의미전환과 함께 이중어사전에 國語("The national tongue; the language of a country"(Gale 1911-1931))와 言文一致가 출현한다. 여기서 후자의 대응관계가 "The oneness of the oral and written languages,"(Gale 1911)에서 "The unification of the oral and written languages"(Gale 1931)로 변모된다.
1897-1901년 사이 한말 기독교 신문 속에서 신속한 문명개화를 위한 지식 전달 도구로 국문의 실용성(표음 문자)이 한문의 비실용성(형상 문자)과 대비하여 제시한 용례가 존재하며, 이 속에는 언문일치란 개념이 분명히 내재되어 있었다(류대영, 「한말 기독교 신문의 근대국가론」, 『한국기독교와 역사』 29, 2008. 9, pp.19-21; 김영민, 「근대 계몽기 기독교 신문과 한국 근대 서사문학」, 『동방학지』 127, 2004, 253-269쪽 참조). 이 속에서 국문 역시 아직 미정형의 대상이었다고 규정해도 좋을 것 같다. 언더우드와 게일의 초판사전은 개신교 선교사들이 신문이란 미디어를 한글을 실험한 이전 시기에 출판된 사전이란 측면을 지니고 있다. 나아가 한문에 대한 서구인들의 이런 태도도 역사적 시기에 따라 변별되는 측면이 분명히 존재한다.

니지 않았으며28), 언문일치란 관념을 통하여 구어, 한글 문어라는 한국어
의 모든 영역을 포괄할 수 있는 국민어라는 조건을 충족해 주지 못했다.

서울에서의 선교 활동이라는 그의 지역적 조건은 그가 접촉한 한국어
가 표준어란 점에서 로스나 이수정의 성서 번역본을 재번역할 명분을 제
공해주는 것이었다. 하지만 "한국어가 2개의 언어로 존재한다"는 서구인
의 한국어에 대한 인식과 관련된 정황은 여전히 해결되지 않은 난제였다.
"말을 하는 대상의 계층에 따라 각 표현을 세 가지 내지 다섯 가지로 변형
해야"하는 어려움이 한국어에 있다는 언더우드 부인의 편지(1888.6.2, Ⅰ,
p.107)는 이 점을 잘 보여준다. 언더우드는 "길가를 지나가며 들을 수 있는
상인들, 중간 계층, 머슴들"의 언어와 관리, 학자들의 언어는 다른 것처럼
들릴지 모르지만 사실 후자는 한자로부터 파생된 용어들을 사용하는 것일
뿐 틀림없는 한국어(pp.4-5)라고 말했다. 언더우드는 '한자=문어', '언문=
구어'라는 인식의 허구성을 잘 알고 있었다. 하지만 향후 한글 문어를 위해
양자를 어떤 방법으로 교합해야 하는가라는 문제는 여전히 남아 있었다.

언더우드는 사전, 문법서와 관련된 업무를 마무리하며 귀국 후 포부로
"거의 모든 시간을 성서 번역에 바칠 수 있기를 희망"한다고 했으며, 그
이유는 "일반 대중이 이해할 수 있는 형태로 반드시 번역해야 한다고 점점
더 느끼기 때문"이라고 하였다(1890.5.11, Ⅰ, p.216). 그의 이런 비전에 부
합하는 도구는 한문보다는 언문이었고 문법서와 사전의 집필을 통한 구어
의 확정은 그 가능성을 느끼게 해주었을 것이다. 그의 이 같은 비전과
포부 속에서 성서의 언어를 번역해야 할 한글 문어는 그의 사전이 제시해
주는 표기법이란 한정된 의미에서의 언문은 아니었다. 비록 실현된 것은

---

28) H. G. 언더우드, 위의 책, 이광린 역, 1989, p.56.

아니었지만 익명의 대중을 위한 국민어로서의 지위를 지닌 어떤 규범적인 형상을 지향하고 있었기 때문이다. 또한 성서번역은 결코 그가 발행한 사전과 문법서가 제시한 구어의 층위에서 해결될 수 있는 사안이 아니었다. 1915년에 나온 그의 문법서는 개정·간행본임에도 문어 층위를 추가하지는 않았다. '음성학', '특수표현', '便紙文의 예제'를 제외하고는 큰 변화가 없었다는 사실은 이런 측면을 반증해주는 것이었다.

즉, 언문의 위상 변화를 위한 가장 근본적인 문제는 그가 설정한 한국어 통사 구조의 구문에 배치될 어휘의 부족이었다. 그것은 앞으로 만들어 나갈 한글 문어용 어휘를 포함한 대형사전을 요청했고, 이에 언더우드는 2개의 사전을 준비했던 것이다. 이와 관련하여 한문 문어와 한국인의 말속에서 제시된 한자어는 이 어휘의 부족을 보충해 주는 중요한 통로였다. 즉, 그는 한국 상층 계층에 대한 선교를 위해서 한문 문어의 존재를 결코 간과할 수 없었다. 1906년 국한문혼용 성서의 발행은 이런 측면을 여실히 보여주는 중요한 역사적 사례였다.[29] 언더우드는 "언문이나 한글"이 "기독교 교회의 필요조건으로 증명"이 되지는 않았다고 했으며, "국한문혼용 성서"가 당시 미디어, 공식 문서, 교육부가 출판하는 모든 책의 가장 기본적인 문체란 점을 인정했다. 한자의 상형성을 통한 의미 확립 그리고 "전치사와 시제 등을 나타내는 한글 어미와 연결사"라는 측면 즉, 한자와 언문의 상호 보완을 통해 구성된 국한문혼용 성서의 발행이 요청되었던 것이다(1903.12.23, Ⅲ, pp.146-151). 그에게 있어 성서번역의 이상적인 수단 언문은 한문이라는 여전히 영향력을 발휘하고 있는 한국의 문어에서 분리될 수 있는 것이 아니었다.

---

29) 그 경위에 대해서는 이만열·옥성득·류대영 공저, 『대한성서공회사』 Ⅱ, 대한성서공회, 1994, pp.82-89를 참조.

한자어를 대폭 수용하는 문제는 한국어의 어휘를 증대시키는 데는 큰 도움을 주지만 큰 딜레마를 제공해주는 것이기도 했다. 성서번역에서 언더우드의 가장 큰 고민의 지점은 "수준 높은 문체"와 "통속적인 문체"라는 두 난관 사이를 헤쳐 나가는 것이었다. 그가 성서번역의 가장 이상적인 문체로 삼았던 것은 "가장 무지한 사람들이 이해할 수 있을 만큼 단순하면서도 지식인들의 마음을 끌 만큼 품위 있는 문체"였다. 이는 당시에 있어 요원한 문제였다. 언더우드에게 있어 이런 문체 창조의 주인공은 "성서에 사용된 원어를 철저하게 공부한 한국인 학자"였다. 그러나 그들이 성서의 의미 내용을 상당한 부분을 이해했을 때에도 "일반 대중이 이해할 수 없는 딱딱하고 고어체인 한자식 한국어"로 표현한다는 문제점이 존재했다. 그는 이것이 "동양 학자들의 고질적인 성향"이며, "충분히 명료하고 단순한 용어를 사용하도록 하는 것"이 거의 불가능했다고 술회했다(1911.10, IV, pp.294-296). 이렇듯 한문과 언문이라는 두 층위 문어 양자 사이에서 성서번역을 위한 한국문어 창출의 어려움을 표현한 근본적인 이유는, 사실 한국의 한글 문어가 도달해야 하는 모델, 그들의 언어 즉, 영어라는 완성형이자 이념이 존재했기 때문이다.

4. 언더우드 이중어사전 영한부(英韓部)와 번역어로서의 한국어

언더우드에게 성서번역이라는 실천 공간은 "원어성서, 영어 개정본", "다중언어 성서 및 중국어, 일본어 성서란 텍스트를 읽는 작업"(1911.10, IV, p.295), 한국인 조사와 개신교 선교사 사이 대화가 오가는 다양한 언어와, 문어/구어가 교차하는 다층성을 내포한 장소였다. 원한경(元漢慶,

Horace Horton Underwood)이 회상한 선교사들의 번역 현장은 번역이라는
행위 자체가 새로운 언어를 창출하는 모습을 보여준다.

> 멋진 집이었다. 책상에는 타자기가 숨겨져 있었고 때때로 타자기는 책상 위에
> 서 신기하게 작동했다. 나는 조용히만 있으면 그곳에서 놀 수 있었다. 나는 내가
> 앉은 곳에서 아펜젤러 아저씨의 발을 볼 수 있었다. 그 발은 기운이 넘치는 발이
> 었고 이리저리 움직이기도 하고 마룻바닥을 두드리기도 하고 앞뒤로 돌아다니기
> 도 했다. 게일 아저씨의 발은 좀 더 조용했고 발에서는 고요함이 뿜어져 나왔다.
> 한쪽 발은 공기 중에서 완전히 스스로 부드러운 리듬을 타며 흔들리고 있었다.
> 아마 그는 다리를 꼬고 앉아 있었을 테지만 그 발이 다른 한쪽 다리 아니 게일
> 아저씨와도 완전히 떨어져서 스스로 움직인다고 상상하는 것은 멋진 일이었다.
> 떠들지 말아야 한다는 원칙도 어른들한테는 해당되지 않는 것 같았다. 때로 그들
> 은 소리를 질렀다! 어떤 때는 그들은 탁자를 내려치기도 하였다! 항상 그들은
> 이야기를 나누거나 글을 읽었다. 주로 영어와 한글을 사용했고 나는 그 말을
> 알아들을 수 있었지만 어떤 때는 그들이 읽는 글은 완전히 알아들을 수 없는
> 언어였다. 모든 진행 순서는 신비롭고도 흥미로웠다. 왜냐하면 그들은 "번역하
> 고" 있었기 때문이었고 이는 에녹이 그랬던 것과 같은 것이었다. 아마도 다리가
> 분리되는 것이 "번역"의 첫 단계였다![30]

언더우드의 술회를 보면, 이 번역의 과정은 개신교 선교사가 성서 원문
의 원리를 한국인에게 설명하는 과정과 한국인 조사들이 한국어 내에서
해당표현을 찾는 과정으로 나누어 생각해볼 수 있다. 언더우드는 레널즈,
게일과 달리 직역론자로 평가받는다.[31] 성서 번역의 어려움은 "성서를

---

30) H. H. 언더우드, 「2세대 선교사들의 추억(나의 유년시절에)」, *The Korea Mission Field*, 1936.6. (서정민 역, 『한국과 언더우드』, 한국기독교역사연구소, 2004, p.206.)
31) 언더우드의 성서 사업에 관한 통사적 연구는 옥성득, 「언더우드와 성서사업 1-6」,

가감 없이 온전히" 한국인들의 "언어"로 번역해야 한다는 사실에 있었다. 하지만 여기서 직역은 "문자 그대로 직역하는 것"이 아니라 "성서원어의 표현을 그에 해당하는 한국어 표현"으로 전환하는 행위였다(1911.10, Ⅳ, p.293). 언더우드는 "진정한 직역"은 "문자 그대로가 아니라 관용적으로 하는 것"이라 했으며 원문의 표현(idiom)과 등가관계로 존재하는 한국어의 표현을 찾는 것이라고 말했다. 즉, 성서를 번역한 한국어는 한국인 화자에게 그것이 번역어로 감지되지 않는 자연스러운 것이어야 했다. 그러나 이것이 성립하기 위한 전제조건은 한국어 속에 성서의 원문을 재현할 해당 표현이 모두 존재해야 한다는 점이다.

그러한 전제조건이 성립하지 않을 경우를 고려해볼 필요가 있다. 사실 이 점이 그들이 대면했던 성서번역의 어려움과 긴밀한 관련이 있기 때문이다. 그리고 그러한 불완전한 조건 속에서 결코 한국어의 표현이라고 인정할 수 없는 새로운 번역어가 종국적으로 한국어로 인식된다는 것의 의미도 생각해볼 필요가 있다. 원문과 번역문 사이에 놓인 "번역"이라는 관계(등가교환의 관계)가 완성되고 언더우드의 이상과 이념이 실현된 것이라면, 번역문은 원문 없이도 최종적인 결과물이며 그 자체로 자립할 수 있는 자기완결적인 대상을 지칭한다. 그러나 언더우드의 초기 사전 편찬시기 이런 등가관계의 형성은 그리 녹록한 일은 아니었다. 이곳에는 영어와 한국어라는 두 언어 간의 본질적인 차이가 놓여 있었기 때문이다. 그것은 어학적인 차원으로 제한되는 것이 아니라, 언어를 제시하는 매체 그리고 영어를 한국어로 번역한다는 편향적인 방향성이 내포된 것이었다.

Korean Sketches(1898)에서 게일은 서구인들이 문헌(literature)을 향유하

『성서한국』, 2006 가을 - 2007 가을. 참조.

며 그 속에서 지식을 향유하는 반면, 한국의 머슴(Coolie)은 문자를 지니지
못해 기억에 의존하는 계층으로 언급하였다. 그럼에도 한문을 소유하지
못한 이들의 구두 전승물은 죽은 문자인 한문보다도 그들에게 더욱 중요
한 탐구의 대상이었다.[32] *Korea in transition*(1909)에서 분명히 한국인의
이 구두 전승의 언어는 성서의 일부분을 번역할 수 있는 언어로 성장해
있었다.

> 한국어는 우리의 언어처럼 고정화된 일련의 법칙과 인쇄 문헌에 의해 인위적
> 으로 구성된 것이 아닌 단순한 언어이다. 한국어의 복음서 시대에 해당된다. 왜
> 냐하면 한국어로 『로마서』와 『갈라디아서』를 표현하는 데에는 상당히 힘들지만,
> 복음서 표현은 아름답게 할 수 있기 때문이다. 한국어는 생활의 단순함을 가장
> 적절하게 표현할 수 있지만, 한국어의 경어와 중국어의 파생에[한자어: 인용재]를
> 배우기는 대단히 어렵다.[33]

그러나 여전히 한국어는 그들의 성서 전체를 번역할 수 없는 언어였다.
성서 번역과 관련하여, 예수의 일화 및 우화를 담은 복음서의 번역을 수행
하기에는 좋지만 바울의 교리를 담은 서간을 번역하기에는 어렵다는 그의
진술은 이런 점을 잘 보여주는 것이다. 그가 직접 근대의 인쇄 문헌 속에
한국의 종교, 문학, 학문을 새길 수 있는 언어로 한글 문어를 구사하는
데에는 상당량의 시간이 필요했다. 게일이 평생의 숙원이던 신구약성서를
개인역으로 출판한 시기는 1925년이었다. 그리고 그 사이 1909-1925년 사
이 게일이 한국의 한문 문헌 속에서 한국인의 종교와 영원불멸한 정신(조

---

32) J. S. Gale, 『코리언 스케치』, 장문평 역, 현암사, 1970, pp.69-70.
33) J. S. Gale, 『전환기의 조선』, 신복룡 역, 집문당, 1999, p.31. (*Korea in Transition*,
   New York: Eaton & Mains, 1909, pp.21-22.)

선혼), 내면(마음)을 발견하는 과정이 놓여 있었다. 그것은 '한문'의 어휘들
이 한글 문어의 어휘들로 재편되는 과정과 겹쳐진다.[34] 문법서, 사전의
발행, 교과서 및 성서의 간행, 〈그리스도 신문〉의 출판과 같은 그들의 활
동은 한글 문어가 "고정화된 일련의 법칙과 인쇄 문헌에 의해 인위적으로
구성된 언어"를 향해가는 노정이었다. 1905년 이후 문헌 자료가 대폭 증가
한 한국의 출판 지형들을 감안할 때, 게일의 이런 지적은 다소 과장된
것처럼 보이는 것도 사실이다.

　1909년 게일의 인식상에서 한글 문어는 그들의 언어와는 대등하지 않은
열등한 언어였다. 물론 그것은 두 언어 사이의 '차이점'에, 더 엄밀히 말한
다면 두 언어 사이의 교환관계가 완연히 성립하지도 않았고 관습화되지도
않았던 점에 원인이 있다고 볼 수 있다. 하지만 항시 여기서 보편자의
위치를 차지하는 것은 그들의 언어였다. 즉, 차이는 열등한 것으로 환원되
는 것이다. 그러나 서구어를 중심으로 한 교환관계의 성립, 두 언어가 대
등해지기를 열망하는 관념은 게일 개인 나아가 서구인에게만 해당되는
것은 아니었다. 그것은 과거로부터 전해 내려오던 한문 문어의 한자를
통하여 언문=국문의 어휘를 증대시키는 것 이외에도 행해졌던 또 다른
층위의 보완 과정과 관련된다. 비록 그것은 영어에 대한 직접적인 번역어

---

34) 이에 대하여 이상현, 「제국들의 조선학 정전의 통국가적 구성과 유통」, 『한국근대
　　문학연구』18, 2008을 참조. 게일이 출판한 성서는 『신역신구약전서』(기독창문사,
　　1925)이다. 한국에 대한 이런 인식의 변모과정은 다음과 같은 게일의 글들을 통해
　　살펴볼 수 있다. J. S. Gale, "The Korean's view of God", *The Korea Mission Field*,
　　1916.3; "The Korean Literature", *the Korea Magazine*, 1918.7; "Korean Literature", *The
　　Christian Movement in Japan, Korea, and Formosa*. Kobe, 1923; 奇一, 「歐美人の見た
　　る朝鮮の將來―余は前途を樂觀する 1-4」, 『朝鮮思想通信』, 1928, pp.787-790. 게
　　일이 한국어 글쓰기로 한국의 문학, 학문, 종교를 논한 글들은 다음과 같다. 奇一,
　　「나의 過去半生의 經歷」, 『眞生』 號外, 1926.9.1; 奇一, 「心靈界」, 『眞生』 12, 1925;
　　奇一, 「回顧四十年」, 『新民』 26, 1927.6.

로 한글 문어의 어휘가 증대되는 과정은 아니었다. 서구인들의 이중어사전 편찬이란 관점에서 본다면 그들의 언어에 한국화된 일본식 한자어를 발견하여 대응관계를 모색했다는 것이 더 엄정한 평가이다. 하지만 이런 중역의 과정 속에서는 '은폐된 기원=서구식 개념'이라는 목적지가 놓여 있었다.[35]

성서번역의 어려움에 관하여 언더우드는 "한국어에는" "추상적이며 영적인 진리를 표현하는 말"이 없기 때문에, "새로운 표현을 만들거나 그림과 설명을 통해" 한국인 조사들에게 간접적으로 전달해야 했다고 지적했다(1911.10, Ⅳ, p.295). 요컨대, 게일, 언더우드 두 사람의 지적은 한국어에 있어 **서구의 개념어를 재현할 한국어의 부재**를 말해주는 것이다. 게일의 한영사전이 두 차례 개정 간행 과정을 거치며 한국어 어휘 수가 급격한 증가된 측면은 이런 대역어의 등장과도 긴밀히 관계되는 것이다.[36] 그것은 성서번역에만 국한되는 것이 아니었다. 『그리스도 신문』을 "통전적(通全的) 복음"을 주도록, "농민을 위한 농사법 정보, 공인을 위한 공장법과 과학, 상인을 위한 시장 보고서, 기독교 가정을 위한 가정생활 기사를 게재"(1900.12.10, Ⅱ, p.129)하려던 그의 포부는 이 점을 잘 보여준다. 개신교는 서구 문명 그 자체의 체현이어야 했기 때문이다. 기독교 문명론의 '문명', '개화', '인종', '진보'에 관한 이중어사전 수록 양상은 【개념뭉치 2】와 같다.[37] 그 일례로 '문명'이란 어휘에 관해서 살펴보면,

---

35) 황호덕, 「漢文脈의 근대와 순수언어의 꿈-한국 근대 개념어 연구의 과제」, 『한국근대문학연구』16, 2007. 참조.
36) 황호덕, 「번역가의 왼손, 이중어사전의 통국가적 생산과 유통」, 『상허학보』 28, 2010. 참조.
37) 류대영, 「한말 기독교 신문의 문명개화론―〈죠션크리스도 회보〉와 〈그리스도신문〉」, 『한국 근현대사와 기독교』, 푸른역사, 2009 참조.

【영한】 Civilization

교화 (Underwood 1890)

교화, 조화, 덕화 (Scott 1891)

교화(敎化),문명(文明),개화(開化) (Jones 1914)

개화(開化), 문명(文明) (Gale 1924)

【한영】 문명(文明)

Civilization; progress; advancement (Gale 1911-1931)

"Cvilization=문명"이란 대응관계는 1911년 게일, 1914년 존스의 사전에서 출현한다. 이 시기 영한, 한영이란 양방향에서 대등한 등가교환의 관계가 형성된 것이란 사실을 발견할 수 있다. 언더우드가 '영한'이란 방향에서 Civilization의 역어로 선택한 '교화'는 그의 사전 1부 한영사전에는 등재되어 있지 않은 한국어였으며, '문명'이란 어휘의 출현 이전에 임시적으로 배치한 것이었다. 결과론적으로 본다면 두 언어 사이의 관계는 '유비의 관계'에 근접한 것이지만 결코 완연히 한국사회에 관습화된 '등가관계'는 아니었던 셈이다.[38] 이런 측면은 【개념뭉치 2】의 다른 어휘들에서도 발견할 수 있다. 언더우드, 게일의 『韓英字典』 초판 이후 신문 출판과 같은 간접선교를 개신교가 시도했고 그 결과물들이 1911년 게일의 『韓英字典』에 반영된 것이다.

사실 한영, 영한이라는 구도 모두 번역이라는 문화현상이라고 말할 수 있다. 그러나 언더우드가 '한영', '영한'이라는 번역적 구도를 완연히 변별

---

38) "문명(文明)ᄒ다 To be Clear"(Gale 1897)가 보여주듯, '문명(文明)'은 하나의 명사로 등재되지 못했으며, 'Civilization'이란 영어 어휘보다는 한문 문어의 문맥 속의 의미를 담지하고 있었다.

했다던 점을 더욱 주목할 필요가 있다. 그는 '영한'이라는 번역적 구도 속에서 배치된 한국어를 결코 자연스러운 한국어로 인식하지 않았다. 그 만치 영어에 대한 번역어로서 한국어는 그에게 상당히 낯선 것이었다. 언더우드는 자신이 발행한 문법서의 문법부(1부)와 예문부(2부)란 구성에 대해서도 각각 '한영', '영한'이라는 사전과 동일한 번역적 구도를 부여했다 (pp.2-4). 문법서 예문들의 제시방식이 한국어-영어(1부), 영어-한국어 (2부) 순으로 배치된 것은 이 점을 잘 반영한 모습이다(p.223). 그는 2부가 지닌 한계, 즉 영어식 사고로 한국어를 말할 때의 한계점을 분명히 감지하고 있었다. 그래서 그는 이런 양방향의 관점을 제시했다. 이는 서구와는 정반대의 사고를 지닌 〈한국인의 관점〉(1부)에서 한국어를 배우고 활용할 수 있게 하기 위해서였다. 이 점은 임브리의 문법서에서 언더우드가 한 걸음 더 나아간 지점이라고 평가할 수 있다.

 '한영'과 '영한'이라는 방향 모두 번역어로서 한국어를 생성시킨 작업으로 볼 수 있다. 하지만 한국어를 한국어로 풀이하는 국어사전의 존재가 당시에 없었다는 사실을 감안해야 한다. 게일은 1897년 그의 사전 서문에서 사전 편찬의 어려움으로 교육을 받은 한국의 지식인일지라도 문맥 속에 놓인 한국어의 정오를 판별할 수 있지만 다른 용어를 통해 해당 한국어를 풀이할 수 없었다는 점을 술회한 바 있다. 또한 외국어로 된 문법서 이후 한국어로 된 문법서가 출현하게 되는 역사적 실상을 주목할 필요가 있다. 이에 따라 표제어의 개념을 풀이하며, 문법을 설명하는 영어의 존재는 해당 한글 문어의 부재상황 속에서는 번역이라고 규정되지 않았다. 한국인의 관점, '한영이라는 번역적 구도'로 규정되며 이 속에서 번역 자체는 은폐된다. 그의 문법서 1부에 배치된 한국어 그리고 그의 문법서 전반에서 한국어에 대하여 서구의 문법 체계를 적용하여 설명하는 그의 언어가 이에 해당된다.

특히 여기서 후자, 한국어를 근대의 문법이란 학술 영역에 배치하며 각 부의 예문을 설명해주는 그의 서구어(학술 담론)를 주목할 필요가 있다. 20세기 초 한국인 국어학자들에 의해 이 언어의 자리에 한글 문어가 배치되는 과정은 근대의 국어=국문 관념의 출현을 의미하는 것이기도 했다.[39] 이는 한국어 표제어를 풀이하는 언어가 영어에서 한국어로 전환될 때, 이중어사전이 국어사전으로 변모되는 논리와도 유사하다. 하지만 언더우드의 이중어사전 간행 당시 한국에 관한 연구를 구성하는 그들의 언어 그 자체는 한국어와의 번역적 관계, 즉 한국어로 번역될 필요가 결코 설정되어 있지 않았다. 그들의 한국학에 대한 독자는 결코 한국인이 아니었기 때문이다.[40]

이를 반영하듯 이 문법서의 핵심 개념인 품사를 지칭하는 용어를 그의 사전 속에서는 발견할 수 없다.[41] 즉, 이 시기 언더우드의 인식상에 존재하는 한국어는 자신의 어휘를 자신의 어휘로 풀이할 수 없으며, 자신을 근대 학술의 영역에 배치하며 규정할 수 있는 한글 문어를 지니지 않은 언어, 즉 그들의 영어와 대비한다면 사실 '유약한' 언어였다.[42] 게일의 한

---

39) 이병근, 「근대 국어학의 형성에 관련된 국어관—대한제국 시기를 중심으로」, 이병근 외 편, 『한국 근대 초기의 언어와 문학』, 서울대학교 출판부, 2005; 정승철, 「근대 국어학과 주시경」, 이병근 외 편, 『한국 근대 초기의 언어와 문학』, 서울대학교 출판부, 2005를 참조.

40) 이에 대한 상론은 이상현, 「근대 조선어·조선문학의 혼종적 기원」, 『사이間SAI』 8, 2010을 참조.

41) Noun(물명, 일흠), Conjuction(합ᄒᆞᄂᆞᆫ것, 모도ᄂᆞᆫ것, 모도히ᄂᆞᆫ것, 합ᄒᆞᄂᆞᆫ말)이 등재되어있으나 한국어 대역어가 잘 말해주 듯, 이들을 문법 용어로 배치한 것은 아니었다. 문법과 관련된 용어들이 등장한 사전은 게일의 1897년판 사전이다. 이병근, 「서양인 편찬의 개화기 한국어 대역사전과 근대화」, 『한국문화』 28, 서울대학교 한국문화연구소, 2001을 참조.

42) 게일은 이광수의 「신생활론」을 근대어, 근대사상을 보여주는 표본적인 글이라고

영이중어사전(1911) 이후 영한사전은 지속적으로 발행된다. 이는 한국어의 재편 과정 속에서 영한이라는 번역적 구도 속에 배치될 한국어가 지속적으로 증가되었음을 의미한다.[43] 영한이라는 번역의 구도의 특성을 사전 서문에서 최초로 명시한 이는 존스이다. 1914년 존스는 그의 서문에서 게일의 『韓英字典』(1911)이 "한국어의 측면을" 자신의 사전이 "영어의 측면을" 담당한다고 말했다. 또한 자신의 작업이 지닌 초점이 "국문(Kukmun)으로 정의를 작성하기보다는 영어 용어에 대한 등가어를 찾는 데에 있다"고 말했다. 전자가 실제 채집한 한국어를 영문으로 풀이하는 작업이었다

평가했다. 하지만 이런 근대적 글쓰기의 등장은 과거 한학적 지식인들을 문맹의 나락으로 떨어트릴 것이라고 말했다. 게일은 이런 근대어의 등장 이전에도 한국이 이미 서구와 대등한 한국학을 지니고 있었다고 말한 바 있다. (奇一, 「나의 過去半生의 經歷」, 『眞生』 號外, 1926.9.1; 奇一, 「心靈界」, 『眞生』 12, 1925.) 그는 한국의 한문 전통을 간과하지 않았던 셈이다. 게일이 지적한 망각되어버린 고전의 실상과 존재를 찾는 작업의 무용성을 말하기 위해 이런 진술을 하는 것은 아니다. 하지만 게일 역시 한국의 근대어와 교환관계가 성립한 서구적 개념이 아니고서는 이 망각되어버린 한국의 민족성을 말할 수 없었다는 사실도 주목해야 한다. (이에 대해서는 이상현, 「근대 조선어·조선문학의 혼종적 기원」, 『사이間SAI』 8, 2010, pp.138-151.) 이런 언어 간 불평등성에 대한 관점은 탈랄 아사드, 「영국 사회 인류학에서의 문화의 번역이라는 개념」, 제임스 클리포드·조지 E. 마커스 편, 이기우 역, 『문화를 쓴다―민족지의 시학과 정치학』, 한국문화사, 2000에 빚진 것이다.

43) 언더우드의 이중어사전 편찬의 공저자로 있었던 두 사람의 인물이 각각 한영과 영한이란 번역 구도에서의 사전출판을 담당했다. 한영 부분을 담당했던 게일은 향후 지속적으로 이 부분을 전담한 셈이다. 향후 한국에 체류하지 않았던 헐버트의 담당부분인 영한부분에 대해서는 다양한 편자들이 그 임무를 대신한 셈이다. 언더우드의 사전 한영부(韓英部)가 공저자 게일과 함께 『韓佛字典』 수록 어휘를 선별하는 작업으로 진행되었다면, 한영부(英韓部)는 문법서의 예문부와 더욱 긴밀히 관계되는 영역이었다. 첨언할 것은 1931년판 게일의 사전은 조선총독부의 『조선어사전』을 중요한 참조사전으로 지목했다. 『조선어사전』의 어휘 채집 경로는 한문 전적이었다는 측면을 감안한다면 한문 문어에서 추출한 어휘 역시 대폭 증가했을 가능성의 여지를 더불어 지니고 있다. 安田敏朗, 『「言語」의 構築―小倉進平과 植民地 朝鮮』, 이진호·飯田綾織 역주, 제이앤씨, 2009, pp.201-214를 참조. (安田敏朗, 『「言語」の構築』, 東京: 三元社, 1999.)

면, 후자는 영어에 대한 등가어를 한국어 어휘 속에서 찾는 작업이었다. 이는 게일의 영한사전(1924) 서문의 기술에서 다음과 같이 반복된다. "영어에 대응하는 한국어 등가어를 모두 제시하는 것이 아니라, 가장 유용하다고 여겨지는 것들만을 제시"이며, "한국어 단어들에 수반되는 풀이된 설명이 없으므로, 학생들은 각 경우별로 영어가 어떤 뜻을 전달하려 하는지 그 특정 의미를 찾아보아야 할" 것이라고 했다.

언더우드의 문법서와 동일하게 한국어-영어의 순서로 배치된 한국어는 풀이되어야 할 개념어로서의 특성을, 영어-한국어의 순서로 배치된 한국어는 외국어에 대한 번역어란 특성을 상대적으로 더 지니게 된다. 언더우드는 그의 문법서 2부 예문부에 배치된 한국어, 즉 '영어에 대한 한국어 번역문'을 통해서는 온전한 한국어를 배울 수 없다고 말했다. 물론 그의 이런 지적은 적절한 것이다. 그러나 존스와 게일의 언급과 관련하여 생각해볼 필요가 있다. 언더우드가 사전과 문법서를 편찬한 시기는, "영어 용어에 대한 등가어를 한국어 어휘 목록에서 찾는 것"(존스가 언급했던 영한사전 편찬의 목적)에 상당량의 한계가 분명히 존재했다. 또한 그것이 가능할지라도 사전 2부에 배치된 한국어 어휘는 자신이 배치한 영어 표제어를 설명하기에는 다소 의미상 불일치의 지점이 존재했다는 점을 감안해야 한다. 즉, 이중어사전에 배치된 영한(英韓)의 관계, 그리고 문법서 2부에 배치된 한국어 번역문 그 자체가 시원적인 것이며 낯선 존재였다. 이에 비해 게일은 영어 어휘가 지닌 다의성을 감안해서 배치된 한국어 어휘의 의미를 판단해야 한다는 더욱 더 흥미로운 언급을 한다. 여기서 영한(英韓)의 관계는 언더우드 이후 상당량 정착된 것이며 등가관계가 성립한 것으로 서로가 서로의 개념을 규정하는 대응쌍으로 확정된 것이다. 이 점을 반영하듯 언더우드의 영한사전 속 모든 표제어들이 존스, 게일에게

그대로 계승된 것은 아니다. 이는 어쩌면 당연하였는지도 모른다. 왜냐면
『韓佛字典』과 같이 한국어-서구어란 관계의 전체상을 보여줄 영한사전은
존재하지 않았기 때문이다. 언더우드 사전 한영부(英韓部)에 배치된 6,702
개의 영어 표제어들과 일치하는 존스, 게일의 영한사전(『三千字典』) 표제
어 총량은 이 점을 잘 보여준다.[44]

구분	Jones(1914)	Gale(1924)
A 표제어 총량	5,068 항목	3,226 항목
B 일치 표제어 총량(B/A)	2,429(48%)	1,123(35%)

스콧의 경우는 47%(4,949(일치항목)/10,601(스콧사전 총량))가 언더우드
사전의 영어표제어로 구성되어있다. 언더우드 사전 영어표제어 전체 총량
(6,702)을 기준으로 잡아보면, 스콧이 74%(4,949/6,702), 존스는 57%(2,429/
6,702), 게일은 18%(1,123/6,513)이다. 한영사전의 출판 계보에 비해, **영한
사전 출판의 계보는 전대 사전에 대한 영어표제어의 참조율이 현저하게
낮은 점을 발견할 수 있어**, 한영사전이 전대의 표제어를 축적하며 그 계보
를 이어간 양상과는 완연히 변별된다. 물론 이런 결과가 현재로서는 추적
하기 어려운 또 다른 참조 서적, 즉 그들이 참조했을 영어사전이 큰 원인으
로 작용했을 가능성이 분명히 존재한다. 하지만 그것만으로는 설명할 수
없는 지점들이 더불어 존재한다.[45]

---

44) 물론 일치된 표제어들 즉, 동일한 영어 표제어에도 그에 해당되는 한국어 대역어는
    변모되며, 이 역시 중요한 고찰 지점이다. 하지만 이 글에서는 존스, 게일의 전사
    (前史)로 언더우드 사전을 조명하기 위해서 거시적인 측면을 더 중심적으로 살피
    고자 한다.
45) 동일한 어간이지만 언더우드와 존스가 선택한 영어 파생형의 형태가 다른 점 역시
    이런 비일치의 중요한 원인이다. 존스가 명사형으로 배치한 영어의 상당 부분을
    언더우드의 사전에서 발견하기 어렵다. 또한 존스는 언더우드와 달리 부사 형태의

48,623항목을 지니며 다수의 문명어를 포함한 게일의 『韓英字典』(1911)
은 영한사전을 만드는 데 있어 『韓佛字典』보다 더 유용한 참조 사전이었
다. 이 사전을 참조한 존스는 영어에서 한국어로 번역할 때 어려운 측면을
"명사가 형용사화된 형태", "동사적 명사"(수식어)라고 정리했다. 그것은
그들이 체험했고 접촉했던 영한이란 구도 속 번역에서의 어려움을 토로한
것이었다. 존스는 전자에 관해서 당시 한국에서 유통되는 근대 신조 한자
어의 형태('-的/-上')와 '-흔'을 통해 해결할 수 있었다. 그러나 언더우드는
이런 형태의 대역어를 상상할 수 없었다. 후자에 관해서 존스는 한자어를
통해 해결할 수 있다고 했는데 'Truth'와 같은 일반적인 어휘는 '-홈'이란
접미사를 사용해야 그 의미가 더 부합되는데, 이는 사실 한국인의 회화체
에 쓰이지 않는다고 했다. 실제 대역관계를 펼쳐보면 다음과 같다.

구분	Underwood(1880)	Jones(1914)
Truth	춤, 춤 것, 진실흔 것	진리(眞理), 덕실(的實), 신실(信實),춤 말(眞言)
True	춤되오, 진실ㅎ오, 챡실ㅎ오, 근실ㅎ오, 진덕ㅎ오, 명녕ㅎ오	춤된(眞), 진실흔(眞實), 실흔(實),적실흔(的實)

첫 번째 번역의 문제와 관련하여 언더우드는 존스와 달리 형용사 역시
동사의 기본형으로 제시했다. 이는 사실 "To be true"를 번역한 형태였다.
즉, 언더우드는 품사상의 등가관계를 만들려고 지향했지만 그것을 완전히

영어를 그의 사전에 배치하지 않았다. 언더우드는 존스와 달리 리디아 리우의
연구서(리디아 리우, 『언어횡단적 실천』, 민정기 역, 소명, 2005. (Lydia H. Liu,
Translingual Practice, Stanford University Press, 1996.) "부록E: 근대 일본어에서 온
접미사 또는 접두사가 사용된 복합어의 예"에서 제시된 형식들을 사용할 수 없었
다. 서구적 학술 개념어에 관해서는 첨부한 자료와 이상현, 「근대 조선어·조선문
학의 혼종적 기원」, 『사이間SAI』 8, 2010, pp.127-132에 제시된 도표를 참조할 것.

실현할 수 없었다는 사실을 잘 보여준다. 그리고 "Truth"에 대한 언더우드의 대역어들은 그의 사전 韓英部에 배치되지 않은 임시적인 풀이의 형태였다. 이 어휘들은 한영・영한이란 양 방향의 교환관계가 성립한 대응 쌍은 아니었다. 언더우드가 영한이란 번역적 구도가 온전한 한국어를 배우는 데 도움이 되지 않는다고 지적한 측면은 사실 이점과 깊이 관련된다. 즉, 존스의 사전에 비해 언더우드의 사전 영한부에 배치된 한국어는 해당 영어 어휘와 등가성이 온전히 형성되지 않았기에 자연스러운 한국어로 인식되지 못한 번역이었다.

이를 보완하기 위해 영한사전은 지속적으로 발간된 것이다. 언더우드, 존스, 게일 세 사람은 각기 다른 영어 어휘들에 대한 한국어 대역어를 모색함으로써 영한 대응관계를 함께 구축해간 셈이다. 존스와 게일의 사전 발간 목적은 분명히 언더우드와는 변별된 한국어의 재편 과정을 보여준다. 존스의 사전이 한국어 어휘의 확충을 위해 **실험적으로 대역어를 찾은 사전**이었다면 게일의 사전은 **실제 한국에서 유통되는 중요한 대역어를 정리한 작업**이었기 때문이다. 존스의 사전은 설사 이 한국어 대역어들이 당시 한국인 일반에게 익숙하지 못한 생경한 용어일지라도, 중국, 일본 등지에서 생성되던 신조어들을 통해 학술적인 영어 어휘와 대응관계를 실험적으로 구성하려했던 사전이었다. 존스의 사전이 등장하게 된 저변에는 근대적 대학 설립을 시도한 개신교 선교사들의 간접 선교를 향한 지향이 깊숙이 개입되어 있었다. 존스가 언급했듯이, 그의 실험적 사전은 교육 현장에서의 요구에 부응하기 위해 탄생한 것이기 때문이다(【개념 뭉치 2】의 '교육' 관련 항목 참조). 게일의 사전은 사실 이 실험에 대한 당시 한국의 결과물이라고 정리할 수 있다. 이와 관련하여 언더우드의 사전은 이들에 대한 기반 즉, 최초로 영한이란 번역적 구도를 제시함으로

써 서구 문명을 체현할 번역어로서의 한국어란 미정의 대상을 예비해준
사전이란 측면에서 여전히 그 의의를 지닌다고 하겠다.[46)]

5. 묻혀진 언더우드의 이중어사전

이 글에서는 각 사전 수록 총 표제어의 유통 및 분포 양상을 사전 상호
간 계량적으로 검토하여 그 편찬의 경로를 명시한 실증적인 연구는 수행
하지 못했다. 각 표제어 항목들 간의 관계, 즉 한영 대응관계의 역사적
변모 역시 면밀히 조사하지 못했다. 그것은 각 사전의 표제어들에 대한
실제 입력 작업을 통한 기초조사 및 분석이 전제되어야 하기 때문이다.

---

46) 강이연의 논의에 따르면 서구어-한국어란 번역적 구도의 선편은 *Dictionnaire
Français-Coréen* (1868)이다. (강이연, 「19세기 후반 조선에 파견된 파리 외방전교
회 선교사들의 『불한사전』」, 『교회사연구』 21, 한국교회사연구소, 2004.) 그러나
언더우드 사전 영한부는 두 가지 측면에 파리 외방전교회 선교사들의 사전과 다른
큰 의미가 있다. 첫째, 이 최초의 불한사전이 실제로 출판되어 유통되지 않았다는
측면을 감안할 필요가 있다. 언더우드, 게일뿐만이 아니라 향후 이중어사전의 편
찬자들은 이 사전을 결코 참조하지 못했다는 측면이다. 1931년 서구인의 한국학
연구 저술 목록을 집성한 원한경의 〈어휘목록 및 사전〉 항목, 한국어학사를 집성
한 오구라 신페이 역시도 이 저술에 대하여는 일절 거론하지 않았다. 즉, 한국어
대역어를 수집하는 역사에서 이 불한사전은 배제된 것이다. 둘째, 프랑스어-한국
어의 대응관계와 영어-한국어 대응관계의 형성 자체가 한국 근대역사에 있어 상당
한 층차를 지니고 있다는 측면이다. 개신교 선교사들에 의해 영한 대응관계가
형성되던 시기야말로 한국의 근대, 근대어, 근대문학의 형성 시기이기 때문이다.
이와 관련하여 영한 대응관계를 담당했던 개신교 선교사들은 한국어의 급격한
변모양상을 반영한 사전을 지속적으로 재편해야 했다. 즉, 구어의 영역을 기록(확
정)하기 위해서(언더우드), 교육현장을 위한 중국, 일본에서 유통되는 신조어를
한국에 적용시켜 보기 위해서(존스), 실제 유통되던 한국의 신조어를 서구인들에
게 제시하기 위해서(게일) 수행한 그들의 작업들이야말로, 역으로 그들의 의지와
상관없이 한국어 그 자체가 통국가적으로 유통되는 대상으로 변모되는 과정을
보여준다고 판단된다.

즉, 『언더우드 자료집』[47] 속 한국어에 대한 언더우드의 역사적인 증언을 중심으로 언더우드 사전을 둘러싼 전후 문맥에서 검토할 지점과 얼개를 제시했을 뿐이다. 이런 작업은 시론적인 한계를 지닌 것이라고 평가할 수 있다 이후 이 점들에 대한 보강은 추후의 더욱 면밀한 실증적 연구를 통해 보충해 보도록 할 것이다.[48]

이 책의 2장에서는 검토하지 못한 또 하나의 중요한 자료를 제시하면서 이 글을 갈무리하도록 한다. 원한경의 「서목」(1931)을 보면, 게일의 『三千字典』 이후 영한사전의 계보를 잇는 언더우드의 『英鮮字典』이 존재하는데, 이는 아직 검토된 바가 없는 자료이다.[49] 원한경은 「서목」에서 언더우드의 초기 사전을 대폭으로 증가시킨(234쪽을 700쪽의 분량으로) 개정판이라고 말한 바 있다. 그렇지만 이 자료는 잘 알려지지 않았다. 원한경의 글을 보면, "대중적으로 인기를 얻지 못했기에" 다른 그의 저술들과 "전부 합쳐 4,000부도 인쇄"되지 못했다는 말을 보면 짐작할 수 있다.[50] 그러나

47) 이만열·옥성득 편역, 『언더우드 자료집』 Ⅰ-Ⅴ, 국학자료원, 2005-2010.

48) 부산대학교 인문한국 〈고전번역+비교문화학연구단〉은 리델과 게일의 1911년판 사전에 대한 입력 작업을 완료했고, 비교대조가 가능한 웹시스템(http://corpus.fr.pusan.ac.kr/dicSearch/)을 구축했다. (김인택, 서민정, 윤애선, 이은령 외, "웹으로 보는 한불자전 1.0", 저작권위원회 제호 D-2008-000026, 2008; 김인택, 서민정, 윤애선, 이은령 외, "웹으로 보는 한영자전 1.0", 저작권위원회 제호 D-2008-000027-2, 2009.) 사실 우리의 이 연구 역시 이런 기초 작업이 전제되지 않고는 온전한 규명이 이루어졌다고 말하기에는 큰 한계를 지니고 있다. 현재 이중어사전의 지식베이스 구축현황과 연구적 동향은 윤애선의 논문을 참조. (윤애선, 「LEXml을 이용한 『한영자전』(1911)의 지식베이스 설계—『한불ᄌ뎐(1880)』과의 통합적 지식 베이스 구축을 위하여」, 『불어불문학연구』 87, 2011.)

49) 원한경의 같은 글, p.35. 현재 이 사전(『英鮮字典(An English-Korean Dictionary)』, 京城: 朝鮮耶蘇教書會, 1925)은 연세대, 이화여대, 세종대 도서관에서 보관중이며, 저자는 언더우드와 원한경 두 사람의 공동저작으로 되어있다. 연세대 학술정보관과 디지털 한글박물관에서 사전의 본문내용을 직접 확인할 수 있다.

50) 원한경, 「1932-도상에 있는 안식처」, the Korea Mission Field 29-2, 1933.2. (원한경,

사전에 실린 원한경의 서문은 언더우드가 과다한 업무로 말미암아 미처
발행하지 못했던 사전을 1910년에 다시 편찬할 계획을 잡았고 이를 시도
하려고 했었다는 사실을 말해주고 있다. 하지만 언더우드에게 한국은 너
무나 큰 소명을 주는 땅이었다. 번역과 다른 업무들로 인하여 그는 새로운
영한사전을 끝끝내 만들지 못했다. 1925년에 언더우드의 이름과 함께 빛
을 본 이 사전은 언더우드의 유지를 이어 원한경이 마무리한 영한사전이
다. 즉, 언더우드의 사전은 영한사전들에 대한 집성체인 셈이다. 이 사전
에 대한 검토, 즉 근대 한국의 영한사전이 보여주는 근대 한국어의 재편
과정을 이 책의 3장에서 고찰해 보도록 한다.

『한국과 언더우드』, 서정민 편역, 한국기독교역사연구소, 2004, p.234.)

【보론2】『韓佛字典』에 대하여

2장에서 언더우드(H. G. Underwood)와 게일(J. S. Gale)의 사전 편찬에 있어서 가장 중요한 참조 문헌이었던『韓佛字典』은 1880년 파리외방선교회 한국 선교단에서 편찬한 한불대역사전(韓佛對譯辭典)이다. 일본 요코하마(yokohama) 인쇄소에서 인쇄하고 C. Lévy, Imprimeur-Lihraire라는 곳에서 발행한 것으로 되어 있다. 1900년에 러시아 대장성이 발행한『한국지』에서는 『한불ᄌᆞ뎐』의 출판 과정을 다음과 같이 밝혔다.

"다블뤼는 장기간 중국-한국-프랑스어사전의 편찬에 노력하였으며 다음에 신부 푸르디에는 한국-중국-라틴어 사전을 편찬하였으며, 그런가 하면 신부 프티니콜라는 약 30,000개의 라틴어와 약 100,000개의 한국어의 어휘를 담은 라틴-한국어사전을 편찬하였다. 이외에도 공동저작으로 한국어문법이 편찬되었다. 그러나 불행하게 1866년 출판을 위해 이들 멋진 작품들이 거의 프랑스로 보내지기 바로 직전에 한국에서 또 다시 그리스도교인들에 대한 추적과, 박해가 부활되어 이 기간에 선교사들이 편찬한 모든 작품이 한국의 관헌들에 의해 압수되어 불에 태워져 버렸다. 이후 이 사업에 고심을 한 사람은 주교이자 한국의 카톨릭 부사교인 리델이었다. 그리고 기타 다른 많은 선교사들이 지식이 있는 한국의 그리스도교인들의 도움을 받아 1880년 로코감에서 *Dictionnaire Coréen-Français*라는 제목으로 辭書, 문법 및 지리의 3부로 나누어져 있는 극히 귀중한 작품을 출판하였다. 이어 1881년에 바로 이들 선교사에 의해 역시 로코감에서 한국어 문법이 출간되었다."

프랑스외방선교회 한국파견선교사들이 작업한 사전에는『한국지』가 언급한 라틴-한국어사전 이외에도 페롱(Stanislas Féron, 1827-?) 신부가 1868-1869년 사이에 준비했던 필사본 불한사전(*Dictionnaire Français-Coréen*)이 존재한다. 10,328개의 불어 표제어에 대한 다양한 대역어와 용례가 담긴 귀중한 업적이다.『한국지』가 잘 말해주었듯이,『韓佛字典』의 구조는 辭書, 문법 및 지리 3부로 구성된 것이었다. 이 업적의 영향력은 한국인에게도 동일한 것이었다. 임화는『개설 신문학사』(1939-1941)에서 "리델이 조선인 교도 최지혁(崔智爀)의 조력으로 10년을 걸려 만든『韓佛字典』(1990년 요코하마 간행)이 있는 것으로, 그 중에서도『한불ᄌᆞ뎐』은 조선어사전의 효시며 아직까지도 그 뒤 간행되는 모든 사서의 전범이 되는 바로 공헌이 크다."라고 평가했다. 임화가 부여한 "효시"와 "전범"이라는 의미는 향후 출판될 외국인들의 한국이중어사전이나 한국인의 한국어사전에 동일하게 통용될 의의였다.

「서문」을 보면, 일본의 초서체에 비해 한국의 초서체는 항상 고유의 단순성을 잃지 않아서, 한국어 알파벳을 배운 사람이면 누구나 유럽 문학 텍스트들만큼 쉽게 한국어 텍스트들을 자유로이 접할 수 있다고 말하고 있다. 이런 진술은 1880-1891년 사이 소위 '초서체'가 아닌 방각본 형태의 한국 고소설을 접촉하며 가독성이 없는 것이라고 규정했던 아스톤(W. G. Aston)의 언급과는 상반된다. 리델이 발행한『한어문전』에 수록된 한국어 원문과 번역문, 또한 쿠랑이『한국서지』에서 경판본『흥부전』전반부를 직역에 가까운 수준으로 번역한 양상과 대비해볼 때, 당시 천주교 선교사들의 한국어에 대한 이해 수준과 독해력이 얼마나 개신교 선교사들이나 영미권 외교관 그룹보다 높았는 지를 알 수 있다. 2장에서 언급했듯이, 언더우드에게 이런 상황은 선교에 있어서 아주 절박한 것이었고, 그가 소형사전을 발간하도록 했던 것이다.

▌참고문헌

강이연, 「최초의 한국어연구 - 한-불, 불-한 사전들과 한국어문법서」, 『프랑스학연구』 37, 2005.

강이연, 「19세기 후반 조선에 파견된 파리 외방전교회 선거사들의 『불한사전』연구」, 『교회사연구』 22, 2004.

고영근, 「19世紀 中葉의 불란서 宣敎師들의 韓國語硏究에 대하여」, 『국어국문학』 72·73, 1976.

고영근, 『국어문법의 연구』, 탑출판사, 1983.

송 민, 「프랑스 선교사의 한국어 연구과정」, 『교회사연구』 5, 1987.

윤애선, 「지식베이스 구축을 위한 '한불자뎐' 〈어휘부〉의 미시구조 분석」, 『불어불문 학연구』 78, 2009.

이병근, 「서양인 편찬의 개화기 한국어 대역사전과 근대화」, 『한국문화』, 2001.

이은령, 「19세기 이중어사전 『한불자뎐』(1880)과 『한영자뎐』(1911) 비교연구」, 『한국프 랑스학논집』 72, 한국프랑스학회, 2010.

이지영, 「사전 편찬사의 관점에서 본 『韓佛字典』의 특징」, 『한국문화』 48, 2009.

황호덕, 「번역가의 왼손, 이중어사전의 통국가적 생산과 유통」, 『상허학보』 28, 2010.

小倉進平, 『增訂補注朝鮮語學史』, 東京 : 刀江書院, 1964.

러시아 대장성, 『국역 한국지』, 한국정신문화연구원 역, 1984(러시아 대장성, KOPEИ, S-Peterburg, 1900).

Dallet, C., 『한국천주교회사』, 안응렬, 최석우 역, 분도출판사, 1979(histoire De L'ÉGLISE De CORÉE, Paris : Librairie V. Palme, 1874).

Rhodes, H. A. 『미국 북장로교 한국선교회사』 I, 최재건 역, 연세대 출판부, 2010(History of The Korea Mission, Presbyterian Church U.S.A., 1933).

Aston. W. G., "On Corean popular literature", Transactions of the Asiatic Society of Japan vol. XVIII, 1890.

『한국민족문화대백과사전』(http://www.encykorea.com.) "한불자전" 항목(필자 : 고영근).

【개념뭉치2】

'문화·문명' 관련 항목

1. 英韓 대응관계

① Civilization: 교화(Underwood 1890), 교화, 조화, 덕화,(Scott 1891), 교화(敎化), **문명(文明)**, 개화(開化) (Jones 1914) 개화(開化), 문명(文明) (Gale 1924) 교화(敎化), 기도(開導) (2)문명(文明), 기화(開化), 기명(開明) (Underwood 1925)

cf) Civilize: 교화ᄒᆞ오 (Underwood 1890) 화ᄒᆞ다, 교화전ᄒᆞ다, 교화펴다, 조화부리다 (Scott 1891) 교화ᄒᆞ다(敎化), 문명케ᄒᆞ다(文明), 기도(開導), 기명식히다 (Underwood 1925)

· Enlightenment: **문명기화(文明開化)**: 교화(敎化) (Jones1914) 기명(開明) (Gale 1924) 기명(開明), 문명(文明). (Underwood 1925)

cf) Enlighten: 빗최오, 명빅게ᄒᆞ오 (Underwood 1890) ᄀᆞᄅ치다 붉히다 (Scott 1891) (bestow mental and spiritual light) 기명(開明)케ᄒᆞ다: 기발케ᄒᆞ다(開發): 빗최다(照之) (Jones 1914) (1)붉게ᄒᆞ다, 기명케ᄒᆞ다(開明), **문명(文明)** ᄒᆞ게ᄀᆞᄅ치다. (2)비최다, 죠요ᄒᆞ다(照耀).(Underwood 1925)

· Barbarian: 야인 (Underwood 1890) 오랑키 (Scott 1891) 야만이(野蠻): 오랑개(蠻夷) (Jones 1914) 이적(夷狄), 야만(野蠻) (Gale 1924) 야만(野蠻), 야인(野人), 미기흔사룸, 오랑키, 이적(夷狄) (Underwood 1925)

· Savage: 야인(Underwood 1890) 오랑키(Scott 1891) (untamed wild animals) 밍슈(猛獸), (ferocious) 사오나온(猛), 독살스러운 (毒烈): (uncivilized) **야만의(野蠻)**, **미기한(未開)** (Jones 1914) 미기ᄒᆞ다(未開) (Gale 1924) (1)야만의(野蠻), 미기흔(未開), 포학흔(暴虐), 잔인흔(殘忍), 무셔운, 야흔(野). (1)야만(野蠻), 오랑키. (2)포학흔사룸(暴虐). (Underwood 1925)

② **Culture**: 글, 학업, 례도, 빅호다(Scott 1891) (tillage) 농ᄉ(農事), (mental) 교육(教育), (civilization) 교화(教化), (physical) 톄육(體育)(Jones 1914) 교화 (教化), 문화(文化) (Gale 1924) (1)농ᄉ, 가ᄂ것, 경작(耕作), 직빅(栽培) (2) 빅양(培養), 양성(養成) (3)연구(研究), 슈힝(修行), 교화(教化), 교육(教育) (4)발양홈(發陽)(미균(黴菌)ᄀ흔것을)　(Underwood 1925)

2. 한영(韓英) 대응관계

① 기화(開化): Intercourse with foreign nations; political reform. Opp. 슈구 (Gale 1897-1931) A civilization; enlightment (김동성 1928)

cf) 기화(開化)ᄒ다: To establish international intercourse; to introduce reform-to the state. Opp. 슈구ᄒ다 (Gale 1897-1931)

cf) 기화국(開化國): A civilized country; an enlightened nation, 기화ᄉ(開化史) A history of civilization, 기화인(開化人) Civilized peoples; a fashionable people (Gale 1911-1931)

② 문명(文明): Civilization; progress; advancement (Gale 1911-1931) Civilization (김동성 1928)

문명(文明)ᄒ다: To be Clear (Gale 1897) To be Clear. To be law-abiding; to be well governed. to be civilization. (Gale 1911-1931)

cf) 문명기화(文明開化)ᄒ다: To reform-as a state; to become advanced and enligh tened. 문명진보(文明進步) The advancement of civilization (Gale 1911-1931)

cf) 문명국(文明國): A civilized country; an enlightened state(Gale 1911-1931) A civilized country (김동성 1928)

cf) 문명기화(文明開化): civilization, 문명리긔(文明利器) An effective instrument of civilization, 문명세계(文明世界)The civilized world, 문명시딕(文明時代) The age of civilization(김동성 1928-Gale 1931)

cf) 문명비평(文明批評) Expert Criticism(Gale 1931)

③ 문화(文化): Civilization; refinement-leaving no trace of barbarity or savageness.

A perfect in WhangHă-do. Lat. 38,21 Long,125,26. (Gale 1911) Culture; liberal; civilization (김동성 1928) Civilization; refinement; culture (Gale 1931)

cf) 교화(敎化): Reformation; Civilization; influence for good-through teaching see. 덕화 (Gale 1897-1931) Culture; instruction; teaching(김동성 1928)

· 덕화(德化): force du bon exemple, force de la vertu, vertu.(Ridel 1880) Virtuous conduct; deeds of moral excellence (Gale 1897) Virtuous government; moral reform (Gale 1911-1931)

· 조화(造化): Creation; the mysterious; the wonderful; what is wonderful(Gale 1897-1931) Creation; nature; feat; exploit; achievement; A process; an anction; creation.(김동성 1928)

· 례의(禮義): rites justes, raisonnables(Ridel 1880) Civilization; ceremony and patriotism(Gale 1897-1931)

④ 야만(野蠻): A savage; a barbarian. See 야인.(Gale 1897-1931) Savage ; barbarian. (김동성 1928)

야만인(野蠻人): Barbarians 야만인종(野蠻人種) Barbarians. Savages. (Gale 1931)

· 미기(未開): Unenlightened people; barbarous races(Gale1911-1931)(김동성 1928)

미기(未開)ᄒᆞ다: To be unopened-of flowers. To be uncivilized : to be unenlightened; to be barbarous(Gale 1911) To be unopened-of flowers. To be uncivilized : to be unenlightened(Gale 1931)

미기ᄒᆞᆫ나라(未開國): An uncivilized country (Gale 1911) 미기국(未開國) Undeveloped country(Gale 1931)

미기ᄒᆞᆫ빅셩(未開民): An unenlightened people; barbarians(Gale 1911) 미기민(未開民) Savage, 미기디(未開地) A savage country(Gale 1931)

cf) 미개한: Barbarous; savage; uncivilized (김동성 1928)

3. 韓日 대응관계(「조선어사전」, 1920)

· 開花(기화): 文明の開發すること。

· 文明(문명): 光彩ありて分明なること。

· 文化(문화): 世の中の開け進むこと。

cf) 野蠻(야만): 未開の種族。

4. 한국어사전(문세영, 「조선어사전」, 1938)

① 개화(開花): 사물이 진보하고 인지가 발달하는 것.

② 문명(文明): (1) 광채가 나고 똑똑한 것. (2) 덕이 높고 지혜가 밝은 것 (3) 학술, 교화가 진보하고 풍속이 미화(美化)하여진 현상.

cf) 문명사(文明史): 「문화사」(文化史)와 같음.

③ 문화(文化): (1) 세상이 깨어가는 것 (2) 위력과 형벌을 쓰지 않고 남을 가르쳐 인도하는 것 (3) 자연을 순화(醇化)하여 인생의 이상을 실현하고저 하는 과정(過程)

cf) 문화사(文化史): 과학, 예술, 문학, 교육, 정치, 풍속, 종교, 경제, 교통들의 변천을 사회의 문화의 요소로 서로 연락시켜서 적은 역사. 文明史 문화생활(文化生活) (1) 과학의 응용과 예술의 취미를 아울러 가진 살림. (3) 서양식의 생활. 문화주택(文化住宅) 편리를 주지(主旨)로 하고 보건(保健)에 맞게 지은 신식의 주택. 문화촌(文化村) 문화주택을 많이 지은 들밖의 마을.

cf) 미개(未開): 아직 열리지 아니한 것 야만(野蠻) (1) 인지(認知)가 미개하여 문화가 유치한 종족 (2) 덕의심이 없는 사람.

'인류, 인종, 인간' 관련 항목

1. 英韓 대응관계

① Man: 사름, 인(Underwood 1890), 사름, 사나희(Scott 1891) **사름(人類)**: (a male) 사나희(男): 남ᄌ(男子): (adult) 쟝뎡(壯丁), man of business 스무가

(事務家), man of letters 문인(文人), man of straw 허수아비(矯制人形), man of the world 당셰지인(當世之人), Married man 핫아비(成婚人), single man (unmarried) 슈지(秀才), 총각(總角), 도령(道令) (a widower)홀아비(鰥夫) (Jones 1914) (1) 사룸, 인간 (人間), 스나히, 남즈 (男子), 인 (人), 남 (男) [in comp.]. (2) 대인 (大人), 셩인 (成人), 어른. (3) 지아비, 남편 (男便), 량인 (良人), 부 (夫)[in comp.]. (4) 죵, 하인 (下人), 노복 (奴僕). (5) (pl) 부하 (部下), 슈병 (水兵). (6) 빗, 함 (艦). (7) 쟝긔물, 긔즈 (棋子).(Underwood 1925)

② Mankind: **인류**, 세샹, 만민(Underwood 1890) 만민(Scott 1891) 인류(人類) (Jones 1914, Gale 1924) (1) 인류 (人類), 만민 (萬民). (2) 남셩 (男性). (Underwood 1925)

③ Human: 사룸(Scott 1891) 인싱뎍(人生的): 인류샹(人類上): 인간에(人間) Human affair 인스(人事), Human being 인생(人生), Human sacrifice 인제(人祭): 인신공졔(人身供祭) (Jones 1914) 사룸의, 인류의(人類), 인격잇는(人格), 인셩잇는(人性). Human being, 인싱(人生). Human life, 인명(人命).: Human nature, 인셩(人性).: Human race, 인종(人種).: Human sacrifice, 인제(人祭), 인신공졔(人身供祭). (Underwood 1925)

④ Race: 죵류, 일류(Underwood 1890) 사룸(Scott 1891) (humanity) **인류(人類)**: **인종(人種)** Black race 흑인종(黑人種), red race 홍인종(紅人種), white race 빅인종(白人種), yellow race 황인종(黃人種) (Jones 1914) (1)인종(人種), 민족(民族). (2)일족(一族), 일문(一門), 일가(一家). (3)류(類), 종(種), 족 (族) [In comp.] (Underwood 1925)
cf) Ethnology: 인종학(人種學): 인류학(人類學) (Jones 1914) **인종학(人種學)** (Gale 1924)
Anthropology: (Nat. Sci.) 인류학(人類學) (Theol.) 인류론(人類論) (Jones 1914) **인류학(人類學)** (Gale 1924)

2. 韓英 대응관계

① 사룸(人): Homme, individu, de l'espèce humaine(Ridel 1880), Man, humanbeing, person.(Underwood 1890) A Person; an individual; a man or woman(Gale 1897-1931) A man ; manhood; people; others(김동성 1928)

② 만민(萬民): (Dix mille, peuples) Tous les peuples de l'universe(Ridel 1880) All the people, all the people of the world(Underwood 1890) All the people; the masses See. 빅셩(Gale 1897-1931) All the people; the whole nation(김동성 1928)

③ 인간(人間): (Hommes, milieu de) Ce monde, l'univers, parmi les hommes(Ridel 1880) The World, or the earth, society(Underwood 1890) The world. the family. See.셰계상(Gale 1897-1931) The world; humanity; mankind; a human being (김동성 1928)

cf) 셰계상(世界上): In the world; on earth(Gale 1897) 좌동, see. 인간(Gale 1911)

④ 인종지말(人種之末): (Homme, semence, dernière). Le dernier des hommes, la plus basse espèce de gens, v.g. les 무당 Mou-tang(sorcières) (Ridel 1880) The lowest of mankind: the offscouring of the earth(Gale 1911)

인종(人種) Mankind; the human race; inhabitants see. 인류(Gale 1897-1931) A race (김동성 1928)

cf) 인종학(人種學): Anthropology(Gale 1911), Ethnology(김동성1928-Gale 1931), 인종학쟈(人種學者): An ethnologist, 인종덕감정/편견(人種的 感情/偏見) Racial feeling/prejudice(Gale 1931), 인종덕편견 Racial prejudice (김동성 1928)

⑤ 인류(人類): Nature humaine, nature du genre humain, genre humain, humanité (Ridel 1880), Man-as opposed to the brute creation see 인종(Gale 1897-1931) A human being; a man; mankind; humanity; the world(김동성 1928)

cf) 인류학(人類學): Ethnology; the science of the human race. See. 인종학(Gale

1911), Anthropology; the science of the human race. See. 인종학(Gale 1931),
인류학쟈(人類學者): Anthropologist(Gale 1931)
cf) 인성학(人性學): Ehtnology (Gale 1911-1931)

3. 韓日 대응관계(『조선어사전』, 1920)

· 人間(인간), 世上(셰샹): 世間に同じ。　· 人類(인류): 人間。
· 人種(인종): 人種。　　　　　　　　· 世間(셰간): 世の中。(世上 · 人間)

4. 한국어사전(문세영, 『조선어사전』, 1938)

① 인간(人間): (1) 사람 (2) 세상
cf) 인간성(人間性): 사람의 본성

② 인류(人類): 사람을 다른 생물과 구별하여 일컫는 이름.
cf) 인류학(人類學): 인류의 기원(起源), 발달(發達), 본질(本質), 이동(異同),
현상(現想)을 연구하는 학문.

③ 인종(人種): 어떠한 특성을 공통적으로 가지고 있는 인류의 종족. 황(黃)인
종, 홍(紅)인종, 연색(鳶色)인종의 구별이 있는데 지금 남은 것은 황, 백,
흑의 세가지가 있고 홍인종은 북아메리카 합중국 박물관에 구경거리로
있슬뿐.
cf) 인종학(人種學): 인종의 용모(容貌), 골격(骨格)을 조사하고 모든 종족의
관계를 연구하는 학문.

'진화, 진보' 관련 항목

1. 영한(英韓) 대응관계

① Progress: 앞으로 가오, 더가오, 나아가오 (Underwood 1890), 낫다 자릭가다
느러가다 (Scott 1891) **진보(進步)**, (in skill) 전진(前進); (in civilization) 기진

(改進): (advance or decline) 성쇠(盛衰) (Jones 1914) 진힝(進行), 진보(進步), 향상(向上), 발달(發達) (Gale 1924) (1)나아가다, 전진ᄒ다(前進), 진힝ᄒ다 (進行). (2)진보ᄒ다(進步), 천션ᄒ다(遷善), 향상ᄒ다(向上). -, n. (1)나아 감, 전진홈(前進). (2)진보됨(進步), 향상됨(向上), 경과(經過)(병의), 진도 (進度)(과학 科學의), 셩쇠(盛衰), 쇼쟝(消長)(국운의 國運. (Underwood 1925)

② Evolution: (development) 발달(發達): 진화(進化) Evolution Theory 진화론 (進化論) (Jones 1914), 진화론(進化論) (Gale 1924) (1) 기발(開發), 발젼(發 展), 발달(發達), 진화(進化), 기진(開進). (2)긔동연습(機動演習)(군ᄉ의). (Underwood 1925)

2. 한영(韓英) 대응관계

① 진보(進步): progress; advancement (Gale 1911-1931) progress; advancement; improvement (김동성 1928)

cf) 진보뎍ᄉ상(進步的 思想): The ideas of the progressive party (Gale1911-1931), 진보(進步)ᄒ다: To progress, to advance (Gale 1931) 진보당(進步黨): Progressive party (Gale1911-1931, 김동성 1928)

② 진화(進化)ᄒ다: To evolve (Gale 1931), 진화론(進化論) Evolution (Gale 1911-1931) Theory of evolution(김동성 1928)

진화(進化) Evolution(김동성 1928)

cf) 생존경쟁(生存競爭): Struggle for existence, 생존경쟁ᄒ다 To struggle for existence (Gale 1911-1931)[1], (김동성 1928)

우승렬패(優勝劣敗): The superior gaining, the inferior losing : the survival of the fittest (Gale 1911-1931)(김동성 1928)

약육강식(弱肉强食): The stronger prey upon the weaker (Gale 1931)[2]

3. 韓日 대응관계(『조선어사전』, 1920)

進步(진보): 漸次に發展すること。

cf) 優勝劣敗(우승렬패): 優者は勝ち劣者は敗るること。

4. 한국어사전(문세영, 「조선어사전」, 1938)

① 진보(進步): (1) 앞으로 나아가는 것 (2) 차차 발달하는것

② 진화(進化): 물건이 발달함을 따라 변화하는 것.

cf) 진화론(進化論): 생물은 진화하는것이요 원래는 같은 조상에서 차차 갈려 나온것이라고 하는 학설.

cf) 생존경쟁(生存競爭): 생존상의 경쟁, 곧 생물상으로 일어나는 경쟁. 약육강식(弱肉强食) 약한 것은 강한것에 먹히는 것. 우승렬패(優勝劣敗) 나은 자는 이기고 못한자는 지는 것.

'교육' 관련 항목

1. 英韓 대응관계

① Education: 교훈, 교양(Underwood1890) ᄀᆞᄅ치다, 훈학ᄒᆞ다(Scott 1891) **교육(敎育)**, Department of education 학부(學部) [In Japan 문부성(文部省)], Military education 군ᄉᆞ교육(軍事敎育) (Jones 1914) 교육(敎育) (Gale 1924) 가ᄅ침, 교훈(敎訓), 교양(敎養), 교육(敎育) (Underwood 1925)

② School: 학당, 글방, **학교**(Underwood 1890) 학방, 학당 글방(Scott 1891) 학교(學校): 학당(學堂): (in country) 글방(書堂); (disciples of special system) 학파(學派), 당파(黨派), Common School 보통학교(普通學校); 심샹학교(尋常學校), Days School 쥬학교(晝學校), Girls School 녀학교(女學校), Government School 관립학교(官立學校), High School 고등학교(高等學校) (for girls) 고등녀학교(高等女學校), Kindergarten 유치원(幼稚園), Military School ᄉᆞ관학교(士官學校), Naval School 히군학교(海軍學校), Night School 야학교(夜學교), Nobles School 귀족학교(貴族學校) 슈학원(修學院),Private School ᄉᆞ립학교(私立學校), Thealogical School 신학학교(神學學校) (Jones 1914) (1)

학교(學校), 학당(學堂), 글방, 셔당(書堂), 숙(熟), 련습소(練習所). (2)공부홈(工夫). (3)학교전톄(學校全体), 학싱일동(學生一同). (4)학파(學派), 류파(流派). (5)경험(經驗). School affairs, 학무(學務): School age, 학녕(學齡): School board, 학무위원(學務委員), 교육회(教育會): School day, 학교시티(學校時代): School expenses, 학비(學費): School fellow or mate, 학우(學友), 동창지우(同窓之友): School house, 교사(校舍): School inspector, 시학관(視學官): School master, 교장(校長): School register, 학젹부(學籍簿): School room 교실(教室): School superintendent, 학감(學監): School term, 학긔(學期): School time, 슈업시간(授業時間): School work, 학업(學業): School year, 학년(學年) School, (1)ᄀᆞ르치다, 교슈ᄒᆞ다(教授). (2)훈계ᄒᆞ다(訓戒), 훈련ᄒᆞ다(訓練). (Underwood 1925)

③ **College:** 학당, 학교, 한림원 (Underwood 1890), 성균관, 태학관 (Scott 1891), **대학교(大學校)** College of Engineering 공과대학(工科大學), College of Law 법과대학(法科大學), College of Literature(Liberal Art) 문과대학(文科大學), College of Medicine 의과대학(醫科大學), College of Science 이과대학(理科大學) (Jones 1914) 대학교(大學校), 전문학교(專門學校) (Gale 1924) (1)고등학교(高等學校), 전문학교(專文學校), 대학교(大學校) (2)학싱단톄(學生團体) (3)대학교의교실(大學校教室) (Underwood 1925)

· University **대학교(大學校)** (Jones 1914) 대학(大學) (Gale 1924) 대학교(大學校), 대학(大學) (Underwood 1925)

· Academy 학당(Scott 1891) (high shcool) 고등학교(高等學校); (middle school) 즁학교(中學校), Military Academy 륙군ᄉᆞ관학교(六軍士官學校), Naval Academy 히군병학교(海軍兵學校), Academy of Music 음악학교(音樂學校) (Jones 1914) (1)즁학교(中學校) (2)학ᄉᆞ원(學士院), 학회(學會) (Underwood 1925)

2. **韓英** 대응관계

① 교육(教育): Education and training-of children (Gale 1911-1931) Education; instruction; training (김동성 1928)

cf) 교육뎍(敎育的) The object of education, 교육샹(敎育上) In educational matters (Gale 1911) 교육령(敎育令) An educational act, 교육론(敎育論) Pedagogism, 교육법(敎育法) An educational system, 교육쟝(敎育場) An educational institute; a seminary (Gale 1911-1931)

· 교육학(敎育學): Pedagogy; Pedagogic (김동셩 1928), Pedagogy(Gale 1931)

· 교육가(敎育家): An educationist, 교육샤셔(敎育史書) An educational system, 교육칙어(敎育勅語) The Imperial Rescript on Education, 교육학쟈(敎育學者) A pedagogist, 교육회(敎育會) An educational society (Gale 1931)

② 학교(學校): A government School; an academy(Gale 1897-1911) A school; an academy(김동셩 1928) A school (Gale 1931)

cf) 학교쟝(學校長): Principle pf a school (Gale 1911-1931) A headmaster; a principal; a director; a rector(김동셩 1928),

학교교육(學校敎育) School education, 학교시디(學校時代) The time of study; school days, 학교싱활(學校生活) School life, 학교용셔(學校用書) A school book (Gale 1931)

· 학당(學堂): Ecole, collège, salle d'étude, petit séminaire, grand séminaire, lycée, maison d'éducation, Pagoda de Confucius(Ridel 1880) A school See. 셔직 (Gale 1897-1931)

· 셔당(書堂): maison où les enfants étudient les caractères; école; collège, etc(Ridel 1880) A school; a room set apart for the study of characters. See. 셔직 (Gale 1897) 좌동 The oldest son. (Prov.) (Gale 1911) A school; a room set apart for the study of characters. See. 셔직, 글방. The oldest son.(Prov.) (Gale 1931)

cf) 셔직(書齋) A school; a room for the study of characters. See. 글방 (Gale 1897-1911) A school; a study; a library. See. 글방 (Gale 1931)

③ 쇼학교(小學校): A primary institute of learning : a high school (Gale 1897-1911)

A primary school (Gale 1931) An elementary(primary) school.(김동성 1928)

cf) 쇼학독본(小學讀本): Primary school readers (Gale 1911-1931), 쇼학교원(小學校員) A primary school master (Gale 1931)

cf) 고등쇼학교(高等小學校): A high school (Gale 1911-1931)

고등샹업학교(高等商業學校): The High Mercantile Academy (Gale 1911) A commercial high school (Gale 1931) 고등학교(高等學校): A high school. See 대학교 (Gale 1911) A high school. Opp. 보통학교, 고등학과(高等學科) High class lessons (Gale 1911) A high-school curriculum. Opp. 보통학과 (Gale 1931)[3] 심샹쇼학교(尋常小學校) An ordinary school, 고등반(高等班) The higher classes of a school (Gale 1931)

④ 즁학교(中學校): An intermediate school; a collegiate institute. Opp. 대학교(大學校) (Gale 1897) 좌동, Also 즁학당 (Gale 1911-1931) A middle School (김동성 1928)

cf) 즁학(中學): The middle schools of the capital-those in the central ward of the city, 즁학도(中學徒), 즁학싱(中學生) Middle school pupils, 즁학정도(中學程度) Middle school grade (Gale 1911-1931) 즁학과(中夢課)[4] Course of study for a middle school. Also 즁학과졍(Gale 1911) (中學課) Course of study middle school (Gale 1931) 즁학당(中學堂) A middle school (Gale 1911) 좌동, Also. 즁학교 (Gale 1931) 즁학부(中學部) A middle-school department (Gale 1931)

⑤ 전문학교(專門學校): A specialty School (Gale 1911) A college(김동성 1928) A specialty School; A college

⑥ 대학교(大學校): A college; a university (Gale 1897-1911), 좌동 See. 즁학교, 쇼학교 (Gale 1931) A college; a university (김동성 1928)

cf) 대학식물원(大學植物園): The University Botanical Garden (Gale 1911), 좌동 (Japan) (Gale 1931) 대학도서관(大學圖書館): The University Library, 대학원

(大學院) The University Hall (Gale 1911-1931)

· 대학자(大學者): A learned man; a man of great erudition. 대학장(大學長) The director of University(김동성 1928) 대학교슈(大學敎授) A university professor(김동성 1928 - Gale 1931) 공과대학교(工科大學敎) The college of engineering (김동성 1928), An industrial college; an engineering college (Gale 1931)

대학생(大學生): A university student, 대학총장(大學總長) The president of a university (Gale 1931)

3. 韓日 대응관계(『조선어사전』, 1920)

教育(교육): 教養して智識を啓發ぜしむること。學校(학교): 教育を施す所。

4. 한국어사전(문세영, 『조선어사전』, 1938)

① 교육(敎育): 사람을 가르쳐서 지덕을 성취하게 하는 것. 가르쳐 기르는 것.
cf) 교육가(敎育家) 교육의 사업을 경영하는 사람. 교육계(敎育界) 교육의 시행하는 사회, 교육령(敎育令) 학교교육에 관한 법령, 교육사(敎育史) 교육의 변천·연혁을 기록한 역사. 교육학(敎育學) (敎인용자: 교육학 용어]) 인류를 교육하는 목적·방법 기타 관계사항을 연구하는 학문

② 학교(學校): 일정한 설비에 의하여 교사가 학생을 교수하는 곳. 學堂. 學院
· 소학(小學): 초등교육(初等敎育), 보통교육(普通敎育)
· 전문학교(專門學校): 전문의 고등학술을 가르치는 학교
· 대학(大學): 고등 전문 교육을 시행하는 학교.

'과학', '철학', '물리학' 관련 항목

1. 英韓 대응관계

① Science: 학, 학문(Underwood 1890), 학, 격물궁리, 재조 (Scott 1891) **과학(科**

學): 학술(學術): (knowledge) 학문(學問): 지식(知識) (in compounds) 학(學) Abstract Science 형이상학(形而上學) Applied Science 응용학(應用學), Ethical Science 륜리학(倫理學), Mathematical Science 수학(數學), Medical Science 의학(醫學), Moral Science 슈신학(修身學), Natural Science 박물학(博物學), Occult science 요슐학(妖術學) (astrology, alchemy and magic) Physical Science 물셩학(物性學), Political Science 정치학(政治學), Social Science 샤회학(社會學), 세태학(世態學) (Jones 1914) 리과(理科), 학슐(學術) (Gale 1924) (1) 과학(科學), 학슐(學術), 학(學). (2)학문(學問), 지식(智識). Sciences and arts, 학예(學藝), 학술(學術) (Underwood 1925)

② **Philosophy**: 학, 학문, 리 (Underwood 1890), 격물궁리 (Scott 1891) 철학(哲學) Chinese Philosophy 유도(儒道), mental philosophy 심리학(心理學), moral philosophy 도덕학(道德學), natural philosophy 리학(理學) (Jones 1914) 철학(哲學) (Gale 1924) 철학 (哲學), 철리 (哲理), 원리 (原理), 리론 (理論), 학 (學). natural philosophy, 즈연철학 (自然哲學), 물리학 (物理學). mental philosophy, 심리학 (心理學). moral philosophy, 륜리학 (倫理學). (Underwood 1925)

cf) Natural philosophy: 텬셩지학, 셩리지학, 격물궁리(Underwood 1890) 물리학(物理學); 궁리학(窮理學) (Jones 1914) 즈연철학(自然哲學) (Gale 1924) 즈연철학(自然哲學), 물리학(物理學) (Underwood 1925)

cf) Physics: 리학(理學), 물리학(物理學) (Jones 1914-Underwood 1925)

2. 韓英 대응관계

① 과학(科學): Science(김동셩 1928) School studies; science (Gale 1931)

cf) 과학자(科學者): A scientist; a savant(佛) (김동셩 1928) 과학쟈(科學者) A scholar; a savant; a scientist(Gale 1931) 과학만능쥬의(科學萬能主義) Every power rests in education; education is the all in all, 과학샤회(科學社會) Educated circles(Gale 1931)

- 학(學): Study; doctrine(Gale 1897) 좌동; learning (Gale 1911-1931) Learning; study(김동성 1928)
- 학문(學問): Learning; knowledge of characters (Gale 1897-1931)Learning; study (김동성 1928)
- 학술(學術): Scholarship; proficiency in the knowledge of character. See. 학식[5] (Gale 1911) Sciences and arts; science; learning; school work(김동성 1928) Scholarship; proficiency in the knowledge of character (Gale 1931)
cf) 학술상연구(學術上研究) Scientific research (김동성 1928-Gale 1931)

② 철학(哲學): Philosophy (Gale 1911-1931), (김동성 1928)
cf) 철학덕(哲學的): Philosophy (Gale 1911) 철학박수(哲學博士) A doctor of Philosophy(Gale 1911-Gale 1931), Doctor of Philosophy; Ph. D. (김동성 1928) 철학가(哲學家) Philosopher, 철학사(哲學士) A master of Philosophy, 철학 수상(哲學思想) Philosophical thought (Gale 1911-1931) 철학자(哲學者) Philosopher, 철리(哲理), 철리학(哲理學) Philosopy (Gale 1931)
cf) 궁리(窮理): Fancy; conceit; design(김동성 1928) investigation; study; research (Gale 1931)
cf) 격물학(格物學): Philosophy; natural science (Gale 1911) natural science (Gale 1931)
cf) 격물치지(格物致知): Knowledge obtained by the study of nature (김동성 1928) Knowledge depends on investigation (Gale 1931)

③ 물리학(物理學): Natural philosophy (Gale 1911) physics (김동성 1928- ₩Gale 1931)[6]
cf) 물리광학(物理光學): Physical optics, 물리학초보(物理學初步) First lessons in physics. See. 초등물리학 (Gale 1911-1931)
cf) 물리학자(物理學者): A physicist (김동성 1928-Gale 1931)
cf) 물리(物理): Natural law. 물리학(物理學) physics: 물리학긔계(物理學機械): A physical instrument(Gale 1931)

· 리학(理學): Physics; natural philosophy and science, See. 도학 (Gale 1911-1931) Physics; physical science (김동성 1928)

cf) 리학자(理學者): A physicist; a person versed in natural philosophy; a philosopher (Gale 1911) A scientist; a physicist (김동성 1928) A scientist; a person versed in natural philosophy; a philosopher (Gale 1931)

cf) 리학박ᄉ: A title conferred upon men proficient in science (Gale 1911-1931)

cf) 리학뎍세력(理學的勢力): Power; energy(김동성 1928)

cf) 리학뎍진자(理學的 振子): A compound pendulum, 리학ᄉ(理學士) A degree conferred upon those who have completed the collegiate course of science in the Imperial University (Gale 1931)

3. 韓日 대응관계(『조선어사전』, 1920)

學問(학문): 學問。

學術(학술): 學問の方法。

格物(격물), 窮理(궁리): 物の理を硏究すること。

格物致知(격물치지): 物の理を究めて知識の極に達すること。

物理(물리): 萬物の道里, 理學(리학) 性理を硏究する學問。

4. 조선어사전(문세영, 『조선어사전』, 1938)

① 과학(科學): 가정(假定) 위에 서서 특수한 현상의 원리를 증명하는 계통적으로 조직된 학문. 곧, 윤리학, 심리학, 정치학, 법률학, 사회학, 교육학, 미학, 물리학, 화학, 지질학, 동물학, 식물학 따위.

cf) 과학데이(科學-): 과학사상을 선전하고 장려하기 위하여 해마다 일정한 때를 정하고 기념하는 날. 과학만능주의(科學萬能主義) 우주간의 모든 진리를 과학에 의하여 해석할 것이라고 하는 주의.

· 학문(學問): (1) 배워 익히는 것 (2) 「학식」(學識)과 같음.[7]

학술(學術): (1) 학문과 기술 (2) 학문의 방법

cf) 학술어(學術語): 「술어」(術語)와 같음. 술어(術語) 학술상에 전용하는 말, 갈말, 專門語, 學術語.

② 철학(哲學): 자연 인생 및 지식의 현실과 이상(理想)에 관한 근본원리를 연구하는 학문, 필로소피.
cf) 철학적(哲學的): 근본적 원리를 추구하는 것.
　궁리(窮理): 사물의 이치를 연구하는 것. 사리를 깊이 생각하는 것.
　격물(格物): 사물의 이치를 연구하는 것.
　격물치지(格物致知): 사물의 이치를 연구하여 자기의 지식을 명확하게 하는 것.
③ 이학(理學): (1) 性理學과 같음.　(2) 物理學과 같음.
　　　　　　(3) 自然科學과 같음. (4) 哲學과 같음.
　물리(物理): (1) 만물의 이치　　(2) 물리학의 준말
cf) 물리학(物理學): (理) 모든 물체의 성질, 변화, 작용들의 법측을 연구하는 과학.

---

1) Struggle for Existence 생존경쟁(生存競爭) (Jones 1914)
2) 약육강식(弱肉强食): "The strong eat the weak" i.e. "the weak must go to the wale", The same idea is contained in the expression 우승열패(優勝劣敗): "the superior wins out while the inferior suffers defeat."(Jones 1914)
3) 보통학교(普通學校) A common school(Gale 1931)
4) 中學課의 오기로 보임.
5) 학식(學識) (Science, talent). Science, connaissance, talent (Ridel 1880) knowledge; experience; culture. See. 학력 (Gale 1897-1931)
　학력(學力) Learning; scholarship; proficiency. See, 학력 (Gale 1897) Learning; scholarship; proficiency. See. 학문(Gale 1911) Learning; scholarship; proficiency. (Gale 1931)
6) 즈연과학(自然科學) Natural science 즈연철학(自然哲學) Natural philosophy (Gale 1931)
7) 학식(學識) 배워서 얻은 지식

유비·등가·분기, 언어 간 병진 운동
혹은 제국어와 근대 한국어의 교통

1. 베껴진 자기
― 고유성의 시작 혹은 임계, 이중어사전과 근대 한국어

1) 말(logos)을 통해 정치(polis) 안에 거주하게 된 인간은 늘 정치를 위해 말을 표준화하려 했고 '결정가능한' 매개로서 한계지으려 했다. 그렇다고 할 때, 말의 의미를 '문자적으로 확정'하고 질서화하려는 인간의 오랜 노력이 기능적·실천적으로 수행된 사례로서 사전 만들기에 앞서는 것은 거의 없다. 사전은 말을 화용(話用)과 문맥의 유동성으로부터 떼어 내어 고립시킴으로써, 상황의존적인 한에서 결정불가능한 말의 내포를 '결정'한다. 결정불가능한 것을 결정하는 것이 정치라면, 말의 결정이야말로 정치의 근원인 것이다.

흥미로운 것은 개별 언어의 질서와 규칙을 상징하는 이 사전 만들기가 거의 어느 곳에서나 '번역'에 의해 비로소 실천될 수 있었다는 사실이다. 사전 제작의 역사에서는 이중언어 혹은 다국어 사전이 단일언어 사전에 선행되어 왔는데, 라틴어 아래 적힌 낙서, 한문 옆에 적힌 독음과 뜻풀이와 같은 주석이야말로 차후에 도래할 '민족어' 사전의 단어 목록을 결정한 선행 업적이었다.[1] 라틴어-민족어 대역본인 『만물 분류 용어집』이나 한자의 음과 뜻을 개별 속어로 옮긴 옥편과 같은 '이중어사전'이야말로 모든 사전, 특히 국어사전의 기원이었던 것이다. 우리가 이미 말 안에서 살기 때문에, 자신이 쓰는 말은 풀이의 대상이 아니었다.[2]

근대 한국에 있어서도 (이중어)사전은 한국인이 자연스럽게 습득되는 말과 다른 모어의 형상을 창출해주었다. 그것은 한국인(나아가 외국인)이 인공적인 교육과 학습을 통해 습득해야 할 '의사소통의 도구'란 형상이다. 따라서 사전에 등재된 말은 그 말의 최초 용례나 그 용례의 도입 순간보다 더욱 결정적인 함의를 지니고 있다. 사전은 용례보다 늦게 오는데, 최소한의 언중의 합의가 없는 한 어떤 그럴듯한 시도도 사전에는 등재될 수 없기 때문이다. 즉, 확정된 의미, 사회적 합의를 상상하며 번역의 과정을 연구하려 할 때, 이중어사전은 가장 표준적이고 확실한, 가장 기능적인 한편 계량화가 가능한 지표가 된다. (물론, 가장 효과적인 지표라고 주장하고 싶지는 않다.) 어떤 의미에서 언어와 문화를 교차하는 모든 시도를 규정하

1) N. E. 오셸튼, 「사전의 역사에 대하여-영어 사전의 역사」, R. R. K. 하트만 편, 『사전 편찬의 원리와 실제』, 서태길 외 공역, 제이앤씨, 2008, p.19. 사이먼 윈체스터, 『영어의 탄생; 옥스포드 영어사전 만들기 70년의 역사』, 이중인 역, 책과 함께, 2003, p.51.

2) 물론 번역이 꼭 외국어를 통해서만 이루어진 것은 아니었다. 정치가 성스러운 묵어(黙語) 혹은 계급 방언으로서의 공동문어에 의해 이루어지던 시기까지, 고유어=속어(the vernacular)는 오직 교화를 기다리는 '새기는' 말로서만 정치적 의미를 가졌으며, 따라서 고유어는 거의 전적으로 번역어로서만 '정치'에 스스로를 기입될 수 있었다. 그리고 이 신성한 묵어의 속어 번역, 혹은 외국어에 대한 고유어 의미의 확정 과정, 계급이라는 부족의 방언들의 국민어로의 통합 과정에서 비로소 서기 체계로서의 민족어와 계열화된 민족어 집성이 가능해졌다. 그렇게 확정된 결정들을 통해 말은 화용을 넘어, 상상가능한 모든 컨텍스트들을 관통해 하나의 개념이 되었다.

는 지식의 조건 혹은 문화 교차의 비유는 외국어사전으로부터 유래한 개념적 모델에 대한 의존을 전제로 한다.3) 이 점은 한국의 '번역된 근대'에 있어서도 마찬가지였다. 그것은 국어사전보다 먼저 이중어사전이 있었다는 역사적 사건과 긴밀히 관련된다.

어휘정리·언어질서화 작업에 있어서의 외국인의 주도성으로 인해 혹 번역사/개념사 자료로서의 이중어사전의 '대표성' 혹은 '**정당성/정통성**' **(legitimacy)**을 의심할 수도 있을 것이다. 현재로서는 이런 질문에 대해 그렇기도 하고 아니기도 하다, 라고 대답할 수밖에 없다.4) 한 가지 확실한 것은 오히려 국어사전 만들기야말로 이중어사전 편찬의 '전례'를 따라, 국어를 외국어처럼 다루는 일련의 작업에 다름 아니라는 사실이다. 완벽한 동어반복이야말로 모든 사전의 이상이자 현실적 목표이다. 그런데 모든 사전이 전제하는 동어반복, 즉 완벽한 등가성의 비유란 최근에 번역을 통해 성립되었을 뿐이고, 보다 구체적으로는 근대적 외국어 사전을 통해 고정된 것일 수도 있다.5)

이 점에서 본다면 이중어사전이야말로 최대의 번역물이자, 차후에 도래할 번역들의 잠재태가 보존된 장소이며, 기왕의 번역들이 모여든 현실태이기도 하다. 이중어사전은 번역의 조건이자 그 결과이다. 요컨대 "언어

---

3) 리디아 리우, 『언어횡단적 실천』, 민정기 역, 소명출판, 2005, p.22. (Lydia H. Liu, *Translingual Practice*, Stanford University Press, 1996.)

4) 우리는 최근 이중어사전 편찬사에 개입된 외재적 요인, 즉 '오염된' 한국어, 외국인의 주도성, 통국가적 협업의 문제를 전혀 새로운 관점에서 생각하게 되었는데, 왜냐하면 자기를 정의하는 순수한 자기란 그 어디에도 없다는 사실을 알게 되었기 때문이다. 국어사전이 외국어에 대한 오염을 통해서 성립했는가. 아니다. 외국어 없이는 그 어디에서도 국어사전 만들기라는 고유한 문제가 제기되거나 실현될 수조차 없던 것이다. 이중어사전이 국어사전을 대리보충한 것이 아니라, 국어사전이야말로 국어를 외국어처럼 다루는 일을 뜻한다.

5) 리디아 리우, 위 책, p.27.

간 번역"(interlingual translation) 현상을 언어적 수준에서 밀고 나갈 때 가장 미시적인 접근틀을 제공하는 것이 바로 이중어사전을 통한 번역어 생산 및 안정화의 메커니즘이라 하겠다. 이중어사전은 원천언어(source language)와 목표언어(target language) 사이를 오가는 번역의 근원에 자리한 도구이자 길잡이다.

우리는 이제부터 번역 혹은 번역가능성의 지평과 그것을 결정한 정치, 특히 영한사전과 근대 한국어의 재편 과정이라는 두 꼭지점을 겹쳐서 살펴보려고 한다. 이 글은 한국 근대 개념어 번역의 과정을 이중어사전이라는 의미 확정의 지표를 통해 확인해 온 우리의 일련의 연구6)를 '영한사전'이라는 대상에 한정해 전개한 장으로, 특히 근대 한국에서 생산된 영한사전의 계보를 각 사전을 잉태시킨 '정치성' 아래에서 검토하는 것을 목적으로 작성되었다.

1890년에서 1925년까지 생산된 총 5종류의 영한사전7)을 텍스트로 하되,

---

6) 황호덕, 「漢文脈의 근대와 순수언어의 꿈—한국 근대 개념어 연구의 과제」, 『한국근대문학연구』 16, 한국근대문학회, 2007; 황호덕, 「번역가의 왼손, 이중어사전의 통국가적 생산과 유통—언어정리 사업으로 본 근대 한국(어문)학의 생성」, 『상허학보』 28, 상허학회, 2010; 황호덕, 「근대 한어(漢語)와 모던 신어(新語), 개념으로 본 한중일 근대어의 재편」, 『상허학보』 30, 상허학회, 2010; 이상현, 「언더우드의 이중어사전 간행과 한국어의 재편과정」, 『동방학지』 151, 연세대 국학연구원, 2010; 이상현, 「근대 조선어·조선문학의 혼종적 기원 ― 「조선인의 심의」(1947)에 내재된 세 줄기의 역사」, 『사이間SAI』 8, 국제한국문학문화학회, 2010.

7) 이 글에서 중심적으로 살펴볼 영한사전은 다음과 같다. George Heber Jones, *An English-Korean dictionary*, Tokyo, Japan: Kyo Bun Kwan, 1914; James Scarth Gale, 『三千字典(*Present day English-Korean: three thousand words*)』, 京城: 朝鮮耶蘇教書會, 1924; H. G. Underwood & H. H. Underwood, 『英鮮字典(*An English-Korean Dictionary*)』, 京城: 朝鮮耶蘇教書會, 1925. 이하 표제어의 대응관계를 각 출처별로 표기할 경우 각각 Jones 1914, Gale 1924, Underwood 1925로 표기하며, 본문 중에서는 존스 사전, 『三千字典』, 『英鮮字典』으로 표기한다. 존스 사전 이전 시기의 영한사전은 다음과 같다. Horace Grant Underwood, 『영한ㅈ뎐(*An English- Korean Dictionary: Poket-edition in two volumes*)』, Yokohama: Kelly & Walsh; London:

이 사전들을 보충한 외국인의 어휘정리 작업과 그 사정, 특히 1920년대 그들이 대면해야 했던 한국어의 전변에 관해 언급하게 될 것이다. 오늘 우리가 이 자리에서 제기하려는 논제는 한국어와 영어 양자 사이에서 성립한 등가성 형성의 원리와 이 과정을 결정한 정치적 지평에 관한 물음이다. 그리고 이 물음을 해명하는 과정에서 우리는 '한국어'의 범주와 정의가 사전적으로 확정되지 않았던 장소에서의 작업들, '국어'와 '국가'의 범위를 초과하는 단위에서의 통국가적·통언어적 사전 편찬 작업이 종국적으로 하나의 국어를 상상 가능하도록 했던 과정을 일종의 '연대기적 파노라마'로 목도하게 될 것이다.

근대의 국가어, 국민어의 형성과정에 개입한 서구어와 근대 일본어 및 중국제 근대 한어, 그리고 그것이 고유한(vernacular) 열정으로 '옮겨지는' 과정에서 생성된 근대 한국어의 범주에 대해 우리는 호혜적으로 말하고자 한다. 번역이란 두 주인을 섬기는 일이라는 속담이 있지만, 우리는 이 둘(혹은 여럿) 모두를 '손님'처럼 대접할 것이다. 이런 번역 과정 혹은 번역어로의 결정 과정 자체를 하나의 사건으로 다루는 한편, 이 과정을 매개한 정치적 사건과 문화적 변전을 통해 영한사전의 계보학을 구성해보는 것이 이 글의 일차적 목표이다.

2) 외국인 선교사들의 사전 출판을 도왔던 조선인 조력자의 존재는, 이 중어사전들이 '외국인'들만의 업적이 아니었음을 잘 말해준다. 하지만 우

Trübner & Co., 1890; James Scott, *English-Corean dictionary: being a vocabulary of Corean colloquial words in common use*, Corea: Church of England Mission Press, 1891. 이 두 편의 사전의 대응관계를 표기할 때는 Underwood 1890, Scott 1891의 형태로 약칭한다. 본문 중에서는 양자를 "초기 영한사전"이라고 지칭하도록 하겠다.

리가 더욱 주목하려고 하는 것은 외국인/조선인 조력자들이 담으려 했던 조선어의 전체상이 사실 그들에 의해 관찰된 조선어, 그들만의 통언어적 실천만으로 포착될 수 없는 변화무쌍한 거대한 실체였다는 점이다. 특히 G. H. 존스(1914), J. S. 게일(1924), 원한경(1925)이 발행한 영한사전은 변화하는 한국의 정치 지형과 그 결과로 생겨난 담론장 속에서, 근대 한국의 신조어들을 (그러나 대개 한국에서 '조어'된 것은 아닌 그것을) 영어 어휘들 안으로 고정시키는 작업에 진력하지 않을 수 없었고, 그 과정에서 봉착한 수많은 난관이야말로 근대 한국어의 개념적 내포를 '결정한' 역사적 사건이었다. 이를테면 애국계몽기와 3.1운동이 촉발한 담론적 폭발, 그 사이에 가로 놓인 언어상의 한일합방을 떠올려 보자. 이 격동의 와중에 그들은 영어 어휘에 대한 등가어를 당시 유통되던 조선어 속에서 마련해야 했으며, 또한 역으로 새롭게 유통되던 근대 한국어를 외국어 안에서 고정해야만 했다. (실제로 중요한 이중어사전 편찬업적들은 주요한 정치적 사건들의 몇 년 후에 일어났다.)

이와 관련된 폭발적인 어휘의 증가량은 근대 한국의 사전 편찬사상 가장 위대한 인물 중 하나인 제임스 게일의 지속적인 한영이중어사전(이하, 한영사전) 편찬과정에서 잘 드러난다. 게일은 총 3회에 걸친 개정을 통해 한글 표제어의 수를 2.5배 가량 증가시킨 바 있다. 1897년 35,000단어에 불과했던 한글 표제어의 수는 1911년 약 50,000단어에 이르렀으며, 1931년 약 82,000 단어까지 확장되었다.[8] 세 권의 영한사전은 이런 한영사전의

---

[8] 1911년 사전에는 약 10,000개의 인명과 지명이 포함되었으며, 실제로 수효의 급격한 증가는 1911년에서 1931년 사이에 일어났다. 여기에 대해서는 황호덕, 「번역가의 원손, 이중어사전의 통국가적 생산과 유통—언어정리 사업으로 본 근대 한국(어문)학의 생성」, 『상허학보』 28, 상허학회, 2010을 참조. 한편 게일의 『韓英字典 (A Korean-English Dictionary)』, The Fukuin Printing CO., L'T. Yokohama, 1911)의

개정과정과 궤를 같이하는 것이었으며, 종국적으로는 국어사전의 성립과
도 긴밀히 관련된다. 왜냐하면 한국의 구어(일상회화)를 문자적으로 확정
[書面化]하는 단계였던 초기 이중어사전들과 달리, 20세기 들어서의 이중
어사전들은 당시 생성 중이던 근대 조선의 문어를 함께 반영하려고 했던
사전이었기 때문이다.

요점만 말해두자면, 그들의 어휘정리사업은 '조선어가 보다 많은 영어
어휘(서구적 개념)를 번역 · 대체할 수 언어'로 변모되는 과정을 반영하고
있었으며, '번역어(한국어 대역어)가 한국어의 일부로 자연/관습/토착화
되는 과정'이었다고 말할 수 있다. 이를 여실히 보여주는 어휘군은 '新漢
語', '新文明語', '新製漢語(일본), '新詞(중국), 신생한자어(한국) 등이라 명
명된 "근대 외래 한자어"들이다. 영한사전의 편찬이 '외국인', 특히 영국 ·
미국 · 캐나다 출신의 서양인들의 주도로 이루어졌음에도 불구하고 번역
을 결정한 정치적 지평, 즉 천하질서와 세계질서 사이의 절합으로 인해
영어의 번역은 근대 외래 한자어에 의해 주도되었다.

즉, 외국인들의 어휘정리사업 속에도 "손님언어와의 접촉/충돌에 의해,
혹은 그것에도 불구하고 주인언어 내부에서 새로운 단어 · 의미 · 담론 ·
재현 양식이 생성되고 유포되며 정통성을 획득하는 과정"9)이 개입되어

실제 표제어 총량은 48,623 항목으로 밝혀졌다.(이은령, 「19세기 이중어사전『한불
자전』(1880)과『한영자전』(1911) 비교연구」,『한국프랑스학논집』 72, 2010, p.7) 본
고에서는 검색 및 비교검토의 편의를 위하여 "이은령 외, "웹으로 보는 한영자뎐
1.0", 저작권위원회 제호 D-2008-000027-2, 2009 (http://corpus.fr.pusan.ac.kr/dicSearch/)
을 활용할 것이다. 이 글에서 참조할 1931년판 게일 사전의 서지는 "韓英大字典
(*The Unabridged Korean-English Dictionary*)』, 京城: 朝鮮耶蘇教書會, 1931"(성균관
대 도서관 소장)이다. 이하 게일의 사전에서 대역관계를 가져올 경우는 각각 Gale
1911, Gale 1931로 약칭하며 본문 중에서는『韓英字典』,『韓英大字典』으로 표기하
도록 한다.
9) 리디아 리우,『언어횡단적 실천』, 민정기 역, 소명, 2005, p.60. (Lydia H. Liu,

있었다. 한국의 근대 개념어들은 그 번역적 원천으로서의 구문맥(歐文脈)을 염두에 두지 않고서도 대량 이입되었으며, 개별 문맥이나 한문맥(漢文脈) 안에서 상당한 격조와 설명력 및 그만큼의 혼란을 가지고 나름의 기능을 수행했다. 이중어사전에의 등재, 이어진 국어사전에의 등재는 이런 화용과 문맥이 고정되어 '한국어로서의 정당성/정통성'을 획득하는 과정이었다 할 수 있다. 우리는 이렇듯, '중역한 근대로서의 한국 번역사'가 영한사전 속에서도 오롯이 발견됨을 논증해 보이려 한다.

둘 이상의 한자 어휘가 조합되며 생성된 한자 문명어는 비록 그 음가는 한국어로 읽힐지 모르나, 이를 구성하는 개념과 이 한자 어휘의 조합은 일차적 기원으로 근대 (중국어나) 일본어에서 한국어로 경유의 과정이, 보다 더 근원적인 기원에는 서구 문명어에 대한 개념 번역의 과정이 놓여 있었다. 그렇다고 할 때, 그러한 형태의 번역 혹은 중역을 가능하게 한 조건들, 즉 번역가능성이 한국과 일본 사회 내에 '이미' 존재하고 있었으리라는 가정도 가능할 것이다. 우리는 이 번역가능성을 '정치'의 문제와 연계시켜 파악하려 한다.

물론 현대 한국어 안에서 한자는 특별한 의미고정을 위해서만 사용된다. 한자에 의해 조립된 근대 개념어에서 한자가 사라지고 자국어 체계 안에서 음성화되면서, 근대 개념어의 기원과 중역의 문제는 이미 별다른 '해결' 없이도 '해소'된 것처럼도 보인다. 하지만 이 글에서 살필 서구인들의 시야 속에서 이런 '번역어=근대 조선어'는 '고유하다'기보다는 생성 과정 중에 있는 '본디 조선어가 아닌 것=오염된 언어'로 인식되었다. 이 생성

Translingual Practice, Stanford University Press, 1996.) 법과의 정합성을 뜻하는 합법성(legality)과 구별하기 위해 이 책의 'legitimacy'는 전부 정통성 혹은 정당성으로 옮겼다.

하는 오염, 오염된 생성은 정치적으로 식민지화 및 탈식민지 기획의 문제를, 언어적으로는 식민본국어에 의한 크레올화 및 전유(appropriation)의 문제를 환기시킨다. 그리고 저 '번역'의 과정 속에서 근대 한국어는 서구어와의 등가성 속에서 '보편성'을 가진 개념의 장안으로 끌려 들어가게 된다.

근대 한국의 담론장 속으로 새롭게 진입한 근대 개념어를 일종의 '현재진행형'의 조어과정 혹은 인위적 번역 과정으로 받아들일 수밖에 없었던 외국인들의 시각을 통해 이제 우리가 이미 살고 있는 말=정치를 낳은 하나의 작위(techne) 속으로 들어가 보자.

2. 근대 한어(漢語)의 횡단성과 일본어의 합법성
　　─ 존스의 *An English-Korean dictionary*(1914)

1) 1890-1925년 사이 조선에서 출판된 영한사전은 5종인데, 이들은 각기 약간씩 용도가 달랐으며 따라서 수록 어휘도 달랐다. 무엇보다 한국어가 '늘고' 있었다. 가장 좋은 사전은 안정된 등가성을 확보함으로써 차후의 사전 편찬을 '대규모적인 표절'로 이끄는 사전이라 한다. 실상 사전은 그 어떤 서적보다도 '표절'이 심한 책이며, '사전 편찬'에서 이 표절은 흔히 '집대성'으로 선전되기도 한다. 동어반복과 망라성이야말로 사전의 진정한 선함이자 아름다움이기 때문이다. 미리 말하자면 대규모적인 '표절'이 있기는 했지만 그것으로 해결되지 않는 경우가 더 많았다. 변화하는 어휘군들 속에서 영한 및 한영사전의 어휘들을 (일대일, 혹은 일대다의) 번역 관계로 유형화하는 일은 그리 녹록한 문제가 아니다. 이 점은 영한사전의 기준이라고 볼 수 있는 영어 표제어 그 자체만 주목해 보아도 쉽게 알

수 있다. 전대 사전에 없던 영문 표제어의 증가량과 공통항목을 배제한
영어 표제어의 축적량을 제시해보면 다음과 같다.[10)]

【표1】 영어 표제어 증가량 및 축적량

	Underwood 1890 (총량 6,702)	Scott 1891 (총량 10,601)	Jones 1914 (총량 5,068)	Gale 1924 (총량 3,226)	Underwood 1925 (총량 13,820)
어휘 증가량: 이전 사전에 없던 영어 표제어	6,702	+5,088	+1,948	+1,425	+4,585
영어 표제어의 총량	6,702	11,790	13,738	15,163	19,748

【표1】을 보면, 한영사전의 한국어 표제어 증가와 마찬가지로 영한사
전의 새로운 영어 표제어 역시 증가했다는 사실을 잘 알 수 있다. 하지만,
이들 증가 양상이 전대 사전의 영어 표제어를 축적(=집대성/표절)하면서
진행되지 않았다. 왜일까.

5개 사전의 공통 영어 표제어는 총 627 항목[11)]에 불과하며, 각 사전에
수록된 영어 표제어는 사전의 편찬 목적에 따라 다양하게 나타났다. 이런

---

10) 영문 표제어에 대한 한글 해제어가 결코 하나의 한국어 어휘로 배치되어 있지
   않은 실상을 감안해 본다면, 이 증가량은 게일 한영사전이 보여준 조선어 표제어
   의 증가에 비춰보더라도 결코 적은 것이 아니었다. 1890년과 비교해 1925년의 언더
   우드 사전은 약 3배나 많은 영어 표제어를 수록하고 있다. 【표 1】은 5종의 영한사
   전에 등재된 39,417개에 이르는 영문 표제어 항목을 직접 전수 입력하여 도출한
   결과이다.
11) 이 공통표제어의 총량과 개별 표제어에 대응하는 한글 표제어의 변화 추이는 『한
   국어의 근대와 이중어사전』(영인편) I -XI(박문사, 2012) 및 『개념과 역사, 근대 한
   국의 이중어사전 2―외국인들의 사전 편찬 사업으로 본 한국어의 근대』(번역편)을
   참조할 것.

양상은 전대 사전의 한글 표제어를 축적하며 개정, 간행되었던 한영이중
어사전의 편찬양상과는 상반되는 것이다.[12] 각 영한사전이 공유하는 혹
은 공유하지 않는 영어 표제어의 총량과 변화 추이를 살펴보면 아래와
같다.

【표2】 상호 공유 영어 표제어의 총량

	Underwood 1890	Scott 1891	Jones 1914	Gale 1924	Underwood 1925
Underwood 1890 6,702(100%)		4,949(74%) (1,753)	2,429(57%) (4,273)	1,123(18%) (5,579)	6,152(92%) (550)
Scott 1891 10,601(100%)			3,102(29%) (7,499)	1,428(13%) (9,173)	7,355(69%) (3,246)
Jones 1914 5,068(100%)				1,303(26%) (3,765)	3,902(77%) (1,166)
Gale 1924 3,231(100%)					2,056(67%) (1,175)
Underwood 1925 13,820(100%)					

※ ( )의 %는 "일치표제어 수/전대 영한사전의 표제어 총량"으로 소수점 셋째자리에서 반올림
한 수치이다.

영어 표제어 그 자체가 한국의 공론장 변화, 번역을 이끈 조건과 목적의
변화에 따라 유동하고 있었음을 발견할 수 있다. 시기별로 번역되어야
할 '영어'가 달랐던 것이다. 양 사회에 존재했던 엄청난 언어적 · 학문적
차이로 인해, 영어 표제어가 기준점으로 고정되어 있지 않았다는 자료적
실상을 간과할 수 없으며, 이 영어 표제어에 대한 한글 해제어 역시 동일한

---

12) 『韓佛字典』의 한글 표제어가 언더우드 사전의 한영부(韓英部), 1897년판 게일의
『韓英字典』에 이동한 양상은, 이상현과 이지영의 논문(이상현, 「언더우드의 이중
어사전 간행과 한국어의 재편과정」, 『동방학지』 151, 연세대 국학연구원, 2010,
2장; 이지영, 「사전 편찬사의 관점에서 본 『韓佛字典』의 특징—근대 국어의 유해
류 및 19세기의 『國漢會語』, 『韓英字典』과의 비교를 중심으로」, 『한국문화』 48,
서울대 한국문화연구소, 2009)을 참조.

하나의 어휘로 고정되어 있지 않았다. 영한 대응관계는 각 사전별로 매우 큰 차이를 보이고 있다.

이는 역으로 한글 해제어가 새로운 영어 표제어를 이끌었을 가능성, 더 엄밀히 말한다면 그들이 사전 속에서 정통성을 부여하려고 한 한국어 그 자체가 큰 변모를 보였다는 사실을 암시해 준다. 가장 큰 불연속점은 1914-1924년에 발행된 존스와 게일의 영한사전이다. 두 사전의 영어 표제어는 초기 영한사전과 별반 깊은 인연이 없어 보일 정도인데, 몇 안 되는 선행 업적을 참고하지 않았을리 없는 그들이기에 고개를 갸우뚱거릴 수밖에 없다. 왜 그럴까.

우선 1924년에 편찬된 게일의 영한사전은 다른 사전들과는 동등한 비교 대상이라고는 할 수 없다. 『三千字典(*Present day English-Korean: three thousand words*)』의 서문은, 그 출판의 목적이 한국어의 전체상을 제시해주는 하나의 완결된 '사전'을 만드는 것에 있지 않음을 명시했다. 이 사전은 영어나 한국어의 '총량'을 염두에 둔 사전이 아니다. 『三千字典』은 한국어의 "일부가 **되어** 있는 새롭고 보다 **근대적인 용어**에 대한 지식"을 얻는 데 도움을 주고자 제시한 3,000 항목의 **어휘집**이었다(앞으로의 모든 강조는 모두 필자들의 것임). 즉, 교육이나 선교 현장을 비롯한 새로운 담론 환경에서 새로이 중요성을 획득한 어휘들을 엄선한 일종의 신어 목록이었던 셈이다. 게일의 영한사전이 전대 사전에 대한 일치율이 그리 높지 못한 까닭은 이런 측면에서 설명할 수 있다.

여기서 게일이 신어 어휘집을 발행하게 된 계기와 존스의 사전 편찬 동기 사이에 상당히 유사한 점이 있다는 사실을 부기해둘 필요가 있겠다. 즉, 두 사전은 한국어에 막 가입했거나, 가입할 가능성이 매우 높은 일종의 신조어들의 의미를 영어로 고정시키는 작업의 일종이었다. 존스는 그의 사전 서문에서 이 사전이 "일반 **회화용**이 아니라, **교육 현장**에서 쓸 의도"
(p. iii.)로 만들어졌다고 밝혔다. 교육 현장에서 쓸 한글 해제어들은 실제
로 교육 현장에만 있는 '도래해야할 언어'이기도 했기에,[13] 이 편찬자에게
는 계몽의 의지와 함께 일종의 '점성술'도 필요했다. (그의 점괘가 얼마나
신통했는지는 곧 밝혀질 것이다.)

1910년부터 언더우드가 기획했던 『英鮮字典(An English-Korean Dictionary)』
(1925)은 『三千字典』이라는 어휘집과 달리 하나의 완결되고 집대성된 사
전을 지향한 것이었다. 상기 도표의 일치율이 잘 말해주듯 언더우드는
당시 발행된 영한사전의 영어 표제어를 모두 포괄하고자 했다. (나중에
말하겠지만, 이 집대성의 대상은 한국(어)의 영역을 훨씬 초과해 있었다.)
전대의 사전과는 다른 길을 걸은 존스의 영한사전에 수록된 영어 표제어
의 77% 이상을 수용했다는 점을 보더라도 집대성의 의도는 분명해 보인
다. 즉, 존스 영한사전에 수록된 영어 표제어는 지속적으로 조선에 번역되
어야 할 '당위성'을 지닌 영어 어휘(개념)이자 곧 정통성을 획득할 것으로
'예상된 말'들이었다. 존스 사전에 대한 게일의 서평을 보면, 출판 당시에
도 이 사전의 획기성은 분명했던 것 같다.[14] 게일은 존스가 '조선어의 전

---

13) 많은 경우, 영일사전英和辭典을 참조할 수밖에 없었던 존스는 자신의 해제가 한국
   에서 일반적으로 사용된다고는 생각하지는 않았으며, 모두가 어디서든 실제로 쓰
   이기나 하는지에 대해서도 충분히 확신하지 못했다. 그러나 놀랍게도 그의 한글
   해제어들은 현대 국어 안에 대부분 생존해 있다.
14) 게일은 존스 사전의 원고를 보았고 그의 사전이 출판되기를 기다렸었다. 존스가
   한국을 떠난 후에 사전을 받아보았고, 그에 대한 서평을 *Korea Mission Field* 1915년
   3월호에 게재했다. 게일은 사전이 보여주는 훌륭한 인쇄 상태 그리고 영한사전임
   에도 부록으로 수록된 조선어 색인과 같은 부분을 긍정적으로 평가했다. 더불어
   과거의 영한사전과 달리 조선어 옆에 한자를 병기한 측면이 조선어의 의미를
   더욱더 분명하게 하는 장점을 지녔다고 했다. James Scarth Gale, "English-Korean
   Dictionary by George H. Jones", *Korea Mission Field*, 1915.3. p.91.

환기라는 당시의 곤경과 난국을 충족시켜주는 최신의 사전을 제공하기 위해'서 이 사전을 출판했다고 말하며, 이 사전이 당시 학생들에게 지대하고도 지속적인 도움을 줄 것이라고 기대했다. 과연 어떤 어휘들이 추가되었기에 그러한 수용과 평가가 가능했던 것일까.

2) 초기 한영-영한사전의 편찬자였던 언더우드는 다른 선교사들처럼 표음문자로서의 특성, 통사구조적 측면에서 한국어(구어)가 지닌 일본어와의 유사성을 잘 알고 있었다. 또한 그의 한국어 문법서(1891) 발간은 윌리엄 임브리(William Imbrie)가 일본에서 발간한 문법서에 감화 받은 바가 컸다. 하지만 언더우드는 '영한'이라는 번역적 구도에 놓인 한국어 구문을 결코 자연스러운 한국어로 인식하지 않았었다. 그는 일본어와 한국어를 결코 동일한 것으로 간주하지 않았다. 그 까닭은 한문 문어가 지닌 한국사회에서의 중심적인 위상과 이로 말미암아 어휘 속에서 파상적으로 분포된 한자어들의 존재 때문이었다. 이 어휘들은 관리, 학자들의 구어 속에서도 사용되어, 한국에는 두 개의 언어가 존재한다는 생각을 불러일으켰다. 즉, 균질화되지 못한 당시의 구어 상황, '한자=문어', '한글=구어'란 도식의 허구성을 언더우드는 분명히 감지하고 있었으며, 이는 그의 사전 작업에 동참했던 헐버트, 게일 역시 분명히 숙지했던 사실이었다.[15]

이에 따라 19세기 말 한영사전에서 언더우드와 게일이 참조했던 사전은

---

15) 이에 대한 상론은 이상현, 「언더우드의 이중어사전 간행과 한국어의 재편과정」, 『동방학지』 151, 연세대 국학연구원, 2010, pp.238-246을 참조. 언더우드의 문법서와 그가 참조했던 일본어 문법서의 서지는 다음과 같다. H. G. Underwood, 『韓英文法(*An Introduction to the Korean Spoken Language*)』, Yokohama, Seishi Bunsha, Kelly & Walsh, 1890. (김민수・하동호・고영근 편, 『歷代韓國文法大系』 2부 3책, 塔出版社, 1979 영인본); William Imbrie, *Handbook of English-Japanese Etymology*, Tokyo, 1880. (서울대 중앙도서관 소장)

한국에서 발행된 가장 많은 한국어를 담고 있었던 『韓佛字典』(1880)이었으며, 다만 개별 한자의 영어 풀이를 위해서 중영사전을 참조했을 뿐이다.16) 즉, 구어로서의 활용성과는 별도로, 한국어의 공식문어로서의 정통성을 검증하기 위한 가장 중요한 표지는 한국의 한자음과 개별 한자가 지닌 의미일 수 있었다.

이에 비해 1914-1925년 사이 출간된 서구인의 이중어사전은 주로 영한사전이었으며, 그들의 서문 속에서는 등재된 개별 한국어 어휘가 어느 정도 영어와 대응가능한 것으로 전제되어 있다. 이는 한국어 관련 문헌들 속에서 한글 표제어를 수집하여 이를 영어로 '풀이'하는 차원과는 또 다른 방식의 작업이 요청되었던 사정을 암시해 준다. 영어를 사전의 원천언어로 배치하여도 큰 지장이 없는 사항 즉, '풀이'할 필요 없으며 1:1 등가교환의 관계를 지닌 조선어 어휘가 영어 표제어에 '배치'되는 양상이라고 말할 수 있다. 그것은 존스가 사전의 서문에서 말한 20세기 초를 전후로 해 "어휘 자체의 변환에 이를 정도로 주목할 만한 변화"가 생성되었다는 조선어의 변모 양상과 긴밀히 관련된다(Jones 1914, p.i).

1918년 게일은 이런 조선어의 변모 원인을 중국 고전이 조선인의 삶에서 소멸되고, 구어(colloquial)의 힘이 증대되었으며, 일본을 통해 옛 조선인이 꿈조차 꿀 수 없었던 근대 세계의 사상과 표현들이 다가온 점이라고 정리한 바 있다.17) 제임스 게일은 그 구체적인 예문으로 이광수의 「신생

---

16) 언더우드와 게일이 참조한 중일사전의 서지는 다음과 같다.
　　[언더우드 참조] S. W. Williams, *A Syllabic dictionary of the Chinese language: arranged according to the Wu-fang yuen yin, with the prounciation of the characters as heard in Peking, Canton, Amoy, and Shanghai*, Shanghai: American Presbyterian Mission Press, 1874. (서울대 도서관 소장)
　　[게일 참조] H. A. Giles, *A Chinese-English dictionary*, London: Bernard Quaritch; Shanghai: Kelly and Walsh, 1892. (성균관대 도서관 소장)

활론」을 들며, 이것이 조선의 근대어, 근대적 글쓰기, 사상을 보여주는 훌륭한 표본이라고 말했다. 과거 조선인 학자(한학자)들은 이렇게 쓸 수 없을 터이나, 이는 분명히 오늘날의 언어라는 것이다. 반면 신교육을 받은 지식인들이 이렇게 표현할수록 과거 조선인 학자들은 역으로 문맹의 나락으로 격리될 것이라고 했다.[18]

그 징후는 존스의 언급 속에서도 발견할 수 있다. 존스는 과거 조선의 "옛 문명은 그 철학적 이론과 이상들과 함께 급격히 새로운 이념과 제도들로 대체되었으며 이와 더불어 새로운 언어가 등장"하게 되었다고 말한다. 과거 조선을 지배했던 "공맹시절의 유서 깊고도 영예로운 삶의 양식에 기초한 명명들과 학술어들"이 기독교, 근대 교육, 정치행정의 변모가 낳은 새로운 학술 용어들에 의해 대체되고 있다는 진단이다. 무엇보다도 주목되는 부분은 언어를 규정하는 정치 그 자체의 변화에 대한 지적이다. 그가 보기에 "정부의 모든 정치조직(economics)이라 할 행정, 사법, 재무에 있어서도 새로운 방언(dialect)"의 도입이 압도적인 흐름이 되었고, 이는 "상업적인 면이나 사회적 생활"에서도 동일한 형국이었다(Jones1914, p.i).

1914년의 식민지 조선을 산 존스로서는 '신정부(總督府)'에 의해 새로운 교육과 법의 공간에서 합법성(legality)을 획득하게 된 다량의 일본어를 의식하지 않을 수 없었다. 그로서는 이 어휘들의 합법화에 선제적으로 대응하는 사전을 편찬함으로써 교육 과정에 있는 학생들의 사회진출에 편의를 제공하고자 했을지 모른다. 어떻게 영어 표제어를 조선어로 번역할 것인가. '통용되는' 한국어 구어로의 번역은 그 스스로의 고백처럼 매우 미진한

---

17) James Scarth Gale, "The Korean Language", *The Korea Magazine*, 1918. 2.

18) "The Korean Language", *The Korea Magazine* 1918. 12. 이에 대한 분석과 상론은 이상현, 「근대 조선어·조선문학의 혼종적 기원 — 「조선인의 심의」(1947)에 내재된 세 줄기의 역사」, 『사이間SAI』 8, 국제한국문학문화학회, 2010, 4장을 참조.

것이었고, 앞으로의 사전도 그러할 것이었다. 문제는 한글 해제어에 대한 존스의 일말의 찜찜함이 보여주는 바, 이런 한국어의 재편 과정이 결코 완결되었거나 완만해지고 있는 사태가 아니었다는 데 있었다. "왜냐하면 어디서나 학교들이 산견되고, 근대 사상의 다양한 학술어들에 대한 등가어들을 조사하고 탐구하는 교사들과 학생들이 늘어나고 있기 때문"이었다 (pp. ii-iii). 새로운 사상에의 요구와 함께 신조어들이 유입되면서, 그 원천을 생각하는 교사와 학생에 의해 다양한 번역적 대응 관계들이 혼전 중에 있었다. 존스의 사전은 이 혼란을 갈음하기 위해 중국과 일본에서 유통되는 학술어들, 특히 소위 신정부 하의 새로운 사회 방언들을 영어 표제어에 대한 고정값으로 채택하는 방법을 택했다.

왜냐하면 그가 보기에 새롭게 등장한 근대 한자어들의 출처가 바로 "중국과 일본에서 쓰이는 학술어"들이었기 때문이다. 그러면서도 조선에 있어서의 이 학술어들의 유용성 및 합법성을 근거로, 이것이 영-중, 영-일의 대역관계를 넘어 한국어로서의 정통성을 획득하게 될 것이라 기대했다. 왜냐하면 언어의 구질서로서의 한자 세계와 정치의 신질서로서의 제국 일본의 주권성 사이의 가설적 중립지대에서 이 언어들이 생산되고 있었기 때문이다. 이 새로운 개념어들은 "영어로 된 학술, 철학, 종교, 법률, 교육 그리고 몇몇의 보다 일상적인 용어들의 한국어 혹은 '한자로 된 한국어 (Chi Sinoco-Korean)' 등가어(equivalent)"였다(pp. ii-iii).

번역해야할 영어 표제어가 처음부터 개념어였던 것이 아니라, 생경한 한자를 통한 어휘 유입이 이 신조어들을 '그 내포를 궁구하는데 어려움이 따르는' 개념어로 만들었다. 존스의 사전은 1910년대 급속히 유통될 만한 조선의 근대 학술용어를 담은 일종의 보고(寶庫)인데, 아직은 신교육이라는 잠재적 공간에 있었음에도 불구하고 곧 유통될 말들이었다는 점에서 일종의 '미래의 책'처럼 보인다. 이런 존스의 진술을 통해서 볼 때, '등가성'을 원리로 하여 영어 표제어 옆에 배치된 한자 원천의 한글 해제어는 실제로는 이미 광범하게 쓰이고 있던 통용 한국어라기보다는 일종의 잠재적 한국어였음을 알 수 있다. 거의 언제나 '한국어가 되어 그 안에 기입될 수 있는' 한자와 이대로라면 언젠가 '한국어로 강제되거나, 한국어로 요청될 것임에 틀림없을' 근대 일본어의 번역어.[19] 존스는 자신이 제시한 번역어가 기왕의 한국어에 비추어 새롭고 생경한 형태임을 잘 알고 있었다. 그는 차라리 "대부분 용어가 실제 한글과 거리가 있는 다소 이국적인 형태일지라도" 오히려 신조어를 받아들여 '학술적 수준'에서 그 내포를 규정해 두는 것이 급선무라고 보았다. 이것은 점치기이자 실험이었다. 그리고 존스의 예상은 맞아 떨어졌다.

근대형성기의 일본계 한자어들 중 82%가 여전히 현대 한국어 안에 살아남았고, 그것들이 대개 전문어나 학술용어, 정치·사상 영역의 추상 개념과 같이 사유와 정치의 질서를 직접 구성해 온 언어[20]라는 사실을 감안할 때, 합법성의 공간을 언어의 지평으로 삼은 존스 사전의 지향은 동시대뿐만 아니라 향후 사전의 출판, 새로운 근대 조선어와도 긴밀히 관련되는 것이었다. 존스는 그가 제시한 한글 해제어들의 "배후에 놓인 관념들은" 여전히 "평균적인 조선인들에게는 아직 매우 낯선 외래의 것이며, 오직

---

19) 중국의 경우 페데리코 마시니, 『근대 중국의 언어와 역사—중국어 어휘의 형성과 국가어의 발전: 1840-1898』, 이정재 역, 소명, 2005과 앞서의 리디아 리우의 저술을, 일본의 경우 石塚正英·柴田隆行 監修, 『哲学·思想翻訳語事典』, 論倉社, 2003을 참조할 것.

20) 여기에 대한 자세한 목록과 분석으로는 박영섭, 「국어 한자어의 기원적 계보 연구: 현용한자어를 중심으로」, 성균관대학교박사학위논문, 1986을 참조. 더하여 일본에서 전해진 한자어 전반에 대한 연구로 최경옥, 『한국개화기 근대외래한자어의 수용연구』, 제이앤씨, 2003이 있다.

일부 지식층에게만 알려져 있"는 것이라 말했다(p.iii).[21] 이 말은 결코 무심결에 한 말이 아니다. 존스가 등재한 영어에 대한 한국어 대역어들은 이미 소위 '신정부' 하에서 합법성을 획득한 언어이기는 했지만, 아직은 담론적 실천에 의해 인준된 고유어=속어(the vernacular)로서의 정통성 혹은 정당성을 획득하지는 못한 언어였기 때문이다.

하지만 존스가 본 새로운 삶의 양식, 새로운 학술은 새로운 정부에 의해 곧 합법화될 것이었으며, 또한 식민지 조선의 공론장 속으로 이 언어들이 이입 혹은 전유되는 순간 '고유어'로 정통화될 것이기도 했다. (이 정통화는 국어사전에의 등재를 통해 보장되고, 한자의 사라짐을 통해 일종의 은폐의 형식으로 완성된다.)

여기서 강조되어야 할 사실은 새로운 언어 질서에 대한 존스와 게일의 정리 작업을 통해 영어와 한국어 사이의 관계가 장황하게 '풀이'되어야 할 관계에서 어휘 대 어휘 사이의 교환이 가능한 등가의 관계로 재정의되고 있다는 사실이다. 즉, 도래해야할 보편성, 도래 중에 있는 등가성이라는 요청의 반대편에서, 아니 그것의 기반으로서 일본과 조선은 점점 더 평평해진다. 영어와 조선어의 접근 "배후에 놓인 관념"들이란 바로 정치, 즉 폴리스의 새로운 테두리 치기와 그것이 몰고 온 새로운 합법성, 그것이 조선어 속에서 정통성을 획득해가는 과정을 의미했다.

---

21) 일본의 근대 한자어들, 특히 번역어들은 대개 언제나 한국어가 될 수 있으리라는 존스의 인식은, 차후의 사전 편찬에서 왜 그토록 대량의 어휘 증가가 이루어질 수 있었는지, 그 증가란 왜 매번 일본어 이중어사전의 해제의 '표절' 혹은 '수용'을 통해 이루어질 수밖에 없었는지에 대한 중요한 암시를 제공한다.

3. 3·1운동과 번역어, 등가성 찾기 혹은 만들기
─ *The Korea Bookman*의 어휘정리사업과 영한사전 편찬

1) 3·1운동과 번역? 번역어? 우리에게 이 크고 어려운 논제를 전면적으로 취급할 수 있을 지면상의 여유와 공부는 준비되어 있지 못하다. 다만 이 장에서는 이전보다 상당히 확대된 문해력을 지닌 식자층과 폭발적으로 증가한 조선인 주도의 공론장 속에서, 과연 '어떻게' '뭘 보고' 외국인 선교사들이 어휘정리사업을 진행할 수 있었을까 하는 점만을 해명해보려 한다. 이를 통해 외국인들에게 당시의 공론장을 지배하는 것으로 인식된 식민지 조선의 잡지, 이념, 언어─무엇보다 '정치'를 간접적으로나마 확인해 볼 수 있을지도 모르겠다.

조선인의 마음을 잡기 위해, 마음을 구성하는 언어의 움직임을 지도화해야 했던 사람들. *The Korea Bookman*에 연재된 일련의 어휘정리사업은 3·1운동 이후 펼쳐진 새로운 조선의 공론장 속에서 한영대역 어휘목록 나아가 『三千字典』(1924), 『英鮮字典』(1925)과 같은 영한사전을 만들어야만 했던 서구인들이 대면해야 했던 곤경을 보여주는 상징적 사례이다.[22]

【표3】 *The Korea Bookman* 연재 영한-한영 어휘 정리 사업 관련 연재글 목록

	저자	제명	게재 시기
1	W. M. Clark	The Need of Special Vocabularies in English-Korean	1921.3.
2	Geo. H. Winn	Second List of Words	1921.6.
3	Geo. H. Winn	Useful Words and Phrases	1921.12.
4	W. M. Clark	English-Korean Word Lists	1922.3.

---

22) *The Korea bookman* Ⅰ-1-Ⅵ-2, The Christian Literature Society of Korea, 1920.1-1925.6.
(연세대학교 소장, 자료형태: 1 microfilm reel; 35mm) 향후 표기는 저자명, 기사명, 권호, 발행년월, 쪽수로 약칭한다.

| 5 | G. Engel | English-Korean Vocabulary | 1922.9-1923.6. |
| 6 | G. Engel | English-Korean Vocabulary | 1923.9-12 |

1-3에서는 〈한국어-영어〉순으로 54항목, 4-6에서는 〈영어-한국어〉순 332 항목의 대역관계가 게재되어 있다. 여기서 각각의 초두에 놓인 클라크(W. M. Clark, 康雲林)의 글(1, 4)은 이어지는 두 저자의 글에 대한 길잡이 역할을 담당하며 이 연재물을 기획한 사정과 경위에 대하여 이야기해 준다.[23] 클라크의 첫 번째 기사(「영-한 특별 어휘목록의 필요성」1921.3)를 보면, 이 시점에서 선교와 교육을 위해서라도 조선어 어휘의 추가적 보충이 강력히 요청되고 있었음을 확인할 수 있다. 이에 따라 이 연재물 기획은 서울에서 개최된 조선야소교서회(朝鮮耶蘇敎書會, C.L.S.) 이사회에서 채택되었다.

그 기획의 개요는 세 단계였다. 1단계, 당시 조선에 거주하던 모든 선교사들이 조선어로 만족스런 번역을 수행하기 어려운 상황이 있으니, 긴급히 번역되어야할 영어 어휘 목록을 제출할 것. 2단계, 영어 어휘 목록은 조선야소교서회 집행위원회의 관리 하에 세밀하게 조사된 후, 잠정적으로 번역된 영한 목록을 발표할 것. 3단계, 여건이 허락되는 선에서 지속적으로 이 결과물에 대한 비평과 보완을 위해 영어에 숙련된 조선인 3인과

---

23) *The Korea Bookman*에는 상기 도표의 글 이외에도 1-6과 연속적이기보다는 추가적인 보충 연재 형태의 어휘 및 표현 목록이 구준히 게재된다. 이는 일상생활에서 유용한 어휘와 표현들—바느질과 재봉(W. M. Clark, "English-Korean Vocabulary", 1924.12), 교회의 의회 활동과 관련(F. S. Miller 정리, "Parliamentary Terms", 윤치호 역, 1924.9), 세탁 혹은 요리와 같은 가사와 관련(W. A. Linton, "Household Terms in Common Use", 1924.12), 전화나 전보와 관련된 표현(E. M. Cable, "Technical Terms and Phrases used in connection with the Wireless Telephone or Radiography", 1925.3)들을 유형화하여 제시한 것이다.

외국인 2인을 위원으로 임명하여 어휘 목록에 대한 면밀한 검토 및 교정을
담당할 것. 이를 통해 그들은 종국적으로 초보자, 번역자 그리고 유창한
조선어 활용에 관심이 있는 모든 이들에게 필요한, 권위를 지닌 추가적인
어휘목록을 제공하고자 했다.[24]

1단계에서 알 수 있듯이, 그들의 연재물 속 한국어 어휘는 아직 등가성
을 충분히 보장받지 못한 채 토착화되지 못한 상태였다. 하지만 어떤 식으
로든 등가성이 확보되어야 했고 확보될 수 있는 여건의 성숙이 있었던
것도 사실이다. 즉 이 기획 자체가 근대 한국어가 근대 영어 어휘 속에
담지된 '개념'을 투사시킬 실체적 대상으로 변모되어 있었다는 점을 보여
준다.

잡지의 연재기사는 2단계에 해당되는 실천이었다. 클라크의 두 번째
글(「영-한 단어 목록」, 1922.3.)은 이 기획이 어휘정리사업으로 진행된 1년
동안의 사정을 알리기 위한 것이었다.[25] 여기서 클라크는 게일의 사전(the
Gale Dictionary)과 동일한 형태로 영-한 어휘목록을 출간하고자 한 장로교
공의회(the Presbyterian)에 의해 이 기획이 채택되었음을 밝히고 있다. 그
기획의 개요를 살펴보면 첫째, 게일 사전 기금의 관리 주체인 장로교 공의
회 측에, 이 기금 중 2500엔 가량을 새로운 책 출간에 이용하게 해 달라고
요청하며, 발생하게 될 수익은 모두 기금 쪽으로 돌릴 것. 둘째, 조선야소
교서회가 출판을 담당할 것. 셋째, 조선야소교서회가 이를 담당할 편집장
을 임명하게 하여 조선에 거주하는 선교사들이 제공하게 될 대역 어휘목
록 혹은 영어 표제어를 취합하도록 할 것 등이었다(p.5.).

---

24) W. M. Clark, "The Need of Special Vocabularies in English-Korean", *The Korea
    Bookman* II-1, 1921.3. pp.6-7.
25) W. M. Clark, "English-Korean Word Lists", *The Korea Bookman* III-1, 1922.3.

두 번째 글에 나오는 클라크의 언급을 보면, 앞서 말한 1-2단계는 지속
적으로 진행되었고, 3단계에 부합된 작업 역시 가시화되고 있었음을 알
수 있다. 특히 1의 글에서 언급한 바, 잡지의 어휘목록을 교정/점검할 조선
인 3인, 서구인 2인으로 구성된 위원들을 연상시키는 인물들의 이름 또한
발견된다. 편집장이 취합한 어휘 목록을 검토할 위원으로 게일, 레놀즈
(Reynolds), 윤치호(尹致昊, 1865-1945), 신흥우(申興雨, Hugh Cynn, 1883-1959),
양주삼(梁柱三, 1879-?)이 실명으로 거론되고 있다. 또한 이 위원 역할에
대한 제안을 게일, 레놀즈, 윤치호가 받아들였다는 사실 역시 분명해 보인
다(p.5). 여기서 클라크가 말하는 게일의 사전은 물론 1931년 발행하게
될 게일의 『韓英大字典』을 지칭하는 것이었다.[26]

게일의 『三千字典』이 생성되는 과정이 이런 선교사들의 언어정리사업
과 별도로 동떨어진 것이 아니었다. 이 잡지의 어휘정리사업 결과물인
영한대역어휘목록 332 항목과 『三千字典』을 대비해보면 일치되는 영어
표제어는 127 항목이며, 일치 영어 표제어에 대한 조선어 대역어 역시 88
항목이 일치한다. 이를 언더우드, 존스의 영한사전과 함께 정리해보면 다
음과 같은 결과가 도출된다.

---

26) "Foreward", 『韓英大字典(The Unabridged Korean-English Dictionary)』, 京城: 朝鮮耶
蘇敎書會, 1931의 다음과 진술은 전술했던 클라크의 언급과 관련된 언급으로 보인
다. 게일의 제3편 한영사전 편찬과 클라크 등의 작업이 시기적으로 동일함을 감안
할 때, 클라크가 지칭한 사전이 게일의 세 번째 한영이중어사전임을 추정할 수
있다. "요코하마에 보관되어 있던 게일 박사의 한영자전 인쇄본과 활판이 1923년
의 대지진으로 인한 화재로 크게 훼손된 후, 새로운 원고를 마련할 필요가 생겼다.
게일 박사는 3년 이상 새로운 원고 작업에 매달렸으나 아쉽게도 은퇴하여 원고
완성을 보기 전에 한국을 완전히 떠나게 되었다. 당시 사전 판권 소유자였던 장로
교총연합회는 출판 비용과 판매 가격을 낮추려고 사전 편찬 기금과 판권을 조선야
소교서회(朝鮮耶蘇敎書會)에 넘겨주었다."

【표4】 *The Korea Bookman* 연재 어휘정리사업의 이중어사전 등재 양상

	Jones 1914	Gale 1924	Underwood 1925
The Korea Bookman 영한대역 어휘목록과 일치하는 영어 표제어	170 항목	128 항목	247 항목
The Korea Bookman 영한대역 어휘목록과 일치하는 조선어 대역어 (일치 조선어대역어/일치영어 표제어)	62 항목 (36%)	87 항목 (68%)	125 항목 (51%)

영어 표제어가 일치하는 경우에, 조선어 대역어 역시 일치하는 경우가 상당부분 존재한다. 그러나 그렇지 않은 경우들도 다수 존재함이 보여주 듯, 이 시기까지도 여전히 영한 대역관계의 충분한 안정성은 확보하지 못했음을 알 수 있다. 하지만 존스에 비해, 게일, 원한경의 조선어 대역어 일치율이 더 높아, 대역관계의 안정성이 점차 높아가고 있음만은 확인된 다. 요컨대 번역어들 사이에 일종의 경합이 있었고, 편찬 목적과 신념에 따른 대역관계의 변폭도 상당했다. 즉, 잡지에서 제시한 어휘 목록이 게일 이 준비한 사전과 별도로 추가적으로 수집된 것이며 다른 형태로 출판될 예정이었던 셈이다. 그렇다면 검토위원으로 기왕의 한영사전 편찬자 게일 이 임명된 이유는 어디에 있었을까. 이는 필시 가장 권위 있는 내외국인을 검토위원에 포함시켜, 어휘목록 내의 영한 대응관계에 권위를 부여하려는 의도가 아니었나 싶다.

하지만 결국 이 잡지의 어휘목록은 『三千字典』과 별도의 형태로는 출 판되지 못했다. 그 이유는 게일의 『三千字典』 때문이라기보다는, (클라크 의 글에서 보이듯) 1922년 봄에는 출판될 것이라 거론되던 원한경(元漢慶, H. H. Underwood)의 사전 때문이었던 것 같다. 클라크는 자신들의 작업이 지연될 것이나, 장로교공의회에 자금을 활용하여 계속 진행할 것이라 말 했다. 그러나 지연은 '중단'으로 이어졌다. 원한경의 집대성 작업이 잡지의 어휘정리사업과 겹치며 그 성과까지 원한경의 작업에 흡수되어갔기 때문

이다. 연합협의회로서는 새삼스레 새로운 작업을 필요 없으리라 판단할 수밖에 없었다. 원한경은 이 잡지 1922년 6월호에 그가 진행하고 있는 사전 편찬 작업에 대한 기사를 게재했다.[27] 그의 작업은 그의 부친인 H. G. 언더우드가 1890년 편찬했던 약 6,000 어휘의 포켓용 사전과 동시에 진행되었던 대형사전의 기획이란 유지(遺志)를 잇는 것이었다. 언더우드의 사전(1890)은 시간과 함께 그 유효성을 잃어가고 있었지만, 아버지 언더우드의 사망과 함께 그 증보 작업은 중단되어 있었다. 이 작업까지를 상속한 원한경은 대략 15,000 표제어, 750쪽으로 예견한 사전편찬역사(役事)의 팔 부능선을 넘어가고 있었다. 원한경은 한국으로 돌아온 1917년 이후 사전 편찬 작업을 시작했다. 그리고 A, B, C, D, G, H, I, J, K, L, M, N 그리고 O까지의 최종 교정쇄가 인쇄 준비 완료되었고, 현재 교정 작업 중인 RE까지의 거의 모든 여타의 항목들의 제2차, 제3차 교정쇄가 검토되었다고 말했다. 원한경은 1922년 여름까지, 아니면 아무리 늦어도 어학당이 개교하기 전인 가을까지는 교정을 마치고 인쇄하게 될 것이라고 예상했다. 즉, 원한경의 사전출판 보고가 이와 유사한 성격의 어휘정리작업이 이루어지고 있던 *the Korea Bookman*에 올라왔던 셈이다. 따라서 이 어휘정리 작업은 보족적인 것이 될 위험이 연재 기간 내내 계속 있었다. 물론 원한경의 『英鮮字典』(1925)의 서문이 잘 말해주듯 관동대지진으로 인하여, 그의 이 작업은 생각보다 훨씬 오래 걸렸다.

지금까지의 내용을 정리해보면, *The Korea Bookman*의 어휘정리 관련 연재 목록의 영어 표제어는 당시 시급히 번역되어어야할 영어 어휘였으며, 여기에 배치된 조선어 대역어는 해당 영어와의 등가 관계가 아직 분명한 형태로는 성립되지 않았거나 토착화 되지 않은 어휘였다. 그리고 게일의

---

27) H. H. Underwood, "An English-Korean Dictionary", *The Korea Bookman* III-1, 1922.6.

『三千字典』은 이 연재목록(1-6)에 대한 교정의 산물(중간적인 형태)이며 『英鮮字典』은 이 시기 시행되었던 작업의 집성물(최종적인 형태)이라고 규정할 수 있다.

The Korea Bookman의 332 항목 어휘목록과 원한경의 사전의 영어 표제어를 실제로 대조해보면 어떨까. 대략 영어 표제어 중 247 항목이 일치하며 그 조선어 대역어 역시 상당부분(51%) 일치한다. 서로 다른 조선어 대역어가 제시된 경우에도, 재현하려고 한 영어 개념의 의미가 동일한 경우가 대부분이다. 서로 다른 조선어 대역어를 제시한 경우는 드물다.[28]

그런데 원한경의 글에서 더욱 주목을 끄는 부분이 있다. 다름 아니라 원한경의 어휘정리 과정이 The Korea Bookman이 진행한 절차와는 매우 상이한 방식으로 이루어졌다는 언급이 그것이다. The Korea Bookman은 어디까지나 선교사들로부터 필요한 대역 목록을 수집하는 귀납적 형식을 취했다. 하지만 이와 달리, 원한경은 중국, 일본사전의 신어 어휘를 상당부분 통째로 가져왔으며 그것이 사전 절반 정도의 분량을 차지한다고 고백한다. 또한 개별 어휘의 정서법은 총독부의 『朝鮮語辭典』(1920)에 의거했으나, 이 사전의 정서법은 과거 옥편의 방식과 큰 차이를 지니고 있지 않다고 했다. 하지만 놀랍게도 한국어 말뭉치라는 범주를 벗어난 작업방식에도 불구하고 그의 사전은 The Korea Bookman과 겹쳐지는 영한사전의 집성물이 되었다. 즉 그간의 10년 동안, 존스 사전(1914)의 '예언'과 그 방법

---

28) 예외적인 경우는 The Korea Bookman의 "Compound=複利"라는 대응관계 정도로, 이와 달리 원한경은 (1)혼합물(混合物), 화합물(和合物) (2)울타리안, 테안, 구닉(構內)이라고 대역하고 있다. 이는 그가 더욱 적절한 대역어를 모색하려고 한 시도로 볼 수 있다. 클라크와 엥겔의 영한대역어휘 총목록은 『개념과 역사, 근대 한국의 이중어사전 2—외국인들의 사전 편찬 사업으로 본 한국어의 근대』(번역편)을 참조할 것.

론이 실제 조선어의 '실상'에 부합되는 것으로 변모되어 버린 것이다. 적어
도 언어의 수준에서 보자면, 합법성이 정당성/정통성과 통약가능해진 상
황이 연출된 셈이다.

하지만 여기에서는 이 경악스러운 일치 이전에 존재했던 상황 혹은 과
정에 주목하려 한다. 이 시기까지만 해도 서로 다른 층위의 어휘들 즉,
*The Korea Bookman*의 연재물과 원한경의 선택이 공존하는 상황이 있었는
데, 오히려 그러한 모멘트야말로 근대 한국의 개념어 형성 과정을 보다
잘 증언해줄 수 있을지 모른다.

2) 엥겔(G. Engel, 王吉志)은 클라크의 글(1)에서 제시한 구체적 사례와
목록에 대한 논평을 수행한 후 총 332 항목의 영한대역 어휘목록을 연재했
다.[29] 어휘정리사업의 초점은 클라크가 말한 바대로 〈대응된 두 어휘의
등가성 여부〉 그리고 그 〈조선어(번역어)에 대한 조선인의 활용가능성〉
이었다.[30] 클라크가 영어 어휘의 개념과 등가성을 지닌 한국어를 제시하
려고 했다면, 상대적으로 엥겔의 작업은 그 등가성을 점검하고 실제 그들
의 선교현장에서 통상적으로 활용가능한 조선어 대역어를 제시하는 데
그 목적이 있었다. 더하여 영어 어휘가 문맥에 따라 변할 수 있기에, 엥겔
은 영어 어휘의 의미 변폭에 대응되는 한국어 어휘를 일대일 대응이라는
원칙 하에서나마 최대한 고려하려고 했다.

클라크가 제시한 구체적인 사례 그리고 이에 대한 엥겔의 논평은 영한

---

29) G. Engel, "English-Korean Vocabulary", *The Korea Bookman* Ⅲ-3, 1922.9. 호주 장로교
　　선교사 엥겔은 레놀즈와 게일의 안식년에 따라 1920년 10월 성서개역위원으로
　　임명되었던 인물이다. 이 사실에 비추어 볼 때 클라크의 작업을 점검할 수 있을만
　　한 한국어 지식을 갖추고 있었을 것이다.

30) W. M. Clark, "The Need of Special Vocabularies in English-Korean", *The Korea
　　Bookman* Ⅱ-1, 1921.3, pp.6-7.

대역관계를 구성하려고 했던 작업의 의도와 구체적인 실상을 보여준다. 이는 엥겔이 제시한 332 항목의 영한대역 어휘목록과 각 영한사전들로의 실제 등재 양상이란 측면에서 입체적으로 조망되어야 한다. 먼저 클라크 가 사례로 제시한 목록과 엥겔의 논평, 향후 이중어사전의 등재양상을 정리해보면 다음과 같다.

【표5】 클라크의 예시문 그 이후의 대응 관계

영어 표제어	Underwood 1890 / Scott 1891	Jones 1914	Clark 1921-1922	Engel 1922-1924	Gale 1924	Underwood 1925
1 inspire	정신나게ᄒ오 / ×(cf: inspiration 숨)	(infuse ideas) 감동ᄒ다(感動), 감화ᄒ다(感化), (divine) 텬계감화ᄒ다(天改感化) (cf: inspiration 텬계감화(天改感化), 믁감(黙感), (influence) 감화(感化) 감동(感動))	感想 주오	×	× (cf: inspiration 령감(靈感))	정신나게ᄒ다(精神), 싁닷게ᄒ다, 고동ᄒ다(鼓動), 고취ᄒ다(鼓吹) (cf: inspiration (1) 吸引, 引入 (2) 神靈感應, 神通, 靈感 (3) 鼓吹, 感激, 奮勵)
2 Recitation	외오ᄂᆞᆫ것, 외온것 / × (cf: Recite 외오다)	×(cf: recite 외이다(誦), 암송ᄒ다(暗誦), 비숑ᄒ다(背誦), 강ᄒ다(講))	日講	工課 時間	암송(暗誦), 비숑(背誦)	외오ᄂᆞᆫ것, 외온것, 비숑(背誦), 암송(暗誦)
3 Character	성품 / 셩픔, 셩졍, 셩벽	셩품(性品), 셩질(性質), 본셩(本性)	品性	性質, 性品, 人物	셩격(性格), 인격(人格), 인물(人物), 인품(人品), 긔질(氣質)	(1) 셩질(性質), 셩품(性品) …(中略)…(5) 인물(人物)
4 Personality	× (cf: person 사름, 몸) /×(cf: person 사름, 놈)	품격(品格), 인품(人品), 인격(人格)	人格	×	인격(人格)	(1) 인격(人格), 인품(人品), 기인셩(個人性), 인물(人物)
5 Subjective	×	×	主觀的	主觀的	쥬관뎍(主觀的)	쥬관뎍(主觀的), 본심의(本心), ᄆᆞᄋᆞᆷ에셔발ᄒᆞᄂᆞᆫ
objective	×	긱관뎍(客觀的)	客觀的	客觀的	긱관뎍(客觀的)	긱관뎍(客觀的), 딕상뎍(對象的)
concrete	× / 대강	(opposite of abstract) 유형(有形), 실형(實形)	×	具體的	구례뎍(具體的), 유형물(有形物)	유형의(有形), 규톄의(具體)

영어 표제어	Underwood 1890 / Scott 1891	Jones 1914	Clark 1921-1922	Engel 1922-1924	Gale 1924	Underwood 1925
nature (the world of nature)	셩품, 셩미, 본셩, 텬셩 /(creation) 만물 (disposition) 셩품, 셩미(force) 긔운	(basic character) 본셩(本性), (of animal being) (of objects) 셩질(性質), (force of the material world) 조화(造化),	x	天地萬物, 宇宙, 萬有, 森羅萬象	주연(自然), 텬연(天然), 주연계(自然界)	(1) 텬셩(天性), 본셩(本性), 셩질(性質) (2) 텬디만물(天地萬物), 삼라만상(森羅萬象), 만유(萬有), 조화(造化), 텬연(天然), 자연(自然) …(中略)…

클라크의 예시문 나아가 *The Korea Bookman*에 연재된 한영 대역 관계 목록에서 제시된 조선어 어휘 목록 중 『韓英字典』(1911년)에 등재된 항목 은 "人格(=Personality)", "影響(=influence)", "原料(=Material)", "圖書館(=library)", "廉價(=low price)", "句節(=paragraph)", "篤信者(=An earnest believer)", "範圍(=Sphere)" 뿐이다. 상기 도표에서 1-3 그리고 5의 "nature"는 초기 영한사전에도 조선어로 '풀이'된 어휘였지만, 영어에 대한 보다 더 등가성을 지닌 조선어 대역어가 마련될 필요가 있었다.[31] 클라크, 엥겔의 설명 그리고 향후 영한사전의 등재 양상을 보면, 그들이 마련하려고 했던 등가성의 층위를 살펴볼 수 있다. 추상적인 대상(感想, 靈感), 단순히 암기하는 차원의 의미가 아니라 실제 교육 현장에서 진행되는 서구식 교수학습 방법이라는 맥락(暗誦), 타고난 인간의 품성이 아닌 훈육/사회화된 본성으로서의 개인의 "性格", 소설 속의 "人物", 주체와 분리된 물리학적 개념의 "自然" 등 새롭게 등가성을 확보해야할 어휘들은 허다했다. 위 표의 4와 5에 나오는 Personality, Subjective, nature와 같은 어휘들은 일종의 개념어가 되어야 했는데, 초기 영한사전에는 등재되지 못했던 영어 표제어들이었다. 1920

---

31) 自然은 이전 사전들에도 등재된 한국어 표제어이었지만, 부사형으로 취급되었고 개별 한자들의 의미 그 자체-"저절로 그러한 것"-로 번역되었다. 自然 of itself; naturally so; self-existence; of course. See. 졀노. (Gale 1897-1931)

년대 서구인들이 조선을 말하려고 할 때 필요한 개념들로 주관/객관, 구체/추상이란 서구의 이분법적 인식론을 재현할 조선어 대역어가 요구되고 있었다. 1910년에서 1920년대초 사이에 과연 어떤 언어사적 변동이 있었던 것일까.

영어의 특정 개념 층위를 재현할 조선어 대역어의 마련과 그를 통한 일대일 등가교환 관계의 성립이 요청되고 있었다. 존스는 자신의 작업이 지닌 초점이 "국문(Kukmun)"에 대한 영어로 된 "풀이 만들기"가 아니라 "영어 용어에 대한 등가어를 찾"는 방향에 있다고 말했다. 존스 이전 사전들이 주로 실제 채집한 한국어를 영문으로 풀이하는 작업이었다면, 존스 이후의 사전들은 영어에 대한 등가어를 한국어 어휘 속에서 찾는, 아니 만들어내는 작업이었다. 게일 역시 그의 영한사전(1924) 서문의 기술에서 "영어에 대응하는 모든 한국어가 아니라, 단지 가장 유용하다고 여겨지는 것들을 제시했"으며, "한국어 단어들에 수반하는 풀이가 없으므로, 학생들은 각 경우별로 영어가 어떤 뜻을 전달하려 하는지 그 특정 의미를 찾아보아야 할" 것이라고 했다. 즉, 여기서 조선어는 역으로 영어의 특정 의미를 한정해주는 역할을 담당하게 된다. 존스, 게일의 입장에서 초점은 '등가교환 관계'의 설정이었지, 영어와 완전히 동일하지 않지만 가장 유사한 한국어 안에서 관습적으로 쓰이는 표현 혹은 어휘를 찾는 것이 아니었다. 그것은 일대일 어휘의 대응이 상징하는 교통 체계, 등가교환의 체계를 마련하는 것으로, 이를 성립시키려고 한 목적은 사실 '번역'이었다. 요컨대 '풀이'에서 '등가'로의, 구어 통역에서 문어 번역으로의 요구의 이동이 가파르게 이루어지고 있었다.

하지만 그렇다고 서구인들이 새로운 조선어를 직접 만들어내는 실천 행위를 수행할 수 있는 입장에 있는 것은 아니었다. 분명한 것은 언더우드의 문법서(1890)에서는 결코 자연스러운 한국어로 간주되지 않던 "번역문/ 번역어로서의 한국어"가 한국어 안에서 정치적 합법성을 획득해가는 시점이 도래해 있었다는 사실이다. (우리는 교육현장/법의 영역에서 관철된 합법성으로부터, 담론장 혹은 공론장에서의 실천을 통해서만 확보가능한 정통성으로의 이동 기점을 3·1운동 후의 신문화운동으로 잡고 있다.) 존스의 사전 서문에서 고민했던 "True"와 "Truth"가 지닌 공통 개념, "동사의 명사형과 동사, 명사의 형용사형"과 같은 영어의 파생 형태까지도 등가교환 관계로 번역가능하게 하는 접미사(-흠, -的/-上/-흔)를 한국어는 지니게 된 셈이다.[32] 즉, 그들이 노력하면 풀이할 필요 없이 그들의 영어 어휘의 개념과 그 의미가 등치되는 조선어 대역어를 발견할 수 있는 여건이 조성된 것이었다. 엥겔이 클라크의 번역 목록에 수록된 조선어 대역어에 관해

---

[32] 이상현, 「언더우드의 이중어사전 간행과 한국어의 재편과정」, 『동방학지』 151, 연세대 국학연구원, 2010 pp.251-258. 일례로 존스가 서문에서 예로 들었던 이 영어 어휘의 대역관계를 정리해보면 다음과 같다.

True 춤되어, 진실흐오, 챡실흐오, 근실흐오, 진덕흐오, 뎐녕흐오 (Underwood 1890), 춤된(眞), 진실흔(眞實), 실흔(實), 적실흔(的實) (Jones 1914), (1)춤된, 진실흔(眞實) (2)신실흔(信實), 츙실흔(忠實), 변치안는(變) (3)정(正)[In comp.] (4)진덕흔, 확실흔(確實) (5)순견흔(純全), 순쉬흔(純粹) adv. 춤, 진(眞), 실노, 정히, 바로 v.t. 바로잡다, 곳게흐다 (Underwood 1925)

Truth 춤, 춤 것, 진실흔 것 (Underwood 1890), 진리(眞理), **덕실(的實),** 신실(信實), 춤말(眞言) (Jones 1914), (1)진리(眞理) **(2)춤, 춤 것, 진실흔 것(眞實)** (3)성실홈(誠實), 정직홈(正直) (Underwood 1925) 언더우드의 사전(1890)부터 품사는 다르지만 공통된 의미망을 의도한 모습이 보인다. 하지만 언더우드의 "True"에 대한 대역어 "춤되어.."는 (to be true)에 대한 번역에 근접한 것이었으며, "춤, 춤것, 진실흔것"은 당시 토착화된 자연스러운 한국어가 아니었다. 이 점으로 말미암아 존스는 이를 수용하지 않음 셈이다. 원한경의 사전은 품사를 대등한 차원으로 만들었으며, 그의 사전에 실린 "춤, 춤것, 진실흔것"은 자연스러운 한국어 구문이었던 것으로 추론된다. 1910년대 후반 게일의 한국근대어 강좌를 보면 "흔, 홈"은 1910년대까지도 새로운 어휘형태였음을 알 수 있다. 이 점에 대해서는 이상현, 「근대 조선어·조선문학의 혼종적 기원—「조선인의 심의」에 내재된 세 줄기의 역사」, 『사이間SAI』 8, 국제한국문학문화학회, 2010, pp.138-142을 참조.

행한 논평은 이 점을 잘 보여준다.[33]

예컨대 엥겔은 ①"可成的=as much as possible"은 현대의 현학자들에게
는 "홀 수 잇는대로"라는 친숙한 옛 표현보다 영어의 의미를 보다 더 정확
하게 전달할 수 있을지 모르나, 후자를 사용함이 더 좋다고 지적한다. 옛
표현이 그 의미를 아는 데에 문제가 없다면 이미 통용되는 표현을 사용함
이 더 적절하다고 판단한 셈이다. 이는 "civilization"에 대한 "敎化, 開化"란
기존 조선어 대역어가 아니라 "文明"을 선택한 사례와 크게 대조된다. 역
사서 속의 "civilized nations"에 대한 "번역"을 "文明諸國"이 아닌 옛 표현으
로는 번역할 수 없다는 것이다. "敎化, 開化"만으로는 번역불가능한 측면
이 이 새로운 표현을 긍정하게 한 셈이다. 마찬가지 이유에서 ②"積極的
=to add without limit", "消極的=to diminish without limit"이란 대응에 대해서
는 각각 "positive"와 "negative"로 '번역'해야 한다고 말한다. 현대의 학생들
에게 물리학적 차원의 양성, 음성(전기)이라는 의미 그리고 실용적인 차원
에서의 의미 모두로 활용되기 위해서라고 했다. 엥겔에게는 범용가능한
등가성이 핵심 문제였던 셈이다.

엥겔의 논평은 해당 영어에 대한 조선어 표현들에 초점이 맞추어져 있
었다. 때로는 해당 조선어 표현을 영어로 적절하게 '풀이'하기도 했다는
사실 역시 발견할 수 있다. 나아가 이 조선어 표현들은 그가 직접 창안한
것이 아니라, 실제 조선에서 유통되는 어휘 속에서 발견되어야 했다. 새로
운 영어 표제어를 추가시키는 그들의 실천에 있어서 그 전제 조건은 현재
의 조선에 그 서구적 개념이 요청되고 또 유통도 가능하다는 점에 있었다.
여기서 서구적 개념은 풀이되어야 할 원천이 아니라 조선어와 함께, 즉
근대어 쌍방 간의 상호형상화 도식 속에 존재한다. 즉, 서구어의 번역으로

---

33) G. Engel, "English-Korean Vocabulary", *The Korea Bookman* III-3, 1922.9, pp.26-27.

부터 자국어를 창출하는 과정으로서 이야기되는 일본의 근대 학술 편성과
는 달리, 한국에서의 서구어-한국어의 상호형상화 도식은 '이입된 신조어
들을 영어 문맥 안에 고정하려는 외국인들의 노력'을 통과해 진행되고 있
었던 측면이 있었다.

이 점은 클라크에게 있어서도 동일한 조건이었다.[34] 영어와의 온전한
등가성이 전제된 조선어 대역어 즉, 서구적 개념을 재현할 조선의 근대어
를 모색하는 작업은 서구인 선교사들만의 노력으로 해결되는 것이 결코
아니었다. '깨어있는 많은 조선 지도자들의 협조'가 필수적이라는 클라크
의 언급을 보라. 그들로서는 '번역어'의 최종적 정당성/정통성을 어디까지
나 조선의 지도자들의 손 안에 두지 않을 수 없었다. 이는 조선인뿐만
아니라 서구인에게도 유용한 어휘 목록 출판을 위한 필요충분조건이었다.
왜냐하면 조선인들이 그들이 제시한 의미에서 번역어를 조선어로 수용하
고 활용할 때에만이, 좀 더 풍족하고 유연한 어휘를 창조하려는 그들의
바람이 달성되는 것이었기 때문이다(pp.6-7).

즉, 이 시기 번역어는 조선인에게도 유용한 것이어야 했다. 『現代新語
釋義』(1922)를 비롯한 각종 신어사전 및 술어해설 지면의 등장은 그런 의
미에서 의미심장하다. 이 특수목적의 초보적 수준의 단일어사전은, 신조
어에 꼭 영어대응어가 반드시 존재할 필요는 없다는 사실, 이런 새로운
조선어 어휘를 수집하고 정리하려는 작업이 비단 서구인 선교사란 주체만
이 담당할 수 있는 업무는 아니란 사실을 실질적이고도 효과적으로 보여
준다.[35] 조선의 근대어는 그 자체로 항상 서구 원천을 상정할 필요 없이도

---

34) W. M. Clark, "The Need of Special Vocabularies in English-Korean", *The Korea
   Bookman* II-1, 1921.3.

35) 崔錄東 편, 『現代新語釋義』, 1922. (한림과학원 편, 『한국근대 신어사전』, 선인,
   2010.)

고유한 근대성을 확보해 가고 있었다.

1922-1925년 사이. 잡지 *The Korea Bookman*, 게일, 원한경이 어휘정리사업을 수행하는 과정을 보면, 아이러니하게도 홈이 깊이 파인 정치적 공간, 즉 한국과 일본의 어휘들을 급속도로 접근시킨 것은 3·1운동을 기점으로 한 정치적 저항과 그 저항의 결과로서 확보된 식민지의 공론장이었음을 실감하게 된다. 재탈환된 한국어 담론장 안으로 일본식 통사 구조와 어휘들을 내장한 일본 유학생 혹은 일본식 교육을 받은 독자들이 대량 유입되었기 때문이다. 아니 오히려 그들이야말로 교육 현장 밖에서 한국어 담론장을 재건시킨 사람들이었다. 주지하다시피 이들에게 일본어란 외국어이면서 (강요된) '국어'였는데, 그런 까닭에 여타의 번역(어)에 대한 이해와는 달리 다른 관점의 주의가 요망된다.

우선 일본어를 외국어와 동일시하는 외국어의 관점에서 설 때, 이들 조선의 지식인들에게 근대 개념어들의 이입 자체가 일종의 '번역'이었다. 이 번역은 매끈하고 간편했고, 그 자체로 번역인 한에서 다른 원천을 생각할 필요가 별로 없었다. 둘째 일본어가 외국어일 수 없는 교양으로 인해, 이들 조선의 지식인들에게 근대 개념어들은 이미 번역이 종결된 자명한 어휘들로 생각되기 쉬웠다. 문제는 사용이지 어원론이 아니었던 것이다. (물론 모든 언어는 기원이 아니라 사용의 관점에서 이해되어야 한다는 입장이 있을 수 있다.)

외국인들은 이 신어의 내포를 영어 안에서 고정하려 했다. 한국인들은 이 신어를 한국어 안에서 풀이해내는 한편, 그러한 자각 위에서 다시금 담론장 안으로 되돌려 보내려 했다. 전자가 영한사전이고 후자가 신어사전 혹은 사상술어사전과 같은 것들이다. 그렇게 각각 다른 등가성, 각각 다른 동어반복 속에서 시도된 이 작업은 차후에 진행될 이중어사전과 국어사전의 분기(分岐)를 예감케 하는 사건이기도 했다. 즉, 3·1운동 후의 조선의 지식인들에 의해 대규모적으로 사용되게 되었고 새로운 독자들에 의해 근대어, 근대 문체, 근대 미디어로 수용된 이 일제 신어≠신조어들을 '번역어'로서 구출한 사람들은 오히려 외국인(선교사)들이었다. 이 점을 *The Korea Bookman*에 실린 또 다른 연재물, 즉 조선어 잡지 기사들의 영어 번역을 통해 살펴보도록 하자.

4. 번역어의 『개벽』 혹은 황혼
─방황하는 외국인, 조선어 잡지의 외국인 독자

1) 1922년 12월부터 잡지의 종간호(1925년 6월)까지 *The Korea Bookman*에는 조선의 근대 잡지에 대한 윌리엄 커(William C. Kerr)의 논평이 10회에 걸쳐 연재되었다. 식민지 조선 내 각종 잡지들의 동향을 살핀 그의 글이 2회를 제외하고 늘 권두 기사로 배치되어있었다는 사실을 볼 때, 조선어 근대 잡지의 출현을 그들 역시 중요한 사건으로 인식했다는 점을 알 수 있다. "조선어로 출판되고 있는 정기간행물에 대한 단면도(cross-sectional view)를 제공"[36]한다는 기획의 목적처럼, 커는 1922년 11월에서 1925년 6월 사이에 조선에서 발행된 『개벽』, 『신천지』, 『신생활』, 『신여성』·『부인지광』, 『어린이』·『샛별』·『신소년』, 『영대』·『조선문단』·『생장』 등 다수의 잡지를 거론하고 번역하고 또 논평하였다.

3개월 간격의 계간지 형식으로 발행된 *The Korea Bookman*이 가장 주의

---

36) William C. Kerr, "Review of Current Korean Periodical Literature", *The Korea Bookman* Ⅲ-4, 1922.12. 이하 커의 연재물을 참조, 인용할 시에는 '권-호, 발행년월, 쪽수'로 본문 중에 표기하도록 한다.

깊게 살핀 조선어 잡지는 『개벽』이었다.

*The Korea Bookman*이 잡지 『개벽』에 주목한 까닭은 일차적으로 결호가 없이 지속적으로 간행된 잡지였기 때문인데(Ⅳ-3, 1924.9, p.28), 따라서 커의 연재물의 중요한 구심점이었다. 커는 『개벽』의 발행 주체가 천도교라는 사실을 잘 알고 있었지만, 이 잡지의 의미를 종교적인 것으로 한정하지는 않았다. 있는 그대로의 잡지의 모습을 제시하기 위해 때때로 번역대상을 『개벽』으로 한정할 만큼(Ⅲ-4, 1923.12, p.36), 조선어 질서의 재편에서 이 잡지가 갖는 의미에 크게 주목하였던 것이다. 커 자신이 잡지의 목록과 기사의 제명을 직접 거론하지는 않았지만, 그 내용에 비추어 그가 소개, 번역, 논평한 『개벽』의 기사들을 유추해볼 수는 있었다. 그 목록은 대략 다음과 같다.[37]

【표6】 *The Korea Bookman*에 연재된 커의 조선어 잡지 논평 및 번역 기사

논평시기(연재면수) 및 거론 잡지		논평된 『개벽』호 수	저자명	참조기사명	기사 분류	논평	논평 형식
1	1922.12. (pp.38-42) 『개벽』, 『부인』·『신생활』, 『동명』, 『신천지』, 『학생계』, 『조선지광』	29호 (1922.11.)	창해 거사	조선인과 정치적 생활	논설	정치	요약 제시
			이서완	조선의 농정문제	논설	경제 (조선의 장래)	요약 제시
			박달성	유아무야?	논설	경제 (조선의 장래)	요약 제시
			북려 동국	동서의 문화를 비판하야 우리의 문화운동을 논함	논설	종교(사상)	요약 제시
2	1923. 3.(pp.1-4) 『개벽』, 『신천지』, 『신생활』·『동명』	30호 (1922.12.)	일기자	당국의 언론압박과 민중의 여론격앙	소식	『신천지』,『신생활』필화사건	요약 제시
		31호 (1923.1.)	미상	범인간적 민족주의	논설	민족주의	요약 제시

37) 도표의 참조기사명은 최수일의 연구서(『개벽연구』, 소명, 2008)에 부록으로 첨부된 "개벽 총목차"에 의거하여 작성했다. 기사의 순서는 커가 논평한 순서에 의거하여 제시했다. 기사의 분류는 한국역사정보통합시스템의 분류에 의거했으며, 커의 기사에 관한 소개 방식을 함께 표시했다. 논평의 형식은 제명을 풀어서 소개한 경우, 기사 내용의 일부나 요지를 요약한 경우, 직접 발췌하여 번역을 한 경우로 나누어 분류하였다.

논평시기(연재면수) 및 거론 잡지		논평된 『개벽』호수	저자명	참조기사명	기사 분류	논평	논평 형식
			미상	조선의 특이한 처지와 이에 대한 특이한 구제책	논설	조선의 장래	요약 제시
			일기자	임술 일년사의 총관	논설	사건소개	소개
			주요섭	최근 백년간의 발견과 발명	소식	역사정보	소개
				원본기사 소재불명			요약 제시
			안창남	공중에서 본 경성과 인천	기행문	소개	소개
		32호 (1923.2.)	미상	선동적 해방으로브터 실행적 해방에	논설	해방호 특집기사	요약 제시
			미상	쟁투의 세계로부터 부조의 세계에	논설	해방호 특집기사	요약 제시
			이성환	먼저 농민부터 해방하자	논설	해방호 특집기사	요약 제시
3	1923.6.(pp.15-21) 『개벽』, 『동명』, 『신천지』	34호 (1923.4.)	미상	곳 해야 할 민족적 중심세력의 작성	논설	전망제시	발췌 번역
			일기자	조선무산인의 도일과 일본무산인의 주시	논설	시사비평	발췌 번역
			첨구생	까마구의 자웅	소식	조선단체에 대한 비판	요약 제시
			김유방	우리가 선택할 소주택	논설	제안	소개
			김유방	배교자	문학(희곡)	개신교비판	요약 제시
			미상 외	〈조선문화의 기본조사〉 경상남도	보고 외	지역정보	소개
			황석우	현일본 사상계의 특질과 주조	논설	일본에 대한 조선인의 생각	요약 제시
		35호 (1923.5.)	미상	제세안민지책이 차호아 피호아	논설	전망제시	소개
			미상	민족일치, 대동단결을 운위하는 이에게	논설	전망제시	소개
			기전	개벽운동과 합치되는 조선의 소년운동	논설	소년운동에 호의적 표현, 제안	요약 제시
			일기자	일본 사람이 본 조선의 민족운동과 사회운동	논설	일본 글의 소개	소개
			손효준	운동계를 위하야	논설	체육에 관한 글	소개
			소춘	오월 일일은 엇더한 날인가	논설	노동일에 관한 글	소개
			김송은	이혼문제에 대하야	논설	이혼 및 결혼문제에 관한 제안	요약 제시
			강제동	영미인의 경영하는 학교의 내막을 보고,	논설	개신교비판	요약 제시
		36호 (1923.6.)	미상	장래할 신사회와 인습적 종교	논설	사설 (leading article)	소개
			임주	인류의 사상 변천과 재래 종교의 가치	논설	사설	소개
			이동국	중국에 재한 일본의 이권동요와 동아의 금후의 대세	소식	사설	소개
			일기자	『하와이』에 사는 육천동포의 실황	소식 외	사설	소개
			박승철	파란·화란·백이의를 여행하고서	기행문	사설	소개
			미상 외	〈조선문화의 기본조사〉 慶北道號	소식 외	지역정보	발췌 번역
4	1923.9. (pp.28-32) 『개벽』	37호 (1923.7.)	벽아자 외	각종 신문잡지에 대한 비판	문예 평론	신문, 잡지평	발췌 번역

논평시기(연재면수) 및 거론 잡지		논평된 『개벽』호수	저자명	참조기사명	기사분류	논평	논평형식
			두선생	신문당국자에게 경고하는 일언	논설	신문평	요약제시
			이철	무종교라야 유종교	논설	종교	요약제시
		38호 (1923.8.)	저암	암영 중에 무쳐 잇는 보천교의 진상	논설	종교	발췌번역
			비봉산인	정읍의 차천자를 방문하고	소식	종교	요약제시
			미 상	화가 유할진저 위선지자들이여	논설	풍자	발췌번역
			미 상	평북의 산업	소식	지역소개	소개
			양 명	신문학 건설과 한글 정리	논설	조선문학	발췌번역
			김기진	애련모사	시	조선 시문학	요약제시
		39호 (1923.9.)	주종건	국제무산청년운동과 조선	논설	(계급)운동	요약제시
			미 상	한 계단을 넘어서는 환희	문예기타	조선의 상황	발췌번역
			금 성	혼돈	문예기타	조선의 상황	발췌번역
			외 별	나날이 잘못 되어가는 시골	문예기타	조선의 상황	요약제시
5	1923.12. (pp.36-39) 『개벽』	40호 (1923.10.)	미상	대변지후	문예기타	종교사상	발췌번역
			이창림	새삼스럽게 음미되는 조선의 최수운주의	논설	천도교	발췌번역
			L 생	썻던 탈을 버서나는 물산장려	논설	경제운동	발췌번역
			돌이	지주는 엇지할고?	논설	농촌문제	발췌번역
			양명	만리장성 어구에서	기행문	기행감상	발췌번역
		41호 (1923.11.)	PSL 생	돈아! 네 일홈이 돈이지!!	논설	금전론	발췌번역
			편집인	신조선의 운명과 농민의 지위	논설	농촌문제	발췌번역
			주종건	현대경제조직의 모순 〈실업한 직공과의 대화〉)	논설	경제문제	요약제시
			일기자	조선의 부력은 얼마나 되는가	논설	경제	요약제시
			상 섭	세 번이나 본 공진회	세태비평	수필감상	요약제시
6	1924.3. (pp.1-4) 『개벽』	42호 (1923.12.)	북려동곡	새 甲子를 넘겨다보는 世界의 不安	논설	국제정세	발췌번역
			미상	(강원도)	잡문	지역소개	소개
		43호 (1924.1.)	미상	계해와 갑자(사회주의와 민족주의)	논설	사상	발췌번역
			팔봉상인	지배계급교화, 피지배계급교화(계급문화교화)	논설	교육사상	요약제시
			양 명	우리의 사상혁명과 과학적 태도	논설	사상	발췌번역

논평시기(연재면수) 및 거론 잡지	논평된 『개벽』호수	저자명	참조기사명	기사분류	논평	논평형식
	44호 (1924.2.)	백작 역	유물사관의 「요령기」	논설강연	사회주의	소개
		박달성	관분종횡 47일	문예	기행감상	소개
		일기자	레닌은 죽엇습니다	인물	시사보고	소개
		재진생	신년벽두의 조선의 사회운동 (노동대회, 동맹)	잡문	보고	요약제시
		고봉	현신문의 결함과 민중의 무신경	논설	신문평	발췌번역
		김경재 외	〈현문단의 세계적 경향〉	문예	비평	요약제시
7	45호 (1924.3.)	유일선	나의 주장하는 기독교주의	종교	기독교비판	발췌번역
1924.6. (pp.11-17) 『개벽』, 『신천지』, 『금성』, 『조선지광』, 『샛별』, 『신소년』, 『조선아동』, 『신건설』 미상: Paikbum (White Sail)		한용운	내가 밋는 불교	종교	불교관	발췌번역
		양건식 역	피·락크쉬미·날스氏의 佛敎觀	종교	종교소개	소개
		김정설	노자의 사상과 그 조류의 비판	잡문	인물	요약제시
		기 전	상하, 존비, 귀천	논설	유학비판	요약제시
		소 춘	이천년전의 노동주의자 묵자	잡문	인물	요약제시
		권덕규	조선생각을 찾을 때	논설	사상비판	요약제시
		이돈화	천도교의 인내천주의에 대한 일별	종교	천도교	발췌번역
		○ 민	사상의 귀추와 운동의 방향	논설	사상	발췌번역
	46호 (1924.4.)	차상찬 외	〈충청남도〉	잡문, 문예	지역소개	소개
	47호 (1924.5.)	차상찬 외	〈경기도〉	잡문, 문예	지역소개	소개
8	49호 (1924.7.)	대갈생	학교를 력방하다가 교육자 제군에게	논설	교육문제	요약제시
1924.9. (pp.23-27) 『개벽』, 『신여성』, 『영대』, 『산업계』, 『어린이』		대갈생	여학교를 방문하다가	잡문	교육일화	요약제시
		이돈화 외	하휴중의 학생제군	잡문	방중임무	요약제시
		박달성	조선청년의 무력수양문제	논설	무력수양	요약제시
		이돈화	천국행	논설	종교론	발췌번역
		박영희 편	개벽4주년 기념부록 중요술어사전	문예	문학용어	발췌번역
	50호 (1924. 8.)	우대갈생	교육자를 대갈한 대갈생에게	잡문	독서평	요약제시
		팔봉산인	너희의 良心에 告發한다	문예	예술론	요약제시
		청오 외	각지의 녀름	문예	수필	소개
		차상찬	빈자의 녀름과 부자의 녀름	논설	빈부격차	소개
		박영희	사상술어	잡문	부록사전	소개

논평시기(연재면수) 및 거론 잡지	논평된 『개벽』호수	저자명	참조기사명	기사분류	논평	논평형식
9 1924.12. (pp.32-37) 『개벽』,『신여성』	51호 (1924. 9.)	네눈이	삼국노동자미행기	문예	소설	요약제시
		이돈화	현대청년의 신수양	논설	수양론	발췌번역
		기전상찬	조선문화기본조사 (평안남도호)	잡문,종교	보고 외.	발췌번역
		박영희	사상술어사전	잡문	부록사전	소개
	52호 (1924.10.)	금성생	비기독교대동맹선언	시사	시사보고	발췌번역
		동인생	〈추창만감〉한우님의 큰 실수	문예	수필	요약소개
		관상감	흔들리는 총독부	시사	시사	요약소개
	53호 (1924.11.)	일기자	인내천주의의 주창자 최수운 선생의 탄생 백년기념에 취하야	보고	천도교	발췌번역
10 1925.6 (pp.9-15) 『개벽』, 『조선문단』, 『생장』, 『부인지광』, 『朝鮮及朝鮮人』	58호 (1925.4.)	차상찬	(충청북도)	잡문	보고	소개
	59호 (1925.5.)	이민창	조선의 경제파멸의 원인과 현상을…(상)	논설	경제	요약소개
	60호 (1925.6.)		조선의 경제파산원인(중)	논설	경제	요약소개
		이돈화	환절기와 신상식	논설	상식론	발췌번역
		조봉암 외	치안유지법의 실시와 금후의 조선 사회운동	논설	정세분석	요약소개
		차상찬	(황해도)	보고	보고	요약소개

최초의 연재글(1)에서 커는 당시 근대 잡지의 현황에 관해 간략히 개괄했다.(Ⅲ-4, 1922.12, p.39) 일본 출판경찰의 기록물에서 대략 30여종의 정기/비정기 간행물 목록을 확인했으며, 그 발행 기관은 천도교, 유학자들, 의료 저널, 학교 및 기타라고 했다. 실제로 허가를 받아 출판된 잡지는 15-16종이라 보았고, 다른 잡지들은 발행 정지 혹은 발매 금지를 받은 것으로 추정했다. 잡지들의 출판 유통은 1921년 새로이 허가를 얻어 가능해졌다 판단했지만 명확한 자료를 지니지 못한 이상 그것이 전부라고 생각하지는 않았다. 발행 시기, 출판 부수와 유통 여부, 나아가 근대 조선 잡지 전반을 개괄할 수는 없었던 커로서는 일본 출판경찰의 기록에 의존할 수밖에 없었다. 실제로 커가 첫 연재분에서 개괄한 잡지는 11월에 발행된

8종이었다.

그 자신의 말처럼 커는 조선의 근대 잡지에 관한 전문적이며 특별한 지식을 지닌 입장은 아니었다. 그러나 그는 당시 출현한 근대 잡지를 통독하고 그 얼개를 말할 수 있는(p.8) 가장 유력한 '동시기의 외국인 독자'[38] 중 한명이었다. 더구나 새로운 개념들의 홍수 속에서 조선어 잡지 읽기 자체가 조선 사회 및 언어 질서의 격변과 당대 조선의 사상과 심정을 이해하는 과정임을 잘 알고 있었다. 논평의 연재 시기(1923.12)는 '신문지법'에 의거한 『개벽』, 『신천지』, 『신생활』, 『조선지광』의 발행 허가(1923.9.15)와 궤를 같이 한다. 그는 『개벽』의 기사를 통해 『신천지』, 『신생활』의 필화사건(VI-1, 1923.3, p.1), 이돈화의 「천국행」(『개벽』 49호)의 속편이 검열에 의해 게재되지 못하고 9월호(『개벽』 51호)에 동일 필자의 「현대청년의 신수양」이 대신 수록된 사실(V-3, 1924.9, p.26), 1925년 11월호(『개벽』 53호)의 많은 기사들이 삭제된 사실(V-4, 1924.12, p.38), 『개벽』이 검열로 인하여 임시호/호외의 형태로 지속적으로 발간된 점(1925.6, p.13)을 알 수 있었다. 이 과정에서 그 역시 허가된 담론과 불허된 담론의 문제, 즉 정치적 제한의 요소들을 가늠해보았을지 모른다.

커가 선택한 기사들은 초기에는 정치, 시사를 다루는 논설들에 초점이 맞추어져 있었다. 내용적으로 보면, 물론 기독교 비판, 종교 관련 기사들을 특기한 점이 있으나, 이 역시 정치, 경제, 교육, 종교에 관한 조선인들의

---

38) 그는 1906년 이래 일본 장로교 선교사로 일한 커티스(F. S. Curtis)의 후임으로 1908년 10월 8일 한국에 내한하여 황해도 재령선교부 소속으로 활동했으며, 1917년 서울에서 조선 거주 일본인(재조일본인)을 위해 사역했다. 즉, 그가 근대 잡지에 대한 독해가 가능했던 측면은 그의 일본어 문식력과 깊은 관계가 있었던 것 같다. 헤리 로즈, 『미국 북장로교 한국 선교회사』, 최재건 역, 연세대 출판부, 2009, p.39. (Harry A. Rhodes, *History of the Korea mission: presbyterian church U.S.A. 1884-1934*, Seoul: The Chosen Mission Presbyterian Church U. S. A., 1934.)

생각을 살펴보기 위한 선택의 일부였다 하겠다. 더불어 잡지를 통해 당대 조선인들에게 당시 소개되고 있던 사상의 변폭을 확인하려는 목적도 있었다. 또한 『개벽』이 기획한 〈지역문화조사〉 특집과 같은 기사들을 통해 외국인들로서는 쉽게 접할 수 없는 정보를 얻기도 했다. 흥미로운 것은 커의 후반기 논평이 '조선문학'에 초점이 맞추어져 있었다는 점이다. 그 이유는 『조선문단』, 『생장』과 같은 문예지의 등장과 긴밀히 관련된 것이지만, 당대의 검열장 속에서 문학이 비교적 '폭넓게 허가된' 담론 영역이었기 때문인지도 모른다.

그러나 무엇보다 주목해야 될 지점은 커가 스스로가 읽은 바를 번역을 통해 제시해야 했던 외국인 독자였다는 사실이다. 그의 시각은 『개벽』에 배치된 조선어에 대한 '다른 관점'을 보여주기 때문이다. 커는 초기 논평에서 이들 조선어 잡지의 기사들이 "쟁점마다 확실히 예견되는 표어(catchword)가 있어 단조로울 뿐더러, 사회/정치적 갱신을 위해 장광설을 펼치지만 건설적이며 명확한 제안을 발견하기는 어렵"다고 평가했다. 그리고 그 이유가 이전의 조선어와 달리 잡지 속에서 논의들이 '학술적 성격'의 경향이 농후하기 때문이라고 했다(Ⅳ-3, 1924.9, p.28).

이 인과 관계는 약간은 의아한 것이다. 한 가지 분명한 것은, 이들 잡지의 출현과 증폭된 조선어의 복잡성이 이들 잡지의 학술적 성격 및 조선어 학술어의 대량 생성 때문이라는 커의 인식이 조선어의 근대적 재편과 관련해 매우 의미심장한 분석 지점을 제공한다는 점이다. 예컨대 커는 최초의 연재부터 각 잡지들의 기사를 유형화시켜 조선의 "정치/경제/교육/종교"라는 근대의 분과학문 체계 속에서 스스로의 논지를 기술하고 있다. 즉 정치적/경제적/교육적 관점에서 볼 때, 이제 조선인이 조선에 대해 조선어로 논의하는 시점이 도래했다고 본 것이다(Ⅲ-4, 1922.12). 이런 인식

을 아래의 두 생각과 대조해 보면 3·1운동 후의 공론장의 변화와 그 성격
이 오롯해진다.

한국어에는 추상적이고 영적인 진리를 표현하는 말이 없기 때문에 새로운 표
현을 만들거나 그림과 설명을 통해 간접적으로 전달했다. 그러나 그들이 그 의미
를 상당 부분 이해했을 때에도 다른 어려움이 있었는 데, 그들이 일반 대중이
이해할 수 없는 딱딱하고 고어체인 한자식 한국어로 표현하지 않도록 감독하는
것이었다. 이것이 동양 학자들의 고질적인 성향이었고, 충분히 명료화하고 단순
한 용어를 사용하도록 하는 것은 거의 불가능했다.[39]

언문으로 된 문학이 없고 언문의 기원과 법칙을 연구한 학자도 없다…… 자랑
스러운 문자도 한국의 문학사, 사상사에서는 중요한 가치가 없으니 오로지 한문
만 읽을 수 있으면 한국의 문학과 철학은 대체로 유감없이 연구할 수 있는 것이
다. ……문학 또한 그렇다. 1천수백 년 동안 단지 한문만을 문장과 시로 여겨
한국 국문체를 만들어 내지 못했다. 일본의 국문에 해당하는 문체가 없고 철두철
미하게 한문만으로 문학을 이루었다.[40]

1910년대 행해진 언더우드, 다카하시 도루의 평가와 달리, 커에게『개벽』
을 비롯한 조선어 근대 잡지는 조선이 스스로의 언어(근대어)로 자신을
표상할 수 있게 된 중요한 사건―그에게는 정말로 낯선 조선 근대어의

---

39) 언더우드,「성서 번역」, *The Korea Mission Field*, 1911.10. (이만열·옥성득 편역,
『언더우드 자료집』 IV, 연세대 출판부, 2009, pp.295-296에서 재인용.)
40) 다카하시 도루,『식민지 조선인을 논한다-다카하시 도루가 쓰고 조선총독부가 펴
낸 책,『조선인』」, 구인모 역, 동국대학교 출판부, 2010, pp.76-78. (高橋亨,『朝鮮人』,
京城: 朝鮮總督府, 1921) 구인모의 해제에 따르면, 이 저술은 다카하시는 1917년
『日本社會學院年譜』에 제출한「朝鮮人」이란 논문이 수정, 보완되어 소책자의 형
태로 간행된 것이다.

출현이었다. 이런 인식 속에서 커는 영어를 비롯한 서구어와의 상호형상화 과정이 상당 부분 진행된 조선어, 즉 학술어, 개념어가 된 조선어를 영어의 문맥과 어휘 체계로 번역하는 작업에 몰두하게 된다. 애국계몽기의 언어적·담론적 성과에도 불구하고, 조선어의 근대어로서의 유용성과 일국 내의 포괄적 이해가능성을 별반 믿지 않았던 외국인들이 조선어의 학술적 성격과 개념적 내포를 인정하게 된 것은 왜일까.

3·1운동 후의 조선민족에 대한 재발견, 그에 이은 공론장의 대폭발을 통해 비로소 서구어와 조선어, 서구 제 민족과 조선민족의 일대일 비교, 가상적 등가성이 생겨난 것인지도 모른다. 3·1운동의 사건성은 그 후의 공론장의 성격으로 인해 최종적으로 인준된 것이라 해야 옳을 것이다. 검열의 대상이 되는 담론과 이 담론의 번역 가능성은 거의 동시 도착했다. 어떤 조선어는 그러니까 난해한, 그러나 번역해 볼만한 학술 담론이 되었다. 일찍이 예수의 일화나 우화를 담은 『복음서』의 번역에는 적합하나, 바울의 교리를 담은 『갈라디아서』, 『로마서』의 번역은 어려운 언어, 근대적 학술과 경험이 아니라 "생활의 단순함"을 표현하기에 적합한 자연어[41]로 간주되곤 했던 조선어. 이제 조선어는 그 번역적 내포가 불분명한 대로, 영어와 거의 대등한 혹은 일본어와 바로 교환가능한 그런 언어가 된 것이다.

2) 커는 과거의 선교사들처럼 외국인들이 서구세계로부터 사상을 전할 유일한 전파자란 생각은 '망상'이라고 여겼다. 왜냐하면 근대의 사상은 조선의 선교사, 영어라는 매개가 아니라 이미 조선어로 출판된 서적을 통해서 독자들에게 전파되기 시작했기 때문이다. 더구나 일본어에 익숙한 사

---

41) J. S. Gale, 『전환기의 조선』, 신복룡 역, 집문당, 1999, p.31. (James Scarth Gale, *Korea in Transition*, New York: Eaton & Mains, 1909, pp.21-22.)

람이라면 근대세계의 사상을 이해하는 활용할 수 있는 해마다 홍수같이 쏟아지는 정기간행물을 접할 수 있었다. 지금 조선인들은 그들 자신의 혼용문자(mixed script)로도 이와 동일한 사상적 선택을 할 수 있게 되었다고 커는 말한다. 그는 매체 속 조선어가 형식(form), 문체(style), 어휘(vocabulary)에 있어 일본어를 본 떠서 만든 것처럼 보이지만, 양자를 동일한 것으로 단언하지는 않았다(Ⅲ-4, 1922.12, pp.38-39). 그러면서도 연재 초기에는 근대 잡지 속 조선어가 노정하는 일본어에 대한 번역적 성격에 대해 상당한 **거부감**을 표시했다. (필시 이런 인식에는 재조일본인을 대상으로 한 사역에 종사했던 그의 임무와 교양도 작용했을 것이다.)[42]

커는 조선의 근대 잡지는 일본어를 유창하게 읽을 수 없는 독자들에 의해 읽히는 것으로 보일지 모르지만, 지역적(local) 차이로 인한 발생한 일부분을 제외한다면 대부분의 기사들이 일본 잡지를 가져왔거나 이를 매개된 것이라고 말한다. 그는 이런 형태의 조선어가 당시의 주도적 문체임을 인정하면서도, 이 지역적인 변용이 결코 '조선어'의 고유성을 뜻하는 것은 아니라고 보았다. 그가 이런 진술을 한 까닭은 잡지 속 조선어의 어휘와 문체에서 그가 감지한 일본어의 강한 영향력 때문이었다. 예컨대 물산장려운동과 같이 국산품(國産品, 정확히는 조선상품) 장려운동에 매진하면서도, 이 운동을 주창하는 글 속에서는 일본어로부터의 이입된 어휘와 표현들을 아무 거리낌 없이 사용하는 자가당착이 존재한다는 것이다. 이런 언급은 생성 중에 있던 조선의 근대어와 개념어의 세계를 도저히 '고유한(vernacular)' 조선어로는 인정할 수 없었던 그의 입장을 잘 보여준

---

42) 이런 커의 시각은 다카하시 도루의 시각과 일치한다. 다카하시 역시 당시 조선인의 근대어를 그 원천을 밝히지 않은 일본 근대학술문의 표절에 가까운 번역문으로 간주했다. 다카하시 도루, 위 책, pp.143-145. (高橋亨, 「朝鮮の文化政治と思想問題」, 『太陽』 29-5, 東京: 博文館, 1923.5.)

다. 그에게 당시의 조선어는 과거 모든 한국어 문법의 역사 속에 들어본 적이 없는 구조였으며 이에 따라 조선어를 번역하기 위해서는 영일사전의 활용이 필수불가결한 것이었다(IV-1, 1923.3, p.1-2). 조선어를 둘러싼 번역 에 일영사전, 영일사전이 요청되는 상황이 확연해진 셈이다.

예컨대 황석우의 「現日本 思想界의 特質과 그 主潮」(『개벽』 34, 1923.4) 에 대한 커의 논평을 보면, 조선어라기보다는 일본어의 이입으로 인식된 어휘가 어떠한 것들인지를 구체적으로 확인할 수 있다. 커는 황석우의 논의가 조선어 그 자체의 왜곡(garbled)에 의해 구성되었고, 기사 자체가 일종의 번역처럼 보이고 일본인이 자국민을 논하는 관점과 별로 다를 게 없다고 지적한다. 특히 "-主義'라 번역된 "-ism"이라는 영어종결어미는 개 별 언어 뿐 아니라 사상의 지도까지 통째로 들어오고 있다는 사실에 대한 증거로 인식되었다.

커는 이 논평 속에서 조선어를 드러내지 않았고 영어만을 제시했는데, 오히려 바로 그런 이유로 조선어의 영어로의 번역가능성이 얼마나 급격히 확대되었는지가 드러난다. 과연 황석우는 이 어휘들을 통해 일본의 지도 자, 단체, 각 정당들의 사고 방식 등을 유형화했다. 황석우가 거론한 일본 사상의 주된 동향은 "共産主義"와 "無政府主義"였고, 그 다음이 "人道主 義", "虛無主義"였다. 커는 이 개념들을 각각 communism, anarchy, humani-tarianism, nihilism에 대응시키고 있는데, 이런 깔끔한 등가성이 일본어에 의해 가능했음도 간파하고 있었다. "人道主義"의 하위에 배치된 "Christianity =耶蘇敎", "Tolstoyan group=톨스토이系 無政府主義"(IV-2, 1923.6, p.19)라 는 일본적 인도주의의 문맥은 더 말할 것도 없다.

근대 조선어 어휘와 일본의 번역어 사이의 관련은 이를테면 한용운의 글을 가치절하하는 이유가 되기도 했다. 커는 한용운의 「내가 믿는 불교」

(『개벽』45, 1924.3.1)에 사용된 문형과 어휘가 일본어라고 평하며, 이것이 진실로 조선 불교의 모습인가 하는 의문을 던진다. 즉, 분명 조선인의 불교를 논하고 있음에도 이 글 앞에 실린 양건식 번역의 「피-·락크쉬미-·날스氏의 佛敎觀」과 별반 다르지 않아 보였던 것이다(V-2, 1924.6, p.9). 커는 이 논설의 거의 전문을 번역했는데, 해당 원문과 번역의 대응을 제시해보면 아래의 【표 7】과 같다.

【표7】 한용운의 「내가 밋는 불교」에 대한 커의 번역(강조는 인용자의 것)

「내가 밋는 불교」 (『개벽』45, 1924.3.1.)	V-2, 1924.6, pp.9-10.
나는 佛敎를 밋습니다. 아조 一心으로 佛敎를 지지합니다. 그것은 佛敎가 이런 것이 되는 까닭입니다.	I give my entire allegiance to Buddhism for the following reasons.
佛敎는 其 信仰이 自信的입니다. 다른 엇던 교회와 가티 신앙의 대상이 다른 무엇에 잇지 아니하고, 오즉 自我라는 거긔에 잇슴니다. 釋伽의 말슴에 心卽是佛, 佛卽是心, 이라 하엿스니 이것은 사람 사람이 다 각히 그 마음을 가젓는 동시에, 그 마음이곳 佛인즉, 사람은 오즉 자기의 마음, 즉 自我를 통해서 뿐 佛을 成하리라는 것이외다. 그러나 여긔에서 말하는 소위 自我라 함은 자기의 주위에 잇는 사람이나 物과를 떠나서 하는 말은 아닙니다. 사람과 物을 통하야서의 「自我」임니다. 즉 사람 사람의 **悟性**은 우주 萬有를 자기화 할 수 잇는 동시에, 자기가 역시 宇宙萬有化할 수 잇는 것이외다.(의역) 이 속에 佛敎의 신앙이 잇슴니다. 고로 佛敎의 신앙은 다른데 비하야 예속적이 아니외다.	Because it is a religion of self-confidence. Not as in the case of some other churches, does its object of faith consist in something apart, but just in oneself. In the words of Shakymuni, 'Mind is Buddha and Buddha is mind.' That is, so long as each man has his mind, in as much as the mind is Buddha, only through his mind, i.e. himself, can achieve Buddha. However, what is here spoken of as 'self' is not the self apart from the other selves in the environment or from the material world, but it is through them. There is inter-development between two. The faith of Buddhism lies here, and so cannot be called dependent.
佛敎의 敎旨는 平等입니다. 釋伽의 말슴에 의하면, 사람이나 物은 다 각히 佛性을 가젓는데, 그것은 평등입니다.	2. Buddhism's teaching is that of equality. According to Shakyamuni, man and material world alike partake of the nature of Buddha, and

「내가 밋는 불교」 (『개벽』45, 1924.3.1.)	V-2, 1924.6, pp.9-10.
오즉 迷悟의 차이가 잇슬 뿐입니다. 그러나 그 소위 迷, 悟의 차라 하는 것도 **迷의 편으로서 悟의 편을 볼 때에 차이가 잇스려니** 하는 假想뿐이오 실제로 차이가 잇는 것은 아닙니다. 깨다르면 一樣입니다.	this is equality There is no other difference than that between error and truth. However, even here it is only the appearance of difference, and, when one really understands, they are all really the same.
3. 근래의 학설로나 주의에 잇서 가장 문제가 되는 것은 唯心論과 **唯物論(A)**이외다. 그런데 單히 皮相으로 볼 때에는 佛敎는 唯心論의 우에 선 것이라 할지나, 실상은 佛敎로써 보면 心과 物은 서로 독립치 못하는 것입니다. 心이 즉 物(空卽是色)이오 物이 즉 心(色卽是空)이외다. **(고로 불교의 말하는 「心」은 物을 포함한 心이외다.)** 三界唯心, 心外無物이라 하얏슨 즉, 佛敎의 「心」이, 物을 포함한 心인 것은 더욱히나 분명합니다. 그러면, 何特, 웨, 心이라고 偏稱하엿는가, 그것은 특히 우리 사람을 두고 말하면 <u>物, 즉 肉이 心을 지배하는 것보다 心 즉 정신이 肉을 지배하는 편(B)</u>이 만하 뵈는 까닭이외다.	The greatest question of the day in theory or principle is that of spiritualism. Looked at only superficially one would say that Buddhism is founded on spiritualism, but looked at from the standpoint of Buddha, mind and matter cannot stand independently. Mind is matter, and matter is mind. 　(한 문장 번역누락: 인용자) This appears more clearly in the phrases, 'The three kindoms only mind' and 'apart from mind no matter.' When then say 'mind'? Only because in the case of man mind i.e. spirit, seems to be in control of matter, i.e. the body, rather than vice versa.
4. 그러면 佛敎의 사업은 무엇인가, 가튼 博愛요 互濟입니다. 有情無情, **萬有를 總히 동등으로 博愛,** 互濟하쟈는 것입니다. 何特사람에게 한할 것이 아니라, 일절의 物을 통해서 하는 것입니다. 이 말이 帝國主義이니 民族主義이니 하는 것이 실세력을 갖고 잇는 오늘에 잇서, 이런 博愛, 이런 互濟를 말하는 것은 너무 迂遠한 말이라 할지 모르나, 이이 진리는 진리외다. 진리인 이상, 이것은 반드시 **사실**로 顯現될 것이외다.	4. What, then, is Buddhism's task? Philanthropy and mutual helpfulness. Whether in return for affection or lack of affection, This is not to be confined to man. All matter is to be covered. In this day when such catch words as imperialism and nationalism are in vogue it may be said such words as humanity and mutuality are far from the point, but they ar the truth and will be revealed as such.
요컨대 佛敎는 그 신앙에 잇서는, 自信이요, 사상에 잇서는 평등이오, 학설로 볼 때에는 物心을 포함, 아니 超絶한 唯心論이오, 사업으로는 博愛, 互濟인 바, 이것은 확실히 현대와 미래의 시대를	In a word; Buddhism's faith is self-confidence; its theory is equality; its theory is mind-matter, or rather than thorough-going spiritualism.; and its task is philanthropy and mutual helpfulness. This is certainly enough for what is to take place

「내가 밋는 불교」 (『개벽』45, 1924.3.1.)	V-2, 1924.6, pp.9-10.
아울너서 맛당할 최후의 무엇이 되기에 족하리라 합니다. 나는 이것을 꼭 밋슴니다	in either time or eternity.

커가 황석우의 「現日本 思想界의 特質과 그 主潮」를 논평하여 거론한 일본어를 연상시키는 어휘들, 그리고 상기 한용운의 글과 커의 번역문 속 명사와 형용사를 중심으로 어휘/어구를 분리하여 영한 대응관계를 구성해보면 어떨까. 다음의 번역적 대응 관계의 구도를 지금까지 거론한 서구인의 어휘정리사업과 대비해보면 다음과 같다.

【표8】 한용운의 「내가 밋는 불교」를 번역하며
커가 선택한 영어 번역어와 영한사전들의 해당 한국어 제시 양상

	커의 번역	개벽	Underwood 1890	Scott 1891	Jones 1914	Engel 1922-1924	Gale 1924	Underwood 1925
1	affection	情	정,정분,이정	이정,우의	愛情, 多情, 友愛, 스랑흠(愛)	x	x	情, 精分, 愛情
2	allegiance	지지함	x	x	忠義	x	x	忠誠, 忠心, 歸依
3	anarchy	無政 府主義	무법텬디	난리, 어즈럽다	無政府主義	x	無政 府主義 虛無主義	無法天地, 亂世, 無政府 cf) anarchism 無政府主義
4	body	肉	몸, 원테, 회.	몸	몸(身), 體, 物體	x	肉體	(1) 몸, 身體, 肉體 …
5	Buddha	佛	x	부처	부쳐(佛)— 釋迦如來, 釋迦牟尼	x	x	부쳐, 釋迦如來, 釋迦牟尼
6	Buddhism	佛敎	x	불도	佛道, 佛敎	x	佛道, 佛法 佛敎	佛道, 佛敎, 佛法
7	Christianity	耶蘇敎	예수학, 그리스도교, 텬쥬학, 텬쥬교	x	그리스도교(基督敎)	x	x	그리스도교, 예수교, 基督敎
8	church	敎會	성회,례빗당	x	敎會, 敎堂, 聖堂, 禮拜堂, 會堂	x	x	… (2) 敎會, 敎派 …
9	communism	共産主義	x	x	共産論	x	x	共産主義, 社會共産論
10	dependent	隷屬的	의지흐오	미이다, 쇽흐다, 달니다, 하인	x	x	x	달닌, 依支흐는, 依賴흐는, 附屬흔

	커의 번역	개벽	Underwood 1890	Scott 1891	Jones 1914	Engel 1922-1924	Gale 1924	Underwood 1925
11	difference	差異	다름,분별, 분간	분별, 분간	差別, 爭論, 協議	差異, 懸隔	差別, 差異, 區別	다툼, 分別, 區別, 分間, 差異
12	entire	아조 一心으로	온젼ᄒ오, 슛졉소	온, 왼, 모도, 온젼이, 모조리	x	x	x	(1)온젼ᄒ, 完全ᄒ, 셩ᄒ, 通, 다 (2) 信實ᄒ, 正直ᄒ
13	environment	x	x	x	近頃, 四圍	x	x	(1) 周圍事情, 四圍情況, 環象 (2) 隣理, 리웃
14	equality	平等	x	x	同等, 平等, 同權	x	同等, 幷等,一體	同等, 平等, 對等
15	eternity	미래의 시대를 아울너서 맛당할 최후의 무엇	무궁무진	무궁ᄒ다, 끗없다, 무한ᄒ다, 한업다.	永遠, 無窮	x	永劫	永久, 永遠, 無窮, 無始無終, 永世, 萬代, 永劫
16	faith	信仰	밋음이, 신, 도, 도리, 교	신, 밋븜	밋음(信), 信心, 信仰, 信德, 忠義	x	x	(1) 신, 밋음 (2) 信仰, 信任 (3) 信條, 道, 敎, 道理…
17	(mutual) helpfulness	(互)濟	x	x	x	x	x	x
18	humanitarianism	人道主義	x	x	x	x	x	人道主義, 博愛主義
19	humanity	博愛	x	인ᄌ	人類, 人性	x	人道,人類, 仁慈	人性, 人情, 人道, 人倫
20	imperialism	帝國主義	x	x	帝國主義	x	x	帝國主義
21	independent(ly)	독립치 못하는…	ᄌ쥬ᄒ오,ᄌ쥬장ᄒ오	ᄌ쥬ᄒ다, 혼ᄌᄒ다, 임의로ᄒ다, 오ᄅ지ᄒ다	x	x	x	自主ᄒ는, 自立ᄒ는, 獨立ᄒ는
22	inter-development	우주 萬有를 자기화 할 수 잇는 동시에, 자기가 역시 宇宙萬有化 할 수 잇는 것	x	x	x	x	x	
23	material	物	가음,물역,지료,직목,바탕	직목, 가음, 지료, 바탕	物質, 有體,	x	物質的	(1) 物質의, 物質的, 形以下의, 有體의, 有形의…
24	matter	物	가음, 바탕, 근본, 물건	바탕, 가음, 지료, 길이, 직목	物體, 物質, 事件	x	x	(1) 物質, 物體, 質, 物, 素(In comp.), (2) 實質, 實體論…
25	mind	心	므음,심지,뜻, 의수,긔함,진 일총	므음, 심	므음(心), 意向, 知能, 生覺, 意見	x	性情, 意向	므음, 心志, 뜻, 意思, 心靈, 心神
26	mutual (helpfulness)	互(濟)	서로	x	서로(相互)	x	x	(1) 서로ᄒ는, 互相的 (2) 共同의, 共通의, 雙方의
27	mutuality	互濟	x	x	x	x	x	x
28	nationalism	民族主義	x	x	x	x	x	x
29	nature	(佛)性	셩품, 셩미, 본셩, 텬셩	셩품, 셩미	本性, 性質, 造化, 宇宙, 天性難段	天地萬物, 宇宙, 萬有, 森羅萬象	自然, 天然, 自然界	(1) 天性, 本性, 性質…

	커의 번역	개벽	Underwood 1890	Scott 1891	Jones 1914	Engel 1922-1924	Gale 1924	Underwood 1925
30	nihilism	虛無主義	x	x	虛無論	x	虛無主義	虛無主義
31	object	대상	것,일,의ᄉ,의향	뜻, 의향, 일, 물건	目的, 物件, 意向, 趣旨	x	x	(1) 物體, 物件, -것 (2) 客觀, 對象(의) (3) 目的의物…
32	Philanthropy	博愛	x	은혜, 인졍, 인ᄉ	博愛, 仁愛, 博愛心, 博愛主義	x	博愛	博愛, 汎愛, 慈善
33	principle	主義	x	도, 도리, 의리, 경위	原理, 道理, 元素, 主義	x	原理	(1) 本源, 元質 (2) 原理, 原則, 主義, 道…
34	question	問題	뭇는말	x	疑問, 質問, 問題	x	疑問	…(3) 問題, 論議…
35	reason	ᄭᅡ닭	연유,연고,ᄉ연,ᄉ정,가돔, 소이연	도리, 연고, 가돔, 곡절	理由, 曲折, ᄭᅡ닭(所以然), 연고(故), ᄉ긔문(事由), 理解力, 推理性, 分別心	x	事故, 理由, 事理, 道理, 情理, 條理	(1) 理由, 原因, 道理, ᄉ돍, …(2)理想力, 抽象力, 理性 …
36	religion	信仰	도, 교, 셩교	교	宗敎, 敎派, 宗派	x	宗敎	道, 敎, 聖敎, 宗敎
37	self	自我	ᄌᆞ겨,ᄌᆞ긔,친히,스ᄉᆞ로	ᄌᆞ긔, 스ᄉᆞ로, 친히, 손소	自己, 스ᄉᆞ로(自)	x	x	나, 我, 自己, 自身, 親自, ᄌᆞ(自)[In comp.]
38	self-confidence	自信的	x	x	自信	x	自信	自信, 自恃
39	spirit	精神	령혼,ᄆᆞ음,심, 본셩,셩명	혼, 혼령, 신녁, 정신, 졍긔	靈魂, 魂, 生靈…	x	意氣	(1)심령(心靈), 령혼(靈魂). (2)신(神), 령(靈). (3)유령(幽靈), 아귀(餓鬼). (4)정신(精神), 긔상(氣狀). (5)(pl.)ᄉᆡᆼ긔(生氣) 활긔(活氣), 열심(熱心), 긔력(氣力), 용긔
40	spiritualism	唯心論	x	x	唯靈論, 懷神主義, 虛神論, 唯神論	x	唯心論, 有神論	自信, 自恃
41	superficial	皮相으로	x	밧그로, 것흐로	表面上, 輕薄흔, 皮相的	x	x	表面的, 皮相的, 얏흔, 淺薄흔
42	task	事業	일,싱애, 싱업,업	일, 일과, 공부	役事, 일(事), 工作, 工課, 工夫, 日課	x	x	(1) 일, 任務, (2) 훌일, 作定흔 일, 課業, 工夫 (3) 괴로온일, 苦役
43	theory	學說	의ᄉ	의ᄉ, 경영ᄒᆞ다	理論, 學理, 推理, 臆說, 臆斷	理論	學說, 理論	(1) 理論, 學理, 論, 說
44	Tolstoyan	톨스토이係	x	x	x	x	x	x
45	truth	眞理	ᄎᆞᆷ,ᄎᆞᆷ것,진실흔것	신	眞理, 的實, 信實, ᄎᆞᆷ말(眞言)	x	x	(1) 眞理, (2) ᄎᆞᆷ, ᄎᆞᆷ것, 眞實흔, (3) 誠實흔, 正直흔
46	vogue	이 말이… 실세력을 갖고 있는	시톄, 시셰	풍속, 시쇽	x	x	x	時軆, 時式, 流行, 風潮
47	world	x	셰샹,셰계,	셰샹, 셰계	地球, 宇宙,	x	人世	(1) 世上, 世界, 天下,

	커의 번역	개벽	Underwood 1890	Scott 1891	Jones 1914	Engel 1922-1924	Gale 1924	Underwood 1925
			턴하,ㅅ방		世界, 世上, 人間, 社會			地球 (2) 人生, 生涯 (3) 現世, 浮世 (4) 世事, 俗務 (5) 世俗 (6) 人間, 人類 (7) 社會, -界(In comp.)

상기의 【표8】은 두 가지 사실을 말해준다. 우선 첫째, 커가 일본어와 근접한 언어라고 지적한 두 편의 논설에 대한 한영번역은 엥겔의 어휘정리사업, 그리고 게일의 어휘집과는 별 인연이 없이 번역된 것이었다. 어쩌면 커는 자신의 진단처럼 일영사전을 사용했을지도 모른다. 둘째, 그럼에도 도표의 가장 오른쪽에 제시한 마지막 영한사전(『英鮮字典』, 1925)에는 이전 사전의 성과와 함께 커의 번역이 적절히 반영되어 있음을 알 수 있다.

커의 논평과 엥겔, 게일의 어휘집 발행은 동시기에 일어난 '번역 행위'였다. 하지만 사전 편찬 작업과 근대 잡지를 읽고 그것을 영어로 옮기는 작업 사이에는 상당한 간격이 놓여있었다. 클라크 등의 기획, 즉 조선어의 변화와 이에 따른 새로운 영한/한영 대응 관계에의 요구와 『개벽』이라는 조선인들의 매체가 수행한 정치적・번역적 실천 사이에는 커다란 간극이 놓여 있었다. 『개벽』등의 잡지를 통해 폭증하던 새로운 조선어 어휘는 클라크 등이 수행했던 '소박한' 어휘정리사업만으로는 해결될 수 없는 상태에 있었다.

실상 한용운의 글 속에는 특정한 앎의 체계의 내부자로서 외부자를 향해 발신할 때 요청되는 사회방언의 보편적 학술 개념에 대한 요청, 시간의 타자가 된 언어를 근대적 문맥 속으로 '옮겨올 때' 요구되는 역사 방언에 대한 '번역'에의 요구가 개입되어 있었을 것이다.[43] 과거 "전근대의 조선:

---

43) 사실 커는 한용운의 논설을 완전하게 번역할 수는 없었다. 이를테면 '唯物論 =materialism'이란 대응쌍을 제시하지 못한 채, 한용운의 "心이 즉 物(空卽是色)이오 物이 즉 心(色卽是空)이외다.(고로 불교의 말하는 「心」은 物을 포함한 心이외다.)"

근대의 서구어"로 된 배치된 지정학적・역사적인 관계망이 일본 원천의 개념들로 알려진 언어들의 대량 유입을 낳았을 터인데, 커로서는 그러한 문맥까지 이해해 줄 필요는 없었을지 모른다. 한용운의 글은 실상 역사화된 언어를 현재화하는 '번역' 행위의 일부였을 수 있다. 전근대 조선과 근대 조선을 잇는 관계망, 즉 과거로부터 지금까지 이어진 자기동일성을 '번역어'가 매개하는 상황은 비서구 세계에서 그리 특수하거나 낯선 현상은 아니다. 한용운으로서는 불교를 근대 서구의 종교와 대등한, 혹은 통약 가능한 언어로 설명하지 않을 수 없었고, 오히려 그런 설명 방식이 커의 번역을 가능하게 했던 것이라 보는 편이 나을 것이다. 한용운이 불교를 '종교'(=the national religion(Gale 1911))라는 근대의 분과학문 속에 재배치시켜서 말해야만 했던 사정이야말로 커에 의한 영역(英譯)을 용이하게 했을지 모른다.44)

라는 언급을 "Mind is matter, and matter is mind."로 축약해야 했던 커의 처지 혹은 선택이 지닌 함의는 무엇일까. 한 가지 커가 간과하고 있는 것은 한용운의 글 자체가 기왕의 불교적 언어를 근대어의 문맥 속에 재배치하는 작업, 특히 서구어로부터 번역된 근대 학술어의 기대지평 안으로 과거의 언어를 번역하는 행위일 수 있었다는 사실이다. 예컨대 한용운의 글 속에 등장하는 '空卽是色 色卽是空'이라는 『반야심경』의 어휘는 그 자체로 당대의 언어로 설명되어야 할 것이었지, 즉각적으로 제시 가능한 '속어'도 아니었고 '고유어'일 수 없었다. 더구나 "物을 포함한 心"이란 구절이 암시해주듯, 한용운의 논지는 '주관/객관', '물질/정신'과 같이 범주의 분리가 전제된 것이 아니라, 이런 분리된 범주를 통해 '학술어'를 영위할 수밖에 없었던 비서구 세계 공통의 고민이 함축된 언급이기도 했다. '自信的', '平等', '唯物論・唯心論', '博愛・互濟'과 같은 어휘를 도입하는 한용운의 선택은 과거의 언어에 대한 번역 행위일 수 있었다. 과거의 불교와 한용운의 논설이 지닌 관계는 사실은 근대 국민국가의 경계로 말미암아 은폐된 일국 내 사회 방언 사이의 번역, 혹은 역사적 시간 사이의 번역 행위에 가까웠다.

44) 결론적으로 보면 〈唯心論・唯物論〉과 〈'心'이 즉 物(空卽是色)이오 物이 즉 心(色卽是空)이외다.〉에 배치된 '心'과 '物'의 차이를 말하기 위해 한용운은 상당한 진술을 수행한 셈이다. 게일의 『韓英字典』(1914) 2부에는 옥편(한자-영어 대응관계)이 수록되어 있다. 여기의 영어풀이는 중일사전에 가져온 것으로 한문 문장에 대한

'불교'를 근대에서도 유효한 종교로 설명하기 위해 활용한 "自信的, 平等, 唯物論·唯心論, 博愛·互濟'이라는 조선어(개념)는 「現日本 思想界의 特質과 그 主潮」(『개벽』 34호, 1923.4) 속 공산주의, 무정부주의 등의 어휘와 마찬가지로, 근대 서구어와의 등가성(self-confidence, equality, materialism, spiritualism, Philanthropy, mutual-helpfulness)을 전제로 한 새로운 개념어였다. 한국의 학술, 한국사상의 제시를 위해서, 즉 고유성의 제시와 정통성의 확보를 위해 이질언어의 도입이 요구되는 이런 상황이야말로 한영 간, 한일 간 번역가능성의 성립 조건이었던 셈이다.

물론 커가 느낀 의혹은 정당했다. 그는 이렇게 물었다. 일본제 번역어들을 통해 근대적 차원에서 재조명된 조선의 불교가 과연 조선의 불교인가. 그로서는 아직 조선어 세계에서 시민권을 얻은 것으로는 볼 수 없는 언어 —한용운의 언어(조선의 근대어)를 고유한 조선어로 받아들일 수 없었기 때문이다. 그들의 혼용문자, 즉 국한문체를 통해 서구의 지식을 직접 이입할 수 있게 된 조선어에 대한 긍정, 일본어의 압도적 영향 아래 놓이게

번역을 위한 용도로 배치되어 있었다. 그 속에 두 글자는 다음과 같이 풀이된다.
　心(ᄆᆞ음) The physical heart, thought, intelligence, the moral heart, the centre, the 5th constellation, mind
　物(만물) Matter, substance.
이를 보면 커의 번역은 상당히 적절한 선택이었던 셈이다. 하지만 한용운의 글 속에서는 이런 번역적 관계로는 갈음되지 않는 心과 物의 관계가 표현되어 있으며, 이분법을 초월적으로 환원시키는 (초)논리적 구성은 일대일의 등가성을 전제하는 번역에 상당한 곤란을 야기한다. 바로 그런 이유로 원문에 대한 커의 '생략'과 '축약'이 일어났을지 모른다. 앞서 보았듯이 한용운은 몸을 비유로 들며, 심(心)을 정신에, 물(物)을 육(체)(肉)(體)에 배치한다. 양자는 커에 의해 각각 'spirit'과 'body'로 번역되는데, 이로 말미암아 심(心)은 서구식 '영혼'이라는 개념을 함의하게 된다. 다시 말해, 한용운의 시간적, 지정학적 번역이 불교적 저술에 대한 커의 번역을 유도하는 한편, 이미 존재했던 (중국과 일본의) 번역어들이 한용운의 학술적 글쓰기를 가능케 한 것이다.

된 조선어의 비본래성과 고유성의 위기에 대한 부정적 평가. 커의 연재물
이 보여주는 이와 같은 균열 혹은 생각의 변화는 박영희의 「사상술어사전」
(『개벽』 49호, 1924.7)에 대한 그의 논평(V-3, 1924.9, p.27) 속에서 전형적
으로 반복된다.

　황석우나 한용운의 글에 대한 논평과 달리 커에게 박영희가 설명하는
"擬古主義, 自然主義, 世紀末, 新浪漫主義, 人道主義, 個人主義, 神秘主義,
唯美主義, 虛無主義, 客觀的 批評, 地方色 靈感"과 같은 개념어는 '일본어'
가 아니라 흥미로운 문학관련 학술어였다. 이를테면 커는 원리(principles)
를 의미하는 -ism이라는 영어종결어미의 번역어인 "主義"에 주목해야 한
다고 부기한다. 조선인 스스로가 자각적으로 해제하고 있는 이 근대 개념
어들은 서구인들이 학습해야 마땅할 새로운 조선어였다.[45] 그가 이렇듯
상반된 지적을 하게 된 까닭은 이들 어휘들이 한편의 논설이 아닌 사전
속에 배치되어 있었기 때문이다. 즉 각 용어들은 언제나 조선어로 풀이
가능해야 한다는 단일어사전의 이상 혹은 전제가 해당 어휘에 대한 **정통
성**을 보장해주고 있었던 것이다.[46] (일본제였던) 조선어가 조선어로 해제
되는 순간, 이 어휘에게는 일종의 정통성이 부여되었던 것이다. 일본어의

---

45) 개벽의 한 논자는 "우리 朝鮮사람은 『朝鮮』이란 것을 의식한지 干今 40年來에 『思
　　想으로부터 主義에』, 『思想家로부터 主義者에』 이만큼 推移되엿다"고 말했다.(「甲
　　申年來의 「思想」과 壬戌年來의 「主義」」, 『개벽』 45, 1924. 3. 1.) 이는 "-ism",
　　"principal"의 번역어로 主義가 한국어 속에 정통성을 획득하게 된 사실을 잘 암시
　　해 준다.(한중일 삼국에서 '主義란 한자어의 형성과정과 시기에 관한 고찰은 이한
　　섭의 논문(「개항 이후 한일 어휘교섭의 일단면 : 「主義」의 예를 중심으로」, 『일본
　　학보』 24, 1990.)을 참조. 더불어 당시 등장한 조선어 아동잡지 『샛별』, 조선어와
　　일본어로 구성된 『조선아동』 수록 기사들이 조선어를 공부하는 학생들에게 좋은
　　자료란 사실에 대한 지적도 이와 관련된다(V-2, 1924. 6, p.17).
46) 그가 주목한 '主義란 용어 역시 『개벽』에서 조선어로 풀이되고 있었음을 주목할
　　필요가 있다.

영향을 간파하며 가치절하했던 논설들의 사례와 달리, 조선에는 이미 이들 용어를 투영시킬 구체적인 대상, 즉 조선의 근대문학이 생성되고 있었던 것이다. 커는 이를 즉시 감지했고, 이 일본발 어휘들의 자연화, 즉 정통성 확보를 예감하게 된다.

애초에 커는 『개벽』에 실린 문예물들을 그리 주목하지 않았었다.[47] 문예면이 독립된 페이지 번호를 매겨 존재했었음에도 말이다. 그러나 연재 과정에서 점점 문예물의 취급 비중은 늘게 되자, 이에 대한 검토 및 번역을 통해 커는 자신이 '일본어'라 보았던 이질언어의 토착화를 실감하게 된다. 물론 여전히 혼용문자(mixed script) 역시 함께 쓰이고 있었고, 조선어 어휘들의 철자는 규범적인 정서법에 의거하기보다는 표음성에 근거하고 있었다. 사전을 활용하여 번역하는 작업은 정말로 지난하기만 했다.[48]

하지만 문학어가 된 조선어를 결코 이질언어로만 간주할 수는 없었다. 이런 변화는 "2-3년 사이 등장한 문예지들이 한국의 근대문학을 발전시키기 위해 노력을 기울이고 있다"는 진술 속에서도 발견된다. 근대어/근대문학을 긍정적으로 보지 않았던 게일[49]과 달리 그는 조선의 근대문학을 정

---

47) 『개벽』 34호(1923.4)에 수록된 「배교자」에 대한 논평이 있기는 하나 이는 기독교 비판을 다루고 있다는 측면에서 주목한 것이다(IV-2, 1923.6). 『개벽』 38호(1924.8)에 수록된 「신문학 건설과 한글정리」란 논설과 「애련모사」의 언급이 거의 유일하다(IV-3, 1923.9, pp.31-32). 『금성』의 톨스토이와 타고르의 번역 소개, 시작법 소개(V-2, 1924.6, pp.16-17)와는 상반되는 현상이다.

48) 매우 다양한 철자들과 셀 수 없는 어휘들을 현재 그들의 사전을 통해서는 발견할 수 없기에, 그들로서는 조선어 어휘에 한자를 병기해보아야 했다. 서구어가 번역되어 조선어 어휘에 추가되는 흥미로운 현상의 현현 방식은 그랬다(VI-2, 1925.6, p.10).

49) 제임스 게일은 '조선이 잃어버린 것들' 중 하나로 '문학'을 지적하며 이렇게 말한다. "조선은 세계에서 가장 뛰어난 문학을 잃었다. ……예컨대, 서당 훈장인 아버지가 그의 옆에 축적된 양의 연구를 놓고 앉아있는 동안, 아마도 제국대학의 학생일 그의 아들은 자신의 목숨을 지키기 위해 그것을 읽을 수 없을 것이다. 오늘날

통성, 고유성 확보의 행로로 보았던 것 같다. 커는 『영대』, 『조선문단』, 『생장』에 수록된 비평문, 문학작품에 대해 소개했다. "조선어는 이들 잡지 속에서 널리 쓰이며 의미를 명백히 하기 위해 때로 괄호에 한자가 병기된다"는 것이다. 에크리튀르의 한글화를 주도한 문학의 등장은 그에게 근대성과 정통성을 아울러 지닌 새로운 고유어의 등장을 의미했던 것이 아닐까.

왜 우리는 한 외국인이 목도한 조선어의 '개벽'을 외국인들의 황혼이라 말하는가. 왜냐하면 이런 과정을 통해 생성된 번역적 지평이 동시에 한국어에 의한 한국어 해제를 생산했기 때문이다. 번역어는 신어(新語)로 규정되어 용례집화되고 있었고, 이런 신어를 중심으로 한 어휘 정리를 통해 비로소 한국어를 한국어로 풀어 설명하는 방식이 일반화되기 시작했던 까닭이다. 등가성 원칙에 의한 번역적 관계의 성립과는 별도로, 번역가능한 학술적 · 문학적 한국어는 하나의 독자적, 고유적 세계로 분기되어 나오고 있었다. 언어와 언어적 실천에 대한 자각 속에서 비로소 국어사전의 서광, 혹은 국어사전 결여의 상황이 뚜렷해지고 있었다.

조선의 상황이 이러할진대, 과거에 위대한 문학의 땅이었던 이곳에서 사라진 그것의 흔적은 찾을 수도 없이 깨끗이 제거되었다. 우리가 시에서 볼 수 있는 서양을 모조하려는 무기력하고 절망적인 시도들은 그들이 상실한 것이 얼마나 거대한 손실인지 입증해주고 있다." James Scarth Gale, "What Korea Has Lost", *The Christian movement in Japan Korea and Formosa*, Kobe, 1926.

5. 외국인들의 황혼, '그들'의 마지막 영한사전
— 언더우드가(家)의 영한사전 최종판 혹은 국어사전 등장의 전사(前史)

앞서 우리는 한용운의 논설 속에 은폐된 한국어와 영어의 등가 관계의 쌍들이 서구인들의 최종영한사전『英鮮字典』(1925)에 집성의 대상으로 포함되었다고 말했다. 비록 커는 5쪽으로 제한된 지면 안에서나마—나아가 설사 무제한의 지면이 주어졌을지라도『개벽』을 모두 옮길 수는 없었겠지만—『개벽』의 기사와 그 속의 언어를 읽고 옮기고 논평해 나갈 수 있었다. 사전 편찬을 포함한 서구인들의 어휘정리사업, 클라크 등의 신어 정리 및 번역 사업, 커의『개벽』읽기/번역하기를 추동시킨 것은『개벽』을 비롯한 조선어 신문과 잡지들의 개념 생산이었다.

화용과 문맥에 의해 '사용'의 관점에서만 파악되던 신어들을 일종의 '번역어'로 규정하고 이를 영어를 비롯한 서구어에 고정시키는 선구적 작업의 수행자들은 분명 한국에 있어 '서구인 선교사'들이었다. 하지만 조선인들에 의한 개념 생산 및 사용, 또 그에 이어진 술어정리사업과 함께 외국인들의 번역 및 해제를 통한 의미 고정 작업은 이미 황혼에 이르러 있었다. 조선의 근대잡지, 나아가 조선이라는 제한된 시공간의 상위 층위에서 전면적 '번역가능성'이 생겨나고 있었던 것이다. 하나의 민족어 내에서의 어휘 채집과 정리 사업을 뛰어넘어 존재하는 사전들 간의 통국가적 이동 및 번역, 혹은 '표절' 및 상호참조 현상이 의미하는 바가 바로 이것이다. 즉, 외국인들이 더 이상 조선어(로 이루어진) 담론의 파장과 변화의 속도를 따라잡을 수 없었을 때, 아니 이들이 더 이상 이들 번역어를 한국어 안에서 발견하지 않아도 될 정도로 담론상의 '합방'의 농도가 진해졌을 때, 이들의 번역은 독서-채집-정리-번역이라는 귀납적 과정이 아니라 영일, 일영 사전

이라는 잠재적 조선어의 '번역'으로 나아가게 된다. 그때에야 비로소 단일
어사전으로서의 한국어사전이라는 요청이 조선학 혹은 조선학문의 성과
와 함께 '한국인'들의 입과 손에 의해 선명히 드러나기 시작한다.

　한국어의 전체상을 담지하며 근대어의 정통성을 확보하려는 사전 편찬
이 일종의 집대성에 이르는 과정에서 참고해야 했던 작업들은 앞서 논한
'조선 내의 화용론적/번역적 실천' 뿐만이 아니었다. 언더우드 부자의 『英
鮮字典』(1925)의 서문(pp.2-3)에 제시된 사전 편찬의 경위는 이 점을 잘
보여준다. 주지하다시피 아버지 언더우드(Horace Grant Underwood)에 이
어 한국어 연구 및 사전 작업에 임한 원한경(元漢慶, Horace Horton Under-
wood)의 사전이 나온 것은 1925년이었다. 일찍이 원한경이 클라크에게
말했던 시기보다 3년 이상 늦어졌던 셈이다. 그 이유는 일차적으로 관동대
지진(1923)으로 인해 일본에 보관 중이던 원고가 소실되었기 때문이다.
절망과 온갖 고초 끝에 원한경은 조선에 있던 복사본 원고를 찾아냈고,
이것을 다시 정리하는 데에 상당한 시간을 소비할 수밖에 없었다. 그리고
그는 게일의 허락 하에 『三千字典』에서 수백단어를 가져왔다. 하지만 여
기까지의 정리만으로는 전술했듯이 『개벽』과 같은 근대 잡지의 조선어,
즉 새로운 근대 개념어들의 등재 및 그 번역 문제를 결코 해결할 수 없었
다. 그리고 그런 곤경 속에서 조선, 조선어의 단위를 초과하는 외부의 어
휘정리사업이 이곳에 개입되게 된다. 일국어 정리 사업으로서의 사전 편
찬 자체가 매우 구체적인 형태의 통국가적 실천이 되어 버리는 것이다.
사전들 사이에 만연한 베끼기가 바다를 넘게 되는 것인데, 그럼에도 이
'이웃' 어휘들의 도입이 더 이상 생경한 것일 수만은 없는—심지어 자연스
러운 상황이 연출된다.

　사실 이 경로에 대한 자세한 추적은 오늘 우리의 논의 속에서는 충분히

해명되기 어려울 것 같다. 다만 몇 가지 사실만은 분명하다. 첫째, 일본 『오사카마이니치신문(大阪每日新聞)』에 연재된 "5,000 영어 신조어 어휘 목록"이 원한경 사전의 중요한 기본 문헌이 되었다. 둘째, 원한경은 초기의 영한사전을 참고해서는 명확히 제시하기 힘든 새로운 풀이에의 요구와 관련하여 일본 산세이도(三省堂)의 사전을 참조했다.[50] 셋째, 한문을 풀이할 명확한 개념을 얻기 위해서, 원한경은 많은 경우 중국에서 출판된 사전들을 그대로 가져올 수밖에 없었다.[51]

그러나 천신만고 끝에 나온 원한경의 영한사전은 거의 팔리지 않았다. 이렇듯 공을 들여 출판한 『英鮮字典』(1925)에 대하여, 조선인들은 게일의 『韓英字典』(1897)이 출판될 때와 같은 반응을 보이지 않았다. 요긴하다는 반응도, 고맙다는 인사도, 우리가 하지 못한 일을 했다는 상찬도 없었다. 왜일까.

1932년 42살이 된 원한경의 회고는 20년 동안 그와 함께 했던 조선이 과거와는 다른 형상으로 변모되었음에 대한 만감으로 점철되어 있다.[52] 귀신들린 자를 구원하며 귀신을 물리치는 신약성서의 예수의 가르침과 이적(異蹟)을 조선인들에게 전하는 일, 그리고 예수의 이적을 대행하는 선교사로서의 사역. 예수는 "가장 희망이 없을 만큼 인간성(humanity)을 상실한 사람들을" 구제하라 했고, 얼마만큼 더 "구제할 수 있는가를 배우기 위해" 그들은 과거 동양에 왔다. 그러나 그들의 존재와 실천 자체가

---

50) 이는 石川林四郎가 편찬한 『(袖珍)コンサイス和英辭典(Sanseido's concise Japanese-English dictionary)』(東京: 三省堂, 大正 13, 1924)를 지칭하는 것으로 보인다.

51) The Chinese Commercial dictionary라고 제시되어 있는데, 그 구체적인 실상이 무엇인지는 아직 확인하지 못했다.

52) 원한경, 「1932-도상에 있는 안식처」, The Korea Mission Field 29-2, 1933.2. (서정민 편역, 『한국과 언더우드』, 한국기독교역사연구소, 2004, p.234.)

소명이던 시절은 지나가고 있었다. "끔찍한 세상을 살아왔고" 또한 "살고 있는" 조선인들, 구원받아야할 "가난한 땅"으로서의 조선, 성서가 전하던 귀신들이 거하던 '과거'의 땅, 즉 현재 진행되고 있는 자신들의 오래된 과거[53]로 묘사되던 조선은 더 이상 없었다. 어쩌면 저 '희망없음' 혹은 '구원'의 성격 자체가 바뀌어 있었는지 모른다. 원한경은 고백한다. "한 명도 고치지 못했"으며, 1,000-1,500여 회의 설교를 했지만 "공식적인 회심의 기록"을 자신은 지니지 못했다, 고. 『英鮮字典』은 그가 가장 공들여 출판한 대표적인 저술이었지만 대중적인 인기를 얻지 못했고, 다른 2권의 저술을 모두 포함하더라도 4,000부에 못 미치는 인쇄수를 기록했다.

조선고서간행회의 『朝鮮古書目錄』에 '조선을 말하는' 중요한 참조문헌으로 선교사들의 저술이 배치되던 때와는 상황이 사뭇 달라졌다. 간혹 학문 세계에서 '조선연구의 전사(前史)'로 선교사들의 업적이 언급되는 경우는 있었지만[54] 현재 진행 중인 학술 논의에 스스로의 작업을 기입하기는 어려웠다. 즉, 조선을 말할 수 있는 가장 유력한 근대어로서의 서구어의 위상에 큰 변화가 도래하고 있었다. 조선에 대한 지식은 조선인 자신의 자기 제시와 일본인이 대리하는 외적 조각의 몫으로 옮겨가고 있었던 것이다.

거의 마지막까지 조선어 어휘 정리 사업을 포기하지 않았던 제임스 게일의 경우는 어떨까. 서구인 선교사에 의해 발행된 마지막 한영사전의 편찬자이며 1925년 띄어쓰기가 없는 국한문혼용 성서를 개인 번역으로 발행했던 게일에게도 이런 조건은 동일했다. 게일은 관동대지진 이후의 과제로, "조선을 문학적인 측면에서 집중적으로 도와주어야 한다"고 주장

---

53) J. S. 게일, 『전환기의 조선』, 신복룡 역, 집문당, 1999, pp.76-77, 118-119. (James Scarth Gale, *Korea in Transition*, New York: Eaton & Mains, 1909.)
54) 예컨대, 小倉進平, 『增訂朝鮮語學史』, 刀江書院, 1940을 보라.

했다. 게일이 보기에 한국어는 일본어로 인해 점차 혼란스러워지고 있었으며, 거의 소멸해 갈 것처럼 느껴졌다. 관립소학교에서부터 일본어 교육이 강화됨에 따라, 일본어가 급속히 일반화되었고 이 문체를 표준으로 삼으려는 시도도 많아졌다. 게일 자신이 가지고 있던 과거 조선어의 상은 점차 희미해지고 있었기에, 그는 이런 상황을 비판적으로 드러내려는 여러 시도를 행했다.[55] 조선의 근대어/근대문학에 대한 비판적 관점을 지속적으로 피력했고, 1925년이라는 시점에서 새삼 국한문혼용 성서를 발행했다. 한국의 고전들, 특히 비종교적인 소설의 영역본들을 내놓아 대표적 조선 표상으로 삼으려 했다. 게일이 한문 고전, 한글 고소설의 번역 출판에 몰두한 것은 이런 지향점을 반영한 것이었다. 그러나 게일 역시도 사전 편찬에 있어서만큼은 자신의 '보수적 고유어론'이나 '한문 중심의 조선문화론'을 반영할 수는 없었다. 왜냐하면 사전이란 당대의 모든 구어, 문어를 집성해야 하는 작업이었기 때문이다.

선교본부에 보내는 게일의 연례보고서를 보면 『韓英大字典』 작업 과정이 3단계로 설명되어 있다.[56] 첫째, 그 자신이 발행한 한영사전을 다시 정리하고 새로운 단어를 추가하는 일이 필요했다. 그는 자신의 새 사전이 대략 2,226쪽에 이를 것으로 예상했다. 그러나 이것만으로 그의 사전이 완성될 수는 없었다. 둘째, 6개월 간의 작업 과정을 통해 게일은 이노우에의 『영일사전』에서 어휘를 취하였다. 게일이 말한 이 사전은 선행 연구[57]

---

55) 이만열・옥성득・류대영 공저, 『대한성서공회사』 2, 대한성서공회, 1994, p.143.

56) James Scarth Gale, "Korean-English Dictionary Reports", 1926.9.

57) 황호덕은 "이노우에의 위대한 업적"을 이노우에 주키치(井上十吉)의 영일사전일 것이라 보았다. 이 사전의 표제는 『井上和英大辭典(Inoue's Comprehensive Japanes-English Dictionary)』이며, 1910년대 중반부터 1920년대까지 당시로서는 가장 많이 읽힌 베스트셀러 사전이었다. (小島義郎, 『英語辞書の変遷—英・米・日を併せ見て』, 研究社, 1999 참조.) 황호덕, 「번역가의 윈손, 이중어사전의 통국가적 생산과

에서 언급된 바, 이노우에 주키치의 것이었을 터이다. 게일의 보고서가
작성된 시점을 감안해 볼 때 이노우에 주키치의 영일사전 최근판(井上十
吉, 『井上和英大辭典』, 東京: 至誠堂, 1921)을 참조하지 않았을까 추측된
다. 셋째, 조선총독부의 『조선어사전』에서 어휘를 취하는 작업도 필요했
다. 게일은 이 세 번째 작업을 이미 상당 부분 끝냈다고 말하며, 993쪽
중 745쪽까지의 작업이 이미 수행되었다고 썼다. 이런 작업을 통해 1911년
50,000 어휘였던 『韓英字典』이 1931년에 이르러 80,000 어휘가 될 수 있었
던 것이다.

이런 통국가적 번역, 위대한 '베끼기' 작업이야말로 오구라 신페이에
의해 "조선어 관련 사전류 중 가장 잘 정비되었고 신뢰할 만한 사전"이라
는 평가를 얻게 된 원인이었다. 하지만 가장 정통성을 가진 것으로 평가된
이 사전에서 어휘 간 등가성을 규정해주는 기준점은 전적으로 게일 자신
의 이전 사전 작업들로부터 생성된 것만은 아니었다. 오히려 그것은 조선
밖의 사전 편찬 작업들로부터 도래하기도 했다. 조선어=영어 간의 등가성
에 대한 인준, 즉 번역의 합법성과 정통성을 확보하기 위하여 게일은 이노
우에의 사전에 많은 것을 빚질 수밖에 없었고 그 사실을 선교본부에 보고
할 수밖에 없었다. 놀라운 것은 이 빚을 빚이라 여기지 않을 만큼 조선어와
일본어가 접근되어 있었다는 사실이다.

하지만 우리는 이 글에서 영어-일본어-조선어 사이의 번역가능성이 생
겨나던 3·1운동 후의 짧은 시간에 다시금 주목해 보려 했다. 왜냐하면
그 시간이야말로 번역어의 비자연성, 조선어의 비고유성, 일본어의 외부
성이 강하게 인식·자각되던 순간들이었고, 그럼에도 불구하고 이질교배

유통―언어정리 사업으로 본 근대 한국(어문)학의 생성」, 『상허학보』 28, 상허학
회, 2010.

적인 학술어·개념어들이 정치문화적 요구에 따라 그 언어적 이질성을 훨씬 초과해 '실천적 함의'를 지녔던 시간이기 때문이다. 오구라 신페이가 발견할 수 없었거나 발설할 수 없었던 맥락들, 또 결과적으로 번역의 도구인 사전 그 자체의 번역으로 나아간 사전 편찬의 과정 속에서나마 우리는 바로 그 이질성과 실천 사이의 관계를 읽어 보려했던 것이다.

클라크를 비롯한 서구인들의 어휘정리사업, 커의 근대 잡지 읽기/번역, 조선의 근대잡지의 번역어=조선어 생산이 형성했던 복합적인 메커니즘이야말로 조선어사전이 이중어사전으로부터 분기되어 나오는 과정, 조선어-외국어의 이중어사전이 '일본어-외국어' 사전으로 대체되어가던 황혼기의 풍경을 조망할 수 있는 사건들이었던 셈이다.

우리는 오늘 근대 형성기에서 식민지기에 이르는 시간 동안 생산된 영한사전의 계보학(genealogy)에 대해 말했다. 물론 흔히 가계로도 번역되는 이 계보는 그러나 족보(clan record)와는 다른 것이다. 정치는 아버지에게서 아들로 넘어가지만, 때때로 문화에서는 예기치 못하게 외삼촌에게서 조카로 상속되는 일이 흔히 벌어진다.

번역과 정치라는 논제는 문학과 정치 혹은 문학의 정치라는 논제와는 조금 다른 것일지 모른다. 말의 테두리와 정치의 테두리를 일치시킴으로서 하나의 국민 혹은 국가가 생겨난다고 한다. 그래서 정치를 위해 말을 표준화하려 할 때, 사전은 말의 의미와 사용을 '결정하는' 도구이자 한계로 작용하게 된다. 그러나 지금까지 살펴본 것처럼, 정치(polis)라는 테두리 그어진 공간은 하나의 실체라기보다는 실제로는 계속적인 이질성 도입에 의해 변화하는 공간이다. 그 말이 변하고 그에 따라 자기정의까지도 바뀌기 때문이다. 놀랍게도 말 그 자체가 아니라, 번역에 의해 비로소 정체성이 결정가능해지기도 한다.

우리는 이중어사전의 편찬사, 즉 계보학에 있어 세 시기가 있고 각각의 시기가 유비, 등가, 분기라는 개념에 의해 설명될 수 있다고 보았다. 제1기에 해당하는 1880-1910년, 즉 초기 이중어사전 생성의 시기는 대응관계의 형성에 있어 일대일의 등가성보다는 풀이 위주의 유비 관계가 훨씬 결정적이었던 시기이다. 제2기에 해당하는 1910-1920년 초반은 한국 근대어의 형성에 따라 이중어사전이 영어를 비롯한 서구어와 조선어의 관계를 일종의 등가 관계로 파악하기 시작했던 시기이다. '신정부'의 합법성 아래 교육과 행정의 영역 등에서 일본제 번역어들의 이입이 확연해지던 시기이나, 그 언어들은 아직 조선어로서의 정통성을 여전히 확보하지 못하고 있었다.

우리는 특히 등가 관계 형성의 지난한 과정을 설명하기 위한 한 사례로서 *Korea Bookman*(1921-1925)의 어휘수집목록과 조선어 잡지 번역, 논평 작업을 언급했다. 3·1운동 직후에 확연해진 조선 학술의 기반 형성에 따라, 또 그에 따른 조선어와 일본어의 접근에 따라 점차 외국인 선교사에 의한 사전 편찬이 한계에 도달하는 시간이 오고 있었다. 이 시기를 우리는 제3기로 보았다. 조선어를 조선어로 해제하는 관념이 비로소 분명해지고 신어 및 술어 사전류가 본격 등장하면서, 조선어 단일어사전의 도래가 예감되고 있었다. 이중어사전과 단일어사전 사이의 상호 분절, 즉 분기가 생겨나고 있었던 것이다. 역설적인 말이지만 일본제 번역어들이 조선인들의 담론적 실천 속에서 일종의 정통성을 획득하고, 넓은 의미의 고유한 모더니티 창안에 기여하는 상황이 펼쳐졌던 것이 아닐까.

우리가 다룬 영한사전은 총 다섯 종이었다. 우선 초기 영한사전류는 선교를 위한 일상회화용 영한사전에 가까웠다. 언더우드(Horace Grant Underwood)의 『한영ᄌ뎐(*A Concise Dictionary of the Korean Language*)』(Yoko-hama: The Fukuin Printing CO., L'T., 1890)과 스콧(James Scott)의 *English-Corean dictionary: being a vocabulary of Corean colloquial words in common use*(Corea: Church of England Mission Press, 1891)가 여기에 해당한다. 존스(George Heber Jones)의 *An English-Korean dictionary*(Tokyo, Japan: Kyo Bun Kwan, 1914)는 서구어 학술용어에 대한 대역어를 '실험'적으로 모색한 사전이라는 점, 그리고 근대 일본에서 생산된 번역어의 도입이라는 이 실험이 추후 조선어의 변화 속에서 인준되었다는 점에서 너무 빨리 왔지만 계속 거주하게 될 말들의 보고였다. 조선에서 쓰이는 유용한 신조어 집성이라 할 게일의 『三千字典(*Present day English-Korean: three thousand words*)』(京城: 朝鮮耶蘇敎書會, 1924)은 저자 자신의 조선 고유어 및 한문 전통에 대한 집착에도 불구하고 조선어의 근대적 전환이 돌이킬 수 없는 흐름이었음을 잘 보여준다. 마지막으로 원한경의 『英鮮字典(*An English-Korean Dictionary*)』(京城: 朝鮮耶蘇敎書會, 1925)은 1920년 초반 내내 진행된 새로운 조선어 어휘에 대한 수집을 전체적으로 반영한 사전이었다. 아이러니컬하게도 사전은 결과적으로 그러한 수집을 생략해도 될 정도로 조선과 일본 양사회가 번역가능성으로 충만해 있던 시기에야 간행될 수 있었으며, 이 작업을 마지막으로 더 이상 외국인 선교사들의 작업이 별 호응을 얻지 못하게 된다. 영일사전, 일영사전의 새 시대가 도래하고 있었다. 하지만 이런 작업은 차후 조선인들의 사전 편찬에 중대한 영향을 미쳤음에 틀림없으며, 이런 은폐된 상속이야말로 정통성 혹은 고유성이 발생하는 진정 '고유한' 메커니즘이었다. 이럴 때 고고학자들의 잠언이 도움이 된다. 우리 땅의 유물이란 때때로 남의 조상 유물이다. 따라서 모든 유물이란 공동의 것이지 않으면 안 된다.

【보론3】 존스(G. H. Jones)의 학문과 삶에 관하여

　게일(James Scarth Gale)은 존스의 영한사전을 논평하는 글("English-Korean Dictionary by George H. Jones", *Korea Mission Field* 1915. 3.)에서 한국 선교사 단체에서 존스 박사를 잃게 된 것은 "오래 전부터 아쉽게 여겨져 온 일"이라 말했다. "한민족의 언어와 역사, 영혼(soul)에 대한 그의 지식은 이례적이라 할 정도로 탁월하며 높이 살만한 것이었기 때문"이다. 존스의 사전은 그의 학술적 업적에 부응할 만한 것으로 과거에 출판되었던 영한사전들과는 변별 되는 훌륭한 업적이었다. 게일은 사전의 초고를 미리 보았고 그 출판을 손꼽 아 기다려 왔었다.

　그렇다면 존스는 어떤 사람이었을까?

　존스는 1887년 한국에 입국한 미국 감리교 선교사이다. 특히 한국의 종교 를 학술적인 관점에서 접근한 연구들이 비교적 잘 알려져 있는 편이다. 존스 는 당시의 서구인들 사이에 미만해 있던 지배적인 종교 담론인 '한국은 종교 가 없다'는 생각과는 다른 관점에서 이 문제에 접근하였다. 존스는 한국의 무속 신앙을 샤머니즘과 동일시했으며 한국 민간 신앙 전체를 포함하는 것 으로 여겼다. 그리고 그 핵심을 정령 숭배, 주물 숭배라 말하고 판수와 무당 이 이를 주도하고 있음을 지적했다. 오히려 '한국인은 종교적'이라는 생각인 것인데, 그 근거가 흥미롭다.
　한국인은 자신보다 우월한 초월적 존재에 대한 의존감을 지니고 있으며, 인간과 신적 존재가 상호 교통할 수 있는 차원을 상정하고 있을 뿐더러, 고통 으로부터 영혼을 해방시키려는 노력을 중시한다는 것이다. 무엇보다 '모든 진화하는 사회'에서 하나의 종교 체계가 당연하고도 필수적이듯이, 한국에서

도 그럴 수밖에 없다는 점을 그 근거로 제시하고 있다.

또한 존스는 한국 종교를 중층다원성(中層多元性)으로 인식함으로써, 당시로는 놀라운 탁견을 보여주었다. 보통의 한국인에게는 유교, 불교, 샤머니즘이 공존하며 서로 겹쳐 있고, 깊이 연관되어 있음을 지적했다. 유교는 타 종교들과 별로 뒤섞이지 않아 왔지만, 불교의 경우는 윤리적으로 유교를 받아들이면서도 샤머니즘을 흡수하는 측면이 있다는 것이다. 샤머니즘이 이 두 종교의 초월적 대상들을 일관된 특정 선택의 원리 없이 자의적으로 수용 가능하게 했다는 것이다. 정리하자면 존스는, 한국인들은 이론적으로 이 세 종교를 구분하지만, 실제적으로 그 혼합된 가르침을 마음에 지니고 이들 셋을 모두 믿고 있다고 말한 셈이다. 더불어 유교를 당시 한국의 국가 종교로 규정하고 조상 숭배와 분리하여 생각했다는 점, 이 조상 숭배를 선교에 있어서의 걸림돌로 규정했다는 점이 특정적이다. ("The Native Religions", *Korea; the land, people, and customs*, Cincinnati, Jennings and Graham; New York, Eaton and Mains, 1907)

존스는 한국 개신교 단체의 대표적인 학술 저널이라고 할 수 있는 *Korean Repository, Korea Review*, 『신학월보』를 창간한 인물이기도 하다. 특히 그 자신, 두 영문 잡지에 개신교 관련 기사, 민족지적 기사 뿐만 아니라, 한국어, 한국의 출판 문화, 한국의 설화, 설총에 관한 기사, 임진왜란과 관련된 다수의 기사들을 게재하기도 하였다. 1900년에 창립된 왕립아시아학회 한국지부(*Transactions of the Korea branch of the Royal Asiatic Society*)의 부회장을 역임했으며, 이 학회의 잡지에 최치원과 한국 종교에 관한 학술적 논문을 제출했다. 최치원에 대한 존스의 논문은, 최치원을 단순히 일개 유학자로 자리매김하는 데 그치지 않았다. 존스의 이 논문은 한국 유교 전통의 이해를 위한 연구 방법 및 선례를 제시하려는데 그 목적이 있었다. 존스는 설총, 안유와 같은 인물과 함께 최치원을 이질적 유교를 고유화(indigenization)한 인물로 크게 부각시키고 있다.

아직 그 면모가 충분히 잘 드러나지는 않은 인물이기에, 존스의 한국학 관련 작업을 논저의 대강을 통해서나마 살펴볼 필요가 있을 것 같다. 원한경 (元漢慶, Horace Horton Underwood, 1890-1951)의 서목(*A Partial Bibliography of Occidental Literature on Korea*(1931))과 한국 대학도서관에 소장 중인 그의 저술 목록을 살펴보면 다음과 같다.

1. 논문
〈언어학〉
"The Alphabet(Pancul) Yi Ik-Seup", *Korean Repository* Ⅰ, 1892.
"What Koreans Say about Our Use of their Language" (미확인, 언더우드 도서관 소장).
"Printing and Books in Asia", *Korean Repository* Ⅴ, 1898.

〈문학〉
"The Youths Primer(Tong Mong Seung Seup)", *Korean Repository* Ⅱ, 1895.
"The Magic Cat", *Korean Repository* Ⅲ, 1896.
"Sul Chong, Father Korean Literature", *Korea Review.* Ⅰ, 1901.

〈역사〉
"The Japanese Invasion", *Korean Repository* Ⅰ, 1892.
"Historical Notes on the Reigning Dynasty", *Korean Repository* Ⅲ-Ⅳ, 1896-1897.
"The Japanese Invasion of Korea in 1592", *China Rev.* Vol.23. Hongkong 1899
    (미확인).
"The New Century", *Korea Review* Ⅰ, 1901, "Ch'oe Chi Wun", *Korea Branch R.A.S.*
    Vol.Ⅲ, 1903.

〈사회정황 및 풍습(민족지)〉

"The Status of Woman in Korea", *Korean Repository* III, 1896.

"The Korea Inn", *Korean Repository* IV, 1897.

"The Koreans in Hawaii", *Korea Review* VI, 1906.

"Reform in Korea", *Journal of Racial Development*, Worcester, Mass, 1:18-35, July

〈종교〉

"The Spirit Worship of the Koreans", *Korea Branch of R.A.S.* II, 1901

〈선교 - 전기〉

"Rev. Wm. J. McKenzie-A Memoir.", *Korean Repository* II, 1895.

"Timeon Fracois Berneux, Bishop and Maytyr", *Korean Repository* V, 1898.

〈개신교 선교일반〉

"Pioneering in Korea", *The Gospel in all Lands*, 1899. Nov.

"*Christendom Anno Domini*" 1901, Edited by W. D. Grant. New York, Korea. 1902

"Korea", *M. E. Board of Foreign Missions*, New York, 1904.

"Similarity and Contrast-China, Japan and Korea", *Missionary Review*, New york, 27:115-7. Feb. 1904.

"Christ's Forces in Korea", *The Missionary Review of the World*, New York & London: Funk & Wagnalls Co., 1905.

2. 단행본

An introductory primer of church history, Seoul: Methodist Publishing House, 1901.

Korea; the land, people, and customs, Cincinnati, Jennings and Graham; New York, Eaton and Mains, 1907.

Education in Korea: a supreme opportunity for the Christian church, New York: Korea Quarter-Centennial Commission, Board of Foreign Missions of the Methodist Episcopal Church, 1910.

The Korea mission, of the Methodist Episcopal Church, New York: Methodist
　　Episcopal Church, 1910.
The Bible in Korea; or, The transformation of a nation, New York: American
　　Bible Society, 1916.
Jennie Fowler-Willing and George Heber Jones, *The lure of Korea*, Boston:
　　Methodist Episcopal Church, Woman's Foreign Missionary Society (발행년
　　월일 불명).
Christian medical work in Korea, New York: Korea Quarter-Centennial Commission
　　(발행년월일 불명).

　그 외에도 존스는 1892년, 루이스 로드웨일러(Louis G. Rothweiler)와 함께
최초의 찬송가집이라 할 『찬미가』(전곡 27편)를 수형본의 소책자로 출간한
바 있다.
　존스는 이처럼 다수의 저술을 남긴 인물일 뿐만 아니라 인천 용동감리교
회(현, 내리교회) 목사로 있던 당시, 친구의 알렌의 요청으로 한국인의 하와
이 이주에 관여하여 이들의 정착에 공헌하기도 했다. 존스의 삶과 한국학에
대한 연구가 여전히 하나의 과제로서 남겨져 있음을 밝힌다.

▌참고문헌

이상현, 「근대 조선어·조선문학의 혼종적 기원」, 『사이間SAI』 8, 2010.
이상현, 「언더우드의 이중어사전 간행과 한국어의 재편과정」, 『동방학지』 151, 2010.
김종서, 『서양인의 한국종교연구』, 서울대학교출판부, 2006.
류대영, 「선교사들의 한국 종교 이해, 1890-1930」, 『한국 근현대사와 기독교』, 푸른역
　　사, 2009.
황호덕 · 이상현, 「번역과 정통성, 제국의 언어들과 근대 한국어」, 『아세아연구』 145,
　　2011.

Gale, J. S., "English-Korean Dictionary by George H. Jones", *Korea Mission Field* 1915. 3.

Jones, George Heber, *Korea; the land, people, and customs*, Cincinnati, Jennings and Graha
m; New York, Eaton and Mains, 1907.

Rhodes, H. A., 『미국 북장로교 한국선교회사』 I , 최재건 역, 연세대 출판부, 2010(*History
of The Korea Mission, Presbyterian Church U.S.A.*, 1933)

Underwood, H. H., "A Partial Bibliography of Occidental Literature on Korea", *Transactions
of the Korea Branch of the Royal Asiatic Society* 20, seoul: Korea, 1931.

小倉進平, 『增訂補注 朝鮮語學史』, 東京: 刀江書院, 1964.

【보론4】 언더우드家의 『英鮮字典』에 관하여

　『英鮮字典』은 원한경(元漢慶, H. H. Underwood)이 1925년 발행했으며, 언더우드, 스콧, 존스 그리고 게일의 『三千字典』 계보를 이으며 출판된 다섯 번째의 영한사전이다. 3장에서 고찰했듯이 원한경(H. H. Underwood)의 회고에 따르면, 『英鮮字典』은 그의 부친 언더우드(H. G. Underwood)가 출판했던 영한사전에 비해 큰 파급력은 없었던 것으로 보인다.

　하지만 『英鮮字典』은 기존의 영한사전들을 집성했다는 점, 또한 이런 미비한 파급력 자체가 서구의 근대와 학술을 조선어로 번역·재현하던 서구어가 처했던 역할의 축소, 변모된 한국의 담론적 지형도를 잘 알려주는 징후란 점에서 그 파급력과는 별도로 각별한 주목을 요한다. 무엇보다도 과거와 달리 어휘를 채집하는 소박한 차원에서는 포착할 수 없었던 이 시기의 한국어의 전체상, 즉 1920년대 3·1운동 이후 공론장에서의 급격한 한국어의 변동을 잘 보여주는 사전이란 의미를 지니고 있다.

　이 책은 1925년 4월 10일 미국 뉴욕에서 작성한 원한경의 「서문」("Preface", pp.1-5)과 본문인 어휘부("An English-Korean Dictionary", pp.1-723), 부록 부분("Appendix", pp.1-18)으로 구성되어 있으며, 13,820개의 영어표제어를 한국어로 풀이했다. 표지를 보면, 원한경이 그의 부친인 언더우드와 자신을 저자로 명기했다. 이 사전에 대한 기획과 밑 그림이 이미 그의 부친 H. G. 언더우드에 의해 이루어져 있고, 원한경은 부친의 유지와 계획에 의거하여 사전을 발행했기 때문이다. 또한 한국어의 급격한 변동으로 말미암아 초기 언더우드가 기획했던 책에 비해 많은 수정 보완이 이루어졌기 때문에, 개정등보를 실무적으로 진행했던 E. W. 쿤즈 목사(E. W. Koons)와 오성근을 개정, 간행한 저자로 병기했다.

본래 요코하마 후쿠인(福音)출판사에서 1923년경 발행을 준비했으나 관동대지진으로 인해, 작업이 지연되어 경성(京城) 조선야소교서회(朝鮮耶蘇敎書會)에서 출판되었다. 그 당시의 상황이 『英鮮字典』의 서문에 다음과 같이 잘 드러난다.

마침내 1923년 봄, 한국인 수석 조사(助士)가 일을 시작한 지 딱 10년이 지나, 마지막 단어가 마무리되고 원고가 완성되었다. 정확성을 잃지 않는 한도 내에서 가능한 한 신속하게 사본 제작을 진행했으며 이를 후쿠인(福音) 출판사에서 인쇄하기 위해 오성근(Oh, Seung Kun) 씨의 일본행이 결정되었다. 나는 오성근 씨를 일본에 남겨두고 7월에 미국으로 돌아왔다. 초가을이면 기나긴 여정의 끝을 볼 수 있으리라는 벅찬 기대를 안고서였다. 8월 15일, 오성근 씨는 편지를 보내 9월 10일이면 사전이 인쇄와 장정, 포장을 마쳐 판매와 배송 준비가 완료될 거라고 알려 왔다. 다들 아시는 일이겠지만 9월 1일 끔찍한 지진이 일어났다. 건물에 있던 195명 중 69명이 목숨을 잃었으나, 출판사 3층에서 일하던 오성근 씨는 기적적으로 목숨을 건졌다.

관동대지진은 비단 원한경에만 해당되는 것이 아니라, 게일이 『韓英大字典』을 발행하게 된 중요한 계기이기도 했다. 『韓英大字典』(1931)에 수록된 「머리말」("Forward")에 잘 나타나있는 바, 관동대지진으로 인해 긴 지연 과정을 거쳤다. 원한경이 쓴 「머리말」에서의 언급은 "위원회에 다음과 같은 사실을 알려드려야 함이 분명해 보입니다. 요코하마에서 발생한 지진으로 후쿠인(福音, Fukuin)사가 완전히 사라지고 유능하고 친절한 관리자 무라오카 씨[『韓英字典』(1911)의 발행인으로 표시되어 있는 무라오카 헤이키치(村岡平吉)를 지칭한다: 인용자를 잃게 됨에 따라, 한영사전 제 2판[1911: 인용자의 재고도 모두 소실되고 말았습니다. 따라서 즉각, 사라진 책을 대체할 만한 책을 내야 한다는 문제가 발생했습니다."라는 게일의 사전 편찬 관련 연례보고서("Korean-English Dictionary Reports", 1926. 9.)의 내용과도 일치한다.

3장에서 전술했듯이『英鮮字典』을 편찬하며 원한경은, 총독부의『조선어사전』및 기존에 출판된 존스 사전 이외의 영한사전류를 모두 참조했다.「서문」을 보면,『三千字典』에서 가져온 단어는 별표* 표시가 되어있다. 이를 통해『三千字典』에 대한 참조 양상을 살필 수 있다.

아울러 1920년대 언어 상황에 걸맞게『英鮮字典』역시도 한국어란 단위를 초과하여 중국과 일본의 이중어사전을 참조했음을 알 수 있다. 또한『오사카마이니치신문(大阪每日新聞)』의 영어 신어 5000목록에서 참조한 단어의 경우는 일일이 '|'표시로 제시했다.『오사카마이니치신문(大阪每日新聞)』에 수록된 신어에 대한 선택과 배제의 과정을 엿볼 수 있는 중요한 탐구 지점이라고 할 수 있다.

▌참고문헌

이상현,「언더우드의 이중어사전 간행과 한국어의 재편과정」,『동방학지』151, 2010.
황호덕·이상현,「번역과 정통성, 제국의 언어들과 근대 한국어」,『아세아연구』145,
　　　2011.
서정민 편역,『한국과 언더우드』, 한국기독교사연구소, 2004.
이만열, 옥성득 편역,『언더우드 자료집』Ⅰ~Ⅴ, 국학자료원, 2005~2010.
Rhodes, H. A.,『미국 북장로교 한국선교회사』Ⅰ, 최재건 역, 연세대 출판부, 2010
　　　(History of The Korea Mission, Presbyterian Church U.S.A., 1933).

【개념뭉치3】

'정치' '정부' 관련 항목

1. 英韓 대응관계

① Politics: 졍스, 나라일(Scott 1891) **정치(政治), 정치학(政治學)** (Jones 1914) 정치(政治) (Gale 1924) (1) 정치학 (政治學). (2) 정치 (政治), 경략 (政略), 정계 (政界). (3) 정론 (政論), 정견 (政見). (Underwood 1925)

② Administration: 나라, 정부(Scott 1891), **힝졍(行政)**, 졍스(政事), 관리(管理) Adminstration of church discipline 교회규측집힝(敎會規則執行) (Jones 1914) 관리(管理) (Gale 1924) (1)관리(管理), 집졍(執政), 힝졍(行政), 늬각(內閣) (2)류산관리(遺産管理) (Underwood 1925)

③ Government: 나라, 정부(Underwood 1890, Scott 1891)　Government **(in the abstract)** 졍치(政治), **(in concrete)** 정부(政府) Constitutional government 립헌졍치(立憲政治), Church Government 교회졍치(敎會政治), Democratic government 민졍(民政), Military government 군졍(軍政), Monarchical government 군쥬졍치(君主政治), Patriarchal government 종쟝졍치(宗長政治), Republic government 민쥬졍치(民主政治) (Jones 1914) 정부(政府) (Gale 1924) (1)정부(政府). (2)정치(政治), 졍스(政事). (3)다스림, 통할(通割), 관리(管理), 절졔(節制). (4)통치권(統治權), 졍권(政權). government office, 관텽(官廳).: government expense, 관비(官費).: government organ, 어용신문(御用新聞).(Underwood 1925)

2. 韓英 대응관계

① 졍치(政治): Government; the administration of affairs(Gale 1897-1911) Govern ment; politics.(김동성 1928-Gale 1931)

cf) 정치상(政治上): In the government(Gale 1897-1911) political (김동성 1928)

cf) 정치학(政治學): The study of government affairs(Gale 1897) 左同, Political
Science(Gale 1911-1931), 정치기혁(政治改革) Reform of the adminstration of
a government, 정치법률(政治法律) Law of the state(Gale 1911-1931)

cf) 정치가(政治家): A politician(김동성 1928-Gale 1931)

cf) 정치계(政治界): The politic world, 정치경제(政治經濟): Political economy,
정치극(政治劇): Theatrical plays-dealing with government reform. 정치기관
(政治機關): Political machinery, 정치과(政治科): Political department. 정치
사회(政治社會): The political world, 정치사상(政治思想): A political idea,
정치열(政治熱): Political mania, 정치학자(政治學者): A publicist, (Gale 1931)

② 정부(政府): The government; the office of a Minister of State. See. 의정부(Gale
1897-1931) The government (김동성 1928)

cf) 정부위원(政府委員): A government delegate(김동성 1928)

cf) 정부당(政府黨): The government party. Opp. 국민당(Gale 1931)

3. 韓日 대응관계(『조선어사전』, 1920)

政治(정치): まつりごと。

政府(정부): 「議政府」(의정부)の略。

4. 한국어사전(문세영, 『조선어사전』, 1938)

① 정치(政治): (1) 나라를 다스리는 것 (2) 주권(主權)의 활동 또는 직권의 행사
(行使)

cf) 정치가(政治家): (1) 정치를 맡하 행하는 사람 (2) 정치에 정통한 사람, 정치
계(政治界) 정치상의 이론 및 활동을 행하는 범위, 정치학(政治學) 국가의

기원, 조직, 성질들 정치에 관한 사항을 연구하는 학문.

② **정부**(政府): (1)일국의 주권자가 나라의 정무를 행사하는 모든 기관 (2) 「의 정부」(議政府)의 준말.

'자연', '천연' 관련 항목

1. 英韓 대응관계

① Natural: 근본, 텬셩, Natural Philosophy 텬셩지학, Naturally 원간, 텬싱, 주연이, 근본, 졀노(Underwood 1890) Natural, Naturally 졀노, 스스로, 주연(Scott 1891) **주연(自然)**: (legimimate) 당연(當然): (as to rights) 텬부(天賦), Natural history 박물학(博物學), (zoology) 동물학(動物學), Natural law 주연리(自然理), 텬리(天理), Natural philosophy 물리학(物理學), 궁리학(窮理學), Natural properties 셩합(性合), Natural Religion 주연종교(自然宗敎), Natural selection 주연도틱(自然道態); Natural theology 주연신학(自然神學) (Jones 1914) (1) **텬연의 (天然), 주연의 (自然)**. (2) 싱릭의 (生來), 텬셩의 (天性), 텬부의 (天賦). (3) 인졍의 (人情). (4) 싱샤의 (生寫), 산것굿흔. (5) 즐거워ᄒᆞᄂᆞᆫ, 괴로워ᄒᆞ지안는. (6) 야싱의 (野生), 주싱의 (自生), 스싱의 (私生). (7) 당연흔 (當然), 괴이치안은 (怪異). Natural disposition, 텬싱 (天生), 본셩 (本性). Natural history, 박물학 (博物學), Natural laws, 텬리 (天理), 텬측 (天則), Natural philosophy or physics, 물리학 (物理學), 주연철학 (自然哲學), Natural product, 텬산물 (天産物), Natural religion, 주연종교 (自然宗敎), Natural science, n, 주연과학 (自然科學), Natural selection, 주연도태 (自然淘汰), Natural strength, 원긔 (元氣), Natural term of existence, 텬슈 (天壽), 명 (命). (Underwood 1925)

- Spontaneous 졀노잇는, 스스로 잇는(Underwood 1890) 졀노, 스스로, 주연이(Scott 1891) (from natural impulse) 졀노(自然); 주연히(自然); 스스로(自然); **텬연히(天然)**; 임의로(任意) (Jones 1914) (1)졀노나는, 스스로나는, 주연덕(自然的), 주발덕(自發的), 텬연덕(天然的). (2)주원덕(自願的), 임의덕(任意的). (Underwood 1925)

② Nature: 셩품, 셩미, 본셩, 텬셩(Underwood 1890) (creation) 만물, (disposition) 셩품, 셩미, (force) 긔운(Scott 1891) (basic character) 본셩(本性): [of animate beings] (of objects) 셩질(性質): (forces of the material world) 조화(造化): (the natural world) 우쥬(宇宙): 텬셩난단(天性難段) "It is difficult to change nature." (Jones 1914) **주연(自然), 텬연(天然), 주연계(自然界)**(Gale 1924) (1) 텬셩 (天性), 본셩 (本性), 셩질 (性質). (2) 텬디만물 (天地萬物), 삼라만상 (森羅萬象), 만유 (萬有), 조화 (造化), 텬연 (天然), 주연 (自然). (3) 인셩 (人性), 텬진 (天眞), 인졍 (人情). (4) 톄력 (體力), 싱활작용 (生活作用). (5) 텬연샹티 (天然狀態), 야만 (野蠻), 난치로잇는 것. (6) 종류 (種類), 픔 (品), 질 (質) [in comp.]. (Underwood 1925)

2. 韓英 대응관계

① 텬연(天然)ᄒ다: être ressemblant; ressembler à(Ridel 1880) To be natural - in contrast to what is affected or adorned(Gale, 1911) to be natural; to be spontaneous(Gale, 1931)

cf) 텬연(天然)히: Naturally; simply; unadornedly. See. 엄연히(Gale 1897-1931) Calmly; with composure; cooly(김동성 1928)

- 텬연(天然): Nature; spontaneity(김동성 1928) Nature(Gale 1931)

cf) 텬연미(天然美): Natural beauty(김동성 1928-Gale 1931), 텬연법(天然法)(法) Law of nature(김동성 1928) A law of nature(Gale 1931) 텬연슈(天然水)

Natural water(김동성 1928) Rain-water; soft water(Gale 1931)

cf) 텬연물(天然物): Anyting produce by nature; natural products opp. 인조물, 텬연비료(天然肥料): Natural fertilizers, 텬연색(天然色) A natural color, 텬역색활동사진(天然色活動寫眞) Kinema color pictures, 텬연생활(天然生活) Natural life, 텬연탄산아연(天然炭酸亞鉛) Natural zinc carbonate (Gale 1931)

② 조연(自然)ᄒ다: To grow of itself; to be naturally so.(Gale 1931)

cf) 조연(自然)이: de soi-même, par hasard, naturellement(Ridel 1880), 조연(自然)히 Naturally; spontaneously; as a matter of course; of itself.(김동성 1928-Gale 1931)

· 조연(自然): of itself; naturally so; self-existence; of course. See. 절노.(Gale1897-1931) 자연(自然) Nature (김동성 1928)

cf) 조연지리(自然之理): Natural laws; fixed principles.(Gale 1897) The law of itself; evolution. See. 진화론(Gale 1911) The law of self-evolution(Gale 1931)

cf) 자연추세(自然趨勢): The course of nature(김동성 1928)

cf) 조(자)연과학(自然科學): Natural science 자(조)연도태(틱)(自然淘汰) Natural selection, 조(자)연쥬(주)의(自然主義)Naturalism(김동성 1928-Gale 1931), 조(자)연법(自然法) A law of nature; a natural law(김동성 1928) A law of nature(Gale 1931)

cf) 조연결과(自然結果) Natural consequences, 조연력(自然力) Natural force, 조연신교(自然神敎) Deism, 조연신교도(自然神敎徒) A deist, 조연신학(自然神學) Natural theology, 조연종교(自然宗敎) Natural religion, 조연텰학(自然哲學) Natural philosophy(Gale 1931)

3. 韓日 대응관계(『조선어사전』, 1920)

自然(조연): 自らなること い。 自然之理(조연지리): 自然の道理。

天然(텬연): 人工の加はらざる狀態、 天然物(텬연물): 人工を藉らすし自然に

生じたる物。

4. 한국어사전(문세영, 『조선어사전』, 1938)

① 자연(自然): (1) 저절로 그러한 것. 인공을 더하지 아니한 것. 天然 (2) 조화 (造化)의 작용. (3) 사람의 힘으로 좌우할 수 없는 상태. (4) (哲) 외계에 實在여 認識의 대상이 되는 물건의 총칭. 대개 산천, 초목, 운무들의 유형 적 현상을 이름. (5) (經) 인류 이외에 존재하는 외계의 물건

② 천연(天然): (1) 인력으로 좌우할 수 없는 상태. (2) 본래의 성질. (3) 인공을 더하지 아니한 상태. (4) 조화(造化)와 같음. cf) 천연기념물(天然記念物) 국토의 기념이 되는 천연물, 천연물(天然物) 인공을 더하지 아니한 그대로 의 물건, 천연색사진(天然色寫眞) 박은 물체의 색채를 재현(再現)시킨 사 진, 천연생활(天然生活) 자연대로 사는 원시적 생활, 천연영양(天然榮養) 천연물을 그대로 섭취하여 영양으로 하는 것.

'우주', '지구' '세계' 관련 항목

1. 英韓 대응관계

① Universe: 보텬하, 통텬하, 셰샹, 텬하, 인간, 텬디.(Underwood 1890), 텬디만 물(Scott 1891), **우쥬(宇宙)**, 텬지만믈(天地萬物)(Jones 1914) 우쥬(宇宙) (Gale 1924) (1)텬하(天下), 우쥬(宇宙), 만유(萬有), 건곤(乾坤), 텬디만믈(天地萬 物), 삼라만상(森羅萬象) (2)만민(萬民), 인류(人類) (3)계(界)[In compl] (Un- derwood 1925)

· Cosmos: **우쥬(宇宙), 세계(世界)** (Jones 1914) 우쥬(宇宙) (Gale 1924) 우쥬 (宇宙), 세계(世界)(Underwood 1925)

② **Globe**: 공, 알(Underwood 1890), 덩이, 둥글다, 알, 디구(Scott 1891) 디구(地球) (Jones1914) (1)구슬, 구(球). (2)디구(地球). (3)디구의(地球儀). (Underwood 1925)

· **Earth**: 쌍, 흙(Underwood 1890) 따, 땅, 흙(Scott 1891) **디구(地球)**: 짜(球): (ground)디(地): (soft soil)흙(土): (the world)세샹(世上) (Jones 1914) 디구(地球), 토디(土地) (Gale 1924), (1)디구(地球). (2)짜, 쌍, 디(地)[incompl. (3)흙. (4)만민(萬民), 만국(萬國), 세상(世上). (5)더러운것, ㄴ진것. (6)굴(屈), 혈(穴)(여호ㄠ흔것의). (Underwood 1925)

③ **World**: 세샹, **세계**, 텬하, ᄉ방(Underwood 1890) 세샹, 세계 (Scott 1891) (the globe) 디구(地球): (the universe) 우쥬(宇宙): (a division of existing things) 세계(世界): (mankind) 세샹(世上): 인간(人間): (human society) 샤회(社會), a different world 별세계(別世界): a man of the world 금세남ᄌ(今世男子): a woman of the world 현세부인(現世婦人): the financial world 경제세계(經濟世界): the new world 신세계(新世界): the next world 팃[인용자 -릭]의 오기]세(來世): 후세(後世): the old world 구세계(舊世界): the present world 현세(現世): the whole world 젼세(全世) (Jones 1914) 인세(人世) (Gale 1924) (1)세샹(世上), 세계(世界), 텬하(天下), 디구(地球) (2)인싱(人生), 싱이(生涯) (3)현세(現世), 부세(浮世) (4)세ᄉ(世事), 속무(俗務) (5)세속(世俗) (6)인간(人間), 인류(人類) (7)샤회(社會), 계(界)[In compl] worldly, 세샹의(世上), 세계뎍(世界的), 현세의(現世), 부세(浮世) (Underwood 1925)

2. **韓英** 대응관계

① 우쥬(宇宙): The Universe(Gale 1911-1931) The Universe; the cosmos. (김동성 1928)

cf) 우쥬(宇宙之間): The Universe; the solar system, 우쥬인력(宇宙引力) Gravitation See. 흡력(Gale 1911-1931)

cf) 우쥬학(宇宙學): Cosmology, 우쥬신교(宇宙神敎) Pantheism(김동성 1928-Gale

1931)

cf) 우쥬론(宇宙論): Cosmology, 우쥬신교도(宇宙神敎徒) A pantheist(Gale 1931)

② 디구(地球): The earth; the terrestrial globe. See. 세계(Gale 1911) The earth 例 디구는 태양을 싸고 돈다 The earth revolves around the sun.(김동성 1928)

cf) 디구샹(地球上): the world; the earth See. 텬하, 디구의(地球儀) The globe, 디구졀(地球節): The empress's birthday. Opp. 연쟝졀., 디구축(地球軸) The axis of the earth(Gale 1931)

③ 셰계(世界): le monde, l'univers. 셰계가뭇도록, Syei-kyei-ka măt to-rok, jusqu'à la fin du monde.(Ridel 1880) The world; life; the times. See. 셰샹(Gale 1897-1931); the world; the universe; the cosmos(김동성 1928)

cf) 셰계샹(世界上): In the world; on earth. See. 인간.(Gale 1897-1911)

cf) 셰계주(쥬)의(世界主義): Cosmopolitanism(김동성 1928-Gale 1931)

cf) 셰계고산표(世界高山表): Bathy-orographical, 셰계교통표(世界交通表) A commercial chart, 셰계대하표(世界大河表) Mercator's Projection, 셰계동물표(世界動物表) Density of population, 셰계식물도(世界植物圖) Characteristic vegetation, 셰계인종도(世界人種圖) Races of mankind., 셰계죵교도(世界宗敎圖) Prevailing religions.(Gale 1911-1931)

cf) 셰계기벽론(世界開闢論): Cosmogony, 셰계과(世界果) The end of the world, 셰계관(世界觀) A view of the world, 셰계민(世界民) Internationalists, 셰계어(世界語) A world language,셰계쥬의쟈(世界主義者) A cosmopolitan, 셰계형질론(世界形質論) Cosmology.(Gale 1931)

· 셰샹(世上): le monde; l'univers; les hommes; l'humanité; le siècle; genre humain.(Ridel 1880) The world; life ; the times. See. 셰간 (Gale1897-1931) The world; the age; the times; life (김동성 1928)

3. 韓日 대응관계(1920)

宇宙(우주): 宇宙 。地球(디구): 地球。世界(세계): 世界。世上(세상): 「世間」に
同じ。世間(세간): 世の中。

4. 한국어사전(문세영, 『조선어사전』, 1938)

① 우주(宇宙): (1) 천지사방과 고왕금래 (2) 공간과 시간 (3) 일월성신을 싸고
  있는 한없이 넓고 큰 공간 (4) 천지.세계.

ᅀ 우주론(宇宙論): 천지만물의 근본원리를 논하는 학설. 우주신교(宇宙神敎)
  예수교의 한 갈래. 천지간의 생명은 죄다 신의 구제를 받는다는 것을 신조
  (信條)로 하는 것. 우주인력(宇宙引力) 만유인력(萬有引力)과 같음.

· 지구(地球) 우리가 살고 있는 땅덩이. 공전(空轉)에 의하여 사시(四時)가
  생기고 자전(自轉)에 의하여 주야(晝夜)가 나눠지는 태양계(太陽系)에 붙
  은 유성(流星)의 하나. 면적이 약 삼천삼백만 방리(方里)라고 한다.

ᅀ 지구의(地球儀): 지구를 작게 만든 모형.

② 세상(世上): (1) 사회(社會), 세간(世間), (2) 모든 사람이 사는 곳 (3) 나라를
  다스리는 동안 (4) 한 계통이 이어가는 동안 (5) 한 개인이 살아있는 동안
  (6) 세계(世界) 천하(天下) (7) 마음대로 행동하는 것

ᅀ 세상천지(世上天地): 온 세상

· 세계(世界) (1) 세상 (2) 우리의 객관적 현상의 온 범위. 우주. (3) 사해(四海)
  (4) 만국(萬國) (5) 범위(範圍) (6) 구역(區域) (7) 천지간의 만물(불가의 말)

ᅀ 세계어(世界語): 세계 각국에 공통시키고저 하는 이상(理想) 아래에서 만
  든 말. 에스페란토, 세계적(世界的) 세계 각국에 관계가 있는 것. 세계주의
  (世界主義) 단지 자기 나라의 행복과 안녕만 생각하고 다른 나라의 그것을
  돌아보지 아니하는 군국주의(軍國主義)·제국주의(帝國主義)에 반대하여
  널리 인류전체의 행복과 안녕을 이상으로 하고 세계의 평화·발달을 표준
  으로 하는 주의. 유니버샬리즘. 인터내슌날리즘. 코스모폴리리타니즘.

'비평, 비판' 관련 항목

1. 英韓 대응관계

① Critic: 평론ᄒᆞᄂᆞ이(Underwood 1890) 션싱, 스승, 시관(Scott 1891) **비평가(批評家)**: (connoisseur) 감뎡쟈(鑑定者) (Jones 1914), 비평가(批評家), **평론가(評論家)** (Gale 1924) 평론ᄒᆞᄂᆞ쟈(評論),비평ᄒᆞᄂᆞ쟈(批評), 감뎡쟈(監定者) (Underwood 1925)

② Criticise: 평론ᄒᆞ오(Underwood 1890) Criticise, Criticism 시비ᄒᆞ다, 나무라다, 칙망ᄒᆞ다, 평논ᄒᆞ다 논난ᄒᆞ다(Scott 1891), (adversely) 론박(論駁)ᄒᆞ다 (Jones 1914)

③ Criticism: 시비ᄒᆞ다, 나무라다, 칙망ᄒᆞ다, 평논ᄒᆞ다 논난ᄒᆞ다(Scott 1891) **비평(批評)**: 론박(論駁) (Jones 1914) 비평(批評), **평론(評論)** (Gale 1924) (1)평론(評論), 비평(批評), 감뎡(監定) (2)비평법(批評法) (3)험잡ᄂᆞᆫ것, 흉잡아낸 것 (Underwood 1925)

2. 韓英 대응관계

① 평론(評論): Criticism; review(김동셩 1928-Gale 1931)
  평론가(評論家) A critic; A reviewer(Gale 1931)
cf) 평논(評論)ᄒᆞ다: juger les hommes; voir les défauts, les vertus. 평론(評論)ᄒᆞ다 délibérer(Ridel 1880) 평론(評論)ᄒᆞ다 to discuss; to arbitrate on(Gale 1897-1931)

② 비평(批評): criticism; censure; judgement(Gale 1911-1931) criticism(김동셩 1928)
cf) 비평(批評)ᄒᆞ다: to criticize; to find fault with; to discuss the merit of; to pass a verdict upon; to censure; to condemn(Gale 1911-1931)
cf) 비평가(批評家) A critic(Gale 1931)

③ 비판(批判): Criticism, censure(김동셩 1928) critique(Gale 1931)

비판(批判)ᄒ다 to criticise; to censure(Gale1931)

3. 韓日 대응관계(「조선어사전」, 1920)

批評(비평): 是非を論すること。 評論(평론): 言論に同じ。 言論(언론): 論評すること。

4. 한국어사전(문세영, 「조선어사전」, 1938)

① 평론(評論): 가치·선악(價値·善惡)을 논정하는 것.

② 비평(批評): 시비·선악·미추를 들어서 논난하는 것.

③ 비판(批判): 자세히 조사한 뒤에 판단하는 것

cf) 비판철학(批判哲學): (哲[인용자: 철학용어]) 근본적 연구를 주의로 하는 학설.

'감각' 관련 항목

1. 英韓 대응관계

① Sense: 뜻, 정신, 지각, 의량(Underwood 1890), 뜻, 의ᄉ(Scott 1891) (faculty of sensation) 관능(官能), **감각(感覺)**, (rational feeling) 지각(知覺), 정신(精神), 각오(覺悟) (consensus of opinion) 의견(意見), (meaning) 뜻(意), 취지(趣旨) Common sense 샹식(常識), 보통의견(普通意見), Moral sense 덕셩(德性), 덕의(德義), Five Senses 오각(五覺)(five organs of sense) 오관(五官) The five Senses are usually given in the collective phrase 이목구비피(耳目口鼻皮); individually the five Senses are known as follows (1) Hearing 텽각(聽覺), 텽관(聽官) (2) Sight 시각(視覺), 견관(見官) (3) Taste 미각(味覺), 샹관(常關), (4) Smell 취각(吹覺), 취관(吹管) (5)Feeling 쵹각(觸覺), 감관(感官) (Jones 1914) 관능(官能) (Gale 1924) (1)각성(覺性), 감관(感官). (2)지각(知

覺), 감각(感覺), 관능(官能), 본성(本性). (3)정신(精神), 의견(意見). (4)뜻, 의미(意味), 의의(意義). (Underwood 1925)

· **Sensation**: 정신(Scott 1891) **(feeling) 감각(感覺)**, 지각(知覺), 감촉(感觸)(Jones 1914) 지각(知覺), 감각(感覺)(Gale 1924) (1)감각(感覺), 감응(感應), 감동(感動), 감촉(感觸), 정신(精神). (2)진동케홈(振動), 놀섬. (Underwood 1925)

② **Feeling**: 심, ᄆ음, 인정, 인자(Scott 1891) (perception by touch) **감각(感覺)**, ᄌ각(自覺), 감촉(感觸)(Jones 1914) feelings **감슈성(感受性)** (Gale 1924) (1) 감각(感覺), ᄌ각(自覺), 감동(感動), 감촉(感觸). (2)정(情), 동정(同情). feelings, 감정(感情), 감슈성(感受性). (Underwood 1925)

· **Impression**: 박힌것, 박힌(Underwood 1890) 뜻, 인박다(Scott 1891), (mark)긔호(記號): (of a seal) 인판(印版): 인긔(印記): (on the mind)감득(感得): 의ᄉ(意思) (Jones 1914) **감동(感動)** (Gale 1924) (1)박힌것, 인친것(印), 찍은것. ᄌ욱, ᄌ취, 인쇄(印刷), 인판(印版), 박히ᄂ것. (2)명감(銘感), 긔억(記憶), 감복(感服), 감동(感動). (3)인샹(印象).(Underwood 1925)

· **Emotion**: 감동ᄒᄂ것, 심회(Underwood 1890) 감동ᄒ다, 감격ᄒ다(Scott 1891), **감졍(感情)** The seven emotions 칠졍(七情) [i.e. 1. joy 희(喜) 2. anger 노(怒) 3. sorrow 이(哀) 4. fear 구(懼) 5. love 이(愛) 6. hate 오(惡) 7. desire 욕(慾) (Jones 1914), 감격(感激) (Gale 1924), 감동(感動), 졍셔(情緒), 감졍(感情). (Underwood 1925)

2. 韓英 대응관계

① 지각(知覺): intelligence, esprit, raison, instinct, bon sens, science naturelle. (Ridel 1880) Knowledge, comprehension, judgment See. 지혜(Gale1897-1931) Sense (김동성 1928)

cf) 지혜(知慧): sagesse, prudence.(Ridel 1880) Wisdom, knowledge, sagacity See. 지식(Gale1897-1931) Wisdom; sagacity (김동성 1928)

cf) 지식(知識): connaissance, érudition, science, talent(Ridel 1880), Knowledge,

comprehension, experience See. 지혜(Gale1897-1931) Knowledge; understan
ding; information. (김동성 1928)

cf) 지각력(知覺力): perception, 지각신경(知覺神經) A sensory nerves(Gale1931)

② 감각(感覺): Sensibility, sensation, feeling, perception, intelligence(Gale1911-1
931) Sense; feeling; sensation; sensibility (김동성 1928)

cf) 감각긔(感覺器) The sense-organs, 감각기능(感覺機能) The sensory function,
감각뎍(感覺的) Sensational, 감각뎍철학(感覺的哲學) Sensational philosophy,
감각론(感覺論) Sensualism, 감각성(感覺性) Sensibility, 감각신경(感覺神經)
A sensory nerves, 감각중추(感覺中樞) Sensorium(Gale 1931)

③ 감정(感情): A feeling of admiration; a sentiment of wonder (Gale 1911) Feeling;
emotion; sentiment; passion (김동성 1928) Feeling; emotion (Gale 1931)

cf) 감정가(感情家) Sentimentalist, 감정교육(感情敎育) Education in morals; reli-
gious education, 감수성(感受性) Sensibility(Gale 1931)

· 감동(感動): Impression (김동성 1928) Influence (Gale 1931)

cf) 감동력(感動力) Power to move; ability to influence. (Gale 1931)

· 감상(感想): Thought; impression (김동성 1928) A thought; an impression (Gale
1931)

cf) 감상록(感想錄) A record of impression.(김동성 1928-Gale 1931), 감상뎍(感
傷的) Sentimental; morbid (김동성 1928) Impressible(Gale 1931)

3. 韓日 대응관계(「조선어사전」, 1920)

知覺(지각): 事物を辨別する感覺。感覺(감각): 心に感じて覺ること。

4. 한국어사전(문세영, 「조선어사전」, 1938)

① 지각(知覺): (1) 사물을 알아내는 힘 (2) 대상을 변별하는 감각의 인식작용
(認識作用)

cf) 지각신경(知覺神經): 「감각신경」(感覺神經)과 같음.(감각신경(感覺神經)
감각기에 자극이 있을 때에 이 자극을 신경중추에 전달하는 경로. 知覺神經)

· 감각 (1) 알고 깨닫는 것 (2) (心(심리학 용어: 인용자) 신경(神經) 끝에
닿은 자극이 뇌의 중추에 이르러 일어나는 단일(單一)한 의식 현상.

cf) 감각기(感覺機): 밖의 자극을 받아 뇌에 전하는 기관(器官). 감각론(感覺論)
(哲(인용자: 철학용어)) (1) 인식의 기원은 모두 감각에 있다고 하는 학설(認
識論上感覺論) (2) 모든 선악을 판단함에 당하여 성욕(性慾) 또는 육욕(肉
慾)의 만족에 많은 도덕적 가치를 인정하는 학설.(論理學上感覺論), (3) 미
감(美感)을 감각상 쾌감(快感)과 똑 같이 보는 학설(美學上感覺論).

② 감동(感動): 마음에 깊이 느끼는 것.

cf) 감동사(感動詞) (文문법 용어: 인용자) 「감탄사」와 같음. 느낌씨(감탄사
(感歎詞) 희로애락(喜怒哀樂)들을 당할 때 그 감정으로 소리로 나타내는
말. 느낌씨. 늑씨. 感動詞. 間投詞.)

· 감상(感想): 사물에 느끼어 일어나는 사상. 감동한 생각

cf) 감상담(感想談) 사물에 느낀 것을 발표하는 이야기. 감상록(感想錄) 감상
되는 뜻을 쓴 글. 감상비평(鑑賞批評) 예술품을 감상(感想)하고 하는 비평.
감상주의(感傷主義) 쎈티멘탈리즘.

· 감정(感情): (1) 사물에 느끼어 일어나는 정. 마음. 생각 (2) (心 [심리학 용어:
인용자) 의식(意識) 안에 있는 쾌·불쾌에 관한 강렬한 현상 또는 지·의
(知意)를 따라 일어나는 쾌·불쾌의 마음의 현상.

cf) 감정교육(感情敎育): (敎 [교육학 용어: 인용자)) 감정의 융화를 도마하여
미적(美的) 혹은 도덕적 정조를양성하고저 하는 교육상의 한 주의.

2부

이중어 사전과
한국 근대
개념어 연구
: 시론적 모색

구문맥(歐文脈)의 근대, 한문맥(漢文脈)의 근대

1. 정체(政體)와 언어(言語)
― 대한민국헌법과 한문자(漢文字) 지배력의 임계(臨界)

한 국가의 기본적 조직원칙을 이루는 원리와 관행의 체계를 헌법이라 부른다. 다음은 대한민국헌법의 전문이다.

大韓民國憲法

前文

悠久한 歷史와 傳統에 빛나는 우리 大韓國民은 3·1運動으로 建立된 大韓民國臨時政府의 法統과 不義에 抗拒한 4·19民主理念을 계승하고, 祖國의 民主改革과 平和的 統一의 使命에 입각하여 正義·人道와 同胞愛로써 民族의 團結을 공고히 하고, 모든 社會的 弊習과 不義를 타파하며, 自律과 調和를 바탕으로 自由民主的 基本秩序를 더욱 확고히 하여 政治·經濟·社會·文化의 모든 領域에 있어서 各人의 機會를 균등히 하고, 能力을 最高度로 발휘하게 하며, 自由와 權利에 따르는 責任과 義務를 완수하게 하여, 안으로는 國民生活의 균등한 향상을 기하고 밖으로는 항구적인 世界平和와 人類共榮에 이바지함으로써 우리들과 우리들의 子孫의 安全과 自由와 幸福을 영원히 확보할 것을 다짐하면서 1948年 7月

12日에 制定되고 8次에 걸쳐 改正된 憲法을 이제 國會의 議決을 거쳐 國民投票에 의하여 改正한다. [전문개정 1987.10.29. 헌법 10호]

대한민국의 최대 베스트셀러 중 하나일 법전의 문체는 여전히 한국 근대 형성기의 국한문체를 연상시킬 정도로 수많은 한자로 뒤덮혀 있다. (전문 전체가 현대 한글의 문장 분절과는 다소 거리가 있는 '하나의' 문장임에도 유의하자) 헌법의 이념상 사소한 자구 수정에도 국민투표가 필요하다는 것을 염두에 둔다면, 헌법 개정을 요하는 국가적 변화가 존재하지 않는 한, 대한민국헌법, 즉 대한민국의 기본적 조직 원칙은 이런 국한문체로 표현된 언설의 공간을 근원적으로 이탈하기는 힘들 것이다. 어떤 의미에서, 우리가 살고 있는 국가의 조직 원칙과 원리, 이념은 한문과 한자를 둘러싼 문맥들의 교차점 혹은 접촉면에서 발생한 것일지도 모르며, 그렇다고 할 때 대한민국헌법을 관류하는 이 문맥(文脈≠context)은 여전히 근현대 한국인의 문자 생활과 언어 질서를 이해하는 단초가 된다.

대한민국이라는 정체를 표상하는 미디어가 한글과 한문의 접촉면에서 성립되었다고 한다면, 오늘과 같이 한글화된 한국인들의 삶에도 여전히 한문의 법적인 구속력 혹은 문화적 무게는 무시할 수 없는 요소로서 자리 잡고 있다고 해야 할 것이다. 물론 오늘의 한국인은 한'문'(漢文)을 사용하고 있지도 않고, 한문의 독해 능력을 가진 사람들은 극히 일부에 불과하다. 한문이라는 서기체계(écriture) 자체는 이미 문헌학적 대상으로 멀어져가고 있다고 말해 틀리지 않을 것이다.

그러나 한자어 사용에 있어서 실제로 작용하고 있는 것은 권위의 원천으로서의 한문이라는 상위 언어체계[1]임도 분명하다. 한문이나 한자가 점

---

1) 金禹昌, 「언어·사회·문체」, 『김우창전집 3: 시인의 보석』, 1993, p.280. 김우창은

차 표상권에서 사라진다 하더라도, 그것이 구성한 질서는 한국어에 있어 일종의 은폐된 기원으로서 계속 의식되지 않을 수 없을 것이다. 요컨대 100년 혹은 560년이 넘은 국문(國文)의 역사에도 불구하고, 우리는 아직도 한문맥(漢文脈)[2])으로부터 완전히 자유롭지 못하며, 앞으로도 그럴 것이다. 적어도 국문이라는 문맥＝컨텍스트 안에 한문의 아우라가 좀처럼 지워질 수 없는 형태로 살아 있다는 것만은 분명하지 않을까.

　그러나 이 자리에서, 내가 이야기하려는 것은 여전히 한문의 권위가 살아 있음을 강변하기 위함도, 한자혼용과 한글전용론을 둘러싼 전통과 민주 사이의 해묵은 충돌의 도화선을 재점화시키기 위함도 아니다[3]). 더구

　　한자어가 문제시되는 이유로 그것이 문화정치적 상황을 검토하는 중요한 입사점이 될 수 있기 때문이라고 지적한다. "우리말에 토착어와 한자어가 섞이지 않는 층이 있다면, 이것은 단순한 음성적 현상이 아니라 한자문화에 대한 예속현상, 곧 문화적 정치적 현상인 것이다. 어떤 외래어의 경우도 그것이 문제가 되는 것은 빌려온 외래어의 기원이 기억되는 한 기원의 권위가 수용언어에 구속력을 가하게 되기 때문이다" 위 책, p.281.

2)　여행기를 대상으로 한 일련의 연구들에 대한 사이토 마레시(齋藤稀史)의 지적을 통해 필자(황호덕)는 서구를 漢詩文으로 재현하는 문제와 이들의 사유나 글쓰기가 가진 '근대적' 측면과 현재성을 숙고할 수 있는 기회를 얻었다. 무엇보다 한문의 문제를 문체, 소양, 번역, 의식과 같은 "한문으로부터 파생된 언설 질서의 총체"―'漢文脈'의 관점에서 정의하는 그의 입론은, 양상은 다르지만 한국의 근대 문학/언설을 해명하는 데에도 얼마간의 중요한 시준점이 되리라 믿어졌다. (齋藤稀史, 『漢文脈と近代日本』, 日本放送出版協会, 2007; 사이토 마레시, 『근대어의 탄생과 한문: 한문맥과 근대일본』, 황호덕·임상석·류충희 역, 현실문화, 2010. 또 齋藤稀史, 『漢文脈の近代―清末=明治の文学圏』, 名古屋大学出版会, 2005을 참조) 어휘와 문체·사회를 포함한 한국에 있어서의 문명어의 문맥, 일본견문이 아닌 서구 여행기의 속성에 대한 그의 질문이 나에게 이 시론적 글을 구성하게 했다. 아울러, 근대형성기의 표상 체계에 대한 황호덕, 『근대네이션과 그 표상들』, 소명출판, 2005을 평해 준 권보드래의 비판적 평문을 통해 나는, 국한문체에서 한글문체로의 이행이 '결과적'으로는 진전처럼 보인다 할지라도, 필연적인 과정은 아니라고 생각해 보자는 이 책 최초의 가설로 돌아가 볼 수 있게 되었다. (권보드래, 「문학의 과거와 문학 연구의 미래」, 『사이/間/SAI』 창간호, 국제한국문학문화학회, 2006. 11.)

나 '우리말'로 사유하고 철학하자는 표어를 산출하기 위함은 더욱 아니다. 내가 말하고자 하는 것은, 발생론적 사유와 언어에 대한 이해 없이는 새로운 사유란 결국 불가능하지 않을까 하는 새삼스러울 것도 없는 이야기를 하기 위해서이다. 비록 그것이 번역어와 한적(漢籍)들의 수염뿌리 안에서 한 가닥의 뿌리를 잡는 일이 되거나, 역사의 단서들을 무한히 소급해가는 무망한 용례집 만들기처럼 되어버리더라도 그것이 그렇다.

만약 하나의 사회, 특히 정체(政體)라는 것이 여하한 변동에 있어서도 그것이 무너지는 최후까지 안정성을 유지하는 무엇이라면, 그리고 그 안정성의 기초가 되고 힘이 되는 강제력이 법(의 언어)[4]이라면, '법률 한글

---

3) 오해의 소지를 피하기 위해 말하건대 필자로서는, 에크리튀르 차원에서의 한글의 '승리'를 인정할 뿐 아니라, 중요한 이데올로기적 투쟁의 성과라고 생각하는 편이다. 한글 안에는 국수(國粹)의 흔적과 함께, 주체 구성에 있어서의 저항의 역사, 민주적 공론장 구성에의 노력들이 각인되어 있다. 주지하다시피, 이 저항은 내적으로는 민주와 평등을, 외적으로는 식민성의 극복을 주창했다. 그러나 만약 한문맥(漢文脈)과 전통/보수(傳統/保守)를 직접 연결시켜 세대/교양/부/권위의 동체(同體)를 강화하려는 힘의 크기가 좀 더 적었다면, 또 식민지화를 통한 한글/조선 문학의 가상(假想) 정부적 기능이 그처럼 강조되지 않았다면, 결과적으로는 한자를 포함시키는 체계가 기술적으로나 정치적으로 반드시 반동적 결과를 낳지는 않았을 것이다. 한문이라는 상위 체계의 잠재력에 기초한 한자의 개념 생산능력이나 설명력, 기술적 용이성을 극대화시켜, 이를 통해 문명론에 맞서는 유길준(兪吉濬) 등의 문화적 기획이 헤게모니를 획득했을 가능성도 배제할 수는 없을 것이다.

4) "enforce the law"라는 영어표현처럼 법이란 언제나 강제, 즉 폭력을 전제하며, 또 그것에 기초해 운용된다. 벤야민은 전제를 법정립적 폭력이라 불렀고, 그 운용을 법유지적 폭력이라 불렀다. (자크 데리다, 『법의 힘』, 진태원 역, 문학과지성사, 2004, p.15.) 1947년의 시점에서 헌법학자 유진오(兪鎭午)는 이미 이렇게 썼다. (그는 식민지말의 대표적 문학가이기도 했다.) "혁명이란 법과 힘의 충돌이 아니라 구 법체계에 대한 신 법체계의 대치라고 할 수 있을 것이니 법학도는 별로 비관할 필요는 없는 것이다". (兪鎭午, 「법과 힘」, 『高大新聞』, 1947.11. (유진오, 『헌법의 기초이론』, 명세당, 1950, p.240에서 인용.)) 어떤 의미에서 만약 근대법이 한자와 함께 오고 그 상위체계로서의 한문의 아우라에 의존했다고 한다면, 한자의 추방이란 근본적으로 새로운 레짐이 구성되고 있음을 의미할 수 있다. 한자를 법과 공론으로부터 추방하는 일종의 법정립적 폭력(gewalt)은 이 레짐의 완성 혹은 역사적

화가 사회적 이슈로서 제기되는 오늘[5])에 있어 한자와 그것을 포괄하는 한문의 아우라는 일종의 임계점에 와 있는 것인지도 모른다.

한글의 광범한 사용은 환영할 만한 일이고, 또 담론적 실천에서 한글론이 행해 온 역할 역시 중요하다. 또 이런 한글화의 과정이, 번역적 재현과 일국(一國) 문어의 형성이라는 문제를 생각해 볼 수 있는 중요한 계기가 될 수도 있을 것이다.

그러나 실제 사정은 그렇지 않은 것 같다. 언어를 '청산'할 수 있다고 믿는 사고는, 사유가 의식에 직접 줄 수 없는 것을 당위와 윤리, 정치의 차원에서 쉽게 획득했다고 믿게 한다. 실제로 각종 정부 문서와 시행문들에는 번역의 과정이 생략된 영어들이 지속적으로 늘어가고 있다. 한글화의 과정 속에서 근대 한국어의 기원은 은폐되고, 언어는 그 내포를 모호하게 둔 채 운용되고 있다. 그 속에서, 법의 언어는 더욱 한자의 구성-한문맥(漢文脈) 자체의 설명적 기능에 집착하고 있다. 법률한글화를 반대하는 대부분의 논자들이, 한자의 설명적 기능이 법적 오해의 소지를 최소화하는데 도움이 된다는 입장을 피력하는 반면, 법률 한글화를 추진하는 입장에서는 법률 생활의 민주화와 '일제 잔재 청산'을 그 의의로 들고 있는 것이다. 일단 언어생활과 법률생활의 민주화와 편의, 일제 잔재 청산이라는 명분론을 그것 자체로 인정하는 한에서 이야기를 사유의 국면으로 한정해 볼 때, 상황은 그리 간명한 것이 아니다.

절단성을 의미하게 될 것이다.

5) 예컨대, "이번 '알기 쉬운 법령 만들기 사업'은 단순히 법령문의 표기를 한글로 하는 차원을 넘어 어려운 한자어, 일본어 투 용어나 표현, 지나치게 줄여 쓴 용어 등을 쉬운 우리말 용어로 바꾸고, 나아가 복잡하고 어문 규정에 어긋나는 법령문을 간결하고 올바르게 다듬어 국민이 우리 법령을 아주 쉽게 이해할 수 있도록 정비하는 사업이다."「법제처 보도자료」, 2006년 11월 28일 배포분, p.6.

그도 그럴 것이, 이 '청산'과 표음화의 과정이 근대 한국의 언어질서를 구성해온 힘과 과정까지를 청산해버리는 의외의 결과를 낳을 수도 있는 까닭이다. 근과거로서의 일본어의 용례와 성립 과정, 그것을 구성한 최종 원인으로서의 서구적 근대와 번역적 재현을 고려하지 않는 한, 한자의 설명력에 대한 강조란 허구적이고 안이한 언설에 그친다. 한문이나 한자는 청산의 대상일 수 있지만, 오히려 그것이 청산의 대상이 되고 있다는 바로 그 이유로 인해 한문맥(漢文脈)의 문제는 오히려 더 중요성을 발한다. 왜냐하면 근대 한자어의 설명력은 한자 간의 결합이라는 틀 안에서는 해소될 수 없는 성질의 것이기 때문이다. 한문을 둘러싼 문화 담론의 배후에 이미 '문명'의 번역적 재현 과정이 자리하고 있는 것이다.

2. 한문맥(漢文脈)이라는 논제
— '한문'맥('漢文脈)과 한'문맥'(漢文脈)

앞서 한문맥(漢文脈)이라는 말을 했다. 왜 한문이나 한자가 아니라 한문맥인가. 여기서 염두에 두고 있는 한문맥이란, 한문으로부터 파생한 문체를 중심으로 하여, 한문적인 사고와 감각, 세계관까지를 포괄적으로 문제 삼을 때 제기되는 개념을 뜻한다. 문장이나 시문(詩文)의 차원뿐 아니라, 한문이라는 상위 체계에 의해 구성된 형태소와 단어・통사론까지를 포함하는 컨텍스트를 고려할 경우, 우리는 한문맥(漢文脈)을 '한문'맥('漢文脈) 혹은 한'문맥'(漢文脈) 양자의 의미로 생각해볼 수도 있을 것이다. 통사론적 연결과 개념적 접합을 동시에 수행하는 한자의 개념 생산 능력 —즉 한문이 가진 잠재성 혹은 능산(能散, puissance, potentia)적 국면을 포함하는 어떤 것으로 한문맥(漢文脈)의 의미를 정의해 보는 일이 전혀 불가능한 일은 아닐 것이다.[6] 앞서도 말했듯이, 한자어 사용에 있어서 그 사용을 추동하는 힘은, 이해의 편의나 개념의 확정이라는 명분을 내세우는 순간에조차, 권위의 원천으로서의 한문이라는 상위 언어체계와 그것이 환기시키는 아우라에 의존해 있기 때문이다. 게다가 한국의 경우, 근대 한자어(신조어)는 신문명어의 경우에 있어서, 그 상위 언어체계로서 일본어의 문제 역시 중대한 고려의 대상이 된다. (물론 근대형성기와 계몽기를 통해 강력하게 작용한 중국의 영향은 그것대로 새로운 검토를 요하는 문제일 것이다.) 많은 경우 이들 신문명어가 단어와 문장 수준을 넘어 언설과 서사 자체를 구성하기도 하는 것처럼 보인다.

다시 말해, 이 한문맥(漢文脈)이라는 텍스트-컨텍스트 간의 연결에는 소위 '전통'의 문제 뿐 아니라, 일본어를 통한 식민의 채널이 관통하고 있는 것이다. 예컨대, 당대 어휘에 대한 한 보고에 따르면 근대형성기의 일본계 한자어들 중 82%가 전문어나 학술용어, 정치·사상 영역의 추상 개

---

6) 사이토 마레시는 일본어에는 한자와 한문맥(漢詩文)을 핵으로 하여 생겨난 세계가 있고, 한문의 소양과 한문조(漢文調)라는 서기체계(書記體系)가 이 세계의 중요한 부분임을 전제한다. 나아가 그는 한문이 파생시킨 역사의 흐름과 너비를 중시할 때, "한자와 한시문을 핵으로 전개된 말의 세계를 일단 한문맥이라고 부르고", 이를 지역성과 시대성 속에서 보다 넓게 사고해 보는 일도 가능하지 않을까라고 제안하고 있다. 왜냐하면 한문맥이라는 문제 설정 속에서만 비로소 문화의 번역과 근대 일본의 사고·감각의 문제가 사인의식(士人意識)이나 비분강개와 같은 이질적 현상과 함께 그 종합적 실체를 드러내게 되는 까닭이다(齋藤希史, 『漢文脈と近代日本』, 日本放送出版協會, 2007, pp.13-16, 24-29: p.319 각주) 다소 그 외연이 무한정 넓어질 가능성도 없지 않지만, 문제 구성이라는 관점에서 보자면 이 한문맥의 문제틀이 한국의 근대성을 이해하는 데 중요한 분석 지점들을 제공할 수도 있을 것이다. 예컨대, 근대 한국의 한문/한자는 번역적 재현보다는, 전통의 개입, 식민어로서의 일본어의 문제와 함께 그 모습을 드러내는데, 여기에 대해서는 뒤에서 논할 것이다.

념과 같은 사유와 정치의 질서를 직접 구성해 온 언어라는 것이다.[7]

대한민국 헌법의 기초위원이었고 초대 법제처장을 지낸 유진오가 설명하는 대한민국 헌법의 유래는 그런 의미에서도 상징적이라 할 것이다. 최초의 헌법으로도 이야기되는[8] 「大韓國國制」(1899, 이하 국제(國制))[9]에 대해 유진오는 다음과 같은 묘한 양가 감정을 내비치고 있다. 국제(國制)의 보수성을 통박하며("이 얼마나 반동적 國憲인가!") 그는 이렇게 쓰고 있다. "洪範十四條와는 달리 國漢文을 섞어 쓴 點은 一進步라 하겠으며, 또 그 用語에 있어서는 일본의 명치 헌법의 영향을 많이 받은 흔적이 보"[10]인다. (「大韓國國制」를 평가하는 첫 발언으로 국한문체에 대한 평가가 전면화되어 있다는 사실에 주목하자.) 유진오의 말이 암시하듯이, 한문에 대한 부정적 관점은 상당부분, 전통이나 권위주의, 문화의 고층(古層)에 대한 적대 뿐 아니라, 일제 문화의 청산이라는 당위와도 결부되어 있다. 아이러니컬한 것은, 유진오가 중심적인 역할을 한 것으로 알려진, 대한민국헌법은 과도정부 사법부의 미국인 고문인 우드월의 헌법안(The Constitution of Korea)[11]의 번역적 성격이 농후하였다는 점이며, 그 번역적 재현의

---

7) 박영섭, 「국어 한자어의 기원적 계보 연구: 현용한자어를 중심으로」, 성균관대학교 박사학위논문, 1986. 일본에서 전해진 한자어 전반에 대한 연구로 최경옥, 『한국개화기 근대외래한자어의 수용연구』, 제이앤씨, 2003.

8) 이태진, 『고종시대의 재조명』, 태학사, 2000년 참조. 이 「대한국국제」를 (준)헌법으로 규정하는 견해에 대한 비판, 역비판으로 김재호·이태진 외, 『고종황제역사청문회』, 푸른역사, 2005.

9) 대한국제와 일본 헌법초안에 대한 연구로는 田鳳德, 「大韓國 國制의 制定과 基本思想」, 『韓國法史學會』 창간호, 1974.6; 서진교, 「1899년 고종의 '대한국국제' 반포와 전제황제권의 추구」, 『한국근현대사연구』, 한울, 1996; 왕현종, 「대한제국기 입헌논의와 근대국가론: 황제권과 권력구조의 변화를 중심으로」, 『한국문화』, 2002 등이 있다.

10) 俞鎭午, 『憲法解義』, 탐구당, 1952, p.15.

11) 俞鎭午의 『憲法解義』을 보면, 그는 헌법 초안의 유일한 외재적 원천으로 이 안을

결과로서 작성된 헌법 역시 일본식 용어 투성이의 국한문체를 택하고 있다는 점이다.

강조해 두어야 할 것은 일제 청산이라는 당위적 명제나 언어생활의 민주화라는 요청이 사산시키는 문제들도 없지 않다는 사실이다. 예컨대 위에서 든 사례처럼, 한문맥(漢文脈)의 문화적 권위에 의존해 작성된 국한문체의 헌법 안에 일본어와 구문맥(歐文脈)의 질서가 내포되어 있다는 사실을 우리는 상기해야 한다. 더구나 유진오가 양가적으로 이야기한 국한문체의 사용과 일본어의 개입이라는 문제는 실상 같은 맥락에서 발생한 문제라고 해야 할 것이다. 「大韓國國制」(1899)와 「大韓民國憲法」(1948)에 개입하는 언어적 힘은 사실 유진오가 생각하는 것처럼 그렇게 판이한 것만은 아니었다. 보기에 따라서는 이런 일련의 과정은, 한문맥(漢文脈)과 그 현실 정치적 현현으로서의 일본어로부터, 구문맥(歐文脈) 혹은 영어로의 이행처럼 보인다.[12]

그러나 이미 국한문체로 재현된 「大韓國國制」안에 포함된 일본어의 배후에는 구문(歐文)이 자리 잡고 있음도 부인하기 어렵다. "制1條 大韓國은

제시해 놓고 있다. 위 책, p.26. 보다 자세한 기록으로는 유진오, 『헌법기초회고록』, 일조각, 1980.

12) 실제로 해방 직후에 편찬된 신어사전의 경우, 표제어의 1/3가량이 이미 한자로 번역되지 않은 영어와 러시아어 유래의 음차(音借) 신어휘로 채워져 있음을 볼 수 있다. 편집자는 서문에서 이렇게 쓰고 있다, "日進月步하는 現代文化와 世相은 이를 表現하는 新時代語를 雨後의 竹筍 같이 簇出 식히고 있다. 吾人이 現代人으로서 現代에 處함애 現代의 世相을 正確히 把握하고 事物의 推移를 洞察하야 새思想 새智識을 얻으려면 먼저 其時代語를 理解하지 않으면 않될것이다." (원문대로 인용) 民潮社出版部(鄭桓根 代表執筆) 編, 『新語辭典』, 民潮社, 1946. 진보와 신어의 탄생을 연관시키는 저자의 입론에 주목해볼 때, 이미 진보를 재현하는 미디어는 번역의 과정을 생략한 영어/러시아로의 한글 음차로 이전하게 됨을 알 수 있다. 어쩌면 바로 그 순간부터 일본제(혹은 중국제) 신문명어의 자연화는 강도 높게 진행되게 되었는지 모른다.

世界 萬國의 公認하는 自主獨立 帝國이라"라는 규정만 보더라도, 이미 이 조항의 명사 대부분이 근대 일본이 생산한 서구 원천의 '번역어'임을 알 수 있다. 위의 한자들을 한글로 변환시킨다고 해서 문제가 해결되는 것도 아니다. 왜냐하면 민국(民國), 법통, 전통, 민주, 평화, 자유와 같은 어휘들이 이미 한자라는 기원과 그 한자를 결합시킨 한문의 잠재력에 기대 있고, 무엇보다 이런 조어능력을 작동하도록 만든 번역적 근대로부터 발생한 것이기 때문이다. 한자로 표상된 언어의 내포 안에는 식민자의 언어로서의 일본어13)와 함께, 그러한 근대 일본어를 산출한 상위 언어로서의 서구어가 번역적 재현의 연쇄 과정을 통해 각인되어 있는 것이다. 한문맥(漢文脈)은 한문과 한자의 문제를 초과하는 뇌관 많은 장소에 존재한다.

한자로 쓴다고 해서 개념이 명징해진다고 생각하고 안심하는 것이나, 이를 비판하는 입장에서 우리말로 사유하기를 강조하는 입장 모두가 간과하고 있는 것은, 한자어를 통해 우리가 한국의 근대의 두 구성요소인 한문맥(漢文脈)과 구문맥(歐文脈)을 동시에 사유할 수 있고, 또 그렇게 해야 한다는 일견 당연할 수도 있는 요청이다. 개념의 한글화·한자의 은폐는

---

13) 예컨대 일제 잔재("현행 민법 조문 60%는 일본 민법을 직역한 문장") 혹은 법률생활 민주화의 측면에서 법률 한글화를 위한 많은 시도가 있고, 얼마간의 변화가 일어나고 있다. 그러나 그 변화는 부분적이나 방향성만큼은 분명하다. 하지만 개정 법률들에 일관되게 적용되고 있는 것 같지는 않다. 한상범, 「한글화를 통한 법률생활의 민주화로─법률이 우민지배의 통치수단이 된 역사적 잔재를 청산하기 위하여─」, 『아태공법연구』 13, 2005 참조. 정부에서는 5개년 계획을 세워 2006년부터 2010년까지 5년 동안 법제처 주도로 일반 국민이 쉽게 이해할 수 있도록 현행 법률 1,160여 건을 정비하는 '알기 쉬운 법령 만들기 사업'을 추진하고 있다. 최근의 법률 한글화의 한 사례로 다음의 개정 법률 제8485호 "새마을금고법 전부개정법률"의 경우를 보자. "1.개정이유 및 주요내용 / 법 문장을 일반 국민이 쉽게 읽고 이해할 수 있도록 하기 위하여 법문장의 표기를 한글화하고 어려운 용어를 쉬운 우리말로 풀어쓰며 복잡한 문장 체계를 쉽고 간결하게 다듬어 국민중심의 법률 문화를 정착시키는데 기여하려는 것임." (2007년 5월 25일 공포, 시행)

탈식민화의 가능성과 함께 식민 채널의 존재 자체를 지워버리는 기능을 수행하기도 하는 까닭이다.

허다한 서구의 철학들이 어원론적 입론과 언어의 기원과 문맥을 이해하는 일로부터 스스로의 사유를 전개시키고 있음을 상기하는 것으로 좋을 것이다. 예컨대, '사유'의 차원에서 문제가 되는 것은 법적 용어를 '물권'으로 쓰느냐, '物權' 으로 쓸 것이냐, 또 어느 것으로 써야 쉽게 이해할 수 있고 주체적인 것이냐 하는 문제가 아니다. 그렇다고, 그 원어[Sachenrechte/real rights]를 찾아나서는 이중어사전적 발상이나, 번역적 재현의 상호형상화의 도식을 다시금 작동시키면서 안심하는 일로 충분한 것도 아니다. '물권(物權)'이라는 언어의 배후를 계속 질문해나가며 한자어 '物權과 독일어의 'Sachenrechte'의 너머에 있는, 물건을 점유하는 권리의 문제를 직접 질문하는 단순할 수 없는 언어정치적 과정을 생략하는 한, 또 그러한 개념이 구성한 근대 한국의 문맥을 검토하지 않는 한, 한국적 사유도 세계 보편의 사유도 생겨날 수 없을 것이다.

예컨대 최근의 한국 근대문학 연구는, '문학'과 '文學/文藝와 'literature'를 '譯語의 관점에서 사유하는 횡단언어적 관점, 그리고 이 언어의 문제를 실재하는 역사와 잠재성의 관점에서 대조하는 작업 등의 사례를 통해, 한문맥(漢文脈)과 그것이 포괄하는 구문맥(歐文脈)의 존재가 상호불가분의 것으로서 소위 '國文(脈/學)'이라는 것을 형성해 왔음을 밝혀왔다. 우리는 이런 개념사적 질문을 그 개념의 자장과 문맥, 구체적으로는 그 개념이 구성하는 통사론과 서사의 문제로까지 확장해 나가지 않으면 안 된다. 말이란 문맥과 이야기 속에 존재하는 것이기 때문이다.

한문의 이질성과 사유에 끼치는 '악영향'에 비례하여, 한문맥(漢文脈)에 대한 고려의 필요성은 더욱 커진다고도 해야 하지 않을까. 물론, 이 말은 어떤 의미에서, 비로소 한문을 둘러싼 권위의 해체를 맞은 이 시점에서나 가능한 비판일지 모른다. 그러니까, 비로소 오늘의 시대에 이르러 한국인으로서는 한문 자체를 성스러운 아우라로부터 분리하여 어원학적 대상, 언어적 개입의 대상으로 완전히 분절해 사유할 수 있는 입장을 취득하게 되었다는 말이 된다. 그 분절은 통사론적인 구성의 문제를 통과해, 이들 문명어들이 구성한 한국의 근대를 사고해 볼 수 있는 중요한 입구가 된다. 따라서 이를 통사론과 문맥, 서사 구성의 차원으로 확장하여 한자어들의 문맥과 그것이 의지하는 상위 체계의 문제로 확장하는 일, 즉 한문맥(漢文脈)의 관점에서 근대를 다시 생각해보는 일은, 하나의 요청이면서 우리 시대가 가진 중요한 조건이라 할 것이다.

어떤 의미에서 근대 한국의 개념 질서는 그 기원과 발생─근과거를 은폐한 채로, 말 자체가 자연화되는 순간을 맞고 있다. 한글 전용이 과제가 아니라 현실이 된 지금, 문제는 개념의 명징성도 토착성도 아니다. 자연화된 것은 비판의 대상이지 청산의 대상일 수 없다. 그러한 믿음이 청산하는 것은 말이면서 사유이다. 우리말로 철학하고 문학하고 사유하는 일에 선행되어야 할 것은, 바로 그 우리말의 구성을 살피는 고고학 혹은 계보학적 작업일 것이며, 그 말이 구성하는 맥락과 서사의 차원이 되어야 한다. 주체성을 둘러싼 정치의 문제는 본질적으로 구성되어 있는 힘에 대한 '선택'의 문제가 아니라, 그 구성의 과정을 통해 주체 스스로를 생성하는 과정이라고 할 수 있다. 말의 자연주의를 비판하는 작업이 필요한 것이다. 앞서 대한민국헌법의 사례를 들었던 바, 구성되어진 힘(constructed power)이 의식 속에서 지워버린 구성하는 힘(constructing power)을 끊임없이 상기시키지 않는 한[4] 본질적 의미에서 반성('re'flection)은 일어날 수조차 없다. 그리고 말(의 역사)에 대한 반성이 없다면, 새로운 사유 역시 존재하기 어려울 것이다.

3. 문학과 언어
─ 신문명어의 서사 구성력과 식민 미디어로서의 소설

팔봉(八峰) 김기진(金基鎭)은 제대로 된 조선어사전 하나 없는 1924년 말미의 조선의 문학과 사유를 진단하며, 다음과 같이 말하고 있다.

"조선에도 문학이 있었다" 하면 그것은 옛날의 한문 문학을 이름이요, 또한 그 한문의 번역 문학을 이르는 말일 것은 물론이다. 그리고 지금에 이르러서 "현금에도 조선문학이 있다"하면 이것도 역시 외국어를 조야한 조선말로 옮기어 놓은 것을 가지고 말하는 것일 줄로 안다. 무슨 까닭이냐? 이는 다름이 아니라 우리들의 문학뿐만이 아니라 우리가 영위하는 생활 그 자체가 수입으로부터 시작된 까닭일 뿐이다[15].

수입된 것을 인정하는 일─지금 하는 이 말의 외부성을 의식하는 중요성에 대하여 김기진은 말하고 있는 것이다. 그에게 있어, "조선어의 완성은 조선 문학의 건설을 선행"하는데, 흥미로운 것은 차후 조선문학의 중대 과제로 "창작이나 혹은 번역을 하는 사람은 그 뜻만을 전함에 그치지 말고 첫째 단어의 정리를 할 일"[16]을 들고 있다는 점이다. 이 말은 그가 말한

---

14) 여기에 대하여, Giorgio Agamben, "Potentiality and Law", *Homo Sacer: Sovereign Power and bare Life,* translated by Daniel Heller-Roazen, Stanford University Press, 1998, pp.39-40.
15) 김기진, 「조선어의 문학적 가치」, 홍정선 편, 『金八峰文學全集: I 이론과 비평』, 문학과지성사, 1988, p.27.

수입된 문학이 그 근원에 있어, 단어와 생활의 차원에서 시작된 것임을 뜻하며, 나아가 이 단어 차원에의 반성에서부터 비로소 조선문학은 시작될 수 있다는 의미이다. 사전학적 발상이 없다는 것은, 쓰는 데의 어려움만이 아니라, 쓰기의 실제에 있어서 다른 사전—식민화의 채널을 작동시키게 한다. 조선말이 멈출 때, 일본어 사전이 불려 나오게 되는 것이다. 근대문학에 관해 무엇을 할 것인가. 서사인가. 미디어와 제도인가. 아니, 우선 '말'을 의식해야 하는 것이다.

로크(John Locke)와 그의 상속자들인 루소(Jean-Jacques Rousseau), 콩디악(Condillac) 이래, 국민 주권과 개인의 권리, 즉 '시민성'과 '생각하는 주체'의 문제는 동시발생적인 내적 관련성 안에서 사고되어 왔다. 그리고 무엇보다 이런 생각은 프랑스 혁명 이래의 '문명'(civilization)이라는 신조어를 둘러싸고 진행되었다. 왜냐하면 문명 자체가 궁정예절을 답습하는 부르주아지들의 예절 속에서 부각된 가치이며, 이 가치를 통해 근대적 개인이 구성되는 한편 식민화 과정이 정당화되었기 때문이다.[17] (civil과 civilization의 관계를 상기해 보아도 좋을 것이다) 피르도스 아짐(Firdous Azim)은, 사실상 프랑스 혁명 이래의 철학적 사유는 개인의 지위를 개인 주체와 언어 사이의 관련 속에서 사유해왔다고 강조한다. 그렇다는 것은, 인간 주체의 발달에 대한 가장 유력한 설명들이 인간 주체의 발달을 언어 사용의 발달과 동일시해 왔음을 뜻한다. 말의 형상과 표현을 획득한다는 것은 스스로가 문명인임을 증명하는데 있어 점점 더 중요해졌고, 문학의 지위는 따라서 올라갔다. 신문명어와 그것에 의해 구성되는 내러티브란, 근대

---

16) 김기진, 위 글, 위 책, p.29.
17) 노베르트 엘리아스, 『문명화과정』 I , 박미애 역, 한길사, 1996 참조.

적 주체의 탄생과 식민화의 과정 속에서 중요한 역할을 했음에 틀림없을
것이다. 문학의 자율성이나 정치성을 강조하는 것과는 다른 국면에서 소
설은 문명화의 채널을 강화했고, 그 발생 자체가 식민주의와 결탁해 있었
던 면이 있다.

문학 비평의 영역 안에서, 식민주의와 제국주의의 포합(抱合, incorpora-
tion)은 창작, 교육, 비평과 같은 문학과 관련하여 동기화되었고, 이 자체가
세계사적 과정의 일부였다. 문학을 역사로서 공부하는 일이란, 결국 문학
사에 대한 이해로 빨려 들어가는 일인데, 거기서의 문학의 행보란 (식민주
의의) 파종과 보급의 양식 혹은 지위로 정의된다.[18] 요컨대 근대문학이
결국 '개인'의 문제를 통해 사회를 다룬 것이라면 "루소와 콩티악의 저작에
서처럼, 개인의 묘사는 문명과 문화의 발달을 기록하는 서사들에 의해
수행되었다. 여기서의 발달이란 개인의 성장과 관련된 것이었고, 그것과
닮은 개념들 안에서 재현되었다."[19] 여기서의 "닮은 개념"이란 필시 문명
(이나 문화)의 발달이라는 보다 큰 차원의 담론틀을 의미할 것이며, 당연
히 이런 근대의 개념들은 식민화의 문제와 연동되어 있다. 개념과 함께
딸려 들어오는 것은 외부의 세계관이자 실제의 정치 세력들이며, 근대의
내러티브는 이런 불러들임을 개인의 성장과 동시적으로 부조해낸다.

마사오 미요시(Masao Miyoshi)는 이런 인식을 소설이라는 양식 혹은 미
디어 자체의 문제로까지 소급한다. "식민 관청에서 파견한 대사나 사령관,
혹은 세계 방방곡곡에 주둔한 총독이나 행정관처럼, 구술이 아니라 글로
씌어져 널리 배포될 수 있었던 대도시 작가의 소설은 식민지로 보내지는
데 특히 적합한 형식이라고 생각해 보면 매우 흥미로웠다. 소설은 필연적

---

18) Firdous Azim, *The Colonial Rise of the Novel*, Routledge, 1993, p.215.
19) Firdous Azim, 위의 책, pp.214-215.

으로 식민주의적이며, 비록 반식민적 주제를 갖는 경우에도 분명 그랬다."20) 언어의 성숙은 문명화와, 문명화는 식민화와 연동되어 있었다.

이쯤에서, 우리는 이 말을 개념이 가진 서사 구성 능력과 관련해서 좀 더 심화시켜 볼 수도 있을 것이다. 그러니까 문학 안에서 신문명어를 찾아내는 데 그칠 것이 아니라 신문명어가 서사를 지배할 수도 있다고 생각해 볼 수는 없을까. 근대 개념어는 신문명어와 같은 특정한 방향성을 가진 어휘의 연쇄가, 텍스트의 문맥 자체를 구성하게 될 수도 있으며, 이 문맥에 의해 이를테면 소설의 서사가 구축된다고 생각해보는 것도 가능하지 않을까. 나아가 이런 단어→통사→스토리→컨텍스트로 진행하는 거꾸로 선 문학사회학을 통해서 한국근대문학·사상의 형성지점들을 점검해볼 수도 있을 것이다.

그렇다고 할 때, 문제는 바로 이런 개인의 성장이라는 서사를 구축하는 개념들, 즉 어휘들인데, 한국의 신소설의 경우를 통해 이런 문명 발달-개인의 성장-문명 개념에 의해 재현된 개인의 주체성 구축 과정을 검토해 볼 수 있을 것이다. 그렇게 볼 경우 번역어가 가진 반식민화의 채널은 언어 '수입사'의 과정에서 축소되고, 앞서 말한 한문맥(漢文脈)과 구문맥(歐文脈)의 착종이라는 현상을 강력하게 매개한 일본(을 통한 서양)화라는 내포가 최대한으로 확장되게 된다. 이인직(李仁稙, 1862-1917)의 『血의 淚』의 첫머리에 등장하는 일본군에 대한 환영은 그들이 가지고 들어온 신문명어에 대한 환영과 정확히 연동한다.

---

20) 마사오 미요시, 「지구로의 전환: 문학, 다양성, 그리고 총체성」, 김우창·피에르 부르디외 외, 『경계를 넘어 글쓰기』, 민음사, 2001. 참조.

日清戰爭(일청전쟁) 총소리는 平壤一境(평양일경)이 써느가는 듯ᄒ더니 그 총소리가 긋치미 淸人(청인)의 敗(패)ᄒ 軍士(군사)는 秋風(추풍)에 落葉(낙엽)갓치 훗터지고…(중략)… 然則(그러면무슨까닭으로) 何故(세상)로 世上(세상)에 사라잇는고 一事(한가지일)를 기다리고 死(죽기)를 참고 잇섯더라[21]

1906년 7월 22일부터 10월 10일까지『만세보』에 연재된 이 소설은 출간 단행본이나 영인본과는 매우 다른 양상을 보여준다. 한자가 노출되어 있을 뿐 아니라, 일본어의 후리가나(振仮名、ルビ)와 유사한 '부속활자'(附屬活字)를 통해 그 자체로 스스로의 연원을 드러내고 있다. 이를 아래의 경우와 대조해 볼 경우, 그 차이는 보다 명확히 드러난다.

禽獸(새 집생)과 虫(버러지) 며魚(물고기)의 種類(종류)가 皆其造化(다 그도화)이어날 人(사람)이 獨(홀을)로 사람되는 福(복)을 어더 靈(신령)ᄒ 性(성흥)이잇신즉어디질겁지아니ᄒ리오[22]

『혈의 누』의 경우는 사실상 이미 한자체계가 완전히 한글 읽기에 포섭되어 있어, 대개 위의 후리가나를 읽든 아래쪽의 한자부분을 읽든 문법적으로 바르게 읽을 수 있는 경우가 많지만, 유길준의『勞動夜學讀本』은 아래쪽의 한자어가 아니라 위쪽의 한글 부분을 읽어야 호응이 바르다. 그러니까, "禽獸과 虫며"라고 읽는 것이 아니라, "새 짐승과 버러지며"라고 읽어야 한다는 것이다. 유길준이 우리말 풀어쓰기와 한자어를 동시에 드러냄으로써 계몽의 기획과 전통의 기획을 동시에 시도하고 있음에 비하여,『혈의 누』의 이인직의 경우는 한자어를 소리대로 읽는 방식에 의존하고 있다. 한자를 한문이라는 원천으로부터 분리해 한국어의 음성적 질서 안에 통합하고 있는 것이다. 다시 말해, 한자어 자체를 조선어 질서에 그

---

21) 이인직,『혈의 누』, 권영민 교열·해제, 서울대학교출판부, p.17, 189를 참고했다.
22) 유길준,『노동야학독본』제7과,『유길준전서』II, 일조각, 1996, p.275.

대로 통합하는 한편, 그러한 과도기적 통합의 방식을 통해 일본어의 유입을 용이하게 하고 있는 것이라고도 할 수 있을 것이다. 번역적 재현의 과정은 은폐되며, 말의 자연화가 시작된다. (이 자연화는 완전히 한글화된 1907년의 단행본23)에서 더욱 강화된다.)

더욱 흥미로운 것은 이들 한자어 중에서 소위 '신문명어'를 추출해 볼 경우이다. 『혈의 누』의 일본군에 대한 환영은 그들이 가지고 들어온 신문명어에 대한 환영과 짝을 이룬다. 사실상 바로 이 신문명어들에 의해 소설의 문맥과 당대의 컨텍스트를 끌어들이는 이인직의 태도 자체가 구성된다고도 말할 수 있지 않을까. 한자어들은 한글 위주의 이 소설에서 후리가나와 함께 시각적으로도 도드라지게 드러날 뿐 아니라, 서기체계상 두 번 읽게 되는 효과를 유발한다. 이야기를 신문명어에 한정해 볼 경우, 독자들은 한번은 한글의 체계 안에서, 또 한 번은 한글로는 해소될 수 없는 외부성에의 인식 속에서 이 소설을 읽게 된다. (물론 독자의 배치에 따라, 각각 한글로만 읽는 독자와 한자로만 읽는 독자가 있었을 것이지만, 한글로 읽는 독자라 하더라도 생경한 신문명어에 마주쳐 한자를 들여다 볼 수밖에 없다.) '우리말'의 외부성과, 그 외부성이 지배하는 서사를 검토하는 데 있어서, 또 우리말이라는 '픽션'을 의식하는데 있어서 위의 사례는 특별한 예외라기보다는 전형적 사례라고 보아야 할 것이다.

이를테면 이인직의 『혈의 누』에 등장하는 신문명어를 추출해 보면서24), 우리는 혹 이 단어들만으로 소설의 내용이 유추 가능한 것은 아닌가

---

23) 이인직, 『血의淚』, 광학셔포, 1907. (김윤식 외 편, 『新小說・飜案(譯)小說1』, 아세아문화사, 1978. 영인본을 참조.)

24) 최경옥은 『한국한자어사전』과 『大漢和辭典』, 『日本國語大辭典』, 기타 사서, 경전류를 기준으로 『혈의 누』의 '근대외래한자어' 94개를 목록화하여 정리하였다. 그러나 얼른 보기에도 야전병원(野戰病院)이나 군의(軍醫)와 같은 단어들이 제외되어

하는 생각을 하게 되었다. 다음의 신문명어들을 통해 우리는 소설의 내용과 주인공들의 활동범위, 시대상황, 지적 배경 등을 어렵지 않게 유추할 수 있다.

各色 簡單 看護(手) 結末 缺點 戒嚴 高等小學敎 困難 工夫 關係 廣告 國制 勸工場 權利 記事 汽車 勞動(者) 斷念 判斷 到底 讀本 獨逸(國) 東洋 目的 文明 物件 美國 半島 反動 病傷兵 病院 社會 賞金 桑港 生産 生時 西洋 所聞 小說 少佐 時間 時計 神經 新聞 新聞紙 壓制 野蠻 洋服 言論 旅費 旅人宿 聯邦 鉛筆 英文 英書 完人 郵遞 郵遞司令 郵便軍士 輪船 陰曆 人力車 日語 日前 自決 自鳴鐘 雜報 財産 赤十字 電氣 占領 情景 停車場 卒業 週日 中學校 地動 指向 直接 天動 天然 遞傳夫 太平洋 平生 平日 學費 海峽 行爲 憲兵 號角 號外 火輪船 休學

보다시피, 이 말들은 한두 단어를 제외하고는 모두 현재에도 사용하고 있는 '국어'들이다. 이렇게 신조어는 실제로는 통사를 좌우하고 서사 자체를 구축한다. (반대로, 그러한 내용을 쓰다보니 그런 단어가 자연스레 유입되었다고도 볼 수 있을 것이다.) 분명한 것은, 이미 그런 내용을 구상하고 있는 이 일본 유학생 출신 작가의 머리는 이들 신문명어[25]에 점령당해 있는 머리이며, 이런 단어들의 연쇄를 통해 소설의 일관성이 발생한다는

있어서, 실제로 새롭게 정의되어 쓰인 한자어의 양은 보다 많을 수도 있을 것이다. 그녀의 방대하고 세심한 연구 덕택에 우리는 개화기 신문명어와 새로 유입된 외래어의 면모를 좀더 구체적으로 알 수 있게 되었다. (최경옥, 『한국개화기 근대외래 한자어의 수용연구』, 제이앤씨, 2003, p.33.) 다만, 그 판본이 단행본 한글판의 영인본이라, 이들 어휘들의 의미를 검토하는 데는 얼마간의 한계가 있다. 차후 연재본을 기준으로 필자 스스로 정리해 보려 한다.

25) 위에서 든 새로운 한자어 중에 적어도 절반이 넘는 단어가 일본제 신문명어이다. 신소설의 '근대외래한자어'의 원천과 고증의 사례들을 확인하기 위해서는 최경옥, 위 책, II장을 참조하는 것이 유익하다.

점이다. 하나의 신문명어는 다른 신문명어와 세계성을 불러들임으로써, 서사를 추동하게 된다. 예컨대, 다음의 구절을 보라.

> 歸國ㅎ는 病傷兵의게 부탁ㅎ야 日本大阪으로 보닉니 玉蓮이가 轎軍밧탕을 타고 仁川꼬지 가셔 仁川셔 輪船을 타니 背後에는 父母消息이 杳然ㅎ고 目前에 는 他國山川이 生疎ㅎ다[26]

옥련의 인생의 커다란 전환점들은 이처럼 청일전쟁과 함께 시작되어, 이들 병사들의 흐름을 쫓아 일본에 이르며, 그녀를 인도하는 것은 바로 앞서 말한 신문명어들이다. 옥련의 앞길과 행로에는 '輪船', '日本大阪과 같은 신문명 표상의 언어들이, 그녀의 뒤에는 '父母消息'과 같은 언어들이 배치되어 있음을 볼 수 있다. 비근한 사례는 얼마든지 있다. "셜자야, 우리 玉蓮이 데리고 雜店에 가서 玉蓮에게 맞는 婦人洋服이나 사가지고 목욕집에 가서 목욕이나 시키고 朝鮮 服色을 벗기고 洋服이나 입혀 보자'(강조 필자, 후리가나식 부속철자는 생략)와 같은 구절도 그 중 하나이다. 신문기사를 통해 옥련을 찾고, 화륜선에 의해 소설의 공간이 확대되는 이야기의 모먼트들을 생각해 보아도 좋을 것이다. 발상이 먼저이고 단어가 나중인가, 단어가 먼저고 서사가 따라왔는가라는 환원적 질문에 휩싸일 것을 무릅쓰고 말한다면, 신문명어 자체가 일본이라는 힘과 그 배후의 문명의 아우라를 불러들이고 바로 그 신문명어에 의해 소설이 추동되고 있다고 말해도 그리 어색한 설명은 아닐 것이다. (오히려 이 환원적 체계, 개념과 서사, 개념과 사유 사이의 선후관계를 규정할 수 없는 순환 구조야말로 중요할지 모른다.)

---

26) 菊初, 「血의淚」(十八), 『萬歲報』, 1906년 8월 17일분.

소설이라는 양식은 문명이라는 매혹적 가치·신념·서사를 언어의 차원에서 전파한다. 앞서 든 마사오 미요시나, 아짐의 말처럼, 소설이라는 미디어(medium)는, 신문명어를 통해서 조선 안에 문명과 함께 야만의 이미지를 각인하는 식민주의의 전파자 역할을 수행한다. 한자라는 미디어, 또 그 미디어에 내포를 실어주는 한문맥(漢文脈)의 문제를 생각할 때, 우리는 한국의 근대 소설이 번역적 재현이나 전통의 변용과 같은 언어로서 설명하기 힘든 식민화의 채널에 점령당해 있음을 알게 된다.

더구나, 이렇게 경유된 번역어의 수입에 의해 장악된 소설의 서사는, 조선 내부에 있어서 그것이 발신될 수 있는 내부식민지를 만들게 된다. (물론 이 과정은 문명화, 국민화의 경로이기도 하다.) 도쿄 유학생 출신의 소설가들을 통해 부각되는 구더기 들끓는 조선(지방)의 야만성은 오랫동안 한국 소설의 주제와 분위기를 구성해왔다. 문명과 야만이라는 언어는 동시에 도착하며, 소설과 함께 도착한다. 서구 문명에 대해서는 문화를, 동양에 대해서는 문명을 주장하는 메이지 후 일본의 논리와 같이, 경성과 여타 대도회의 소설은 여타의 제국을 향해 저항의 메시지를 발신하는 순간에조차, 내적으로는 식민주의적 역할을 수행한다. 그런 면이 있다.

4. 일신이서(一身二書), (국)한문으로 쓰기
  ─변영만(卞榮晚)의 조선어론과 어원학적 사고

에크리튀르를 둘러싼 근대 한국의 헤게모니 투쟁사를 보자면, 漢文脈의 복잡성에 대한 사고가 다소 일방적인 논의로 흐르곤 하는 것을 볼 수 있다. 근대 국어국문의 발생이, 일본어의 유입과 압착되어 사고됨으로써,

근대어의 기원과 생성이라는 문제가 한자어와의 결별이라는 문제로 전화하곤 했던 것이다. 그러나 한문맥(漢文脈)을 확인한다는 것은, 단순히 개념 '유입' 과정의 식민성을 비판한다거나 전통의 변용이라는 문맥을 부각시킨다거나 하는 주체 구성의 전략과는 별 인연이 없다. 문제는 한문맥(漢文脈) 안에서 다양하게 교차하는 당대의 이념들이며, 한자를 통해 구축된 한국의 근대라는 서사이다. 그런 의미에서 구문맥(歐文脈)을 한문(과 국문, 주로 한문)으로 재현하곤 했던 산강(山康) 변영만(卞榮晩, 1889-1954)의 사례는 상징적27)이다.

> 지금의 상황에서 크게 소리치고 급히 제창하여 마땅한 바는 아마 '국민주의(國民主義)'일 것이다. 국민주의라는 것은 상세히 말한다면 바로 한민족(韓民族)이 생존할 수 있는 주의이다. 한민족이 생존할 수 있는 주의가 날로 확대되면, 다른 데서 온 제국주의를 은밀히 녹이고 보이지 않게 없앨 수 있을 것이요, 한민족이 생존할 수 있는 주의가 극에 도달하게 되면, 우리의 제국주의를 잉태하고 길러서 발휘할 수 있을 것이다. 요컨대 국민주의라는 것은 적을 막을 수 있는 큰 도(道)요, 진취적(進取的)으로 나갈 수 있는 바탕이다. …(중략)… 그러므로 내가 이 책을 역술(譯述)할 때 그 목적을 둔 바는 정면(正面)에 있지 않고 도리어 반면에 있다. 대개 저 제국주의의 험상(險狀)을 모사하여 우리 국민주의(國民主義)의 정신을 불러일으켜 각성시키려는 것이다. …(중략)…'나는 무사하다'고 말하는 자는 나와 도(道)를 같이 하지 않는 자이다.28)

---

27) 변영만에 대해서는 최근 학계의 성과가 풍부하고 활발하다. 대표적인 것으로는, 金鎭均, 「卞榮晩의 비판적 근대정신과 문예추구」, 성균관대학교박사학위논문, 2003; 申翼澈, 「근대문학 형성기 卞榮晩의 사상적 지향과 문학세계」, 『한국한문학연구』 32, 2003; 한영규, 「변영만 『觀生錄』의 몇가지 특성」, 우리한문학회 동계발표문, 우리한문학회, 2003. 가장 종합적인 것으로는 『대동문화연구』 55(성균관대학교 대동문화연구원, 2006)의 특집 〈근대문명과 山康 卞榮晩〉을 참고할 수 있다.
28) 實是學舍 고전문학연구회 역주, 「二十世紀之大慘劇 帝國主義 自敍」(1908), 『변영

변영만은『二十世紀之大慘劇 帝國主義』라는 번역서를 출간하며 유길
준에게 한문으로 된 서문을 받고, 스스로 한문 자서를 썼으며, 본문은 국한
문체로 번역했다. 아울러 그는 일본 博文館에서 발행한『時代之趨勢』와
함께, "西人 라인슈씨의 所著『世界之政治』를 參互함"이라고 쓰고 있다.
제국주의와 관련해 한민족의 국민주의를 주창하는 그의 입론은, 우리에게
한문이라는 글쓰기에 대한 통념과는 배치되는 매우 복합적인 틀을 구성하
지 않으면 안 되도록 만든다. 한문맥(漢文脈) 안에서 서양적 원천의 개념
어와 사유들이 병진해 나가고 있는 것이다. 뿐더러 그는 이 개념들의 저편
을 늘 염두에 두는 사람이었다.

김억 다음으로 많은 영시를 번역하고 괴테, 블레이크, 니체, 아나키즘에
경도되기도 했던[29] 그는 "一流의 文人이 되자면 一切을 所有한 同時에
一切을 放棄하여야 된다. 換言하자면 '부유한 무산가'(Wealthy vagabond)
가 아니고서는 될 수 없다 함이다"라고 썼다.

우선 그는 번역된 근대 즉 일본을 경유하여 서양을 알 수 있다거나 알았
다고 생각하는 태도에 대하여 통박한다. 기원에 대한 의식, 원본에 대한
의식 없이는 언어는 매우 불투명한 상태로 남기 때문이다.

만전집』상, 2006, 성균관대학교 동아시아학술원, 2006, pp.627-628. 원문은 다음과
같다. 居今之日, 所宣大聲而疾呼者, 其國民主義乎! 國民主義者, 詳言之, 卽韓族生
存之主義也. 韓族生存之主義, 日張大焉, 他來之帝國主義, 可以潛消以暗滅之, 韓族
生存之主義, 到厥極言, 吾家之帝國主義, 可以孕蓄以發揮之, 要之, 國民主義者, 禦
敵之大道也, 進取之宏基也. (이하 생략) 與余道不同者也. 實是學舍. 고전문학연구
회 역주,『변영만전집』중, 2006, 성균관대학교 동아시아학술원, 2006.

29) 한영규,「산강제초문 해제」,『변영만전집』하, p.14. 변영만은 그 중에서도 산업문
명의 폐해를 읊은 블레이크를 애송했다 한다. 다만, 식민지기를 통해 실제로 변영
만이 김억(金億) 다음으로 많은 영시를 번역했는지의 여부는 검증을 요한다.

가령 俄文佛譯・佛文英譯・英文獨譯 혹은 일본 '漢譯 유(類유)는 그다시 過甚
한 불편은 없으나 원작의 묘미를 십중의 삼사분까지는 손상하는 선이 不無하고
至於 한문 서양역이라든지 서양문 일역 유에 至하여는 근소한 걸품을 제해 놓고
는 신용할 수 없음이 거의 통칙이다. 그러한데 목하 우리 학인들은 흔히 일본문을
통하여 서양문학의 秘奧를 규탐하려 한다. 당초부터 될 수 없는 일인 것이다[30].

위의 말을 일본이라는 매개를 부정하고, 서양이라는 원천을 세우는 발
언쯤으로 생각해서는 곤란하다. 다소 서양에 치중하고 있는 원천에의 갈
구처럼만 보일 소지가 없지 않은 대로, 오히려 강조점은 중역(重譯)을 믿
고 안심하는 '태도' 자체에 있다고 할 것이다. 한문이라는 원천을 장악하고
있는 그로서는, 한자를 통해 재현된 서구를 직접 서구 자체로 생각하는
사고를 이해할 수 없었으며, 이런 의식은 그로 하여금 일본의 한자조어력
-번역을 통해 구성된 서양이 아닌 맨 얼굴의 서양의 모습을 계속 상정하
도록 했다. 피식민자의 세계 인식이 종종 식민본국의 언어를 '세계어'그
자체로 인식하곤 한다는 사실을 상기할 때, 언어 그 자체, 개념 그 자체의
사용과 기원을 계속 의식했던 변영만의 관점은 특기할만한 것이라 생각
된다.

중요한 것은 그러면서도, 변영만이 조선어의 범위를 되도록 개방적인
사고 속에서 생각하자고 했다는 점이다. 무엇보다, 한문에 틈입한 서양
원천의 한자어들을 의식할 수밖에 없었던 그에게는 소위 '어원학적(Etymo-
logically) 관고(觀考)[31]라는 것이 존재했던 것 같다. 그가 보기에 한자어나
서구 유입의 외래어 등 "通用語까지를 純朝鮮語化하려는" 발상 자체가 고

---

30) 변영만, 「飜譯書物의 危險」(1931), 『변영만전집』 하, p.215.
31) 변영만, 「朝鮮語의 領域」(1931), 『변영만전집』 하, p.208.

루한 것이었다. "세계의 何國을 막론하고 절대적의 純土語로만 조직된 국
어는 없는 법이다…… 좀 더 '어원학적(Etymologically)으로 此를 觀考하'[32]
는 일, 외래어를 그 기원을 의식하며 잘 흡수하는 일이야말로 그에게는
"民度를 昂上하여가는 법칙이다." 어쩌면 그의 10년 가까운 중국 유랑이
한문과 중국어는 다르다는 외국어 의식을 형성했을 것이고, 그는 한문과
일본어, 한글 사이에서 어원론적인 사고와 한문맥(漢文脈)이라는 복잡계
를 포괄하는 조선어론을 생각할 수 있었던 것이 아닐까. 혹 여기서 기원을
계속 의식하는, 그러면서 그 사용을 기획하는 어떤 지향을 확인할 수는
없을까. 과연, 그는 '수속(手續), 장합(場合), 두취(頭取), 취체(取締)' 등과
같이 번역어·문명어로서 기능하지 않을 뿐 아니라, 대체 가능한 어휘인
일본제 한자어를 조선어에서 제외시키자고 제안하고 있는 것이다. 어떤
의미에서 변영만은 한문맥(漢文脈) 안에서, 여전히 언어와 개념을 사고하
는 입장에 서 있었던, 일본이라는 정치적 힘과 말이 맺는 관계를 계속
의식하는 한편, 상대화시키고 있었던 보기 드문 사례인지도 모르겠다.

5. 언어의 자연주의에 거슬러

한문맥(漢文脈)이라는 문제를 오늘의 입장에서 볼 때, 결국 우리의 논제
와 관련해 중요한 부분은 한국어 어휘의 절반을 상회하는 한자어, 즉 한문
으로부터 성조를 제거한 채 성립된 한자어 어휘들의 체계라 할 수 있다.
성조의 제거로 인해, 태생적으로 동음이의어가 비일비재한 한국의 어휘

---

32) 변영만, 위 글, 위 책, p.208.

체계에 있어서, '음성적 질서'만으로는 의미를 확정하기가 용의하지 않을 때가 많다. 다시 말해서, 의미의 확정에 있어서, 전후의 문맥이 필수불가결하게 고려 대상이 될 수밖에 없다는 것이다. 한자어를 중심으로 문맥이 모아지는 것이다. 이 같은 현상은 꼭 동음이어의 문제 뿐 아니라, 여타의 생경한 한자어의 경우에도 마찬가지로 적용된다. 그 언어가 그 문맥 전체의 해독을 방해하고 그 방해로 인해, 문맥 전체가 한자어를 중심으로 구성되곤 하는 현상은 흔히 있는 일이다. 은폐된 한(자)문맥(漢(子)文脈)은, 그것이 은폐되어 있음으로 해서, 언어의 질서 안에 스스로의 존재를 더욱 강력한 기운으로 서리게 한다.

김우창은 1983년의 상황에서 이미 다음과 같이 예언하고 있다. "우리말에 있어서 이제야 의미질서의 상위체계로서의 한자문화는 사라져가고 있다. 따라서 우리말의 두 층은 얼마 안 가서 하나가 되지는 않는다고 하더라도 지금처럼 이질적인 것으로 남아 있지는 아니할 것이다."[33] 오늘의 상황 혹은 흐름(脈)이란 게 대개 그러한 것일지도 모른다. 이 말은 어떤 의미에서 사유 체계의 이질성 혹은 외재성이 사라지게 됨을 뜻하는 것으로 읽힐 수 있다. 그러나 나는 오히려 바로 이 이질성이 사라지는 순간에, 즉 외재성이 사라지는 순간이야말로 사유가 근원적 불가능성에 봉착하는 순간이 아닐까 하는 생각을 하고 있다.

물론 기원의 은폐 혹은 무시는 언어를 번잡한 어휘론의 차원에서 해방시켜 사용 혹은 도구의 차원으로 옮겨갈 수 있게 하는 장점이 있다. 반면, 봉인되어 버린 기원은 한문맥(漢文脈)과 구문맥(歐文脈)의 교차라는 현상 안에 잠재한 서구적·일본적 근대성과의 분투 과정과 사유의 (탈)식민성

---

33) 김우창, 위 글, 위 책, p.281.

이라는 문제를 역사적 차원에서 제거해버리는 효과를 가져올 수도 있다. 다시 말해 사유 전개의 기초가 되는 말의 물질성과 지시 능력, 기원이 모호한 것이 될 때, 그만큼 사유 역시 모호한 것이 될 수 있다는 것이다. 개념의 국적을 물을 것이 아니라 개념, 그 말이 자연화되는 순간에도 여전히 남는 말의 작위성, 말의 역사를 의식해야 하며, 이를 언설의 질서 속에서 설명할 수 있어야 하지 않을까.

서구의 철학적 사유들이 라틴어와 그리스어의 용례와 기원에 대한 어원론적 분석 없이 행해질 수 있으리라고는 도저히 상상할 수 없는 것처럼, 한자를 포괄하는 한문맥(漢文脈)—이 말에는 이미 번역어의 생성과 같은 구문맥(歐文脈)과의 혼종 혹은 접합이 전제되어 있다고 할 때— 에 대한 고려 없이 한국어로서 사유하고 개념적 사유를 행할 수 있다고는 상상하기 어렵다. 말을 의식하지 않고, 세계를 이해할 수는 없는 까닭이다. 어쩌면 이 말은 21세기의 초두를 살아가며 학문을 행하는 우리 아니, '이 나'가 한자(漢子)를 떠올리지 않고는 명사의 의미를 생각할 수 없다는 세대적 한계점에 있기 때문일지도 모른다. 하지만 분명한 것은 정의없이 사용될 수 있는 개념이 존재할 수 없다면, 아무리 언어에서 '사용'이 중요하다 하더라도 그 사용이 전제하는 하나의 약속이나 유입사에 새겨진 원초적 폭력을 계속 문제시해야 한다. 기원을 잃는다는 것은 약속의 첫 순간, 법이 정립되는 순간의 '폭력'을 잊는다는 것을 의미한다.

번역적 과정과 언어 잡종의 문제를 통과하지 않는 한에서, 한자와 그것을 구성해낸 한문맥(漢文脈)은 한국인의 사유에서 피할 수 없는 기원의 문제를 계속, 제기하도록 만들 것이다. 당대의 한 철학자는 한국어로 철학한다는 것의 중요성을 강조하며, 한자에 대한 몰주체적인 관점을 비판하여 적잖은 반향을 일으킨 적이 있다. 그는 다음과 같이 말했다. "오늘날 한국철학계에서 언어에 대한 반성을 찾아보기 어려운 것은 자신의 작업도구에 대한 최소한의 반성적 검토를 진행하고 있는 철학자가 없다는 뜻이기도 하고, 궁극적으로는 현재 사용하는 한국어로 표현하기 어려울 정도의 새로운 철학을 하고 있는 철학자가 없다는 뜻이기도 하다. 과연 현재의 한국어는 아마 반성없이 철학하는 도구로 사용하기에 부족함이 없는가."[34] 한자의 노출──즉 국한문체(물론 국한문체라고는 해도 이 말이 결코 단일하지 않음은 말할 것도 없다[35])로 대변되는 문맥의 구성에 대한 강한 비판을 통해 "겨레말 중심의 언어생활로 전환하는 과정"의 문제를 제기하는 이 글이 만약 한국어로 철학하는 것에 대한 '언어적' 관심에서 출발한 것이라면, 이 말은 오히려 한자의 노출이라는 문제가 아니라 노출되지 않은 채 작용하는 한자의 문제로 향했어야 하지 않을까. 본질적 국면에서 보자면, 노출의 여부는 부차적이다. 사유의 언어로서의 한국어에 대한 관심은 한글의 내부로 귀속하려는 의식으로는 해소될 수 없다. 근대 개념어 연구란 언어들 사이에서, 번역적 과제로서 밖에 존재할 수 없다. 거기서 한문과 한자의 문제는 핵심적인 질문의 장소(topos)가 된다.

어떤 의미에서 일본의 근대 개념사 연구와 달리, 한국의 그것은 생산이

---

34) 李相浹, 「한국어로 철학하기」, 『창작과비평』 106, 1999년 겨울호, 창작과비평사, p.297.

35) 황호덕, 『근대 네이션과 그 표상들』, 소명출판, 2005 참조. 나는 이 책에서 국한문체를 둘러싼 담론적 실천과정을 검토하며, 국한문체의 변폭 자체를 범주화하는 일이 얼마나 어려운 작업인지를 알게 되었고, 내 스스로가 감당할 수 없는 부분임도 깨닫게 되었다. 그러나, 이런 한계의식은 아래의 연구들에 의해 상당부분 해소되었다. 김영민, 『한국 근대소설의 형성』, 소명출판, 2005 외 김영민의 일련의 근대서사에 대한 작업들, 한기형, 정선태, 정환국, 류준필 제씨의 주목할만한 논문이 편집된 한기형 편, 『근대어・근대매체・근대문학』, 성균관대학교 동아시아학술원, 2006; 임상석, 「근대계몽기 잡지의 국한문체 연구」, 고려대 대학원 박사학위논문, 2006.

나 변용보다는 식민화와 그것을 넘어서려는 순수한 언어를 향한 구제(救濟)의 문제와 관련되어 있다. 한국의 근대 개념어는 번역적 재현의 문제보다는, 언어 침식의 문제와 더 깊은 관련을 가진 것처럼도 보인다. 그러나 여기서도 번역의 문제는 여전히 중요한 과제로서 존재한다. 왜냐하면 근대 개념어 연구를 통해 우리는, 근현대 한국어가 지속적으로 갈망해 온 '순수 언어'(pure language, reine Sprache)의 꿈이 결코 한글 안에서는 달성될 수 없는 과제라는 것을 깨달을 수 있기 때문이다. '순수 언어'는 한국어 안에서가 아니라 그 밖—그러나 일본어라고도, 한문이라고도, 또 영어라고도 말할 수는 없는 장소에 존재한다.

말을 보호해야하는가. 말로 잘 표현해야하는가. 아마 그럴 지도 모른다. 하지만 '사유'에 있어 더 기본적인 것은, 말을 의식하는 일이다. 개념을 통해, 서사로, 사상의 역사로, 그러니까 문맥으로 나아가야 한다. 그 순간에야 우리는 말의 가시성과 불가시성이 갈리는 애매한 지점과 대면하게 되며, 이 세계와 우리의 사유가 자연적인 것이 아님을 알아차리게 된다. 법과 언어가 생겨나는 바로 그 순간으로 돌아가야 한다.

【개념뭉치4】

'사회' 관련 항목

1. 英韓 대응관계

① Society: 회, 뫼이다(Scott 1891) **샤회(社會)** 공즁(公衆): 단테(團體) (cultivated portion of a community) 샹등샤회(上等社會) (body of persons) 회(會), 협회(協會) Human society 인간샤회(人間社會) Secret society 비밀회(秘密會) (Jones 1914) 샤회(社會) (Gale 1924) (1)샤회(社會), 협회(協會), 죠합(組合), 단테(團体), 공즁(公衆), 회(會). (2)교제(交際), 근친(懇親). (3)(upper classes)샹등샤회(上等社會), 샹류샤회(上流社會). (Underwood 1925)

② social: 친ᄒᆞ다(Scott 1891) (pertaining to society) **샤회샹(社會上)**: (friendly intercourse) 교제샹(交際上), social evil 매음(賣淫) (Jones 1914) social service 샤회봉ᄉᆞ(社會奉仕), Socialism 샤회쥬의(社會主義), Socialists 샤회당(社會黨) (Gale 1924) (1)샤회의(社會), 샤회샹의(社會上). (2)교의덕(交誼的), 샤교덕(社交的), 친흔(親). social science, 샤회과학(社會科學).: social service, 샤회봉ᄉᆞ(社會奉事).(Underwood 1925)

2. 韓英 대응관계

① 회(會): assemblée, société, confrérie, réunion, association, synode, concile, congrégation.(Ridel 1880) An assembly; a guild; a society(Gale 1897-1931) A meeting; an assembly; a conference; a party; society; association. (김동성 1928)

② 교제(交際): Intercourse; friend ship. (Gale 1911) 좌동, See. 샤교(Gale 1931) Friendly relations; social intercourse(김동성 1928)

cf) 교제비(交際費): Social expense(김동성 1928-Gale 1931)

cf) 교제상(交際上): In friendship; in friendly intercourse(Gale 1911) 교제가(交際家) A diplomatist; a sociable person, 교제계절(交際季節) Society season; 교제관(交際官) A diplomatic official, 교제관시보(交際官試補) A diplomatic attache,(Gale 1911-1931) 교제국(交際國) A friendly power, 교제샤회(交際社會) Society,(Gale 1931)

· 샤교(社交): Social intercourse; society(김동성 1928-Gale 1931)

cf) 샤교가(社交家): A society man; a man of the world(김동성 1928) A society man(Gale 1931)

cf) 샤교(社交)짠스 A social dance, 샤교뎍동물(社交的 動物) A social animal, 샤교뎍회합(社交的 會合) A social party, 샤교슐(社交術) The art of social intercourse,(Gale 1931)

③ 샤회(社會): Sacrificial festivals. see. 동회(Gale 1897) Sacrificial festivals. Society (Gale 1911) Society; the world; a circle; a community(김동성 1928), Society; the world(Gale 1931)

cf) 샤회상(社會上): Society(Gale 1911-1931)

cf) 샤회학(社會學): Sociology(Gale 1911-Gale 1931), Sociology; social science (김동성 1928) 샤회당(社會黨) Socialist's party; a socialists; a communist(Gale 1911-Gale 1931) Socialists(김동성 1928)

cf) 샤회쥬의(社會主義): Socialism, 샤회쥬의쟈(社會主義者) a socialist(김동성 1928-Gale 1931)

cf) 샤회공산당(社會共産黨): Social democrats, 샤회공산쥬의(社會共産主義) Social democracy, 샤회극(社會劇) A social drama, 샤회기량쥬의(社會改良主義) Social reform, 샤회련딕(社會連帶) Social solidarity, 샤회문뎨(社會問題) The social question, 샤회장(社會葬) Social funeral-as a mark of honor, 샤회질서(社會秩序) Social order(Gale 1931)

3. 韓日 대역관계(『조선어사전』, 1920)

會(회): 衆人よりなれる團體。交際(교제): 情誼を以て交ること。

4. 한국어사전(문세영, 『조선어사전』, 1938)

① 교제(交際): (1) 서로 사귀는 것. 정의로써 사귀는 것 (2) 사귀어 가까이
  하는 것
cf) 교제가(交際家): 교제를 교묘하게 하는 사람, 교제비(交際費) 교제할 때에
  드는 돈, 교제술(交際術) 남과 교제를 잘하는 수단.

② 사교(社交): 여러 사람이 사귀는 것
cf) 사교성(社交性): 사교의 본능(本能)을 가진 인류의 특성

③ 사회(社會): (1) 공동생활을 하는 집합단체 (2) 같은 종류의 범위
cf) 사회계약설(社會契約說) 사회는 이를 조직하는 사람의 계약으로 성립한
  다고 하는 학설, 사회교육(社會敎育) (1) 사회의 일반 인민에게 주는교육.
  (2) 사회주의에 의하여 행하는 교육. 사회당(社會黨) 사회주의를 주장하는
  당파, 사회문제(社會問題) 사회의 재산 또는 계급들에 관한 국가(國家)의
  제도, 사회민주주의(社會民主主義) 민주주의 아래에서 사회주의를 실현하
  고저 하는 주의. 사회성(社會性) 각개의 사회에 특유한 성질. 사회운동(社
  會運動) 사회문제에 관한 운동. 사회의지(社會意志) 일반사회에 공통되는
  의지, 사회정책(社會政策) 사회문제를 해결하기 위하여 행하는 국가(國家)
  의 정책. 사회제도(社會制度) 사회의 재산 또는 계급들에 관한 국가(國家)
  의 제도. 사회주의(社會主義) (1) 사회상으로는 평등주의를 취하고 산업상
  으로는 생산기관(生産機關)을 사회가 공유(共有)하고 분배를 평등하게 하
  여 빈부의 현격(懸隔)을 구제하고저 하는 주의 (2) (敎) 공공적 정신(公共的
  井神)을 함양(涵養)하여 개인과 사회와의 조화(調和)를 보호하고저 하는
  것을 목적으로 하는 교육. 쏘시알리즘. 사회학(社會學) 사회의 성립, 발달,

변천, 연혁들의 이법(理法)을 연구하는 학문. 쏘시올로지. 사회화(社會化) 사회와 동화하는 것.

'권리' 관련 항목

1. 英韓 대응관계

① Right: 올흔 것, 밧을 것, 올흔편(Underwood 1890) (correct) 올타, (justice) 의리(Scott, 1891) 의리(義理): 권리(權利): 권(權) Civil rights 공권(公權): Exclusive right 전권(專權): Moral right 도덕상권리(道德上權利): National right 국권(國權): Personal right 주쥬권(自主權): Political right 정권(政權): Private right 수유권(私有權): Sovereign right 쥬권(主權): The rights of Man 인권(人權): Woman's rights 녀권(女權)(Jones 1914), 도리(道理), 권리(權利) (Gale 1924), (1)올흔, 가흔(可), 정당흔(正當), 당연흔(當然). (2)갸륵흔, 그릇지안이흔. (3)뷔른, 올흔, 우편의(右便). (4)거쥭의, 것희. (5)직츄(直推)(긔하학의). (1)올흔것, 정의(正義), 도리(道理), 공도(公道), 공의(公義). (2)권리(權利), 권(權), 전권(專權). (3)올흔편, 우편(右便). (4)거쥭, 것. Right way, 통힝권(通行權): To set to rights, 비로잡다, 정돈흐다(整頓), 슈리흐다(修理). (Underwood 1925)

2. 韓英 대응관계

① 권(權): Authority; power; influence. See. 권병.(Gale 1897) Authority; power; influence. See. 권병. A sure name(Gale 1911) Authority; power; influence. See. 권병. 권리. A sure name(Gale 1931), Authority; power; right (김동성 1928)

② 권리(權利): Natural rights; privileges; prerogative.(Gale 1911-Gale 1931) A right; a claim; a privilege(김동성 1928)

cf) 권리다툼(權利相爭) Contest for power(Gale 1911-1931), 권리부흥자(權利附與者) One who grants a right. 권리쟈(權利者) One who has power; a creditor. 권리쥬(權利株) Stocks-as a present or gift.(Gale 1931)

3. 韓日 대응관계(『조선어사전』, 1920)

權(권): 「權勢」の略。權勢(권세): 勸力と勢力。

4. 한국어사전(문세영, 『조선어사전』, 1938)

권리(權利): 1) 권세와 이익 2) (法) 자기의 이익을 주장할 수 있는 능력, 또는 자기의 뜻대로 사물을 처분할 수 있는 자격

'자유' '독립' 관련 항목

1. 英韓 대응관계

① Free: 내여놋소 쇽량하오 쇽흐오, to be ᄌ쥬쟝흐오, ᄆᆞᆷ대로흐오(Underwood 1890), 임의오흐다, 임의롭다. 놋타, 쇽량흐다, 버셔놋타.(Scott 1891) ᄌ유흐(自由): (liberated)방셕흐(放釋) (Jones 1914) ᄌ유ᄌ저(自由自在) (Gale 1924) 내여놋타, 쇽량흐다(贖良), 쇽흐다(贖), ᄌ유ᄒ게흐다(自由), 방흐다(放), 히방흐다(解放), 면흐다(免), 버셔나게흐다. / (1)ᄌ유흐는(自由), ᄆᆞᆷ되로흐는, 구쇽(拘束)밧지안는, 제흐업는(制限), 쇽박업는(束縛). (2)ᄌ유권이 잇는(自由權), ᄌ쥬쟝흔(自主張), 독입의(獨立). (3)ᄌ저흔(自在), 방ᄌ흔(放恣), 음란흔(淫亂). (4)앗기지안는, 안ᄉ덕(恩賜的). (5)깁버흐는, 차지업는(差支). (6)면흔(免), 업시인 (7)한가흔, 죄업는(罪), 결빅흔(潔白). free from,

-업시, 관계업시(關係).: freely (1)ᄆᆞᆷ딕로, ᄌᆞ유로(自由), 임의로(任意), 억
지업시. (2)만히, 풍성히(豊盛). (3)덕으로(德), 공으로(功).: freeof charge,
무료(無料). (Underwood 1925)

② Freedom: ᄌᆞ쥬쟝(Underwood 1890) 놋타, 쇽량ᄒᆞ다, 버셔놋타(Scott 1891),
ᄌᆞ유(自由): ᄌᆞ쥬(自主) (Jones 1914), 자유(自由) (Gale 1924) (1)ᄌᆞ쥬쟝(自主
張), ᄌᆞ유(自由), 구속업ᄂᆞᆫ것(拘束). (2)특권(特權), 특허(特許), 면제(免除).
(Underwood 1925)

· liberty: ᄌᆞ쥬쟝(Underwood 1890) 임의로, ᄌᆞ하로(Scott 1891) (1)ᄌᆞ쥬쟝 (自
主張), ᄌᆞ유 (自由). (2)ᄌᆞ유권 (自由權). (3)특허 (特許), 특권 (特權). (4)
ᄌᆞ유구역 (自由區域), 특허구역 (特許區域). (5) 참졍권 (參政權). (6) 의지
ᄌᆞ유 (意志自由)(쳘학의). (Underwood 1925)

· Independence: ᄌᆞ쥬쟝(Underwood 1890), Independence, independent ᄌᆞ쥬쟝
ᄒᆞ다 혼ᄌᆞ하다 임의로ᄒᆞ다 오ᄅᆞ지ᄒᆞ다(Scott 1891) Independence **독립(獨
立)**: ᄌᆞ립(自立): ᄌᆞ쥬(自主) (Jones 1914) 독힝(獨行), 독립(獨立) (Gale 1924)
자쥬(自主), ᄌᆞ립(自立), 독립(獨立). (Underwood 1925)

2. 韓英 대응관계

① 독립(獨立): Independent(Gale 1911-1931), (김동성 1928)

cf) 독립국(獨立國): independent state Opp. 속국. See. ᄌᆞ쥬지국(Gale 1897-1931),
An independent nation(김동성 1928)

cf) 독립기원절(獨立紀元節): A festive commemoration of national independence.
(Gale 1911-1931)

cf) 독립권(獨立權): Autonomy(김동성 1928-Gale 1931), 독립생활(獨立生活) To
live independently(김동성 1928), An independent life(Gale 1931)

cf) 독립교도(獨立敎徒) Independents, 독립선언(獨立宣言) Declaration of inde-
pendence. 독립심(獨立心) The spirit of independence, 독립제(獨立祭) Inde-
pendent ceremonies 독립ᄌᆞ죤(獨立自存) Independence and self-respect.(Gale

1931)

- ᄌ쥬지국(自主之國): An Independent state of country. See. 독립국.(Gale 1897-1931)

- ᄌ쥬(自主): Independence(김동성 1928-Gale 1931) ᄌ쥬권(自主權) Autonomy (Gale 1931)

② ᄌ유(自由): Freedom; liberty(김동성 1928-Gale 1931)

cf) ᄌ유당(自由黨): The governing body of a nation. See. 민권당; 하의당 (Gale 1897) The liberal or Radical party. Opp, 기진당. The governing body of a nation. See. 민권당; 하의당(Gale 1911) The liberal or Radical party. The governing body of a nation. See. 민권당(Gale 1931)

cf) ᄌ유지권(自由之權): The power to govern independently -as possessed by congress, parliament etc.(Gale 1897-1911)

cf) ᄌ유권(自由權): Independent power; liberty, ᄌ유권리(自由權利) Independent power; independence ᄌ유ᄉ샹(自由思想) Independent thoughts; the spirit of independence (Gale 1911-1931)

cf) 자유경쟁(自由競爭): A free competition; unrestricted competition., 자유련애(自由戀愛) Free love, 자유-폐업(自由閉業) Unrestricted retirement (김동성 1928)

cf) 자유방임(自由放任): Laissez-faire(佛), 자유자재(自由自在) Free and unrestricted, 자유주의(自由主義) Liberalism; radicalism; the principle of freedom (김동성 1928-Gale 1931)

cf) 자유결혼(自由結婚): A free marriage (김동성 1928), Free marriage(Gale 1931) 자유의지(自由意志) Free will(김동성 1928) Freedom of will(Gale 1931), 자유행동(自由行動) A free hand; freedom of action(김동성 1928), Freedom of action(Gale 1931)

cf) ᄌ유무역(自由貿易): Free-trade, ᄌ유무역쥬의(自由貿易主義) The private handling of commerce, ᄌ유민(自由民) A free people, ᄌ유속박(自由束縛)

Restriction of liberty, ᄌ유신학파(自由神學派) Latitudinarians, ᄌ유의ᄉ(自由意思) Free-will, ᄌ유의지쟈(自由意志者) Free agency, ᄌ유의지침례교도(自由意志浸禮敎徒) Free-will-Baptists, ᄌ유작인(自由作因) Free agency, ᄌ유항(自由港) A free port, ᄌ유화(自由畵) A picture without a model.(Gale 1931)

3. 韓日 대응관계(「조선어사전」, 1920)

自由(ᄌ유): 人の拘束を受けざること。

自主(자쥬): 自主張の略。

自主張(ᄌ쥬쟝): 自己の欲するままに行ふこと。

獨立(독립): 他に依據せすして自立すること。

4. 한국어사전(문세영, 「조선어사전」, 1938)

① 독립(獨立): (1) 남에게 의뢰하지 않고 자립하는 것 (2) 나라가 완전히 독립권을 행사(行使)하는 것

cf) 독립국(獨立國): 어떠한 나라의 간섭을 받지 않고 내치·외교를 처리하는 권리를 가진 나라., 독립군(獨立軍) 나라의 독립을 위하여 싸우는 군사. 독립권(獨立權) (法법률용어: 인용자)어떠한 나라가 다른 나라의 간섭을 받지 않고 내치·외교를 처리하는 권리, 독립독행(獨立獨行) 남을 의지하지 않고 자기의 소신(所信)에 의하여 행하는 것. 독립자영(獨立自營) 자기의 사업을 독립하여 경영하는 것. 독립자존(獨立自存) 독립하여 자기의 존재를 보전하는 것. 독립자활(獨立自活) 독립하여 자기의 생활을 유지하는 것.

② 자유(自由): (1) 자기가 임의대로 행동할 것을 정하는 것 (2) 남의 구속을 받지 아니하는 것 (3) 제 마음대로 하는 것 (4) 몸에 아무것도 걸리는 것이 없는 것 (5) (法) 법률의 범위 안에서 마음대로 하는 행동

cf) 자유결혼(自由結婚): 부모·친척들의 승낙을 구하지 않고 남녀가 제마음
대로 하는 혼인, 자유경쟁(自由競爭) 자기의 이익을 위하여 각자(各自)가
마음대로 사물의 경쟁을 하는 것, 자유무역(自由貿易) 국가가 무역에 대하
여 보증 또는 간섭을 아니하고 개인의 자유에 맡겨두는 것, 자유민(自由民)
정당한 행위에 의하여 자기의 권리를 자유로 행사하는 백성, 자유사상(自
由思想) 자유의 범위를 더욱 확장시키고저 하는 사상, 자유연구(自由硏究)
종래의 학설에 얽매이지 아니하고 자유로 하는 연구, 자유영업(自由營業)
관허(官許)를 얻지 않고 마음대로 개시할 수 있는 장사. 자유의지(自由意
志) 남의 간섭·속박을 받지 않고 자기가 하고저 하는 것을 행하려고 하는
마음, 자유의지론(自由意志論) (哲)철학용어: 인용자)「비정명론」(非定命
論)과 같음(비정명론(非定命論) (哲)철학용어: 인용자) 의지의 활동에 인
과율(因果律)의 적용을 부인하는 학설. 自由意志論.), 자유자재(自由自在)
마음대로 되는 것, 자유주의(自由主義) 국민의 자유를 더욱 확장시키고저
하는 주의, 자유항(自由港) 각구의 배가 자유로 출입할 수 있는 항구, 자유
행동(自由行動) 남의 사정은 관계하지 않고 자의대로 하는 행동, 자유형
(自由刑) 범죄자의 자유를 배았는 형벌

번역과 한국문학 정전의 (재)구성,
게일의 『天倪錄』, 『靑坡劇談』 번역과 '朝鮮' 표상

1. '미개한 한국인'과 '문명을 지닌 한국민족'

1) 문제제기: 게일 한국학의 불연속점

　① 한 사람이 벼루에다가 먹을 가는 대 이거슨 나의 평생 처음 보는 일이엿지오 그 朝鮮사람은……붓을 들고 얼마쯤 쓰더니 日本사람이……亦是 붓을 들코 글시를 쓰는 대 그 朝鮮사람은 아모 말도 아니하고 안젓서도 그 얼골을 본즉 벌서 그 뜻을 아는 貌模이더니 淸國사람도 밧아서 몃 글자를 쓴 後에는 세 사람이 모다 뜻을 通한 貌樣입되다. 그거슬 보고 생각하기를 "이 사람들이 말은 通치 못하야도 글은 갓흔거시 마치 歐羅巴사람이 래틘글을 알고 서로 通情하는 것과 갓흔 즉 朝鮮은 文學이 잇고 學問 잇는 사람이 잇는 줄 알겟다"하고 그째브터 朝鮮을 學問잇는 나라로 알앗소이다.[1][띄어쓰기는 인용재]

　② 한국인은 아브라함이 태어나기 수 세기 전부터 국가, 조직(교단), 시간의 문제가 아니라 진실한 종교는 하나님[天: 인용재]의 마음과 일치되는 것 외에 아무것도 아니라는 것을 알고 있었습니다……제가 유교나 불교 도교를

---

1) 奇一, 「나의 過去半生의 經歷」, 『眞生』 號外, 1926.9.1.

공부하면 할수록 이들 종교의 신실성, 자기부정적 사랑, 겸손, 슬기, 그리고 이 종교들을 처음 일으킨 위대한 영혼들의 헌신을 존경하게 되었습니다. 이들은 그들의 한 가지 소망이 악을 극복하고 한 걸음 씩 위로 올라가 하나님[天: 인용 자]께 가까이 가는 데 있다는 것을 알았습니다. 이 점에 있어서 유가, 불자, 기독 교인 모든 형제들은 동일합니다. 예수는 우리 각자 모두를 완전하게 하기 위해 오셨습니다. 우리의 종교가 무엇이든지 간에, 그 안에서 우리 영혼의 이상을 발견할 수 있을 것입니다. 주 안에서 우리 모두 하나가 되기를.[2]

게일은 한국의 한문고전을 통해 서양에 대비되는 한국의 학문, 문학, 종교를 발견할 수 있었다. 이 발견은 그의 회고록(「나의 過去半生의 經歷」 (1926))에서 기억되는 한국인, 일본인, 중국인이 보여주는 묵독의 현장(①) 에서 비롯된 것일지도 모른다. 하지만 게일의 초기 저술을 살펴보면, 이 묵독을 가능하게 한 한자·한문의 세계에 대한 오히려 불연속적인 인식을 보여주는 큰 간극을 발견할 수 있다. 그 일례가 *Korean Sketches*(1898)에서 보이는 다음과 같은 다음과 같은 구절이다.

글을 읽을 줄 모르는 사람들이 어떻게 기억을 하는가, 또 어떤 수단으로 기억 을 하는가, 하는 점은 자주 문제되어 왔다. 우리들이 살아있는 동안에 눈으로 볼 수 있는 것은 아주 적고, 귀로 들을 수 있는 것은 더 적다. 바꾸어 말한다면 우리들은 다른 무엇보다도 주로 문헌[=literature: 이중어사전에서 대응관계를 감 안해보았을 때는 글(文)이나 저술, 書記體系(에크리튀르)가 적합하다고 생각한 다: 인용자]에 의해서 인생의 기쁨을 느끼게 되고 또 지식을 얻게 된다. 그러나 머슴은 문헌[=literature: 인용자]을 읽을 능력을 갖추고 있지 않은 데도 불구하고 많은 것을 기억하고 있다. 그는 가지가지의 꿈 같은 얘기를 하여 우리들을 즐겁게

2) J. S. Gale, "Address to the Friendly Association June 1927", *Gale James Papers* [Box12] p.3. (캐나다 토론토대 토마스피셔희귀본 장서실 소장)

해준다. 그의 경우, 되풀이할 만한 가치가 있는 것은 모두 그 내용이 신기한 것 투성이다. 그에게 쉬운 진실을 얘기해 줘 보라. 그는 즉시 잊어버리고 말 것이다. 그에게 아주 터무니 없는 얘기를 해 줘 보라. 그는 이 터무니없는 얘기를 곧이 듣고 살을 붙이고, 그의 후손들에게 전해 줄 것이다. 인간의 정신은 으레 뭔가를 간직하고 있다. 만약 그것이 문헌을 통해서 이루어지지 않을 때는 구전되는 수밖에 없다. 이 과정이 오랜 세월을 자자손손 계승되었다고 상상해 보라. 머슴의 기억에 가득차 있는 전설이나 신화가 어떤 것일지는 뻔하다. 어떤 것은 재미있다. 그러나 처음으로 구전되기 시작했을 때와는 아주 딴판이다. / **한국의 문헌[=literature: 인용자]은 죽어있는 문자이다. 그러므로 연구할 만한 가치가 있다고 생각되는 흥미 있는 분야는 결국 문자를 지니지 못한 머슴[=coolie: 인용자]의 신앙과 전통이다.** 머슴은 이런 의미에서 순수성을 간지하고 있는 특이한 존재다.[3]

한국에 전래되던 유가 지식층의 문헌은 문자를 지니지 못한 한국인들(하층민)의 설화의 가치와는 비교할 수 없는 무용한 것들로 묘사되고 있다. 그는 분명히 한문으로 상정된 '문자를 지닌 민족'이 아니라 구술문화로 대변되는 '무문자 사회의 원시적이며 미개한 한국의 머슴'을 주목하고 있었다. 더욱 흥미로운 것은 이 '미개한 한국인'이 "아브라함이 태어나기 수세기 전부터 국가, 조직(교단), 시간의 문제가 아니라 진실한 종교는 하나님[天: 인용자]의 마음과 일치되는 것 외에 아무것도 아니라는 것을 알고 있"는 존재, 종교적 심성을 지닌 존재가 아니었다는 점이다.

요컨대 게일의 초기저술에서 한국인은 서구와 대등한 학문, 문학, 종교가 없는 미개인에 근접한 존재였다. 이런 게일의 인식은 근대 초기개신교 선교사의 한국학 담론과도 긴밀히 연관된 것이다.[4] *Korean Repository, Korea*

---

3) 제임스 게일, 『코리언 스케치』, 장문평 역, 현암사, 1970, pp.69-70. (James Scarth Gale, *Korean Sketches*, New York: Fleming H. Revell Company, 1898.)

*Review*와 같은 잡지의 발간. 여기에 게재된 글들을 모아 '한국'을 주제로 한 단행본 출판이 가능했던 여건들. 1900년 '왕립아시아학회 한국지부'라는 학술단체와 학술지(*Transaction of the Korea Branch of the Royal Asiatic Society*)의 보유와 같은 면모들. 게일의 한국학은 이런 19세기 말에서 20세기 초의 시간 속에서 한국 개신교 선교사들의 지식 네트워크를 기반으로 탄생했다. 본고에서 살필 1917-1923년 사이 게일이 썼던 "Korean Literature"란 제명을 지닌 일련의 글들은, 서구인이 생산한 종교의 본질(정의)과 기원, 진화에 대한 초기 인류학적 지식을 공유하며 한국인의 종교(의 有無문제)를 규명하는 담론에서 비롯된 것이다. 즉, 게일의 한국문학담론은 한국인의 종교성을 탐구한 논의와 동떨어뜨려 말할 수 없는 것이다.

2) 한국의 귀신들과 문명화의 사명

Korea in Transition (1909)에는 "The Beliefs of the People"(이하 「신앙」으로 약칭)이라는 글이 수록되어 있다.[5] 이 글에서 게일에게 한국인은 어디까지나 '미개한 원주민'으로, 한국은 종교가 존재하지 않고 '미신신앙'이 난무하는 원시적 공간으로 묘사된다. 우리는 한국인의 말과 관념 그리고 한국이라는 시공간에 부유(浮遊)하는 영적인 존재들에 관한 게일의 이야기에 귀를 기울여 볼 필요가 있다.

　"귀신은 곳곳에 충만해 있다. 도깨비가 많아 온갖 곳에 나타나 장난을 친다.

---

4) 이에 대해서는 류대영, 『초기 미국선교사 1885-1910』, 한국기독교역사연구소, 2001; 정연태, 「19세기 후반 20세기초 서양인의 한국관-상대적 정체성론·정치사회 부패론·타율적 개혁불가피론」, 『역사와 현실』 34, 한국역사연구회, 1999를 참조.

5) J. S. 게일, 『전환기의 조선』, 신복룡 역, 집문당, 1999. (James Scarth Gale, *Korea in Transition*, New York: Eaton & Mains, 1909.)

죽은 혼들이 여기저기서 나타나며 유령이 주위를 맴돈다. 언덕, 나무, 강은 물론
이고 질병이나 땅속과 허공에 각기 의인화된 정령이 있다." (「신앙」, p.60)

여기서 죽은 혼과 유령들, 죽어 흙으로 변한 시체의 망령들은 "짐승도
인간도 아닌 상태에서 안식처를 찾지 못하고 떼를 지어"다니며, 이들을
만난다는 것은 "미개 사회의 나체 인종"들을 만나는 것보다 위험한 일로
묘사된다. '병, 광기, 빈곤, 치욕, 죽음'으로 규정되는 이 존재들은 결코
한국인들이 통제하고 극복할 수 없는 극심한 재앙을 일으키는 공포의 대
상들, 따라서 굿이나 제물을 통해서 달래야만 하는 존재들이기 때문이다
(「신앙」, p.74). 게일은 귀신들린 자를 구원하며 귀신을 물리치는 신약성
서의 예수와 그의 이적을 만나지 못한 한국인들에게 이 이적을 대행해주
는 것이, 예수가 "가장 희망이 없을 만큼 인간성(humanity)을 상실한 사람
들을" 얼마만큼 더 "구제할 수 있는가를 배우기 위해" 동양으로 온 자신들
의 소명이라고 말한다. 여기서 한국이라는 상상의 지리는 "끔찍한 세상을
살아왔고" 또한 "살고 있는" 한국인이 구원받아야할 "가난한 땅"이며 성서
가 전하던 귀신들이 거하던 과거를 체험할 수 있는 곳, 즉, 현재 진행되고
있는 자신들의 오래된 과거이다.[6]

이 '짐승도 인간도 아닌 상태'의 귀신들은 한국인이라는 주체와 분리된
범접할 수 없는 어떤 초자연적인 힘인 동시에, 개신교와 대비된 비종교적
이며 원시적인 영혼 숭배 사상을 지닌 문명화되어야 할 "인간성을 상실한"
한국민족 그 자체, 그리고 1909년 전환기에 놓여있는 한국인이라는 민족
의 '불쾌함', '공포', '불길한 비애감'을 상징하고 있던 셈이다. 이 한국인들

---

6) 「신앙」, pp.76-77; J. S. Gale, 「특별한 은총」, 『전환기의 조선』, 신복룡 역, 집문당,
 1999. pp.118-119. ("Special Providences" *Korea in Transition*, New York: Eaton &
 Mains, 1909.)

과 귀신은 18세기 이후 형성된 종교·역사·문학을 지닌 서구의 '人間과 '靈魂'이라는 개념과 대등하게 배치시킬 수 있는 존재는 아니었다.

3) 게일 한국학의 점근선,
Korean Folk Tales: imps, ghosts and fairies(1913)

문제는 이 '미개한 한국인'이 연원이 오래된 '학문, 종교, 문학을 지닌 민족'으로 재구성되었다는 점이다. 게일에게 "은자의 나라"(*Korean Sketches*, 1898)로 기술되던 한국은, 1909년 이후 만국의 교통로[7]에 놓이며, 게일의 언어, 종교(=the national religion(Gale 1911)), 역사, 문학과 같은 근대 학술 개념을 통해 재구성되게 된다. 게일에게 그 정당성을 보중해주는 것은 한국의 문헌들이었다. 과거 죽은 문자, 무용하던 문헌들은 한국이라는 민족성(nationality)을 표상하는 정전으로 전환되게 된다. 게일의 한국학이 보여주는 한국의 한문전통에 대한 상이한 인식, 그 간극은 단순히 그의 한국학 연구가 심화되며, 한문문헌에 대한 해독력이 증가된 차원이라고 일축(一蹴)할 수 없다. 게일의 개인적 차원으로 국한할 수 없는 다양한 실천들이 그 속에 내재되어 있기 때문이다. 과거의 한국문헌이 인쇄를 통해 대량출판되거나 근대 잡지에 재배치되는 새로운 양상. 한국(인)이

---

7) "A Contrast", *The Korea Mission Field*, 1909, p.21는 게일이 20년간의 선교사의 체험을 중심으로 전근대와 근대의 조선을 12항목을 대조시켜 놓은 글이다. 그 중 첫 번째로 게일은 '은자의 나라'였던 조선이 "세계의 위대한 교통로 중 하나에 놓인 정류장 (a station on one of the world's great highways)"으로 변한 사실을 들었다. (이외에도 교통통신수단의 발전, 여성의 사회적 진출, 중국경전 중심에서 세계지식의 교육으로 전환, 언문·문어·한문체의 신문 등장, 적의 생명을 총으로 죽일 수 있는 조선인의 등장, 신분이 낮은 이들의 사회진출, 공공집회의 등장, 게으름뱅이였던 조선인이 일꾼으로 변화된 일을 들었다.) 이는 *Korea in transition*(1909)의 서문에서 묘사되는 조선과도 동일하다. 하지만 조선은 여전히 무, 혼란(nil)의 공간이었으며, 이 조선을 소개하는 교과서 속에 문학과 역사는 배치되어 있지 않았다.

근대학술의 대상으로 소환되고 한국이란 언어구성물이 근대어, 국가/민족, 영혼/인격과 개념을 통해 재구성되는 과정이 겹쳐져 있다.[8]

이 과정 속에서 게일의 번역이라는 언어횡단적 실천이 개입되어 있다. 그것은 게일이 한국의 문헌을 해독하고 번역하는 과정일 뿐만이 아니라, 한국이라는 대상이 하나의 국적으로 환원할 수 없는 복수의 주체들로 인하여 새로운 언어구성물로 변모되는 과정을 내포한다. 여기서 번역이란 문제에는 단어와 단어란 차원 혹은 한국어와 영어라는 언어란 차원으로 말할 수 없는 지점이 존재한다. 그것은 종교・역사・문학이란 근대적인 분과학문의 학술단위를 구성하는 학술개념어의 번역이란 층위이다. 즉, 서구인 독자가 납득할 수 있는 근대적인 종교, 학문, 문학이란 학술개념 아래 한국의 특수성, 한국인의 민족성이 이야기・번역되어져야만 했다는 당시의 상황을 주목해야 하는 것이다.

이 책의 5장에서는 게일이 최초로 접촉한 필기・야담집을 번역한 사례 (*Korean Folk Tales: imps, ghosts and fairies*, 1913)에 주목해보고자 한다.[9] 이 저술은 '현지체험'에서 '텍스트'로, '종교'에서 '문학'으로, '문학'에서 '역사란 술어로 이동하는 게일의 한국학 저술의 추이를 살펴볼 중요한 사례

---

8) 다음과 같은 논고들은 게일이 한국의 한문전통에 보여준 인식의 전환을 게일 개인의 차원이 아니라 한국근대사의 차원에서 고구해야한다는 사실을 우리에게 가르쳐 주었다. 최기숙, 「'옛 것'의 근대적 소환과 '옛 글'의 근대적 재배치」, 『민족문학사연구』 34, 2007; 권보드래, 「근대 초기 '민족'개념의 변화―1905-1910년 『대한매일신보』를 중심으로」, 『민족문학사연구』 33, 민족문학사연구소, 2007; 권보드래, 「진화론의 갱생, 인류의 탄생―1910년대의 인식론적 전환과 3・1운동」, 『대동문화연구』 66, 성균관대 대동문화연구원, 2009; 이철호, 「영혼의 순례―19-20세기 한국지식인들의 '영혼'인식과 재전유의 궤적」, 『동방학지』 152, 연세대 국학연구원, 2010.

9) *Korean Folk Tales: imps, ghosts and fairies*, New York: J. M. Dent & Sons, 1913. 이에 대한 선행연구로는 정용수, 「천예록 이본자료들의 성격과 화수 문제」, 『한문학보』, 우리한문학회, 2002와 정용수, 『청파이륙문학의 이해』, 세종출판사, 2005를 참조.

이다. 한국인이 '미개한 원주민'에서 '문명을 지니고 있는 민족'으로 서술되
는 점근선을 보여주기 때문이다. 이 책은 임방(任埅, 1640-1724)의 『천예록
(天倪錄)』에 수록된 이야기 37편과 이륙(李陸, 1438-1498)의 『청파극담(靑
坡劇談)』소재 이야기 13편, 『청구야담(靑邱野談)』에 들어 있으나 출전을
밝히지 않은 작자미상의 이야기 3편―「李措大學峴訪大師」, 「大人島商客
逃殘命」, 「林將軍山庭過綠林」―을 게일이 번역한 저서이다. 책의 서문 그
리고 그 출판의 정황을 상기해 보면, 이 책은 근대에도 한국에서 진실로
통용되던 한국인의 불합리한 미신신앙(종교)을 보여준다는 「신앙」과 동
일한 저술목적을 지닌 채 한국인의 구두전승이 기록된 문헌설화집으로
출판, 유통되었다.10)

하지만 이 저술의 저본들―『천예록』, 『청파극담』은 기록성을 지닌 문
자문화의 산물(筆記, 野談)이기도 했다. *Korean imps, ghosts and fairies*라는
본래 게일이 부여하려고 했던 책의 제명, 이야기들의 작자 ―임방과 이륙
들의 이력을 『국조인물지(國朝人物志)』(안종화(1860-1904), 1909)의 내용
을 토대로 밝힌 점 그리고 한편의 단편소설적 구성을 지녔다 평가받는
「눈을 쓸다가 玉簫仙을 엿보다(掃雪因窺玉簫仙)」와 「귀족이 一朵紅과 거
듭 해후하다(簪桂逢重一朵紅)」를 저서의 처음과 대미를 장식하도록 배치
한 양상 등을 보면 게일은 저본들이 지닌 기록화된 작품으로서의 특성(작

10) *Korean Folk Tales*의 출판 정황은 Richard Rutt, *James Scarth Gale and his History of Korean People*, Seoul: the Royal Asiatic Society, 1972, pp.49-51를 참조. 백주희는 재발간된 *Korean Folk Tales*(Chareles E. Tuttle, 1963)에 대한 리뷰를 정리하고 있는데, 임방과 이륙은 각각 위대한 설화작가, 조선 전설의 유명한 기록자라 규정하고 있으며 이 작품집을 설화로 수용하고 있다. (백주희, 「J. S. Gale의 『Korean Folk Tales』 연구: 임방의 『천예록』번역을 중심으로」, 성균관대학교 석사학위논문, 2008, pp.58-59.) J. M. Dent & Sons社에 대해서는 브리태니카 백과사전의 "Rhys, Ernest Percival" 항목 참조. *Encyclopædia Britannica*. 2008. Encyclopædia Britannica Online. 31 Mar. 2008. http://search.eb.com/eb/article-9063487

자성과 문식성)을 분명히 감지하고 있었다. 무엇보다 *Korean Folk Tales*에
수록된 4편의 이야기가 게일의 '역사기술'에 재편성된다는 점은 이를 증명
해준다. 이 글에서 우리는 그 일련의 과정, 한국 근대문학의 구체적 표징
―문학관념, 작품, 제도―이 생성되어있지 않았던 시기에 한국을 체험했
으며, 결국 한국의 전근대 문헌들을 문학작품으로 상정하여, 한국이라는
민족성을 표상하는 정전으로 규정해야 했던, 게일의 실천, 게일의 한국문
헌에 대한 정전화의 양상과 그 논리를 묘사해보려고 한다.

2. 한국학 단행본 출판의 연대기와 정전의 통국가적 구성

1) '조선학의 거인 기일(奇一) 박사'라는 조선미디어의 표상

게일이 귀국하던 해(1927년)와 영국 바스(Bath)에서 사망하던 해(1937
년)에 한국의 미디어에서 그의 삶을 '동양통 조선통'(東洋通 朝鮮通), '조선
(문화)의 은인'(朝鮮(文化)의 恩人), '한문학자'(漢文學者), '조선학의 거인'
(朝鮮學의 巨人)이라고 기념/기억하는 기사들이 등장한다. 이 기사들 중
게일의 저술은 「헌신과 활동으로 일관한 기일(奇一) 박사의 생활과 업적」
(『조광』 18, 1937.4)에 가장 잘 정리되어 있다.[11]

---

11) 그의 저술들을 거론하고 있는 것들만 뽑아보면 「五輪頹敗를慨歎하며 情든朝鮮을
써나는半島開拓의 殊勳奇一博士」, 『每日申報』, 1927.6.1; 「異域風霜四十年, 朝鮮
文에 貢獻最多, 종교로 교육으로 각 방면에 노력하든 씨의 사십년풍상 아조 떠나
는 경성역두에 갈리기 악기는 각 계급의 전별, 英國宣敎師奇一博士昨日歸國」, 『동
아일보』, 1927.6.23; 「傳道 40星霜 奇一 박사 송별」, 『조선일보』, 1927.6.12; 「朝鮮基
督敎의 元勳 奇一博士歸國」, 『조선일보』, 1927.6.23; 李訥瑞(W. D. Reynolds), 「故
奇一牧師의 偉大한 過去를 追憶함」, 『神學指南』, 1937. 3 등이 있다.

博士는 宣敎師뿐만이 아니고 朝鮮古今 名賢과 歷史와 名文集에 能通한 朝鮮學의 巨人으로 朝鮮文化를 中心으로 한 著作이 실로 數十篇에 達한다고 한다. 이제 그 大槪를 紹介하면 다음과 같다.

一. 英鮮文朝鮮語學, 一. 幼蒙千字, 一. 韓英字典(一八九七年 初版), 一. 朝鮮近世史, 一. 朝鮮風俗誌(英文), 一. 九雲夢 (英文)번역, 一. 天倪錄(英文)(朝鮮野談), 一. 春香傳(英文), 一. 심청전(영문), 一. 흥부전(영문)[인용자: ①]

이 외에 高麗의 李相國과 李奎報氏의 漢詩를 번역하여 歐洲에 소개하였으며 또는 朝鮮名賢들의 名訓을 번역하여 歐美雜誌에 紹介하고 또는 其他 文人들의 詩文을 英語로 번역하여 歐美新聞에 소개하였다고 한다.[인용자: ②] 그리고 英語로 번역된 單行本 中에 漢陽誌, 中國文化가 朝鮮에 끼친 功績(Influence China Upon Korea), 朝鮮結婚考, 파고다公園考, 金剛山誌 等이 있다[인용자: ③]고 한다.[12]

일괄적으로 정리할 수 없는 단편적인 번역물(②), 왕립아시아학회의 학술지에 게재된 대표 논문들(③)과 변별하여 우선적으로 소개되는 저술들(①)이 있다. 이 저서들은 단행본으로 출판되지 않은 경우도 있었지만 일관된 주제를 지닌 최소 1권 이상의 서적을 구성할 수 있는 분량의 원고들이었다. 다른 신문잡지들에서 소개된 단행본 저술(A), 그에 대한 실제 서지사항(B), 원한경 서목의 분류항목, 저술들에 대한 간략한 내용해제(C)를 제시해보면 다음과 같다.[13]

---

12) 凡外生, 「獻身과 活動으로 一貫한 奇一 博士의 生活과 業績」, 『조광』 18, 1937.4, p.95.
13) 게일의 조카 엣솜. 엠. 게일이 발표한 글을 번역한 기사(「奇一과 한국문화」 1-2, 『조선일보』, 1958.8.2-4)와 (「奇一博士 編纂 鮮英大辭典 이십년 동안 고심한 갑 잇

간행연도	A	B	C
1894	·英鮮文朝鮮語學 (『조광』18, 1937.4.)	Korean Grammatical Forms (Seoul: Trilingual Press) -1894년(재판,1903년) 1916년에 개정간행	-문법 및 언어자습서 (Grammars and Language Helps)
1896	·韓英字典 (『매일신보』, 1927.6.1, 1931.3.3; 『동아일보』, 1927.6.12; 『神學指南』, 1937. 3; 『조광』18) ·鮮英字典 (『조선일보』, 1927.6.12.)	韓英字典 (初版 요코하마(橫浜): Kelly & Walsh,1897) (2판 요코하마(橫浜): 후쿠인(福音)인쇄소, 1911) 韓英大字典(朝鮮耶蘇敎書會, 1931) (이 세편의 사전은 이하 본문 중에서는 Gale 1897, Gale 1911, Gale 1931로 약칭)	-단어목록 및 사전 (Word Lists and Dictionaries)
1898	·韓國描寫 (『조선일보』, 1958.8.2-4.) ·朝鮮風俗誌 (『조광』18, 1937.4.) ·朝鮮見聞記 (『삼천리』, 12권 4호, 1940.4.) ·코리언스켓취 (『國學』2, 1947.)	Korean Sketches (New York: Fleming H. Revell Company)	-여행 및 묘사 (Travel and Description) 관찰자적 기술(民族誌), 여행기, 견문기적 성격(The Korea Repository誌에 게재했던 에세이들이 상당량 재수록)
1901	·유몽천자 (『조광』18, 1937.4.)	牖蒙千字1-3(초판- 요코하마(橫浜): 후쿠인(福音)인쇄소, 1901(1-3권)), (2판은 명확하지 않으나	- 無 국한문체 조선어독본 1-3권의 저본은 캐나다의 The Ontario Public School의 교과서, 경신학교에서

서 最近完成印刷發賣」, 『매일신보』, 1931.3.3), 그리고 게일의 『코리언 스케치』에 수록된 「조선인의 마음」에 대한 정재각의 소개와 번역글(「朝鮮人의 心意」, 『國學』 2, 1947)을 추가한다. 게일의 실제 저술목록(B)은 리처드 러트의 같은 글과 게일의 개별연구 성과에 관한 다른 논문들(황희영, 「James Scarth Gale의 韓國學」, 『한국학』 8, 영신아카데미, 1975 겨울; 김봉희, 「게일(James Scarth Gale, 기일(奇一))의 한국학 저술활동에 관한 연구」, 『서지학연구』, 서지학회, 1988; 장효현, 「구운몽 영역본의 비교연구」, Journal of Korean Culture 6, 고려대학교 BK21 한국학연구단, 2004; 장효현, 「한국고전소설영역의 제문제」, 『한국고전소설사연구』, 고려대학교 출판부, 2002; 남궁원, 「선교사 기일(James Scarth Gale)의 한문교과서 집필 배경과 교과서의 특징」, 『동양한문학연구』25, 2007)을 참조하여 작성했다. 원한경(H. H. Underwood) 은 "A Partial Bibliography of Occidental Literature on Korea", Transactions of the Korea Branch of the Royal Asiatic Society 20, seoul: Korea, 1931에 구미인의 조선학관련 작품번역 및 논문들의 서지를 분류하여 총망라했기에, 이는 그들이 생성시킨 조선 에 관한 지식이 편제되는 방식을 알 수 있는 유용한 자료라고 판단된다.

간행연도	A	B	C
		大韓聖教書會와 大韓耶蘇教書會가 각각 1903-1905년, 1905-1907년에 사이에 출판한 자료가 있음,(3판 廣學書鋪 1909(1-3권))/牖蒙續編(초판, 2판, 3판은 1904,1907(大韓耶蘇教書會), 1909년(廣學書鋪))	교과서로 사용.4권에 해당하는 한문독복 『유몽속편』은 『東國與地勝覽』,『東文選』 등에서 발췌한 것.
1909	·朝鮮近世史 (『조광』 18, 1937.4.)	Korea in transition (NewYork : Missionary Education Movemet of the United States and Canada)	-개신교 일반(Protestant General) 관찰자적 기술(民族誌), 개신교 선교사들을 위한 교과서,
1913	·天倪錄(朝鮮野談) (『조광』 18, 1937.4.)	Korean Folk Tales (London: J. M. Dent & Sons)	-문학(Literature) 조선문헌의 번역 (저본은 필사본 『천예록』과 朝鮮古書刊行會의『大東野乘』수록 『청파극담』)
1917-1918	·春香傳 (『조광』 18, 1937.4; 『조선일보』, 1927.6.12.)	"Choonyang", Korea Magazine誌 연재	- 소설 및 시(Fictions and poetry) 조선문헌의 번역 (저본은 이해조의 『獄中花』이나 결코 게일은 이 작품을 이해조 개인의 창작으로 여기지는 않았다.)
1917	·심청전·興夫傳 (『조광』 18, 1937.4.)	- 미간행	- 無 조선문헌의 번역(캐나다 토론토대학 도서관 토마스 피셔희귀본 장서실에 소장된 『게일문서』(Gale, James Scarth Papers)에 있다.)
1922	·九雲夢 (『조광』 18; 『조선일보』, 1927.6.12; 『조선일보』, 1958.8.2-4.)	The Cloud Dream of the Nine (London: Daniel O'Connor)	-문학(Literature) 조선문헌의 번역 (저본은 을사본 계열의 한문본으로 추정되고 있음)
1924-1927 (연재)	·朝鮮歷史 (『매일신보』, 1927.6.1; 『神學指南』, 1937.3.)	A History of the Korean People (Seoul: Christian Literature Society of Korea,1927; Korea Mission Field 誌 연재)	-역사(Historical) 조선문헌에 의거한 歷史記述

이 저술들은 개신교 선교사(목사), 경신학교와 정신여학교를 창립한 교육자라는 표상과는 다른 한국학자 게일을 표상해주는 대표적인 한국학

단행본들이다. 상기 한국의 미디어 속에서 상대적으로 일반화되었으며 통념화된 당시 게일에 관한 초상은 무엇일까? 가장 많이 거론된 게일의 업적은 한영대역사전(韓英對譯辭典)의 발행(4회)과 한국고서에 대한 영어번역(『춘향전』 1회, 『구운몽』 1회, *A History of the Korean People* (2회)) 이다.14) 이들은 게일의 번역이란 실천으로 엮을 수 있는 업적들이었다. 문학작품의 번역 이외에도 그의 역사서술 역시 문헌에 대한 번역이라고 말할 수 있다. 게일의 역사서는 보통의 서구인 독자들이 흥미롭게 읽을 수 있는 일화 중심적이며 이야기체 역사서술이었기 때문이다. 또한 많은 한국의 문헌들이 발췌, 번역, 인용되었다는 점에서, 한국 고전에 대한 그의 번역행위와 충분히 함께 묶을 수 있는 것이다.

무엇보다도 1927년 『신민』 26호에 게재된 「회고사십년(回顧四十年)」 에서 게일은 자신이 40년 동안 한국에서 행한 사업들을 다음과 같이 술회 했다.

"나는 朝鮮에 잇서서 宗敎事業보다 育英事業에 힘쓰려하고 儆新과 貞信의 姉 妹學校를 設立하여 數十年間에 만흔 弟子를 엇은 것은 內心歡喜하는 바임니 다⋯⋯그리고 내가 한 가지 한 일은 朝鮮의 文學을 不充實하게 나마 硏究해보 앗고 따라서 이것을 西洋에 소개한 것입니다. 米國圖書館에는 내가 聚集하여 보낸 圃隱全集 外 數千券의 文學書類가 珍藏되어 잇습니다⋯⋯"

교육사업과 변별된 영역에서 그가 연구 혹은 번역하거나 미국도서관에

---

14) 한국어 연구와 관련된 다음과 같은 한국인의 글에서도 게일은 인용되고 있었다. 안자산, 「조선어의 가치」, 『학지광』, 1915; 「諺文의 出處」, 『동광』 6, 1926.10.1; 「辭書의 類」, 『啓明』 8, 1925.5; 김윤경, 「訓民正音의 起源과 諸學說, 朝鮮文字의 歷史的 考察(11)」, 『동광』 33, 1932.5.1.

기증한 한국의 고서들은 문학(文學)이란 어휘와 개념으로 규정되고 있었다. 1927년 시점에서 게일 자신의 인식 그리고 1927-1937년 미디어가 보여준 게일은 문학연구자였던 셈이다.

2) 게일 한국학의 변모: '민족지'에서 '역사기술'로

한국의 미디어가 인식한 게일의 가장 큰 공헌, 한국고전에 대한 그의 번역적 실천이었다. "朝鮮古今의 名賢과 歷史와 名文集에" 한국인보다 더 "능통"했으며 이를 "영어로 번역하여 해외(서구)에 소개"(『조광』 18호)했다는 그 의미를 원한경의 분류항목에 비추어 살펴보도록 하자. 원한경의 분류항목인 '여행기 및 묘사', '개신교 선교일반', '민족학, 사회적 정황과 풍습'(ethnology, social conditions and customs)이란 세 가지 항목은 한 편의 기사 혹은 논문에 있어서는 엄정한 분류가 가능할지 모르지만, 1권의 서적에 있어서는 그 적용이 용이하지 않은 기준이었다. 일례로 *Korea in transiton* (1909)에 관해 원한경은 '개신교 일반'에 해당되는 저술로 분류했다. 하지만 단행본을 구성하는 소주제는, 개신교 선교사를 위한 한국에 관한 교과서라는 용도에 걸맞게 한국의 지리, 민족성, 사회생활과 풍속, 종교 등에 대한 주제가 종합적으로 구성되어 있다.

'여행기'로 분류되는 *Korean Sketches*(1898) 역시 동일하다고 볼 수 있다. 이 저술에 실렸지만 *the Korean Repository*에 먼저 게재된 조선의 양반과 머슴과 같은 신분계층을 다룬 에세이들은 '민족학, 사회적 정황과 풍습'이란 분류항목에 배치되어 있다. 원한경은 '민족학, 사회적 정황과 풍습' 항목을 과거 서구인의 여행기 속 피상적 관찰과 달리, 한국인의 생활, 풍습, 정황에 대한 진지한 성찰이 담긴 것이라고 구별했다. 이 항목은 개신교 선교사들의 저술들이 지닌 의미를 과거 서구인의 저술들과는 변별하기 위한 것이기도 했다. *Korea in transition* (1909)에 수록된 "Social Life and Customs"에는 "심화학습을 위한 참고문헌"으로 '민족학, 사회적 정황과 풍습'이란 분류항목에 배치된 *Korean Sketches* (1898)에 재수록된 에세이들이 제시된다.[15]

즉, 원한경의 분류에 따르면, 영어로 된 게일의 저술들은 크게 ①한국어에 대한 탐구(문법 및 어학 자습서・사전), ②민족지적 저술(여행기, 개신교 일반), ③한문학(필기・야담)과 고소설의 번역(문학, 소설), ④한국역사 서술(역사)로 분류해서 생각해볼 수 있다. 어학 관련 저술과 한국어독본을 제외한 단행본들을 나열할 때 이 문헌들이 보여주는 연대기적인 파노라마는 그 처음과 마지막에 오늘날 민족지(民族誌, ethnography)와 문화사적인 역사기술(歷史記述)로 분류될 수 있는 업적으로 각각 장식되고 있다. 두 장식 사이 이동의 중심축은 *Korean Folk Tales* (1913)이다. 이 저술을 기점으로, 게일에게 그 기술의 대상이 한국의 현실(혹은 한국의 '근대역사'라는 언어구성물)에서 한국의 문헌(한국의 '과거(고대, 중세사'라는 언어구성물', 문학)으로 변모되고 있다. 이와 궤를 같이하며 '그가 경험한 현지체험을 텍스트로 새롭게 생산하는 작업'에서 '기록되어 전승되던 과거의 문헌자료'를 '번역자=한국인'이라는 가정 하에서 '영어로 된 글쓰기로 재현한 작업'으로 그의 글쓰기가 전환된다. 한국학 단행본의 분기점과 이후의 출판양상을 도표로 정리해보면 다음과 같다.

---

15) 조선의 민족성과 관련하여 게일의 한국문학담론 그리고 서구인의 학문분과와 관련된 문제는 이상현, 「근대 조선어・조선문학의 혼종적 기원」, 『사이間SAI』 8, 2010을 참조할 것.

관찰자적 기술	문헌에 대한 번역		
	한국문학 (한문학 :필기,야담)	한국문학 (고소설)	한국역사기술
Korea in transition →	*Korean Folk Tales* →	고전소설 1) 『구운몽』영역본의 완성 2) 『춘향전』의 잡지 연재 3) 미간행 고소설 →	*A History of the Korean People*
1909년　A	1913년　B	1917-1919년　C	1924-1927년

　"관찰자적 기술"(민족지)에서 "문헌에 대한 번역"(문학, 역사)으로 변모된 A지점에 있어 가장 중요한 사건은 조선고서간행회(朝鮮古書刊行會, 1908년 설립)의 일련의 고서적출판, 그 중『대동야승(大東野乘)』(1909-1911)의 출판이었다. 이로 말미암아『청파극담』의 일부 텍스트가 수록됨으로 *Korean Folk Tales*의 출판을 가능하게 했다. 이후 B에서 게일의 중심적인 번역대상이 고소설이 선정된 점을 발견할 수 있다. 1900년 왕립아시아학회에서 발표한 게일의 논문을 보면, 그가 고소설을 수집한 것은 1900년 이전이었다. 그는 서울 시중에서 흔히 유통되며 구입할 수 있는 13종의 고소설을 수집했다. 그러나 그의 논문 속에서 고소설은 한자, 한문으로 표상되는 중국에 종속된 한국의 민족성을 말하기 위한 자료였다. 그가 수집한 대다수의 작품은 등장인물, 소설적 시공간이 중국으로 설정된 저급한 대중문학(popular literature)으로 규정된다.[16] 이는 1910년대 중후반 이전 외국인들이 묘사한 국문고소설의 대표적인 표상이었다.[17]

---

16) J. S. Gale, "China's Influence upon Korea", *Transactions of the Korea Branch of the Royal Asiatic Society* 1, 1900, p.16.

17) 이에 대해서는 이상현, 「『조선문학사』(1922) 출현의 안과 밖-재조 일본인 고소설론의 근대 학술사적 함의」, 『일본문화연구』 40, 동아시아일본학회, 2011를 참조.

한국의 한문전통에 대한 인식의 전환과 함께 고소설 역시 번역대상으로서의 위상을 획득하게 된다. 리처드 러트는『구운몽』영역본이 1917년 이전에 준비되고 있었고 이미 1919년 이전에 완성되었으며, 미간행 고소설 영역본들 역시 이 시기에 번역된 것이라고 했다. 그리고 현재 캐나다 토론토대학교 토마스 피셔 희귀본 장서실에 소장 중인 *Gale, James Scarth Papers*에 수록된 게일의 일기, 미간행 고소설 영역본들을 통해 추정해볼 수 있다.『창선감의록』,『운영전』을 제외한, 적어도 게일의 일기 18권에 수록된 작품들은 1919년 한국에서 번역이 이루어졌다고 추정할 수 있다.[18] 러트가 게일의 미간행 고소설 번역본이 1917-1919년 사이 번역되었을 것이란 추론은 타당하다.

왜 게일은 1917-1919년 사이 고소설 번역을 시도했던 것일까? 그 이유는 첫째, 안자산의『조선문학사』(1922)가 잘 말해주듯, 한학열과 고소설 출판으로 요약되는 고전이 재발견되던 당시의 문화사적 정황 때문이다.[19] 이해조의 판소리 개작 고소설의『매일신보』연재와 함께 활자본 고소설이 출판, 특히 시기적으로 볼 때 1915-1918년은 '전성기'였으며, 초판과 관련해서도 1918년은 일련의 고소설이 망라된 시기였다.[20] 더욱 폭넓은 대중적 인기를 획득하며 과거 저급한 독자를 위한 대중문학이던 고소설은, 이 시기 일종의 국민문학으로 그 형상이 크게 변모되었기 때문이다.

둘째, 게일에게 있어서 발표지면이 확보되어 있었다는 측면이다. 게일이 필명으로 다수의 글을 번역, 게재했던 *Korea Magazine*(1917-1919)의 간

---

18) 권순긍・한재표・이상현, 「『게일문서』 소재 〈심청전〉, 〈토생전〉의 발굴과 의의」, 『고소설연구』 30, 2010, pp.424-426을 참조.
19) 安廓,『朝鮮文學史』, 韓一書店, 1922, pp.127-128.
20) 권순긍,『활자본 고소설의 편폭과 지향』, 보고사, 2000, pp.14-21; 이주영,『구활자본 고전소설 연구』, 월인, 1998, pp.163-189.

행시기와 고소설의 번역시기는 겹쳐진다. 이 잡지의 발행취지는 한국에 대한 심화된 이해를 위해 선교사들에게 "한국인의 사고방식을 이해하는 데 도움이 될 만한 이야기, 일화(逸話), 번역들(문학, Literature)을"[21] 제공하는 것이었다. 게일은 이 잡지에 "Korean Literature"란 제명의 일련의 글을 발표한 후 『춘향전』을 번역, 연재한 바 있다.[22]

이 시기 게일에게 고소설과 필기, 야담의 번역은 동일한 저술목적을 지닌 것이었다.

"동양의 깊은 정신세계(영혼)를 보기를 원하는 사람, 그들과 함께 거하는 영적인 존재들을 보기 원하는 사람에게 이 이야기들[『천예록』과 『청파극담』: 인용자]은 머나먼 동양 삼교인 도교, 불교 그리고 유교에서 태어난 것들로, 진정한 안내자가 될 수 있을 것이다."[23]

"춘향의 이야기는 1623-1649년 사이 보위에 있었던 인조 시대를 배경으로 한 한국에서 가장 유명한 것들 중 하나이다. 주인공은 서구인들은 이해할 수 없는

---

21) *The Korea Magazine*, 1917. (*The Korea Magazine* I , p.1) "The KOREA MAGAZINE believes that all missionaries should be thoroughly acquainted with the people among whom they labor, having a knowledge of their thought processes, the lives they live, their habits, customs, literature and religion, and that knowledge possessed by one should be passed on for the benefit of all⋯⋯To that end the KOREA MAGAZINE proposes to print stories, anecdotes, translations from literature, all helping to show the Korean attitude of mind"

22) 이에 대해서는 이상현, 「〈춘향전〉소설어의 재편과정과 번역」, 『고소설연구』 30, 2010을 참조.

23) To anyone who would like to look somewhat into the inner soul of Oriental, and see the peculiar spiritual existences among which he lives, the following stories will serve as true interpreters, born as they are of the three great religions of the Far East, Taoism, Buddhism and Confucianism. (J. S. Gale, *Korea Folk Tales*, London: J. M. Dent & Sons, 1913. p.7)

중세의 위험과 어려움 속에서 그녀의 원칙에 충실했다. 그녀와 같은 많은 여성들은 자신의 권리를 포기하기보다는 가엽게 죽었으며 기억되지 못한 채 잊혀져 갔다. 그러나 조선의 공식적인 지리지인 『輿地勝覽』에서 이 싸움에서 이긴 여성들에게 그녀들의 고결한 기억을 기념하기 위한 붉은 문[열녀문: 인용재]이 곳곳마다 세워졌음을 발견할 수 있다. 많은 이에게 생명 그 자체보다 더 귀하게 여겨졌던 이 동양의 이상(Ideal)은 대중들 혹은 인류를 감동시키며 동양에 대한 한층 더 높은 차원의 감상을 제공할 것이다."[24]

"이 이야기[구운몽: 인용재]는 독자에게 동양의 봉인된 입구를 열어줄 것이며, 극동의 신비로운 골짜기와 경치 속으로 인도해줄 것이다. 그녀[동양: 인용재]의 삶을 지배하는 것은 무엇인지, 그녀는 여전히 무엇을 생각하고, 말하는지를 풍성하게 이야기해줄 것이다. 그녀 사회의 이상 그리고 종교적인 관점이 매 장마다 충실히 드러난다."[25]

"『구운몽』은 동양인이 지상의 일들뿐만이 아니라 우주의 숨겨진 일들에 대하여 느끼거나 생각하는 것에 대한 계시이다. 이는 우리가 이해할 수 없는 먼 동양

24) J. S. Gale, "Preface", *The Korea Magazine*, 1917.9 "The Story of Choonyang, one of the most famous in Korea, dates from the reign of Injo, who was king from 1623 to 1649. The heroine was true to her principle in the midst of difficulties and dangers such as the West knows nothing of. Many like her, rather than yield the right, have died pitifully, unrecorded and forgotten. In the Yo-ji Seoung-nam, the official Geographical Records of Korea, we find, however, that in country after country, shrines with red gates have been erected to her honorable memory,—to the woman who fought this battle and won. May this ideal of the Orient, dearer to so many than life itself, help us to a higher appreciation of the East with its throbbing masses or humanity."

25) J. S. Gale, "Notes on relation to Cloud Dream of the Nine-Introduction" *Gale, James Scarth Papers* Box 8. (캐나다 토론토대학교 토마스 피셔 희귀본 장서실 소장) "This story opens to the reader some of the sealed gateways of the East, and permits him to enter the mysterious vales and vistas of far-off Asia. It tells plainly what influences have ruled her life, and what she thinks of and talks of still. Her ideas of society and her religious views are reflected faithfully throughout its pages."

의 지식을 얻도록 도와줄 것이다.… 유교, 불교, 도교의 사상이 이 이야기 속에는 녹아들어 있으나, 모두 확신을 가지고 천국을 말한다."[26]

동양의 심층이자 항수, 한국의 과거이자 오래된 연원, 종교적 사고와 사회적 이상은 결코 서구인의 서구어, 그들이 접촉했던 제한된 현실에 대한 관찰만으로 규정할 수 없는 대상이었다. 이는 작품들 속의 언어, 한국인의 글 속에 보존되어 왔던 과거의 목소리를 통해 규정될 수 있는 것들이었다. 또한 게일이 알고자 했던 서양과 반대의 위치에 놓인 한국인의 마음이 놓여있는 장소였다.[27] 한국인들의 문서고(文書庫)에서 게일은 그들의 영혼 그리고 함께 거하는 영적 존재, 더불어 그 기원을 발견한 셈이며, 서양과—적어도 공시적이며 비동일한 것이라는 차원에서는—대등하게 배치할 수 있는 '동양=한국인'이라는 인간(人間)의 구성을 가능하게 한 셈이다.

〈동양=한국(인)〉의 정신세계(영혼)를 볼 수 있으며 동양 삼교로부터 연원을 둔 이 씌어진 것들은 게일에게는 한국의 현실이 아니라, 민족단위로 상상되는 한국인이라는 인간 내부의 항수로 〈서구의 문명과 변별된 과거로서의 동양=한국의 정신문명, 문화의 총체〉였다. 그것은 'Literature=문학'이라는 어휘보다는 광의의 외연을 지닌 '문자로 씌어져 표현된 정신의 産

26) Elspet Robertson Keith Scott, "Introduction", J. S. Gale trans., *The Cloud Dream of the Nine: A Korean novel, story of the times of the Tangs of China about 840 A.D.*, London: Daniel O'Connor, 1922. "The Cloud Dream of the Nine" is a revelation of what the Oriental thinks and feels not only about things of the earth but about the hidden things of the Universe. It helps us towards a comprehensible knowledge of the Far East(p.7). Confucian, Buddhist and Taoist ideas are mingled throughout the story, but everyone speaks with confidence of Heaven as a place(p.37)."
27) 제임스 게일, 『코리언 스케치』, 장문평 역, 현암사, 1970, pp.207-208. (*Korean Sketches*, New York: Fleming H. Revell Company, 1898.)

物들이었다.[28] 모리스 쿠랑의 『한국서지』가 제시해준 광대한 문헌의 세계─한국의 "교육관련 서적, 어학서, 중국어·만주어·몽고어·산스크리트어 관련 어학서적, '역경'과 같은 철학적 고전을 비롯한 유학 경전들, 시집과 소설류, 예법과 풍습·제례·궁중전례·어장의(御葬儀)의 규범을 다룬 의범(儀範) 관계서, 정부 문서, 복명·포고문·중국 관계서적·군서(軍書), 국사·윤리 관련 사서류·전기류·공문서류, 기예(技藝) 관련서적, 수학·천문학·책력(冊曆)·점복서적·병법서·의서·농서·악학(樂學)·의장 및 도안 관련서적, 도교 및 불교 관련 종교서적"[29] 속으로 게일 한국학의 초점은 이동하게 된 것이다.

---

28) 게일은 조선문학의 개념을 별도로 규정하지는 않았다. 이는 선험적으로 주어진 것이었다고 봄이 타당할 것이며 다만 한문으로 기록된 문헌이라는 포괄적인 규정 안에서 이루어졌다고 생각된다. 게일의 이중어사전을 보면 학문은 '배움'과 '문자에 관한 지식'이란 의미에서 변동이 없는 것에 비해 '문학'은 1911년에 비로소 등장하나, '글, 철학 혹은 정치적 연구'와 '美文, 美文學, 순문학'이란 광의의 범주를 내포하고 있었고 1931년판에 개념의 외연이 축소된다.

	文學	學問
1896	無	Learning; Knowledge of characters
1911	Literature; **literary, philosophical, or political studies**; belles-lettres	同
1931	Literature; belles-lettres	同

또한 후일 「조선문학」이란 제명으로 그가 거론하는 것을 보았을 때, 모리스 쿠랑의 『한국서지』 서설 IV장이나 헐버트(H. B. Hulbert, 1863-1949)의 『대한제국멸망사』 (신복룡 역, 평민사, 1984. (*The Passing of Korea*, London, 1906))에서 제시되는 것과 큰 변별이 보인다고 생각되지는 않아, 두 사람의 문학이란 용어에 대한 적용을 감안하여 이 문헌들의 의미를 이렇게 규정해본 것이다.

29) J. S. Gale, "Korean Literature", *The Christian Movement in Japan, Korea, and Formosa*. Kobe, 1923.

3) 고전번역가라는 게일의 초상과 필기, 야담의 번역

광의의 문학개념 속에 배치된 문헌 중에서 의당 당연히 게일에게 번역 대상은 상대적으로 한정될 수밖에 없었다. 그의 인식 속에서 한국의 한문/국문이 별도의 위계를 지닌 채 분절되어 있지 않았지만, 번역대상의 선정에는 시, 소설, 희곡 중심의 언어예술 혹은 작가의 상상력에 의거한 창작적 산물이란 협의의 문학개념이 분명히 작동하고 있었기 때문이다. *Korea Magazine*에는 "이규보의 한시, 朝鮮名賢들의 名訓 및 其他 文人들의 詩文의 번역"이라는 포괄된 규정 안에서 소개된 단편적인 한문학의 번역물들이 존재한다. 이들은 원한경의 분류체계(C)에서 문학(Literature)이란 항목에 배치되어 있다. 이들은 하나의 단행본(조선학의 하위항목)을 구성하지 못한 채 단편적으로 발췌, 번역될 수밖에 없는 성격을 지니고 있었다. 언어내셔널리즘에 입각한 중국/한국이라는 근대국경개념과 문학장르에 의거한 역사와 허구란 경계가 명백하게 분리되지 않았던 한국의 문헌들이었기 때문이다.

그럼에도 고소설보다 이런 단편적인 번역물이 오히려 더 *Korean Folk Tales*(1913)와 *A History of the Korean People*(1927) 사이의 연속선이라고 말할 수 있다. *A History of the Korean People*을 기술함에 참조된 한국의 문헌들을 리처드 러트는 다음과 같이 정리했다.[30]

(ㄱ) 한국의 백과전서: 『增補文獻備考』, 『海東歷史』, 『東國輿地勝覽』

(ㄴ) 공식적인 관찬역사서: 『三國史記』, 『高麗史』, 『東國通鑑』, 『國朝寶鑑』

(ㄷ) 연대기, 비공식적인 역사서, 선집: 『東史綱目』, 『練藜室記述』, 『大東野乘』, 『大

---

30) 이는 리처드 러트가 게일이 역사서술에 참조한 문헌들로 규정한 것이다. (*James Scarth Gale and his History of Korean People*, Seoul: the Royal Asiatic Society, 1972.)

東紀年』(1903), 『東史年表』(1915), 『國朝人物誌』(안종화,1909), 『礪溪隧錄』,
『擇里志』, 『星湖僿說』, 『大東奇聞』(1926), 『記聞叢話』, 『稼齋燕行錄』, 『重訂
南漢志』續集, 『通文館志』, 『海遊錄』, 『懲毖錄』, 『旬五志』

(ㄹ) 文學選集:『東文選』, 『明心寶鑑』, 『古文眞寶』, 『南薰太平歌』, 『列聖御製集』
(1924), 『東詩精選』(오석용, 1916), 『大東詩選』

(ㅁ) 文集:『春亭集』, 『海隱遺稿』, 『耳谿集』, 『益齋集』, 『金陵居士文集』, 『桂苑筆
耕』, 『圃隱集』, 『三峯集』, 『退溪先生集』, 『東臯遺稿』, 『東國李相國集』, 『愚
伏集』, 『雲養集』, 『月沙集』, 『陽村集』, 『栗谷全書』

(ㅂ) 불교적인 업적:『팔상록』, 『朝鮮佛敎通史』(이능화), 『三國遺事』, 『金剛般若
波羅蜜經』

A History of the Korean People(1927)의 역사기술을 구성하는 한국의
문헌은 관찬 역사서(正史)와 더불어 유가 지식인의 '기록'인 동시에 미분화
된 역사와 허구의 접점에 놓여져 '심미적 호소력'과 '생생한 핍진성'을 지닌
오늘날 필기(筆記)・야담(野談)으로 규정되는 한문전통 그리고 문학의 영
역에 놓여지는 한시문과 시조였다. 이는 근대의 객관적이며 '과학'적인 역
사기술이라기보다는 전통적인 역사기술의 근대적 소환에 오히려 더 근접
한 것이었다. 게일은 그의 역사서에서 결코 문헌학적 고증을 통하여 "객관
적 사실로서의 역사"를 제시하지 않았다.

그는 문헌 속의 기록 그 자체를 존중했으며, 이 역사서술에 '고대-중세-
근대'라는 사회발전의 단계를 설정한 근대 국민국가를 향한 '진보의 내러
티브'를 부여하지 않았다. 오히려 그가 창출한 역사서는 화려했던 과거와
몰락한 현재란 내러티브였으며 문학과 역사가 혼재된 전통적인 역사서
술의 재현(이야기체 역사서)이라고 평가할만한 성격—비록 천명론 혹은
정통론에 의거한 것은 아니었지만 왕조와 100년 단위의 세기별 서술이

란 서로 다소 어긋난 두 요소가 결합한 연대기적 서술구조——을 지니고 있었다.

그러나 전통적 가치를 보존하려는 게일의 '의도'와 상반되게 '결과'적으로 이 번역된 '한국'은 지극히 근대적인 것이었다. 그는 한국문헌에 대한 역사, 비평적 담론을 생산한 연구자라기보다는 원본을 재현하고자 한 번역자라는 호칭이 더욱 더 어울리는 인물이었다. 1927년 윤치호의 6월 22일자 일기에는 게일을 환송하고 돌아온 후의 심정이 제시되어있다. 윤치호는 게일이 귀국한 것은 "한국에 있어서 명백한 손실"이며, 어떤 선교사도 "한국의 문학을 그만큼 소개한 이가 없"으며 그를 이을 사람이 없음을 안타깝게 여겼다.31) 그의 이런 평가의 기반은 분명히 '번역자'란 게일의 표상이 놓여있었다. 한문과 국문이 '언어 내 번역'으로 존재한 시기부터 영어란 근대어로 말미암아, 게일은 한문고전을 '번역'이란 관점에서 사유했어야 했다. 즉, 서구를 수신자로 설정하고, 한국어(국문, 한문)를 제국의 언어인 영어와 등가교환이 가능한 관계로 만드는 번역의 과정이 그의 번역물에는 엄연히 놓여 있었다.

---

31) Seoul home. To the station to see Dr. Gale and his family leaving Korea for good. His departure is a distinct loss to Korea. He had done more any other single missionary to introduce the Korean literature to the world. No one to succeed him in sight. It's somewhat sad that his too pronounced pro-Japanism has to a great measure estranged the young men of Korea from him. So sorry to see him leave us, perhaps forever. (『尹致昊日記』 9卷, 1927.)

3. 세속종교의 經典으로서의 한국문헌과 한국인의 '심령'

1) 게일의 한국어 글쓰기와 정전의 통국가적 구성

게일의 한국학 단행본 중에서, 한국인을 수신자로 상정한 저술은 『유몽천자』 전집이 유일하다고 할 수 있다. 경신학교의 교과서로 발행된 『유몽천자』는 "태서 사람의 아해 교육 식히는 규례를 의방하여" 서양문물에 관한 지식을 한자음 및 한자어, 한문 습득에 필요한 사항을 단계적으로 교수할 수 있게 설계된 세 가지 종류의 국한문체(國主漢從體(1권), 漢主國從體(2권), 漢文懸吐體(3권))로 구성되어 있다. 이 교과서의 완결판이라고 할 수 있는 『유몽속편』(4권)은 단계별 교과의 마지막 심화수준에 맞춰 문헌 속의 한문문장 자체를 발췌하여 구성되어 있다.

서구문물에 대비되는 한국의 문물을 담은 『유몽속편』에 대한 게일의 서문은 수록된 한문문장들이 과거 최고의 저자들의 문예전범을 담고 있는 선집이라고 규정해주고 있으며, 중국과 구별된 한국의 문물을 선택했다는 한국인 편자들의 한문서문은 자국학적 의식이 전제되어 있음을 보여준다. 국한문체에서 한문체로 이행하는 이 교과서의 구성방식과 『유몽천자』와 『유몽속편』이 상정해주는 '서구'와 '한국'이라는 대응은 교과서의 체계와 완결성을 보장해주고 있는 것처럼 보인다.[32]

하지만 여기서 서구와 한국이라는 양자의 대응은 불완전한 것이었다. 세 차례 개정 간행된 게일의 이중어사전은 1911년판까지 한국의 한문문장 전범에 대한 해석을 위한 한자-영어사전이 2부로 구성되어있었다. 1931년

---

32) 이 독본에 관한 세부적인 사항은 남궁원의 같은 논문을 참조. 필자가 참조한 저본은 대한야소교서회(大韓耶穌敎書會)가 간행한 것이다. 영어로 작성된 속면표지에는 후쿠인 인쇄소에서 인쇄된 시기가 『유몽천자』 1-2권이 1904년, 3권이 1901년으로, 『유몽속편』은 1904년으로 표기되어 있다.

판에 가서 이 2부는 사라지고 2부를 구성하는 일부 한자어는 그에 해당되는 많은 영어로 된 훈(訓) 중 일부가 채택되어 한국어-영어 사전 안에 재배치되게 된다. 이 변모는 ㉠'전근대의 한문문장을 구성하는 한자 어휘들' 속에서 ㉡'한국어(언문일치의 문어)에 필요한 상용한자'가 선별되는 과정이라고 볼 수도 있다.33) 우리말의 어순을 유지하는 『유몽천자』1-2권과 그렇지 않은 『유몽천자』 3권, 『유몽속편』에 배치된 1천개의 한자는 각각 ㉡과 ㉠으로 변별하여 생각해볼 수 있다. 나아가 『유몽천자』는 서구의 지식에 대한 번역적 재현을 위해 새롭게 창출된 국/한문체 글쓰기라는 점에서 이미 번역의 상호형상화 도식, '언어 간 번역'이 상정된 영어로 씌어진 글쓰기가 상정되어있다.34) 이에 반해 『유몽속편』은 서구를 수신자

---

33) 그것은 각 사전에 부록으로 일본-중국-조선(1897), 중국-조선-일본(1911)순으로 병기되던 각 역대왕조의 연대표가 '조선'의 것만 제시되는 변화에 부응된다. 이에 대해서는 좀 더 종합적인 검토가 필요할 것이나 '文'이란 한자 어휘를 통해 한 예를 제시해본다면, 1897-1911년 2부에는 무늬(Streaks, lines), 얼룩(Variegated), 武에 대응되는 문장, 문학, 학예, 예술 일반(The written language, literary, Civil), 씨족집단에 가입하는 의례, 양육의례와 각각 관련된 名, 字와는 변별되는 이름(A sure name), 화폐의 단위(a number for cash and coin)를 내포하던 의미가 1931년판에서는 문자, 서간(A letter; an epistle)으로 제시된다. (각 사전의 서지사항은 도표에서 제시했다. 이후 각각의 사전을 1897년, 1911년, 1931년으로 약칭. 1911년판의 2부(한자자전)는 『韓英字典(A Korean-English dictionary (The Chinese Character))』, Yokohama: the Fukuin Printing CO., L'T 1914.)

34) "상권은 귀와 눈으로 보고 듣는 바 인사와 사물의 긴요한 사항을 모아서 그 이름을 한자로 기록하고 그 쓰임을 國文으로 풀이하였으며, 중권은 인간 심성의 소유한 지식과 능력으로 그 재주와 지혜의 淺近을 따라서 국문과 한문을 竝用하여 體와 用이 되도록 하였고, 하권은 가까운 곳으로부터 먼 곳으로, 낮은 데로부터 높은 데로 계단을 올라가 순전히 한자를 써서 서양의 역사를 번역하여 한 질을 편성하였다." (上卷以耳目之所見所聞撮基人物之緊要記其名以漢字鮮其用以國文中卷以心性之良知良能踐其才智之淺近竝用國漢二文而相爲體用下卷以自近及遠自卑登高之階級純用漢字譯膾西史編成一帙) (번역문은 민족문학사연구소, 『근대 계몽기의 학술문예사상』, 소명, 2005에서 인용); '지구', '인종', '풍속', '의복', '동물', '광물' 등의 인간의 외부를 구성하는 자연과학·인종학적인 도구적이며 실용적 지식(1

로 설정한 교환가능한 소통구조를 지니고 있지 않았으며, 이는 합리·체계·전문적이라 상정된 근대 서구의 학문분과 안에 배치된 글쓰기를 대응쌍으로 지니고 있지 못했다는 점을 의미한다. 『유몽속편』에 배치된 문장 전범은 이런 결핍에 대한 이차적인 가공(1-3권이 보여주는 서구의 체계화된 근대지식의 영역으로 전유·재배치된 국/한문 혹은 영어로의 번역)을 통해 보완되며 동서간 교환가능한 단위로 재구성되어야 했다.

'國主漢從體(1권)에 해당되는 글쓰기로 제시된 게일의 「心靈界」(『眞生』, 1925.12)에서 그 보완의 의미를 짚어볼 수 있다. 게일은 '심령계'의 문제가 현대인의 '물질계'에의 지나친 몰입으로 말미암아 망각되어짐을 탄식한다. '물질계'는 '신문명' '문명계' '현대문명'이라는 어휘와 동의관계로 놓여지며 '가시와 비가시', '순간과 영원', '현재에 중시되는 것과 과거에 중시되었지만 잊혀져 가는 것'이란 선명한 개념의 대비로 '심령계'와 변별되어 있다. 게일은 '심령계'를 추구한 인물들로 바울과 프란시스코의 일화, 공맹 노장의 글, 황제 헌원의 일화, 퇴계 이황을 만난 율곡 이이의 일화를 서양, 동양이라는 순서에 맞춰 배치한다.

기독교란 종교의 성인과 유·도가의 근원/한국의 성현이 동서란 '차이' 속에 심령계를 추구한 과거의 인물이란 '대등'한 관계로 배치되어 있다. 다만 양자가 대등해지기 위해서는, 성인과 성현을 낳은 가치는 교회와 성도를 낳은 가치에, 도리(道理), 도덕상(道德上), 신령(神靈)한 길은 '主 앞의 선하거나·아름다운 마음·말', '예수의 교리'란 문맥과 동일(혹은 근접)한 것이 되어야만 했다. 그 동일화의 준거점은 후자였으나 그 이면에는 개신교와 비-개신교를 포괄하는 상위범주의 "영원불변하고 보이지 않는

권), 인간이 축적한 문화와 관련된 서양의 일화나 이야기(2권), 서양의 역사(3권)로 편성되어있다.

형이상학적인 진리"란 개념을 지닌 인간 본질의 고유한 영역에 속하며 영원한 인류문화의 기원이며 원초적인 동력으로 남게 될 것이라 상정된 게일의 '종교 개념'이 놓여있었으며, 여기서 기독교란 보편자는 종교란 차원을 넘어 정교의 분리를 원칙으로 수행한 그들의 의료, 교육사업이 표상해주는 서구적 근대성(과학) 그 자체이기도 했다.

이 한국어 글쓰기에 대응되는 은폐된 게일의 모어=영어라는 언문일치의 글쓰기란 존재를 보여주는 것이 그의 이중어사전이다. 심령계란 어휘 속 '심령'은 1931년판 사전에서 최초로 'spirit'이란 어휘와 교환의 관계─심령 s. 心靈 (무 음) (신령) Spirit─로 제시된다. 심(心)과 령(靈)이라는 한자어의 조합, 【심령】 이란 음성에 대한 근대의 새로운 훈(訓), spirit이란 개념어는 한국의 특수성을 규정해주는 동서가 추구해야할 물질문명에 대비된 정신("보이지 않는 영원불변한 영적인 진리"란 보편주의)이란 상위 개념으로 이 글의 문맥과 서사를 구성해주고 있다. spirit은 심령뿐만이 아니라 혼(魂), 령(靈), 정령(精靈), 정신(精神) 등의 다양한 어휘와 대응관계를 이루고 있던 어휘였다.[35] 이 어휘는 게일에게 있어 한국인의 종교(=the national religion, Gale 1911)의 넓은 스펙트럼을 재현할 중요한 매개체이자 통로였다. 하지만 미신의 대상으로 배치되던 귀신, 도깨비와 같은 영적 존재와는 다른 대상이 그의 글쓰기에 새겨져 있다. 이 인쇄된 지면 속에서 배치된 문헌은 저술자의 영혼 그 자체로 등치된다. 그들은 결코 이름 없이

---

35) 게일의 이중어사전의 저본이 된 영한사전 속에서 그 대응관계를 살펴보면, "spirit 령혼, 무 음, 심, 본성, 싱명, Evil-귀신"(Horace Grant Underwool, 『韓英字典한영ᄌ뎐 (*A concise dictionary of the Korean Language*)』, Yokohama: Kelly & Walsh; London: Trübner & Co, 1890)과 "Spirit(soul) 혼, 혼령, 신녁 / Spirit(energy) 정신, 경긔 / Spirits 귀신, 신령"(James Scott, *English-Corean Dictionary: Being a Vocabulary of Corean Colloquial Words in Common Use*, Corea: Church of England Mission Press, 1891)이다.

한국이라는 시공간에 맴도는 죽은 영혼들과 동일한 존재는 아니었다.[36] 이들이 새겨진 그의 글쓰기에서 spirit(=심령)은 귀신 혹은 가족, 친족 단위의 영혼이 아니라 육체(주권)가 소멸된 민족 단위의 정신(조선혼)을 구성해주고 있기 때문이다.

2) 문헌 속에서 발견되는 한국인의 신앙

다시금 *Korea in Transition*(1909) 수록된 "The Beliefs of the People"(「신앙」), 한국 종교의 유무를 이야기하던 그 현장으로 돌아가 볼 필요가 있다. 「신앙」에서 게일은 큰 사찰, 성직자, 대중의 예배장소, 신자, 신앙심이 깊은 고행자, 신성한 동물, 거룩한 성화 등의 모습이 보이지 않는다는 점을 보면, 한국에는 특별한 종교가 없는 것처럼 보인다고 했다(p.60). 개신교와 대비할 수 있는 동양의 종교인 불교와 도교의 흔적이 한국에 비록 남겨져 있었지만, 그가 보기에 전자는 조선왕조에게 버림받고 세상과 유리된 종교였으며, 후자는 "한반도에서 사라진 종교"였기 때문이다(pp.71-72). 즉, 국가가 공인한 공식적인 종교제도(교단) 그리고 체계화된 내적 교리를 갖춘 신념체계를 지녔으며 민족/국민의 생활에 깊은 영향을 주는 그들의 개신교와 대등한 종교가 당시 한국에는 존재하지 않는 것으로 보았다.

그에게 있어 개신교에 대한 불완전한 한국의 종교는 "불교, 도교, 영혼숭배, 神聖, 風水地理, 점성술, 물신숭배 등이 복합된 '조상숭배'라는 이상한 종교"였다. 이 조상숭배는 "한국인의 밑바닥에 깔려 있는 신앙은 원시적인 영혼 숭배 사상이며 그 밖의 모든 문화는 그러한 신앙 위에 기초를

---

36) 이런 관점은 황호덕의 문제제기(황호덕, 『근대네이션과 그 표상들』, 소명, 2005; 「漢文脈의 근대와 순수언어의 꿈-한국 근대 개념어 연구의 과제」, 『한국근대문학연구』 16, 한국근대문학회, 2007)에 빚진 바가 크다.

둔 상부 구조에 불과하다"라고 그가 「신앙」의 권두에서 인용한 헐버트의
규정에서 "精靈說, 샤머니즘, 拜物敎的 미신 및 자연숭배 사상을 일반적으
로 포함하는"[37] 원시적인 영혼숭배사상의 위치와 등치되는 것이었다. 이
에 대한 구체적·물질적·제도적인 표상은 상주의 '상복', '신주', '사당',
'묘지'라고 말했으며 이로 말미암아 생기는 토지의 미개발, 조혼의 풍습,
질병, 불임 등의 사회적 부작용을 지적했다(pp.60-69). 이런 그의 기술은
한국인의 종교라 상정된 조상숭배와 영혼숭배가 '비윤리·비종교·비합
리·비과학적이며 원시적인 미신'으로 규정된다는 점에서 본다면, 「신앙」
말미에서 참고문헌으로 제시한 서구인의 한국종교 담론[38]과 크게 변별되
는 것은 아니었다. 오히려 그를 다른 이와 변별시키는 것은 종교의 본질,
개념에 대한 물음을 내포한 다음과 같은 진술에서

　　①인간 안의 '영성'(the spiritual in man)의 문제를 떠나서 ②인간을 초월한 다른

---

37) 헐버트, 『대한제국멸망사』, 신복룡 역, 집문당, 1997, p.469. (H. B. Hulbert, *The Passing of Korea*, Lodon, 1906.)

38) 「신앙」에서 언급하는 가중 중요한 핵심어는 한국인의 '조상숭배'와 '영혼숭배'이다. 게일은 양자에 관한 참고문헌으로 D. L. Gifford, *Every-Day Life in Korea*, New York: Fleming H. Revell, 1898(다니엘 기포드, 『조선의 풍속과 선교』, 심현녀 역, 한국기독교역사연구소, 1995)와 Noble, *Ewa: A Tale of Korea* (W. 아더 노블, 『사랑은 죽음을 넘어서 Ewa; A Tale of Korea』, 윤홍로 역, 포도원, 2000)이며, "조상숭배"에 관해서는 그의 저술(*Korean Sketches*)과 H. G. Underwood, *The Call of Korea*, New York: Fleming H. Revell, 1908(H. G. 언더우드, 『한국개신교수용사』, 이광린 역, 일조각, 1989)를 참조. "영혼숭배"와 관련해서는 Hulbert, *The Passing of Korea*, London, 1906(헐버트, 『대한제국멸망사』, 신복룡 역, 평민사, 1984)와, I. B. Bishop, *Korea and Her Neighbors*, New York, 1898(이사벨라 버드 비숍, 『한국과 그 이웃나라들』, 이인화 역, 살림, 1994)를 제시했다. 서양인들의 한국 종교에 대한 담론은 장석만의 논문(「개항기 한국사회의 '종교'개념 형성에 관한 연구」, 서울대학교 박사학위논문, 1992, pp.68-75)과 김종서의 『서양인의 한국종교 연구』(서울대학교 출판부, 2007) 2-3장을 참조.

'영적인 것들'(other spirits over and above him)의 문제를 다루는 종교의 층위에서 본다면 한국인에게도 종교적 신앙심을 발견할 수 있다(p.60 원문은, yet if religion be the reaching out of the spiritual in man to other spirits over and above him, the Korean too is religious.))

후자(②)의 외연이었다. 여기서 한국인의 종교적인 신앙심이 발견되는 층위(②)는 이어지는 글의 전반적인 내용을 감안한다면 귀신, 도깨비, 정령과 같은 기이한 존재들에 대한 한국인의 신앙을 의미하는 것이라고도 볼 수 있다.(②-1) 그러나 바로 이어지는 진술 속에서 게일이 실례로 제시한 것은 이런 기이한 존재들이 아니라 God으로 번역되는 '天, '神'이란 한자어를 포함한『명심보감』의 격언들과 과 영혼불멸의 사유가 엿보이는「단심가」란 시조였다는 사실을 주목해야 한다.[39]

그가 예로 드는 구절 속에 드러나는 '天, '神', '님'은 첫째, 한국인들에게 半信半疑의 대상이 아니라 초월적이며 신성한 절대자(神=God)란 측면에서 둘째, 한국인들을 "무릎 꿇고 기도하게 하며 신과 영혼과 천국과 더불어 대화"하게 하는 신성한 성서책(Bible)이라고 규정한 '문자로 기록된 문헌'이 그 출처란 점에서 변별되는 것이었다(②-2). 사실상 그를 여느 다른 선교사와 변별되게 하는 것은 ②를 구성하고 있는 '문헌 속에서 발견되는

---

39) The man who does right God rewards with blessing; the man who does wrong God punishes with misery. (爲善者 天報之以福 爲不善者 天報之以禍(「繼善篇」,『明心寶鑑』))

If we obey God we live; if we disobey him we die. (順天者存 逆天者亡), Secret whispers among men God hears as a clap of thunder; hidden schemes in the darkened chamber he sees as a flash of lightning. (人間私語 天聽若雷 暗室欺心 神目如電(「天命篇」,『明心寶鑑』))

Let the body die and die the die Hundred time, and let all my bones return to dust, and my soul dissipate into nothingness, yet not one iota of loyalty shall I change toward my sovereign lord[King]. (「丹心歌」)

한국인의 신앙'(②-2)에 대한 지난한 탐구였다. 물론 그것은 조상숭배와 유교를 종교와 비종교로 나누어 인식했던 서양 선교사들의 전반적인 사유와 맞닿아 있는 것이기도 했다. 그러나 문헌에 대한 한국인의 종교성을 발견했고 이를 심화시켰다는 점은 그가 「신앙」의 후미에 나열한 1890-1910년대 출판된 참고문헌의 담론들과는 분명히 다른 것이었다.

이를 가능하게 한 가장 큰 동력은 문헌과 현실을 한국인의 내부와 외부로 규정한 그의 균열된 시각이었다. 물론 게일은 *Korea in transition*(1909)에서 天/神(하ᄂᆞ님)은 중국, 한국에 있어서 '유일'하며 '위대한'이라는 의미를 지닌 용어로 기독교의 신(하ᄂᆞ님)과 겹쳐지는 측면을 분명하게 지니고 있음을 인정했다. 그러나 인간이 되어 세상에 내려온 예수와 결코 동일한 것은 아니며, 이에 따라 예수를 한국인에게 전달하는 것이 용이하지 않다는 언급(p.70)한다. 게일은 이 한 축에 대하여 구체적 비판을 행한 것은 아니지만, 결과적으로 조상숭배, 영혼숭배란 구심점을 지닌 '한국인의 신앙'과 결코 변별하지 않았다. 한자, 한문에 대한 게일의 인식 역시 이와 조응되고 있었다.

소수의 특권층은 한자에 대해서 굉장한 매력을 느끼는 것 같다. 이 한자는 사상을 전달하는 것이라기보다, 숭배의 대상으로 되어 있는 듯하다. 양반은 한자로 여러 가지의 시문을 짓는다. 어린애가 여러 가지 크기의 벽돌로 매혹적인 성을 짓는 거나 마찬가지다. 그리고 문장 형태의 변화와 문자의 조합에는 전혀 제한이 없는 만큼, 문자 자체가 지닌 매력 역시 무한하다. 2명의 유생은 한자 1개에서 하루 종일 가지가지 흥미 있는 것을 찾아낼 수 있다. 현재의 상용한자는 약 2만자니까. 그 두사람은 50여 년간이나 줄곧 이들 한자에서 흥미 있는 것을 찾아낼 수 있다. 그렇지만 옛날의 시가나 題句보다 더 낫게 쓰려는 사람은 없다. 한자로 옛날 사람들의 작품만한 것을 쓰려 한다는 것은, 그리스어로 호머를 능가

하려는 거나 마찬가지이기 때문이다. 이런 일은 그야말로 일찍이 들어보지 못한 주제 넘은 짓이다. 그래서 유생들은 자기네의 몸 뿐만 아니라 정신·마음·영원 까지 휘감은, 영원한 그 표의 문자로 이뤄진 美文集을 가지고 인생을 헛되이 보낸다(p.220).

게일은 결코 이 신성한 문헌(자)의 세계에 결코 동참하지 않았었다. ② 2를 구성하는 한자, 한문이라는 서기체계는 그들의 소리를 그대로 적는 실용적인 서기체계와는 달리 비효율적인 것, 차라리 헛된 우상에 가까운 것이었기 때문이다. 결국, ①인간 안의 '영성'(the spiritual in man)의 문제를 떠나서 ②인간을 초월한 다른 '영적인 것들'(other spirits over and above him)의 문제를 다루는 종교의 층위에서 본다면 한국인에게도 종교적 신앙 심을 발견할 수 있다(p.60)에서 'spirit'이란 어휘는 인간의 내부(in)와 외부 (over and above)에 놓이며 제시되는 데, 결국 ②의 한 축, 문헌 속에서 발견되는 한국인의 신앙 역시 인간의 외부에 놓이는 개념으로 규정되고 있는 전체의 문맥은 이런 사실을 반증한다.

3) "정령=spirit"의 대응관계와 한국의 원시적인 조상(영혼)숭배
초기 영한사전 속에서 spirit과 한국어의 대응관계를 살펴보자.

spirit 령혼, ᄆᆞ음, 심, 본셩, 싱명, Evil-귀신(Underwood 1890)
Spirit(soul) 혼, 혼령, 신녁 / Spirit(energy) 정신, 정긔
/ Spirits 귀신, 신령(Scott 1891)

'spirit'은 魂, 靈, 精靈, 精神 등의 다양한 어휘와 대응관계를 이루고 있던 어휘였으며, 한국인의 종교(=the national religion, Gale 1911)의 넓은 스펙

트럼을 재현할 중요한 매개체이자 통로였다.[40] 특히 1891년 제임스 스콧의 영한사전이 보여주는 세 개념 층위—인간 내부의 영혼 / 인간 외부의 에너지(氣) / 인간 외부의 영(혼)—는 이 어휘가 지닌 다의성을 잘 보여주고 있다. 우리는 spirit에 대응되는 이 다양한 한국어의 대응관계를 의식해야 한다. 왜냐하면 문맥 속에서 제시되는 이 세 개념 층위 간의 위계질서 때문이다. 인간 내부와 외부 그리고 영과 에너지 사이 우열의 관계가 있다면 이 묶음들은 결코 동일한 층위의 대응관계를 의미하는 것은 아니기 때문이다.

 'spirit'은 선사시대 오리엔트 지중해 연안지대에서 보리 등의 '자연물을 영격·신격화한 영적 존재'를 지칭하던 의미(精靈)에서, 고대 그리스·로마 시대에서는 그와 같은 자연물로부터 영혼만을 분리하여 단독으로 존재하는 보이지 않는 것을 가리키게 된다. 육체에 대한 '영혼' 혹은 육체에 생명을 불어넣는 '호흡'이라는 관념(靈魂), 이것이 spirit의 어원이 되었다. 이 말은 기원후 그리스도교에서는 '성령'(聖靈)을 지칭했지만, 근대에 와서는 헤겔 이후의 역사철학, 역사학에서 '민족정신'이나 '시대정신'이라고 하는 종교를 벗어난 肉化 혹은 世俗化된 용례(精神)로 일반화되게 된다. spirit은 精靈, 靈魂, 精神이란 세 가지 말에 대응된다고 볼 수 있는데, 이 대응관계의 배치가 보여주는 연대기는 고대(精靈)-중세(靈魂)-근대(精神)란 인류 신앙(정신)의 진보를 드러내는 서구 중심의 보편적 내러티브이다.[41]

---

40) Horace Grant Underwood, 『韓英字典한영ᄌᆞ뎐(A concise dictionary of the Korean Language)』, Yokohama: Kelly & Walsh; London: Trübner & Co, 1890; James Scott, English-Corean Dictionary: Being a Vocabulary of Corean Colloquial Words in Common Use, Corea: Church of England Mission Press, 1891.

41) 이 후 원어 spirit과 번역어 "精神, 精靈, 靈魂'의 대응관계는 石塚正英·柴田隆行, 『哲學·思想飜譯語辭典』, 論創社, 2003, pp.176-177을 참조하여 진술. 종교의 정의, 기원, 진화에 관한 19-20세기 초 서구인들의 논의에 대해서는 다음을 참조. 리처드

여기서 spirit이란 어휘의 고정은 서구의 일관된 자기동일성(항수)을 그리고 그 대응관계의 전환은 동양의 과거가 서구가 진화했던 단계의 한 부분으로 치환되는 양상을 제시해주고 있는 셈이다. 인간의 외부의 영에서 내부의 영으로, 마지막으로 문헌 속에 재현되어 살아있는 세속적인 영으로 변모된 이 대역관계의 연대기는 하나의 서사를 제시해주는 셈이다. 그렇다면 게일이 「신앙」에서 진술했던 ②인간을 초월한 다른 '영적인 것들'(other spirits over and above him)이란 문맥에 배치된 spirit에 은폐된 한국어는 과연 무엇이었을까? 게일의 이중어사전들에서 精靈, 靈魂, 精神에 대한 영어의 대응관계를 통시적으로 살펴보면,

○ 정령 s. 精靈 (경긔) (신령) spirit; soul, ghost, See. 혼령 (1897년)
　정령 s. 精靈 (경긔) (신령) spirit; soul, ghost, See. 혼령 (1911년)
　정령 s. 精靈 (경긔) (신령) **spirit** (1931년)
○ 령혼 s. 靈魂 (신령) (혼) The soul (1897년)
　령혼 s. 靈魂 (신령) (혼) The soul. **See 혼** (1911년)
　령혼 s. 靈魂 (신령) (혼) The soul. See 혼 (1931년)
○ 정신 s. 精神 (경긔) (귀신) Animal spirits; mental energy; scope;
　　mind(1897년)
　정신 s. 精神 (경긔) (귀신) Animal spirits; mental energy; scope;
　　mind(1911년)
　정신 s. 精神 (경긔) **(신령)** Animal spirits; mind; **soul; spirit** (1931년)

컴스탁, 『방법론의 문제와 원시종교』, 윤원철 역, 제이앤씨, 2007, 1장; 월터 캡스, 『현대종교학담론』, 김종서 외 역, 까치, 1999, 1-2장; 앨런 바너드, 『인류학의 역사와 이론』, 김우영 역, 한길사, 2003, 3장.

'spirit'에 대한 은폐된 한국어를 유추할 지점은, '령혼=soul'이라기보다는 '정령=spirit'과 '정신=spirit'이다. 초기의 영한사전에서 볼 수 있듯이 spirit은 다의어라고 할 수 있다. 이중어사전 속에서 보이는 게일의 인식논리의 통시적 변모의 양상을 보면, '정령'에 배치된 영어 어휘의 수가 감소하며 대조적으로 '정신'이란 어휘는 비록 그 구성물들은 변화되나 본래 지녔던 넓은 대응은 유지되고 있다. 가장 큰 변화는 1911-1931년판이라고 할 수 있는데, 'soul'이 '정령'에서는 사라졌으며 '정신'에서는 이 어휘를 구성하고 있는 한자어 '神'의 의미가 '귀신'에서 '신령'으로 변모되며 나타난다는 점이다. 1911년 '정신'은 마음(心, mind)이란 개념을 내포하고 있었지만 결코 인간의 영혼(靈, soul)이란 개념을 지니고 있지 않았으며, spirit과 온전한 등가관계에 놓여있지 않았다.[42] 그 변모 그리고 그 의미는 무엇일까?

언더우드, 스콧의 영한사전과 달리 게일의 사전에서는 '령혼'이 spirit과 등가관계에 놓이지 못한 점은 soul과 spirit을 게일이 별개의 것으로 인식했다는 사실을 의미한다. 이를 「신앙」에서 종교를 정의하는 첫 번째 진술, ① 인간의 내부에서는 한국인의 신앙심을 발견하지 못했다는 언급과 관련하여 생각해볼 필요가 있다. 즉, 인간의 내부에 놓이는 '령혼'이란 어휘는 spirit이란 어휘를 통해 재현될 수 없는 것으로 간주된 셈이다. 「신앙」의 문맥 속에서는 인간의 외부에 배치된 soul과 '령혼'(인간내부)에 배치된 soul은 구분되어야 하는 것이었다. 게일은 비록 올바른 해석/번역이었다고 말하기는 곤란하나 '魂魄'이라는 서구인들과는 다른 동양의 영혼관을 분명히 감지하고 있었다.

---

42) 靈(신령)=The spirit, The soul(1931, p.453)

모든 인간은 두 개의 영혼으로 이루어진 것으로 여겨지고 있다. 하나는 남자
[陽: 인용재의 영혼인 혼(魂)이며 다른 하나는 여자의 영혼[陰 인용재인 백(魄)이
다. 시신이 조상의 무덤에 잠들고 있는 동안에 자연히 남자의 영혼은 천당으로
가고, 여자의 영혼은 지옥으로 간다.   (「신앙」, p.63)

사전 속에서 이 어휘는 일대일이란 단어 간의 대응으로 제시되기보다
는 영혼이란 어휘를 통해 '풀이'되고 있으며, 이 풀이 속에서도 '魂'과 '魄'이
라는 한국어 어휘는 번역되지 않은 채 그대로 노출되어 있다. 즉, 육체에
대응되는 정신, 호흡이란 의미를 지칭하는 프네우마(Pneuma)나 스피리투
스(Spiritus)를 어원으로 하는 서구의 영혼(=spirit)과 동양의 '혼백'은 다른
것이었다. 그가 1911년 이후 혼백(魂魄) 중 사람이 죽으면 하늘로 부유(浮
遊)하는 '혼'(魂)이란 어휘를 '령혼'(靈魂)과 비교해볼 어휘로 배치했다는
점은 그가 생각한 이 영혼의 서구적 개념을 한결 더 선명하게 해준다.[43]
'soul'과 대응관계를 이루는 동양의 혼백은 인간 내부의 영성(①)이 될 수
없다는 점에서 사실 이 어휘를 구성하는 한 쪽 혼(魂)과 "령혼(靈魂)=soul"
이라는 묶음은 겹쳐질 수 없는 개념어였다.

동양과 서양이 spirit이란 어휘를 통해 겹쳐질 수 있는 지점은 일차적으

---

43) 혼빅(魂魄)은 "The soul-supposed to be in two parts, the 혼 and 빅, the 혼 ascending
   to heaven, the 빅 descending into the lower earth"라고 풀이된다(1931, p.1680). 혼
   (魂)은 "The soul; the mind"라고 대응관계에 더불어 혼백(魂魄)을 구성하는 혼(魂)
   이라는 개념으로도 풀이(The one part of the soul supposed to ascend to heaven)
   된다(1931, p.1679). 1931년판 사전의 저본이 된 조선총독부의 사전 속 혼백(魂魄)
   에 대한 항목을 보면 "精神の靈と體力の靈"(『朝鮮語辭典』, 京城: 朝鮮總督府, 1920,
   p.951)와 이 사전 속에서 情神은 마음(こころ)으로 풀이되는 점을 보면 이 어휘를
   물질(육체)과 정신이란 구성요소를 통하여 풀이하고 있음을 발견할 수 있으며 각
   각의 한자어휘에 정신과 체력이 대응된다고 추론된다. '魂'은 '靈魂の略'으로 풀이
   (p.951)되며, '魄'에 대한 항목은 별도로 존재하지 않는다.

로는 고대의 원시적인 신앙형태로 상정된 공통의 종교인 애니미즘(정령숭배)이었다. '정령(精靈)=spirit; soul, ghost'(1897-1911)란 묶음은 동서(東西)가 공통적으로 지니고 있었다고 상상된 보편적인 종교의 기원, 과거 원시적 신앙 안에서 등가관계가 성립할 수 있는 묶음이었다. 1931년판 사전에 추가되어 제시되는 '정령설'과 '령혼설'이라는 어휘가

> 정령설 s. 精靈說 (졍긔) (신령) (말숨) Animism / 령혼설 s. 靈魂說 (신령) (혼) (말숨) Animism

여전히 종교의 기원으로 상상되는 애니미즘과 이루는 공통된 대응관계는 여기서 '령혼'이 인간 '내부'에 존재하는 Soul과는 달리 문맥에 따라서 인간외부의 귀신에 대한 원시적 영혼, 조상 숭배 사상을 지칭하기도 함을 잘 보여준다. 「신앙」에서 인간 외부의 영적인 것들(②)을 가리키는 "spirit"에 은폐된 한국어는 '정령(精靈)' 혹은 인간의 외부에 존재하는 죽은 이의 넋을 지칭하는 '귀신(鬼靈=Ghost, Devil)'이었고 "spirit=…soul"(Gale 1897-1911)이 의미하는 바이다. 즉, 이 글에서 '정령=spirit'(1897-1911)의 묶음에 놓인 soul은 그들이 보기에 불완전한 종교 '조상숭배'와 '영혼(=귀신) 숭배'의 대상을 지칭하는 것이다. 그렇다면 1931년 게일의 사전에서 "정신=spirit"에 "soul"의 개입이 의미하는 바는 무엇일까? 우리는 spirit에 대응되며 한국인의 마음과 영혼이란 개념을 동시에 충족시켜주는 한국어, 게일의 「심령계」에서 제시된 어휘인 '심령(心靈, 마음+영)'을 상기해볼 필요가 있다. spirit이 한국인의 미신, 원시적인 신앙을 지칭하는 정령, 혼백과 교환되는 것이 아니라 한국인의 내부를 구성하는 심령(心靈)·정신(情神)이 되는 변모. 즉, ②-2(문헌 속에서 발견되는 한국인의 신앙)의 spirit이 배치되는 문맥의

변화를 상정해볼 필요가 있다.

4) "정신=spirit"의 대응관계와 유가 귀신담론의 근대적 변용

1931년 사전에서 보이는 〈정신-soul-spirit〉이란 계열체의 의미를 '문헌 속에서 발견되는 한국인의 신앙'(②-2)에 대한 게일의 인식 변모와 상관하여 살펴보도록 하자. spirit이 한국인의 미신, 원시적인 신앙을 지칭하는 정령, 혼백과 교환되는 것일 때, 한국인의 내부를 구성한다는 염원은 요원한 일이었다. 인간외부의 정령, 혼백이 제거된 "정신(精神)=spirit"(1931)으로 전환됨으로 그 구성은 가능해지는 것이었다. ②-2의 위치가 '령혼'과 '혼백' 사이의 간극을 지키면서 인간의 내부(①)를 향해 조정되며 이 어휘는 새롭게 구성력을 발휘하게 된다. 또 다른 게일의 한국어 글쓰기, 역사에 새겨진 조상의 "정신"을 지칭하는 spirit이 일본어로 번역된 게일의 글 속에서 "조선혼"으로 재현된다는 점은 이 방향성을 제시해준다.[44] 그 일련의 진행을 살펴보도록 한다.

"미신=원시적인 정령(영혼)숭배, 조상숭배 신앙"이란 문맥에서 다뤄지던 '문헌 속에서 발견되는 한국인의 신앙심'은 〈1〉 한국인의 삶에 함께하는 신에 대한 관념을 고찰하는 문맥(The Korean's view of God)에 재배치되게 된다.[45] 게일은 이 글에서 '한국에는 어떤 종교도 없어 보인다'라는 지적은 한국인이 그들의 영적 세계를 규율하는 확고한 교리가 없다는 점을 본다면 타당해 보인다고 했다. 하지만 한국에 영적 세계를 규정하는 확고한 교리가 없지만 이 교리 자체가 항상 지고의 가치를 지닌 순수한

---

44) 奇一, 「歐美人の見たる朝鮮の將來—余は前途を樂觀する」 1~2,『朝鮮思想通信』 788, 1928. "근대의 조선인은 상상에 일치하는 인물 즉 대표적 조선인의 역사적으로 축적된 정신—조선혼이라고 말할 수 있을만한 것—을 잃어버렸다."

45) "The Korean's view of God", *The Korea Mission Field*, 1916.3.

신앙심을 대표한다고 말할 수는 없다고 전제하며, 명백히 선명한 종교가 없다고 해서 한국인에게 신이 존재하며 항상 곁에 있다는 확신이 없는 것은 아니라고 지적한다(p.66). 「신앙」에서 인간의 내부/외부의 구별을 통해 제시한 종교개념과는 다른 방식으로 문제에 게일이 다가가고 있음을 발견할 수 있다. 그가 여기서 거론하고자 하는 영적 존재는 귀신, 도깨비, 정령과는 다른 존재였다. 그는 「신앙」과 변별된 한국의 종교개념과 신관념을 별도로 규정하지는 않았다. 그 대신에, 그는 한국의 문헌을 그 자체로 제시한다. 여기서 '미신'이란 문맥에서 제시되던 유교 격언들의 자리에, '天', '神'이란 문자를 내포한 한국의 문헌들이 대치된다.

그리고 게일은 그들의 동일한 신이 히브리인들에게 "El, Elohim, El-Shadday, Jehovah" 등의 다양한 이름으로 불리던 시기를 말하며, 한국에 동일한 유비를 적용한다. 그는 인간의 시야 밖에 존재하며 지상의 만물들을 주관하는 동일한 초월적이며, 영원불변의 영적인 존재를 한국인들은 '하나님(天, the One Great One), 上帝(the Supreme Ruler), 神明(the All Seeing God), 天君(Divine King), 天公(Celestial Artificer), 玉皇(the Prince of Perfection), 造化翁(the Creator), 神(the Spirit)' 등의 다양한 표현으로 지칭한다고 했다. 여기서 그가 찾고자 했던 것은 한국인의 유일신에 관한 관념이었다(pp.66-67). 한국인에게 호명되는 이 신(神)의 다양한 이름은 성서에서 히브리인이 기독교의 신을 다양한 이름으로 호명하던 이 구약의 시대와 동일시된다. 또한 그가 한국의 문헌 속에서 기독교의 신 그리고 신의 권위를 표상하는 언어를 찾아내는 행위는 성 아우구스티누스가 비록 기독교(Christianity)가 드러나지 않았지만 진정으로 신을 추구했던 세네카의 문구를 인용하는 행위에 대비된다. 그의 이런 지적은 그가 신구약성서를 국문으로 번역한 행위가 성서의 신성함을 재현할 한국의 문헌을 창출한다는 작업이란 측면에서는 타당한 것이기도 했다.

「신앙」에서 『명심보감』으로 예시되던 한문문장들이 『三國史記』, 『高麗史』, 『東國李相國集』의 인물들의 발화로 대체된다. 그가 제시한 연대기적 나열은 단계적이며 발전적인 진보보다는 영원불멸한 유일신이란 초역사적 실체를 한국인이 역사적으로 늘 추구해왔음을 보여주기 위한 곳에 있었다. 그리고 그 유일신은 한국인의 외부에 놓인 초자연적인 영적 존재인 귀신과는 변별되는 존재, 즉 한국인의 생활 속에 내재하는 '살아있는' 존재란 관념으로 형상화되며(p.66) 역으로 한국민족이란 초역사적 실체를 생성시킨다. 이 신은 〈2〉 한국의 문학에 반영된 한국의 종교적 신앙을 말한다는 문맥의 화두에서는 "충성과 봉사를 마땅히 드려야할 초인간적 힘"이라 제시되며 이에 대한 인식은 그들의 사전 속 종교개념과 일치되는 것으로 규정된다.[46] *A History of the Korean People*(1927)에서 게일은 유가의 경전 속에서 "天"이 초월적 존재를 지칭하는 것이 아니라 하늘 그 자체일 뿐이라 주장하는 논의들을 알고 있었다. 그럼에도 그는 天을 'God'으로 번역하려고 했다. 그는 그 근거로 김창업의 글을 다음과 같이 예시로 제시한다.

"God is the blue heavens but the spirit that dwells in the heart."

1658년에 태어난 김창업이 한 말이란 사실과 서기 1700년의 기록이라는 암시 이외에 이 구절에 대한 그 원본을 찾을 수 없다. 하지만 그가 天에 부여하려 했던 개념을 명확히 보여준다. 게일은 한국문학에 이 개념에

---

46) "The Korean Literature", *the Korea Magazine*, 1918.7. "the recognition of a super-human power to whom allegiance and service are justly due"(*the Korea Magazine* Ⅱ p.293)

의거한 종교적 사상이 단군이 등장한 여명기부터 과거제도가 폐지된 1894
년까지 스며들어 있다고 말하며, 역사서 속에서 표현되거나 개인의 문집
에서 발견되는 한국인들의 목소리를 제시한다.

  그는 문헌 속에서의 목소리에 주목했다고 할 수 있다. "Korean Literature"
(1923)[47]에서 "말한 것은 사라지지만 글로 쓴 것은 남는다(Verba volant,
scripta manent)"라는 격언에 대하여 게일은 글로 쓴 것은 마음(내부)을 보
여준다는 자신의 견해를 첨가한다. 한국인의 마음 속 살아있는 음성, 즉,
내밀한 비밀과 생각은 결코 대화 속에서는 발견되지 않으며 누구의 시선
도 없는 곳에서 씌어진 글 속에서만 발견된다고 그는 생각했다. 그가 문헌
들을 번역하면서 재현한 것은 이 마음 속의 진실한 목소리였다. 여기서
주목되는 지점은 한국인의 마음(내면)을 투명하게 재현시켜주는 것으로
규정되는 것이 한국의 한문 글쓰기였다는 사실이다. 게일에게 한국문어
차원에서의 언문일치란 제도는 그리 중요한 것이 아니었다. 이 한문 글쓰
기에 대응되는 국문글쓰기가 아니라 그의 모어인 영어로 된 글쓰기가 미
리 상정되어 있었기 때문이었다.『유몽천자』전집이 보여준 네 가지 종류
의 국/한문체 글쓰기는 언문일치를 향한 진화론적 도식에 의거한 서열이
부여되지 않았었다. 하지만 그가 발견한 이 한문이란 서기체계에 대해
한국인들은 열등한 서열을 부여하며 외면하기 시작했다.

  오늘날, 도쿄제국대학의 졸업생들은 그들의 선조가 남긴 것들, 그러니까 문학
적 업적과 같은 특별한 유산들을 읽을 수 없다. 세상에 이런 일이 있을 수 있단
말인가? 한국의 문학적 과거, 한 위대하고 놀라운 과거는 이런 대격변에 의해,

---

47) "Korean Literature", *The Christian Movement in Japan, Korea, and Formosa*. Kobe,
    1923.

오늘의 세대에게 사소한 흔적조차 남기지 못한 채 어디론가 파묻히고 말았다. 물론 오늘의 젊은 세대들은 이런 사실에 더없이 무지하며, 이런 상실 속에서조차 너무도 행복해 한다. 그들은 그들 세대의 잡지를 가지고 있는데, 거기다 철학 논문들에서 배운 지식으로 온갖 확신에 가득차 칸트와 쇼펜하우어에 대해 쓴다. 그들은 버트란드 럿셀의 슬하에 앉아 있기도 하고, 니체를 찬양하기도 한다. 이는 댕기머리를 하고 서양시를 쓰는 일이 될 것이다. 이는 영어로 된 속빈 시편을 쓰는 일일 터인데, 그 자체로 보기에도 딱한 노릇이다.(p.468)

게일은 계속해서 근대 한국의 지식층이 "자국어로 쓴 시들은 옛 선조들의 얼굴을 창백하게 할 뿐이다(p.468)"라고 말한 후 『廢墟』 2호에 실린 오상순(吳相淳)의 「힘의 숭배」 중 "창조"를 이규보의 한시와 대비한다. 조상숭배를 미신으로 규정했던 게일이 이 글에서 조상을 소환하고 있다는 점은 역설적이다. 조상들의 감정을 가상의 상황에서 게일이 빙의(憑依)해서 재현하고 있는 상황이지만 그 감정은 언어, 민족, 종교, 국적으로 한국인과 묶여질 수 없는 게일의 것이었다. 이곳에 조상숭배의 물질적 표상, 제사는 존재하지 않는다. 이 장소에 존재하는 것은 선조가 남긴 특별한 유산들인 한국의 문헌과 '제사의 대상들'―문헌을 창출자 옛 조상(선인)들(ancient gods)이다. 귀신(영혼)을 제사의 대상(조상)과 음사의 대상으로 구분하던 유가지식인의 귀신담론을 게일은 근대적으로 변용시킨다. 이 중 제사의 대상으로 존재하는 귀신은 물질계와 심령계(물질문명과 정신문명), '한국인의 말=외면, 순간'과 '한국인의 문헌=내면, 영원'이란 이분법적인 구도 속에서, 물질적·육적인 제사를 소거하고 근대의 세속종교, 정신적인 국가/민족의 제사(예배, 의례)의 대상으로 전환된다. 그들은 활자로 인쇄된 종이에 새겨지며 문헌 속에 존재하는 한국인이 망각해서는 안

되는 존재, 역사를 구성하는 '정신=spirit'(Gale 1931)이었다.

4. '한국의 귀신=미개한 한국인'의 행방과 필기, 야담의 재배치

1) 무라야마(村山智順)에게 있어서 한국의 귀신

게일이 문헌에 대한 재발견 속에 배제한 한국인의 신앙이 발견되는 ②
의 또 다른 한축, '한국의 귀신'의 행방을 살펴볼 차례이다. 한국의 귀신은
1920년대에도 외국인에게 기술의 대상으로 존재한다. 신앙의 대상인 '한
국의 귀신 그 자체'가 아니라 외부의 관찰자적 시각에서 '한국인의 귀신신
앙'을 말해고 있다는 사실로 말미암아 여전히 그 학술적 권위의 성립은
가능했던 것이다. 무라야마 지준(村山智順, 1891-1968)의 『조선의 귀신』
(1929)에서 한국의 귀신신앙(민간신앙)은 종국적으로 한국의 문화를 파악
하기 위해 이해되어야 할 한국인의 사상, 이 사상을 이해하기위해 먼저
탐구되어야할 중요한 출발점으로 규정된다.[48] "인간 사상의 근간을 이루
고 있고, 생활환경을 결정하는 것으로는 정신작용의 三流體에 해당하는
智・精・義 중 감정작용이 그 主位를 점유하고 있다는 것은 심리학계의
정설이며, 이 감정작용을 가장 적절하게 표현하고 있는 것"이 "신앙현상"
이기에 이런 탐구방향은 자연스럽고 타당한 것이라고 무라야마는 생각했
기 때문이다(p.11).

"원시적이며 저급한 미신의 대상이란 귀신의 위상"은 동일했지만 무라
야마는 귀신신앙을 미신으로 규정하는 한국 지식인 담론의 존재를 인정할

---

48) 무라야마 지준, 『조선의 귀신』, 김희경 역, 동문선, 1993.

수밖에 없었다(pp.159-160). 이에 따라 동양인=한국인의 종교(신앙)로 기술되던 귀신신앙은 '지식계급'과 '대중'이란 두 층위의 분화를 통하여 연구의 권위와 정당성을 부여받게 된다. 사회 전체의 차원에서 생성된 한국(인)의 문화(사상)를 탐구하기 위해서는 한국의 불특정한 전체, 평균적 인간집단이 공통으로 소유한 대중·민족에게 공통된 신앙현상이 조사되어야 한다는 명제가 그것이다. 여기서 한국인의 귀신신앙은 계몽/타파되어야 될 대상에서 학술/탐구의 대상(pp.213-214)으로 전환되게 된다.

한국인의 신앙과 사상은 '지식인=고급=잎과 꽃'과 '대중=저급=줄기와 뿌리(근간)'란 구분으로 양분되며 한국인의 귀신신앙은 후자에 배치된다. 그것은 한국문화의 화려한 정화=잎과 꽃은 아니지만, 그러한 정화를 낳게 한 현재 발견할 수 있는 뿌리이며 근간(잔존)이다. 이후 '외래사상=접목'의 묘목에 있어서 정화를 꽃피우게 될 때 중요한 기층, 기원(원형적 전통)이라 할 수 있는 대목(臺木, p.13), 즉, 한국이라는 문화공동체의 축적된 '고유신앙'[49]이란 함의를 지닌다. 그의 초점은 종교(개념)의 본질·기원에 대한 물음을 통해 그에 대응되는 한국인의 종교 관념을 찾고 묘사하는 곳이 아니라 종교들의 사회적 양상과 기능에 대하여 말하는 것에 놓여있다.[50] 그는 한국인의 귀신신앙이 지닌 사회적 기능과 역할을 질병·재화와 관련

---

49) 이는 일본인 연구자들이 지녔던 조선에 대한 이중구조론—유교와 무속이라는 "양전통이 각각 남성의 사회행동과 여성의 사회행동, 상류=양반의 생활지향과 서민=상민의 생활지향에 대응시키며 조선의 전통을 양자의 상보적인 관계로 파악하는 시각—이라고 말할 수 있다. 남근우, 「조선의 무속전통론과 식민주의—아키바 다케시의 『조선민속지』연구」, 주영하·임경택·남근우 편, 『제국 일본이 그린 조선민속』, 한국정신문화연구원, 2006, pp.221-236 참조.

50) 그가 민간신앙연구를 통해 종국적으로 탐구하고자 한 것은 "민속종교를 통해본 조선사회론"이었다는 지적은 이와 긴밀히 관련된다. 주영하, 「조선의 제사와 사회교화론—무라야마 지준의 『석전·기우·안택』연구」, 위 책, pp.160-165.

된 의료·기복행위와 그를 통해 심리적인 안정감을 제공해주는 곳에서 찾았다(p.159). 상대적으로 신중하며 보다 관찰대상에 더 접근하는 관점—귀신신앙의 이면에 존재하는 한국인의 생활고와 저변에 깔린 사상(p.214)—을 제시하려고 한 셈이다.

『조선의 귀신』은 문헌상에 한국에 전해 내려오는 각종 귀신설화, 귀신에 관한 유가 지식인들의 학설이나 현재 민간의 귀신관을 통해 한국인이 지닌 「귀신의 관념」을 밝히는 부분(1편)과 재화와 질병을 귀신의 소행으로 간주하는 한국인이 양귀(禳鬼)로써 이를 피하기 위한 실태에 관해 현지조사를 통해 열거한 「禳鬼法」(2편)으로 구성되어 있다. 여기서 문헌자료는 상대적으로 전자에 주로 배치되어 있다. 가장 서두에 '귀신설화'를 배치한 까닭은, 지식인과 대중이란 한국의 문화의 두 층위 중 후자의 귀신관념이 보존되어 있는 "꾸밈없이 소박한 그대로 다음 세대로 전해져 내려온"(p.22) 것이기에 가장 가치 있는 자료라 무라야마가 생각했기 때문이다. 이는 서문에서 귀신신앙에 지식인의 사상·문화와 변별된 중요성을 부여한 관점이 반영되어있다.

하지만 이 기록들의 출처는 무라야마 역시 작자를 밝히며 글의 종류를 수필, 혹은 일사(逸史) 혹은 유사(遺事)로 규정한 과거 유가지식인들의 저술들이었다. 그러나 이 기록들에 대한 요약발췌는 이들을 구비전승의 산물들로 전환시켜준다. 그것은 지식인의 기록을 구전되던 대중의 목소리로 등치시키는 방식이라 말할 수 있다. 이로 인해 유학자와 대중(과거) 그리고 문명개화한 근대의 지식계급과 대중(현재)은 실상 구별되지 않게 된다. 게일이 보여준 텍스트와 현실 사이의 상이한 시각과 달리, 무라야마는 결코 현실과 문헌 속의 세계를 분절하지 않았으며 문헌 속에 드러난 필치의 생생한 전달감 그 자체를 주목하지 않았다.

그는 문학텍스트 혹은 문헌의 기록보다 오히려 텍스트가 표출해주고 있는 현실과 사회에 주목했다. 즉, 무라야마는 '한국의 귀신=미개한 한국인'을 배제하면서 구축한 문헌에 대한 게일의 관점의 변화와는 반대방향을 보여주었다. 여기서 '한국의 귀신=미개한 한국인'의 행방은 '대중'이라 호명되며 탐구되어야할 학술의 대상으로 변모되며, 꾸밈없는 고대설화를 통해 그 흔적과 연속선을 보증 받는 존재로 드러나게 된다. 조선고서간행회(朝鮮古書刊行會)의 『대동야승』에 수록되어있는 『청파극담』 소재 한 편의 이야기에 대한 『조선의 귀신』과 *Korean Folk Tales: imps, ghosts and fairies* (1913)의 상이한 배치와 번역양상은 두 사람의 차이점을 분명하게 보여준다.

어떤 촌백성이 성질이 포악하여 성이 나면 그 어미를 때리곤 하였는데, 하루는 그의 어미가 맞고 큰 소리로 호소하기를, "하느님이여, 왜 어미 때리는 놈을 죽이지 아니합니까" 하였다. 그 촌백성이 낫을 허리에 차고 천천히 밭에 나아가 이웃집 사람과 같이 보리를 줍는데, 그 날은 하늘이 아주 맑았는데 갑자기 한 점의 검은 구름이 하늘에 일더니 잠깐 사이에 캄캄해지면서 우레가 치고 큰비가 오는지라. 동네 사람들이 밭에 있는 사람을 보니, 벼락이 여기저기 치는데 누구인지 낫으로 막는 것 같았다. 이윽고 비가 개고 보니, 그 사람이 죽어버렸다. **하늘의 총명함이 이와 같으니, 참으로 무서운 일이다.**(①) ("有一村氓 性暴惡 怒則必敺其母 一日母被敺大呼曰 天乎何不殺此敺母奴 其人腰鎌徐步就田 與隣人共收牟 是日也天極淸明 忽一點黑雲 起於中天 須臾晦暝 雷雨大作 里人共見田中 霹靂亂加 若有人手鎌以拒之 俄而雨霽 其人已碎矣 天聰明有如是夫 吁可畏也")[51]

어떤 마을에 난폭한 남자가 있었는데, 마음에 들지 않는 일이 있으면 언제나 어머니를 구타하여 어머니의 탄식은 물론 마을 사람들도 모두 이 자를 싫어하지

---

51) 『국역 大東野乘』, 민족문화추진회, 1971, pp.89-90.

않는 사람이 없었다. 어느날 이 남자가 밭에서 보리를 베고 있었는데, 아주 맑게
개인 하늘에 별안간 검은 구름이 가리더니 천둥번개를 동반한 폭우가 쏟아져 피
할 겨를도 없이 벼락이 밭 한 가운데 있는 그 남자의 머리 위에 떨어졌다. 그리고
나서 순신간에 비가 개이고 하늘은 맑아졌지만 그 남자는 밭 한가운데서 죽어
있었다. 마을 사람들은 이구동성으로 천벌을 받았다고 하였다.(①) (무라야마
지준, 『조선의 귀신』, 김희경 역, pp.145-146.)

In a certain town there lived a man of fierce and ungovernable disposition, who
in moments of anger used to beat his mother. One day this parent, thus beaten,
screamed out, "Oh, God, why do you not strike dead this wicked man who beats
his mother?" / The beating over, the son thrust his sickle through his belt and went
slowly off to the fields where he was engaged by a neighbour in reaping buckwheat.
The day was fine, and the sky beautifully clear. Suddenly a dark fleck of cloud
appeared in mid-heaven, and a little later all the sky became black. Furious thunder
followed, and rain come on. The village people looked out toward the field, where
the flashes of lightning were specially noticeable. They seemed to see there a man
with lifted sickle trying to ward them off. When the storm had cleared away, they
went to see, and lo, they found the man who had beaten his mother struck dead
and riven to pieces. / God takes note of evil doers on this earth, and deals with
them as they deserve. How greatly should we fear!(①) (pp.206-207.)

『조선의 귀신』에서 이 이야기는 하늘에 대한 민간신앙이란 문맥에서
구전되는 설화들과 함께 배치된다. 게일의 번역을 보면, 이 이야기에 대한
논평이 존재하지 않지만 본래 존재하지 않았던 "하나님=신의 길"(혹은 道,
God's Way)란 제명을 부여했고 'God=天'이란 번역 양상이 보여주듯 개신
교의 신의 섭리란 차원으로 의미내용을 전환시켰다. 게일이 개입된 서술

자의 목소리를 보존함과 달리 무라야마가 지식인(서술자)의 목소리를 마을 사람들의 목소리로 전환시킴(①)은 두 사람의 서로 다른 지향점을 잘 보여준 셈이다.

 *Korean Folk Tales: imps, ghosts and fairies*의 서문에서 게일은 이 이야기들의 문화적 근원이 유불도 삼교란 사실, 그리고 동양인=한국인의 영혼 깊은 곳과 그들과 거하는 영적 존재의 모습을 보여준다고 말한다. 『천예록』 원본자료의 출처를 밝힌 후, 이 이야기들이 서구에 "미스테리, 많은 이들이 말하는 아시아의 비합리성을 소개하는 에세이"로 쓰일 수 있도록 내놓으며, 이 번역된 이야기 중 일부는 정말로 소름끼치고 추하기도 하지만 "임방 자신과 과거[그리고 현재까지: 인용자] 많은 한국인들이 살아 왔던 정황을 충실하게 그"리고 있다고 지적했다. 즉, 『천예록』은 과거부터 현재까지 이어지고 있는 한국인들의 삶에 대한 충실한 재현이었다. 그러나 구어와 변별된 문어로서 원본 『천예록』을 번역을 통해 보존하는 것은 불가능한 일이었다. 『조선의 귀신』에서 설화의 기능 즉, 조선인의 귀신신앙이 지닌 사회적 실태/기능/양상이 과거부터 지속되어왔음을 알려주는 증빙이기도 했으며, 이는 *Korea in transition*에서 여전히 정체된 근대 한국의 현실이기도 했다. 이는 『천예록』과 『청파극담』이 임방과 이륙의 작품집이라기보다는 문헌설화집로 유통될 수밖에 없게 한 이유이기도 하다.

2) 역사·문학적 텍스트로서의 필기·야담

 게일이 임방과 이륙이 기록한 이야기들을 신빙성 있는 한국 지식인의 기록으로 보존하기 위해서, 이들은 근대를 괄호에 묶은 과거의 '허구와 미분화된 역사'라는 상위개념으로 이동될 필요가 있었다. 한국의 역사라는 더 넓은 서사화폭을 구성하는 이야기들—위대한 군주 세종의 올바른

인재 등용의 일화(The Fortunes of Yoot(*Korean Folk Tales: imps, ghosts and fairies*),「妄入內苑陞縣官」(『천예록』))로, 조선 불교의 연속성을 보여주는 태종시대에 있었던 한 스님의 일화(The Perfect Priest(*Korean Folk Tales: imps, ghosts and fairies*),『국역 대동야승』, pp.97-98)로 *A History of the Korean People*(1927)에 이 이야기들은 재편된다. 사인(士人) 안륜(安綸)과의 인연을 이루지 못하고 자살한 하성부원군(河城府院君)의 여종이 현세 다시 나타났다는 소재를 기록한 이륙의 기이담(Faithful Mo(*Korean Folk Tales: imps, ghosts and fairies*),『국역 대동야승』, pp.108-109)에 대하여 게일은 현실을 제재로 삼은 두 이야기와 다른 배치방식을 보여준다.

　게일은 영국 사회의 심리학 연구결과에 따르면, 한국인들은 마음 속으로 망자가 현세에 다시 나타남을 믿는다고 말했다. 이를 보여주는 실례로 게일은 저자 이륙을 밝히며 이 기이담을 제시한다. 원본『청파극담』을 보면, 이 기이담과 더불어 이 이야기의 출처와 절개와 지조를 지킨 하성부원군(河城府院君)의 여종이 보인 열(烈)에 대한 고평이 있다. 비록 괴력난신(怪力亂神)의 제재를 다루고 있음에도 후미에 개입된 이 서술자(유가지식층)의 목소리가 부여한 열(烈)이란 도덕적 교훈을 보여줌으로 이 한문글쓰기는 정당성을 획득하는 셈인데, 게일은 이를 그대로 번역했다. 더불어 이 유가지식층의 목소리를 오늘날 말할 수 있는 바를 500년 전에 먼저 지적했다고 평했다. 즉, 여성의 열(烈)은 주체적인 여성의 사랑(연애)과 등가교환의 관계에 놓여지게 된다. 이에 따라 이 기이담은 정서적인 감동을 주는 15세기의 슬픈 이야기로 변모되게 되는 것이다. 한자라는 서기체계는 게일에게 한국인의 마음속에 응축된 이런 정서를 발견할 수 있게 해주었다.

　게일은 한국의 문학을 공부하려는 이는 한자의 매개를 거칠 수밖에 없

지만 한자를 공부하는 것이 반드시 전문가의 수준까지 되어야 한다는 것
이라고 생각하지 않았다.[52] 고대 중국의 역사와 신화를 끊임없이 참조하
여 한국문학을 이해하는 일은 동양에서 어린 시절부터 공부를 시작해 중
년까지 지속하지 않은 이상 외국인에게는 불가능한 일이기 때문이다. 따
라서 한국의 구어(일상어)에 관한 지식이 있고 그가 할 수 있는 차원에
서 노력한다면, 전문가(한학자)의 도움을 통해 그 심층(근간)에 놓인
사상(thought)을 붙잡을 수 있기에, 용기를 잃을 것은 없다고 했다(pp.297-
298). 여기서 전문가는 한학적 소양을 지닌 한국의 지식인(한학자)을 일컫
는 것이었다. 한문의 문리(文理, Wenli) 혹은 유가경전의 형식에 철저하게
정통한 전통적 교육을 받은 학자이며 과거제도가 폐지(1894)되기 이전 과
거를 준비하기 위해 어느 정도 공부가 되어 있었던 사람이라고 말했다.
이 사람은 불교와 관련된 문헌을 제외한다면, 어떤 문헌의 어디를 펼쳐
보이더라도, 이를 읽어나갈 수 있는 사람이다(pp.298-299). 게일이 *A History
of the Korean People*(1927)을 통해 제시하고자 했던 바는 이 한학자의
조력에 부응되는 것이었다.

*A History of the Korean People*의 1장에서는 성부(聖父) 환인(桓因)과
성령(聖靈) 환웅(桓雄) 그리고 성자(聖子) 단군(檀君)이라는 삼위일체를
통해 한국 민족[肉]의 기원을, 2장에서는 중국의 천지창조 신화인 반고(盤
古), 삼황오제(三皇五帝)의 신화, 요순우탕문무(堯舜禹湯文武)란 신화 속
의 황제 그리고 도교라는 한국의 영(종교)적인 시원을 기술했다. 그는 한
국인이 전자보다 후자와 그 저변들에 관한 문제에 대해서 더 많은 것을
생각하며, 이것이 한국인의 본질이라고 말한다(p.361). 고대중국의 신화

---

52) "Korean Literature(1)-How to approach it", *the Korea Magazine*, 1917 July (*the Korea
Magazine* I, pp.297-299.)

가 제시된 후, 게일은 한국인이 산출한 문헌,『東文選』에 수록된 진화(陳
澕)의 한시「桃源歌」와『천예록』에 수록된「關東路遭雨登仙」의 일부분을
번역한다.[53] 그는「도원가」를 번역하면서, 시인은 "아마도 이 잃어버린
낙원의 기쁨을 절실히 깨달았을 것"이라고 말하는 데 그 잃어버린 풍경은
노자보다 더 연원이 깊은 서왕모(西王母)가 있는 낙원의 풍경이며, 이는
도원이라 일컬어지는 곳이다.

이 시에서 게일이 번역으로 취하고 있는 부분은 실제 이 한시의 절반부
분이다.「도원가」는 전반부에서는 도연명의「도화원기」의 이상향인 '도
원'의 정경을 묘사하고 후반부에 가서는 가혹한 부세만 없으면 곳곳이 바
로 도원이라 하여, 유자로서 당연히 지향해야할 사도(史道)의 교훈을 담고
있는 시라고 할 수 있다. 그의 번역시는 전반부만을 번역하고 있다. 더불
어 인용하는 임방의『천예록』역시 신선들이 사는 선계의 풍경이다. 게일
은 진화, 임방이 생생하게 형상화한 이 풍경에 몰입할 수 있었으며 이를
보존하려고 한 것이다.

필자는 한국인들과 함께 수년 동안 살아왔음에도 불구하고 도교의 도사와 신
선들이 그의 세계에 어떠한 구실을 하는 지에 대해서 생각해본 적이 없었다.
친숙해지자, 그들은 지금 항상 선하고 친절하며 그러나 온전히 지상과 천상의
존재도 아닌 가장 불가사의한 기품과 매력을 지닌 친구들이었다. 한국인들이
쓴 것을 읽어갈수록, 나는 이 신선과 그들의 궁전에 함께 살게 되었으며, 그들의
가장 귀한 공연에 참가했으며, 그들의 오래된 향기롭고 감미로운 목소리를 들었

---

53) 徐居正 等編,『國譯 東文選』1, 민족문화추진회 편국역, 민족문화추진회, 1976,
pp.215-216. 이 시편에 대한 해설은 이 한시에 대한 설명은 김성기,「진화론」,『한
국한시작가연구』, 한국한시학회, 1995, p.212 참조; I. S. Gale, *Korean Folk Tales*,
p.363; 정환국『교감역주 천예록』, 성균관대 출판부, 2005, p.53.

다. 그렇다 나는 그들의 음악을 들으며 부드럽고 매력적인 그들의 道의 현장들을
보며, 이 신선들과 함께 살았다.[54]

여기서 배치된 한시와 야담의 일부분은 사료라기보다는 저술한 한국인
의 마음이 형상화된 문학작품에 가까운 것이었다. A *History of the Korean
People*(1927)은 게일이 한국학의 징수라고 보았던 한국의 문학들로 구성
된 역사서였다. 이제 그가 문학을 통해 구현한 번역, 재현된 '한국'('朝鮮')
이 어떻게 유통되었는지를 살펴볼 차례이다.

5. 번역·재현된 '朝鮮'의 통국가적 유통

1) 「기일씨조선관(奇一氏朝鮮觀)」과 "조선쇠망의 7원인"

1928년 11월 2일 『조선일보』에는 「기일씨조선관(奇一氏朝鮮觀)」(석간
1면)이란 사설이 수록되어 있다. 기자는 『조선사상통신(朝鮮思想通信)』
에 실린 「구미인(歐米人)의 조선관」 중 40년을 한국인 교화사업에 보내게
된 유명한 조선통(朝鮮通) 영국인 게일의 한국관이 깊은 안목을 지녔으며
그의 지적이 흥미롭다고 논평했다. 이 사설 속에서 가장 중심적으로 거론
되는 글의 내용은 근대에 와서 한국이 쇠망한 7가지의 원인이다. 게일이

---

54) "Why read Korean Literature", *the Korea Magazine* I, p.355. "the writer had no idea,
though he had lived with the Korean for a score of years, of the part the Taoist genii
and the fairies play in his world. They are now, that acquaintance has been made,
friends of the most subtle grace and charm, always good and kind and yet wholly
of the earth non-earthy. As I have read what Korean has written I have lived with
these sin-sun(fairies) in their palaces, have partaken of their choicest fare, have listened
to their voices, sweetened and mellowed by age. Yes I have lived with these fairies,
heard their music and seen the soft winsome workings of their way."

7가지의 원인을 조선인(朝鮮人)이 역사적으로 축적해온 정신, "조선혼"과 "도덕·예의·예술·문학·남녀구별·의복"의 상실이라고 거론한 것은 보통의 외국인으로서는 건드리지 못하는 측면을 말한 것이라고 평가했다.

이어지는 그의 글을 볼 때, 이는 한국의 식자들이 스스로 그 원인을 이조정치의 부패로 치부하는 상투적인 시각과 변별된 "문화"적인 시각이었기 때문이다. 그것은 조선 쇠망의 원인인 이조정치의 부패를 낳게 한 심층적인 원인, 즉, '원인의 원인'에 대한 고민이 담겨져 있다고 여겨졌기 때문이다. 그는 그 심층적인 원인을 이야기함에 게일의 "조선혼의 상실과 사도의 타락" 그리고 "道德의 부패"란 필법을 빌려온다. 더불어 한국인이 현대문화에 뒤쳐진 점은 차지하고 현재 한국의 문학과 예술의 상실로 말미암아 외부에 내세울 만한 자신의 전통과 문화를 지니지 못하고 있다는 사실, 생활양식이 서구화됨으로 과거 남녀의 구별과 의복 역시 상실했다는 점에 동의했다.

그는 게일이 제시한 이 "조선쇠망(朝鮮衰亡)의 원인"을 문화상의 원인으로 규정하고, 이것만으로는 짚을 수 없는 점을 첨언한다. 그것은 국가도 유기체인 이상 외부의 형세에 적합하여야 생존할 수 있다는 점을 전제하며, "歐洲以外로 急히 밀리어 나오게 되는 資本主義文明의 潮流"에 한국이 일본과 달리 순응하지 못했다는 점이었다.

2) 『조선사상통신』에 번역·재현된 게일의 "조선"

「기일씨조선관」이 참조한 게일의 글은 『조선사상통신』 787-790호에 4회에 걸쳐 연재된 「歐美人이 본 朝鮮人의 將來─나는 前途를 樂觀한다」였다.[55] 이 글의 목차를 제시해보면 다음과 같다.

---

55) (英)奇一 博士, 「歐美人の見たる朝鮮の將來─余は前途を樂觀する」 1-4, 『朝鮮思

787호 ○ 동양의 희랍 ○ 조선의 三聖

788호 ○ 조선멸망의 7가지 원인

    1. 관념의 인물을 상실한 데 있다. = 조선혼을 상실한 데 있다.

    2. 도덕을 상실한 데에 있다.

    3. 예의를 상실한 데에 있다.

    4. 음악을 상실한 데에 있다.

    5. 문학을 상실한 데에 있다.

    6. 남녀의 구별을 상실한 데에 있다.

    7. 의복을 상실한 데에 있다.

789호 ○ 조선인은 일본화될 것인가?

790호 ○ 조선인은 좌경화될 것인가?

『조선일보』의 사설이 거론하는 부분은 787-788호임을 알 수 있다. 그리고 실상 이 사설의 첨언은 이후 한국의 신문화 창조에 있어 일본이 근대화와 신문화 창조의 모델(보편자)로 제시되어 있다는 점에서 본다면 789호에 실린 게일의 논지와는 다른 지향점을 지닌 것이었다. 흥미로운 것은 현재 영인본 자료로는 보이지 않지만 목록 상 동일한 제명의 글이 『신민』 9호(1926.1)에 수록되어 있었다는 사실이다. 『조선사상통신』의 성격이 한국미디어에서 발표된 글을 번역하여 전재한 잡지였다는 사실과 그 게재시기를 감안한다면 「기일씨조선관」의 원천은 사실 이 글이었던 셈이다.56)

    想通信』, 1928, pp.787-790.

56) 저자가 영국인 Thomas Gale로 동일하지 않으나, 게일은 선교 초기에는 자신의 국적을 미국인으로 자칭했으나 귀국시점에는 영국인으로 귀화했다는 점, 일본어로 번역된 글을 보면 40여 년을 한국체류기간에 대한 술회와 내용상 *A History of the Korean People*의 기술과 동일함을 통해 추론해볼 때 동일한 게일의 글로 추론된다.

게일의 한국체류 40년의 산물, 한편의 "활동사진"이라 표상되어 그 충실한 재현성을 보장받는 대상, 더불어 생각하면 할수록 "심오해지며 흥미로워지는 대상"(787호). 조선. 그가 영어로 번역·재현하여 서구에 알리고자 했던 조선. 그것이 『신민』이라는 잡지에서 한국어 글쓰기를 통해 표현되었으며, 『조선사상통신』에서 다시 일본어로 번역되고, 다시 『조선일보』의 이 사설 속에서 유통되는 현상을 대면할 수 있는 것이다.

『조선사상통신』에서 "생각하면 할수록 심오해지는 것"이며 "활동사진"이라고 게일이 술회하는 조선은 "동양(東洋)의 희랍(希臘)"으로 표현되는 영예로운 과거를 지녔던 대상이었다. 게일은 조선을 유사(有史)이래 전세계 어느 곳에도 볼 수 없는 문화를 창조한 동양의 희랍이라고 규정한다. 조선은 당(唐)에 문명을 떨쳤던 국제적인 작가인 최치원, 광개토대왕비의 비문이 보여주는 훌륭한 문장, 신의 존재를 발견한 김유신이 지니고 있는 존재였다. 조선 민족은 서양보다 훨씬 이른 시기에 문학과 종교를 지니고 있었던 존재였다.

게일은 김유신과 함께 동양=조선의 삼성(三聖)으로 세종대왕과 율곡 이이를 든다. 세종대왕은 '지나인(支那人)'이 자랑스러워하는 요순우탕(堯舜禹湯)과 다른 역사적인 실존 인물로, 덕치를 행하고 언문(諺文)·시계와 같은 여러 문물제도를 제정하여 인류의 행복을 도모한 인물이다. 게일은 세종이 잠들어 있는 장소인 여주에 있는 영릉을 지날 때, 세종의 덕을 감사하며 여러 번 하늘을 우러르며 신생조선민족의 장래를 축복했다고 회상했다. 율곡 이이는 조선인의 표본, 전형으로 규정한다. 율곡은 "성결하다 하는 까닭은 그 문학도 그러하거니와, 벼슬살이를 하지 않더라도 차라리 일개의 사람다운 사람, 일세의 부귀공명과 속론(俗論)을 초월했던 사람, 투철한 식견과 개결(介潔)한 기개와 지조, 역경에 종순하는 달관,

견실하고 심원한 이상의 소유자"였기 때문이다(787호).

게일이 기술하고 있는 조선은 『조선일보』 사설 속에서 "영예로웠던 과거 조선의 문화에 대한 역사적인 서술"로 요약된다. 한 페이지의 글 속에 새겨진 최치원, 김유신, 세종대왕, 이이의 이미지는 화폐의 이동을 보여주듯, 한국-일본-한국의 순으로 유통되고 있었다. "조선인이 역사적으로 축적하야온 정신"으로 규정되는 "조선혼의 상실"은 을지문덕, 강감찬, 이순신과 같은 무공(武功)이 높은 인물, 설총, 김유신, 세종대왕, 이퇴계, 이율곡과 같은 문화의 창조자들을 한국인 스스로가 망각했음을 지적한 것이다(p.789). 이 망각되어가는 인물들을 기억시고자 한 시도, 조선혼, 조선인의 심령(정신)의 역사는 A History of the Korean People(1927)을 통해 종국적으로 게일이 제시하려고 했던 바이다.

게일은 한국인의 일본화란 문제보다 한국인의 좌경적화(左傾赤化)가 점점 더 극대화될 것이며 사라지질 않을 심각한 문제로 생각했다(789호). 그것은 한국에 있어서 경제발달=자본주의의 폐해가 늘어감에 어쩔 수 없이 대면할 수밖에 없는 운명이었기 때문이다(이하 790호). 그럼에도 게일은 한국에서도 러시아에서와 같은 대혁명은 일어날 수 없을 것이라고 진단한다. 첫째, 한국민족 자체의 전통적 특성 때문이며, 둘째, 한국인은 제정 러시아 시대 때와 같이 무지폭학(無智暴虐)하지 않기 때문이라고 했다. 현재 한국은 도덕의 퇴폐, 생활의 곤란, 사상의 혼란 가운데 있지만, 그것은 한국인 자체의 노력 여하에 따라 점진적으로 개선해나갈 것이란 낙관으로 그의 한국인의 장래에 대한 예언으로 마무리된다.

그리고 첨언으로 게일은 20세기 벽두 서양 신문잡지의 신년호에 실린 세계일류명사의 세계의 장래에 관한 낙관적인 예언들을 회상한다. 도덕과 의학기술이 발달하여 전쟁과 질병이 사라지고, 식량이 풍족해져 투쟁욕이

사라질 것이란 점에서 그들의 예언은 일치했고 구미인은 그렇게 안심했었
지만, 세계대전, 유행병, 사상의 혼란, 계급투쟁이 연이어진 세계는 결코
무엇이 진실이고 환상인지를 구분할 수 없는 것이었다.

　"하늘의 신이 하시는 일은 인류로서는 알 도리가 없는 것입니다. 그렇게
말해두어도 또 어떤 대변화가 일어날지도 알 수 없습니다 세계의 역사라
는 것은, 필경 고금에 걸쳐 수많은 변천을 거듭해온 겁회(劫灰)를 가리키
는 것이겠지요"라고 게일은 말한다. 즉, 인류는 결코 신이 될 수 없었고
이런 세계의 대전환을 예상할 수 없었다. 이런 대전환이 또 다시 일어날
지는 알 수 없으며, 대포(大砲), 군함(軍艦)의 나라들의 현재를 보면, "文筆
의 국가인 조선"은 스스로의 사명에 대하여 알 수 있을 것이라 첨언했다.
하지만 이런 언급을 할 수 있는 것은 '한국'이라는 민족을 실정성을 지닌
존재로 상정할 수 있었기 때문이다. 이 점은 한국인의 일본화의 문제를
말하는 대목에서 더욱 명확히 드러난다(789호). 이는 「기일씨조선관」과는
다른 일본에 대한 이미지를 제공한다. "조선이 자본주의란 세계체제 내에
들어섰다"는 점, "조선의 멸망(쇠망)", 을지문덕, 강감찬, 이순신과 같은
무공(武功)이 높은 인물, 설총, 김유신, 세종대왕, 이퇴계, 이율곡과 같은
문화창조자를 한국인이 망각했다는 점(조선혼을 상실했다)에 「기일씨조
선관」과 게일의 글은 같은 인식을 공유했다. 하지만 한국인의 일본화에
대한 관점은 전자에게 일본은 조선이 배워야할 대상이며, 근대화의 성공
의 모델로 규정되는 반면, 후자에게는 동일화될 수 없는 각각의 민족으로
규정된다. 게일은 한국인의 일본화의 문제 때문에 고민하는 이를 위한
시조 한 작품을 인용한다.

この身、死に、死に、百たびも、生れ代りて、死に果てゝ、骨は腐りて、つちとなり、みたまもあらぬ、時來ても、君恩ふ心、我れはさじ。(이몸이 죽어 죽어 일빅번 곳쳐죽어 白骨이 塵土되야 넉이라도 잇고업고 님向한 一片丹心이야 변할수잇스랴)(789호) Let the body die and die and the die Hundred time, and let all my bones return to dust, and my soul dissipate into nothingness, yet not one iota of loyalty shall I change toward my sovereign lord[King].

그것은 게일이 문헌 속에서 발견한 한국인의 신앙심에 대한 예증으로 사용되었던 정몽주의 「단심가」였다. 고려왕조에 대한 영원불멸한 충(忠)이란 신하의 입장에서 정몽주가 형상화한 이 정서는, 『조선사상통신』에서는 일본어와 함께 배치되며 한국민족의 영원불멸한 정신이란 근대 국민국가적 알레고리를 생성시켜준다. 게일의 말을 빌리자면, 역사와 문화를 지닌 민족은 멸망하지 않는 존재였기 때문이다. 하지만 「기일씨조선관」 그리고 『조선사상통신』에 번역, 재현된 조선은 제국 일본이 편제한 지식생산시스템 안에서 배치된 것이었다. 게일은 일본과 한국이 동일하지 않은 민족임을 언급했을 뿐 결코 제국 일본의 식민지 조선에 대한 편제 자체를 문제 삼지는 않았다. 다만 '민족=nation'(Gale 1931)을 문화(종교, 문학)와 역사로 구성하려고 했던 게일의 기획과 「기일씨조선관」이 지닌 '국민=nation'을 위한 신문화의 기획이란 차이는, 게일에게 있어서 한문으로 기록된 문헌들을 한국인 마음의 투명한 재현으로 규정하게 함과 동시에 게일의 말을 빌리자면 '미개한 현실'에서 '서구화되며 오염된 것'으로 변한 한국의 현실을 배제하게 했다. 그러나 그가 발견했고 그가 보기에 소멸되고 있던 번역/재현된 한국은 당시 이 오염된 현실 속에서 생성되던 근대문학에 있어, 사실 없어서는 안되는 필수불가결한 외부이기도 했다.

【개념뭉치5】

'고전', '국학' 관련 항목

1. 英韓 대응관계

Classic: 경셔(Underwood 1890) Classics 경셔, 亽셔, 삼경(Scott 1891), (Confucian) 경서(經書): 성경현젼(聖經賢傳) The Confucian Classics consisting of the 亽셔 (四書) and the 삼경(三經) which are given collectively as the 亽셔삼경(四書三 經) They are as follows: The 亽셔 론어(論語) Analects of Confucius 밍주(孟子): Works of Mencius 즁용(中庸) Doctrine of the mean 대학(大學) The Great Learning The 삼경 시젼(詩傳) Book of Odes 셔젼(書傳) Book of History 쥬역(周易) Book of Changes (Jones 1914) Chinese classics 경셔(經書), 칠셔(七書), 사셔삼 경(四書三經) (Gale 1924) classic 경셔(經書), 경뎐(經典), 경(經), **고셔(古書)** classical 고샹흔(高尙), 문아흔(文雅), 슌미흔(純美) (Underwood 1925)

  cf) Canon: 법(Scott 1891), (rule of law)법뎐(法典): (criterion)률례(律例): (Biblical) 정경(正經): (decree of the Church)셩뎐(聖典), Canon of the Saints 셩도명부 (聖徒名簿), 법뎐(法典), 률례(律例), 졍경(正經), 셩뎐(聖典), Canon of the Saints 셩도명부(聖徒名簿) (Underwood 1925)

2. 韓英 대응관계

① 亽셔(四書): The four Classics, Nonö (론오) Mincius (밍자) Doctrine of Mean (중용) and Great Learning (대학) (Gale 1911) The four Classics, Analects, Mincius, Doctrine of Mean and Great Learning (Gale 1931)

・亽셔삼경(四書三經): nom d'un livre des païens, et qu'on attribue à Confucius. (Ridel 1880) The Four Books; Analects (론어) Mincius (밍자) Doctrine of Meau (중용) and Great Learning (대학), and three Cannonical Classics.; Canon of Changes (쥬역) Cannon of History (셔젼) and Book of Poetry (시젼) (Gale

1897-Gale 1931)

② 국학(國學): Teaching under direction of the state.(Gale 1911) The teaching under the direction of the state; the national literature. (Gale 1931)

· 국학재(國學者): A classical Scholar (Gale 1931)

cf) 언문(諺文): The common Korean alphabet (Underwood 1890), The native Korean writing; Ünmun See. 국문 (Gale1897-1911), The native Korean writing; oral and written languages (Gale 1931)

cf) 국어(國語): The national tongue; the language of a country (Gale1911-1931) A national language; vernacular; mother tongue(김동성 1928)

· 국문(國文): The national character-Ünmun.(Gale 1911) The national literature. (Gale 1931) The national characters; the national literatures(김동성 1928) 국문학(國文學): National literature, 국문학과(國文學科) The national literature course.(Gale 1931)

· 국人(國史): Official records of chronicles. Opp.야仝 (Gale 1911), The national history. Opp. 야仝 (Gale 1931)

③ 고뎐(古典): Classics (김동성 1928), The classics (Gale 1931)

cf) 고뎐쥬의(古典主義) Classicism; a love of the classic. 고뎐학쟈(古典學者) A classical scholar (Gale 1931)

3. 韓日 대응관계(『조선어사전』, 1920)

四書(亽셔): 論語・孟子・中庸・大學の稱。國語(국어): 一國の言語。國文(국문): 自國の言語にて製作したる文學。 國史(국亽): 一國の歷史。 國學(국학): 「成均館」(성균관)の別稱。

4. 한국어사전(문세영, 『조선어사전』, 1938)

① 사서(史書): 중용(中庸), 대학(大學), 논어(論語), 맹자(孟子).

· 사서삼경(四書三經): 사서와 삼경. 곧 논어(論語), 맹자(孟子), 중용(中庸), 대학(大學)과 서전(書傳), 시전(詩傳), 주역(周易)

② 국학(國學): (1)「성균관」(成均館)의 딴 이름. (2) 그 나라에 특유한 학문
국어(國語): (1) 모든 국민이 쓰는 그 나라의 말. (2) 한 나라의 특유한 말
국문(國文): 자기 나라의 말로 지은 글.
국사(國史): 자기나라의 역사. 國乘.

③ 고전(古典): (1) 옛날 책 (2) 옛날의 의식(儀式)
ⓓ 고전문학(古典文學) 희랍·로마시대의 문학, 고전학(古典學) 고전을 연구하는 학문, 문헌학(文獻學) "古典을 주로 하는 학문. 민족의 언어와 문학을 조사하여 그 문화의 성질을 밝히는 학문

'종교' 관련 항목

1. 英韓 대응관계

· Religion: 도, 교, 셩교(Underwood 1890), 교(Scott 1891), **종교(宗敎)** (of sect) 교파(敎派), 종파(宗派) In compounds both 도(道) and 교(敎) are used. Buddhist Religion 불도(佛道), Christian Religion 그리스도교(基督敎), 예수교(耶蘇敎), Confucian Religion 유도(儒道), 유교(儒敎), Mohammedan Religion 회회교(回回敎), Natural Religion 주연종교(自然宗敎), Revealed Religion 텬계교(天啓敎), Shinto Religion (神道), State Religion(國敎), Taoist Religion 선교(禪敎) (Jones 1914), 종교(宗敎) (Gale1924), 도(道), 교(敎), 셩교(聖敎), 종교(宗敎), 교문(敎門), 교파(敎派) (Underwood 1925)

2. 韓英 대응관계

① 도(道): route. doctrine. dogme. province.(Ridel 1880), A road. Doctrine, dogma, religion, belief. Province(Underwood 1890) A doctrine; a religion. See. 교 a province(Gale 1897-1931) province (김동성 1928)

· 교(敎): doctrine; enseignement, religion; secte.(Ridel 1880), Doctrine, teaching, religion, sect. (Underwood 1890) Doctrine; religion See. 도(Gale 1897-1911) Doctrine; religion; Lesson; teaching See. 도(Gale 1931) Teachings; instruction; a precept; a lesson; doctrine(김동성 1928)

② 종교(宗敎): The national religion (Gale 1911) Religion (김동성 1928) Religion; the national cult (Gale 1931)

cf) 종교가(宗敎家): Religionists; men of the church(Gale 1911-1931) Religionist. (김동성 1928)

cf) 종교기혁(宗敎改革) Religious reform; the Reformation, 종교뎍(宗敎的) In be half of the national religion. 종교정치(宗敎政治) Theocracy (Gale 1911-1931)

cf) 종교뎡의(宗敎定義) Definition of religion, 종교샤회(宗敎社會) The religious world, 종교상(宗敎上) Religious, 종교심리학(宗敎心理學) Psychology of relgion, 종교철학(宗敎哲學) Philosophy of relgion, 종교학교(宗敎學校) A religious school.(Gale 1931)

3. 韓日 대응관계(「조선어사전」, 1920)

敎(교): 「耶蘇敎」(야소교)の略

道(도): (1) 人の履むべき道

宗敎(종교): 神佛を信仰することを基本としたる敎理.

4. 한국어사전(문세영, 「조선어사전」, 1938)

① 도(道): (1) 사람이 지켜야할 도리. 길 (2) 종교 (3) 지방행정구역의 하나.

예전에는 팔도였던 것을 고종(高宗) 삼십이년(1895 A.D.)에 십삼도로 고쳤다.

② 교(敎): 「종교」(宗敎)의 준말.

③ 종교(宗敎): 숭고하고 위대한 어떠한 대상을 인격화(人格化)하여 이것을 숭배하고 신앙하여 이로 인하여 우리의 안심과 행복을 얻고저하는 사실.

cf) 종교가(宗敎家): 종교를 닦고 또 그것을 선전포교하는 사람, 종교광(宗敎狂) 상식으로 판단할 수 없을만치 한갓 신불을 믿는 사람. 종교사(宗敎史) 모든 종교의 역사적 변천에 관한 기록. 종교철학(宗敎哲學) (哲) 종교의 철학적 성질 또는 필연성(必然性)을 밝히고저하는 철학, 종교학(宗敎學) 모든 종교를 비교연구하는 학문, 종교화(宗敎화(畵)) 종교상의 사실 또는 전설을 제재(題材)로 한 그림

'미신/이단' 관련 항목

1. 英韓 대응관계

① Superstition: 헛거슬믿는것 (Underwood 1890) 사술, 사술에 밋다 (Scott 1891) 망신(妄信), 과신(過信), (False religion) 샤교(邪敎), 좌도(左道) (Jones 1914), (1)헛것을밋음, 미신홈(迷信), 쌔짐 (2)샤교(邪敎), **이단(異端)** (Underwood 1925)

② Heresy: **이단** (Underwood 1890), 샤도 (Scott 1891), 이단(異端), 이교(異敎), 샤교(邪敎), (heretical teaching) 오히지교(誤解之敎), 이단지교(異端之敎) (Jones 1914) 이단(異端), 샤교(邪敎), 외도(外道) (Gale 1924), 이단(異端), 좌도(左道), 이교(異敎), 샤교(邪敎) (Underwood 1925)

2. 韓英 대응관계

① 미신(迷信): Superstition; credulity (김동성 1928) Superstition (Gale 1931)

cf) 미신가(迷信家) superstitious person (Gale 1931)

· 샤교(邪敎): Heresy; corrupt religions teaching; a false religion; evil doctrines; this term is also applied to Christianity (Gale 1911) Heresy; corrupt religions teaching; a false religion See. 이단 (Gale 1931)

· 샤도(邪道): Evil Way; heretical doctrines (Gale 1911) Heretical doctrines (김동성 1928) Evil Way; heretical doctrines opp. 정도 (Gale 1931)

· 샤술(邪術): Worship of evil spirits; spiritism (Gale 1931)

② 이단(異端): superstition, œuvre de superstition.(Ridel 1880) Heresy; superstition-all teaching that close not conform to Confucianism. See. 이단지도 (Gale 1897-1931) Heresy (김동성 1928)

cf) 이단지도(異端之道): Heretical teaching; doctrines of superstition (Gale 1897-1931)

이단샤설(異端邪說): Heresy and heterodoxy (Gale 1911-1931)

이단시(異端視)ᄒ다: To regard as a heretic, 이단쟈(異端者) A heretic (Gale 1931)

· 이교(異敎): A different or foreign religion; heterodoxy; heresy (Gale 1911) Heresy; a foreign religion; heterodoxy; heathenism; paganism (김동성 1928) A foreign religion; heterodoxy; heresy (Gale 1931)

cf) 이교국(異敎國) A country of a strange religion; a non-Christian country, 이교도(異敎徒) A non-Christian. 이교주의(異敎主義) Heterodoxy (Gale 1931)

3. 韓日 대응관계(『조선어사전』, 1920)

邪術(샤슐): 妖邪なる術。

異端(이단): 儒敎を奉する人の他敎を稱する語。

左道(좌도): (1) 自己の信奉する宗敎以外の宗敎。

外道(외도): (2) 正道に違ふこと。(2) 京畿道以外の各道。

4. 한국어사전(문세영, 『조선어사전』, 1938)

· 미신(未信): (1) 옳지 못한 일을 믿는것 (2) 정당하지 못한 믿음

· 사교(社交): 정당하지 아니한 교.

· 이단(異端): 유교를 믿는 사람이 다른 교를 일컫는 말.

· 외도(外道): (1) 경기도 이외의 각도 (2) 정도를 어기는 것 (3) 「오입」(誤入)
과 같음. (4) 불교 이외의 모든 교

· 좌도(左道): (1) 경기, 충청, 경상, 전라, 황해 각도를 둘에 나누었던 한쪽의
도. 곧 경기도의 남쪽, 충청도의 북쪽. 경상, 전라, 황해 각도의 동쪽.

'역사' 관련 항목

1. 英韓 대응관계

① History: 수긔, 수젹 (Underwood 1890, Scott 1891) 수긔(史記), **력수(歷史)**,
수젹(事蹟) Natural History 박물학(博物學) (Jones 1914) 수긔(史記), 력수(歷
史) (Gale 1924) 긔(史記), 력수(歷史), 수학(史學), 수젹(事蹟) (Underwood
1925)

2. 韓英 대응관계

① 수긔(史記): histoire; mémoire; annales (Ridel 1880), Historical records; annals.

See 력딕 (Gale 1897-1911) Historical records ; annals (Gale 1931)

cf) 력딕(歷代) généalogie; liste des ancêtres; annales de famille(Ridel 1880) Successive dynasties. See. 세딕 (Gale 1897-1931) Successive generations (김동성 1928)

· ᄉ젹(事蹟): signe, marque(Ridel 1880) Prima facie grounds; history. See. ᄉ업.(Gale 1897-1911) An Evidence; a fact; a relic (김동성 1928), Things that have happened; events; history (Gale 1931)

② 력ᄉ(歷史): History (김동성 1928) History. See. 력딕사(Gale 1931)

cf) 력사상(歷史上) Historical(김동성 1928)

cf) 력딕사(歷代史) A chronicle; annals.(김동성 1928) A chronicle; annals. See. 력ᄉ(Gale 1931)

cf) 력ᄉ가(歷史家) A historian. (김동성 1928) historian (Gale 1931)

cf) 력ᄉ과(歷史科) A historical departments. 력ᄉ디도(歷史地圖) A historical map. 력ᄉ쇼셜(歷史小說) A historical novel, 력ᄉ화(歷史畵) A historical picture, 력ᄉ화가(歷史畵家) A painter of historical pictures (Gale 1931)

3. 韓日 대응관계(『조선어사전』, 1920)

史記(ᄉ긔): 史實을記載ᄒᆞ는書籍(史乘, 史冊, 史策)。

歷史(력ᄉ): 歷代の史書

4. 한국어사전(문세영, 『조선어사전』, 1938)

① 역사(歷史): (1) 세상의 변천, 흥망에 관한 기록 (2) 역대의 사기 (3) 개인의 경력

cf) 역사가(歷史家) 역사를 연구하는 사람, 역사미(歷史美) 역사적 사실의 미관(美觀), 역사적(歷史的) 역사에 관한 것, 역사적 연구(歷史的 硏究) 변천을 조사하여 그 원리를 연구하는 것. 역사철학(歷史哲學) 역사의 변천에

관하여 철학적으로 고찰하는 연구

② 사기(史記): 역사적 사실을 기록한 책. 史書. 史乘. 史冊.

'사진' 관련 항목

1. 英韓 대응관계

① photograph: 샤진(Underwood 1890), 화샹박히다(Scott 1891), **샤진(寫眞)** instantaneous photograph 시톄샤진(時體寫眞): stereocopic photographs 쌍안샤진(雙眼寫眞) (Jones 1914) 샤진 (寫眞). 샤진박다, 촬영(撮影)ᄒ다.(Underwood 1925)

· picture: 그림, 판, 샤진, 그리오, 그림그리오(Underwood 1890), 그림, 화샹 (Scott 1891), 그림(畵), 도화(圖畵) (Jones 1914), 회화(繪畵) (Gale 1924) 그림, 환, 도화 (圖畵), 화샹 (畵像). 그리다, 그림그리다. picture book, 화보 (畵譜), 회본 (繪本). picture post card, 회화엽셔 (繪畵葉書) (Underwood 1925)

② Kinetograph: 활동사진틀(活動寫眞器), Kinetoscope 활동사진긔계(活動寫眞機械) (Jones 1914) Kinematrograph 활동샤진(活動寫眞) (Gale 1924) kinematograph, Kinetographm, Moving Picture 활동샤진 (活動寫眞) (Underwood 1925)

2. 韓英 대응관계

① 화샹(畵像): A portrait (Underwood 1890) A portrait; a picture; a photograph See. 샤진 (Gale 1911) A portrait; an image (김동성 1928)

· 샤진(寫眞): A photograph; a portrait; a drawing. (박다). See. 화본 (Gale 1897-1931) A photograph; a portrait(김동성 1928)

cf) 화본(畵本): A copy of a picture; an outline (내다)(Gale 1897-1931) cf) 샤진박인다(撮影) To take a photograph; photograph; have a photograph taken(김동성 1928) 샤진(寫眞)박다 To photograph(Gale 1931), 샤진셕판(寫眞石板) Photolithography (김동성 1928), Photo-lithography (Gale 1931), 샤진틀(寫眞框) frame (김동성 1928) A camera (Gale 1931)

cf) 샤진경(寫眞鏡) A camera-used in photography, 샤진긔(寫眞機) camera; a kodak, 샤진관(寫眞館) A photographer's studio, 사진슐(寫眞術) Photography, 샤진ᄉ(寫眞師) Photographer, 샤진ᄃᆡ디(寫眞臺紙) A kind of thick paper on which a photograph is mounted, 샤진텹(寫眞帖) A book of photographs; a photograph album, 샤진협(寫眞狹) A photograph (Gale 1931)

② 활동샤진(活動寫眞): Moving pictures(Gale 1911) 左同; a kinematograph(Gale 1931) Moving Picture; motion picture; movie(俗), a kinematiograph; a cinematograph; an animated photograph(김동성 1928)

cf) 활동샤진극(活動寫眞劇) A kinema drama, 활동샤진긔((活動寫眞機) A bioscope, 활동샤진광((活動寫眞狂) A craze for moving picture, 활동샤진화보(活動寫眞畵報) A kinema newspaper (Gale 1931)

③ 영화(映畵): A moving picture (Gale 1931)

3. 韓日 대응관계(『조선어사전』, 1920)
寫眞(샤진): (1)物の眞狀を寫し出すこと。(2)寫眞。
畵像(화상): 書きたる象(肖像, 繪像)。

4. 한국어사전(문세영, 『조선어사전』, 1938)
· 사진(寫眞): 사진기계로 박은 형상, 물건의 진상(進上)을 그려내는 것.
cf) 화상(畵像) 그림으로 그린 형상. 회상(繪像), 사진기계, 사진사, 사진첩
· 활동사진(活動寫眞): 눈의 환각(幻覺)을 이용하여 계속적으로 잇대어 나오는 사물의 활동상태를 영사하는 환능의 한가지. 키네마.
· 영화(映畵): 활동사진의 그림

한국(문)학 담론 구성의 초기적 양상과
외국인, 번역적 곤란 혹은 재현

1. 「朝鮮人의 心意」(1947)에 내재된 세 줄기의 역사

우리들[서구와 조선(동양): 인용자]의 思考는 對蹠的 立場에 머물러 있다. 우리들이 서로 큰 소리로 이야기할 수 있는 距離에까지라도 接近하기 爲하여는 아직도 많은 精神的 探索과 工作이 필요한 것이다. 그러나 우리는 또 우리들의 心情이 서로 連結되고 우리들의 意見이 적어도 어느 程度까지는 含意될 날이 오고 있다는 것을 믿는 바이다.[1]

「朝鮮人의 心意」(1947)는 게일(James Scarth Gale, 奇一, 1863-1937)의 저

---

1) 제, 에스, 게일 저, 「朝鮮人의 心意」, 정재각 역, 『國學』 2, 1947, p.73. 이에 대한 번역저본은 James Scarth Gale, "Korean Mind", *Korean Sketches*, New York: Fleming H. Revell Company, 1898이다. 장문평 역본(「朝鮮의 마음」, 『코리언 스케치』, 현암사, 1970)과 원문을 함께 제시해보면 다음과 같다. ("우리들의 생각은 정반대로 되어 있다. 따라서 우리들과 그들과의 거리를 좁히기 위해서는, 知的 탐험과 재치 있는 처세술이 필요하다. 그러나 언젠가는 반드시 우리들과 그들의 마음이 하나로 되고, 또 정신이 어느 정도는 일치될 때가 올 것이라고 믿는다."(p.215, we remain at the antipodes of thought. It will take much metal exploration and engineering to bring us within hailing distance of each other; but we trust still that the day is coming when our hearts may be united and our minds may, in a measure at least, be agreed.(p.181))

서(*Korean Sketches*, 1898)에 수록된 글("Korean Mind")을 정재각(鄭在覺, 1913-2000)이 번역한 글이다. 정재각이 발견한 원본("Korean Mind")의 유효성은 동양인의 심의(心意, mind)가 서양인과는 "대척적 입장(對蹠的 立場)"에 있다는 게일의 설명에 있었다. 이 설명은 "潮水 같이 밀려오는 서양문명에 대하여 貪慾하고도 현명한 攝取의 課題를 가지고 있는" 당시 한국에 있어서 "간과할 수 없는 示唆"를 줄 것이라 믿었기 때문이다(p.63). 원본 텍스트에서 두 대척점의 간극이 사라지는 날이 올 것이라는 게일의 소박한 믿음과는 달리, 결코 동일화 될 수 없는 양자 사이에 놓인 거리감 그 자체와 여전히 현명하게 수용해야할 서양이란 보편 문명이야말로 정재각에게 있어 근 반세기의 시간차를 넘는 가장 중요한 번역의 동기였다는 사실은 흥미롭다. 이는 게일이 기술한 한국을 서구인이 그릇된 편견으로 생성시킨 과거 한국의 표상이 아니라 서구와 한국이 관계를 맺게 된 한국 근대사에 있어서 중요한 역사적 사건으로 파악하려는 우리의 문제의식과도 어느 정도 상통한다.[2]

그 연장선에서 이 책의 6장에서는 서양과 한국이라는 두 대척점의 관계망이 형성, 변모되는 지점에 주목해보려 한다. 일상회화를 위한 용도로 간행된 초기 한영이중어사전에서 게일이 구사하는 개념어에 대응되는 한국어는 등재되어 있지 않았다. 즉, 본래 게일의 글은 적어도 정재각이 보여준 동일한 수준의 한국어로는 번역될 수 없었던 시기에 등장한 글이다. 만약 번역이 가능했을지라도 그 글쓰기 자체는 「조선인의 심의」와는 사뭇

---

2) 이런 관점은 리디아 리우가 선교사의 중국담론에 대한 제임스 히비아(James Hevia)의 연구를 수용한 지점(리디아 리우, 「국민성의 번역」, 『언어횡단적 실천』, 민정기 역, 소명출판, 2005, pp.112-116)에서 많은 시사점을 얻었다. 더불어 게일이 조선에서 평생토록 탐구했던 대상(조선의 마음)을 암시해주는 글을 번역했다는 점에서 정재각의 번역은 훌륭한 엄선이라고 평가할 수 있다.

다른 양태였을 것이다.[3] 더 엄밀히 말한다면 게일의 글은 번역해야할 한국어 대역어를 상정하지도 않은 채 서구어를 통해 한국을 기술한 경우였다고 봄이 한결 더 타당하다.

두 사람의 글이 지닌 등가관계(「조선인의 심의」(정재각, 1947)="Korean Mind"(게일, 1898))에는 세 줄기의 역사가 내재되어 있다. 첫째, 등가관계 그 자체의 형성을 가능하게 했던 한국의 근대(문)어가 생성되던 역사. 둘째, "Korean Mind"가 서구인 한국학의 하위분야를 구성한 역사. 셋째, 이후 게일의 한국학이 "Korean Mind"가 지닌 결핍을 보완하는 역사가 내재되어 있다. 이 중 마지막 역사는 광의의 문학개념이란 맥락에서 한국학의 진수라고 여겼던 한국문학연구란 게일의 실천이었다. 이 세 줄기로 얽혀진 혼종적인 역사를 서구와 한국이라는 두 대척점의 관계망이 보여주는 불연속점(유비(2장), 등가(3장), 분기(4장))에 따라 고찰해보고자 한다.

---

3) 이 글에서 초기영한사전으로 지칭하는 저서는 언더우드와 스콧의 사전이다.(Horace Grant Underwood, 『韓英字典한영ᄌᆞ뎐(*A concise dictionary of the Korean Language*)』, Yokohama: Kelly & Walsh; London: Trübner & Co, 1890; James Scott, *English-Corean Dictionary: Being a Vocabulary of Corean Colloquial Words in Common Use*, Corea: Church of England Mission Press, 1891. (이하 각각 Underwood 1890, Scott 1891); 더불어 이 글에서 참조할 게일의 이중어사전의 출처는 다음과 같다. 『韓英字典한영ᄌᆞ뎐(*A Korean-English Dictionary*)』, Yokohama: Kelly & Walsh, 1897; 『韓英字典(*A Korean-English Dictionary*)』, (인쇄) Yokohama: The Fukuin Printing CO.LT., (출판) 京城: 朝鮮耶蘇敎書會, 1911; 『韓英大字典(*The Unabridged Korean-English Dictionary*)』, 京城: 朝鮮耶蘇敎書會, 1931. (이후 인용시 각각 Gale 1897, Gale 1911, Gale 1931 으로 표기) 각 사전의 영한대응양상에 대해서는 구체적인 쪽수 표기를 생략한다.

2. 서구인의 한국학 학술편제와 초기 한국문학 연구

게일의 글 "Korean Mind"(1898)는 서구인 한국학의 어떠한 하위분야를 구성하는 지식이었을까? 그리고 이 글이 속한 하위분야만으로 살필 수 없는 한국학의 영역은 무엇이었을까? 이를 살펴보기 위해서는 게일의 글이 놓이는 거시적 문맥, 서구인 한국학 전반의 학술편제를 상정해야 한다. 이와 관련하여 주목할 인물이 원한경(元漢慶, Horace Horton Underwood, 1890-1951)이며, 한국관계 서구인 저술의 서지목록을 작성한 그의 작업(1931) 이다.[4]

1) 원한경, 쿠랑의 학술편제와 '서구어'라는 권력

원한경의 작업 이전에 서구인의 한국관련 서지는 일본관련 서지에 별도의 항목 없이 분산되어 있는 양상에서 일본의 지역학 항목 중 하나로 편제된 형태로 존재하고 있었다. 원한경의 작업은 일본의 종속변수가 아니라 '한국'이란 독립된 표제어로 서지학적 작업을 수행한 최초의 사례였다. "Occidental Literature on Korea"에서 제시한 (소)주제별 총량과 이에 대한 *A Partial Bibliography of Occidental Literature on Korea*의 최종적인 범주화 양상(대주제)을 제시해보면 다음과 같다. (전자에서 밝힌 전체 총량(2,842편)에 대한 백분율(소수점 둘째 자리에서 반올림)을 함께 제시한다.)

---

4) 원한경이 그의 서지목록을 작성하는 과정과 배경이 기술된 논문은 H. H. Underwood, "Occidental Literature on Korea"이며, 그 결과물이 "A Partial Bibliography of Occidental Literature on Korea"이다. 이는 *Transactions of the Korea Branch of the Royal Asiatic Society 20*(seoul: Korea, 1931)에 함께 수록되어 있다. 이후 양자를 각각 「논문」과 「서목」으로 약칭하도록 한다.

A. 주제별 총량 (소주제) ("Occidental Literature on Korea" 수록)	B. 범주화 양상 (대주제) (A Partial Bibliography of Occidental Literature on Korea 수록)
1880년까지의 초기 업적(Early Works to 1880) 152편(5.3%) 1. 개신교 선교 일반(Protestant Missions, General) 375편(13.2%) 2. 정치적인 문제(Political Questions) 342편(12%) 3. 여행 및 묘사(Travel and Description) 289편(10%) 4. 역사(History) 202편(7.1%) 5. 상업과 산업(Commerce and Industries) 201편(7.1%) 6. 사회의 정황과 풍습(Social Conditions and Customs) 175편(6.2%) 7. 문학(문학에 관한 번역과 기사)(Literature(Translations and Articles on Lit.)) 127편(4.4%) 8. 개신교 의료 선교(Protestant Medical Missions) 124편(4.3%) 9. 의학(Medical Studies) 121편(4.2%) 10. 개신교 교육 선교(Protestant Educational Work) 81편(2.9%) 11. 한국 종교와 미신(Korean Religions and Superstitions) 70편(2.5%) 12. 조약, 법, 국제법 등(Treaties, Laws, International Law, etc.) 70편(2.5%) 13. 어원학, 문헌학(Etymology, Philology, etc.) 62편(2.2%) 14. 천주교 선교(Roman Catholic Missions) 55편(1.9%) 15. 선교와 정치(Missions and Politics) 54편(1.8%) 16. 식물학(Botany) 50편(1.7%) 17. 천주교와 개신교의 전기(Biography, Catholic and Protestant) 43편(1.5%) 18. 기념비와 유물들(Monuments and Antiquities) 37편(1.3%) 19. 소설과 시(Fiction and Poetry) 35편(1.2%) 20. 예술 일반과 그림(Art, General and Pictorial) 35편(1.2%) 21. 단어목록과 어학 자습서(Word List and Language Helps) 25편(0.9%) 22. 지리학(Geology) 23편(0.8%) 23. 동물학(Zoology) 23편(0.8%) 24. 문법과 어학 자습서(Grammars and Language Helps) 18편(0.7%) 25. 도자기(Ceramics) 17편(0.6%) 26. 화폐와 부적(Coins and Amulets) 12편(0.4%) 27. 서지학(Bibliographies) 7편(0.3%) 28. 음악(Music) 7편(0.35%) 29. 기타(Miscellaneous) 6편(0.2%)	Ⅰ. 1880년까지의 (분류되지 않은) 초기업적 (Early Works(unclassified) to 1880) 152편(5.3%) Ⅱ. 언어와 문학(Language and Literature) 230편(8.1%) A. 사전 및 단어목록(Dictionaries and Word lists) 24편 B. 문법 및 어학 자습서(Grammars and Language Helps) 17편 C. 언어학(Philology) 62편 D. 문학(Literature) 127편 Ⅲ. 역사, 정치 그리고 정부 (History, Politic and Government) 612편(21.5%) A. 역사(History) 200편 B. 정책, 법률, 국제관계, 공식문서 등(Treaties, Laws, International Relations, Official Papers, etc) 69편 C. 정치적 강령 및 토론(Political propaganda and discussions) 343편 Ⅳ. 여행 및 묘사(Travel and Description) 289편(10%) Ⅴ. 민족학, 사회의 풍습과 정황 (Ethnology, Social Customs and Conditions) 179편(6.3%) Ⅵ. 종교와 미신(Religions and Superstitions) 70편(2.5%) Ⅶ. 선교(Mission) 615편(21.6%) A. 로만 카톨릭(Roman Catholic) 55편 B. 전기(카톨릭,개신교)(Biography(Catholics and Protestant) 43편 C. 개신교(Protestant) 517편 Ⅰ. 일반(General) 375편 Ⅱ. 학교 및 교육(Schools and Education) 68편 Ⅲ. 의료(Medical) 74편 Ⅷ. 상업 및 공업(Commerce and Industries) 201편(7.1%) Ⅸ. 예술 및 유물(Art and Antiquities) 102편(3.6%) A. 예술일반과 그림(General and Pictorial) 35편 B. 화폐(Coins and Coinage) 12편 C. 도자기(Ceramics) 7편 D. 기념비(Monuments) 37편 E. 음악(Music) 7편 F. 기타(Miscellaneous) 4편 Ⅹ. 과학과 특별한 연구(Sciences and Special Studies) 235편(8.3%) A. 식물학(Botany) 61편 B. 지리학과 광업(Geology and Mining) 21편 C. 의학 연구와 논문(Medical Studies and Articles) 126편 D. 동물학(Zoology) 25편 E. 기타(Miscellaneous) 2편 ⅩⅠ. 소설과 시(Fiction and Poetry) 35편(1.2%) ⅩⅡ. 잡지(Periodicals) 59편(2.1%) ⅩⅢ. 회의록 및 보고서(Minutes and Reports) 41편(1.4%) A. 선교(Mission) 21편 B. 정부(Government) 20편 ⅩⅣ. 서지학과 자료(Bibliographies and Sources) 부록(Appendix) A. 추가(Addenda) 13편 B. 추천도서(Readings on Korea) 저자색인(Index or authors)

여기서 한국은 서구인들의 서적과 글들이 분류되어 축적된 문서보관소로 형상화된다. 상기도표(B)가 표상해주는 '한국'은 그들의 '연구대상'이기

도 했지만 그들이 한국인과 함께 거하는 '장소'라는 개념을 더불어 함의하고 있었다. 그 대표적인 예가 〈언어와 문학〉(Ⅱ장)과 별도로 분리된 〈소설과 시〉(Ⅺ장) 항목이다. 전자가 한국인의 문학에 대한 논저 혹은 번역물이라면, 후자는 대체적으로 서구인 선교사의 문학작품들을 모아놓은 것이다. 〈잡지〉, 〈회의록 및 보고서〉, 〈서지학과 자료〉 역시 후자와 동일하게 서구인 혹은 선교사들의 업적이었다. 〈선교〉는 〈개신교〉, 〈천주교〉로 구성되어있으며 〈개신교〉는 〈의료〉와 〈교육〉이란 하위항목을 지니고 있다. 개신교가 천주교와 자신을 구별시키기 위해서, 내세운 '정교분리'를 원칙으로 간접선교방식이 이곳에 반영되었다. 또한 우상숭배를 하지 않으며 유일신을 믿는 문명(과학)의 종교라는 개신교의 자기규정에 의해 한국의 종교는 〈종교와 미신〉에 배치되었다.[5]

한국인의 문헌자료를 대상으로 서지학적 작업을 수행한 모리스 쿠랑의 분류체계를 대비해보면 이런 항목들이 존재하지 않음을 발견할 수 있다.[6]

---

5) 장석만, 「돌이켜보는 '망국의 종교'와 '문명의 종교'」, 역사문제연구소 편, 『전통과 서구의 충돌: '한국적 근대성'은 어떻게 형성되었는가』, 역사비평사, 2001; 장석만, 「개항기 한국사회의 '종교'개념 형성에 관한 연구」, 서울대학교 박사학위논문, 1992, pp.10-16, 68-75. 참조; 이진구, 「한국 근대개신교의 과학담론」, 한국학중앙연구원 종교문화연구소 편, 『근대 한국 종교문화의 재구성』, 한국학중앙연구원, 2006, pp.289-296.

6) 비교의 편의를 위해서 쿠랑의 것과 켄뮤어의 번역, 게일이 영어로 기술한 쿠랑의 분류체계를 함께 제시해본다. Maurice Courant, 『韓國書誌修訂飜譯版』, 李姬載 譯, 一潮閣, 1997. (*Bibliographie Coréenene*, 3tomes, 1894-1896, 1901, Supplément, 1901); A. H. Kenmure, "Bibliographie Coréene", *The Korean Repository* Ⅳ(1897. 6-7) p.202; James Scarth Gale, "Korean Literature", *The Christian Movement in Japan, Korea,* and *Formosa*, Kobe, 1923) 원한경이 상대적으로 자명한 것이 아니어서 부연설명을 한 두 항목(Ⅲ장의 세 가지 하위항목 그리고 Ⅳ-Ⅴ장의 구분기준) 중 일부를 제외한다면, 쿠랑과 겹쳐지는 나머지 대주제 항목들의 조합을 조선학의 전체상으로 삼아도 좋을 것 같다. 본고에서 완성된 조선어로 구현된 조선학은 이 점을 염두에 두고

	쿠랑의 분류항목		
	『한국서지』(1894-1896)	『한국보고』(1897)	게일의 해석(1923)
I	Enseignement 敎誨部	Teaching	educational Books
II	Étude des Langues 言語部	Study of Languages	books that deal with the study of Languages, Chinese, Manchu, Mongol, Sanscrit
III	Confucianisme 儒敎部	Confucianism	the Canonical Books of Confucius, as well as the Philosophical like Yiking(인용자·易經)
IV	Littérature 文墨部	Literature	books of poetry and fiction
V	Moeurs et Constume 儀範部	Manners and Customs	books that have to do with manners and customs, worship, palace rites, royal funerals
VI	Histoire et Geograhie 史書部	History and Geography	Historical books dealing with national history, history of moral, biographies, documents
VII	Sciences Et Arts 技藝部	Sciences and Arts	books on science and art; mathematics, astronomy, the calendar, divination, military art, medicine; books on agriculture; on music; design and ornamentation
VIII	Religions 敎門部	Religion	books religion, Taoism, Buddhism.
IX	Extérieures Relations 交通部	International Relations	books of administration: reports, decrees, relations with China, the army

한국문헌과 서구 근대학술개념이란 관계로 구성된 쿠랑의 분류체계는 원한경에 비해 일국중심적인 한국의 자국학에 근접한 형태라고 볼 수 있다. 이곳에는 전술했던 한국이 아니라 서구인들의 직접적 개입이 가시화된 대항목이 존재하지는 않기 때문이다. 비록 근대의 학문체계로 분류하기 용이한 대상은 아니었지만 한국의 문헌은 과거 문인지식층이 산출한 학술·문예적 성격을 분명히 지니고 있었다. 그러나 쿠랑에게 한국문헌이 표상해주는 지식이 그의 분류항목을 구성해주는 서구의 근대지식과 등치를 뜻하는 것은 아니었다. 한국문헌 그 자체가 분류항목의 지식을 구성해주는 것이 아니라 오히려 쿠랑의 언어가 이를 가능하게 하는 것이었다. 여기서 한국문헌과 분류항목의 표제어의 관계는 유비관계에 근접한 것이었다.

있음을 밝힌다. 그리고 게일의 조선학 저술이 언더우드의 서지목록에 배치되는 양상을 감안할 때, II-VI장의 항목에 주안점이 상대적으로 놓을 필요가 있다.

단적으로 말해 쿠랑의 작업은 원한경의 분류체계 속 〈문학〉 항목에 배치되는 지식이었다. 즉, 쿠랑의 작업은 그가 『한국서지』라고 부여한 제명과 달리 원한경과 동일한 층위의〈서지학〉(Bibliography)이 아니었다. 즉, 한국의 문헌 그 자체는 원한경이 구현하고자 한 문서고 속에는 진열될 수 없는 언어구성물이었던 것이다. 쿠랑, 원한경의 작업에는 서구어와 한국어라는 경계로 비롯된 '근대 서구'와 '전근대 동양'이라는 지정학적이며 역사적으로 고정된 경계선이 존재했다.[7]

여기서 서구어는 한국을 근대 학술의 영역에서 체현하며 유통시킬 수 있는 권위와 힘을 지닌 '강한' 언어였다. 그들이 보기에 적어도 1890년대를 전후로 한 시기, 서구어는 한국어보다 더 쉽게 필요한 지식을 생산하고 배치시킬 수 있는 것이었다. 원한경의 「서목」에 배치된 초기 서구인들의 저술은 쿠랑 아니 과거 한국에 있어 부재한 것이었으며, 한국은 이를 보완할 자국어로 구성된 자국의 학술체계를 지니고 있지 못했다.[8]

---

7) 언더우드는 자신의 서지목록에서 정리된 서구인 저술의 총량을 2,842편으로 영어 2,325편, 불어 205편, 독일어 186편, 러시아어 56편, 라틴어 38편, 이탈리아어 15편, 네덜란드어(Dutch) 9편, 스웨덴어(Swedish) 8편이라고 말했다. 후일 콤 페츠가 언더우드의 작업을 보완하며 그의 한계점을 지적한 사항이 체계적인 이 분류항목을 묶어주는 서구어 중심의 편향성이었다. 『朝鮮古跡圖譜』와 일본이 발행한 유용한 자료들을 언더우드가 목록작성에 있어 배제했다는 점 때문에 이미 출판된 가장 저명한 조선예술과 고고학 연구를 수용하지 못했다고 그는 지적했다. E. and G. Gompertz, "Supplement to "A Partial Bibliography of Occidental Literature on Korea" by H. H. Underwood, Ph.D., 1931", *Transactions of the Korea Branch of the Royal Asiatic Society* 24, 1935.

8) 언더우드의 서지목록과 연속적인 기획물로 쿠랑의 작업을 보완하려는 트롤롭(M. N. Trollope, 1862-1930)의 작업(1932) 역시 동일한 것이었다. 그곳에도 조선어로 된 근대 조선학은 배제되어 있었기 때문이다. (Bishop Trollope "Corean Books and Their Authors", *Transactions of the Korea Branch of the Royal Asiatic* Society 21, seoul: Korea, 1932. 다만 조선인의 입장에서 한문문헌 중심, 經史子集이라는 전통적인 분류체계를 지닌 트롤롭의 문헌학은 서구의 근대학술개념에 의거한 분류체계를 택한 쿠랑보다는, 상대적으로 서구의 시선이라는 소실점을 감출 수 있었을 뿐이다.

2) 〈민족학, 사회의 풍습과 정황〉이라는 학술분과

"Korean Mind"(1898)는 서구어와 한국어의 관계가 불평등한 조건 속에서 등장한 글이다. 잡지에 수록된 글이 아니었기에, 원한경의 「서목」에 포함되지 않았다. 하지만 *Korea in transition*(1909)의 「사회생활과 풍습」에 배치된 참고문헌목록에 "Korean Mind"가 배치되어 있다. 이 참고문헌목록에 "Korean Mind"뿐만 아니라 *Korean Sketches*(1898)에 수록된 다른 글들이 함께 놓여있다.9) 그 글들은 *Korean Sketches*에 수록되었던 "The Coolie", "The Korean Gentleman"이다. 본래 잡지에 수록되었다가 단행본에 재수록된 이 글들은 원한경의 분류항목 중 〈민족학, 사회의 풍습과 정황〉에 배치된다. "Korean Mind"(1898) 역시 동일한 분류항목에 포괄된다는 점을 유추할 수 있다.

〈민족학, 사회의 풍습과 정황〉은 〈여행 및 묘사〉와 함께 근대 서구인과 한국인의 접촉을 보여주는 중요한 역사적인 징표였으며 쿠랑의 서지목록에는 군이 배치시킬 필요가 없는 영역이었다. 이 영역의 저술들은 역사, 문학처럼 주어진 한국의 텍스트가 없었기에 그들의 텍스트 자체로 한국을 구성해야만 하는 것이었다. 또한 그들이 접한 한국인들의 말(구어)에 대해서도 언어학적 분석보다는 그 속에 내재되어 있다고 상정된 한국인들의 관념, 사고와 생활양식이 중심에 놓일 수밖에 없는 독립적인 분야였다.10) 원한경은 방문자로서의 단순한 견문이나 감상과 달리 한국사회에 대한

---

9) J. S. 게일, 「사회생활과 풍습」, 『전환기의 조선』, 신복룡 역, 집문당, 1999. ("Social Life and Customs", *Korea in Transition*, New York: Eaton & Mains, 1909.)

10) 언어와 지식의 편성과 분배가 근본적으로 불균형하고 불공평하다는 시각과 그로 인해 발생한 서구 인류학자들이 생산한 '민족지'의 어학, 역사학과 변별되는 측면은 탈랄 아사드, 「영국 사회 인류학에서의 문화의 번역이라는 개념」, 제임스 클리포드, 조지 E 마커스 편, 『문화를 쓴다—민족지의 시학과 정치학』, 이기우 역, 한국문화사, 2000를 참조했다.

진지한 성찰과 고민을 담기위해 양자를 구분했다고 밝혔다.

〈민족학, 사회의 풍습과 정황〉에 배치된 저술들은 실제 한국에서 생활했던 개신교 선교사들의 저술이 지닌 독자적인 의미가 반영된 항목[11]이며, 당시 실제 한국사회에 대한 체험과 관찰이 그들의 언어로 구성된 재현물이며 서구적 학술체계의 소산물이었다. 그들이 새롭게 창조한 한국의 현실(reality)이라는 언어구성물은 세밀한 디테일을 지닌 "서구=객관"적인 재현물이었다. 그들의 언어는 '언어로 묘사된 實寫(원근법, 해부학), '구어로 재현된 음성'(언문일치)이란 가정을 통해 감각과 표현이 일치(실재화/현실화)되었다는 상상이 가능해지는 근대의 재현체계[12]를 기반으로 하기 때문이다. 이 점에서 그들의 언어, 서구어는 근대어라고 말할 수 있었다. 그렇다면 근대어로 그들이 구현하고자 한 것은 무엇이었을까? *Korean Sketches*(1898)에 수록된 세 편의 글들을 *Korea in transition*(1909)의 참고문헌으로 배치시키며 묶어주는 주제는 한국인의 성격, 즉, 한국의 국민·민족성(national character)이었다.

"Korean Mind"(1898)는 서양과 동양이란 대비를 통해 수많은 차이를 생성시켜준다. 이 속에서 한국(인)의 특성은 문명론적인 견지에서 "사랑이 없는 결혼", "자립(독립)적이지 못함", "보수적이며 억압적인 교육", "겉과 속의 불일치", "허례허식" 등으로 규정된다. 여기서 한국(인/민족)의 표상은 문명을 지니지 못한 미개한 원주민에 가까운 것이었다. 그럼에도 불구하고 이 글의 제명이기도 한 한국 민족성의 심층, '한국인의 마음'은 탐구되어야 할 대상일 뿐 여전히 서구와는 정반대의 위치에 놓여 있는 미개척

---

11) 그 변별성에 대한 구체적인 양상에 대해서는 류대영, 『초기 미국선교사 1885-1910』, 한국기독교역사연구소, 2001, 2부 3장을 참조.

12) 이에 대한 상론은 이효덕, 『표상공간의 근대』, 박성관 역, 소명, 2002의 4장과 5장 참조.

지에 가까운 것이었다.

극동에서 무슨 일을 하건 간에 부닥치게 되는 가장 중대한 문제는 **동양의 마음**이다. 그들에게 접근해서 애정과 존경을 얻기는 비교적 쉬운 일지만, 그와 동시에 모든 일의 기초를 이루고 있는 특별한 지적(知的)구조 때문에 몹시 어리둥절하게 되는 수가 있다. 그들의 정신 속에서, 우주 만물의 실제와는 정반대로 되어 있다. 조선인들은 이렇게 말한다. 만일 세계가 둥글다는 것이 사실이라면, 서방(西方)세계에서 사는 우리들은 파리들처럼 저 아랫 세계의 천장 위에 거꾸로 달라붙어서 걸어다니는 힘을 가지고 있어야 한다는 것이다. 그러나 우리들은, 아니다, 밑에 있는 것은 당신네들이다, 라고 대답한다. 이와 같이 우리들은 반대되는 입장을 취하고 있는데, 우리들이 거꾸로 서서 다니며 우리들의 형제인 동양인들한테서 뭔가를 배울 재주가 없는 한, 우리들로서는 반대의 의견을 고집하는 수밖에 없다.[13]

후일 그가 '한국인의 마음'을 발견한 곳은 〈민족학, 사회의 풍습과 정황〉이란 한국학의 하위분야가 아니었다. 그것은 이 항목의 결핍지점을 보충해주는 분절된 분야였다. 게일에게 '한국인의 마음'은 서구어로 재현된 한국의 현실이라는 언어구성물과는 다른 것이어야 했다. 그것은 더욱 더 투명한 한국인의 것이어야 했다. 이에 따라 번역이란 언어횡단적 실천을 통해 한국인의 언어, 텍스트에 대한 직접적이며 등가적인 재현물이 필요하게 되는 것이다. 게일에게 그 영역은 한국문학이라는 학술분과를 지칭하는 것이었다.

---

13) 제임스 게일, 「朝鮮의 마음」, 『코리언 스케치』, 장문평 역, 현암사, 1970, pp.207-208. ("Korean Mind", *Korean Sketches*, New York: Fleming H. Revell Company, 1898)

3) 서구인의 초기 한국문학 연구와 한국인의 민족성

쿠랑은 "문학"이란 용어를 한국문헌에 대한 목록분류(Ⅳ장)와 『한국서지』서설에서 각기 다른 범주로 사용했다.[14] 전자에서의 "문묵(文墨)=literature"는 '작가의 상상력의 산물, 언어예술'이란 개념을 지닌 협의의 문학을 지칭하는 것이었다. 그러나 이 개념적 틀만으로는 한국문헌 전반을 설명할 수 없는 난점이 있었다. 초기 영한/한영사전 속에서 Literature에 대한 한국어 역어로 '글'이 설정되어 있었던 사정은 이와 긴밀한 관계를 지닌다. 이에 쿠랑은 이 협의의 문학개념을 광의의 문학개념으로 확장한다.

중국에의 모방은 문자와 언어에서나 마찬가지로 문학에서도 나타났다. 여기서 문학이라는 단어는 보다 넓은 의미에서 문자로 쓰여져 표현된 정신의 산물(産物)을 말하는 것이다. 그 책 자체를 서술하고 어떤 문자 어떤 언어로 쓰였는지는 이미 제시했던 바, 이런 의미 즉 도서의 내용으로서의 문학이 지금부터 바로 내가 다루려는 것이다.[15]

---

14) 그는 그가 수집한 한국의 서적들의 연원과 계보를 각각 서적의 종이, 인쇄, 출판의 형태(Ⅱ장), 기록된 문자와 언어(한문, 국문, 이두)의 문제(Ⅲ장), '문학=literature'보다 광의의 문학개념으로 중국으로부터 전래된 불교, 도교, 유교 사상의 영향을(Ⅳ장), 유교의 영향이 드러난 한국인의 "小考, 書簡文, 보고서, 의례서, 祝願文 및 기타 跋文, 序文, 獻辭"의 글쓰기를(Ⅴ장), 국문으로 쓴 대중적인 한국의 서적(Ⅵ장)을 중심으로 고찰한다.

15) 『韓國書誌修訂飜譯版』, p.41. 정신이란 어휘로 규정되는 서적들의 내용은 "한국인의 마음의 작용"(英語), 思想(日本語)이란 용어를 통해 연쇄적으로 번역되게 된다. "……literature here in its widest sense, to include all activities of the mind which have been expressed in print" Mrs. W. Massy Royds, "Introduction of Courant's "Bibliographie Coréene", *Transactions of the Korea Branch of the Royal Asiatic Society* 24, Seoul: Korea 1936. (『近世 東亞細亞西洋語資料叢書』196, 경인문화사, 2000 영인본, p.479.) 日譯本은 다음과 같다. "……廣義に於ける文學の謂とであつて, 即ち印刷されて表はれて來た思想の……" (小倉親雄, 「(モーリスクーラン)朝鮮書誌序論」, 『挿畵』, 1941, p.86.)

그는 『한국서지』 서설의 Ⅳ장에서 그가 사용할 "Literature"를 그들의 자명한 개념범주가 아니라, 그 어의 "보다 더 넓은 의미에서 문자로 써서 표현된 정신의 산물"(……littérature dans le sens le plus large, en y comprenant toutes les productions de l'espirt exprimées par le langàge écrit.)이라고 규정한다. 문세영의 『조선어사전』(1938)에서 "古典을 주로 하는 학문. 민족의 언어와 문학을 조사하여 그 문화의 성질을 밝히는 학문"라고 규정되는 "문헌학"은 이런 쿠랑의 문학개념과 "Korean Mind"(1898)의 결핍이 보완되어야할 지점—게일이 연구한 한국문학의 전체상을 잘 드러내주는 정의이다.16) 쿠랑의 문학개념은 문세영이 '문헌학'이라는 표제어를 통해 구현하고자 한 개념임과 동시에 후일 서구인 서지학자들이 쿠랑의 작업을 〈문학〉이란 항목에 배치시킨 이유이기도 했다.

광의의 문학개념 그 자체가 역사적으로 실재했던 한국 문헌자료의 특징일 수도 있다. 하지만 협의의 문학개념이 등장하기 이전에는 두 층위의 문학개념은 굳이 분절될 필요가 없는 것이기도 하다. 무엇보다 쿠랑에게 있어서 보편자는 서구의 근대문예물을 대상으로 한 협의의 문학개념이었다. 서설에서 그는 광의의 문학개념을 통해서는 한국인의 근원적인 정신을 기술하려고 했고, 협의의 문학개념은 한국만의 독립된 민족성을 측정하는 준거로 활용한다. 쿠랑에게 광의의 문학개념으로 기술되는 한국문학은 비록 개신교와 대비할 고도의 윤리규범(유교)을 지녔지만 민족어로서는 미달된 한문 글쓰기를 지닌 '중국문학에 대한 모방작'이었다(p.72). 이에 대한 대안이라고 할 수 있는 민족어로 표현된 협의의 문학 역시 마찬가지였다. 즉, 중국을 소설적 배경으로 하지 않은 한국어 통사구조를 지닌

---

16) 문세영, 『조선어사전』, 박문서관, 1938. (이하 문1938로 약칭)

한국 고전소설들 역시 두세 작품만을 읽어도 모든 작품을 읽은 셈이 되는 몰개성적이며 단순한 개연성, 등장인물과 줄거리를 지닌 작품들이었다 (p.70). 이들 속에서는 결코 한국 문인지식층이 창출한 문학성과 한문문헌을 대신할만한 한국의 정신을 발견할 수 없었다. 여기서 서구와 한국이란 번역적 관계는 '유비의 관계'일 뿐 결코 '대등한 관계'가 아니었으며, 한국은 중국의 종속변수로 놓이게 되며 국민/민족 단위의 독자적인 민족성을 확보하지 못하는 존재였다.

"중국에 대한 모방", "미달된 문예물", "몰개성적인 작품세계"로 규정되는 서구인들의 시각은 초기 서구인 한국문학담론의 공유지점이다.[17] 헐버트(1904)는 한국은 비록 "고도의 도덕적 생활규범"에 비견되는 "문학"을 지니고 있지만, 그것의 향유자는 결코 민중이 아니라고 지적한다. 나아가 이를 구성하는 한자/한문은 비효율적이며 비과학적인 문자였으며, 이 문자학습에 필요한 기억력의 연단에 한국인이 집중했기에 인과관계를 검토하는 추리적인 능력이 부족하게 되었음을 지적했다. 이로 인해 한국의 문학은 "인생의 실질적 측면을 거의 다루지 않는" 역사물인 동시에, 순문학이었다(pp.355-356). 설사 그 저술이 학술적이며 도덕적인 성격을 지니고 있다고 할지라도 문학처럼(=비과학적으로) 수용되며, 농업, 천문학, 약

---

17) 비록 언더우드는 그의 서지작업에는 참조하지 못했지만, 러시아대장성의 KOPEИ ((1900)(『국역 한국지』, 한국정신문화연구원 편역, 전광사업사, 1984)은 1900년 이전의 서구인 저술들을 종합하고 있어 유용한 자료라고 판단된다. 이곳의 가장 중요한 한국문학관련 대표논저는 쿠랑의 『한국서지』 서설이었다. 게일의 글("A Few Words on Literature", *The Korean Repository* III, January-December, 1895), 헐버트의 글도 그 연장선에 놓여있다. 본고에서는 쿠랑과 대비하여 그 대표적인 양상으로 비교적 상세한 고찰을 담은 H. B. 헐버트, 『대한제국멸망사』, 신복룡 역, 집문당, 2006(Homer B. Hulbert, *The Passing of Korea*, 연세대학교 출판부, 1969 영인본)의 한국문학관련기술을 중심으로 정리한다.

학과 같은 과학 분야의 저술일지라도 작성된 한문이라는 문자체계 때문에
대중이 아니라 일부의 엘리트층에 귀속되는 한계를 지닌 것이었다(p.366).
이런 헐버트의 진술은 광의의 문학개념으로 배치된 한국문헌의 의미를
규정하는 보편자를 잘 보여준다. 서구와 한국의 저술이라는 구분에는 과
학과 비과학이라는 변별점이 놓여있으며, 국민/민족 단위의 범주를 포괄
할 수 있는 문어의 존재유무가 준거점으로 작동하고 있었다.

　협의의 문학관념에 부응된 대표적인 사례라고 할 수 있는 초기 고소설
에 대한 서구인들의 번역이나 연구는 주로 설화에 초점이 맞추어진다.[18]
여기서 고소설은 텍스트 자체의 문학성을 위해서 존재하는 것이 아니라,
텍스트에 반영된 한국인의 사상, 생활, 관습을 연구하기 위한 자료로 존재
하게 된다. 헐버트는 민속(Folk lore) 연구의 목적을 正史가 보여줄 수 없는
지점을 발견하기 위해서라고 했다. 설화 속에는 "역사의 정사 속에서 발견
할 수 없는 여러 가지 흥미 있는 인류학적 내용의 부품들"이 존재하며,
역사상의 큰 사건을 조감하는 것만으로 얻을 수 없는 "가정과 가족과 일상
생활"을 발견할 수 있기 때문이었다(p.437). 그들 문예의 기준에 부합되지
는 않지만, 한국사회에 대한 유용한 정보를 제공해주는 텍스트란 가치를
지니고 있던 셈이었다. 여기서 설화/고소설은 한문으로 포괄할 수 없는
일반 대중을 설명할 수 있는 보완물이었던 셈이며 문학은 한국인의 말/글
이었기에 〈민족학, 사회의 풍습과 정황〉에 배치될 수 없을 뿐 사실 완연히

---

18) 조희웅의 연구는 비록 서구인들의 설화연구에 대한 것이지만, 실상 초기 서구인의
　　고소설 연구 전반에 관한 연구이기도 하다. (「서구어로 씌어진 한국설화·한국설
　　화론」, 『이야기문학 모꼬지』, 박이정, 1995, pp.409-425) 이 시기 게일 역시도 이런
　　자장에서 벗어나 있었던 것은 아니다. 그는 한문을 죽은 문자로 규정하고, 당시
　　한국에서 가장 유용한 자료는 문자를 지니지 않은 계층의 구전설화라고 지적했다.
　　제임스 게일, 『코리언 스케치』, 장문평 역, 현암사, 1970, pp.69-70. (James Scarth
　　Gale, *Korean Sketches*, New York: Fleming H.Revell Company, 1898.)

분절되는 것이 아니었다.

"Korean Mind"가 지닌 결핍에 대한 게일의 평생에 걸친 보완은 한국의 문학을 설화가 아닌 문식성을 지닌 텍스트로 승화시켜주는 것이었다. 그것은 〈문학〉이 〈민족학, 사회의 풍습과 정황〉의 결핍지점을 보완해주며, 이와 분절된 학술분야로 재배치되는 것을 의미했다. 이렇듯 게일이 한국 문학연구를 통해 "Korean Mind"(1898)가 지닌 결핍지점을 보완하는 과정 속에는 「조선인의 심의」(1947)에 내재된 또 다른 중요한 역사가 겹쳐져 있다. 그것은 1910년대 한국의 근대어가 형성되는 과정이다.

3. 이중어사전 등재 학술어의 학술편제와 한국인의 마음

1) 한국어의 전변에 대한 게일의 역사적 증언들

1897-1931년 사이 3차례 개정, 간행된 게일의 이중어사전(bilingual dictionary)은 근대 한국어의 형성과정과 그의 통언어적 실천을 가시화해주는 가장 귀중한 단초이다. 사전의 서설에서 한국어는 구어, 한글 문어, 한문 문어란 세 층위로 구성되어있는데, 여기서 한글 문어는 경서언해본과 같이 서적으로 출판된 조선어를 지칭하며 구어의 어순에 의거하지만 많은 한자(어)와 형식적인 어조사를 지닌 것으로 규정된다. 1897년 그의 사전 1부가 구어, 한글 문어를 위한 한국어 어휘들을 영어로 풀이한 부분이라면, 2부는 한문 문어를 위하여 개별 한자를 풀이한 부분이었다. 1부에 배치된 한국어 어휘는 개정간행에 있어 급격하게 증가한다. 이에 비해 2부의 개별 한자들은 1911년 사전의 분권으로 발행될 때(1914) 양적으로는 증보되지 못했다. 1931년 사전은 한문 문어를 위한 2부가 없었으며, 한국어사

전을 구어, 한글 문어만으로도 충분히 구성할 수 있다는 사실을 암시해준
다. 동시에 한자어와 고유어의 변별, 부록부분에 병치되어 있던 중국과
일본의 왕조 연표가 소멸된 사전의 구성방식은 이 사전을 배치하는 한국
학 담론에 큰 변화가 생겼음을 시사해준다.[19]

이런 이중어사전의 변모와 관련하여 주목해야 될 게일의 한국어에 대
한 중요한 증언들을 발췌요약해보면 다음과 같다.

ⓐ 『辭果指南』서문(1893년) - '기록(문헌화)된 구어'를 언해본에서 찾았다는 지적.
   그의 문법서가 회화뿐만이 아니라 번역작업을 수행하기 위해서 발행되었다는
   지적. 2부 예문부는 당시 한국사회의 풍습과 종교를 한국인의 언어를 통해
   보여주기 위한 부수적인 목적이 있다는 지적.

ⓑ 『韓英字典』서문(1897년) - 문헌자료를 통한 구어의 탐색이 힘들었다는 지적,
   조선어를 조선어로 풀이하는 것이 어려웠다는 지적.

ⓒ 『유몽천자』전집의 체계(1901-1909년) - 서양문물에 관한 지식을 한자음 및 한
   자어, 한문 습득에 필요한 사항을 단계적으로 교수할 수 있게 설계된 세 가지
   종류의 국한문체(國主漢從體(1권), 漢主國從體(2권), 漢文懸吐體(3권))로, 『유
   몽속편』(4권)은 단계별 교과의 마지막 심화수준에 맞춰 문헌 속의 한문문장
   자체를 발췌하여 구성. 즉, 난이도가 한자의 양과 한문통사구조를 지향하며
   편성됨.

ⓓ *Korea in transition*(1909) 31쪽 - 한국어를 "고정화된 일련의 법칙과 인쇄 문헌
   에 의해 인위적으로 구성된 언어"가 아니며, 예수의 일화, 우화를 담은 "『복음
   서』의 번역"에는 적합하나 바울의 교리를 담은 "『갈라디아서』, 『로마서』의

---

19) 황호덕, 「번역가의 외손, 이중어사전의 통국가적 생산과 유통—언어정리 사업으로
   본 근대 한국(어문)학의 생성」, 『상허학보』 28, 상허학회, 2010에서 거론된 이중어
   사전의 상호참조의 역사와 이에 대한 중요입론에 대해서는 생략하며, 여기서 거론
   된 본고와 관련된 주요자료들에 대해서 필요한 경우에만 약술하도록 한다.

번역은 어려운 언어"라고 규정.

ⓔ『辭課指南』개정판 서문(1916년) - 어휘수집의 경로가 밝혀지지 않음. 회화를 목적으로 발행한 문법서임을 명시 2부 예문부의 문장들이 외래의 사상에 물들지 않은 순수한 조선인의 말이라는 지적.[20]

『辭課指南』과 『韓英字典』의 서문(ⓐ, ⓑ)을 보면 당시 출판물 속에서는 한국의 구어를 발견할 수 없었다는 점을 알 수 있다. 그의 『韓英字典』(ⓑ)은 비록 문어에 해당되는 어휘들을 상대적으로 다소 포함한 대형사전이라고 평가받지만, 그 수집과정을 짐작할 수 있는 그의 증언을 살펴보면 대부분 한자의 훈에서 가져왔음을 명시하고 있다. 한문 문어에서 가져온 상당한 어휘들이 국문문어에 있어서 영향력을 발휘했다는 점을 알 수 있다.[21]

---

20) 『辭課指南(*Korean Grammatical Forms*)』(초판 1893년, 재판 1903년, 개정판 1916년)은 김민수·하동호·고영근 편, 『歷代韓國文法大系』 14-15, 塔出版社, 1979의 영인본을 그 참고대상으로 했다. (이에 대한 전반적 검토를 수행한 논저로는 남기심, 「『辭課指南』考」, 『동방학지』 60, 연세대학교 국학연구원, 1988; 심재기, 「게일 문법서의 몇가지 특징―原則談의 설정과 관련하여」, 『한국문화』 9, 서울대 규장각 한국학연구원, 1988를 참조.) 여기서 순수한 조선인의 말이 한자를 배제한 것을 의미하는 것은 아니란 점을 부언한다. 1916판 사전에는 초판에는 없던 사자성어(四字成語)가 별도항목으로 제시되었다. 게일은 하물며 조선의 구어일지라도 한자를 배제해서는 파악할 수 없다는 사실을 이미 이 전에도 알고 있었다. (이에 대해서는 『제임스 S. 게일 목사의 선교편지 1891-1900』, 김인수 역, 쿰란출판사, 2009를 참조.) 『유몽천자』의 전체얼개에 대해서는 남궁원, 「선교사 기일(James Scarth Gale)의 한문교과서 집필 배경과 교과서의 특징」, 『동양한문학연구』 25, 2007을 참조했다. 다만 출판년도를 다소 포괄적으로 선정한 까닭은 인쇄시기 1901년으로 기록된 판본들이 존재하기 때문이다.

21) James Scarth Gale, "The Influence of China upon Korea", *Transactions of the Korea Branch of the Royal Asiatic Society 1*, 1900, pp.14-15. 더불어 언더우드나 스콧이 참조하지 못했던 자일즈의 중영 이중어사전(Herbert Allen Giles, A Chinese-English dictionary, London: Bernard Quaritch; Shanghai: Kelly and Walsh, 1892)에서 한자의 영어훈 뿐만이 아니라, 용례로 제시된 2글자 이상의 한자어를 그대로 가져온 예도 상당수 존재한다.

『유몽천자』전집(ⓒ)과 1914년 한영이중어사전 2부의 발행은 여전히 한문 문어가 조선사회에서 지닌 중심적인 위상을 보여준다.

　Korea in transition (ⓓ)은 가장 주목되는 언급이라고 할 수 있는데, 1909 년까지도 한국의 문어는 결코 영어와 대등한 존재가 아니라고 규정되고 있기 때문이다. 그 불균형은 단순히 구어를 재현할 언문일치제의 부재란 문제가 아니었다. 성서의 교리를 번역할 개념어와 권위를 지닌 언문일치 체(한글 문어)의 부재를 지칭하고 있는 것이다. 즉 이는 작품을 구성하는 문학어의 문제라기보다는 그 문학작품을 한국학이라는 근대 학술로 재구 성해줄 학술문어와 관련된 것이었다. 이는 이 시기 한글 문어가 학술이란 차원에서 한문 문어를 대체할 위상을 확보하지 못한 것으로 인식되고 있 었다는 사실을 잘 말해주는 것이다.

　하지만 『辭果指南』 초판(ⓐ)과 개정판(ⓔ) 사이 한국어에 대한 게일의 언급은 한국어에 급격한 전환이 이루어졌다는 사실을 암시해 준다. 초판 의 서문(1893)을 보면, 원한경의 〈민족학, 사회의 풍습과 정황〉, 〈미신과 종교〉 항목과 긴밀한 연장선을 보여주며 회화와 번역을 위한 문어용으로 규정되던 예문들이, 개정판(1916)에서는, 이들 분류항목과 분리된 어학이 란 층위에서 "외래의 사상에 물들지 않은 순수한 한국인의" 일상회화에서 의 말로 규정된다. 기록된 구어의 출처로 언해본만을 언급했던 초판(ⓐ)과 달리, 개정판(ⓔ)의 다양한 상황들, 즉, 기록된 구어의 출처를 굳이 밝힐 필요가 없게 된 상황, 무수한 인공어들이 탄생하게 된 정황 그리고 순수한 한국인의 말을 규정해줄 타자 즉 외래사상에 오염된 한국인의 말들의 등 장을 감안해야 한다. *Korea in transition* (1909)에서 영어와 대등하지 않은 관계로 규정되던 한국어의 언어상황에 변모가 이루어졌음을 알 수 있다. 이는 영어와 등가교환의 관계로 전환되는 한국어에 관해 말해준다.

2) 존스의 영한사전과 조선의 학술개념어

　존스의 영한사전(1914)은 1909-1916년 사이 출판되었으며, 게일이 증언했던 한국어의 변모를 어휘상의 차원에서 관련하여 살펴볼 가장 적절한 사전이다. 존스가 서문에서 일상회화용이 아니라 "교육현장을 위한 문어용"으로 출판했다는 언급을 주목해볼 필요가 있다.[22] 존스의 사전을 통해 원한경 분류항목의 학술표제어에 대한 대역양상을 살펴보면 초기영한사전과 큰 층차의 변모가 이루어지고 있음을 발견할 수 있다. 존스의 사전 이후 출판된 게일의 영한사전(1924)을 함께 정리하여 제시해보면 다음과 같다.[23]

언더우드의 분류항목	Underwood 1890	Scott 1891	Jones1914	Gale1924
Language (대주제 항목)	말, **언어**, 말슴	말	말(言), 말슴(言), 언어(言語), 방언(方言) cf)영어(英語), 일어(日語), 아언(雅言)・문리(文理), 국어(國語), **어학(語學)**, 어학션싱(語學先生)	언어(言語) cf)어학(語學), 슐어(術語), 외국어(外國語)
Literature (대주제항목)	글, 서	글, 문, 문주	**문학(文學)** cf) 한문(漢文)・진셔(眞書), 서양문(西洋文), 서양서(西洋書)	문화(文化), 학문(學問) cf)한학(漢學), 한문(漢文), 영문학(英文學),
Dictionary	즈뎐,즈휘	즈뎐,즈휘	즈뎐(字典), 옥편(玉篇) cf)인명즈뎐(人名字典), 회즁즈뎐(懷中字典)	**스뎐(辭典)**
Word	말, 말슴, 긔별, 소문	말(speech),긔별 (News)	말(言), 말슴(言), 언스(言辭), 언어(語)	언어(言語)

<hr>

22) George Heber Jones, *The English-Korean dictionary*, Tokyo, Japan: Kyo Bun Kwan, 1914(이하 Jones 1914) 이하 이 사전과 관련된 진술은 존스의 서문을 기반으로 정리한 것이다.

23) 게일 역시 1924년에 영한사전(『三千字典 (*Present Day English-Korean: Three thousand words)』*, 京城: 朝鮮耶蘇教書會, 1924)을 발행한다. 이 사전은 본격적인 사전이 아니라 3,000개의 어휘목록으로 발행된 것인데, 게일은 "근대적인 용어의 지식에 도움을 제공해주는 신어" 그리고 "영어에 대응하는 모든 조선어가 아니라, 단지 가장 유용하다고 여겨지는 것들"을 보여주기 위해서라고 목적을 분명히 했다. 즉 존스와 게일 사이의 연속선이 이어진다는 것은 해당 영어어휘가 당시 조선사회에 있어 유효성을 지닌 중요한 어휘였음을 입증하는 것이다.

언더우드의 분류항목	Underwood 1890	Scott 1891	Jones1914	Gale1924
Grammar	문법	문법	문법(文法)	문법론(文法論), 문전(文典)
Philology	×	×	박언학(博言學), 언어학(言語學) cf)비교언어학(比較言語學)	언어학(言語學) cf)언어학쟈(言語學者)
Etymology (A 소주제)	×	×	졍스학(正辭學), 품스론(品詞論), 어류론(語類論)	×
History (대주제 항목)	스긔, 스젹	스긔, 스젹	스긔(史記), 력스(歷史), 스젹(史籍) cf)박물학(博物學)	스긔(史記), 력스(歷史) cf)고딕스(古代史), 금셰스(今世史), 근딕스(近代史), 박물학(博物學)
Politic(s) (대주제 항목)	쇠잇소	졍스, 나라일	졍치(政治), 졍치학(政治學)	졍치(政治) cf)당파(黨派), 단톄(團體), 국가경제학(國家經濟學), 졍당(政黨), 졍치계(政治界), 졍긱(政客)
Government (대주제 항목)	나라,졍부	나라, 졍부	졍치(政治), 졍부(政府) cf)립헌졍치(立憲政治), 교회졍치(敎會政治), 민졍(民政), 군졍(軍政), 군쥬졍치(君主政治), 죵쟝졍치(宗長政治), 민쥬졍치(民主政治)	졍부(政府) cf)갸뎡졍치(家庭政治), 독직졍치(獨裁政治), 젼졔졍치(專制政治), 관쳥(官廳), 관비(官費), 어용-신문(御用新聞)
Treaty	약됴, 언약	약됴, 됴목, 언약	됴약(條約), 동밍(同盟) cf)슈호됴약(修好條約), 강화됴약(講和條約) etc.	됴약(條約), 약됴(約條), 언약(言約) cf)평화약됴(平和約條)
Law	규모, 법	법, 법례	법(法), 법률(法律), 법측(法則), 법학(法學) cf)민법(民法), 상법(商法), 형법(刑法), 교회법(敎會法), 만국공법(萬國公法), 히상법(海上法), 국법(國法), 물리법(物理法), 셩문률(成文律), 불문률(不文律), 법학박스(法學博士), 직판소(裁判所), 법률사무소(法律事務所), 법관(法官), 법률고문관(法律顧問官), 즁력법(重力法), 유젼법(遺傳法), 즈연법(自然法), 법강(法綱), 법무(法務), 법리(法理), 법뎐(法典)	법(法), 법학(法學), 법도(法度), 법측(法則) cf)만국공법(萬國公法), 법명(法庭), 법과(法科), 법률학교(法律學校), 불법(不法), 변호스(辯護士), 딕언인(代言人), 군법(軍法), 원측(原則)
International (Relations)	×	cf)공법	만국상(萬國上), 각국상(各國上), 교졔상(交際上), 국교상(國交上) cf)만국박람회(萬國博覽會),만국공법(萬國公法)	국교상(國交上) cf)만국공법(萬國公)法
Propaganda	×	×	×	×
Discussion	×	의론ᄒᆞ다,샹량ᄒᆞ다	×	격론(激論), 언론(言論), 의론(議論)
Ethnology (대주제 항목)	×	×	인종학(人種學), 인류학(人類學)	인종학(人種學)
Anthropology (비표제어)	×	×	인류학(人類學), 인류론(人類論)	인류학(人類學)
Society	×	회, 뫼이다	샤회(社會), 공즁(公衆),	샤회(社會)

언더우드의 분류항목	Underwood 1890	Scott 1891	Jones1914	Gale1924
(대주제 항목)			단톄(團體) cf)상등샤회(上等社會), 회, 협회, 인간샤회(人間社會), 비밀회(秘密會), **샤회학(社會學)**	cf)회원(會員), 비밀회(秘密會), 상류샤회(上流社會), 공동(共同)
Custom(s) (대주제 항목)	풍속, 법, 규모	버릇, 풍속, 힝습, 세속	습관(習慣), 풍속(風俗), 풍긔(風氣)	풍습(風習), 습관(習慣) cf)만풍(蠻風), 토속(土俗)
Condition(s) (대주제 항목)	디위,디경,품,모양	형셰·터·모양(state),품,분수(rank),법(stipulation)	됴건(條件), 형편(形便), 형셰(形勢), 쳐디(處地), 디위(地位), 약속(約束)	정황(政況), 형셰(形勢), 샹틱(狀態), 실정(實情), 병상(病狀), 병증(病症), 됴건(條件)
Religion (대주제 항목)	도, 교, 셩교	교	**죵교(宗敎)**, 교파(敎派), 죵파(宗派) cf)불도(佛道), 그리스도교(基督敎), 예수교(耶蘇敎), 유도(儒道), 유교(儒敎), 회회교(回回敎), 주연죵교(自然宗敎), 텬계교(天啓敎), 신도(神道), 국교(國敎), 선교(仙敎)	죵교(宗敎) cf)국교(國敎)
Superstition (대주제 항목)	헛거슬밋는것	샤술, 샤슐에밋다	망신(妄信), 과신(過信), 샤교(邪敎), 좌도(左道)	×
Heresy (비표제 항목)	이단	샤도	이단(異端), 이교(異敎), 샤교(邪敎), 오희지교(誤解之敎), 이단지교(異端之敎)	이단(異端), 샤교(邪敎), 외도(外道)
Mission (대주제 항목)	ᄉ신보냄	공ᄉ보내다 cf)교ᄉ	선교회(宣敎師會)	cf)선교ᄉ(宣敎師)
(Roman)Catholic	텬듀교우	텬쥬교,텬쥬학	텬듀교인(天主敎人) cf)셩공회(聖公會), 텬쥬교회(天主敎會), 로마교회(羅馬敎會), 텬쥬교(天主敎), 로마교쥬의(羅馬敎主義)	×
Protestant	cf)예수학, 그리스도교, 텬주학, 텬주교	×	기신교도(改新敎徒),예수교인(耶蘇敎人), 신교교인(新敎敎人)	×
Biography	×	×	젼긔(傳記), 힝젼(行傳), 힝젹(行績)	젼긔(傳記),젼(傳)
Education	교훈,교양	ᄀᄅ치다,훈학ᄒ다	**교육(敎育)** cf)학부(學部), 문무셩(文部省), 군ᄉ교육(軍事敎育)	교육(敎育) cf)과정(科程), 학ᄌ금(學資金), 학원(學院), 학제(學制), 덕육(德育)
School(s)	학당, 글방, 학교	학방, 학당, 글방	학교(學校), 학당(學堂), 글방(書堂), 학파(學派) cf)**보통학교(普通學校)**, **심샹학교(尋常學校)**, **쥬학교(晝學校)**, 녀학교(女學校), **관립학교(官立學校)**, **고등학교(高等學校)**, **고등녀학교(高等女學校)**, **유치원(幼稚園)**, 즁학교(中學校), ᄉ관학교(士官學校), **히군학교(海軍學校)**, **야학교(夜學校)**,	격검도장(擊劍道場), 고등(高等), 공업학교(工業學校), 법률학교(法律學校), 의학교(醫學校), 즁학교(中學校), 사범학교(師範學校), 학무(學務), 학년(學年), 학우(學友), 학적부(學籍簿), 학감(學監), 학긔(學期), 학업(學業), 학년(學年), 교쟝(校長), 하계학교(夏季學校), 상업학교(商業學校), 보통학교(普通學校)

언더우드의 분류항목	Underwood 1890	Scott 1891	Jones1914	Gale1924
			귀족학교(貴族學校), 수학원(修學院), 亽범학교(師範學校), 亽립학교(私立學校), 신학교(神學學校), 학령(學齡), 샹학(上學), 교과서(敎科書), 시학관(試學官)	
Medical	의亽의	의원, 의슐	의학상(醫學上), 의슐상(醫術上) cf)의서(醫書), 진단서(診斷書), 테격검사(體格檢査), 건강진단(健康診斷), 약례(藥禮), 약료(藥料), 검역(檢疫), 의관(醫官), 의업(醫業), 의학교(醫學校), 의학싱(醫學生)	cf)의과대학교(醫科大學校),의학교(醫學校),치료(治療),의슐(醫術)
Commerce (대주제 항목)	쟝亽, 흥졍, 널게매미하는 것	쟝사, 무역, 통상	**상업(商業)** cf)상업회의소(商業會議所),통상 됴약(通商條約)	통상(通商) cf)상업회의소(商業會議所),상업학교(商業學校)
Industry (대주제 항목)	부즈런	부지런하다	**공업(工業), 실업(實業)** cf)공업샹(工業上), 실업샹(實業上), 공작샹(工作上), 권업박람회(勸業博覽會)	공업(工業), **산업(産業)**, 식산(殖産) cf)공업학교(工業學校)
Art(s) (대주제 항목)	직조, 슐, 업	직죠, 솜씨	**기술(技術)** cf)미슐(美術), 예슐(藝術) 미슐품(美術品), 기예(技藝)	기술(技術), **미슐(美術), 예슐(藝術)** cf)문예(文藝), 환슐(幻術), 마슐(魔術), 기게슐(器械術), 학예(學藝), 학슐(學術)
Antiquities / Antiquity (대주제 항목)	샹고	녯적, 샹고	샹고(上古), 고딕(古代), 녯적(昔)	샹고(上古),태고(太古), 원시(元始)
Picture	그림,환,샤진	그림,화샹	그림(畵), 도화(圖畵) cf)고화(古畵), 광화(狂畵), 명화(名畵), 족子(簇子), 도화전람회(圖畵展覽會)	회화(繪畵) cf)도셔(圖書), 도화(圖畵), 화본(畵本), 화보(畵譜), 회화엽서(繪畵葉書)
Coin(s) / Coinage	돈, 흔립, 쥬젼	돈	×	×
Amulet(s) (A 소주제)	×	×	부작(護符), 호부(護符)	×
Ceramic(s)	×	×	×	×
Monument	불망비, 비	비문, 비석	×	긔념비(記念碑)
Music	풍류, 노래	풍류, 풍악	**음악(音樂)**, 곡됴(曲調), 음률(音律), 악보(樂譜)	음악(音樂)
Science (대주제 항목)	학, 학문	학, 격물궁리, 직조	**과학(科學)**, 학술(學術), 학문(學問), 지식(知識) cf)형이상학(形而上學), 응용학(應用學), 실용학(實用學), 륜리학(倫理學), 수학(數學), 의학(醫學), 슈신학(修身學), 박물학(博物學), 요술학(妖術學), 물성학(物性學), 정치학(政治學), 샤회학(社會學)	**리과(理科), 학술(學術)** cf)학예(學藝), 정신료법(精神療法), 군학(軍學), 병학(兵學)
Botany	×	×	**식물학(植物學)**	식물학(植物學)

언더우드의 분류항목	Underwood 1890	Scott 1891	Jones1914	Gale1924
Geology	×	×	**디질학(地質學)**	디질학(地質學)
Geography (비표제어)	디리학	×	디리학(地理學)	디리학(地理學) cf)디문학(地文學)
Mining	×	광수	광업(鑛業), **치광학(採鑛學)** cf)광산국(鑛山局), 광산치굴권(鑛山採掘權)	광업(鑛業)
Zoology	동물학	×	동물학(動物學)	동물학(動物學)
Fiction (대주제 항목)	무근지셜	거즛,헛말	허셜(虛說), **쇼셜(小說)**	×
Novel (비표제어)	×	×	**쇼셜(小說)** cf)쇼셜가(小說家)	쇼셜(小說)
Story (비표제어)	니야기	니약이	니야기(話), 쇼셜(小說), 고담(古談)	cf) 긔담(奇談)
Poetry (대주제 항목)	졔술	시	×	cf)극시(劇詩)
Poem (비표제어)	×	×	시가(詩歌) cf)시(詩), 부(賦), 율(律), 시집(詩集)	cf)시인(詩人), 시각(詩客)
Bibliography (대주제 항목)	×	×	×	×

* 참조표시(cf)는 해당표제어가 어구를 형성하고 있는 경우이며, 강조표시는 이후 사전에 영어 술어와 대응관계가 이어지거나 오늘날 통용되는 중요한 조선어역어를 표시해본 것이다.

상기 도표를 보면 언더우드의 표제어목을 구성하는 영어어휘들의 대응어 중 일부는 초기 영한사전에 등재되어 있으나, 거의 대부분이 존스의 사전에서 마련됨을 알 수 있다. 이는 존스의 사전에 등재된 한국어 표제어로도 한국학의 학술분야를 구성하는 것이 가능하다는 점을 의미한다. 존스의 사전은 국문 표제어에 대한 풀이보다 당시 교육현장의 요구로 인하여 영어 학술어에 대한 한국어 등가어를 제공하기 위한 목적으로 발행되었다. 각 한국어에는 초기 영한사전들과 달리 해당되는 한자를 병기했는데 여기에 배치된 한자는 사실 중요한 표지였다. 왜냐하면 이 사전에 수록된 한국어 등가어들은 중국과 일본 등지에서 창출한 서구어에 대한 등가물이란 점 때문에, 이 어휘들에 배치된 한자가 한국에서 지니는 유용성을 존스는 충분히 인식하고 있었기 때문이다.

그는 이 한국어 대역어들이 당시 일부 지식층을 제외한 일반 한국인들에게는 아주 낯설고 이국적이란 사실을 알고 있었다. 그러나 존스는 이 어휘들을 사용함에 어려움이 단어 자체보다는 단어의 배후에 있는 근대의 새로운 사상에 있다고 생각했다. 즉 그가 제시해준 이 생경한 한국어 대역어들은 근대의 새로운 사상에 이르는 중요하며 유용한 표지가 될 수 있다는 생각이 전제되어있었다. 당시의 언어상황은 이미 영어로 된 학술어들에 대응되는—사실 음가를 제외한다면 국적이 없는—한국어 대역어를 마련해줄 사전의 발행이 불가피했던 것이다. 이에 따라, 그는 의약학, 화학 그리고 인접 과학들의 영역을 제외한 철학, 종교, 법률, 교육 관련 분야 영어 학술어 대응되는 한국어 등가어를 모색하는 실험적인 사전을 편찬했다.

3) 존스 영한사전의 과학, 철학 표제어

그렇다면 존스의 실험적인 사전 속 대역어들이 예비한 한국의 근대어로 구성된 한국학이란 언어구성물을 원한경의 학술체계에 대비해보도록 하자. 존스의 영한사전에는 영어어휘들이 들어가 파생되는 어구들이 상당량 추가적으로 등재되어 있다. 그 일례로 'Science'를 제시해보면 다음과 같다.

'Abstract Science=형이상학(形而上學), Applied Science=응용학(應用學), Ethical Science=륜리학(倫理學), Mathematical Science=수학(數學), Medical Science=의학(醫學), Moral Science=슈신학(修身學), **Natural Science**=박물학(博物學), Occult science=요술학(妖術學) (astrology, alchemy and magic) Physical Science=물성학

(物性學), Political Science=정치학(政治學), Social Science=샤회학(社會學), 세태학(世態學)'

  '學'이란 한자어를 활용하여 학술용어를 재생산하는 모습은 과학(Science)뿐만 아니라 철학으로 번역되는 'Philosophy'에서도 발견된다. "Chinese Philosophy=유도(儒道), mental philosophy=심리학(心理學), moral philosophy=도덕학(道德學), natural philosophy=리학(理學)"이 그것이다[24] 철학과 과학이란 표제어가 추가어구를 파생시킨 점은 Science가 '자연과학'이란 의미보다는 한국에서 서구의 학문일반을 지칭했던 초기 용례 즉, '서구의 저술=과학'과 '한국의 저술=비과학'이라는 분절과 깊은 관계를 지니고 있다. 여기서 과학을 서구의 학문분과 전반을 지칭하는 것으로 규정할 때, 철학/과학은 서구의 학술로 일원화되기 때문이다. 존스의 사전은 '한국의 저술=비과학'을 해결해 줄 근대 한국어. 서구의 근대적 학술이란 과학(Science)이란 어의를 등가교환의 관계로 재현해줄 다양한 대역어들을 제시해준다.

  문세영의 『조선어사전』(1938)에서 "가정(假定) 위에 서서 특수한 현상의 원리를 증명하는 계통적으로 조직된 학문. 곧, 윤리학, 심리학, 정치학, **법률학, 사회학, 교육학, 미학, 물리학, 화학, 지질학, 동물학, 식물학** 따위."라고 풀이되는 "**과학(科學)**"이라는 표제어는 존스의 과학(Science)의 파생형태보다 더욱 위계를 갖춘 학술개념어와 체제를 제시해 준다. 하지만 원한경의 〈과학과 특별한 연구들〉이란 대주제를 구성하는 소항목들과 대비했을 때, 의미가 더욱 넓다는 사실을 알 수 있다. 그 속에는 무의식

24) Philosophy 학, 학문, 리 (Underwood 1890), 격물궁리 (Scott 1891) 철학(哲學), Chinese Philosophy=유도(儒道), mental philosophy=심리학(心理學), moral philosophy=도덕학(道德學), natural philosophy=리학(理學) (Jones 1914) 철학(哲學) (Gale 1924)

적인 유전과 상속의 흔적이 오롯이 남겨져 있는 것이다. 하지만 문세영의 사전은 원한경의 〈과학과 특별한 연구들〉를 재현할 "자연계의 물질적 현상을 연구하는 과학 곧 **物理學, 化學, 動物學, 植物學, 鑛物學 따위. 내튜랄싸이엔쓰**"라고 풀이 되는 "자연과학(自然科學)"이라는 표제어를 지니고 있었다.

"자연과학=Natural Science"라는 대응관계의 성립은 원한경이 보여준 분류체계를 한국어로 완성시킬 수 있는 표제어들의 완비를 의미한다. 서구 학문에 대응되는 한국학 제분과를 서구의 '과학'이란 항목에 재배치시키며, 원한경의 〈과학과 특별한 연구들〉를 구성하는 대상, 즉, 인간과 분리된 객관적 자연물과 자연현상에 대한 학문을 지칭하는 '자연과학'이란 어휘를 통해서 대응관계를 획득하게 되기 때문이다. 이는 '과학', '철학'의 분절을 가능하게 해준다.

'자연과학=Natural Science'의 대응관계는 1931년판 게일의 사전에서 비로소 등장하며, '자연철학=Natural philosophy'와 변별력을 발휘한다. 존스의 이중어사전 속에서는 물론 이런 학술체계의 완비는 이루어지지 않고 있었다. "natural philosophy=리학(理學)"이란 존스 사전의 대응관계는 그 흔적을 여실히 보여주는 대응쌍이다. 문세영의 『조선어사전』(1938)에서 이학(理學)은 "性理學, 物理學, 自然科學, 哲學"과 동의어로 제시되는 데, 이는 상당히 다층적인 어휘들이 함께 놓여있는 셈이다.[25] 이는 다음과 같은 이중어사전들의 흔적이 축적된 결과였다.

---

25) 문세영의 사전 속에서 이 표제어들은 각각 "인성과 천리와의 관계를 연구하던 지나 宋明의 유학. 理學"(性理學), "모든 물체의 성질·변화·작용들의 법측을 연구하는 과학. 理學"(物理學), "자연·인생 및 지식의 현실과 理想에 관한 근본원리를 연구하는 학문. 필로소피."(哲學)라고 풀이되고 있다.

리학(理學) Physics; natural philosophy and science, See. 도학 (Gale 1911-1931),

cf) 리학(理學) Physics; physical science (김 1928)[26]

cf) 理學(리학) 性理を研究する學問 (조선총독부, 『조선어사전』, 1920)

물리학(物理學) Natural philosophy (Gale 1911) physics (김 1928-Gale 1931)

Physics 리학(理學), 물리학(物理學) (Jones 1914-Gale 1931)

4) "nature=自然"의 성립과 한국인의 마음

리학에 담겨진 다양한 개념 층위는 'nature=자연'이란 대응관계 속에 내재된 번역의 문제들과도 깊이 관련된다.[27] "自然"이란 한국어 표제어는 1897-1931년 게일의 이중어사전에 "自然 of itself; naturally so; self-existence; of course. See. 졀노.(Gale 1897-1931)"라고 등재되어 있었다. 하지만 "nature"와 등가관계로 존재하지 않았으며, 인간(혹은 인류)의 외부에 놓인 물리적인 대상("외계에 實在여 認識의 대상이 되는 물건의 총칭"이나 "인류 이외에 존재하는 외계의 물건"(문 1938))이 아니라 개별 한자를 풀이한 개념("저절로 그러한 것"(문 1938))에 근접한 것이었다. 이 점은 초기 영한이중어사전에서도 동일했다.

> **Natural** 근본, 텬셩, Natural Philosophy 텬셩지학, Naturally 원간, 텬싱, ᄌ연이, 근본, 졀노(Underwood1890) Natural, Naturally 졀노, 스스로, **ᄌ연** (Scott 1891)
>
> Spontaneous 졀노잇ᄂᆞᆫ, 스스로 잇ᄂᆞᆫ (Underwood 1890) 졀노, 스스로, **ᄌ연이** (Scott 1891)

Natural 혹은 Naturally를 풀어주고 있는 "自然"은 명사라기보다 부사에

---

26) 김동성, 『最新鮮英辭典』, 京城: 博文書館, 1928. (이하 김 1928로 표기)

27) 야나부 아키라(柳父章), 『번역어성립사정』, 서혜영 역, 일빛, 2003, pp.126-145.

근접한 것이었다. "Nature"는 초기 영한이중어사전에서 "自然"이란 어휘가 아니라 "성품, 성미, 본성, 텬성 (Underwood1890) / (creation) 만물, **(disposition) 성품, 성미,** (force) 긔운 (Scott1891)"로 풀이된다. 스콧이 nature의 다의성 중 "disposition"으로 의미를 한정한 부분, 본질 혹은 특성이란 개념에 초점이 맞춰져 있었다는 점을 알 수 있다. 1914년 출판된 존스의 사전에서도 "nature"에 대한 등가어로 "自然"은 배치되어 있지 않았다.[28]

> Nature(basic character) 本性: (of animate being): (of objects) 性質: (force of the material world) 造化: (the natural world) 宇宙: 天性難段 "It is difficult to change nature"

"Nature=自然"이란 등가관계는 1920년대 초반에도 서구 개신교 선교집단에게 완연히 사회화된 것이 아니란 사실은 *the Korea Bookman*의 어휘정리사업을 통해 알 수 있다. 이 사업의 개요는 각 선교사들이 "적절한 한국어 번역에 있어 어려움을 느꼈으나 그 번역의 필요성이 절박한 영어 단어들의 목록"을 제시하고, 그에 대한 한국어 대역어를 모색하는 것이었다.[29] 클라크는 이에 대한 예시문으로 몇 개의 영어어휘들과 그에 대한 설명을 했다. 그 중 한 유형이 "'Subjective', 'objective', 'concrete', 'nature', '**자연의 세**

---

28) 오히려 "Natural"의 대역어로 제시(Natural 自然, (legitimate) 當然 (as to rights) 天賦 Natural disposition, 本性 天性(a confucian term))되는 데, 그 이유는 "自然"이 형용사의 형태로 많은 파생어를 생산해주었기 때문으로 추론된다. 이는 존스 사전에 "Natural"의 파생형태로 부가된 다음과 같은 어구들을 통해 알 수 있다. "Natural history 博物學, (zoology) 動物學, Natural law 自然理, 天理, Natural philosophy 物理學, 窮理學, Natural properties 性合, Natural Religion 自然宗敎, Natural selection 自然道態; Natural theology 自然神學"

29) 이에 대한 상세한 논의는 황호덕·이상현, 「번역과 정통성, 제국의 언어들과 근대 한국어」, 『아세아연구』145, 2011를 참조.

계'(the world of nature)라는 표현에서처럼 물질적 의미의 nature"이었다.[30]

클라크는 이 어휘들에 대한 부가설명을 하지 않고, 이 글에 첨가된 어휘 목록에서, "Subjective=主格, 主觀的 / Objective=客格, 客觀的", "Nature(as the world of nature)=自然界"라고 제시한다. 하지만 엥겔의 클라크 글에 대한 다음과 같은 논평을 보면 여전히 "nature"를 "自然"과 등가관계로 인식하지 않았음을 발견할 수 있다.

> "the world of nature"를 번역하려 할 때, 우리는 이 표현이 우리에게 무엇을 뜻하며 한국인들은 어떤 단어로 이와 동일한 개념을 표현하는지 자문해 보아야 한다(그러나 영어 단어들을 글자 그대로 번역해서 맹목적으로 사용하지는 말아야 한다). 동일한 개념이 '天地萬物텬지만물'이라 표현되는 것을 우리는 일상적으로 접한다. "Were the whole realm of nature mine…"은 '텬지만물'이라는 단어만을 이용해서도 표현할 수 있을 것이다. "realm"이라는 단어를 옮겨 내려고 애쓰는 것은 헛수고일 뿐이다. 우리의 마음에 시적으로 와 닿는 것은 한국인들에게는 매우 산문적인 것으로, 심지어는 우스꽝스런 주제 변화로 여겨질 수 있기 때문이다. 문맥이나 취향에 따라, 이 표현 대신 '宇宙우쥬'universe, '萬有만유', '森羅萬象삼나만샹' 등을 쓸 수도 있다.[31]

엥겔이 자연보다는 천지만물(天地萬物), 우주(宇宙), 만유(萬有), 삼라만상(森羅萬象)과 같은 어휘를 'nature'의 대역어로 삼은 까닭은, 영어 어휘와의 완전한 등가개념보다는 그가 접촉했던 한국인의 관습화된 가장 유사한 개념을 담은 어휘를 찾기 위한 것이었다. 하지만 향후 서구인의 영한이

---

30) W. M. Clark, "The Need of Special Vocabularies in English-Korean", *The Korea Bookman* II-1, 1921.3. pp.6-7.
31) G. Engel, "English-Korean Vocabulary", *The Korea Bookman* III-3, 1922 9.

중어사전에서 "nature"항목에 다양한 대역어와 함께 한국어 "자연"은 등재된다.[32] "자연"은 천지만물, 우주 등의 대역어와는 문맥에 따라 변별된 개념을 지닌 대역어로 그들의 사전 속에 정착하게 되는 셈이다. 또한 그 이전부터 한국어로 번역되어야 할 중요한 개념으로 부상하게 된 것이다.

물질적 의미에서의 "자연=nature"의 성립에 주목해야 하는 까닭은, 전술했듯이 자연철학과 자연과학을 분절하는 변별력을 제공하는 것만으로 국한할 수 있다. 클라크의 예시문에 보이는 "주관/객관", "추상(Abstract)/구체(concrete)"와 같은 서구의 이분법적인 인식론을 한국어를 통해 제시할 수 있는 개념을 정립시켜 주기 때문이다. 이는 필연 인간의 외부와 내부를 분할하며 게일이 찾고자 한 "한국인의 마음"이 놓이는 위치를 제공해준다. 그것은 한국문학이 놓이는 장소이기도 했다.

로마인의 격언에 나오듯 "Verba volant, scripta manent" 즉, "말해진 것은 사라지지만, 씌어진 것은 남는다." 우리는 여기에서 더 나아가 다음과 같은 말을 덧붙일 수 있을 것이다. 말해진 것은 외면을 건드릴 뿐이지만, 쓰여진 것은 심정을 드러낸다. 동양에서 이 말은 얼마나 진실된 것인가! 만약 당신이 어떤 이의 말만을 들었다면, 당신은 결코 그를 진실로 알고 있는 것이 아니다. 내면의 생각이란 오직 아무도 옆에서 볼 수 없을 때에만 기록된다. 공개된 자리에서라면, 그는 그것이 무엇이 되었건 간에 그 자리에서 요구되는 격식form에 맞춰 말하는 법이다. 하지만 말에 있어서는, 즉 '살아있는 소리viva voice'로는 마음 속에 있는 내면의 비밀은 절대로 발설되지 않는다. 우리가 그의 어깨 너머를 훔쳐보고 있다는 사실을 그가 꿈에도 눈치채지 못할 그런 순간, 즉 그를 어떤 부지불식의 상태

---

32) "nature"에 대한 풀이는 "自然, 天然, 自然界" (Gale 1924), "텬디만물(天地萬物), 삼라만상(森羅萬象), 만유(萬有), 조화(造化), 텬연(天然), ᄌ연(自然)" (Underwood 1925)라고 제시된다. 이런 풀이는 클라크, 엥겔의 풀이를 수용했다는 사실을 발견할 수 있다.

로 만들어야 하는 것이다. 그가 쓴 것을 읽을 때에야 우리는 그를 참으로 알 수 있는데, 왜냐하면 문학은 실로 모든 중요한 장소를 내면생활의 사진 기록처럼 점유하고 있기 때문이다. 그것이야말로 실로 한 민족을 이해하고, 한국의 영혼을 이해하고, 그리고 한국의 마음의 내밀한 방으로 이르는 열쇠이다. 오직 한국인의 문학을 관통하며 서성일 때에야 그가 누구인지, 그가 무엇을 생각하는지, 그가 무엇이 되기를 염원하는지를 발견해 낼 수 있을 것이다.[33]

"말해진 것:씌어진 것=외면:내면=순간:영원"이라는 도식은 미달된 문예물, 민족지 연구를 위한 자료와는 다른 한국문학의 표상을 보여준다. 게일이 "한국인들과 함께 수년 동안 살아왔음에도 불구하고 도교의 도사와 신선들이 그의 세계에 어떠한 구실을 하는지에 대해서 생각해본 적이 없었다. 친숙해지자, 그들은 지금 항상 선하고 친절하며 그러나 온전히 지상과 천상의 존재도 아닌 가장 불가사의한 기품과 매력을 지닌 친구들이었다. 한국인들이 쓴 것을 읽어갈수록, 나는 이 신선과 그들의 궁전에 함께 살게 되었으며, 그들의 가장 귀한 공연에 참가했으며, 그들의 오래된 향기롭고 감미로운 목소리를 들었다. 그렇다 나는 그들의 음악을 들으며 부드럽고 매력적인 그들의 道의 현장들을 보며, 이 신선들과 함께 살았다."[34] 라고 술회했던 문학이 제시해주던 장면들이었다. 그곳은 한국인의 마음을 읽을 수 있는 공간이었다.

---

33) James Scarth Gale, "Korean Literature", *The Christian Movement in Japan, Korea, and Formosa*, Kobe, 1923("말:글=외면:내면"이란 그의 인식은 「한국문학-왜 한국문학을 읽어야 하는가」("Korean Literature(2)-Why Read Korean Literature?", *The Korea Magazine*, 1917.8)에서 제시되었다.)

34) "Why read Korean Literature" *the Korea Magazine I*, p.355.

4. 게일의 문학담론과 한국의 번역적 재현

1) 게일의 문학개념과 용례

문세영의 사전에서 과학이란 표제어의 풀이를 보면 학문일반을 지칭하는 용어로 보임에도 "문학"은 과학의 풀이에서 배제되어 있다. 그의 사전 속에서 문학은 "①글에 대한 지식 ②理學 및 이것을 응용하는 기술 밖의 모든 학문. 心的科學. 社會的科學 ③상술한 의미에서 정치·경제·법률에 관한 것을 뺀 나머지의 모든 학과. 곧 철학·종교·교육·역사·언어들의 학문 ④시가·소설·미문·극본들을 연구하는 학문·곧 언어로 나타내는 예술"이라고 풀이된다. 겹쳐지는 부분이 없는 것은 아니지만 문학과 과학 양자는 분명히 분절되어있음을 알 수 있다. 문학과 관련된 게일 이중어사전의 대응양상을 보면,

> 문학(文學) literature; **literary, philosophical, or political studies**; belles-lettres.
> (Gale 1911)→ literature; belles-lettres. (Gale 1931) cf) 문학(文學) 文章ど學問 (조선
> 총독부 1920), 문학(文學) literature (김 1928)

문학은 1911년에 처음 등장하며 이로 말미암아 초기이중어사전의 '글=literature'란 등가관계가 소거된다(Gale 1911). 이 시기 문학은 문세영의 사전 속의 개념으로 본다면 ②-③의 층위에 배치된 것으로 보이며, '글=literature'보다는 서구의 근대학술개념에 걸맞는 의미를 지니며 하나의 분과항목으로 변화되고 있었다.[35] 1914년 존스의 사전은 지금까지 검토했듯

---

35) 1900년대 후반 문학이 근대 學知로 전유되어가는 초기적 양상은 구장률, 「근대지식의 수용과 문학의 위치」, 『대동문화연구』 67, 성균관대 대동문화연구원, 2009를 참조.

이 분과학문으로서의 문학을 변별해줄 다른 분과학문의 영역들을 제시해주었다. 즉 서구어와 한국어는 문어층위에서 유비의 관계에서 등가관계로 전환되고 있었다. 1931년 사전에서는 "literary, philosophical, or political studies"란 풀이가 소거됨을 발견할 수 있는 데, 이 전환은 문세영의 개념풀이에 있어서 마치 ④로 이동하는 것처럼 보인다.

그러나 미문학, 순문학을 드러내는 'belles-lettres'를 투사시키는 대상이 개인의 문집이나 유가지식층의 한문문집이었던 게일의 용례를 감안할 필요가 있다. 게일에게 적합한 풀이는 ③이란 범주에 근접한 것이었다. 또한 설화연구를 통한 초기 서구인의 문학연구가 주목한 곳이 ②에서 사회적 과학(社會的 科學)이라면 게일은 심적 과학(心的 科學)이란 측면을 중시한 셈이다. 게일이 한국의 문학이란 제명으로 쓴 에세이에서 등장하게 되는 문학작품의 실례는 사실 ③의 층위에 놓인 한국의 한문문헌이었다. 그리고 그 인용의 근거 역시도 제분과 영역과 완연히 분절된 〈문학〉(④)이란 항목을 기술하기 위한 것이 아니라, 한국인의 종교성을 증빙하기 위한 자료로 제시된다.[36]

④의 층위에 해당되는 게일의 『옥중화』 영역본에는 한국인 사고의 모습과 작품이 지닌 매력을 독자들에게 전달하기 위해, 완벽하고 충실한 번역(직역)을 수행했다는 편집자의 논평이 존재한다.[37] 이 작품은 엄연하게 설화가 아니라 하나의 문학작품 텍스트로 인정되고 있었으며, 후일 원한경의 분류항목에서 개신교 선교사들의 문학작품과 함께 〈소설과 시〉 항목에 배치된다. 그러나 그 이유는 그들이 거론한 게일의 충실한 직역 그 자체에 있는 것은 아니다. 한국의 필기, 야담 작품에 대하여 충실한

36) "The Korean Literature", *the Korea Magazine*, 1918.6.
37) "Choonyang", *The Korea Magazine*, 1918.1.

직역을 통해 출판한 저술(1913)이 이미 존재했었지만, 이 작품집이 〈민족학, 사회의 풍습과 정황〉의 구실을 하던 설화와 동일하게 "미스테리, 많은 이들이 말하는 아시아의 비합리성을 소개하는 에세이로 쓰일 수" 있도록 출판되었던 사정이 이를 반증한다. 그것은 오히려 해당 번역작품을 배치시키는 전체 한국학 속에 놓인 문학담론의 차이였다.

쿠랑과 달리 게일은 ④의 입장에서 ③을 판단하는 관점을 보여주지 않았고 오히려 ④의 견지에서 생성되는 한국의 근대문학을 수용하지 못하는 입장이었다. ④의 문학개념에서 의거한 고소설 작품명이 그의 글에서 등장하는 시기는 사실 1920년대였으며, 이 역시도 한국의 근대문학을 비판하기위해 준거점으로 등장하게 된다. 고소설의 문체가 최근 한국에서 대중적으로 인기를 얻고 있는 최신소설인『천리원정』보다 좋은 전범이 된다는 사실, 그리고 두 소설 사이의 변화가 근대 한국의 변모를 잘 보여주는 증빙자료란 사실 때문에 고소설 작품명이 거론된다.[38] 여기서 고소설의 위치는 한국의 근대 소설이란 타자를 통해서 기술되며, 이 타자 없이는 기술될 수 없었다는 사실을 주목해야한다.

이 타자는 게일이 소멸되어가는 것이라고 생각했던 것, 한국의 과거문헌(광의의 문학연구)을 통해서 발견한 한국의 민족성을 규정하는 데에 있어 반드시 필요한 존재였다. 더욱이 한국의 근대어는 그가 거론을 피할 수 없는 한국의 엄연한 현실 그 자체였다. 충실한 직역작품인『옥중화』영역본과 함께 한국 근대어에 관한 한국어학강좌가 *Korea Magazine*에 공존하고 있었던 사실은 이 점을 잘 보여준다. 영어 학술어에 대응되는 한국어 등가어를 중국, 일본의 한자어들 속에서 실험적으로 모색했던 존스와 달

---

38) "Fiction", *The Korea Bookman*, 1923 March; "Korean Literature", *The Christian Movement in Japan, Korea, and Formosa*, Kobe, 1923.

리, 역으로 게일은 한국의 미디어에서 실제로 등장하는 한국의 근대어를 민감하게 감지하며 적절히 대응되는 영어로 된 풀이와 해설을 제공해야 했다.

2) 춘원과 게일의 분기점

게일이 지적한 한국문어(Korean written language)의 변모원인은 첫째, 중국고전이 한국인의 삶에서 소멸되고 둘째, 구어(colloquial)의 힘이 증대되었으며 셋째, 일본을 통해 과거 한국인이 꿈조차 꿀 수 없었던 근대 세계의 사상과 표현들이 다가온 것이었다.[39] 그는 오늘날 근대문학작품이라고 여겨질 만한 것을 거의 번역하지 않았고 심지어는 고전과 견주어 보았을 때 어떠한 성취를 이룬 작품이 없다고 말했을 정도이다. 이런 그의 시각은 한국의 근대어에도 동일했다. 그는 일본식 한자어 접미사 '-的, '-上'을 싫어했고, 동사 완결어미인 '였다'를 쓰는 근대의 서적들을 경멸했다.[40] 이는 게일의 문법서 속에 배치된 기록된 구어, 외래사상에 오염되지 않은 순수한 한국인의 말들과는 다른 언어였다. 하지만 이와 상관없이 게일은 당시 유통되던 한국의 근대어를 이중어사전 속에는 등재해야만 했으며 *the Korea Magazine*에 한국어학 강좌란에서 근대어에 관한 질문을 받았고 실제로 번역의 실례를 보여주기도 했다.[41] 그리고 학술개념어 그

---

39) "The Korean Language", *The Korea Magazine*, 1918 February.

40) Richard Rutt, *James Scarth Gale and his History of Korean People*, Seoul: the Royal Asiatic Society, 1972 p.68

41) "The Korean Language", *The Korea Magazine*,1918 April에서 게일은 '的'이라는 접미사와 관련된 어구에 대한 번역을 질문받았다. 이는 다음과 같다. "문화덕으로 보면……신령덕으로 보면 = from a literary point of view……from a spiritual point of view", "정치덕'스상 idea concerning government", "물질덕 materialistic" 게일이 이 질문을 받게 된 계기는 上, 的, 界의 접미사를 포함한 일본식 한자어구 15개와 이에 대한 예문들을 제시하고, 번역해보라는 과제를 준 것이었다. ("Modern Words

자체에 대해서 그는 이견을 제시하지 않았다.

이 시기 한국에 있어 문헌화된 구어자료는 사서삼경의 언해본(1893), 이후 그들의 선교관련 번역물에서 활용되던 시기(1916)와는 완연히 변했다. 그가 거론한 『매일신보』는 이 점을 잘 보여주는 자료였다. 국한문, 순수한 언문 글쓰기가 지면에 따라 나누어 배치되어 있고 고전·근대의 모든 필요한 어휘들이 이곳에 있으며, 한국어를 공부를 위해서는 이 신문을 하루에 한 시간 읽는 것 이상 좋은 방법은 없다고 말했다. 그리고 8월 10일자 신문의 몇 문장을 꺼내어 그것을 번역해볼 것을 독자에게 제안했다.[42]

게일이 동시대적인 감각으로 그 변모를 느낀 구체적인 지점을 *the Korea Magazine* 1918년 12월호에 실린 다음과 같은 예문을 통해서 살펴볼 수 있다.

1. 텬쥬교가드러온지는빅여년이넘엇다ᄒ지마는조선ᄉ상계에현져ᄒ영향을쥰거시업셧고 / 2. 삼십년긔렴을년젼에축하ᄒ예슈교는임의삼십만이샹에신도를엇어대소를물론ᄒ고도회란도회는거의일이이의예슈교회당이업는데가업스며 / 3. 삼심만이라ᄒ면죠선젼인구에오심분혹은륙십분지일에불과ᄒ지마는미오십인민륙십인에예슈교신도일인식이란말이씀직ᄒ일이오 / 4. 게다가이삼십만신도는동일ᄒ규률노죠직된교회라는사회닉에셔미칠일일츠식동일ᄒ교육의셜교를둣는거슬싱각ᄒ면그세력과영향이엇더케위대ᄒ거슬가지홀것이의다[43]

and The Korean Language", *The Korea Magazine*, 1917 July.) 그에 대한 실제 서구인의 번역양상과 그에 대한 게일의 논평이 두 달 이후 게재된다. ("Difficulties of the Language", *The Korea Magazine*, 1917 September.)

42) *The Korea Magazine*, 1917 September.

43) "The Korean Language", *The Korea Magazine*, 1918 December. (*The Korea Magazine* II, pp.540-541.)

게일은 이 예문이 한국의 근대어, 근대적 글쓰기, 사상을 보여주는 훌륭한 표본이라고 말했다. 과거 한국인 학자들은 이와 같은 방식으로 쓰는 것이 어렵지만 이는 분명히 오늘날의 언어라고 지적하며, 교육받은 지식인들이 이렇게 표현할수록 과거 한국인 학자들은 역으로 문맹의 나락으로 격리될 것이라고 했다[44](p.541). 상기인용문에서 강조표시로 제시된 어휘가 게일이 별도의 항목으로 풀이한 어구이다. 그가 지적한 어구들에 관한 게일의 이중어사전(1911-1931)의 등재양상을 정리해보면 다음과 같다.

『조선잡지』의 대응관계		사전등재표제어	Gale 1911	Gale 1931
韓	英			
1	수상계	world of thought	수상계	×	×
2	현져흔	evident, manifest	현져(顯著)ᄒ다	To be clear; to be evident; to be manifest	左同
3	영향	effect	영향(影響)	Literally 'shadow and echo'; influence; effect	左同
4	축하흔	congratulations	축하(祝賀)	Congratulation; felicitation	左同
			축하(祝賀)ᄒ다	×	To congratulation
5	삼십만이샹에	over 300,000	이상(以上)	What is past; what above a certain point	左同
			이상(以上)에는	Over and above, after	×
6	도회란도회	every palce called town	도회	A city	左同
7	게다가	?	×	×	×
8	동일흔규률	under one law	동일(同一)ᄒ다	to be similar	左同
			규률(規律)	Law; rules; regulations; canon; order	左同
9	민칠일일츠식	once every week	일츠	×	
10	설교	preaching	설교(說敎)	Preaching of the Buddha	Preaching
11	위대흔	great	偉大ᄒ다	To be great; to be glorious; to be heroic; to be brilliant	左同
12	가지	well known	×	×	×

상기의 정리를 보면 그가 접하지 못한 생소한 어휘는 사전에 등재되지

---

44) "The Korean Language", *The Korea Magazine*, 1918 December. (*The Korea Magazine* II, p.541.)

않은 수상계, 게다가, 가지(可知)이다.[45] 수상계(思想界)와 가지(可知)는 한자를 통해 의미를 추정할 수 있었던 반면, 그렇지 못한 '게다가'는 적절한 번역어를 끝내 취하지 못했다. 思想界는 게일이 신어의 예시로 제시한 것과 동일하다. "한자 + 흘"이란 형태(2, 4, 8, 11) 역시 '的', '上'과 유사한 것으로 게일은 이런 활용에 대한 질문을 받았고 이를 설명한 바 있다. "說敎"는 이중어사전의 의미전환이 잘 보여주듯이, 불교 신자들에게 한정되던 설교에서 공공성을 획득하여 보다 한정되지 않는 설교란 의미로 변화된 것이었다.[46] '以上'은 'more than'(over)을 번역하기 수월한 표현으로 소개한 것이다.[47] '도회란 도회', '每 七日 一次式'에 대해서는 추가적인 설명이 부연된 부분이 없어 추론하기는 어렵지만 과거에 나온 기존 그들의 초기 문법서로 규명할 수 없는 구문이었다고 판단되며, "영향"은 한자 개별어휘의 풀이와 함께 두 개의 영어 단어와 대응관계가 설정되어 있는데 그 선택의 문제와 관련하여 지적된 것으로 추정된다.[48]

구문 자체의 축자적 의미와 더불어 근대어의 배후에 놓인 사상적인 맥

---

45) 이 중 '可知'는 게일이 "The Influence of China upon Korea", *Transactions of the Korea Branch of the Royal Asiatic Society* 1, 1900에서 보여준 바가 있어 생소한 어휘라고 말하기에는 어렵다. 그러나 여기서는 "國事와 人心이 可知로다"에 대하여 "one can indeed know of the affairs of nations and the minds of men."로 개별 한자어로 풀이되고 있는 반면, 상기 도표에서는 다른 풀이방식을 보인다. 그 선별의 원인은 한문 통사구조에서 벗어난 "可知흘"(수식어로 변해있음)이라는 구문의 특이성에 놓여 있었던 것 같다.

46) "Language Study(New Words)", *The Korea Magazine*, 1918 October.

47) "Language Study(more than; less than)", *the Korea Magazine*, 1919 February.

48) "effect"에 교환되는 어휘로 '효과'가 설정된 것은 영한사전은 1924년, 한영사전은 1928년이었음을 감안했을 때였다. 이는 결국 influence/effect 양자 중 하나를 선택하여 번역할 수밖에 없는 입장에서 예시를 보여준 것이 아닐까 한다. (influence 權勢, 遊歷, 勢力, 感化,(effective cause) 影響 (Jones 1914) 影響, 氣勢 (Gale 1924) / effect 結果, 實效, 效驗 (Jones 1914) 效果 (Gale 1924) / 效果 An effect; a result (김 1928-Gale 1931))

락도 그의 예문선정과 깊은 관련이 있었다. 이 예문의 출처는 이광수 「新生活論」 기독교 관련의 서두 부분(『매일신보』(1918.11.11))이었으며, 게일은 춘원의 글을 같은 호에 영어로 요약·제시한다.[49] "전국 수천명의 사람들이 읽는 『매일신보』에 실린 7개의 기사에 대한 훌륭한 요약"이란 편집자의 주석처럼 이곳에 게일의 사견이나 비판은 보이지 않는다.[50] 「신생활론」은 한국인과 한국어라는 발화의 맥락에 있어 변별점을 발견할 수 있지만, 문명론적인 견지에서 과거 한국의 생활방식과 풍습, 유교 등을 비판한 그들의 시각과 큰 차이점을 지닌 것이 아니었기 때문이다. 서구인의 전유물로 여겨지던 원한경의 〈민족학, 사회의 풍습과 정황〉을 그들이 할 수 없었던 행위, 한국어로 한국의 민족성을 번역해주는 것이었다. 어쩌면 「신생활론」의 기독교사상 부분은 서구인들이 할 수 없었던 한국 개신교에 대한 비판을 보여준 고마운 공동저술이었을지도 모른다.

하지만 근대문학의 개척자라는 이광수와 한문문헌에 대한 탐구(고전문학연구)에 전념한 게일이 이후 보여준 상반된 행보라는 두 사람의 명백한 분기점이 존재했다. "吾人의 根本되는 民族的 理想이 무엇이며, 耶蘇敎의 敎理와 이 理想과의 관계가 어떠하냐……이것은 當然히 討論되고 斷定되어야 할 問題외다"란 춘원의 진술은 게일이 Korea in transition(1909)에서 선교사 지망생들에게 제시했던 질문들과 동일한 문제의식을 지닌 것이었다. 게일은 "한국 사회의 이상"과 성령의 열매, 예수의 큰 계명과 같은

---

49) James Scarth Gale, "Christianity in Korea", the Korea Magazine, 1918 December.
50) "기독교 전반에 대한 공격이라기보다는 조선 교회에 대한 명확한 비판이지만 간접적으로 춘원은 외국인 선교사를 비난"하는 것이란 도입부의 짧은 논평과 본문 중에서는 춘원이 전혀 망설임 없이 "천사들도 발 들여놓기 어려워하는" 주제에 "확신을 가지고 달려든다"(p.534)라는 부연설명의 차원에서 개입하는 모습이 보일 뿐이다.

개신교의 교리들을 비교검토하도록 요청한 바 있다(p.121). 한국사회의 이상은 오륜(五倫)과 인의예지신(仁義禮智信)을 지칭하며 다섯 개의 법과 덕(five laws and virtues)으로 번역된다. 이미 과거 한국의 이상들은 이미 붕괴되고 있었으며, 이 이상에 토대를 둔 사회제도는 혼란 상태에 놓여 있었다(p.96). 게일은 이 혼란을 극복할 대안을 '복음'이며 '개신교의 진리' 라고 말했다(p.97). 나라와 시민권을 상실한 한국을 위해 그가 제시한 전 망은 '예수가 주는 하나님 나라의 시민권'이었다(p.43). 과거 한국의 이상 들은 게일에게 있어 복음을 예비한 예언의 목소리였다(pp.96-97).

춘원의 글은 게일의 이런 전망 이후 당시 한국 개신교의 현황을 보여주 는 것이다. 하지만 춘원이 말한 민족적 이상은 오륜과 인의예지신을 지칭 하는 과거의 것이 아니었다. 게일이 말한 '하나님 나라의 시민권'(敎)에 '한국이 상실한 시민권'(政)은 결코 동일화될 수 없었다. 후자의 영역에 대한 보완물은 문화 혹은 정신적인 영역을 통해서 여전히 구축되어야 했 는데 그것이 춘원의 민족적 이상이 배치되는 장소였고, 게일과 달리 '하나 님 나라의 시민권'은 이곳에 동일화되어야 했다.[51] 춘원에게 하나님 나라 의 시민권은 "立國의 宗旨"와 "民族의 根本的 大理想"에 위배되지 않는 범 위에서 허용되는 것이었기 때문이다.

그리고 한국사회의 이상이 영어로 번역되듯, 한국의 근대문어를 통하 여 개신교의 교리는 한국인의 것으로 육화되어 그에 수반된 문학적 산물 을 창출해야 했다. 춘원은 유교가 순한문을 통해 정신을 보급한 반면, 기 독교는 "朝鮮語를 硏究하고 平易한 朝鮮文"으로 전도활동을 했기 때문에,

---

51) 이에 대해서는 김현주, 『이광수와 문화의 기획』, 태학사, 2005, Ⅲ장 참조. 「신생활 론」을 전후로 한 이광수에 대한 전반적인 사항은 김윤식, 『이광수와 그의 시대』 2, 한길사, 1986, 6장 참조.

"數百年間" "數千年" "精神生活을 가져보지 못한 多數民衆"은 개신교 안에서 "宗敎뿐만 아니라", 철학, 문학, 만물발생과 인생의 생활에 관한 모든 설명을 찾았다고 지적했다. 더욱 흥미로운 것은 이런 춘원의 진술이 국민/민족 모두를 포괄할 수 없는 한문이라는 문어의 한계를 통해 유교를 개신교와 동등한 한국의 정신으로 배치시키지 않았던 쿠랑, 헐버트의 논리였다는 점이다. 또한 육화된 한국 기독교의 증거를 서구와 대비할 만한 조선만의 문학작품과 설교집이 나오지 못한 점을 지적하는 부분은 한국어로 된 학술과 한국문학의 성과가 없음을 발견한 그들의 시선과 겹쳐진다. 과거 서구인이 한국을 규정한 논리가 서구인들이 개입한 한국의 개신교에 전유되어 투사된 셈이다.

3) 한국의 번역적 재현

게일은 한국을 떠나기 전, 40년간의 자신의 이력을 다음과 같이 술회했다.

> "나는 朝鮮에 잇서서 宗敎事業보다 育英事業에 힘쓰려하고 儆新과 貞信의 姉妹學校를 設立하여 數十年間에 만흔 弟子를 엇은 것은 內心歡喜하는 바임니다……그리고 내가 한 가지 한 일은 朝鮮의 文學을 不充實하게 나마 硏究해보앗고 따라서 이것을 西洋에 소개한 것임니다. 米國圖書館에는 내가 聚集하여 보낸 圃隱全集 外 數千券의 文學書類가 珍藏되어 잇슴니다……"[52]

상기 게일의 진술은 물론 그가 다른 선교사에게 비판을 당했던 이유이기도 하며 진실한 그의 고백이기도 하다. 그러나 게일이 한국어로 기술하고 있는 이 교육사업과 "조선문학연구"는 종교사업 즉, 개신교와는 엄연히

---

52) 「回顧四十年」, 『新民』 26, 1927.6.

분리된 것이었으며 근대의 세속종교인 국가, 민족을 향한 영역(한국학)을 지향하고 있는 것이다. 그 역시도 기독교 문명론을 일관할 수 없었다. 분명 게일이 제시했던 한국사회의 이상은 분명히 이광수의 민족적 이상과는 변별되는 과거 유가 지식층의 것(유교)이었다. 그러나 이것이 전유되는 방식은 *Korea in transition*(1909)과는 달리 춘원이 지향했던 영역(한국인 상실한 시민권의 보완물)을 향하고 있었다. 『조선사상통신』 787-788호에 실린 게일의 글에 대하여, 「奇一氏朝鮮觀」(『조선일보』, 1928.11.21)은 "朝鮮衰亡"의 원인을 규명함에 있어 당시 상투적인 통념인 "이조정치의 부패"보다 더 근본적인 7가지 원인을 잘 짚어주었다고 말했다. 게일의 글은 조선이란 대상을 향한 원근법적 구도에 의거하여 심층과 근원이란 깊이 (물질적 것이 아닌 정신적 영역, 정치가 아닌 문화의 영역)를 부여받았다.

이곳에 배치된 게일이 지적한 "조선쇠망의 7원인"이 근대에 한국이 잃어버린 민족성들을 지칭하는 것이다. 그것은 과거 한국의 골수, 변하지 않는 내부로 1898년 그가 발견하지 못한 "Korean Mind"가 놓인 장소이기도 했다. 『조선사상통신』은 『新民』 9호(1926.1)에 한국어로 게재되었던 글이었다. 이 중 "조선쇠망의 7원인"에 해당 내용이 영어로도 게재되었다.[53] 하지만 동일한 한국의 민족성이 기술된다는 점에서 여기서 언어 간의 구분은 사실 무의미하다. 각 언어로 구성된 글쓰기의 관계는 이 민족성을 제시하는 데에는 서로서로의 존재가 필요 없는 자기완결적인 회로를 지니고 있었기 때문이다. 특히 여기서 영어와 한국어 글쓰기는 그 대응관계가 '상호은폐되며 동일한 조선 민족성을 유통시키는 글쓰기'였다. 조선쇠망

---

53) 奇一 博士, 「歐美人の見たる朝鮮の將來―余は前途を樂觀する」 1-4, 『朝鮮思想通信』, 1928, pp.787-790; J. S. Gale, "What Korea Has Lost", *The Christian movement in Japan Korea and Formosa*, Kobe, 1926.

의 7원인에는 전술했던 게일이 한국의 이상으로 규정했던 가치들이 한국
학의 학술편제 속에 재배치되는 양상과 번역되는 방식을 살필 수 있는
부분들이 존재한다.

1. (韓)朝鮮人이 歷史的으로 蓄積하야온 情神다시말하면 朝鮮魂이란 것을 喪失
    하였슴.
    (日)觀念の人物を失つてるます祥しくいぱ近代の朝鮮人は想像の一致する人
    物卽ち代表的朝鮮人の歷史的に蓄積せる情神-朝鮮魂ともいふべきも
    のを失つてをる。
    (英) the great **ideals** which filled her **soul** for centuries are gone.

1원인은 원한경과 쿠랑의 〈역사〉관련 항목을 구성해주는 지식들로 게
일이 *A History of the Korean People* (1927)를 통해 제시했던 한국정신(한국
인의 마음)의 역사였다. *Korea in transition* (1909)에서 보여주었던 한국의
이상과 다른 역사 속 위인들이 이곳에 배치된다. 그들은 활자로 인쇄된
종이에 새겨진 문헌 속에 거하는 한국인이 망각해서는 안 되는 존재들이
며, 한국의 영혼을 가득 채워주는 '관념의 인물', '정신', '조선혼'으로 표현
된다. 이상과 관념은 1911년 게일의 사전 속에는 등재되지 않은 표제어이
었다. *Korea Magazine* (1917.7)에서 게일은 "리상적인물(理想的人物)=ideal
man", "관렴(觀念)=ideals"란 등가관계에 대하여 전자는 긍정했고, 후자는
다소 의문을 제기했다. "관념=ideal"이란 등가관계는 그의 이중어사전에는
등재되지 않았지만 1931년 사전에 배치된 "이상·관념=idea"이란 등가관
계는 두 조선어를 동의어로 생각했다는 점을 짐작할 수 있게 해준다. 이
등가관계는 1924년 그의 영한사전에서 등장한다.[54] 하지만 더욱 중요한

사실은 한국어 대역어를 지니지 않았던 'ideal'로 지시되던 *Korea in transition* (1909)의 이상과 "관념=ideal"로 규정되는 대상이 이처럼 다른 대상이란 사실이다.[55]

2. (韓) 道德의 喪失.

   (日) 道德を失つてねます。

   (英) Religion has departed from this people.

3. (韓) 禮儀의 喪失.

   (日) 禮儀を失つてねます。

   (英) China once called Korea the 'Land of Courtesy'(Ye-eui chi-pang) seeing she was governed in her life by those ceremonies that had come down through many centuries.

2원인은 한국의 종교, 3원인은 삼강오륜이나 예절과 같은 윤리규범이

---

54) ・理想An idea (김 1928-Gale 1931) cf) 理想的Ideal (김 1928) 理想家A theorist, 理想界 An ideal World, 理想主義Idealism, 理想學Idealistic Studies, 理想標準An ideal standard, 理想鄕Utopia; the perfect state(Gale 1931) / ・觀念Idea; notion; mediation; resolution; conception (김 1928) Interest; concern; idea(Gale 1931) cf) 觀念學 Ideology(Gale 1931) // 그 연원을 살펴보면 1914년 존스의 사전에서 이상과 관념은 각각 Ideal, Idea의 철학적 대역어로 제시된다 ・Ideal (standard of excellence)標準, (in imagination) 想像, (phil.) 理想 (Jones 1914) / Idea(concept)思想, (opinion)意見, (phil.) 觀念 (Jones 1914) 理想, 觀念(Gale1924) cf) Idealism 觀念主義, 理想主義 (Gale1924) 여기서 게일의 'Idea=理想, 觀念'이란 등가관계는 이 잡지 1922년 3월호 에서 제시된 바가 있다. *The Korea Bookman* 이란 잡지와 관련된 사항은 간략히 이곳에 메모를 해둔다. 이 잡지에서 주목되는 부분은 두 가지이다. 첫째, 『개벽』 등의 당시 근대잡지에 대한 연재평이 존재했다는 점, 둘째, 서구인 선교사들이 자신들의 어휘 중에서 조선어로 번역이 어려운 것들을 뽑아 그것에 대한 대역어를 모색한 연재물이 있었다는 점이다.

55) 초기 영한사전(Underwood 1890, Scott 1891)에 Ideal이란 표제어목은 등재되어 있지 않았다.

다. 전자는 원한경의 분류항목에서는 〈종교와 미신〉에 쿠랑의 항목에서
는 〈유교〉에 배치되는 지식이었다. 후자는 각각 〈민족지, 사회의 풍습과
정황〉, 〈의범(儀範)〉 혹은 〈교회(敎誨)〉에 배치되던 지식으로 *Korea in tra-*
*nsition*에서 한국의 이상으로 묘사되는 부분이었다. 「기일씨조선관」은 2-3
원인을 동일한 항목으로 인식했으며 종교와 관련된 게일의 기술을 도덕이
란 항목으로 묶는 것에 대하여 어떠한 이의를 제기하지 않았다. 도덕은
게일의 1897년 사전에도 등재되어 있었던 항목이었다.

> 道德 Religion and virtue (Gale 1897-1911), **Morality; moral character** (김 1928),
> Religion and virtue, **morality** (Gale 1931) cf) 道德家 A moralist, 道德權 Moral Right,
> 道德律 The law of morality, 道德上義務 Moral obligation, 道德心 Moral spirit, 道德
> 學 Moral philosophy; ethics, 道德學者 Moralist (Gale 1931)

1897년에는 도덕을 구성하는 한자를 개별적으로 풀이한 형태로 등재했
었다. 그러나 2원인에 배치된 도덕은 '도덕=Religion and virtue'가 아니다.
김동성은 이 의미를 제거하고 morality와의 대응관계로 변용했으며 게일
역시 이 서구어를 추가했다. 도덕의 파생어들에 있어서 '도덕'은 Moral로
일괄적으로 제시되고 있다. 그 용례는 *Korea Magazine* (1917.7-9)에서는
'道德上問題=moral question'이란 등가관계로 등장한다. 영한사전에서는
morality에 대한 분포양상을 보면 1914년 존스의 사전 속에는 '도덕'을 함의
한 파생어구에 대한 번역을 위해서 등장하며, 1924년 게일의 사전 속에서
는 명사와 명사란 대응관계로 모습을 보인다.56) 2원인에 배치된 "도덕"은

---

56) Moral 덕잇는 (Underwood 1890), 덕스럽다, 어지다, 착흐다, 단정하다 (Scott 1891),
    道德; (teaching) 道義上 (Jones 1914) / Morality 덕, 선덕 (Underwood 1890), 德 (Scott
    1891), (doctrine) 道, 德義; (ethics) 修身; (rectitude of life) 德行 (Jones 1914), 道德,

그 은폐된 대응쌍인 morality를 지니고 있었다. 사전에 등재된 '도덕=morality' 가 게일의 문맥에서 'religion'과 동의어로 사용되고 있는 까닭은 유교를 규정하는 시각의 차이에 의거해, 쿠랑(비종교, 고도의 윤리규범)과 원한경 의 분류항목(종교)이 서로 달랐던 점이 이곳에 반영되어 있기 때문이다.

물론 게일에게 유교는 종교로 규정되는 것이었다. 하지만 *Korea in transition*에서 게일은 결코 개신교와 대등한 조선의 '종교'(=national religion(Gale 1911))를 발견하지 못했다. 양자의 대등함이 형성되기 위한 '天=God'이란 그의 인식이 출현하게 된 것은 그 이후의 일이었으며, 이를 가능하게 한 것은 문헌 속에 전하는 1원인에 배치된 역사 속 인물들의 일화와 발화였 다.57) "Korean Mind"가 자리 잡은 곳, 한국인 내면 속의 살아있는 생생하고 도 은밀한 목소리를 이곳에서 게일은 들을 수 있었다. 광의의 차원에서의 한국문학연구(문헌학)는 서구와 대등한 종교, 역사를 그리고 내부의 항수 (정신=spirit(Gale 1931))를 지닌 한국민족을 창출할 수 있게 해준 것이다. 찬란했던 과거 문명이 배제된 *Korea in transition*(1909)에 배치된 한국사회 의 이상과 비록 상실하고 있었지만 서구보다 더 유서 깊은 문학, 역사, 종교를 지닌 한국민족이란 기반에 배치된 3원인은 다른 것이었다.

6. (韓)男女의 別……상실한 것…….

   (日)男女の分を失つてねます。

   (英)The woman's world has been turned upside down with law and order gone.

德行, 道義 (Gale 1924)

57) 이상현, 「제국들의 조선학, 정전의 통국가적 구성과 유통」, 『한국근대문학연구』 18, 2008 하반기.

사실 6항목(男女有別)은 3항목(삼강오륜)에 배치되는 전근대 조선의 지식이었다. 하지만 조선에 있어서 '여성의 처지와 위치'는 〈민족학, 사회의 풍습과 정황〉과 관련된 서구인 조선학의 중요한 주제였기에 별도로 제시된다. 이는 *Korea in transition*의 「사회생활과 풍습」에서 한국의 국민성이란 항목과 함께 서구인 논저들을 묶어주는 중요한 주제어였다. 그러나 게일은 이곳에서 결코 서구의 '성애=사랑=결혼'이라 상정된 낭만적 사랑 개념에 대응된 한국의 사랑을 발견할 수 없었다. 한국에는 사랑이 없다라는 그의 상식을 뒤틀어 준 것은 한국의 야담과 고소설이었다.[58] 게일은 『옥중화』 영역본 서문에서 춘향의 열(烈)을 "동양의 이상"(ideal of the Orient)이라 번역하며 이는 "대중들 혹은 인류를 감동시키며 동양에 대한 한층 더 높은 차원의 감상을 제공할 것"이라고 말했다.[59] 근대 한국의 새로운 전환은 이 소설 속 여성형상과 대비되는 일종의 병리학적인 풍경이었다.[60] 그에게 있어 서구와 대등한 관계로 배치시킬 수 있는 사랑은 결코

---

58) 이에 대해서는 이상현, 「동양 이문화의 표상 일부다처를 둘러싼 근대 『구운몽』 읽기의 세 국면─스콧·게일·김태준의 『구운몽』 읽기」, 『동아시아고대학』 15, 동아시아고대학회, 2007; 「『천예록』, 『조선설화: 마귀, 귀신 그리고 요정들』 소재 〈옥소선·일타홍 이야기〉의 재현양상과 그 의미」, 『한국언어문화』 33, 한국언어문화학회, 2007)에서 상술한 바 있다.

59) "Preface", *The Korea Magazine*, 1917.9.

60) 젊은 여성이 매일 술을 마시고, 그렇게 매일 밤 그녀가 보는 영화에서나 나올 법한 남녀 사이의 스캔들과 같은 가르침에 의해 그녀의 무결한 영혼은 아버지가 잘못되었다고 꾸짖었던 것, 공자가 하지 말라고 깨우쳤던 것, 그리고 찬송가가 가장 어두운 죄로써 제지했던 것들을 좇아 그 주위를 배회하고 있다. 지금 세대들은 여성을 위한 기사도를 거의 갖고 있지 않다. 오늘날의 정신은 차라리 그녀를 기다리기 위해 덫을 놓고, 거짓을 말하는 것이라 하는 편이 적절하다. 이런 것들이 한국이 가지고 있는 소위 20세기의 문명화라 일컬어지는 것들이다. 세계의 모든 선교의 노력에도 불구하고, 우리는 태평양으로부터 밀려오는 조류에 손을 들고 있는 마을 아이들마냥 무력하다. 조선의 여성들에게는 어떠한 기준도 남겨져 있지 않으며, 그녀들의 유일한 문학적 즐거움의 원천은 근대적 사랑 이야기인 '연애소설'(Yon-ai

근대의 문화현상인 연애가 아니었다. 게일은 문헌을 통하여 한국에 전래되던 군신(君臣) 관계의 충(忠), 부자(父子)관계의 효(孝), 남녀관계의 열(烈)에 대하여 긍정했다. 그것은 과거 미덕으로 간주되던 한국의 종교이자 윤리규범이었기 때문이다. 『동국여지승람』의 열녀비 관련 기술, 『청파극담』의 여성이 절개를 위해 죽음을 선택한 이야기, 「李氏感天記」(『栗谷全書』) 속에서 지아비를 위해 신사임당의 모친이 왼손 중지 두 마디를 자르는 모습에서 그는 야만성보다는 아름다움을 보존(번역)하여 전달하려고 했다. 이곳에 협의/광의의 문학이란 구분은 사실 존재하지 않는다. 이 여성들과 춘향을 규정하는 'Ideal'은 '烈'을 비롯한 『옥중화』텍스트를 구성하고 있는 언어들이 지칭하는 전근대의 유교적 덕목들로 표현될 수 없는 것이었다. 그것은 새롭게 이중어사전에 등재된 '이상(理想)'이라는 근대어의 마련으로 비로소 가능해지는 것이다. 왜냐하면 이 여성들의 정절(貞節)은

정절(貞節) Pure and undefiled—as a loyal minister or widow who will not remarry
(Gale 1897-1911) A Purity; loyalty; faithful. (Gale 1931)

개가를 하지 않는 과부, 충성스런 재상에 국한되던 순결함과 더럽혀지지 않음이 아니기 때문이다. 제한되는 대상 자체가 없는 순결, 충성, 충실함이란 서구어와 등가관계를 이루고 있다. 그것은 영어로 풀이해야하는 전근대 조선의 언어가 아니라, 일대일로 서구어와 대응되며 통용되는 가치이다. 물론 이는 근대어 문맥에 배치된 정절이라는 한국어 자체의 의미

___

So-sul)이다. (J. S. Gale, "What Korea Has Lost", *The Christian movement in Japan Korea and Formosa*, Kobe, 1926, p.380.)

전환을 게일이 감지한 결과라고도 말할 수 있다. 그러나 이 전환 자체야말로 게일이 다시 펼쳐 보여주는 *Korea in transition*(1909)에서 제시된 과거 한국의 이상이 지닌 새로운 문맥을 제시해주는 것이다. 그것은 한문문헌에서 귀속되는 범위, 수직적인 질서인 상하의 구별을 제거하고, 국가/민족의 단위로 확대된 범주를 지닌 것이었다. 그리고 은폐된 영어어휘와 함께 일대일 교환가치가 성립하며 통국가적으로 유통되는 어휘이다.

그에게 한국은 『조선사상통신』(790호)에서 대포, 군함의 나라와 다른 문필의 나라로 형상화된다. 이 "문필의 나라"는 한국의 근대어, 영어, 일본어가 뒤섞인 혼종 속에서 한문문헌에 대한 탐구를 통해 그가 변별하여 구축한 한국의 민족성이었다. 그러나 한국의 근대어란 기반, 그리고 한국의 근대문학이란 외부가 없었다면 게일은 한국이 상실한 이 민족성을 기술할 수 없었다. 영어로 민족성을 구성하는 언어 그 자체에도 3차례 개정, 간행되며 추가된 한국의 근대어와의 교환관계가 존재했기 때문이다. 즉, 한국의 민족성을 영어로 기술한다는 행위 그 자체 혹은 한문문헌에 그의 영어로 된 글쓰기가 덧붙여지는 것의 의미는 사실 한문 문어에서 국문문어로 전환되는 또 다른 '언어 간 번역'의 과정, 즉 근대어의 생성과정과 궤를 같이하는 것이었다.

영어와 한국어 사이에서 언어횡단적 실천을 기반으로 창출된 게일의 한국학은 한국인의 시야로 감지하지 못한 한국학 성립 자체의 긴장과 본질을 보여준 셈이다. 한국에 체류하면서 실제 한국어의 역사적 변천을 함께 했으며, 그 속에서 언어횡단적 실천을 수행한 내부자이자 외부자인 그의 이런 시각의 정립은 사실 한국이 근대학술 영역에 재배치되는 관점이자 논리적 기반이었다. 다만 한국의 한문전통을 사랑했고 이를 한국의 정신으로 규정했던 게일은 한국 근대문학의 출현을 중요한 한국의 역사적인 '기원'으로 자연화할 수 없었고, 한국의 근대어·근대문학을 하나의 생성과정(서구화된 오염된 것)으로 인식했을 뿐이다. 하지만 그가 한국문학연구를 통해 표출한 민족성 그 자체는 이미 혼종성에서 기원한 것이며, 게일 그 자신도 오늘날 고전/근현대문학연구에 있어서는 하나의 혼종적인 기원일지도 모른다.

【보론5】천리구 김동성과 『최신 선영사전』에 관하여

천리구(千里駒) 김동성은 한국인이 편찬한 최초의 한영이중어사전이라는 특기할 만한 의의를 지닌 저술, 『最新 鮮英辭典(The New Korean-English Dictionary)』을 1928년에 출판한 인물이다. 그의 본관은 경주(慶州)이며, 1890년 6월 13일 경기도 개성(開成)의 명문 토호 집안 삼대 독자로 태어났다. 『황성신문』을 통해 처음으로 한국의 현실과 근대문화에 눈을 떴다 하며, 제2차 한일협약(을사조약, 1905)을 전후로 민간 사학에서 열린 여러 연설회에 참여하여 신교육과 계몽사상을 접했다고 한다. 당시 개성 지역에서는 상인들을 중심으로 교육기관을 유치하기 위한 많은 노력을 경주했는데, 이 노력의 결과로 설립된 학교가 한영서원(韓英書院, Anglo-Korean School, 現 인천 송도(松都)고등학교의 전신(前身))이라 한다. 김동성 자신도 윤치호 등을 도와 설립에 관여했고, 거기서 공부를 한 것이 계기가 되어 마치 윤치호의 행로가 그러했듯이 중국과 미국 유학길에 올랐다 한다. 관여한 일 년 반 남짓 한영서원의 운영을 보좌하며 공부하다 1908년 한국을 떠나 중국 쑤저우(蘇州)로 건너가 등우대학(東吳大學)에 입학한다.

귀국 후 다시 1909년 고국을 떠나 1912년까지 아칸소(Arkansas)주 콘웨이(Conway)에 있는 핸드릭스 대학(Handrix College)에서 중등 교육 과정을 이수했다. 흔히 신문학을 전공한 것으로 알려져 있으나, 1913-1915년 콜럼버스(Columbus)에 있는 오하이오 주립대학교(Ohio State University)에 농학을 전공한 사실만이 확인된다(박진영). 1915년에는 신시내티(Cincinati) 미술학교에 입학했던 것으로 추정된다. 『동아일보』와 『조선일보』에서 기자생활을 하며 각각 만평과 연재만화를 기획할 수 있었던 것도 바로 이런 미술 공부의 경험 때문이었다고 판단된다. 두 곳 모두 졸업을 하지 않았고 이후의 미국

행적에 대해서는 밝혀진 것이 별로 없다. 다만 이 시기에 미국 문명에 대한 에세이집 『한 동양인의 미국 인상기』(*Oriental Impression in America: With Drawing by the Author*, By Dong Sung Kim of Korea, Cincinnati; The Abingdon Press, 1916)를 영어로 써서 출간한 것이 남아 있다. 여기에도 그 자신이 그린 삽화들이 다수 수록되어 있다.

한영사전 편찬과 관련해, 분명하고도 중요한 점은 그가 1910년대에 미국 유학 생활을 한 몇 안 되는 한국인 중 한 사람이었으며, 이후 신문 기자로 외신 등을 담당하기도 했고, 또한 그 자신이 가장 중요한 초기 번역가 중 한 사람이었다는 사실이다. 1920년대 이후 그의 삶과 행적은 『동아일보』의 기자, 혹은 『조선일보』, 『조선중앙일보』의 편집국장을 맡아 '민간신문의 전성기를 이끈 초창기 언론사의 산증인'이라는 말로 요약되곤 하지만 한국어문학과 관련해서는 1920년대부터 꾸준히 이어진 번역 작업이 한층 주목된다. 한학 소양과 중국 유학 경험으로 인해 중국어에도 능해, 『한문학 상식』이나 『중국문화사』를 번역하는 한편, 『삼국지연의』, 『서유기』, 『금병매』 등을 한국어로 옮기기도 했다. 해방 후에는 미군정 기간에 공보 관련 한국인 책임자로 중요한 일들을 했으며, 초대 공보처장과 국회부의장을 지낸 건국 초기의 정치가이기도 하다. 해방 후에도 합동통신사를 설립하는 등 언론 활동을 이어가 외신의 권위가 되었으며, *Korea Herald*에 징기스칸을 소재로 한 영문소설 *The Great Khan*을 연재하기도 했다. 다양한 외국 경험을 여러 권의 여행기로 남기기도 하였다.

『最新 鮮英辭典』(1928)과 함께 더불어 다음과 같은 다방면의 저술을 남겼다.

1. 『동아일보』 연재소설
「그를 믿은 까닭」(1920.5.28-6.1), 「농조(籠鳥)」(1920.8.4-8.21), 「엘렌의 공(功)」(1921.2.21-7.2), 「붉은실」(1921.7.4-10.10), 「괴물」(1923.3.25-5.15), 「숙녀의 광휘(光輝)」(1923.10.29-11.4), 「공작부인」(1923.11.5-11.20), 「도깨비」(1923.11.14-11.20), 「대 칭

기즈 칸』(1955.10.26-1956.3.16), 『삼국지연의』(1956.9.1-1960.4.29)

2. 단행본

Oriental Impression in America : Abingdon Press(Methodist Book Concern), 1916; 『엘렌의 공(功)』, 신생활사, 1923; 『붉은 실』, 조선도서주식회사, 1924; 『신문학(新聞學)』, 조선도서주식회사, 1924; 『영어 독학』, 영창서관, 1926; 『라디오』, 합명회사 DK라디오상회, 1927; 『최신 선영사전』, 박문서관 · 성농원, 1928; 『실제 소채원예』, 영창서관, 1930; 『최신 한영사전』, 대한출판사, 1945; 『미국 인상기』, 국제문화협회, 1948; 『한문학 상식』, 을유문화사, 1949; 『중남미 기행』, 원문각, 1954; 『대 칭기즈 칸』, 을유문화사, 1956; 『중국 문화사』, 을유문화사, 1960; 『삼국지』(전 5권), 을유문화사, 1960; 『금병매』(전 3권), 을유문화사, 1960; 『서유기』(전 3권), 을유문화사, 1962; 『장자(한한(漢韓)대역)』, 을유문화사, 1963; 『열국지』(전 3권), 을유문화사, 1964-1965; 『첼리나 자서전』, 을유문화사, 1967; *The Great Khan*, The Korea Information Service, Inc, 1969.

　한국의 신문만화, 언론학 저술이라고 할 수 있는 『신문학(新聞學)』, 『라디오』뿐만 아니라 다양한 분야의 저술들이 함께 있음을 알 수 있다. 그의 사전 편찬과 관련하여 주목되는 저술은 『영어 독학』(1926)과 *Oriental Impressions in America*(1916)이다. 후자는 김동성의 삽화가 수록되어 있으며 동양인의 시선으로 미국생활의 곳곳을 영어로 묘사한 작품이다. 영한사전과 함께 한영사전 역시도 필요로 했을 법한 인물인 것이다. 더불어 『붉은 실』은 삼일운동 직후 대표적인 민간신문으로 출범한 『동아일보』에 연재된 작품으로, 식민지 시대를 통 털어 가장 충실하고 체계적으로 셜록 홈스 시리즈가 번역된 것이다. 일본어를 통한 중역의 과정이 아니라, 영어 원작을 직접 완역한 희귀한 사례였기 때문이다.

　1910년대 미국 유학생활을 경험한 후 1920년대 언론계에 거하며 언론학 저술을 남긴 인물이자 『동아일보』에 셜록 홈스의 작품 원문에 대한 직역 · 완역물을 연재한 번역가였던 그의 초상, 나아가 『영어 독학』(영창서관, 1926)

을 출판한 이력을 보면, 김동성은 사전 편찬의 업무를 충분히 담당할 수 있는 인물이었다. 오히려 그 말고는 달리 없었다 하겠다. 김을한은 김동성 약전(『천리구 김동성』)에서 이 사전의 용도를 "신문기사 번역을 위해 만들어진 것"이라 했다. 1941년 태평양전쟁 발발 이후 영미 양국인이 추방되었을 때도, 학교에서 영어 교육이 금지된 상황일 때도, 묵묵히 한영사전을 준비하여 간행했다는 회고담, 말년 80세에 위장병으로 고생을 했으면서도 수술까지 받은 좋지 않은 여건에서 이 사전의 증보판을 죽는 날까지 교정했다는 회고담을 통해 볼 때, 그가 이 사전을 평생의 역작으로 여겼다는 점만은 충분히 짐작할 수 있다.

▌참고문헌

김동성, 『最新 韓英辭典』, 漢城: 大韓出版社, 檀紀4278(1945).

김동성, 「나의 회상기」, 『사상계』120-129, 1963.4.-12.

金東成, 『最新 韓英辭典』, 漢城: 大韓出版社, 檀紀4278(1945).

김을환 편, 『천리구 김동성』, 을유문화사, 1975.

조선일보사 사료연구실 지음, 『조선일보 사람들』, 랜덤하우스 중앙, 2005.

박진영, 「천리구 김동성과 셜록 홈스 번역의 역사-『동아일보』연재소설 『붉은 실』」, 『상허학보』 27, 2009.

小倉進平, 『增訂補注 朝鮮語學史』, 東京: 刀江書院, 1964.

Dong Sung Kim, *Oriental Impression in America: With Drawing by the Author*, Cincinnati; The Abingdon Press, 1916.

【개념뭉치6】

'사상, 관념, 이상' 관련 항목

1. 英韓 대응관계

① Idea: 싱각 (Underwood 1890), 뜻, 소견, 의견, 의ᄉ (Scott 1891), (concept) **ᄉ상(思想)**: (opinion)의견(意見): (phil.) **관념(觀念)** (Jones 1914) **리샹(理想)**, 관념(觀念) (Gale 1924) 싱각(生覺), 뜻, 의ᄉ(意思), 관념(觀念), 리샹(理想). (Underwood 1925)

· Ideal: (standard of excellence) 표준(表準): (in imagination)샹샹(像想): (phil.) **리샹(理想)** (Jones 1914), (1)싱각의(生覺), 뜻의, 리샹의(理想). (2)거즛의, 샹샹의(想像), 공샹뎍(空想的), n. 리샹, 모범(模範), 표준(標準). (Underwood 1925)

② thought: ᄆ옴, 싱각, 궁량, 소견, 뜻, 의ᄉ (Underwood 1890), 뜻, 싱각, 의ᄉ (Scott 1891), 싱각(生覺): 뜻(意): 의ᄉ(意思): (opinion) 의향(意向): (view) 의견(意見): (judgement) 판단(判斷): (purpose) 목뎍(目的): (fancy) 샹샹(像想): (forethought) 념두(念頭), Careful Thought 슉ᄉ(熟思): **The world of Thought ᄉ상계(思想界)** (Jones 1914), (1)ᄆ옴, 뜻, 심ᄉ(心思), 싱각(生覺), ᄉ유작용(思惟作用)(심리학의) (2)**ᄉ상(思想), 관념(觀念), 리샹(理想)** (3)묵샹(黙想) (4)의ᄉ(意思), 의견(意見), 목뎍(目的) (5) It is cooked a thought too much, 조금더익은, 약간더익은(若干) (6)(Translation) 의역(意譯) Line of thought, 문믹(文脈) (Underwood 1925)

· Concept: (idea) 관념(觀念), (thought) ᄉ상(思想) (Jones 1914) **개념(槪念)**, 의샹(意想), ᄉ상(思想) (Underwood 1925)

2. 韓英 대응관계

· 스샹(思想): Thought; consideration, Purpose; intention (Gale 1911-Gale 1931)
  Thought; idea; conception (김동성 1928)

cf) 사상가(思想家) A thinker; a patriot (김동성 1928) A thinker (Gale 1931),
  스샹계(思想界) The world of thought (Gale 1931)

· 개념(槪念): Conception; a general idea (김동성 1928) A general concept. (Gale
  1931)

cf) 개념력(槪念力) Conception, 개념론(槪念論) Conceptualism (Gale 1931)

· 관념(觀念): Idea; notion; mediation; resolution; conception (김동성 1928) Int
  erest; concern; idea (Gale 1931)

cf) 관념학(觀念學): Ideology (Gale 1931)

· 리샹(理想): An idea (김동성 1928-Gale 1931)

cf) 리샹덕(理想的): Ideal (김동성 1928)

cf) 리샹가(理想家) A theorist, 리샹계(理想界) An ideal world, 리샹선거(理想
  選擧) A secret ballot without nomination, 리샹쥬의(理想主義) Idealism, 리샹
  학(理想學) Idealistic studies 리샹표준(理想標準) An ideal standard, 리샹향
  (理想鄕) Utopia; the perfect state. 리샹화(理想化)ᄒ다 To idealize (Gale 1931)

3. 韓日 대응관계(「조선어사전」, 1920)

思想(스샹): 「志趣」(지취)에 同じ。志趣(지취): 意志と 趣向。

4. 한국어사전(문세영, 「조선어사전」, 1938)

① 사상(思想): (1) 정돈된 지식 (2) 생각 (3) 마음 (4) 경험과 생각에 의하는
  의식(意識)의 내용.

cf) 사상가(思想家): 사상이 풍부한 사람, 사상계(思想界) (1) 사상이 활동하는 범위 (2) 사상을 특별히 활동시키는 사회, 사상범(思想犯) 사회 제도에 불평을 품고 이것을 고치고저 하는 범죄. 또 그 사람.

② 관념(觀念): (1) 생각 (2) (哲철학용어: 인용자) 근본적 사유(思惟)의 본원이 되는 것 (3) (心)[심리학 용어: 인용자) 외계(外界)에 실재(實在)가 아니라 우리의 정신작용 곧 관념에 의지하여 발견됨에 불과하다고 하는 인식론. 아이디알리즘.
cf) 관념소설(觀念小說): 어떠한 관념을 내용으로 한 소설

③ 개념(槪念): 낱낱의 관념에서 공통되는 부분을 뽑아내고 구성한 일반적 생각.

④ 이상(理想): (1) (哲철학용어: 인용자) 이성(理性)의 작용으로 마음속에 이런 것은 완전무결하겠다고 깊이 믿는 관념 (2) 자기의 생각에 이렇게 되었으며 하고 바라는 목적.
cf) 이상주의(理想主義) (哲철학용어: 인용자) 이상을 표준으로 하여 행동을 절제하고 만물을 설명하는 주의. 아이데알리즘. 이상파(理想派) 이상주의의 한 갈래. 이상향(理想鄕) 실제로 이 세상에는 존재하지 아니하는 이상적 국토. 유토피아. 이상화(理想化)「순화」(純化)와 같음(순화(純化) (哲철학용어: 인용자) 섞인 것·쓸데 없는 것을 덜어버리고 그것에 대한 감상과 지식을 순수하게 하는 것.

'문학' 관련 항목

1. 英韓 대응관계

① Literature: 글, 셔 (Underwood 1890) 글, 문, 문ᄌ (Scott 1891), 문학(文學)

Chinese literature 한문(漢文), 진셔(眞書) Western Literature 셔양문(西洋文), 셔양셔(西洋書) (Jones 1914) 문화(文化), 학문(學文), Chinese(Literature), 한학(漢學), 한문(漢文) English Literature 영문학(英文學) Literary art 문예(文藝) Literary Master 문장(文章) (Gale 1924) 글, 학문 (學問), 시문 (詩文), 학 (學), 문화 (文化), 져술 (著述), 져셔 (著書) (Underwood 1925)

cf) Belles-lettres: 문학(文學), Master of Art 문학ᄉ(文學士) (Jones 1914)

② **Character(letter)**: 글, 글ᄌ(Scott 1891) Character(disposition): 셩품(性品), 셩질(性質), (personal) 본셩(本性), (letter) 문ᄌ(文字), (reputation) 명문(名聞), 명예(名譽) Chinese characters 진셔(眞書), 한문(漢文), English characters 영ᄌ(英字), Sanscript (Pali) 범셔(梵書) (Jones 1914) Character(Written), 글셔(書), 글ᄌ(字) (Gale 1924), character (1)셩질(性質), 셩품(性品) (2)명망(名望), 톄면(體面) (3)디위(地位), 신분(身分), ᄌ격(資格) (4)글ᄌ, 문ᄌ(文字), ᄌ호(字號), 긔호(記號) (5)인물(人物) (Underwood 1925)

③ **Writing**: 글, 글시쓰오, 쓴 것, 글진 것, 져슐흔 것(Underwood 1890) 글쓰다 글시 셔(Scott 1891) 셔물(書物), (Characters made) 글(書), (hand) 슈필(手筆), 필젹(筆跡), 습ᄌ(習字) (literary production) 죠슐(著述), 셔젹(書籍), Famous writing 명필(名筆), Personal writing 친필(親筆) (Jones 1914) (1)글, 글시, 쓴것, 습ᄌ(習字) (2)글지은것, 져슐흔것(著述) (3)필법(筆法), 필젹(筆跡), 슈젹(手跡) -- book, 습ᄌ텁(習字帖). -- box, 벼로집, 연상(硯箱). -- brush, 붓, 필(筆). -- paper, 샤ᄌ용지(寫字用紙). -- set, 문방졔구(文房諸具) (Underwood 1925)

2. **韓英** 대응관계

① 글(文): Ecriture; caractère d'écriture; écrit; style; **belles-lettres**. (Ridel 1880) Writing, **literature**, characters(Underwood 1890) Chinese characters (Gale 1911-1931) cf) 글월(文): Note; écrit; billet; document; dépêche; archives. Nom d'un caractère. (Ridel 1880) (Underwood 1890) Writing; printed letters(Gale 1897-1931) (김동성 1928)

· 글ᄌ: Caractére d'écriture, signe, lettre.(Ridel 1880), A character, a letter(Underwood 1890), 글ᄌ(文字) Chinese character, See. 문ᄌ (Gale 1897-1931) (김동성 1928)

② 문ᄌ(文字): caractère d'écriture; écriture, expression tirée du chinois. réunion de deux ou plusieurs caractères chinois exprimant une idée, un sens. (Ridel 1880) Expressions derived from the Chinese(Underwood 1890) Written characters; writing; literature. See. 글 (Gale1897-1911) A compound word(김동성 1928) A letter; a syllable. writing; literature (Gale 1931)

· 문장(文章): lettré savant, très-habile.(Ridel 1880) (Underwood 1890) An essay; an elegant literary composition. A scholar-noted for his composition. Opp. 명필(Gale1897-1911) An essay; a literary composition. A scholar-noted for his writing Opp. 명필 (Gale 1931)

· 문셔(文書): écrit; toute espèce d'écrit; livre; registre; billet; titres; papier; cédule (Ridel 1880) Writing, any kind of writing book, register, bill, account, deed (Underwood 1890) (Gale 1897) Any written composition; a book; a deed; a document (Gale 1911-1931) A writing; a document (김동성 1928)

③ 학문(學問): Écriture ou caractères chinois. Science, talent, connaissance des caractères chinois.(Ridel 1880), Learning Knowledge of characters (Gale 1897-Gale 1931), learning; study (김동성 1928)

④ 문학(文學): literature; literary, philosophical, or political studies; belles-lettres. (Gale 1911) Literature 例 그 이는 문학사상에 풍부하다. He is rich in literary-ideas(김동성 1928) literature, belles-lettres (Gale 1931) cf) 문학가(文學家) A literary family, 문학전문가(文學專門家) Literary families; a family of scholars(Gale 1911-Gale 1931)

cf) 문학사(文學士) A Bachelor of Arts; a literary graduate (Gale 1911) Master of Arts (김동성 1928) Bachelor of Arts; a literary graduate (Gale 1931)

cf) 문학박사(文學博士) A doctor of literature (김동성 1928) A doctor of letters. (Gale 1931), 문학사(文學史) A History of literature, 문학잡지(文學雜誌) A literary magazine, 문학취미(文學趣味) Literary taste, 문학회(文學會) A literary society(김동성 1928-Gale 1931)

cf) 문학계(文學界): The literary world (Gale 1931)

· 문예(文藝): Learning and accomplishments; Literature and art (Gale 1911) Literature; literary arts (김동성 1928) Learning and art (Gale 1931)

cf) 문예기능(文藝機能) Literary accomplishments (김동성 1928)

cf) 문예긔자(文藝記者) A writer on literary subjects (김동성 1928-Gale 1931)

cf) 문예란(文藝欄) Literary column (김동성 1928) The literary column (Gale 1931), 문예발달(文藝發達) Development of literature (김동성 1928) The development of literature (Gale 1931) 문예부흥시대(文藝復興時代) The renaissance (김동성 1928) The renaissance period (Gale 1931)

cf) 문예부흥(文藝復興) A renaissance. 문예파괴쥬의(文藝破壞主義) Intention to destroy literature (Gale 1931)

3. 韓日 대응관계(『조선어사전』, 1920)

글씨=글ㅅ즈(字): 文字。

文(문): (쟝문)の略。

文書(문서), 文券(문권): 土地・家屋等 の賣渡證書。

文章(문쟝): 學識・時文の一世の師表たろ人。

文學(문학): 文章ど學問 2世子侍講院の一職(正五品)。

---

4. 한국어사전(문세영, 조선어사전, 1938)

① 글: (1) 모든 사물의 감상·경험 및 온갖 현상을 글자로 쓴 것의 총칭.

　　　(2) 말을 글자로 적은 것

　　　(3) 시문

② 문자(文字): (1) 예전 사람이 만들어 놓은 숙어. (2) 두 가지 이상의 말을
　　합하여 한가지 뜻을 나타내는 말.

・문자(文字)(2) (1) 「글씨」와 같음 (2) 시문과 모든 서책에 나타나는 말.

・문장(文章) (1) 시문·학식이 한 세상에 유명한 사람. 文雄, 文豪 (2) 글자로
　　사상감정(思想感情)을 적어놓은 것. 글.

③ 학문: (1) 배워 익히는 것. (2) 「학식」(學殖)과 같음.

④ 문학(文學): (1) 글에 대한 지식 (2) 이학(理學) 및 이것을 응용하는 기술
　　밖의 모든 학문. 心的科學. 社會的科學. (3) 상술한 의미에서 정치·경제·
　　법률에 관한 것을 뺀 남저지의 모든 학과. 곧 철학·종교·교육·역사·
　　언어들의 학문. (4) 시가·소설·미문·극본들을 연구하는 학문. 곧 언어
　　로 나타내는 예술.

'소설' 관련 항목

1. 英韓 대응관계

① Story: 니야기 (Underwood 1890), 니약이 (Scott 1891) (narration) 니야기(話):
　　(novel) **쇼셜(小說)**: (of ancient times) 고담(古談): (division in a house) 층
　　(層) (Jones 1914) (1)니약이, 쇼셜(小說) (2)력ᄉ(歷史), ᄉ화(史話) (3)말,

설화(說話) (4)쇼셜의쥬지(小說主旨) (5)신문에낸것 (6)거즛말 (Underwood 1925)

② **Fable:** 헛니야기, 비유ᄒᆞᄂᆞ니야기, 둔ᄉ (Underwood 1890), 헛말, 니아기, 비유 (Scott 1891), (story based on animals) 금슈비유(禽獸比喩): (ancient fable) 고담(古談): (fiction) **쇼셜(小說)** Korean folk lore contains many specimens of the fable as, 둑겁젼(蟾蜍傳), Fable of the Toad, 토기젼(兎傳): Fable of the Hare. (Jones 1914) **물어(物語)** (Gale 1924) (1)비유ᄒᆞᄂᆞ이야기, 물어(物語). (2)쇼셜(小說), 고담(古談). (3)황당ᄒᆞᆫ말(荒唐言). (4)허탄(虛誕), 허망 (虛妄) (Underwood 1925)

③ **Novel, novelity:** 새롭다 (Scott 1891) Novel **쇼셜(小說)** (Jones 1914-Gale 1924) 새로운, 이상ᄒᆞᆫ (異狀), 긔이ᄒᆞᆫ (奇異). 쇼셜 (小說), 패ᄉ (牌史). – ist, 쇼셜가 (小說家) (Underwood 1925)

④ **Fiction:** 무근지셜 (Underwood 1880) fiction, fictions 가ᄌᆞᆺ 헛말(Scott 1891) 허셜(虛說), **쇼셜(小說)** (Jones 1914) 무근지셜(無根之說), 지여낸말, 쇼셜 (小說) (Underwood 1925)

2. **韓英** 대응관계

① 니아기(古談): histoire; fable, histoirette; conte; parabole; récit (Ridel 1880) 니야기(古談) story, talk, "yarn", account(Underwood 1890) A talk; a story; a chat. Accounts of the past; tales See. 古談 (Gale 1897) 1. A talk 2. a story 3. a chat. Accounts of the past 4. tales. See. 고담 (Gale 1911) (談話) Talk; a narraction; an anccount; a description; a tale; a story; a fable; a legend (김동성 1928) Ancient stories See. 옛 니야기 (Gale 1931)

· 고담(古談): parole d'autrefois. roman. (Ridel 1880), (Underwood 1890) (Gale

1897) Ancient stories-as written in the Ünmun (Gale 1911) A legend; an old tale (김동성 1928) (Gale 1931)

cf) 니야기 쟝이: A great talker; a story-teller; one give to yarning (Gale 1897-Gale 1931)

cf) 니야기책(小說): A fiction; a romance; a novel (김동성 1928) 니야기 칙(小說冊) A story book See. 쇼셜칙 (Gale 1931)

cf) 니야기 쟝단: A story-teller (Gale 1931)

② 쇼셜(小說): petite parole. Bavardage; cancan; nouvelle sans fondement; nouvelle fausse; conte; rumeur; bruit fâcheux. (Ridel 1880) Small talk; gossip. A story book - in the character See. 야스(Gale 1897-1911) Prose fiction; fiction (김동성 1928) **Prose fiction; a novel** See. 야스 (Gale 1931)

· 야스(野史): Private written comments on the government dynasty etc. Opp. 국스(Gale 1897-1911),

cf) 쇼셜가(小說家) A novelist(Gale 1911-1931), (김동성 1928), 쇼셜책(小說冊) A novel; a work of fiction. See. 쇼셜 (Gale 1911-1931)

cf) 현상(顯賞) 쇼셜: A prized story(novel); a novel; a romance; a story; a talk (김동성 1928)

3. 韓日 대응관계(「조선어사전」, 1920)

小說(소설): 事實を構造して世態、人情を寫せる文 (稗說), 小說冊の略 。

cf) 小說冊 小說の書籍。 (니야기책, 이야기책, 略、小說)

4. 한국어사전(문세영, 「조선어사전」, 1938)

小說: (1) 작자의 사상대로 사실을 구조 또는 부연하여 인정 세태를 묘사한 산문체(散文體)의 이야기 (2) 소설책(小說冊)의 준말, 小說冊 소설을 쓴 책.

이야기

'민속, 풍속' 관련 항목

1. 英韓 대응관계

① Custom: **풍속**, 법, 규모 (Underwood 1890), 버릇 풍속 힝습 세속(Scott 1891) (habit)**습관(習慣)**: (usage)풍속(風俗): 풍긔(風氣) (Jones 1914) 풍습(風習), 습관(習慣) (Gale 1924) (1)**풍속(風俗)**,습관(習慣), 전례(前例), 법(法), 식(式), 규모(規模) (2)당굴엇음, 흥졍됴흠, 흥졍, 매미(賣買) (3)희관(海關關 의 오기)), 셰관(稅關) Custom house n. 셰관, 희관 (Underwood 1925)

② Manner: 모양, 모습, 닌치, **풍속**, 동졍, 쇼라군이 (Underwood 1890) Manners 풍속, 례, 버릇(Scott 1891) (deportment)힝의(行儀): (method)방법(方法) manners (custom) 풍속(風俗) (Jones1914), Manner 방법(方法), 틱도(態度) (Gale 1924), (1) 모양 (模樣), 풍도 (風道), 틱도 (態度), 긔식 (氣色), 풍치 (風采), 거동 (擧動). (2) 방법 (方法), 힝의 (行儀). (3) 벽 (僻), 류 (流), 풍 (風)(in the manner of macaulay). (4) 풍속 (風俗), **습속 (習俗)**, 버릇. mannerism, n. 벽 (癖), 구틱묵슈 (舊態墨守) (Underwood 1925)

2. 韓英 대응관계

① 민속(民俗): Popular customs; the manners and customs of the people (Gale 1911-1931) Folk ways; manners and customs of the people (김동성 1928) 민습(民習) Popular customs or habits (Gale1911-1931) The people's habit (김동성 1928)

② 풍속(風俗): Usage; habitude; loi; mode; mœurs, coutume(Ridel 1880) Custom;

usage; practice(Gale1897-1931) Manners; custom; popular morals (김동성 1928)

cf) 풍속개량(風俗改良) The reform of public morals (김동성 1928)

· 풍습(風習): Habit; custom; manner; inclination; usage (Gale1911-1931) Manners; custom; usage (김동성 1928)

③ 습관(習慣): habitude; mauvaise habitude; vice; défaut. (Ridel 1880) Habit; custom; practice; form; manner See. 버릇 (Gale1911-1931) Habit; custom; usage; practice. (김동성 1928)

cf) 습관성(習慣性) Customary; consuetudinary. (김동성 1928), Customary (Gale 1931)

cf) 습관법習慣法 a customary law. (Gale 1931)

3. 韓日 대응관계(『조선어사전』, 1920)

民俗(민속): 民風に同じ。民習(민습): 民間の習慣。習慣 從來の慣行。風俗(풍습): なりはし(風氣)。風習(풍습): 氣習に同じ。

4. 한국어사전(문세영, 『조선어사전』, 1938)

① 민속(民俗): 백성의 습속.

cf) 민속학(民俗學) 민족의 풍속·습관을 조사하여 그 문화의 성질을 연구하는 학문.
   민습(民習): 민간의 습관

② 습관(習慣): (1) 버릇 (2) 익어 온 행습

cf) 습관법(習慣法) 법률상 효력을 내는 사회의 습관, 습관성(習慣性) 「관성(慣性)」가 같음(관성(慣性) (1) 습관으로 된 성질 (2) 理인용자 理學용에 물체가 외력의 작봉을 받지 아니하는 동안은 그치고 있거나 혹은 운동의 상태를 변하지 아니하는 물체의 성질. 惰性) 습관음(習慣音) (文인용자: 문법용어)) 법에는 맞지 아니하나 일반의 버릇으로 이루어진 소리. 「암닭」할 것을 「암닭」이라고 「수기아」할 것을 「수키아」하는 것 따위 버릇소리. 관습(慣習) (1) 익은 습관 (2) 사회의 습관 (3) 개인의 버릇

③ 풍속(風俗): 옛적부터 사회에 행하여 온 의식주들의 습관.
cf) 풍속경찰(風俗警察) 풍속을 취제하는 경찰행정. 풍속도(風俗圖) 풍속을 그린 그림
풍습(風濕) 「기습」(氣習)과 같음.(기습(氣習) 풍기와 습관)

'사랑, 연애' 관련 항목

1. 英韓 대응관계

① Love: 춍(=寵) 스랑 정분(Underwood 1890) 스랑ᄒ다 괴이다(Scott 1891) 스랑ᄒ다(愛之), 스랑(愛) love feast 이찬회(愛餐會): love letter 정셔(情書): **love story 련이쇼셜(戀愛小說)** (Jones 1914) 춍(寵), 스랑, 정분 (情分), 이정(愛情), 인이 (仁愛), ᄌ이 (慈愛), 친이 (親愛), 스랑ᄒ는사람, 스랑ᄒ는물건. 스랑ᄒ다, 유정ᄒ다 (有情), 춍(寵)ᄒ다, 됴와ᄒ다, 즐기다, 싱각ᄒ다, 스모(思慕)ᄒ다. (Underwood 1925)

② Affection: 정, 정분, 이정(Underwood 1890) 이정, 우이(Scott 1891) 이정(愛情): (attachment)다정(多情): (kind feeling) 우이(友愛): (love)스랑홈(愛) (Jones 1914), 정(情), 정분(情分), 이정(愛情) to gain affection. 득인심ᄒ다(得人心) (Underwood 1925)

2. 韓英 대응관계

① 사랑(愛): Love; affection 例 사랑은 신성하다 Love is sacred. 例 부모의 사랑 Parental affection. 例 남녀의 사랑 Sexual love(김동성 1928) Love; affection (Gale 1931)

· 사랑스럽다(可愛): To be fond of; love; like; be enamoured with(김동성 192 8) To be lovable(Gale 1931)

cf) 사랑스러운(可愛): Darling; lovable; charming; pretty; sweet; dear.(김동성 1928)

· 스랑ᄒ오(愛): To love; 정분, Affection, love; 정(情) Affection, love, heart(Underwood 1890) 스랑ᄒ다(愛) To love; to have affection for(Gale 1897-1931)

② 련이(戀愛): Love; amour(김동성 1928) Love(Gale 1931)

cf) 련애노래(戀歌) A love song(김동성 1928) 련이쇼셜(戀愛小說) A love story; an erotic novel(김동성 1928-Gale 1931), 련이지샹쥬의(戀愛至上主義) The principle of pure love(Gale 1931)

3. 韓日 대응관계(『조선어사전』, 1920)

사랑하다: 愛する。 사랑스럽다 人らし(信すべき人格の意)。

4. 한국어사전(문세영, 『조선어사전』, 1938)

① 사랑: (1) 귀애하는 것 (2) 이쁘게 여기는 것 (3) 좋아 하는 것 (4) 마음 속에 두는 것 (5) 고이는 것 (6) 사모하는 것. 도교하는 것 (7) 인자한 것 (8) 가엽게 여기는 것. 잘 대접하는 것.

cf) 사랑싸움: 부부 사이의 악의가 없는 다툼.

② 연애(戀愛): 서로 사모하는 남녀의 애정(愛情).

cf) 연애소설(戀愛小說) 남녀의 연애를 토대로 한 소설., 연애지상주의(戀愛至

上主義) 연애하는 결혼의 골자(骨子)인 동시에 그 전체(全體)라고 하는 주의.

cf) 러버(Lover): 마음 속에 있는 사람. 戀人. 애(戀愛). 연인.,

러브레터(Love letter) 연애편지. 연상문.

러브-씩(love sick) 연애병(戀愛病), 러브어페어(love affair) 연애사건(戀愛事件), 러브 차일드(love child) 사생자(私生子)

동아시아의 공동어의 임계 혹은 시작,
『모던朝鮮外來語辭典』(1937)의 경우

"모던, 모-턴[modern] 現代의, 近代的, 新時代의, 하이칼라(q.v.)의, 現代式의, 新式…,
尖端的. ⊙ 李光洙: 靑年은 모던한 飮食과 觀念을 먹고 싶다.
李孝石: 너무도 아름답고 사치하고 모던한 「나오미」였다.
「모던結婚風景」(新女性五 : 十) 李無影: 「地軸을 돌리는 사람들」. "1)

1. 無聲的天下, 有聲的東亞 ― 訓譯된 近代性과 音譯의 모더니티

과연, 근대란 '모던/モダン/摩登'(modern)과 같은 말일까. 근대성과 모
더니티라는 두 개의 기표가 함의하는 바는 혹 다른 것이 아닐까. 현대여성
과 모던 껄, 신여성과 모단랑(母斷娘) 혹은 못된 껄은 같은 말일까. 근대성
[geundaesung], 近代性[kindaisei], 近代性[jìndàixìng]이라는 이 '같은' 원천에
서 나온 서로 '다른' 세 목소리(聲)로부터 우리의 이야기는 시작된다. 어쩌
면 근대와는 다를지도 모를 '모던'이라는 말. 달리 표기되지만, '비슷하게'
발음되는 이 말로부터 이야기를 시작해 보자.

세계체제 혹은 '모더니티' 그 자체를 살고 있는 오늘날, 우리에게 한문/

---

1) 李鍾極, 『鮮和兩引 모던朝鮮外來語辭典』, 京城 漢城圖書, 1937, p.162의 「모던」항
목으로부터의 인용. 이하 『모던朝鮮外來語辭典』으로 인용함.

한자란 무엇인가. 한중일 공유문화의 원천으로 이야기되는 한자, "우리의 선조들이 우리에게 남겨준 경외로운 유산"(루쉰)인 한자를 우리는 어떻게 대해야 할 것인가.

1927년 2월의 홍콩. 루쉰의 연설은 간단하고도 명료하였다. "소리가 없는 중국"(無聲的中國)으로 남아 고문(古文)을 끌어안고 죽기보다, 고문을 버리고 "소리가 있는 중국"(有聲的中國)으로 살아 가야한다. 그리고 골동품으로서의 문장이 아니라, 사상혁신과 문자개혁이 함께 일어나기 위해서는 '민족의 음성'이지 않으면 안된다.[2]

분명 한문에서 근대 한자어까지의 공유(共有)의 역사란 '동아시아'를 이야기할 때 반드시 이야기되어야만 할 공동(共同)의 원천임에 틀림없다. 하지만 근대라는 만국(萬國) 체제, 만국어의 질서는 한자를 저 고인들의 말씀, 신성한 묵어(黙語)로부터 떼어내어 저마다 그 소리를 달리하는 민족적 음성 아래 놓이도록 했다.[3] 그러니까 루쉰의 주장이 의도하는 바는, 국민국가라는 요청 속에서 말과 글의 문제를 생각했던 한국과 일본의 경우에도 마찬가지로 적용되는 것이었다.

중국어가, 한국어가, 또 일본어가 문사(文辭)가 아니라 언어가 되려 할 때, 과연 그때에도 우리는 간단히 한자를 한중일의 공유문화라 말할 수 있을까. 한문을 그렇게 쓰고 싶으면, 요컨대 "청국 황제를 그렇게 섬기고 싶은 뜻이 있으면, 청국으로 가서 청국 신하되는 것이 마땅"[4]하다고 쓰는

---

2) 魯迅, 「無聲的中國」, 『魯迅全集』 4, 北京: 人民大學出版社, 1981, pp.11-15; 천핑위안(陳平原), 「연설과 근현대 중국 문체의 변혁─'有聲的中國'」, 임형택·한기형·류준필·이혜령 편, 『흔들리는 언어들-언어의 근대와 국민국가』, 성균관대학교 대동문화연구원, 2008, pp.59-60으로부터의 인용.

3) 물론 그 전에도 한자는 분명 음성을 가지고 있었다. 하지만 이제 아무도 그 공유성을 지켜내기 위해, 『洪武正韻』을 본받는 『東國正韻』을 만들자는 따위의 생각을 하지 않게 되었던 것이다.

민족어의 시대 속에서도 여전히 한자는 화해로운 공유문화일 수 있는 것일까. 언문일치와 속어 사용으로 대표되는 근대 국어의 형성에서 음성중심주의의 지위는 절대적이다.[5] 바야흐로 서방 야만인의 음악과 온갖 혀들이 지저귀는 주리격설(侏離鴃舌)의 세계[6]가 도래한 것이다. 한 나라 안의 복수의 언어를 단일한 언어로 통일하려는 국민지성(國民之聲)의 기획—소리의 근대 속에서 보자면, "문자가 같고 정교를 함께 하며, 정의가 돈독하다"("文字同, 政敎同, 情誼相睦")[7]는 공유 의식 자체가 천하(天下)의 환상이자, 국가 만들기의 적인 것이었다.

음성적 차이의 세계. 우리가 근대 한자어로 대표되는 근대 동아시아, 아니 한중일의 공유문화를 말할 때 잊기 쉬운 것이 이것이다. 한국의 공론장에서는 의미 확정을 위한 경우가 아니고서는 더 이상 한자를 쓰지 않게 되었으며, 일본 청년들의 한자 해독력이라는 문제는 일본 전(前)총리의

---

4) 아관파천 후 새로 학부대신이 된 신기선은 고종에게 "양복 착용은 야만, 국문 사용을 위해 한문을 폐하는 것은 옳지 않다는 것, 청국의 연호와 날짜를 버리고 양력을 쓰는 것은 도리가 아님"을 상소했다. 여기에 대해 『독립신문』은 잡보(1896년 6월 4일)를 통해 이런 문자관은 독립국의 체모를 잊은 것이라 비판한다.

5) Sakai Naoki, *Translation and Subjectivity*, Minnesota Univ., 1997, pp.18-19. 예컨대 음성중심주의의 대표자로 이야기되는 루소는 이렇게 말하고 있다. "문자란 음성언어의 표상에 불과하다. 정작 대상물보다 그 이미지를 결정짓는데 더 많이 배려한다는 것은 이상하기 짝이 없는 노릇이다"(루소, 『언어 기원에 관한 시론』). 표음문자의 현전성은 언어학에 있어서의 음운론의 우월성을 보장했으며, 이를 언어 이해의 과학성으로 이해하게 만들었다. 음성은 국가와 민족이자, 무엇보다 과학이 되었다. 자크 데리다, 『그라마톨로지』, 김성도 역, 민음사, 1996, p.62 참조.

6) 주리격설(侏離鴃舌)에서 주리는 서방 야만인의 음악, 격설은 온갖 새들이 지저귀는 소리를 뜻한다. 상대국의 말을 이렇게 인식하는 태도는 이 당대에 있어서 다언어 세계, 국체 의식의 탄생과 유관하다. 마루야마 마사오(丸山真男)·가토 슈이치(加藤周一), 『번역과 일본의 근대』, 임성모 역, 이산, 2001.

7) 金弘集·黃遵憲·何如璋, 「大淸欽使筆談」, 『金弘集遺稿』, 고려대학교출판부, 1976 影印本, p.306.

한자 해독력이라는 논제에까지 육박해 있다. 더구나 중국의 문자개혁과 언어적 변화, 한일에 있어서의 한문 교양의 위축 등으로 인해, 한중일 지식인·인민들 간의 의사소통 방식이었던 문자 필담마저 상상하기 어렵게 되었다. 오히려 지금 우리가 음성적 질서 안에서 공유하고 있는 것은 세 나라 밖에 그 원천을 가진 언어들, 즉 외래어(外來語)인 신어(新語)들일지도 모른다. (맥도날드와 스타벅스를 발견하고는 안심하는 한중일의 해외여행자들처럼.)

이를테면 우선 '近代'라는 기표부터가 그렇다. 문자 상으로는 공유되지만, 음성에 있어서는 결렬하는 이 언어만 보더라도, 어쩌면, 오늘날 우리들이 공유하고 있는 문화란 근대 한자어가 아니라, '모던/モダン/摩登(modern)'이라는 새로운 '음성'의 질서가 아닐까 하는 진단을 내리게 된다. 이것이야말로, 진실로 우리들이 공유하는 한편, 우리들을 규율하고 억압하는 '공유문화'가 아닐까. 그리고 '근대 동아시아'의 공유문화란 이미 '모더니티 속의 세계문화'일 수 있다는 사실과 대면할 때, 비로소 '도래해야 할 어떤 것'으로서 한중일의 공유문화가 사고될 수 있는 게 아닐까. 이때의 공유 범위는 천하 질서보다 훨씬 큰 것일 수도 있으며, 공유의 방식 역시 훨씬 급진적이고 가혹한 경로를 통해서일 수 있다. 이 글을 통해 나는 위와 같은 다소 급진적인, 그러나 일면 당연한 의문에 대하여 생각해보려 한다.

왜 공유의 원천이 아니라, 공유의 한계 속에서 사유하려 하는가. 왜냐하면 진정한 의미에서의 공동체에 대한 사고는 미래를 향한 문제이지, 과거에 대한 향수일 수 없기 때문이다. 따라서 우리는 종종 아름다웠던 시절로 이야기되지만 실제로는 잔혹했을지도 모를 과거가 아니라, 우리가 지금 처해있는 상황, 생각해야할 미래와 관련된 문제들을 '공유'와 '공동성'의 관점에서 다시금 생각해볼 필요가 있다. 그때에야 비로소 우리는 최소분

모로서의 '과거'가 아니라, 재점화(再點火)해야 할 '유산'을 찾아낼 수 있을
지 모른다.

우리는 이 글을 통해 한문에서 근대 한어에 이르는 한중일의 공유문화
의 변전을 일종의 '폐허의 알레고리'[8]로 읽으려 하며, 그렇게 하기 위해
이 폐허의 순간에 강렬한 빛을 드러내기 시작한 표기 한글화의 문제와
'모던 신어' 혹은 '모던 외래어'들에 대해 검토해 보려 한다. (그 빛이 광명
이든, 파국의 불길이든) 왜냐하면 그러한 공유문화는 영어의 압도성이 견
인하는 음역(音譯)이라는 현상에 의해 급격히 와해되고 있기 때문이다.
한자라는 공유문화에 대한 강조는 이미 '파국'이라는 상황을 전제한다. 따
라서 오늘날 '한자'라는 공유문화에 대한 검토는 다르게 말해(allēgoreîn),
한자라는 '언어 바깥의 무언가를 암시하도록' 유도받고 있다.

그렇다는 것은 동아시아 사회의 지역화와 지구화로 인해 개별 국가의
언어 현실이 과거의 '한자한문의 공유'만으로는 설명될 수 없는 상태에
있다는 것, 즉 '공유문화'가 일종의 형해화(形骸化)된 유산, 재해석되고 다
르게 이야기되어야 할 파편화된 현상으로 존재함을 의미한다.

새로운 목소리들 속에서, 한자라는 형태소와 상형문자를 통과하지 않
고 바로 이입되는 음성적 질서들을 통해(이를테면 한글전용이나 백화문
화·간체자화(簡體字化), 공유문화의 변동과 미래에 대해 다시 물어 보려

---

8) 발터 벤야민은 역사의 어떤 파국에 놓인 알레고리의 성격을 다음과 같이 설명한다.
   "알레고리에서는 역사의 '죽은 표정'이 응고된 원풍경으로서 관조자의 눈 앞에 펼
   쳐진다. 때를 놓친 것, 고통에 겨워하는 것, 실패한 것 등 역사가 애초부터 품고
   있는 이 모든 표정에는, 아니 그 죽은 해골에는 역사가 새겨져 있다. 표현의 '상징
   적'인 자유, 형태의 고전적인 조화, 인간적인 것, 이 모든 것이 거기에는 결여되어
   있다. 자연으로 극도로 쇠락한 형체 속에는 인간 현존재의 자연(육체)만이 아니라
   개개인의 전기적인 역사성까지도 수수께끼 의문으로서 의미심장하게 발화된다."
   발터 벤야민, 『독일 비애극의 원천』, 조만영 역, 새물결, 2008, p.217.

한다. 이를 위해 여기서 새삼 주목해보려는 책이 바로『모던조선외래어사전』이다. 무려 1,000쪽이 넘는 이 책은 단 한사람의 편자에 의해 완성되어 1937년에 출간되었다.

2. 靑年은 모던한 飮食과 觀念을 먹고 싶다
―『모던조선외래어사전』과 식민지의 근대

1937년, 전남 순천에 있는 한 보통학교의 조선인 교사가 지금껏 아무도 할 수 없었던 일, 청춘의 과업을 해냈다. 혼자 힘으로, '조선어(외래어)사전'을 만든 것이다. 총독부가 십 년의 세월을 기울여 만든『朝鮮語辭典』의 부피에 버금가는, 전체 1,011쪽에 달하는 사전을 혼자 힘으로 그것도 아마추어의 지위에서 주경야독으로 만들어 낸 것이다. (참고로 1920년, 조선총독부에 의해 출간된『朝鮮語辭典』은 1,023쪽이었다) 그런데 놀랍게도, 이 사전은 국어사전이 아니라 '외래어'사전이었다. 물론 저자의 말대로 이 사전이 "朝鮮語辭典과 그 使命을 달리하"는 것은 사실이나, 어쨌든 저자는 자신의 사전을 여전히 미간(未刊)이었던 "우리말辭典 編纂家에게 드리고 싶다"고 썼다. 총독부의 사전이 한적(漢籍)이나 읽기 위한 회고조의 '옛 조선'의 사전이었다면, 이 사전은 미래의 한국어를 예감하게 하는 '모던 조선'의 사전이었다. 무엇이 일개 보통학교 선생에게 그러한 과제를 부여하게 한 것일까. 저자 이종극은 쓰고 있다. "言語의 革命은 外國語의 侵入으로 遂行된다. …… 모던語는 모던時代의 産物이며 모던時代를 反映하는 거울이다."⁹⁾ 그러니까 모종의 (언어) 혁명이 시작되고 있었던 것이다.

─────────────

9) 李鍾極,「自序(조선外來語辭典에對하야)」(1933),『모던朝鮮外來語辭典』, 京城: 漢

이를테면 "'마트로스'라는 말과 '船人', '船夫', 혹은 '사공'이란 말이 가지고 있는 내용이 결코 일치하는 것이 아니다. 오랫동안 주렸던 그리고 내일이나 모레면 또 다시 오랫동안 주려야할 땅 냄새와 술맛과 계집의 살과 이런 것에 흠뻑 취해 돌아다니는 그 성미 괄괄스러운 사람들 그들을 갖다가 아무 소리도 없이 "船人", "船夫", 혹은 "사공"이라고 써놓고 본다면……"[10]하고 의심하는 의식이 생겨나 모여든 집산지로 돌아가 보자. 번역어로서의 근대 한자어의 통(通)국가적 창생과 유통에 이은 또 하나의 근대 언어 혁명, 즉 소위 제2차 언어 혁명으로서의 외래어 혁명이 본격화되고 있었다. 이 장에서는 1930년대 중후반의 언어상황― '모더니티'의 언어가 생성·정리되는 과정을 살펴봄으로써 오늘의 한중일 문화를 저 '시대의 거울'에 비추어 보도록 하겠다.

1) 제2차 근대언어 혁명에 대한 보고
― 사전의 편찬자, 편찬 경위, 편집 방법

현재까지 필자가 확인한 바로는, 이종극 개인이나 『모던朝鮮外來語辭典』에 대한 연구는 한 편의 짤막한 자료 해제[11]와 일부 외래어 표기법에 대한 어학적 사례 검토[12]가 거의 전부이다. 따라서 저자와 편찬의 경위 등에 대한 약간의 설명이 필수불가결하다 하겠다.

이종극(李鍾極)[13]은 1907년 평안남도 강서군에서 태어났으며, 경성사

城圖書, 1937, p.9. 띄어쓰기를 제외하고는 되도록 원문 그대로 인용했다. 원점(。)은 마침표(.)로 바꾸었다. 이하 동일.

10) 채만식, 「외래어 사용의 단편감」, 『한글』 제8권 제7호, 1940.7.

11) 정필모, 「모던朝鮮外來語辭典」, 『韓國學』 2, 중앙대학교 부설 영신아카데미 한국학연구소, 1974, pp.41-42.

12) 김수현, 「『모던朝鮮外來語辭典』의 외래어 표기 연구-자음 [s] 와 모음 [ə]를 대상으로-」, 『이중언어학』 27, 이중언어학회, 2005.

범학교 연습과를 졸업하였다. 그 후 중등교원시험 영어과에 합격하여 전
남 순천공립보통학교 등에서 초등과정 교사 생활을 하였다. 『모던朝鮮外
來語辭典』 역시 이 기간에 집필된 것이다. 한편 그는 여러 해의 독학 끝에
1939년 일본고등문관시험 행정과에 합격[14]하여 평안남도 강동군수(江東
郡守), 덕천군수(德川郡守), 강원도 화천군수(華川郡守) 등을 역임했다.
요컨대 고학과 독학으로 중등교원 검정시험, 고등문관시험 예비과(豫備
科), 고등문관시험 행정과(行政科)에 모두 합격한 것이다.[15] 해방 후에는,
대학교수(공법학) 자격심사에 합격하여 헌법학자로 변신하게 되는데, 광
주사범학교(光州師範學校) 교장과 국립 경찰전문학교 교육과 교육계장
등을 역임한 것으로 되어 있다. 1955년 중앙대학, 1962년 연세대학교 교수
(講師)가 되었으며, "東亞日報 論說委員으로 있으면서 날카로운 筆鋒을
휘둘러 洛陽의 紙價를 휘날리며 유명해"졌다고 한다.[16] 5·16 이후 국가
재건최고회의 사법위원회 자문위원이 되어 의장고문을 지내게 되는데 이
를 계기로 정계에 진출하게 된다. 민주공화당 소속으로 제6대 국회의원에
전국구(全國區) 3번으로 당선되었고, 정책위 의장으로 민주공화당의 정책
브레인으로 활동했다. 1967년부터 몇 년간은 서울신문 논설위원실 고문으

---

13) 이하 내용은 『東亞日報社史』(東亞日報社, 1978), 『연세대학교백년사2』(연세대학
    교출판부, 1985)를 기초로 정리된 한국학중앙연구원 역대인물종합정보시스템
    (http://people.aks.ac.kr)과 국가기록물에 기초한 국사편찬위원회 한국사데이터베
    이스(http://db.history.go.kr) 등을 참조해 작성되었다. 다만, 고등문과시험 합격년
    도(1930년으로 표시) 등 일제 시기 자료에 오식이 많아, 일단 저자 자신의의 자기소
    개가 실려 있는 『最新外來語辭典』(李鍾極 編, 심설당, 1984)과 당시 신문 및 관보를
    참고해 다시 정리하였다.
14) "高等文官試驗 行政科의 필기시험 합격자 212名이 발표된 바, 그 중 韓國人은 17名
    으로 그 氏名은 다음과 같다." (이하 略단), 『東亞日報』, 1939.9.16.
15) 『국회20년』, 서울: 韓國政經社, 1967, p.586. 국사편찬위원회 한국사데이터베이스
    에서 재인용.
16) 위의 책, p.586.

로 있으면서 "반독재 필봉과 정부시책옹호의 엇갈린 논단"을 폈으며, 1968
년부터는 공증인으로 '법률구조' 활동을 하는 한편, 변호사로서의 활동도
전개하였다.

저술활동과 관련해서는 영어 교원이었던 경력과 고등문과시험 준비 과
정에서 익힌 지식으로 일찍이 크라임스(Chrimes S. B)의 『영국헌정사』(新
陽社, 1937)를 번역하는 등, 식민지 시기부터 헌법 및 공법에 관심을 가지
고 작업했던 것으로 보인다. 해방 후 대학 강단에 있는 동안 구미 법학이론
도입과 소개에 앞장섰다. 『헌법정의(憲法精義)』, 『법학개론(法學概論)』,
『헌법해의(憲法解義)』, 『행정법해의(行政法解義)』, 『행정법원리(行政法
原理)』 등의 수십 권의 저서 및 교재, 수험서 등을 집필하여 초기 '공법학의
중진'으로 이야기되었다. 직무나 전공과는 별도로 『모던조선외래어사전
(모던朝鮮外來語辭典)』(1937)을 편찬하였고, 이관(李冠)이라는 필명으로
"현행 법체계가 올바로 운용되는 한국사회의 공상적 이념상"을 그린 정치
소설 『무한풍차(無限風車)』(1954)를 쓰기도 했다.[17] 교사에서 관료로, 교
육자 및 언론인으로, 정치가 및 변호사로 변신을 거듭하였고, 이후 제5공
화정 헌법개정심의위원으로도 참여하는 등 그 행보를 일괄하여 말하기
어렵다. 그의 행보 자체가 식민지와 후기식민지 대한민국을 살아 온 '입신
출세주의자'의 한 전형처럼도 보이는데, 어쩌면 그의 거듭된 변신이야말

---

17) 『민주주의원리』(조선문화연구사, 1948)를 시작으로, 해방 후 약 20여 년간 이종국
은 법학 분야에서 왕성한 저술 활동을 벌여 '공법학의 중진'으로 통하였으며, 그의
저서들은 신문서평 등에서 꾸준히 언급되고 있다. 예컨대 1954년 12월 2일(석간)에
는 그의 연구서인 『逐條比較: 憲法解義』와 『정치소설: 무한풍차(無限風車)』에 대
한 서평이 동시에 실리기도 했다. 예컨대 위의 저술은 당시 각각 "선진제국(先進諸
國)의 결정적 영향 하에서 제정된" 대한민국 헌법을 "비교헌법학의 입장에서 선명
해 대조하 참신하고 대담한"(신도성) 연구, "우리나라가 필히 알아 두어야 할 사회
과학 지식을 소설화해 표현한 비범한 수법"(신상초) 등으로 평가되었다.

로 한국 근대사의 복잡성과 근대화주의의 변전을 보여주는 사례라 하겠다.

한편, 『모던조선외래어사전』은 책이 출간되기 이전부터 『동아일보』, 『조선중앙일보』, 『조광』 등의 언론으로부터 출간이 예고되는 등, 적다할 수 없는 관심을 받았던 것으로 보인다. 예컨대 동아일보는 "순천보교 훈도 외래어사전"이라는 제하에 편찬 과정을 보도했는데, 그 전문은 아래와 같다.

리종국(李種國)씨는 밖에서 수입된 외래어가 조선어와 다름없이 되어 일반적으로 사용되고 있는 어류 1만 2천여 개를 모아 정확하고도 역사적 해설을 붙여 대자전을 만들기 위하여 수년전부터 많은 노력을 하여 온다는데 원래 씨는 어학과 문학적 소질이 풍부하여 이 방면에 대한 연구에 진력하는 중이며 동교에서 발행하는 창공(蒼空)이라는 잡지의 편집인의 한 분으로 많은 노력을 하던 중이고 더욱 수년 전부터 매일 아동 교육에 전력하는 한편 촌분의 여가도 버리지 않고 외래어의 유래와 연혁에 대한 연구를 깊이 하여 오던 바 내가 모은 어류의 원고는 금년에야 근근 탈고되어 늦어도 금주 내에는 대자전으로 발간되리라는데 가격도 실비만 받게 될 것이고 더욱 내용의 풍부함은 조선의 일반학에게 큰 센세이션을 일으키리라 한다.[18]

언론의 기대대로, "조선독서계에 많은 영향"[19]과 "큰 센세이션"을 일으켰는지의 여부는 알기 어려우나, 만약 『조광』에 게재되고 나중에 수정을 거쳐 사전의 서문으로 실리는 「朝鮮外來語論」[20]을 포함한다면, 어쨌든

---

18) 『동아일보』, 1933.4.12. 리종국(李種國)은 리종극(李鍾極)의 오식이다.
19) 『조선중앙일보』, 1933.3.30. 대체로 동일한 기사가 이 신문에도 실렸다.
20) 李鍾極, 「朝鮮外來語論」, 『朝光』, 朝鮮日報社出版部, 1937年 2月號, pp.239-246.

당대의 소위 3대 '민족지'들이 고루 관심을 가져주었다고 하겠다. 그러나 어찌된 일인지, 그 발간은 4년 후로 늦추어졌고 실제 발행은 1937년 2월에 가서야 이루어졌다.

이종극 자신의 책 소개를 따르자면 "이 적은 冊子는 外國語(주로 印歐語 系統에 屬한 말)가 조선말(또는 일본말)에서 쓰이는 소위 「借用語」(loan-words)를 蒐集하여 그의 朝鮮語로서의 發音을 「가나다」順으로 排列하고 그 原語(原音 또는 原語에 近似한 一個國 혹은 數個國語)를 指摘하여 平易한 解釋을 붙이고 다시 理解를 돕고 趣味와 authority를 더하기 爲하야 必要한 語에는 語源 其他를 記入하고 또 現代語에서의 用例를 例示한 것이다." 즉 도시화, 산업화, 마르크시즘, 모더니즘 운동 등으로 인해 생겨난 새로운 언어들을 정리한 것으로, 당시 일본에서도 이런 종류의 소위 '모던 신어' 사전이 여러 권 출판되고 있었다.[21]

우선 책의 장정과 체재(體裁)를 보면, 표지에 "THE NEW DICTIONARY OF FOREIGN WORDS IN MODERN KOREAN. BY J.C.LEE"로 되어 있고, 책 옆면에는 『鮮和兩引모던朝鮮外來語辭典』이라 되어 있다. 표지 안쪽에 해당되는 첫 면에 일본어 '五十音索引'을, 그 좌측 면에 '가나다索引'을 실었다. 오십음색인과 가나다색인에 각각 면수가 표시되어 있으며, 가나다색인의 하단에 최초 탈고된 후 추가된 단어와 '動詞化語, '外來字一覽'을 표

---

21) 1925년을 전후로 한 일본의 쇼와 초기, 신생어 및 유행어는 흔히 '모던어(モダン語)'로 불렸다. 책 이름에 '모던'이라는 말을 쓴 신어 사전은 『モダン語辭典』(1930, 朝日新聞社)부터 『モダン常識語辭典』(大道弘雄編, 朝日新聞社,1935)까지 무려 25종을 넘게 간행되었다. 이 글에서는 비교적 널리 유통되어 영인본이 출간된 사전으로 필자가 그 실물을 확인한 두 개의 사전을 비교 대상으로 삼았다. 早坂二郎・松本悟郎, 『モダン新語辭典』, 浩文社, 1931. (1933년 출간된 제5판을 텍스트로 함); 小山湖南 著, 『和英倂用モダン新語辭典』, 東京: 金竜社, 1932. (1933년 출간된 제6판을 텍스트로 함).

시해, 목차의 기능을 부여했다. 책의 첫 면에 '李鍾極 著'라는 한자로 된 저자 표시와 『鮮和兩引[모던 朝鮮外來語辭典』라는 제목, '京城 漢城圖書株式會社 發行'이라는 출판사 표시가 되어 있는 한편, 책 상단에 "THE NEW DICTIONARY OF FOREIGN WORDS IN MODERN KOREAN. BY J.C.LEE"라는 형태로 영어로 된 제목과 저자명이 다시 기재되어 있다. 그 다음 장이 영어 서문인 'PREFACE'인데, 세계대전 후의 외래어 증가에 따라 사전 발행이 필요했고 최근 3년간 방과 후 시간을 전부 투자해 이 사전을 편찬했다는 경위가 간략히 적혀 있다.(1936년 11월 작성) 그 다음 장에 다시 1면부터 면수를 따로 매긴 총 12쪽에 걸친 서문, 외래어의 어원과 전문어 및 인용표기의 방법 등을 제시한 한 면의 범례가 있다. 표제어와 부분은 총 666쪽인데, 그 중 33쪽은 최초 탈고된 해인 1933년 이후 추가된 내용이다. 그 다음으로 부록이라는 제목 하에 「動詞化した語(Verbalized Words)」, 「外來(略)字一覽」이 실려 있다22). 본문이 끝난 후, 새로 쪽수를 매긴 총 331쪽의 「鮮和索引(Japanese-Korean Index)」가 붙어 있는데, 이는 "鮮和兩引"이라는 표제어 그대로 가타카나어와 한글로 표기된 외래어의 대조표를 제시해 놓은 부분이다. 정가는 3원이다. 어떤 의미에서 이 사전은 조선어라는 '크레올'을 둘러싼 언어정치적 환경을 극단적인 수준에서 반영하고 있었던 것이다.

이종극이 「自序(조선外來語辭典에 對하야)」(이하, 「자서」)등에서 언급한 서지를 토대로 이 사전 편찬에 참고한 문헌을 제시하면 아래와 같다.

---

22) 「動詞化した語(Verbalized Words)」는 일본어에서 이들 외래어가 물명(物名)을 넘어 동사화(예:サボる〈sabotage〉)한 사례 중 '하다(する)'의 형식이 아니라' 'る・ず'를 기본형으로 'ラ/ザ행의 4단 활용을 하는 경우를 제시한 것이며, 「外來(略)字一覽」는 외래어 중에서 약자의 원어 그대로 알파벳으로 노출되는 경우를 수집한 것이다.

크게 세 가지 도서들을 참고했던 것으로 보이는데, 우선 표제어와의 선정
과 관련해서 당시 조선에서 출판되던 신문과 잡지, 문학서류들을 참고하
고 있으며, 이를 해제하는 한편 조선어와 일본어의 대조표를 만들기 위해
일본에서 간행된 모던 신어 사전류와 영어 사전류를 참고하고 있다. 그리
고 마지막으로 현상 진단과 표제어와들의 분류 체계 등을 확정짓기 위해
일본 내의 외래어 연구 서적을 참조하고 있다.

〈말뭉치의 출처〉
기본적으로 당대 조선의 출판물을 말뭉치화하여 사용하고 용례도 제시
1. 『東亞日報』, 『朝鮮日報』, 『朝鮮中央日報』, 『每日申報』 등의 일간지, 『開闢』, 『三
　千里』, 『新家庭』, 『東光』, 『第一線』, 『新東亞』, 『新女性』 등의 잡지.
2. 조선의 당대 작가들의 시, 소설, 비평류.

〈참고사전〉
일본어로부터의 언어유입과 '鮮和兩引'이라는 특성상 일본의 사전류를 참조
1. 早坂二郎・松本悟郎, 『モダン新語辭典』, 東京: 浩文社, 1931; 小山湖南 著, 『和
　英倂用モダン新語辭典』, 東京: 金竜社, 1932. 등 일본어로 출판된 25종 내외의
　모던신어 사전 (추측임)
　근거: "至今까지 일본말로 出版된 이 種類의 어느 辭典보다도 그 收錄語數로
　　　나 語學的正確으로나 斷然 首位를 차지하리라고 생각한다. 語彙의 選
　　　擇에 있어서는 無思慮했다고 할만치 多數를 採錄하였다." 「자서」(p.10)
　　　어휘 변동이 많은 외래어의 사전 등재 특성 상, 비교적 최근 사전을
　　　이용했을 것임.
2. 市河三喜, 畔柳都太郎, 飯島廣三郎編, 『大英和辭典』, 東京: 冨山房, 1931. (1930
　년 자가출판 후, 1931년 개정판으로 간행됨.)
　근거: "저 유명한 N.E.D.가 七十餘年, 冨山房 大英和辭典이 三十年을 걸려서

　　　完成한데 比하면 實로 慚死할 일이지만 一介의 白面書生인 나는 나의

　　　가진 바 全精力 나의 私生活의 enjoyment와 餘暇의 全部를 이 일에 바쳤

　　　다." 「자서」(p.11)

3. 荒川惣兵衛, 『日本語となった英語』, 東京: 硏究社, 1931.

　　근거: 「자서」(p.5, 8)에서 楳垣實의 연구를 통해 인용.

4. 井上十吉, 『井上和英大辭典』, 東京: 至誠堂 1921.

　　근거: 「자서」(p.10)에서 이노우에 주키치(井上十吉)의 영문 "Foreword"의 첫

　　　구절23)을 인용함.

5. 『言海』(1889-91), 『舶來語便覽』(1912)

　　근거: 「자서」(p.5)에서 楳垣實의 연구를 통해 인용했으나, '신어(新語)'를 등재

　　　해야 하는 외래어사전의 특성상 참고했을 가능성은 높지 않음.

〈참고논문 및 서적〉

상황 분석 및 분류를 위해 일본의 외래어 유입 연구를 참조.

1. S. Ichikawa(市河三喜), "English Influence on Japanese"

　　근거: "現代人은 누구나 自由로 外國語를 집어다가 朝鮮말 가운데에 쓸 수

　　　있다." 「자서」(p.9)에서 이치카와 산키(市河三喜)의 논문 및 이름을 거

　　　명하고 있음.24)

---

23) 井上十吉, 『井上和英大辭典』, 東京: 至誠堂, 1921(1925). 1925년 제11판에서 확인함.

24) Sanki Ichikawa, "English influence on Japanese", *Studies in English Literature*, Vol.8
no.2, Tokyo: Kenkyusha, 1928, pp.165-208, 이 논문은 B. E. C. Davis의 서평 등으로
보아 영국 등에서도 읽힌 흔적이 있다. *Review of English Studies,* 1932; os-VIII,
Oxford University, pp.243-244. 이치카와 산키의 사전 작업은 해방 후 한국에서 나온
첫 영한사전의 원천 텍스트였다. "이양하는 직장이나 가족도 없이 최정우 집에
하숙을 하고 있어서 항상 둘이 같이 다니고 그랬는데, 나중에 알았지만, 그 뒤에
그 둘이 사전을 만들려고 시작을 했단다. 'ABC'까지는 되어 있었는데. 나하고 합작을
한 것은 6·25 직전쯤인데 'ABC'는 되어 있으니까 나더러 'DEF'를 하라는 거야.
일본사전을 베끼는 거지. 우리가 어찌 금방 사전을 만드나. 이치가와(市河三喜)
선생이 만든 '포켓용 리틀 딕셔너리'를 베껴서 가기로 했지. 그걸 하다가 이양하는

2. 楳桓實, 「國語に及ぼした英語の影響」, 『英語英文學講座1』, 東京: 英米文學社, 1933.

　　근거: "日本外來語의 熱心 있는 硏究家 楳桓實氏의 調査를 빌면"(p.8) 楳桓實
　　의 어떤 논문을 참고하였는지는 알기 어려우나, 현상 분석과 관련해서
　　는 이 논문을 많이 참고하였다고 밝히고 있다.

5. 荒川惣兵衛, 『外來語學序說: (「モダン語」研究)』, 名古屋: 荒川惣兵衛, 1932.[25]

　　근거: 차용어를 아라카와 소베에(荒川惣兵衛)의 분류에 따라 일곱 가지로 나
　　누고 있다. 「자서」(p.4)

　　이 사전은 당대 조선의 공론장에서 유통되던 외래어의 수집 뿐 아니라, 그 용례를 폭넓게 제시하고 있어, 그 자체로 저자 스스로가 자부하고 있는 것처럼 "近代文化史上의 한 參考資料가 됨"다. 예컨대, "모단(당)[modern]=모던 ⊙"모단京城"(每日申報8917). 朴達城: 「溫突방夜話」. 朝鮮日報 4327. 중앙일보1966." 식으로 일본식 외래어 발음의 개입 등으로 인해 파생된 단어들도 병기하고 있으며, 말풀이[語釋] 다음에 당시의 잡지나 문학서적들로부터 가져온 용례를 충실히 제시해놓고 있다. 특히 이들 외래어가 조선 내에서 파생하는 방식이나 뉘앙스를 짐작하게 해주는 서술이 많아 당시 풍속사로 진입하는 인덱스의 기능을 수행하고 있다. 예컨대 다음과 같은 경우도 그런 경우이다.

미국에 갔지." 이상옥 외 대담, 「한국영문학의 형성; 권중휘 선생을 찾아서」, 『안과 밖』 2, 영미문학연구회, 창작과비평사, 1997참조.

25) 荒川惣兵衛, 『外來語學序說: (「モダン語」研究)』, 名古屋: 荒川惣兵衛, 1932.8. (2000部 限定版) 이후 『外來語槪說』이라는 제목으로 재간행(東京: 三省堂, 1943.10) 되며, 이 작업을 기반으로 『外來語辭典』(東京: 富山房, 1941.6)이 출간된 것으로 보인다.

　　모던·껄[modern girl] 現代的女性, 新(時代)女性, (所謂) 尖端女性 (多少間嘲弄
調的意味로), "毛斷娘", 新奇를 좋아 하는 輕薄한 女子>못된·껄 (沈薰): 「무명옷
과 貞操帶」. ⊙李無影: 그는 사물의 시비를 비판할 줄 아는 ~이다. 安必承: 「병
든 少女」. 靑鳥社: 「新時代의 書簡集」26)

　위의 표제어와 및 풀이에서 저자는 모던 걸의 다양한 의미를 제시한
후, 그것이 실제로 쓰일 때의 뉘앙스 변화와 파생 상황을 보여준다. 예를
들어, 단발머리 아가씨(毛斷娘)라거나 행실이 나쁜 '못된 걸'과 같이 한자
어 혹은 한글의 말놀이로 변화한 경우—일종의 소위 '字釋 차용어'로의
파생까지 제시해 보임으로써 이 말을 둘러싼 문화적 상황을 보여주고 있
는 것이다. 또한 이런 말뜻이나 활용을 뒤에 제시되는 여러 구체적 용례와
출처를 통해, 직접 확인가능하게 해 놓았다. 신문이나 잡지의 경우는 호수
까지 표시해 놓았다.

　2) 음역의 혁명성과 곤경 ― 이종극의 언어 의식
　일찍이 이종극은 「朝鮮外來語論」27)이라는 제목으로『조광』(1937.2.)에
자신의 외래어론을 발표하였고, 이를 수정해 사전의 「자서」로 실었다. 당
대의 언어 사정과 편찬의 경위 등을 스스로 명쾌히 밝혔던 것이다.28) 그는
이 「자서」를 통해 1930년대 언어적 상황을 일단 '외국어틈입시대(外國語
闖入時代)'라 규정하고, 그 현상을 다음과 같이 진단하고 있다.

---

26) 李鍾極, 『모던朝鮮外來語辭典』, 京城: 漢城圖書, 1937, p.163.
27) 李鍾極, 「朝鮮外來語論」, 『朝光』, 朝鮮日報社出版部, 1937年 2月號, pp.239-246.
28) 「자서」는 각각 '外國語闖入時代, '外來語의 原語', '發音, '意味', '日本製語, 朝鮮製
語', '成句', '外來語의 Koreanization(조선말化)', '今後의 豫想', '外來語와 本辭典,
'感謝'로 되어 있다.

'요새 新聞에는 英語가 많아서 도모지 알아볼 수가 없다'는 不平 비슷한 말을 나는 여러 사람의 입에서 흘러나오는 것을 들었다. 실로 現代 (더욱 最近 十年 以來)는 '外國語闖入時代'란 이름을 붙일만큼 外國語가 闖入하고 있다. 新聞이란 新聞, 雜誌란 雜誌는 모두 외래어를 滿載한다. 소위 모더니즘의 文人墨客들은 다투어 外國語를 移植하며 때로는 거의 思慮 없이 羅列한다. (XYZ氏: 「新聞記者 無識暴露」(東光四: 十一). An educated Japanese can hardly frame a single literary sentence without the use of Chinese resources. (教養 있는 일본인은 漢學의 資料를 빌지 않고는 단 한줄 글도 草할 수 없다고 해도 좋다)라고 Sapir은 일즉이 그 著 Language(言語)에서 喝破하였거니와 오늘의 쩌널리스트는 外來語를 쓰지 않고는 記事 한 줄 못쓸 形便이다"[29]

이런 사정은 마치 주로 번역어였던 신생 한자어의 대규모적 생산에 의해 개명・개화기=메이지기=청말의 공론장이 대전환을 이루었던 상황을 연상시킨다. 마치 훈역된 신어들이 그랬듯이 이들 음역된 모던 외래어들은 한중일의 공론장을 순환하고 있었다.

예컨대 이종극은 동아일보, 조선일보, (조선)중앙일보 등의 일간지 중 임의의 5일 동안(1933.10-11.) 사용된 외래어의 빈도를 통계 내어, 한 면당 약 45개에서 53개에 이르는 외래어가 쓰이고 있다는 사실을 지적한다. 그리고 잡지의 경우에는 『개벽』 제4호(1920.9.25)를 기준으로 1면당 1.7개에 불과했던 외래어가 1932-1933년에 발간된 잡지들에 이르러 평균 5.75개가 되었음을 통계적으로 밝히고 있다.[30]

---

29) 李鍾極, 「自序」(1933), 『모던朝鮮外來語辭典』, 京城: 漢城圖書, 1937, p.1. 자서에는 이광수와 여운형이 '서문'을 써주었다고 되어 있으나, 현재 가지고 있는 원본에서는 발견되지 않는다. 현재로서는 겉표지 등에 추천사를 써준 것이 아닌가 짐작해 볼 뿐이다.
30) 한두 달 동안의 통계가 통계적으로 의미가 있는지의 여부를 논외로 할 때, 이종극

이종극이 지적한 외래어의 수입 원인은 크게 다섯 가지인데, "1. 科學文明의 加速度的 進步와 社會思想의 複雜化, 2. 外國語 特히 英語研究의 普及, 3. 交通機關의 發達로 因하여 생기는 世界距離의 短縮과 國際關係의 緊密, 4. 言語自體의 表現性과 人間心理의 流行을 좇는 尖端的 氣分, 5. 專門知識의 常識化" 등이 그것이다.[31] 이는 이종극에게 편찬에 관한 조언을 한 것으로 되어 있는 이광수의 외래어관과도 상당한 유사점을 보이는데, 이광수 역시 "외래어의 유입은 (1) 필요, (2) 호기심, (3) 배외사상(拜外思想) (4) 자연유입이 그 원인"이라고 지적한 바 있다. 디만 이광수가 "조선에서는 제3인이 주요원인이 되는 듯 하니 가탄(可嘆)"할 일이라고 보면서, "민족의 정신전통은 오직 언어에 있는 것"임을 강조[32]함에 비해, 이종극에게는 이런 언어민족주의가 발견되지 않는다.

즉, 이광수가 외래어 사용에 내재한 "얼 개화(開化)"(얼치기 개화) 의식에 외래어 문제의 핵심을 둔 것에 비해, 이종극은 이광수도 말한 바 '문화의 보편적 흐름'이라는 사실에 더욱 주목하였다. "영어를 가지고 보면 十五%가 고유어이고, 그밖에는 希臘・羅甸語이다. …… 언어의 상혼(相混)하는 것이 물이 높은 곳에서 저하(低下)한 곳으로 내려가는 것처럼 문화의 고상한 것이 문화의 저열한 것에로 흘러 들어가기 쉽다"[33]고 말할 때, 이광수의 비전은 외래어와 조선어의 공존 아래서 한국어 자체가 풍부한 것이 되는 일이었다. 그러나 외래어에 대한 인위적 제어는 이종극이 보기에

의 통계에서 외래어 빈출 순위를 보면, 『삼천리』(8.1), 『신가정』(7.3), 『동광』(6.4), 『第一線』(5.4), 『신동아』(5.2), 『신여성』(2.1) 순으로 되어 있다. (이상, 한 면당 외래어수)

31) 李鍾極, 「自序」(1933), 『모던朝鮮外來語辭典』, 京城: 漢城圖書, 1937, p.3.
32) 이광수, 「「외래어와 조선어」 강연기」(『啓明』22호, 1932.7.), 『이광수전집8』, 삼중당, 1971(1974), p.659.
33) 이광수, 위의 책, p.659. 원문은 연설조로 평서문으로 바꾸어 인용했다.

불가능한 것이었다. 가능한 것은 우리말을 보존하기 위한 세 과제로 제시된 문법서(文典)의 저술, 사전을 편찬, 문학의 진흥 정도였다.[34] 이광수가 걱정했던 것처럼 외래어가 새로운 계층 분화의 선이 되고 있다기보다는, 외래어의 폭증 자체가 지식 대중화 및 모던 문화의 반영이라는 것이 이종극의 판단이었다.

이종극은 외래어의 범람 자체를 지식의 전문화 및 대중화 현상, 언어의 '귀화(naturalization)' 및 '조선말化(Koreanization)'의 결과라 보았다. 진화론에 내재한 자연 선택과 적자생존의 원리는 부인될 수 없는 것이고, 따라서 외래어의 방지보다 귀화와 소화가 더 중요하다는 것이다.[35] 마치 사전을 가득 채운 영어, 일본어, 한자의 타이포그래피처럼, 이미 영어 전체가 외래어화할 위험에 놓인 상황, 영어와 일본어 전체가 잠재적으로는 조선어인 상황을 그는 묘사하고 있었던 것이다.

특히 주목을 끄는 것은 이종극이 자신의 외래어 수집 및 풀이 작업을 음역(音譯)이라는 언어 혁명의 일부로 보고 있다는 점이다. 소위, "transliterations(音譯, 또는 字譯借用語)"를 대상으로 하여, 하나의 사전이 만들어질 만한 상황에 이른 것이다. 특히 이 음역은 9할을 상회하는 외래어 내 영어 원천으로 인해 강화되고 있는데, "영어가 실질상의 세계어이며 이 나라의 영어연구가 다른 어느 외국어 연구보다도 훨씬 진보하여 있는 까닭"이다.[36] 영어 자체도 외래어를 통해 발전했고 확장되었다는 것이다. 이종극

---

34) 이광수, 위의 책, p.660. 이광수의 중요한 주장 중 하나는 "문화라는 것이 대중적이 못되기 때문에 무식장이가 그대로 남아 있게 되"는 상황을 맹성(猛省)해야 한다는 "것"이었다. 이종극은 사전 편찬과 언어 정리에 찬성하며, 이런 언어 정리가 있고서야 외래어의 한국어화가 가능하다고 보았다.

35) 이종극, 위 책, p.3, p.9.

36) 이종극, 위 책, p.4.

이 인용하고 있듯이, 『言海』(1891), 『舶來語便覽』(1912), 『日本語担った英語』(1931) 등의 서적의 사례를 보면, 실제로 19세기말 외래어 중 약 2할에 불과하던 영어 원천의 외래어가 1930년대 들어 9할을 넘기고 있는 사정을 확인할 수 있다. 특히 양의 증가 뿐 아니라, 영어가 독일어와 불어 원천의 외래어를 밀어내고 있는 흐름이 뚜렷하였다. 이종극의 말대로라면, "極端하게 말하면, 外國語(더구나 英語)의 全部가 조선의 外來語가 될 危險(?)이 있다고도 말할 수 있는 것이다."[37]

그러니까 무엇보다 331쪽에 이르는 「鮮和索引(Japanese-Korean Index)」의 존재나 「자서」에서 자주 언급되고 있는 일본어 내의 외래어 폭증 현상처럼, 이종극이 보기에 영어와 일본어라는 두 언어는 잠재적으로 '조선어화될 가능성이 있었다. 특히 상대적으로 저항감이 적은 '일본어가 된 영어'나 '일본제 외래어'가 잠재적/실질적으로 조선어의 일부가 되고 있고 또 되리라는 전제는 이 사전 전체를 관류하고 있는 진단이다. (그는 이런 사실을 증명이라도 하듯이, 매 표제어와 풀이 다음에 조선어 신문 잡지류로부터의 용례를 싣고 있다.)

앞서 말했듯이, 이종극은 새로운 언어 혁명의 핵심을 훈역(訓譯)에서 음역(音譯)으로의 이동이라고 보았던 것 같다. 이를테면 그는 "본서에서 외래어로 취급한 것은 주로 transliterations(音譯) (또는 字釋 차용어)인 것을 말하여 둔다"고 쓰고 있다. 간단히 말해, 모던 걸과 모단랑(母斷娘), 클럽과 구락부(俱樂部)가 그의 관심이다.

그러나 표제어와의 수집은 간단한 문제가 아니었다. 음역 역시 일종의 번역이어서, 일국어 내의 표기법 체계의 개입 없이는 결코 확정될 수

없는 것이었기 때문이다. 당시 조선의 외래어 표기법의 혼란과 오독·단축·전와(轉訛) 현상, 일본식 발음으로 인해 '음역' 작업은 지난했다. 예를 들어, block라는 단어 하나에 15개 이상, Soviet라는 하나의 원천에 대략 12개 이상의 표기가 경합하고 있었다.[38] 특히 그에게는 국어에 포함되는 외래어의 범주를 확정시켜 줄 조선어사전마저 부재하였다. 총독부의 사전은 조선어-일본어 대역사전(對譯辭典)이었던 데다, 표제어와 선정에서도 조선어의 총체가 아니라 중국과 조선 원천의 한자어, 이두 수록에 주력하였다. 일본제한자어(和製漢語)의 대부분은 삭제하였고, 외래어는 거의 찾아보기 어렵다.[39] 번역된 '문명어'들도, 고전적 용례가 있는 경우에는 거의 고전적 용례에 따르고 있다. 다음과 같은 식이다. "文明 光彩ありて分明なること"(광채가 있고 분명한 것), "文化 世の中の開け進むこと"(세상이 열려 앞으로 나아가는 것)[40]. 당대의 조선어를 근대성, 모더니티 안에 두려 하지 않고, 한자라는 중국적 원천에 가두어 두려 한 것이다. 따라서 훈역

---

38) 이종극, 위 책, p.5.

39) "조선총독부 출간의 『朝鮮語辭典』의 특질은 서양인사전으로부터 고유어를 채용하고, 전적들로부터 한자숙어를 채용한 다음, 조선의 지식인들이 해설을 붙이고, [일본어로 해제를 하여: 인용자] 일본인 관리가 조선의 문서를 읽기 위해 편찬한 사전이라는 데 있었다." 矢野謙一, 「朝鮮總督府 朝鮮語辭典編纂의 經緯」, 『韓』 104, 1986.11. (安田敏郎, 『「言語」의 構築』, 三元社, 1999, pp.238-239에서 재인용.)

40) 朝鮮總督府, 『朝鮮語辭典』, 京城: 朝鮮總督府, pp.335-336. 1911년 조선총독부 취조국에서 시작한 편찬작업은 책임자 오다 간지로(小田幹治郎)를 포함해 16명(일본인 6, 한국인 10명)이 참여한 것으로 되어 있다. 통역관 시오카와 이치타로(鹽川一太郎)를 주임으로 하여 박이양, 현은, 송영대, 김돈희 등의 조선인이 조선총독부 취조국위원으로서 참가하였다. 자세한 사정에 대해서는 『한국어의 근대와 이중어사전』(영인편)의 관련 해제와 다음 논문을 참조할 것. 이병근, 「朝鮮總督府編 ≪朝鮮語辭典≫의 編纂目的과 그 經緯」, 『震檀學報』 59, 진단학회, 1985. 오구라 신페이는 이 사업이 애초부터 관주도의 형식으로 진행되었음에도 불구하고, 그 편찬자들의 면면을 들어 이 사전을 "조선인의 저작"으로 분류하고 있다. 小倉進平, 『增補 注訂: 朝鮮語學史』, 刀江書院, 1964, p.51.

(訓譯)을 넘어, 직접적으로 서구 원천을 이입시키는 외래어사전 편찬은 그 자체로 식민성의 산물이자, 근대성―아니, 모더니티 지향의 일부였다. (그가 이 사전을 국어학자와 영어를 배우려는 사람들에게 헌사하겠다고 쓴 것도 이런 이유 때문이다.)

여기서 음역(transliteration)이란 소리나는 대로 표기하는 음에 의한 번역을 뜻하는데, 그 소리는 한 언어 내의 발음 체계에 기초하기 때문에 그 원천과 일대일로 대응하지는 않는다. 즉 영어 원천의 외래어라고 해도, 한중일의 외국어는 '같은 것'이 아니며, 간단히 '공유하고 있다'고 말할 수도 없다. 가령 영어의 "coffee"를 음역한 한국어 "커피"는 한국인 발음 그대로 "ceo-pi"로 바꾸어 발음되며, 따라서 영어뿐 아니라 일본어의 'コーヒー[kōhī]'나 중국어의 '카페咖啡[kāfēi]'와도 다르다. 재미교포나 외국인들이 한국어/일본어/중국어를 말할 때처럼 coffee를 [kɔfi] 라 발음하며 "저는 coffee[kɔfi]를 좋아 합니다"라고 말할 경우가 아니라면, 분명 대개의 경우 우리는 일반 차용어와 코드 뒤섞기를 구분할 수 있다. 예컨대 이중언어사용자가 코드 뒤섞기(code-mixing)를 하는 경우가 아니라면, 커피는 분명 일국어의 일부이고 일국 문화·일국 음성학 안으로의 번역이다.

그러나 실제로 오늘의 삶에서, 자국어로의 귀화(naturalization) 여부를 따지기는 매우 어렵다. 원음에 가깝게라는 환상과 외래어를 낳은 문화적 목적이 일국어 체계를 교란시키기 때문이다. 예컨대, "맥주가 아니라 삐루라고 해야 맛이 난다"라는 표현을 보자. 여기에는 '서구문화'를 이입시킨다는 지향 이외에도, 일본문화에 곁다리로 낀다는 식민주의적 무의식이 함께 작용하고 있다. 예컨대 "도착하면 콘펌(confirm)하는 것 잊지 말아라", "집에 갈 때 나 좀 픽업(pick up) 해 줘"라는 식의 오늘날 일상화된 '자연스런' 표현 자체가 통사론 상의 영어 개입이 극히 자연화(naturalization)되어 있음을 보여준다.41) 따라서 이윤재가 충고한 "조선어학회제정의 철자법 통일안"도, 이광수가 제안한 "원어음에 가까운 말에 표를 할 것"이라는 제안도 이종극에게는 심히 따르기 힘든 요구였다. 통일된 원칙이 아니라, 실제로 쓰이는 말을 표제어화한 사전의 특성상, 철자법통일이나 원음에 가까운 표기란 때로 대립되기도 하는 쉽지 않은 주문이었다. 이종극의 진단, 혹은 이종극이 바라 본 "금후의 예상"은 이렇다.

現代人은 누구나 자유로 外國語를 집어다가 朝鮮말 가운데에 쓸 수 있다. (S. Ichikawa: 'English Influence on Japanese' 參照) 그러므로 極端하게 말하면, 外國語(더구나 英語)의 全部가 조선의 外來語가 될 危險(?)이 있다고도 말할 수 있는 것이다. 그 뿐 아니라 單語로서 複合語를 맨들고 다시 日本流 조선流로 마음대로의 combination을 案出하면 그야말로 限量없이 늘어갈 것이니 생각만 하야도 소름이 끼치는 일이다. 그러나 所謂 natural selection이란 言語의 世界에도 있는 現象이므로 여기에도 適者生存(survival of the fittest)의 鐵則이 施行될 것이 分明함은 歷史가 證明하는 바이니 걱정 無用이라고 나는 생각한다. 어떻게 해서 外來語의 侵入을 防止할까 하는 問題보다도 어떻게 해서 外來語를 歸化시켜 消化할가를 考究하는 것이 吾人의 當面問題이라고 생각한다42).

이미 이종극은 한자와 일본어와 알파벳이 뒤섞인 크레올화된 한국어로 외래어론을 쓰고 있다. 그의 언어관은 당시로서는 극히 급진적이어서 외래어의 유입과 인기를 당시 사회에서의 당연한 현상이라 진단한다. 즉 "말은 시대의 거울이다. 따라서 시대를 반영한다. 모던語는 모던 시대의 산물이며 모던 시대를 반영하는 거울이다"라고 믿기 때문이다. "語史(言語

---

41) 이익섭, 『사회언어학』, 민음사, 1994(2000년 개정판), p.304.
42) 이종극, 위 책, p.9.

의 歷史"와 "物史"는 반영의 관계이다[43]. 외국어의 대규모적 틈입 자체를
언어 혁명, 전문지식의 상식화, 문화적 자연선택과 적자생존으로 받아들
이고 있기에, 그에게 있어 자신의 사전은 "근대문화사상의 한 참고자료"에
다름 아니다.

　여기서의 '近代文化史'란 어쩌면 식민지적 근대성이 관류하고 있는 한
국과 중국, 그리고 그러한 위기 의식 속에서 근대성의 매개자임을 자처하
고 나선 일본이 '공유하고 있는 문화' 바로 그것인지 모른다. 이를테면 이
시기에 이미 일본에서는 25종 이상의 유행 모던어 사전들류들이 출간되어
있었으며, 본격문학과 대중문학의 소재로서 폭넓게 활용되고 있었다. 소
위 '모던' 대중문화 및 그에 대한 담론의 범람으로 인해 이런 사전이 필요
해졌다 할 것이다. 예컨대 1925년을 전후하여 등장한 소위 '모던 걸'이라는
신어와 이와 관련된 문화 혹은 풍속들에 대한 이야기들은 하나의 문학적
장르를 형성하고 있었던 것이다.[44] 이 사전류들의 저자들은 이렇게 쓰고
있다.

---

43)　"말은 時代의 거울이다. 따라서 時代를 反映한다. 모던語는 모던時代의 産物이며
　　모던時代를 反映하는 거울이다. 그러므로 '語史'(言語의 歷史)와 '物史'는 自古로
　　恒常 얕지 않은 關係를 가지고 있어왔다." 이종극, 위 책, pp.9-10.
44)　保昌正夫・大谷晃一・槌田滿文・鈴木貞美・清原康正 共著, 槌田滿文,「遊行語
　　と文学」,『昭和文学の風景』, 小学館, 1999 참고. 예컨대 모든 어원론이 그러하듯이
　　'모던 걸'의 어원에 대해서도 여러 이설이 있다. 기타자와 신이치(北沢新一)의『근
　　대여성의 표정(近代女性の表情)』광고에서 유래했다는 설(구메 마사오(久米正
　　雄), "지금과 같은 의미로 쓰인 모던걸이라는 말은 대체로 니이 이타루(新居格)씨
　　에 의해 창조되었다"(기무라 기(木村毅))는 설 등이 있으나 대체로 유행어로서의
　　이 말의 어버이는 기타자와 신이치, "크게 유포시킨 것은 니이 이타루, 기요사와
　　기요시(清澤洌) 등"(「近代生活座談會」,『文藝春秋』, 1928.1)이라 정리될 수 있을
　　듯하다. 위 책, pp.26-27. 요컨대 일본의 경우, 1926년 여름을 전후해서 모던 걸이라
　　는 호칭이 사용되기 시작했다고 보아 좋을 것이다.

새로운 언어는 새로운 사상이나 새로운 감각의 산물이지만, 반대로 이는 새로운 사상이나 새로운 감각을 우리들에게 심어주기도 한다.

이리하여 새로운 말은 새로운 정신을 연주하는 행진곡이며, 새로운 시대를 비추는 네오 사인(ネオサイン)이다. 우리들은 새로운 말을 떠나서는 새로운 정신과 새로운 시대를 이해할 수 없다.

시대는 분류(奔流)하듯 초스피드로 움직이고 있다. 동시에 우리들의 사상이나 감각도 또한 폭풍처럼 빠른 템포로 바뀌어 간다.

신어(新語) 중의 신어, 이른바 첨단어(尖端語)를 배우는 것은, 따라서 우리들을 첨단인답게 하는 첫 걸음일 뿐 아니라, 신시대를 살고자 하는 사람들에게 그 유일한 자격을 만들어주는 것이기도 하다.

이런 의미에서 우리는 신시대인으로서의 감각에 살고자 하는 사람들의 파이로트라 할 이 책을 편찬하기에 이르렀다. 따라서 여기에 모아 놓으려 한 것은 '외래어'·'유행어'·'속어'·'은어'·'신문잡지용어'·'스포츠용어'·'영화용어' 등으로, 그 외 백반(百般)에 걸쳐 이른바 첨단어를 수록하여 명실 공히 안시크로페티 모데루누[45]가 되기를 기하였다. 특히 '사회과학용어'·'울트라 모던어'에 대해서는 백 퍼센트 주의를 기울였다. 이 점은 기다(幾多)한 군소의 유사한 책들(群小類書)은 물론, 각 방면의 전문적 사전에 비해서도 절대로 손색이 없을 것이라 은근히 자부하고 있다.[46]

"여보게, 요즘 유행하는 에로, 그로, 넌센스란 게 무슨 말인가" "마르크스주의, 레닌주의라는 게 빈번하게 얘기되는데, 한마디로 말해 뭘 말하는 주의인가" 등과 같은 소리가 흔히 들린다. 사실 오늘날만큼 말이 착잡(錯雜)하고 있는 때도 없다. "뭔가 이런 일체의 주의나 학설이나 말을 한눈에 볼 수 있는 건 없을까"하고 일반에서 요구되고 있는 것이다. 이 책은 그러한 쓸모에 값하기 위해 편찬되었다.[47]

---

45) Encyclopédie modernes 현대의 백과전서라는 뜻. 번역과 역주는 필자의 것.
46) 早坂二郎·松本悟郎, 「編者から」, 『モダン新語辭典』, 東京: 浩文社, 1931.

하야사카 지로(早坂二郎)와 마쓰모토 고로(松本悟郎), 고지마 고난(小山湖南) 등이 공유하는 자부는 자신이 가장 빠르다는 또 다른 자부들에 의해 도전받게 되는 것은 물론이다. 그러니까 '대통속 엔사이크로페디아'48)들의 경쟁 속에서, 이종극은 마치 이들 "일본말로 出版된 이 종류의 어느 辭典"들과 경합하듯이 자신의 역작『鮮和兩引 모던朝鮮外來語辭典』을 출간했던 것이다. 서구문화에 관해서라면 이 사전은 일본의 어떤 사전보다도 '빠르다'는 것인데, 사전 출간이 늦어진 것도 아마 이때문일지 모른다.

한자는 공유하는 것인 동시에 '중국의 것'이며, 한자의 준용에 대한 주장은 늘 종종 복벽주의(復辟主義) 혹은 보수주의의 표어였다. 그러나 이들 사전의 편찬자들은 다른 것을 믿는 사람들이었던 것으로 보인다. 그들은 경합하고 있지만, 누구보다도 그 지향과 욕망의 공유가 현저하다. 마르크시즘과 프롤레타리아트 운동으로부터 산출된 언어와 대중사회의 등장에 따라 생겨난 스포츠, 댄스, 마작용어 등에 이르는 이런 사전들의 공유 체계는 이전의 어떤 이중어사전들보다도 그 순환이 빠르고, 상호 참조도 현저하다. 그런 의미에서, 모던 외래어는 한중일이 '근대'에 공유하고 있던 또 하나의 문화적 원천 혹은 기원을 드러내주는 '시대의 거울'인 것이다.

무엇보다 이들 사전은 오늘날 한중일이 경험하고 있는 제국어에 의한 언어포식(言語捕食) 현상을 보여주는 사례일 뿐 아니라, 하이퍼 중심언어인 영어를 매개로 한 근대화주의, 즉 새로운 형태의 탈아입구(脫亞入歐)론의 대표적 성과들이었다. 1954년 이종극은 이관(李冠)이라는 이름으로 발표한 미래소설/정치소설『무한풍차(無限風車)』49)를 통해 다음과 같은 언

---

47) 小山湖南 著, 「序」,『和英併用モダン新語辭典』, 東京: 金竜社, 1932.
48) 小山湖南, 위의 책, pp.1-2.

어관을 피력하고 있다.

　둘째, 정부에서는 이번에 한자의 폐지를 단행키로 하였습니다. 비단 교육면에
서 뿐 아니라, 우리의 일상생활에서 한자를 완전히, 또 영원히, 없애자는 것입니
다. …… 서양 사람들이 수학, 천문학, 의학, 물리화학 기타의 자연과학과 기술을
배우고 있었을 때에 우리는, 그녀들이 devil's letter, 악마의 글자라고 비웃은 한문
을 읽고 있었으며, …… 셋째, 교육기본정책의 중요한 과제의 하나로서, 한자폐지
와 아울러 특히 강조하고 싶은 것은, 영어를 초등학교 교과목에 넣은 사실입니다.
세계에서 가장 문화 정도가 높은 영국과 미국의 국어인 영어는, 국제어(國際語)
라고 해도 과언이 아닐 만큼, 오늘날 국제사회에 널리 보급되고 통용되는 말입니
다. 그뿐 아니라, 가장 발달한 자연과학 사회과학과 가장 고도(高度)의 기술을
담은 서적이, 또 가장 찬란한 문학 기타의 예술이, 거의 전부 영어로 씌어 있는
것입니다.[50)]

　악마의 글자로서의 한문과 고도의 기술로서의 영어. 영어조기교육론과
한자 전폐론. 주지하다시피, 한자폐지와 영어사용을 근간으로 하는 언어
개혁은 현재까지도 개발근대화주의의 핵심적 이데올로기이자, 사회진화
론자들의 표어처럼 되어 있다. 그러니까 이종극은 미국의 자유인(freeman),
영국의 신사(gentleman)에 버금가는 '문화인의 육성'을 골자로 한 교육 개

49) 李冠, 『정치소설: 무한풍차(無限風車)』, 新志社, 1954. 이 소설은 1970-1975년을 배
　　경으로 한 일종의 미래 소설인데, 무명의 대학교수인 정가록이 그 소속 학술단체
　　의 권유에 못 이겨, 대한민국 제7대 대통령 선거에 출마하여 일약 당선하고, 그
　　정치이론과 법철학을 바탕으로 대한민국을 개혁하여 불과 4년 동안, 민주혁명·
　　문화혁명을 이룩한다는 내용이다. "헌법을 옹호하여 국민의 기본권을 존중하는
　　근대적 민주정치"를 통한 생산과 소득의 증가를 이룬다는 것인데, 그 성과 중 하나
　　로 이야기되는 것이 "한자폐지가 가져온 복음인 인쇄출판문화의 진보"와 민주주의
　　의 요구조건인 "지식의 대중화"이다. 위 책, pp.383-385.
50) 위 책, pp.167-169.

혁의 첫 실천 과제로 언어개혁, 즉 한자 폐지와 영어 교육 강화를 들고
있는 것이다. 실제로 5·16 쿠데타와 제3공화국 출범을 전후해 초기 민주
공화당의 정책 브레인이 된 저자가 1937년과 1954년의 시점에서 피력한
이상적 '모던 사회/모던 언어'에 대한 생각은, 그런 의미에서 한자를 중심
으로 한 공유문화론이 임계점에 다다르는 순간을 표시하는 한편 국제화로
서의 근대화 지향이라는 또 다른 형태의 공유 의식이 개시되는 순간을
보여주고 있다 할 것이다. 『모던조선외래어사전』과 『무한풍차』 사이의
기간, 즉 중일전쟁에서 태평양전쟁에 이르는 시간에 제기된 소위 '근대의
초극'에 대한 논의나 '동아협동체'론 등은 어떤 의미에서 이런 영어·미국
중심의 근대성과 사회주의 확산에 맞선 최후의 저항처럼 보이며, 소위
'공유문화'론이 가장 비등했던 순간도 이때였다.

　외래어, 신어를 어떻게 해야 할 것인가. 한자는 과연 누구의 것인가.
대체로 1930년대 초반에 이르면, 한자란 공유라는 기원을 넘어 실제로는
각개 개별 문화로 이미 질적으로 변화해 있다는 인식이 확산되고 있었던
것 같다. 경성제국대학 법문학부에서 국어학국문학, 조선어학조선문학,
지나어학지나문학의 학제 혹은 편제를 경험했던 조선문학연구자 김재철
은 한자문화의 지역화와 관련해 다음의 도식을 제시하고 있다.

	1	2	3
大學	따·쉐	대학	따이까구
京城	징청	경성	게이죠-
禮拜	리바이	예배	라이하이

1은 中國語요, 2는 朝鮮語요, 3은 日語다. 勿論이와같은類似는 朝鮮語와日語에는漢字流入으
로因하야漢字起源의 말이 많이 있기 때문이다. 그러나그漢字起源의말은 日本서는日本語化되
고 朝鮮서는朝鮮語化되엿으니51)

1930년대를 기점으로 한자는 더 이상 공유문화가 아니라 개별 국민문화 안으로 재기입(再記入)되어 가게 되며, 한학의 지나학(支那學)화는 한자문화의 조선화 및 일본화와 동시에 수행되게 된다. 흥미로운 것은 그런 와중에서도 이들 언어들이, 실질적으로는 영어영문학을 뜻했던 '외국어학 외국문학'과는 구별되는 '공유와 분화'의 비교틀 속에서 설명되고 있다는 점이다. 한자문화의 '지역화'가 뚜렷해지는 시간, 잠재적 자국어로서의 세계어, 즉 새로운 공유의 장소가 형성되고 있었다.

한국 프롤레타리아트 문학의 대표격인 임화(林和)는 「言語와 文學」(1934)라는 글에서 다음과 같이 일갈했다. "모더니즘的 詩歌, 小부르적 小說類에서 볼 수 있는 악질의 비문화적 외래어, 외래어적 조선어(는: 인용자) …… 地主的 靑年, 갓 쓰고 自轉車 탄 小商人的 學生의 中途半端적 外化主義的 惡戱인 것이다."[52] 그러나 주의해야할 것은, 모더니즘·小부르·中途半端(チュウトハンパ)와 같은 규정 역시도 미제, 소련제, 일제 외래어라는 사실이며, 근대의 혁명이란 바로 이처럼 근대에 대한 근대의 싸움, 왼손으로 왼손을 꺾는 싸움이라는 사실이다. 그리고 우리가 먼저 '공유'해야 할 사실이 또한 이것이다.

51) 金在喆, 「朝鮮語化와 朝鮮語」, 『朝鮮語文學會報』 5, 1932.9, p.9.
52) 임화, 「言語와 文學」, 『문학창조』 창간호, 1934.6;『예술』, 1935.1. (임화문학예술전집편찬위원회 편, 『임화문학예술전집: 평론1』, 소명출판, 2009, pp.483-484.)

3. 너무도 아름답고 사치하고 모던한 「나오미」였다
— 모더니즘 문명과 외래어

국어는 특정한 지역 전체의 말을 지향하는 지역어이다. 한편, 국어의 기초가 되는 중심 지역의 언어는 자신이 속한 국가와 외부 세계를 연결하는 통로이기에, 늘 국어 외부의 언어들과 관계 맺게 된다. 외래어는 바로 그 관계맺음의 결과이자 통로이다.

외래어는 국어와 외래어의 접촉 지대(contact zone)에 있는 세계 미디어인데, 따라서 그것은 늘 국어 내의 불안이자 국어 이데올로기의 허약성을 노출시키는 '위험 요소'이다. 세계의 차원에서 그것은 경배의 대상이며, 민족의 차원에서 그것은 경계 혹은 배척의 대상이 된다. 서울, 베이징, 도쿄의 외국어 혹은 외래어, 그러니까 국어.

그러나 공유문화, 공유언어란 교통의 산물인 한편, 문화적 억압과 고유성의 소멸에 따른 결과이기도 하다. (漢譯된) 산스크리트어가 그렇고, 한자 문화가 그렇고, 일본어가 그랬고, 오늘날의 영어가 바로 그러한 교통의 미디어이다. 귀화 혹은 자연화란 일종의 결과일 뿐이며, 그 과정은 평온하지도 화해롭지도 않다. 공유라는 결과에 이르는 과정은 잔혹할 때가 많다.

모든 미디어가 그렇듯이 미디어 자체는 가치중립적인 것이 아니라 그 자체로 특정한 메시지를 내포한다. 공유의 통로에서는 잔혹한 일들도 있고, 강렬한 열망들도 있다. 마치 근대성 혹은 모더니티의 창출 과정과 전개 과정이 그렇듯이, 공유된 것은 재산이면서 또한 부채이다. 한자 역시도 잔혹한 계층제 사회의 결과였고, 일본어 역시 식민화에 의한 계층분할과 그 고착화를 매개한 미디어였다. 근대 한어(漢語)의 문화적 위업을 기억하는 한편, 한자로 된 법률어가 법권리의 소외를 낳아왔던 역사 역시 잊을 수 없다.

외래어와 근대성은 어떠한 관계에 있는가의 문제와 관련해서 신생 한자어=신어=신조어에 대한 연구는 그간 다대하게 이루어져 왔다. 특히 일본에 있어서 이들 신생 한자어들은 문화 충돌을 극복하는 창조적 변용혹은 번역에 의한 근대 창출과 같은 문화적 위업으로 설명되곤 하며, 중국연구의 영역에서도 이들 신생 한자어는 과거의 유산을 새로운 컨텍스트안에서 맵핑하는 번역적 실천으로서 의미화된다. 반면, 한국에 있어 신생한자어는 적극적인 문명개화의 산물이자, 그 자체로 언어 식민화의 결과로서 간주되며, 극단적으로 말해 근대 한국어의 크레올화를 낳은 주범으로 비판되기까지 한다. 하지만 오늘날 대부분의 경우에서 신생 한자어자체의 이질성은 크게 문제시되지 않는 편이다. 마치 그리스어나 라틴어로부터의 언어 유입에 별반 커다란 거부감을 느끼지 않는 유럽어 언중처럼, 한국에서 한자어에 대한 반감은 상대적으로 적다.

그러나 그러한 반감이 사라져가고 있는 것은 시간 때문이기도 하지만, 한글전용으로 대변되는 한국에서의 언어 개혁과 삶 전체의 민주화 때문이다. 알다시피, 민족의 소리는 '어린 백성'의 소리이기를 요구받았다. 일본어에 있어서 한자가 가라코코로[唐意·漢意·韓意]로 간주되었고 지금도외부의 흔적, 내재하는 외부로서 사고되고 있음에 비해, 한국에서 이제한문과 한자는 더 이상 공유의 대상도 적도 아닌 듯하다. 이제 한자를배워야 한다는 주장은 적대가 아니라 빈축을 사는 주장이거나 부수적 교양의 문제가 되고 있다. 한국에서의 언어 관련 논쟁은 한글 전용과 국한혼용을 둘러싼 표기 체계를 중심으로 진행되어 왔는데, 앞서 말했듯이 이미음성중심주의 하에서 한자어 자체가 문자가 아니라 소리의 문제로 축소되었기 때문이다. 한자라는 '공유문화' 자체가 한글화된 소리로 인해 은폐되어 버린 것이다. 언어 논쟁의 중심은 한자문화나 일본어의 유산 대 한글화가 아니라, 영어 대 한국어라는 새로운 언어정치학적 질문으로 현저히 이동해 있다.

앞서 보았던, 『모던조선외래어』 사전의 많은 어휘는 비록 그 발음은 조금씩 다르지만 오늘날 한중일의 공유문화의 일부가 되고 있다. 한자가 있어 상대의 언어가 조금은 배우기 용이해지듯이, 영어 원천의 외래어가 늘어 한중일의 언어 학습에 도움이 되고 있다. 이종극이 지적한 새로운 공유의 지점이 오히려 확장·강화되어 왔기 때문이다. 그는 "과학문명의 가속도적 진보, 영어 학습열, 세계 거리의 단축, 첨단적 기분, 전문지식의 상식화"를 외래어 발생의 원인으로 이야기했다.[53] 이 중 어느 것이든 지금 현재도 유효한 것들임을 부인할 수 없다. 아니 오히려, 이것이야말로 새로운 형태의 공유문화를 이루고 있는지도 모른다.

주지하다시피, 한중일에 있어 외국어에 의한 언어 혁명의 시작은 산스크리트어의 한역(漢譯)이었다고 할 수 있다. 세계라는 개념 자체가 산스크리트어 원천의 한역(漢譯)인 世界(lokadhātu)·概念(vikalpa·kalpana)에서 유래한다.[54] 그러나 이런 사실을 우리는 의식하지 않으며, (대부분의 경우에는) 의식할 필요도 없다. '글로벌라이제이션이라는 테마' 역시 그런 날이 올지 모른다. 그러나 그러한 자연화를 '의식'하는 일은 중요하다. 왜냐하면 거기서 우리는 우리의 삶을 규율하고, 우리의 제도에 입법하는 힘을 발견하고 또 비판할 수 있어야 하기 때문이다. 빠르면 2세대면 완성된다는 언어 교체 과정, 새로운 공유 문화의 성립 과정은 아마 대단히

---

53) 李鍾極, 「自序」(1933), 『모던朝鮮外來語辭典』, 京城: 漢城圖書, 1937, p.3.
54) 石塚正英·柴田隆行 監修, 『哲学·思想翻訳語事典』, 論倉社, 2003 해당 항목 참조.

잔혹한 것이 될 것이다. 동어동문(同語同文)이라는 표어를 통해 진행된 동아시아의 제국주의처럼, 공유의 '역사'란 그렇게 행복한 것이 아니다.

한편 주목할 점은 한자문화나 한자 번역어들이 이제 비가역적인 언어 선택의 결과이자 '계승해야 할' 공유의 역사로 이야기됨에 비해, 서구 원천의 외래어의 경우는 여전히 그 '배제' 가능성이 주장되고 있다는 사실이다. 여기에는 일본어의 흔적을 추방해 온 역사와 함께, 언어민족주의나 세계화가 낳은 모순에 대한 반감 등이 깊이 작용하고 있는데, 그럼에도 불구하고 실제로는 외국어의 외래어화는 가파르게 증가하고 있다. 계급 분할에 대한 저항의 성격을 노정(露呈)해 온 한국에 있어서의 한자에 대한 투쟁은, 그 전체가 잠재적 외래어인 영어에 대한 반감으로 전환되고 있다.

한편 근대성을 넘어 탈근대적 공간의 대표격으로 이야기되는 서울은 이미 한국 안에 남으려 하기보다는, 서울 자체의 이익을 위해 세계 자본과 연결되려는 양상을 보이고 있다. 서울의 패권에는 반대하는 지역들조차, 서울의 힘을 통해 실현될지도 모를 준제국(semi-empire) 프로젝트에는 별반 반대하지 않는다. 그 과정에서 영어는 통사론적 차원에서 압박해오는 한편, 단어 차원에서는 이미 잠재적 국어를 넘어 현실의 일상어가 되어 있는 것처럼도 보인다. 한중일 공유문화와는 별도로, 서울-베이징-도쿄 혹은 여타의 도시 네크워크 속에서 새로운 종류의 공유문화가 이미 성립되어 가고 있는 것이다. 그 과정에서 공유의 문제는 다시 누가 공유하는가, 무엇을 위해 어떻게 공유되고 있는가의 문제로 돌아오게 된다.

한국 현대시를 대표하는 시인인 김수영은 제국 일본이 놓은 한강철교를 건너며 이렇게 읊었다.

現代式 橋梁을 건널 때마다 나는 갑자기 懷古主義者가 된다
이것이 얼마나 罪가 많은 다리인줄 모르고
植民地의 昆蟲들이 二四시간을
자기의 다리처럼 건너 다닌다."
                                    (김수영, 「현대식교량」, 1964)

자연화된 곳에서 그 자연화의 과정의 죄를 묻는 일, 공유문화 안에서 불화를 읽는 일을 하자는 것은 아니다. 한중일 공유문화란 무엇인가. 여전히 한자 문화는 우리들에게 중요한 공공재이며, 화해로운 공공재인가. 물론 그런 면에 대한 착실한 검토가 매우 중요할 것이다. 이미 함께 가진 것을 확산하는 것이야말로, 현재에서 미래의 모습을 보는 가장 확실한 방법이기 때문이다. 다만 우리가 함께 '공유'해 보아야 할 것은, 새로운 형태의 문제들에 대한 의식의 '공유'이기도 하다는 점만을 강조해 두려 한다.

마치 오늘날 한 사회의 최상층 계층이 자신이 속한 국가의 하위 계급, 하위 주체보다는 다른 국가의 최상층과 더 많은 이익과 문화를 공유하듯이, 공유문화를 물을 때 우리는 그것이 과연 누구와 누구 사이의 그것인지, 어떤 지향과 가치 체계, 이익선과 관련된 것인지를 먼저 묻지 않을 수 없다. 따라서 공유에 대한 질문은 그것이 현재의 것인 한에서, 또 과거의 것인 한에서 대단히 묻기 어려운 것이다. 마찬가지로 미래의 공유문화 역시 아직 도래하지 않은 것이라는 점에서, 쉽사리 진단하기 어렵다.

우리는 공유라는 질문이 대단히 어려운 질문이라는 공유 의식 아래 이 자리에 있지만, 그런 한에서 이제 막 시작의 길은 열렸다고도 할 수 있을지 모른다. 우리는 이제 무엇을 공유하고 있으며, 공유해야 하는가. 공유문화에서 보게 되는 것은 한편으로는 잔혹한 역사이다. 아마 거기서부터 시작

해야할 것이다. 하지만 역사에만 묶이지 않기 위해서, 그러한 질문은 우리가 처한 상황을 물으며, 도래해야할 공동체를 묻는 일과 함께 이루어져야할 것이다. 공동체(commune)라는 것이 늘 도래해야할 것으로 존재하듯, 한중일 혹은 동아시아의 공유문화라는 질문은 아직 우리에게 미래형인지도 모른다.

필자가 생각한 종장과 걸어는 외래어와 관련해, 한중일 모더니즘 문학—특히 1930년대 한국의 모더니즘 문학을 논하는 것이었다. 그것이 나 자신의 전공이나 지식에 합당하리라 생각했기 때문이었다. "너무도 아름답고 사치하고 모던한 「나오미」였다"(이효석)라 적고, 왜 모던 걸 그녀의 이름은 다니자키 준이치로 소설에 나오는 그 나오미이어야 했는지, 모더니즘과 나오미즘은 대체 어떤 관계가 있는지 등에 대해 묻고 답하는 것이 나에게 알맞은 일이다. 이는 차후의 과제로 돌리고자 한다.

【개념뭉치7】

'근세, 근대, 현대' 관련 항목

1. 英韓 대응관계

Modern: 근릭, 근릭잇는 (Underwood 1890) 지금, 시방, 새롭다, - Fashions 시톄, 시속 (Scott 1891), **근셰(近世)**: (recent)근릭(近來): (present)당시(當時), modern history 근셰ᄉ긔(近世史記): modern times 근셰시딕(近世時代): Ancient and modern 고금(古今) (Jones 1914) History(modern) 근셰ᄉ(今世史), **근딕ᄉ(近代 史)** (Gale 1924), 근딕의 (近代), 근셰의 (近世). -, 근딕사름 (近代人), 당셰지인 (當世之人). modern history 근셰ᄉ(近世史) (Underwood 1925)

2. 韓英 대응관계

① 근셰(近世): Modern times (Gale 1911), 좌동. See. 근딕 (Gale 1931) Modern times; modern age 例 근셰에 흔이 보지 못한 일이요. We rarely see such a thing in modern times. (김동성 1928)

cf) 근셰사(近世史): Modern history (Gale 1911), 좌동. Also. 근딕ᄉ (Gale 1931)

② 근딕(近代): During recent dynasties; of late years; modern times (Gale 1911), Modern times; recent times (김동성 1928-Gale 1931)

cf) 근딕ᄉ(近代史) A modern history(Gale 1911-1931) (김동성 1928), 근딕ᄉ샹 (近代思想) Modern thought, 근딕ᄉ죠(近代思潮) Modern day thought, 근딕 졍신(近代精神) Modern day thought and spirit. (Gale 1931) / 현딕(現代) The times in which we live; the present time. Opp. 젼딕, 고딕, 현딕식(現代 式) The customs of the day 현딕ᄉ(現代史) A contemporary history. Opp. 고딕ᄉ (Gale 1931)

3. 韓日 대응관계(『조선어사전』, 1920)

近代: 近き時代(近世)。近世: 近代に同じ。

4. 한국어사전(문세영, 『조선어사전』, 1938)

① 근세(近世): 오래되지 아니한 세상. 요샛세상. 近代
  근세국가(近世國家) 근세에 있는 입헌정체(立憲政體)의 나라
  근세사(近世史) 근세의 역사.
② 근대(近代): 가까운 시대. 오래지 아니한 시대.

'민주(주의)' '공산주의 / 사회주의' 관련 항목

1. 英韓 대응관계

① Democracy: 민쥬지국, 빅셩나라(Underwood 1890), 빅셩(Scott 1891) (gove-
  rnment by the people) 민쥬정톄(民主政體), Party of the Democracy 민졍당
  (民政黨), Principles of democracy 민치쥬의(民治主義) (Jones 1914) 평민정
  치(平民政治) (Gale 1924) (1)민졍주의(民政主義), 민쥬정톄(民主政體) (2)
  민쥬지국(民主之國), 빅셩의나라, 민졍당(民政黨) (3)빅셩(百姓) (Underwood
  1925)

② Socialism: 샤회주의(社會主義) (Jones 1914 - Underwood 1925)

cf) state socialism, 국가샤회쥬의(國家社會主義) (Underwood 1925)

· Communism: 공산론(共産論) (Jones 1914) 공산쥬의(共産主義), 직산공유(財
  産共有) (Gale 1924) 공산쥬의(共産主義), 사회공산론(社會共産論) (Underwood
  1925)

2. 韓英 대응관계

① 민쥬(民主): Democracy(김동성 1928-Gale 1931) 민쥬쥬의(民主主義) Democracy(Gale 1931)

cf) 민쥬지국(民主之國): A country governed by the masses-a republic Opp. 군쥬
지국(Gale 1897-1931), 민쥬국(民主國) A republic(김동성 1928)

cf) 민졍(民政): Gouvernement du peuple(Ridel 1880) The government of the people
(Gale1897), 좌동 democracy(Gale1911-1931)

cf) 민졍당(民政黨): The Democratic Party of the United State. Opp. 공화당(Gale
1911-1931), 민즁당(民衆黨) The democratic party (김동성 1928)

cf) 민쥬당(民主黨) The democratic party, 민쥬당원(民主黨員) A democrat. 민
쥬뎍경향(民主的 傾向) Accord with the mind of the people, 민쥬제도(民主
制度) The democratic system. 민쥬정톄(民主政體) Democracy 민권론(民權
論), 민본쥬의(民本主義) democracy(Gale 1931)

② 공산쥬의(共産主義): Communism(Gale 1931), 공산론(共産論) Communism
(김동성 1928-Gale 1931)

cf) 공산(共産): Common property (김동성 1928)

cf) 공산당(共産黨): The communist party(김동성 1928-Gale 1931)

· 샤회쥬의(社會主義): Socialism(김동성 1928-Gale 1931)

cf) 샤회당(社會黨) Socialists(김동성 1928) 샤회쥬의자(社會主義者) A socialist
(김동성 1928-Gale 1931)

3. 韓日 대응관계(「조선어사전」, 1920, 해당 표제어가 없음)

4. 조선어사전(문세영, 「조선어사전」, 1938)

① 민주주의(民主主義): 백성의 전체의 이익을 기초로 하고 한 나라의 주권(主
權)이 인민에 의하여 정치를 행하는 주의

cf) 민정(民政): 인민의 안녕, 행복을 도모하는 정치. 민주정치(民主政治) 민주
주의의 정치.

② 공산주의(共産主義): 소비와 노동자를 평등하게 하귀 위하여 사유재산을 반대하고 사회를 조직하고 있는 각 사람이 사회의 재산을 공동으로 가지는 동시에 세습특권(世襲特權)을 부인하고 개인의 평등을 주장하는 주의. 컴뮤니즘.

cf) 공산(共産): 재산을 공등으로 가지는 것, 공산군(共産軍) 공산당으로 조직한 군대. 共匪., 공산당(共産黨) 공산주의의 당파, 공산제(共産制) 부부가 그 쌍방의 재산을 공동으로 하는 제도. 공산조합(共産組合) 노동자가 서로 소자본을 내어서 회사를 조직하고 생산에 종사하여 공전을 얻으면서 자본에 대한 배당까지 받도록 조직한 조합.

③ 사회주의(社會主義): (1) 사회상으로는 평등주의를 취하고 산업상으로는 생산기관(生産機關)을 사회가 공유(共有)하고 분배를 평등하게 하여 빈부의 현격(懸隔)을 구제하고저 하는 주의 (2) (敎) 공공적 정신(公共的 井神)을 함양(涵養)하여 개인과 사회와의 조화(調和)를 보호하고저 하는 것을 목적으로 하는 교육. 쏘시알리즘.

cf) 사회당(社會黨): 사회주의를 주장하는 당파

'자본 / 노동' 관련 항목

1. 英韓 대응관계

① Labor: 애쓰오. 힘쓰오. 일ᄒ오. 애, 일, 공부(Underwood 1890), 공부, 일ᄒ다. 품팔다. 공부ᄒ다.(Scott 1891), 역ᄉ(役事): 일(公役): (heavy) 중역(重役) (Jones 1914) Labour 로동(勞動) (Gale 1924) Labor, Labour (1) 일ᄒ다, 모력ᄒ다 (募力), 로동ᄒ다 (勞動). (2) 익쓰다, 힘쓰다, 고심ᄒ다 (苦心), 신고ᄒ다 (辛苦). (1) 일, 로력 (勞力), **로동 (勞動)**, 근로 (勤勞), 고역 (苦役). (2) 익, 고심, 로심 (勞心), 로고 (勞苦). labor party, 로동당 (勞動黨). (Underwood 1925) cf) labor-class 로동샤회(勞動社會), labor-market 로동시쟝(勞動市場), labor-problem 로동문데(勞動問題), labor-trouble 로동징의(勞動爭議), labor-union 로동조합(勞動組合), labor-wages 로은 (勞銀), 삭전, 공전 (工錢). (Underwood 1925)

②Work: 일, 공부, 노릇, 애, 힘, 력. 일ᄒᆞ오(Underwood 1890), 일. 일ᄒᆞ다. 공부. 품.(Scott 1891), 일(事): 공(工) : (labor) 로역(勞役): **로동(勞動)** : (employment) ᄉᆞ무(事務): 업무(業務) (manual) 슈역(手役): (performance) 역ᄉᆞ (役事). ᄉᆞ반공비(事半功倍) "half work and double merit"(irony) (Jones 1914) 로동(勞動) (Gale 1924) (1)일(事), 로동(勞動), 동작(動作), 공작(工作) (2)정ᄒᆞᆫ일, 직업(職業), ᄉᆞ업(事業), 공과(工課) (3)공정(工程)(물리학의) (4)셰공 (細工), 공작품(工作品), 제작품(製作品) (5)지은것, 져슐(著述), 져셔(著書) (6)슈놋난것, ᄌᆞ슈(刺繡) (7)(pl)일, 공ᄉᆞ(工事) (8)(pl)방어공ᄉᆞ(防禦工事) (군ᄉᆞ의) (9)(pl)공쟝(工場), 제조쟝(製造場) (10)(pl)션ᄒᆡᆼ(善行), 덕ᄒᆡᆼ(德行), ᄌᆞ션(慈善)(신학의) v.i. (1)힘쓰다, 로력ᄒᆞ다(勞力), 로동ᄒᆞ다(勞動), 일ᄒᆞ다 (2)ᄒᆡᆼ동ᄒᆞ다(行動) (3)운젼되다(運轉) (4)영업ᄒᆞ다(營業) (5)이쓰다, 진력ᄒᆞ다(盡力) (6)고이다, 발효되다(醱酵) v.t. (1)지웃다, 공작ᄒᆞ다(工作), 제조ᄒᆞ다(製造) (2)치굴ᄒᆞ다(採掘), 파내다 (3)슈놋다, ᄌᆞ슈ᄒᆞ다(刺繡) (4)ᄒᆞ다, ᄒᆡᆼᄒᆞ다(行) (5)운젼ᄒᆞ다(運轉) (6)식이다, 부리다(使) (7)풀다, 히결ᄒᆞ다 (解決) (8)이쓰다, 진력ᄒᆞ다(盡力) (9)격앙ᄒᆞ다(激仰), 격동ᄒᆞ다(激動) (10) 고이게ᄒᆞ다, 발효케ᄒᆞ다(醱酵) Public works, 토목공ᄉᆞ(土木工事). Bureau of public works, 토목국(土木局). Water works, 슈도(水道) (Underwood 1925)

③ Capital (money): 밋쳔. (Underwood 1890), 밋쳔, 본젼(Scott 1891), **ᄌᆞ본(資本)**: 밋쳔(資本) : 본젼(本錢). Foreign Capital, 외ᄌᆞ(外資) (Jones 1914), 자본 (資本) (Gale 1924) (1)머리된, 십샹(十上), 데일(第一) (2)죽을: n. (1)셔울, 경셩(京城), 도셩(都城), 슈부(首府), 쟝안(長安), 감영(監營) (2) (money) 밋쳔, 원금(元金), ᄌᆞ본(資本), 긔본금 (3)처음ᄌᆞ, 두ᄌᆞ(頭字), 대ᄌᆞ(大字) capital punishment n. 극형(極刑) (Underwood 1925)

cf) Capitalism 즈본쥬의(資本主義) (Underwood 1925)

④ Fund: 돈, 본젼, 밋쳔(Scott 1891), 긔본금(基本金), Reserve Fund 예비금(豫備金), Sinking Fund 상환준비금(償還準備金) (Jones 1914), (1)즈본금(資本金), 긔본금(基本金), 본밋. (2)공채(公債). (3)쥰비흔, 적츅흠(지식을). reserve fund, 적립금(積立金), 쥰비금(準備金).(Underwood 1925)

2. 韓英 대응관계

① 로동(勞動): Labour; toil ; effort(Gale 1911-1931) Labour; work; toil (김동성 1928)

cf) 로동ᄒᆞ다: To labour(Gale 1911-Gale 1931)

cf) 로동샤회(勞動社會) The working classes(Gale 1911-Gale 1931), The labouring class(김동성 1928), 로동자(勞動者) A labourer(Gale 1911-Gale 1931) A labourer; a working man (김동성 1928)

cf) 로동문뎨(勞動問題): A labor question(김동성 1928) The labor question(Gale 1931)

cf) 로동공산쥬의(勞動共産主義) Labor communism, 로동운동(勞動運動) Movements of the Labor Party, 로동조합(勞動組合), A trade union, 로동총동맹(勞動總同盟) A union of all labor parties(Gale 1931)

② 밋쳔(本錢): Argent placé comme base, comme fond d'un commerce que l'on commence. Fonds. avance en argent(Ridel 1880) Capital, stock in trade(Underwood 1890) Capital: ready money; cash. See. 본젼. Also 밋쳔(Gale 1897-1931) The Capital(김동성 1928)

cf) 밋젼(本錢): Capital: ready money: cash. See. 본젼.(Gale 1897-1931)

· 본젼(本錢): The principal - in contrast to the interest. See. 밋쳔(Gale 1897-1931)

The cost price; the capital; principal. (김동성 1928)

③ 주본(資本): Capital Fund(Gale 1911-Gale 1931), (김동성 1928)

cf) 주본금(資本金) Money employed as - capital: an endowment fund(Gale 1911-1931), A capital; a share capital(김동성 1928)

cf) 주본젼(資本錢): Capital stock(Gale 1911) Invested capital; stock(Gale 1931)

cf) 류동자본(流動資本): A floating capital(김동성 1928-Gale 1931)

cf) 주본가(資本家): A capitalist(김동성 1928-Gale 1931), 주본쥬의(資本主義) Capitalism (Gale 1931)

3. 韓日 대응관계(「조선어사전」, 1920)

資本(주본):「밋쳔」에 同じい。밋쳔: 資本金. (資本, 資金, 本錢)。

4. 한국어사전(문세영, 「조선어사전」, 1938)

① 노동(勞動): (1) 체력을 괴롭게 하여 일하는 것 (2) 노력(勞力) 하여 활동하는 것 (3) (經) 노동자가 노력(勞力)을 이바지하는 것

cf) 노동계급(勞動階級) 노동자의 사회적 지위, 노동계약(勞動契約) 노동자는 노력(勞力)을 이바지하고 그 자본가는 이에 대하여 보수를 주겠다는 계약. 노동공산주의(勞動共産主義) 노동자가 경제사회의 중심이 되어서 생산기관을 그들의 손으로 지배하여 가고자 하는 주의. 싼디칼리즘. 노동문제(勞動問題) 노동자와 자본가 사이에 일어나는 사회문제. 노동뿌로카 노동분쟁의 해결에 힘을 쓰고 노동자 및 자본가에게서 이익을 차지하는 사람. 노동운동(勞動運動) 노동자가 일치단결하여 행하는 운동. 노동자(勞動者) 노동에 종사하여 그 생활을 유지하는 사람. 노동쟁의(勞動爭議)「노동분쟁」(勞動紛爭)과 같음. 노동제(勞動祭) 메이데이. 노동조합(勞動組合) 노동사회의 개선·이익을 도모하는 조합. 노동조합주의(勞動組合主義) 직업에 관한 유지, 개선을 목적으로 하여 노동계약을 체결함에 대하여 노동자에게 이로운 계약을 맺고저 하는 주의.

② 자본(資本): (1) 사업의 성립, 존속에 필요한 기본금. 밑천. (2) (經) 과거의 저축의 결과로 미래의 생산에 쓸 재물.

cf) 자본가(資本家) 자본을 제공하는 사람. 資本主, 자본계급(資本階級) 자본가인 지위에 있는 사람들, 자본금(資本金) 영리의 밑천이 되는 돈, 자본적 제국주의(資本的 帝國主義) 제나라의 자본의 세력을 다른 날에 확정하여 그 나라로 하여금 제나라의 자본에 굴복시키고저 하는 주의. 자본주(資本主) 자본금을 내는 사람. 錢主. 資本家., 자본주의(資本主義) (經) 자본이 경제상 세력의 중심이 되어 자본가가 많은 자본을 내어 기계를 설비하고 노동자의 일정한 계약아래에 그들을 부리고 그에 의하여 생산되는 화물을 자본가의 자의대로 팔아서 그 이익은 죄다 자기네가 차지하고 노동자에게는 계약한 임금(賃金)만 주는 주의. 캐피탈리즘.

'계급' 관련 항목

1. 英韓 대응관계

① Class: 중, 등, 등분, 종류(Underwood 1890), 반녈, 류, 동, 픔직, 츠레(Scott 1891) 류(類), 종류(種類), (grade) 등급(等級), (in shool) 급(級), 등(等), 반(班), 반렬(班列), (in church) 속(屬) - Leader 속장(屬長), - Meeting 속회(屬會) (Jones 1914), 등급(等級) (Gale 1924) (1)등(等), 등분(等分), 등급(等級) (2)계급(階級), 반(班), 종류(種類), 족(族)(박물학의) Class leader n. 속장(屬長): Classmate n. 동급싱(同級生), 학우(學友): Classroom n. 교장(敎場) (Underwood 1925)

2. 韓英 대응관계

① 류(類): genre; espèce ordinaire. (Ridel 1880) A class; a kind; a category; a sort. See. 동류(Gale 1897-1931) A sort; a kind; description; family; order; resemblance(김동성 1928)

cf) 동뉴(同類) de même genre, de même espèce. (Ridel 1880) 동류(同類) (of) the same class or kind. See. 동모(Gale 1897-1931)

· 등급(等級): A sort; a class-as of officials. See. 계데(Gale 1897-1911) A sort; a class; a grade. See. 계데(Gale 1931) Class; grade; rank; order(김동성 1928)

cf) 계데(階梯) Promotion; rank. See. 리력(Gale 1897-1911) 左同, A step; stairs. (Gale 1931)

· 반렬(班列): compagnie; réunoin; rangée; ligne. se dit d'objet de même genre, de personnes de même rang, de même dignité (Ridel 1880) Social standing; position(Gale1897-1931)

· 죵류(種類): graine, géniture, espèce, genre, race (Ridel 1880) A kind; a class; a race; an offspring. See. 죵락.(Gale 1897-1931) kind ; description; sort; class (김동성 1928)

cf) 죵락(種落): Race; class; offsprings. See. 죵류(Gale 1897-1931)

② 계급(階級): Rank; class; grade; order; stage(김동성 1928) Rank; degree; class. See. 등급, 계데.(Gale 1931)

cf) 계급투쟁(階級鬪爭) Class struggle (김동성 1928) 계급의식(階級意識) Appreciation of social status.(Gale 1931)

3. 韓日 대응관계(「조선어사전」, 1920)

階級(계급): 「等級」(등급)に同じい。等級(등급): 上下に區分する階級。

4. 조선어사전(문세영, 「조선어사전」, 1938)

① 등급(等級): 위와 아래를 가르는 계급. 높 낮이를 구분하는 계급.

② 계급(階級): (1)「등급」(等級)과 같음. (2) 사회적 지위

cf) 계급제도(階級制度) 백성의 신분에 계급을 만들어 놓은 제도. 계급투쟁(階級鬪爭) 사회적 지위가 서로 다른 사람들 사이에 일어나는 다툼

'혁명' 관련 항목

1. 英韓 대응관계

Revolution: 도라든니는것, 환국ᄒ는것 (Underwood 1890) 회전(回傳), (astr.)주전(周戰), (political) **혁명(革命)**, 변혁(變革), (by force) 격변(激變), 돌변(突變), (Emente of Coup d'Etat) 변(變) Coup d'Etat of 1894 갑오정변(甲午政變), Emente of 1882 륙월지변(六月之變), French Revolution 법국대혁명(法國大革命) (Jones 1914) 기혁(改革), 혁명(革命), 변혁(變革) (Gale 1924) (1)도라다니는것, 도는것, 회전(回轉), 회귀(回歸). (2)운힝(運行), ᄌ전(自轉), 공전(公轉)(텬문의). (3)혁명(革命), 기혁(改革). (4)변혁(變革), 전환(轉換)(샹업의). (Underwood 1925)

2. 韓英 대응관계

· 경장(更張): A reconstruction of the laws of a state(Gale1897-1931)

cf) 경장지초(更張之初) A beginning of political reform(Gale1897-1931)

· 유신(維新): The restoration of 1868(Gale1911-1931) The restoration; renovation (김동성 1928)

cf) 유신ᄒ다(維新): to reform, to restore, to make new. 유신ᄉ업(維新事業) New occupations, new callings, 유신지초((維新之初) A beginning of political reform (Gale1911-1931)

① 기혁(改革): Alternation, change, reform, to recognize; to amend or rectify(Gale 1911-1931) Reform; reformation; reorganization; innovation; amelioration; im-p rovement(김동성 1928)

cf) 기혁ᄒ다(改革): To alter, to reform, to reorganize, to amend or rectify(Gale 1911) 左同 Opp. 보슈ᄒ다(Gale 1931) 기혁당(改革黨) Revolutionary Party-in politics. See. 혁명당(Gale 1911) 左同 Opp. 보슈당(Gale 1931) 기혁교회(改革敎會) The Reformed church, 기혁쟈(改革者) A Reformer(Gale 1931)

② 변혁: A revolution (김동성 1928) Change, reformation(Gale 1931)

변혁(變革)되다 To transform, to metamorphose. to reform, See. 변화ᄒᆞ다(Gale 1897-1911) 변혁(變革)ᄒᆞ다To transform, to metamorphose. to reform, See. 변화ᄒᆞ다(Gale 1931)

③ 혁명(革命): A change of dynasty; a fundamental change in political organization, a revolution(Gale 1911) A revolution(김동성 1928) A change of dynasty; a revolution(Gale 1931)

cf) 혁명지란(革命之亂) A revolutionary war(Gale 1911)

혁명당(革命黨) Revolutionary party; revolutionists(Gale1911-1931), A revolutionary party(김동성 1928)

혁명ᄉᆞ(革命史) History of Revolution, 혁명전징(革命戰爭) A revolutionary war, 혁명(革命)ᄒᆞ다 To organize the state; to change the existing political order.(Gale1911-1931)

혁명군(革命軍) A revolutionary army, 혁명젼(革命戰) A revolutionary war (Gale 1931)

3. 韓日 대응관계(『조선어사전』, 1920)

· 維新(유신): 舊弊を一洗して革新すること。
· 改革(개혁): 「更張」(경장)に同じい。
· 更張(경장): 改革すること。(改革)
· 革命(혁명): 革代「革世」(혁세)に同じい。
· 革世(혁세): 國に改革すること。

4. 한국어사전(문세영, 『조선어사전』, 1938)

· 혁명(革命): (1) 이전의 왕통(王統)을 뒤집고 다른 왕통을 대신하여 통치자가 되는 것. 혁대(革代) (2) 종래의 사회제도 및 조직을 근본적으로 개혁하고 다시 새 국가를 건설하는 것 (3) 묶은 것을 깨뜨리고 새 것을 세우는 것.

- 혁대(革代): 「혁명」(革命)(1)과 같음
- 혁세(革世): (1) 세상이 바뀌는 것 (2) 혁명된 세상
- 유신(維新): 모든 구폐를 일신하여 고치는 것.

'번역' 관련 항목

1. 英韓 대응관계

① translate, translation: 번역ᄒ다(Scott1891) translation 번역(飜譯): 통변(通辯): (written) 번역문(飜譯文): 역문(譯文) (Jones 1914) (1)번역(飜譯) (2)번역ᄒ글 (Underwood 1925)

- literal translation: 말대로번역ᄒ것, 바로번역ᄒ것(Underwood1890), literal translation 직역(直譯) (Jones1914) translation(literal) ᄌ역(字譯), 직역(直譯) (Gale 1924) literal translation ᄌ역字譯, 직역直譯(Underwood1925)

- Free translation: 의역(意譯) (Jones1914) translation(free) 의역(意譯) (Gale 1924) Free translation 의역(意譯)(Underwood1925)

② 언해(諺解)는 영한이중어사전에 등재되지 않은 한국어 어휘임.

2. 韓英 대응관계

① 번역(飜譯): Translation(Gale1911-1931) Translation; version(김동성1928)

- 번역(飜譯)ᄒ다 traduire ; interpréter; faire un thème, une version(Ridel 1880) To translate(Underwood1890) To interpret; to translate(Gale1897-1931)

② 언히(諺解): écriture alphabétique coréenne. traduction en langue vulgaire. interpétation. explication v.g. du chinois, des caractères chinois.(Ridel 1880) Notes in Ünmun-as explanatory of the Classics.(Gale1897-1911) Notes in Eunmun-as explanatory of the Classics.(Gale1931)

3. 韓日 대응관계

飜譯(번역): 1. 或る言語・文章を他國の言語・文章に譯すること。2. 漢文を諺文に譯すること。

諺解(언히): 漢文を諺文にて解釋したる書籍.

4. 한국어사전(문세영, 『조선어사전』, 1938)

번역(飜譯): 갑국의 말・글을 을국의 말・글로 옮겨푸는 것 通譯

언해(諺解): 한문을 언문으로 해석한 책.

이 책은 첫 책이지 마지막 책이 아니다. 「책을 내며」에서 적은 바, '빚' 혹은 '과제'의 크기가 이 책으로는 감당할 수 없는 것이기 때문이다. 이 말에는 추호의 호언장담이나 침소봉대도 포함되어 있지 않다. 현재의 연구는 사전 자체의 계량화가 상당 부분 진행되기 이전에 작성된 거시적 접근이기 때문에, 사전의 표제어와 해제어 관계에 대한 보다 섬세한 연구로 이어져야 하리라 본다. 또한 관련 기록들의 번역을 병행하고 있기에 외국인들의 한국학 연구 전반으로 약간 확장되어가는 측면도 생겨날 것 같다.

외국인들에 의해 주도된 이중어사전이 담고 있는 어휘들이나 개념들의 고정 작업이 상당한 대표성과 역사적 실감을 지니고 있기는 하나, 확실한 표상은 아니라는 사실을 우리는 잘 알고 있다. 서사와 언설을 갖는 담론들로 이 작업을 감싸는 일, 결국에는 이 사전 자료들이 잘 정리된 담론의 더미 혹은 지도들의 일부가 되는 날이 올 것이고, 결국 연구는 단 한 권의 '번역어사전' 또는 '개념어사전'이 될 것이다. 미진한 책에 대한 가혹한 질정들을 얻기 위해, 그 질책을 분발의 단서로 삼기 위해서라도 책을 한시

바삐 내기로 했고, 이렇게 마감글을 쓰는 시간까지 왔다.

　『설문해자(說文解字)』의 상상력을 『강희자전(康熙字典)』의 실증으로 바꾸는 데에, 수만 학자들의 분서갱유에 진배없는 고난이 있었다고 들었다. 그에 비할 바는 아니지만, 책이 나오기까지 수많은 동료, 제자, 후배들에게 커다란 민폐를 끼쳤고 큰 은혜를 입었다. 지난날들의 '관례'를 떨치기 위해, 어떻게든 경제적·윤리적으로 정당화 가능한 협업을 하려 노력했지만 생각처럼 되지만은 않았던 것 같다. 어떻든 많은 이들에게 평생 잊지 못할 노고들을 안기고 말았다. 그들에게 '보람'의 몫도 있었으면 하는 속절없는 바람을 되뇌어 보지만, 결과는 알 수 없는 일이다.

　우선 자료의 수집 과정에서 귀중한 문헌을 제공해주신 국내외의 여러 소장자들, 특히 연동교회의 고춘섭 장로와 회현교회의 신인수 장로에게 심심한 감사의 말씀을 올린다. 무엇보다 독학으로 거질의 사전을 일궈낸 한국인 두 편자 김종성과 이종극 선생의 분투를 '영인'을 통해서나마 되살릴 수 있게 허락해 주신 두 분의 유족들, 특히 김동성 선생의 장녀 전 숙명여대 총장 김옥렬 여사와 이종극 선생의 사위 전 중앙일보 대표이사 김동익님의 배려를 잊을 수 없다.

　자료 수집과 입력, 데이타 처리의 과정 내내 성균관대학교의 대학원생들이 말할 수 없이 힘든 작업을 함께 해 주었다. 지금은 미국의 캘리포니아 주립대(UC, Irvine)에 유학 중인 조은아 양은 전국의 도서관을 뛰어다니며 연구 초기의 자료 수집을 도와주었다. 결국 영인 가능한 판본을 손에 넣지 못하자, J. S. 게일의 『삼천주뎐』을 몇 주에 걸쳐 홀로 다 입력해 가져와서는 또 다른 중대 사안이 없는지를 묻던 표정이 떠오른다(이 사전의 완전판은 수년이 지난 후에야 영인 가능한 형태로 우리의 손에 닿았다). 영한사전 전체를 통째로 입력하는 '말도 안 되는' 말에 관한 작업을 함께 해 준

성균관대학교 대학원의 박형진, 윤태희, 최은환 군, 윤설희, 전성규 양의 수고에는 어떤 감사와 사과도 부족할 것이다. 이들이 기꺼이 시작해 힘들게 끝 낸 다섯 달 간의 노고로 인해 부족하나마 데이터와 실감을 포함한 연구가 될 수 있었다. 특히 박형진 군은 어려운 통계 작업과 도표 작업들, 입력 자료의 프로그램화를 이끌어 주어 우리 연구의 양적·질적 전환을 도왔다. 금요 번역 세미나 모임의 총무로 각종 잡무를 맡아주고 또 일본어 번역에도 공헌해준 류충희, 정병섭 군의 노고도 고맙다. 멀리 도쿄대학에서 유학 중인 류군이나, 가까이 그러나 마음 먼 곳에서 고행 중인 정군이나 언젠가 이 작업들이 그들 공부의 진전에 한 씨앗이나마 될 수 있기를 바란다.

우리 연구에서 번역과 관련된 부분은 거의 전적으로 성균관대학교 프랑스어문학과 김희진 선생의 도움으로 가능했다. 가장 늦은 시기에 이 연구에 합류했지만, 뛰어난 번역가답게 이중어사전의 서문이나 서론들을 번역한 우리들의 초고를 꼼꼼히 손 봐 주었으며, 불어 원고를 일부 번역하고 전체적으로 고쳐 주었다. 우리 연구의 번역편은 마땅히 그녀와의 공역이 되어야 했겠으나, 처음부터 그녀와 함께 했던 다른 번역글들이 멀지 않은 시기에 출간될 때까지 그 이름을 아껴 두고자 한다. 길고 짧은 시기 동안 '금요번역세미나' 모임을 함께 해 준 임상석, 하재연, 신지연, 김수림, 이종호, 김지녀, 류진희, 임태훈, 전설영, 전정옥 선생들께도 이 책으로 오랜만의 인사를 대신하고자 한다. 다섯 차례에 걸친 출간 원고의 교정과 찾아보기 작성을 도와준 이종호, 장지영 군에게는 절절하고도 심심한 고마움이라는 말로도 부족할 신세를 졌다. 끝으로 지난 몇 개월 동안 함께 공부하며 많은 조언을 해주고, 또 바쁜 시간을 쪼개가며 단행본의 초고와 편역서의 주요 (국)어학 개념들을 검토해준 국립국어원의 이준환 박사에게 감사의 말씀을 올린다. 이 이름들을 고맙게 또 미안한 마음으로 떠올리며, 공부는 발로 해야 한다고 말하면서도 정작 자기 공부는 입으로 하려한 게 아닌가 반성과 자책을 하게 된다. 최선을 다하려 했지만 애초에 한 두 사람의 힘으로 될 일은 아니었던 듯 하다. 감사의 인사가 자책의 말이 되지 않도록 노력해 보여주는 수밖에 없지 않나 한다.

예상을 뛰어넘은 고된 작업이었던 데이터 입력과 번역 작업들은 이번 책에서 아주 일부만 쓰였지만 두고두고 활용하는 순간마다 그들에 대한 감사의 염을 더할 것으로 여겨진다. 그들 중 누군가는 이 연구가 촉발하거나 촉구했을 문제권의 질적 전환을 이끌어 낼 글들을 내놓으리라 기대한다.

어쨌든 우리가 중간보고나마 할 수 있었던 데에는, 성균관대학교 동아시아학술원의 인문한국(HK)사업단의 도움이 지대했다. 동아시아학술원 인문한국사업단의 도움이 없었다면, 사전의 총량에 대한 입력과 통계 작업, 번역의 감수와 교정·교열은 불가능했을 것이며, 이 연구나 앞으로 이어질 연구들 역시 전혀 다른 성격의 것이 되었을 것이다. (아니, 무망했을 것이다) 특히 한기형, 진재교, 이혜령, 이영호 선생님을 비롯한 동아시아학술원의 동학들은 이 연구를 인문한국사업의 '동아시아개념어총서'의 일환으로 적극 받아 주셨고, 재정적 도움 뿐 아니라 연구의 진행 방향과 관련된 조언와 걱정의 말씀들을 해주셨다. 앞으로의 연구는 이 분들을 포함한 여러 학자들과의 공동 작업이 되지 않으면 안되리라 생각한다.

다 언급할 수는 없으나 이 분들 외에도 학내외, 국내외의 많은 분들로부터 진심어린 충고와 격려를 받았다. 특히, 여러 제도상의 제약에도 불구하고 두 사람의 공동 연구를 너른 마음으로 혜량해주시고 응원해 주신 정출헌, 김용규 선생님을 위시한 부산대학교의 여러 선생님들께 정중한 사의(謝意)의 말씀을 전하고 싶다.

돌이켜 보면 이 연구의 싹은 실로 오래 전에 뿌려진 것이 아닌가 싶다. 우리들의 '소싯적', 이 사전들의 존재를 처음 알려주신 최박광 선생의 가르침은 그 중에서도 가장 오래된 것이자 각별한 것이었다.

물론 이 책이 빚은 실수와 오류들은 전적으로 저자들의 몫이다. 이 책이 세상에 나가면 이제 더는 손을 댈 수 없는 일이기에, 추후의 작업들과 함께 할 작업들을 통해 오류와 한계들을 차근차근 극복해가겠다는 약속의 말씀으로 긴 여정을 끝내고자 한다. 아니, 시작하고자 한다. 길이 끝난 곳에서 여행이 시작된다고 하지 않았던가.

— H. H. Underwood, "A Partial Bibliography of Occidental Literature on Korea", Transactions of the Korea Branch of the Royal Asiatic Society 20, 1931.

언어와 문학
(Language and Literature)

(A) 사전과 단어목록(Dictionaries and Word Lists): 25종

[1880년 이전의 선행업적들: 인용자]

20. *A Voyage of Discovery* etc. W. R. Broughton. Corean Vocabulary. 1804.

24. Hall's "Voyage to West Coast of Corea". contains vocabulary of 28 Korean words. 1818.

37. "The Corean Syllabary." C. Gutzlaff. *Chinese Repository*. 1833.

42. Gutzlaff's *Translation of a Comparative Vocabulary*. 1835.

51. "Samarang". *Korean vocabulary*. 1848.

60. *Vocabulaire Chinois-Coréen-Ainu*. etc. L. de Rosny. 1861.

89. *A Vocabulary of Proper Names* etc. F. P. Smith. Shanghai. 1870.

107. *Russian-Korean Dictionary* 1874.

---

* 일찍이 원한경(H. H. Underwood)은, 개항개화기에서 1930년까지에 이르는 기간 동안 서양인들에 의해 이루어진 한국에 관한 학술, 특히 언어와 문학에 관한 연구들을 총망라하여 이를 목록화한 바 있다. 우리로서도 연구 기간 내내 적잖은 도움을 얻었기에, 차후 이 분야에 관해 연구하게 될 분들을 위해 해당 목록을 【부록】으로 수록해 두는 바이다. 원한경 「서목」의 논저에 대한 서지사항은 통상적으로 단행본의 경우는 "항목번호, 저술명, 저자명, 쪽수, (소장처), 발행년"으로, 잡지에 수록된 논문에 대해서는 "항목번호, 논문명, 저자명, 쪽수, 잡지명, 발행년"으로 제시된다. ( )에 해당 논저에 대한 원한경의 간략한 설명을 볼 수 있다. 원한경은 당시 저술들의 소장처에 대한 약호를 다음과 같이 「서문」(Preface)에서 밝혔다.
(L.) the Landis Library(랜디스 문고)
(U.) Underwood Library(언더우드 문고)
(RAS.) Royal Asiatic Society Library(왕립아시아학회 문고)

139. *Vocabulaire Japonais-aino-Coréen*. L. Metchnikoff. 1880.

50. *Corean-French Dictionary*. 1880.

153. *A Manual of Korean Geographical and other Proper Names*. Satow. Aston and Chamberlain. pp. 70 Printed for H. B. M.'s Legation, Tokyo by "Japan Mail" Yokohama. (L) 1883.

154. The Names of the Sovereigns of the old Corean States. Ludovico Nocentini. pp. 10. *China Branch of the R. A. S.* Vol. XXII (L. RAS.) 1888.

155. *Korean-English Dictionary*. H. G. Underwood. pp. 196 (L. U) Yokohama. 1890.

156. *English-Korean Dictionary*. H. G. Underwood. pp. 239 Yokohama (L. U.) (These were the first attempts at either a Korean-English or English-Korean dictionary and except for Mr. Scott's work, pub. 1891, remained for many years the only English-Korean dictionaries.) 1890.

157. *English-Korean Dictionary*. pp. 345. James Scott. Seoul. (L. U.) 1891.

158. *Parvum Vocabulam Latino-Coreanum*. pp. 391 Société des Missions Etrangères de Paris. (L.) 1891.

159. *Korean Phrase book for the Use of Travellers*. pp. 63 Seoul. Church of England Mission Press. (L.) 1891.

160. *Pocket List of Foreign Residents in Korea and their Korean Names*. Analysis of Korean surnames and list of 214 Chinese Radicals with their Designation. Analysis. etc. in Korean. Rev. F. Ohlinger. pp. 41 Seoul. (L.) 1893.

161. *Corean Words and Phrases*. J. W. Hodges. pp. 145. Seoul. (L.) 1897.

162. *Korean-English Dictionary*. pp.1160. J. S. Gale. Yokohama. (In process of revision--1930) (L. U.) 1897.

163. *One Hundred Corean Phrases*. Seoul. Wm. A. Garden. pp.16 (L.) 1901.

164. *Korean Words and Phrases*. J. W. Hodges. pp. 367. Seoul. (L. U.) (Revision and Enlargement of No. 161) 1902.

165. *List of the Proper Names of the Bible*. pp. 52. Board of Translators. (U.) Revised 1914 (L. U.) 1903.

166. *Catalogue of the Romanized Geographical Names of Korea*. pp. 178. Koto and Kanazawa. Tokyo. (L. RAS. U.) 1903.

167. *A Pronouncing Geographical Dictionary of Manchuria and Northern Korea*. U. Kaseki. 2 vols. small 8vo. Tokyo. 1905

168. *Untersuchungen uber die Japanischen und Koreanischen Ortsnamen in alten Zeiteiu M. Kanazawa.* pp. 18—German; pp.31—Japanese. Govt-Gen. Chosen, Seoul. 1912.

169. "Koreanische Sprichwortes." Andreas Eckardt. *Geist des Ostens.* Vol. I . pp.757-759. 1913

170. *An English-Korean Dictionary.* G. H. Jones. pp. 391. Tokyo. (L. RAS. U.) 1913.

171. *A Dictionary of Japanese Geographical Names in Korea.* V. N. Krylov. edited by Volodchenko. pp. 92. 1914.

172. *Present Day English-Korean. (Three thousand words)* J. S. Gale. pp. 71. Seoul. (L. U.) 1924.

173. *An English-Korean Dictionary.* H. G. and H. H. Underwood. pp. 741. Seoul. (Revision and great enlargement of No. 156.) (L. U.) 1925.

174. "Das Japanische Lautwesen im Zusammenhange mit dem Koreanischen dem der Liu-kui und der Ainu-Sprache." E. V. Zenken. *Mitt des Seminars fur Orientali sche Sprachen-zu Berlin.* Vol. 29. pp. 215-224. 1926.

175. "A Korean Vocabulary." T. Ogura. *Bulletin of the School of Oriental Studies.* Vol. 4. pp.1-10. 1926.

176. *An English-Korean and Korean-English Dictionary of Parliamentary. Ecclesiastical and Some other Terms.* W. M. Baird. pp. 107. Seoul (L. U.) 1928.

177. *The New Korean-English Dictionary.* D. S. Kim. pp. 572. Seoul. (L. U.) 1929.

(B) 문법서 및 어학자습서(Grammars and Language Helps): 18종

[1880년 이전의 선행업적들: 인용재]
121. Ross's *Korean Primer.* The first book on the Language. in English. 1877.

178. *Grammaire Coreéne.* pp. 295 par les Missionaires de Corée de la Société des Missions Etrangères de Paris. Yokohama (L. RAS. U.) (Companion volume to the dictionary by the same tireless workers.) 1881.

179. *Korean Speech. with Grammar and Vocabulary.* Rev. John Ross. pp. 101 (L. U.) (A revision and enlargement of No. 121.) 1882.

180. *A Corean Manual. or Phrase Book with Introductory Grammar.* James Scott.

pp. 241. Shanghai. (L. U.) 1887.

181. *Manuel de la Langue Coréene Parlée, à l'usage des Français.* pp. 108. M. Camille Imbault-Huart. (L.) 1889.

182. *Introduction to the Korean Spoken Language.* H. G. Underwood. pp. 425. Yoko hama. (L. U.) (Revised and enlarged in 1914) 1890.

183. *Korean Grammatical Forms.* J. S. Gale. pp. 229. Seoul. (Revised in 1916) (L. U.) 1893.

184. *Terminations of the verb "Hata".* Bishop Corfe. pp. 116. Seoul. (L. U.) 1896.

185. *Fifty Helps for the Beginner in the Use of the Korean Language.* Annie L. Baird. pp. 74. 16 mo. Seoul. (Later editions were much enlarged) (L. U.) 1897.

186. *On-mun Chose. An Aid to Acquaintance with the Korean Hand-writing.* G. V. Podstavin. pp. 32 Vladivostock. (In Russian) 1907.

187. *An Analysis of the Japanese Self-Instructor of the Korean Language.* G. Yashchin aki. pp. 128. Vladivostock (In Russian) 1908.

188. *Korean Grammar. pub.* by the French Missionaries. translated into Russian by G. N. Podstavin. pp. 103. 1908

189. *Korean by the Clause Method.* M. B. Stokes. pp. 64. Yokohama. (L. U.) 1912.

190. *Introduction to Korean Spoken Language.* H. G. and H. H. Underwood. pp. 475. Yokohama. (L. V.) (Revision and enlargement of No. 182.) 1914.

191. *Every-Day Korean.* H. H. Underwood. pp. 115. (L. U.) (Conversations in Korean prepared for Language School use. with Korean-English Vocabulary.) 1921.

192. *Koreanische Konversationsgrammatik.* P. Andreas Eckardt. pp. 422. Heidelberg (L.) 1923.

193. *Schlussel zur Koreanischen Grammatik.* P. Andreas Eckardt pp. 204. Heidelberg (L.) 1923.

194. *Korean for Beginners.* C. A. Sauer. pp.115. Seoul. (L. U.) 1925.

195. *Religious Phrases and Prayer Forms.* C. Y. Song. Seoul. (Pamphlet in Korean for Language School Use.) (U.) 1926.

(C) 언어학(Phoilogy. etc) 63종

[1880년 이전의 선행업적들: 인용재

35. *On the Corean Language*—Gutzlaff. 1833.

38. *Tsian-dsu-wen sive*—etc. 1833.

43. *Lui Ho sive vocabularium etc*—Siebold. 1838.

45. *Tsian-tsu-wen oder Buch etc*—Hoffman. 1840.

61. *Des affinités du japonais avec certaines langues etc.* de Rosny. 1861.

69. *Aperçu de la Langue Coréenne.* L. de Rosny. pp. 70 8vo. Paris. 1864.

105. Dallet's *L'Eglise de Corée* Introduction gives a scholarly discussion of the Language. 1874.

139. *A Comparative Study of Korean and Japanese.* Aston. 1879.

141. Ross' *Corea* gives some space to discussion of the language. 1880.

148. *Proposed Arrangement of the Korean Alphabet.* Aston. 1880.

196. "On the Early History of Printing in Japan." E. Satow. *Asiatic Society of Japan.* Vol. X. Part. 1. (L. RAS. U.) 1882.

197. "Further Notes on Movable Type in Korea & Early Japanese Books." E. Satow. *Asiatic Soc. of Japan.* Vol. X. Part II. (L. RAS. U.) 1882.

198. "Connection of Japanese with the Adjacent Continental Languages." J. Edkins. *Asiatic Society of Japan.* Vol. XV. pp. 7. (L. RAS.) 1887.

199. "The Yellow Languages." E. H. Parker. *Asiatic Society of Japan.* Vol. XV. Part I. pp. 13-49. 8vo. Yokohama. (L. RAS.) 1887.

200. "Les Origines de l'imprimêrie dans l'extreme Orient." A. Peuvrier. *Memoires de la Société Sinico-Japonaise.* Vol. VI. Part 3. pp. 181. 8vo. Paris. 1867.

201. "Underwood's Dictionary of the Korean Language." (Book Review) *Nation* New York. 52:116. 1890.

202. *On the Corean Version of the Gospels.* Dr. Malan. pp. 28 (L.) 1990.

203. "The Korean Alphabet." H. B. Hulbert. *Korean Repository* I. pp.1-9. 69-74. 1892.

204. "The Alphabet (Pancul)." Yi Ik-Seup. *Korean Repository* I. pp.293-299. 1892.

205. "Studies in Korean Etymology." G.H. Jones. *Korean Repository* I. pp.331- 335. 1892.

206. "The Inventor of the Enmon." J. S. Gale. *Korean Repository* I. pp.364- 368. 1892.

207. "En Pan Cbyel (Use of Alphabet)." F. Ohlinger. *Korean Repository* I. pp.369-371. 1892.

208. "On the Corean, Aino and Fusang Writings." Terrien de La-couperie. *T'Oung Pao*. Vol. III. pp. 449-465. 8vo. Leiden. 1892.

209. *Zur Beurtheilung des Koreanischen Schrift-und Lautwesens*. G. von der Gabelent z. Akademie der Wissenschaften. pp. 15 Berlin. (L) 1892.

210. "Touching Burmese, Chinese and Korean." E. H. Parker. *Asiatic Society of Japan*. Vol. XXI. pp. 16 (L. RAS.) 1893.

211. *What Koreans Say about Our Use of their Language*. G. H. Jones. pp. 22 Seoul. (L. U.) 1894.

212. *Writing, Printing and the Alphabet in Corea*. W. G. Aston PP. 7. 1896.

213. "The Onmun-When Invented." W. G. Aston. *Asiatic Society of Japan*. Vol- XXII. pp.24(L. RAS.) 1895.

214. "Notes sur les differents systèmes d'écriture employés en Corée." M. Courant. *Asiatic Society of Japan*. XXIII. pp.18 (L. RAS.) 1895.

215. "Romanization of Korean Sounds." M. Baird. *Korean Repository*. Vol. II. pp.161-175. 1895.

216. "A Korean Katakana." W. H. Wilkinson. *Korean Repository* Vol. II. pp.215-218. 1895.

217. "Romanization Again." H. B. Hulbert. *Korean Repository* II. pp.299-306. 1895.

218. "Review of the Gospels of Matthew and John." S. A. Moffett. *Korean Repository* II. 365. 1895.

219. "Relationship of the Tartar Languages." J. Edkins. *Korean Repository* Vol II. pp. 405-411. 1895.

220. "Review of the Gospel of Mark." Wm. N. Baird. *Korean Repository* III. pp.111-116. 1896.

221. "Korean Affinities (Linguistic)." Jos. Edkins. *Korean Repository* III. pp.230-232. 1896.

222. "The Korean Alphabet." H. B. Hulbert. *Korean Repository* III. pp.233-237.1896.

223. "Monosyllabism of the Korean Type or Language." Jos. Edkins. *Korea Repository* III. pp.365-367.   1895

224. "Sanskrit in Korea." J. Scott. *Korean Repository* IV. pp.99-103. 1897.

225. "Difficulties of Korean." James S. Gale. *Korean Repository* IV. pp.254-257. 1897.

226. "Korean Writings." Joseph Edkins. *Korean Repository* IV. pp.301-307. 1897.

227. "The Itu." H. B. Hulbert. *Korean Repository* V. pp.47-54. 1898.

228. "Printing and Books in Asia." G. H. Jones. *Korean Repository* V. pp.55-63. 1898.

229. "The Korean Verb "To Be"." Wm. M. Baird. *Korean Repository* V. pp.328-338. 1898.

230. "Etymology of Korean Numerals." Joseph Edkins. *Korean Repository* V. pp.339-341. 1898.

231. "Notes sur les études coréennes et japonaises." M. Courant. Actes du XIe Congrès International des Orientalistes à Paris en 1897. IIe Section: Extrême Orient pp. 67-94. 8vo. Paris. 1899.

232. "Korean Pronoun." *Korea Review* I. pp.53-56. 1901.

233. "Korean Etymology." *Korea Review* I. pp.254-257 1901.

234. "Introduction of Chinese into Korea."(Translation from Courant "Bibliographie Coréenne") J.S. Gale. *Korea Review* I. pp. 155-163; *The Nitu* I. pp.289-293. 1901.

235. "Korean and Efate." *Korea Review* I. pp.297-301; 341-344. 1901.

236. "Remusat on the Korean Alphabet." *Korea Review* II. 198-203. 1902.

237. "The Korean Language." *Korea Review* II. 433-440. 1902.

238. "The Korean Language." H. B. Hulbert. *Smithsonian Report for 1903* pp.805-10. (RAS.) 1903.

239. "Hun-min Chong-Eum."(Ancient Book on Korean Language) *Korea Review* III. pp.154-159; 208-213. 1903.

240. "Korean and Formosan." *Korea Review* III. pp.289-294 1903.

241. "Spelling Reform." *Korea Review* IV. pp.385-393. 1904.

242. "Korean and Formosan." *Korea Review* V. pp.1-8. 1905.

243. "Spelling Reform." *Korea Review* V. pp.46-49. 1905.

244. *A Comparative Grammar of the Korean Language and the Dravidian Dialects of India.* H. B. Hulbert. pp. 152 Seoul. (L. U.) 1906.

245. "Korean from the standpoint of a student of Japanese." A. E. Lay. *Asiatic Society of Japan.* Vol. XXXIV. Part 1.(L. RAS.) 1906.

246. "Korean and Ainu." *Korea Review* VI. pp.223-228. 1906.

247. "Korean Writing." Sun Pil Kang. *Korea Review* VI. pp.285-289. 1906.

248. *Uber den Einfluss des Sanskrits auf das japanische und Korea- nische Schriftsystem.* S. Kanazawa. Tokyo. 1907.

249. *The Common Origin of the Japanese and Korean Languages.* S. Kanazawa. Tokyo. pp. 41. 16mo. 1910.

250. "The Korean Alphabet". J. S. Gale. *Korea Branch R. A. S.* Vol. IV. Part I. pp. 49. (L. RAS. U.) 1912.

251. "Koreas Sprache und Schrift und die Erfindung der Buchdrucker-kunst－1403." Andreas Eckardt. *Geist des Ostens.* Vol. 2 pp.288-303, 364-371. 1914.

252. "The Korean Language." J. S. Gale. *Korea Magazine* I. p.50, 98, 149, 255. II. pp.53-54. 1917

253. "Difficulties in Korean." J. S. Gale. *Korea Magazine* I. p.98, 149, 215, 345, 386. 1917

254. "Modern Words and Korean Language." J. S. Gale. *Korea Magazine.* I. pp.304-0 6. 1917.

255. "Korean Language Study." J. Gale. *Korea Magazine* II. pp.116-118; 153-154; 208-209; 253-255; 305-307; 257-259; 404-405; 441-442; 497-498; 540-541. 1918.

256. *The Invention of Printing in China, and its Spread Westward.* T. F. Carter. pp. xviii, 282, illus, 8vo. New York. (L.) 1925.

257. *Le Japonais et les Langues Austroasiatiques.* Nobuhiro Ma- tsumoto. pp. x. 115. 4to, (Chapter II. Rapport entre le Japonaiset le Coréen). 1928.

D. 문학(Literature): 128종

[1880년 이전의 선행업적들: 인용재]
63. Die Eroberung der beiden Yue etc. Pfizmaier. 1864.
178. Grammaire Coréenne － Contains a number of Korean stories with translations into French. 1881.

258. *Tshao-Sien Tche, Memoire sur la Corée par un Coréen anonyme.* Translated into French by M. F. Scherzen pp. 192. (L.) 1886.

259. *A Record of Buddhistic Kingdoms being an account by the Chinese Monk, Fa-hie n, of his travels in India and Ceylon A. D. 399-414 in search of the Buddhist books of Discipline.* Translated and edited with a Corean Recension of the Chine se text, by J. Legge. 9 plates and a sketch map. pp. xv, 123, 42, 8vo. Oxford.

(L.) 1886.

260. *Korean Tales.* H. N. Allen. pp.193. (These are the first Korean stories to be put into English. They were later republished with other material under the title. *Korea, Fact and Fancy* No. 312. q. v.) (L.) 1889.

261. "Corean Popular Literature." W. G. Aston. *Asiatic Society of Japan* Vol. XVIII. pp. 14. (L. RAS. U.) 1890.

262. "Korean Proverbs, Epithets and Common Sayings." F. Ohlinger. *Korean Reposito ry.* I. pp.342-346. 1892.

263. "A Korean Fish Legend." Wm. E. Griffis. *Children's Work for Children* Vol. XVIII. No. 8. (U.) 1893.

264. *Bibliographie Coréenne.* M. Courant. 3 vols. pp. ccxiv, 502; ix, 538; ix, 446, clxxvii. Paris. 1894; 95; 96. (An immense and most valuable book, being a classified bibliography of all works published in Korea from the beginning of printing to 1890. The first volume contains a most interesting discussion of Korea n books and literature. For Review and brief resume of contents see *Korean Repository* Vol. IV. 1897. pp. 201-206 & 258-266. No. 280.) (h. U.) (Supplement to *Bibliographie* pub. 1901. No. 292). 1894.

265. "Stray Notes on Korean History and Literature." James Scott. *China Branch R. A. S.* Vol. XXVIII. (L. RAS.) 1894.

266. *Le Bois Sec Refleuri,* Hong-Tjong-Ou. pp. 192. Paris. (A Korean novel translated into French by a Korean) (L. U.) 1895.

267. "The Bird Bridge" "X". *Korean Repository* Vol. II pp. 62-67. 1895.

268. "The Youths Primer (Tong Mong Seung Seup)." G. H. Jones. *Korean Repository* II. pp. 96-102; 134-139. 1895.

269. "Legends of Chong-Dong (Seoul) and Vicinity." H. N. Allen. *Korean Repository* II. pp. 103-110. 1895.

210. "Where the Han Bends." Alexandis Poleax. *Korean Repository* II. pp.241-246. 1895.

271. "The Wise Fool, a Korean Hip Van Winkle." H. N. Allen. *Korean Repository* II. pp.334-338. 1895.

272. "Folk Lore: A Reward to Filial Piety." H. N. Allen. *Korean Repository* II. pp.462-4 65. 1895.

273. *Description d'un Atlas Sino-Coréen,* Manuscrit du British Museum. H. Cordier.

Description, list of maps with Chinese characters and romanization. 6 plates Folio. 1896.

274. "The Last of His Race." "Y". *Korean Repository* III. pp.22-28. 1896.

275. "The Magic Cat." G. H. Jones. *Korean Repository* III. pp.59-61. 1896.

276. "Korean Poetry." H. B. Hulbert. *Korean Repository* III. pp.203-207. 1896.

277. "A Fortune Teller's Fate". Etc. H. N. Allen. *Korean Repository* III. pp.273-280. 1896.

278. "Some Korean Proverbs." E. B. Landis. *Korean Repository* III. pp.312-316 ; 396-403. 1896.

279. "A Korean Methuselah." "Z". *Korean Repository* IV. pp.65-70. 1897.

280. "Bibliographie Coréene." Review by A. Kenmare. *Korean Repository* IV. pp.200-206; 258-266. 1897.

281. "Tal Sung, A Legend." "Roderick Random" *Korean Repository* IV. pp.281-283. 1897.

282. "Korean Proverbs." H. B. Hulbert. *Korean Repository* IV. pp.284-290; 452-455. 1897.

283. "Pak—The Spoon Maker." "X". *Korean Repository* IV. pp.423- 432. 1897.

284. "An Ancient Gazetteer of Korean (Yo-ji Song-Nam)" H. B. Hulbert. *Korean Repository* IV. pp.407-416. 1897.

285. *Guide pour rendre propice l'étoile qui garde chaque homme.* Hong-Tjong-Ou. pp.123. Paris. Translation into French.(L.) 1897.

286. "Nursery Rhymes of Korean Children." A. T. Smith. *Journal of American Folk-Lore.* 10:181. 1897.

287. "Beauty and the Beast(A Korean Version)" "X" *Korean Repository* V. pp.212-225. 1898.

288. "Rhymes of Korean Children." E. B. Landis. *Journal of American Folk-Lore.* 11:203-10. (L. U.) 1898.

289. "Sin the Squeezer." "X". *Korean Repository* V. pp.419-436. 1898.

290. "Chhoi-chhurg—A Korea Marchen." W. G. Aston. *Asiatic Society of Japan.* Vol. XXVIII. pp. 31. (RAS.) 1900.

291. *Catalogue des livres Chinois. Japonais et Coréens.* M. Courant. 8 parts. Paris. (L.) (The parts dealing with Korea have not yet been published. it is included here only in order to mention this fact.) 1900.

292. *Bibliographie Coréenne—Supplement.* M. Courant. pp. 122. Paris. (L. RAS.) 1901.

293. "Korean Proverbs." *Korea Review* I. pp.50-63; 392-396. 1901

294. "Sul Chong. Father Korean Literature." G. H. Jones. *Korea Review* I. pp.101-111. 1901

295. "A Vagary of Fortune. A Korean Romance." H. B. Hulbert. *Korea Review* I. pp.143-155; 193-202. (Appeared as "Viyun's Vow." Lynch. Cassel's Mag. Oct. 1904) 1901.

296. "The Price of Happiness. (Korean Story)." *Korea Review* I. pp.445-454. 1901.

297. "The Wizard of Tabak San. (Legend)" *Korea Review* I. pp.489-492. 1901.

298. "The Works of Sak-Eun." G. H. Jones. *Korea Review* II. pp.65-66. 1902.

299. "A Submarine Seal. (Legend of Ha-in-sa Monastery)." *Korea Review* II. pp.145-148. 1902.

300. "Necessity. the Mother of Invention. (Korean Story)." *Korea Review* II. pp.193-198. 1902.

301. "Korean Fiction." *Korea Review* II. pp.289:293. 1902.

302. "An Aesculapian Episode." *Korea Review* II. pp.345-350. 1902.

303. "The Prince of Detectives." *Korea Review* II. pp.446-460. 1902.

304. "Korean Folk-Tales." H. B. Hulbert. *Korea Branch R. A. S.* Vol. II. Part II. pp. 33. (L. RAS. U.) 1902.

305. "How Chin Out-witted the Devils." *Korea Review* III. pp.149-154. 1903.

306. "Hen versus Centipede." *Korea Review* III. pp.313-317. 1903.

307. "Note on Choe Chi-Wun." *Korea Review* III. pp.241-247. 1903.

308. "A Korean Poem." F. S. Miller. *Korea Review* III. pp.433-438. 1903.

309. "A Tiger Hunter's Revenge." *Korea Review* III. pp.487-491. 1903.

310. *Literature and Education in Korea.* Book News (Phila.) 22:937. 1904.

311. *Forschungen über (ueber) gleichgeschtchtliche Liebe.* I. Die gleichgeschichtliche Liebe der Chinesen, Japaner und Koreaner mit einem Literaturverzeichniss über das Thema F.Hask-Karsch. 8vo. pp. 134. Munchen. (Muenchen) 1904.

312. *Korea, Fact and Fancy.* H. N. Allen. pp. 285 Seoul. (Combination in one vol. of Nos. 260, 469, 479) (L. RAS. U.) 1904.

313. "Point of Ethics." *Korea Review* IV. pp.1-6. 1904.

314. "A Case of Who's Who." *Korea Review* IV. pp.542-547. 1904.

315. "A Woman's Wit, or an Arithmetic Problem." Korean Folk Tale. translated by Rev. G. Engel. *Korea Review* V. pp.54-56. 1905.

316. "Korean Giants." Korean Folk Tale. translated by Rev. Engel. *Korea Review* V. pp.56-58. 1905.

317. "Korean Coundrums." C. F. Bernheisel. *Korea Review* V. pp.81-87. 1905.

318. "Mr. Hong, Tiger." Folk-Tale. translated by Rev- G. Engel. *Korea Review* V. pp.126-129. 1905.

319. "How Priests became Genu." Folk Tale. translated by Rev. G. Engel. *Korea Review* V. pp.130-131. 1905.

320. "Fragments from Korean Folk Lore: A Trio of Fools; A Fox Trap." Chong-Won Yi. *Korea Review* V. pp.212-214. 1905.

321. "The Magic Ox-Cure." Chong-Won Yi. *Korea Review* V. pp.179-183 1905.

322. "Detectives Must be the Cleverest Thieves." Korean Story. translated by G. Engel. *Korea Review* V. pp.260-263. 1905.

323. "Fiercer than the Tigers. Korean Nursery Tale." Chong-Won Yi. *Korea Review* V. pp.263-264. 1905.

324. "The Sluggard's Cure." Korean Folk Tale. translated by G. Engel. *Korea Review* V. pp.323-325. 1905.

325. "The Sources of Korean History." *Korea Review* V. pp.336-339. 1905.

326. "How Yi Outwitted the Church. A Legend of Medieval Korea." *Korea Review* V. pp.380-384. 1905.

327. "Wanted. A Name." *Korea Review* V. pp.449-453. 1905.

328. "Korean Stories: 1. The Tenth Scion: 2. Woodcutter, Tiger, Rabbit: 3. A Magic Formula against Thieves" translated by G. Engel. *Korea Review* V. pp.441-448. 1905.

329. "The Tiger that Laughed." J. E. Adams. *Korea Review* V. pp.467-470. 1905.

330. "A Korean Cinderella." L. H. Underwood. *Korea Review* VI. pp.10-23. 1906.

331. "Korean Conundrums." *Korea Review* VI. pp.59-62. 1906.

332. "The King's Property." Chong-Won Yi. *Korea Review* VI. pp.124-131. 1906.

333. "Three Wise Sayings." L. H. Underwood. *Korea Review* VI. pp.124-131. 1906.

334. "Foolish Tale." Piung-Ik Ko. *Korea Review* VI. pp.180-182. 1906.

335. "The Tigers and the Babies." L. H. Underwood. *Korea Review* VI. pp.182-188. 1906.

336. "The Korean Cyclopedia(The Mun-han-pi-go)." *Korea Review* VI. pp.217-225; 244-248. 1906

337. "A Skeleton in the Closet." *Korea Review* VI. pp.455-457. 1906.

338. *Samples of the Satirical Productions of Korean Contemporary Literature.* G. V. Podstavin. pp.52. Vladivostock. 1907.

339. *A Collection of Samples of the Contemporary Korean Official Style.* Part I. Korean Text. pp. 64. The Govt. Gazette. Vladivostock. (In Russian). 1908.

340. "Neuere Literatur liber Korea." L. Riess. *Mitteilungen der Deutsch-Japanischen Gesellschaft.* Vol. 3. pp. 75-81. 1910.

341. *The Unmannerly Tiger and other Korean Tales.* W. E. Griffie pp. xii. 155, Illus. 8vo. New York. (L. U.) 1911.

342. "Koreanische Erzahlungen." D. Enshoff. Zeitschr. *des Vereins fur Volkskunde.* Vol. 21. pp. 355-367; Vol. 22. pp. 69-79. 1911.

343. "Ein handschriftliches Chinesisch-Koreanishes Geschichtswerk von 1451." O. Fra nke. *T'oung Pao.* 2 series. Vol. 13. pp. 675-692. 1912.

344. *Korean Folk-Tales*, translated from the Korean of Im Bang and Yi Ryuk, by J. S. Gale. pp. xii. 233. 8vo. London (L. U.) 1913.

345. "A Far East St Francis. The Dragon." Sung Hyun (1439-1504) *Korea Magazine* I. pp.10-22. 1917

346. "Kim In-Bok." Yi Che-Sin. (1534-1583). *Korea Magazine* I. pp.12-13. 1917.

347. "Choi Chiwon. Selections." *Korea Magazine* I. p.13. 1917.

348. "Han ChoDg-yoo." Sung Hyun (1439-1504). *Korea Magazine* I. pp.54-55. 1917.

349. "Each According to his Mind." Yi Che-Sin (1636-1583). *Korea Magazine* I. p.55. 1917.

350. "The Cackling Priest." *Korea Magazine* I. p.55. 1917.

351. "Korean Literature." *Korea Magazine* I. pp.297-300; 354-356. 1917.

352. "Disturbances of Nature." Yi Ik (1750 A. D.) *Korea Magazine* I. pp.347-349. 1917.

353. "Tribute to a Needle." Mrs. Yoo (date uncertain). *Korea Magazine* I. pp.358-360. 1917.

354. "My Dog." Yi Kyoo-Bo (1168-1241). *Korea Magazine* I. pp.451-452. 1917.

355. "The Snow. The Cat." Ye Che-Hyun (1287-1307). *Korea Magazine* I. pp.483-84. 1917.

356. "On a Friend's Going into Exile." Yi Kyoo-Bo (1168-1241). *Korea Magazine* I. pp.547-549. 1917.

357. "Song Ik-Pil." *Korea Magazine* I. pp.549-551. 1917.

358. "To a Buddhist Friend." Yi Kyoo-Bo (1168-1241). *Korea Magazine* II. pp.12-13. 1918.

359. "A Journey to South Korea in 1200 A. D." Yi Kyoo-Bo. (1168-1241). *Korea Magazine* II. pp.14-20. 1918

360. "To-Won, Peach Garden, or Fairy Paradise." *Korea Magazine* II. pp.154-156. 1918.

361. "The Offer of the Fairy." Yi Saik (1328-1385). *Korea Magazine* II. pp.156-157. 1918.

362. "Swift Retribution." *Korea Magazine* II. pp.203-208. 1918.

363. "The Obstreperous Boy." *Korea Magazine* II. pp.255-259. 1918.

364. "Korean Literature." *Korea Magazine* II. pp.293-302. 1918.

365. "Yi Chang-Kon. (The Troubles of 1498 A. D.)" *Korea Magazine* II. 398-400. 1918

366. "One View of the Korean Woman." *Korea Magazine* II. pp.445- 452. 1918.

367. "Choi Chi-wun, (Extracts)." *Korea Magazine* II. pp.453-454. 1918.

368. "Old Korean Stories." Sung Hyun (1479-1604). *Korea Magazine* II. pp.455-458. 1918.

369. "High-born Prince and Worthy Girls." *Korea Magazine* II. pp.502-507. 1918.

370. "A Letter of Hong Yang-Ho (1798)." *Korea Magazine* II. pp.507-509. 1918.

371. "Hong Yang-Ho on the Death of his Son. (1724-1802)." (Poem). *Korea Magazine* II. p.509. 1918.

372. "Selections from Yi Tal-Chong, Yi Hon and Yi Kyoo-Bo." *Korea Magazine* II. pp.511-512. 1918.

373. "Joys of Nature. Yi Tal-Chong (Died 1885)." *Korea Magazine* II. pp.532-533. 1918.

374. "Korean Literature." J. S. Gale. *Open Court*. Chicago. 32:79-103. 1918.

376. *Winning Buddha's Smile*. A Korean Legend, adapted and translated by Charles M. Taylor. pp. 153. Boston. (An English Version of No. 266 *Le Bois Sec Refleur i*). (U) 1919.

376. *Uber Koreanische Lieder*. F. W. K. Muller. Sitz. der Kgl. Preus. Akad. der Wiss.

Berlin. 1919 No. 11. pp. 133. 1919.

377. *The Five Relations. Selections from the Oh-Ryun-Haing-Sil for Language School use, with preface in English.* Seoul. (U). 1921.

378. *The Cloud Dream of the Nine: A Korean Novel by Kim Man-Choong.* translated by James S. Gale. with introduction by E. K. Robertson Scott. 16 illustrations. pp. xl, 307. 8vo. London. (L. RAS. U.) 1922.

379. *Koreanische Poesie.* A. Eekardt. Gral. Vol. 187. pp. 102-106. 1923.

380. "Durch die Koreanische Ode." Alice Schalek. *Illustrirte Zeitung.* Vol.163. September 23. pp. 442-445. 1924.

381. *La Connaissance de l'Est.* P. Claudel. 2. Parts Imp. 8vo. Corean Collection under the direction of V. Segalen (L) (Corean Collection doubtful). 1924.

382. *Onjee, the Wizard, Korean Folk Stories* by Homer B. Hulbert. Illus. in color. pp. 156. Springfield. (L. U.) 1925.

383. *Koreanische Volkspoesie.* A. Eckardt. Gral. 21. pp. 179-182. 1926.

384. *Koreanische Maeichen and Erzaehlungen.* P. Andreas Eckardt. pp. 135. Illus. St. Ottilien. Bavaria. 1928.

【참고문헌】

1. 자료

1-1. 사전류

金東成, 『最新鮮英辭典』, 京城: 博文書館, 1928.

文世榮, 『조선어사전』, 박문서관, 1938.

李鍾極, 『모던朝鮮外來語辭典』, 京城: 漢城圖書, 1937.

_____, 『最新外來語辭典』, 심설당, 1984.

崔錄東, 『現代新語釋義』, 1922.(한림과학원 편, 『한국근대 신어사전』, 선인, 2010.)

朝鮮總督府, 『朝鮮語辭典』, 京城: 朝鮮總督府, 1920.

井上十吉, 『新譯和英辭典』, 東京: 三省堂 1909.

_____, 『英和中辭典』, 東京: 至誠堂, 1917.

_____, 『井上和英大辭典』, 東京: 至誠堂 1921.

_____, 『井上英和中辭典』, 東京: 井上辭典刊行會, 1928.

石川林四郎, 『(袖珍)コンサイス和英辭典(*Sanseido's concise Japanese-English dictionary*)』, 東京: 三省堂, 1924.

石塚正英・柴田隆行, 『哲學・思想飜譯語辞典』, 論創社, 2003.

大道弘雄編, 『モダン常識語辞典』, 朝日新聞社, 1935.

小山湖南, 『和英倂用モダン新語辭典』, 東京: 金竜社, 1932.(1933년 출간된 제6판)

島田豊纂訳, 『附音挿図和譯英字彙(*An English and Japanese Lexicon: explanatory, pronouncing and etymological, containing all English words in present use, with an appendix*)』(校訂: 曲直瀨愛. 校閱: 杉浦重剛, 井上十吉), 大倉書店, 1888.

_____, 『再訂增補和譯英字彙(*An English-Japanese lexicon: explanatory, pronouncing and etymological, containing all English words in present use: with an applendix*)』, 第17版, 東京: 大倉書店, 1898.

民潮社出版部(鄭桓根 代表執筆), 『新語辭典』, 民潮社, 1946.

芳賀矢一, 下田次郎編纂, 『日本家庭百科事彙』, 東京: 富山房, 1906.

早坂二郎・松本悟郎, 「編者から」, 『モダン新語辭典』, 東京: 浩文社, 1931.

＿＿＿＿＿＿＿＿＿, 『モダン新語辭典』, 浩文社, 1931.(1933년 출간된 제5판)

Les Missionnaires de Corée, de la Société des Missions Étrangères de Paris, 『한불ᄌᆞ뎐 韓佛字典』(*Dictionnaire Coréen-Français*), Yokohama: C. Lévy Imprimeur-Libraire, 1880.

Underwood, Horace. G., 『韓英字典한영ᄌᆞ뎐(*A Concise Dictionary of the Korean Language*)』, Yokohama: Kelly & Walsh; London: Trübner & Co., 1890.

Scott, James, *English-Corean Dictionary: Being a Vocabulary of Corean Colloquial Words in Common Use*, Corea: Church of England Mission Press, 1891.

Giles, Herbert A., *A Chinese-English dictionary*, London: Bernard Quaritch; Shanghai: Kelly and Walsh, 1892.

Gale, James S., 『韓英字典한영ᄌᆞ뎐(*A Korean-English Dictionary*)』, Yokohama: Kelly & Walsh, 1897.

＿＿＿＿＿＿＿, 『韓英字典(*A Korean-English Dictionary*)』, Yokohama: The Fukuin Printing CO., L'T., 1911.

Jones, George H., *An English-Korean dictionary*, Japan, Tokyo: Kyo Bun Kwan, 1914.

Gale, James S., 『三千字典 *Present Day English-Korean (Three thousand words)*』, 京城: 朝鮮耶蘇敎書會, 1924.

Underwood, Horace G. & Underwood, Horace H., 『英鮮字典(*An English-Korean Dictionary*)』, 京城: 朝鮮耶蘇敎書會, 1925.

Gale, James S., 『韓英大字典(*The Unabridged Korean-English Dictionary*)』, 京城: 朝鮮耶蘇敎書會, 1931.

1-2. 한국어 자료

『독닙신문』, 『大韓每日申報』, 『皇城新聞』, 『신한민보』, 『每日申報』, 『中央日報』, 『東亞日報』, 『朝鮮日報』 등

菊初, 「血의淚」(十八), 『萬歲報』, 1906.

金允經, 「訓民正音의 起源과 諸學說, 朝鮮文字의 歷史的 考察(11)」, 『동광』 33, 1932.

金弘集·黃遵憲·何如璋, 「大淸欽使筆談」, 『金弘集遺稿』, 고려대학교출판부 영인본, 1976.

文世榮, 『朝鮮語辭典』, 朝鮮語辭典刊行會, 1938.

文一平, 『문일평 1934년: 식민지 시대 한 지식인의 일기』, 이한수 역, 살림출판사, 2008.

卞榮晩, 『변영만전집』, 실시학사 고전문학연구회 역, 성균관대학교대동문화연구원, 2006.

徐居正, 『國譯 東文選』, 민족문화추진회, 1976.

成俔, 『국역 大東野乘』, 민족문화추진회, 1971.

安廓, 「諺文의 出處」, 『동광』 6, 1926.

_____, 「朝鮮語의 價値」, 『학지광』, 1915.

_____, 「辭書의 類」, 『啓明』 8, 1925.5.

_____, 『朝鮮文學史』, 韓一書店, 1922.

俞吉濬, 『勞動夜學讀本』 제7과, 『유길준전서』 Ⅱ, 일조각, 1996.

俞鎭午, 『憲法起草回顧錄』, 일조각, 1980.

_____, 『憲法解義』, 탐구당, 1952.

尹致昊, 『尹致昊日記』, 국사편찬위원회, 1927.

李光洙, 『李光洙全集』, 삼중당, 1971(1974).

李鍾極, 「朝鮮外來語論」, 『朝光』, 朝鮮日報社出版部, 1937.

_____, 『민주주의원리』, 조선문화연구사, 1948.

金允植, 『續陰晴史』, 『金允植全集』, 亞細亞文化史, 1980.

朝鮮語學會, 「朝鮮語辭典編纂會趣旨書(七年前 朝鮮語辭典編纂會를 發起할 때에 發表한 것)」, 『한글』 제4권 제2호, 1936.2.1.

凡外生, 「獻身과 活動으로 一貫한 奇一 博士의 生活과 業績」, 『조광』 18, 1937.

J. S. 게일, 「나의 過去半生의 經歷」, 『眞生』 號外, 1926.

_____, 「心靈界」, 『眞生』 12, 1925.

_____, 「回顧四十年」, 『新民』 26, 1927.

_____,『신역신구약전서』, 기독창문사, 1925.

C. 달레,『한국천주교회사』, 안응렬·최석우 역, 분도출판사, 1979. (histoire De L'ÉGLISE De CORÉE, Paris: Librairie V. Palme, 1874.)

D. 기포드『조선의 풍속과 선교』, 심현녀 역, 한국기독교역사연구소, 1995. (D. L. Gifford, Every-Day Life in Korea, New York: Fleming H. Revell, 1898.)

H. A. 로즈,『미국 북장로교 한국 선교회사』, 최재건 역, 연세대 출판부, 2009. (*History of the Korea mission: presbyterian church U.S.A.* 1884-1934, Seoul: The Chosen Mission Presbyterian Church U. S. A., 1934.)

H. B. 헐버트,『대한제국멸망사』, 신복룡 역, 집문당, 2006. (*The Passing of Korea*, 1906.)

H. G. 언더우드,『한국개신교수용사』, 이광린 역, 일조각, 1989. (*The Call of Korea*, Fleming H. revell Commpany, 1908.)

I. B. 비숍,『한국과 그 이웃나라들』, 이인화 역, 살림, 1994. (*Korea and Her Neighbors*, New York, 1898.)

J. S. 게일,『제임스 S. 게일 목사의 선교편지 1891-1900』, 김인수 역, 쿰란출판사, 2009.

_____,『전환기의 조선』, 신복룡 역, 집문당, 1999. (*Korea in Transition*, New York: Eaton & Mains, 1909.)

_____,『코리언 스케치』, 장문평 역, 현암사, 1970. (*Korean Sketches*, New York: Fleming H. Revell Company, 1898)

_____,「朝鮮人의 心意」,『國學』2, 정재각 역, 1947. ("Korean Mind", *Korean Sketches*, New York: Fleming H. Revell Company, 1898.)

L. H. 언더우드,『언더우드 부인의 조선견문록』, 김철 역, 이숲, 2008. (*Fifteen years among the top-knots, or, Life in Korea*, Boston: American Tract Society, 1908.)

_____,『언더우드—한국에 온 첫 선교사』, 이만열 역, 기독교문사, 1990. (*Underwood of Korea*, New York: F. H. Revell, 1918.)

M. 쿠랑,『韓國書誌-修訂翻譯版』, 이희재 역, 一潮閣, 1997. (*Bibliographie Coréenene*, 3tomes, 1894-1896, 1901, Supplément, 1901.)

서정민 편역,『한국과 언더우드』, 한국기독교역사연구소, 2004.

이만열·옥성득 편역,『언더우드 자료집』I-Ⅴ, 연세대 출판부, 2005-2010.

한국정신문화연구원 편역,『국역 한국지』, 전광사업사, 1984. (러시아대장성, KOP
　　ЕИ, 1900.)

다카하시 도루,『식민지 조선인을 논하다-다카하시 도루가 쓰고 조선총독부가 펴
　　낸 책,『조선인』』, 구인모 역, 동국대학교 출판부, 2010. (高橋亨,『朝鮮人』,
　　京城: 朝鮮總督府, 1921.)

무라야마 지준,『조선의 귀신』, 김희경 역, 동문선, 1993. (村山智順『朝鮮の鬼神』,
　　1929.)

1-3. 외국어 자료

The Korea Magazine, The Christian Literature Society of Korea, 1917-1919(연세대학교
　　소장, 자료형태 : 1 microfilm reel; 35mm)

The Korea Bookman, The Christian Literature Society of Korea, 1920-1925(연세대학교
　　소장, 자료형태 : 1 microfilm reel; 35mm)

Gale, James S., "A Contrast", *The Korea Mission Field*, 1909. 2.

＿＿＿＿＿＿＿, "Address to the Friendly Association June 1927", *Gale, James Papers*
　　Box 12. (캐나다 토론토대 토마스피셔희귀본 장서실 소장)

＿＿＿＿＿＿＿, "Korean Literature", *The Christian Movement in Japan, Korea, and
　　Formosa*. Kobe, 1923.

＿＿＿＿＿＿＿, "Notes on relation to Cloud Dream of the Nine-Introduction", *Gale,
　　James Scarth Papers* Box 8. (캐나다 토론토대학교 토마스 피셔 희귀본 장
　　서실 소장)

＿＿＿＿＿＿＿, "The Influence of China upon Korea", *Transactions of the Korea Branch
　　of the Royal Asiatic Society* 1, 1900.

＿＿＿＿＿＿＿, "The Korean's view of God", *the Korea Mission Field*, 1916.3.

＿＿＿＿＿＿＿, "What Korea Has Lost", *The Christian movement in Japan Korea and
　　Formosa*, Kobe, 1926.

＿＿＿＿＿＿＿, "A Few Words on Literature", *The Korean Repository* Ⅲ, 1895.

＿＿＿＿＿＿＿, "English-Korean Dictionary by George H. Jones", *the Korea Mission*

Field 1915.3.

_____, "Korean Literature", *Open Court*, Chicago, 1918.

_____, *Korean Folk Tales: imps, ghosts and fairies*, New York: J. M. Dent & Sons, 1913.

_____, 『辭課指南』,(初版) Seoul: Trilingual Press, 1894. ((改訂版) 京城: 朝鮮 耶蘇教書會 1916.)

Giles, Herbert A., "Philoligical Essay", *A Chinese-English dictionary*, London: Bernard Quaritch; Shanghai: Kelly and Walsh, 1892.

Gompertz, E. and G., "Supplement to "A Partial Bibliography of Occidental Literature on Korea by H. H. Underwood, Ph.D., 1931", *Transactions of the Korea Branch of the Royal Asiatic Society* 24, 1935.

Imbrie, William, *Handbook of English-Japanese Etymology*, Tokyo, 1880.

Kenmure, A. H., "Bibliographie Coréene", *The Korean Repository* IV, 1897.

Man-Choong, Kim, J. S. Gale trans., *The Cloud Dream of the Nine: A Korean novel, story of the times of the Tangs of China about 840* A.D., London: Daniel O'Connor, 1922.

Royds, W. Massy, "Introduction of Courant's "Bibliographie Coréene", *Transactions of the Korea Branch of the Royal Asiatic Society* 24, Seoul: Korea 1936.

Ichikawa, Sanki, "English influence on Japanese", Vol.8 no.2, Tokyo: Kenkyusha, 1928.

Trollope, Bishop, "Corean Books and Their Authors", *Transactions of the Korea Branch of the Royal Asiatic Society* 21, seoul: Korea, 1932.

Underwood, Horace G., 『韓英文法(*An Introduction to the Korean Spoken Language*)』, Yokohama, Seishi Bunsha, Kelly & Walsh, 1890. (김민수・하동호・고영근 편, 『歷代韓國文法大系』 2부 3책, 塔出版社 영인본, 1979.)

Underwood, Horace H., "A Partial Bibliography of Occidental Literature on Korea", *Transactions of the Korea Branch of the Royal Asiatic Society* 20, 1931.

奇一, 「歐美人の見たる朝鮮の將來―余は前途を樂觀する 1-4」, 『朝鮮思想通信』, 1928.

モーリス・クーラン, 「朝鮮書誌序論」, 小倉親雄譯註, ロイズ英譯, 『揷畵』, 1941.

高橋亨, 『韓語文典』, 東京: 大橋新太郞, 1909. (김민수・하동호・고영근 편, 『歷代

韓國文法大系』第2部 第14冊, 塔出版社, 1979.)

_____, 「朝鮮文學研究-朝鮮の小說」, 『日本文學講座』 15, 東京: 新潮社, 1932.

II. 논저

2-1. 한국어 논문

강이연, 「19세기 후반 조선에 파견된 파리 외방전교회 선교사들의『불한사전』」, 『교회사연구』 21, 한국교회사연구소, 2004.

강이연, 「최초의 한국어연구 - 한-불, 불-한 사전들과 한국어문법서」, 『프랑스학연구』 37, 프랑스학회, 2005.

고예진, 「개화기의 한국어 학습서 연구―언더우드(Underwood)의 『韓英文法』을 중심으로」, 부산대학교 석사학위논문, 2008.

곽충구, 「≪露韓會話≫와 咸北 慶興方言」, 『震檀學報』 62, 진단학회, 1986.

구인모, 「조선연구의 발산과 수렴의 교차점으로서 민족성 연구」, 『한국문학연구』 38, 2010.

구장률, 「근대지식의 수용과 문학의 위치」, 『대동문화연구』 67, 성균관대 대동문화연구원, 2009.

권보드래, 「문학의 과거와 문학 연구의 미래」, 『사이/間/SAI』 1, 국제한국문학문화학회, 2006.

_____, 「근대 초기 '민족'개념의 변화―1905-1910년 『대한매일신보』를 중심으로」, 『민족문학사연구』 33, 민족문학사연구소, 2007.

_____, 「진화론의 갱생, 인류의 탄생―1910년대의 인식론적 전환과 3·1운동」, 『대동문화연구』 66, 성균관대 대동문화연구원, 2009.

권순긍·한재표·이상현, 「『게일문서』 소재 〈심청전〉, 〈토생전〉의 발굴과 의의」, 『고소설연구』 30, 2010.

고영근, 「19世紀 中葉의 불란서 宣敎師들의 韓國語硏究에 대하여」, 『국어국문학』 72·73. 국어국문학회, 1976.

김기진, 「조선어의 문학적 가치」, 홍정선 편, 『金八峰文學全集: I 이론과 비평』,

문학과지성사, 1988.

김봉희, 「게일(James Scarth Gale, 기일(奇一))의 한국학 저술활동에 관한 연구」, 『서지학연구』, 서지학회, 1988.

김수현, 「『모던朝鮮外來語辭典』의 외래어 표기 연구-자음 [s] 와 모음 [ə]를 대상으로」, 『이중언어학』 27, 이중언어학회, 2005.

김승우, 「한국시가에 대한 구한말 서양인들의 고찰과 인식」, 『어문논집』 64, 민족어문학회, 2011.

김영민, 「근대 계몽기 기독교 신문과 한국 근대 서사문학」, 『동방학지』 127, 2004.

김재철, 「朝鮮語化와 朝鮮語」, 『朝鮮語文學會報』 5, 1932.

김진균, 「卞榮晩의 비판적 근대정신과 문예추구」, 성균관대학교박사학위논문, 2003.

남궁원, 「선교사 기일(James Scarth Gale)의 한문교과서 집필 배경과 교과서의 특징」, 『동양한문학연구』 25, 2007.

남기심, 「『辭果指南』考」, 『동방학지』 60, 연세대학교 국학연구원, 1988.

류대영, 「한말 기독교 신문의 근대국가론」, 『한국기독교와 역사』 29, 2008.

_____, 「한말 기독교 신문의 문명개화론─〈죠션크리스도 회보〉와 〈그리스도신문〉」, 『한국 근현대사와 기독교』, 푸른역사, 2009.

박광현, 「경성제대 '조선어학조선문학' 강좌 연구-다카하시 도루(高橋亨)를 중심으로」, 『한국어문학연구』 41, 2003.

_____, 「다카하시 도오루와 경성제대 '조선문학'강좌」, 『한국문화』 40, 서울대 규장각 한국학연구원, 2007.

박영섭, 「국어 한자어의 기원적 계보 연구: 현용한자어를 중심으로」, 성균관대학교박사학위논문, 1986.

박영환, 「19세기 서양인의 국어연구」, 『서양인의 한국문화 이해와 그 영향』, 동서문화연구소, 한남대출판부, 1989.

박진영, 「천리구 김동성과 셜록 홈스 번역의 역사─『동아일보』연재소설『붉은실』」, 『상허학보』 27, 상허학회, 2009

배수열, 「19세기 말엽의 국어연구─언더우드의 「한영자뎐」을 중심으로」, 경남대학교 석사학위논문, 1986.

백주희, 「J. S. Gale의 『Korean Folk Tales』 연구: 임방의 『천예록』번역을 중심으로」,

성균관대학교 석사학위논문, 2008.

서진교, 「1899년 고종의 '대한국국제' 반포와 전제황제권의 추구」, 『한국근현대사
　　　연구』 5, 한울, 1996.

신익철, 「근대문학 형성기 卞榮晩의 사상적 지향과 문학세계」, 『한국한문학연구』
　　　32, 2003.

심재기, 「게일 문법서의 몇가지 특징—原則談의 설정과 관련하여」, 『한국문화』
　　　9, 서울대 규장각 한국학연구원, 1988.

＿＿＿, 「게일 문법서의 몇가지 특징-原則談의 설정과 관련하여」, 『한국문화』 9,
　　　서울대 규장각 한국학연구원, 1988.

심지연, 「개화기 프랑스 사람들의 한국어 연구에 대하여」, 『민족문화연구』 48,
　　　고려대 민족문화연구소, 2008.

옥성득, 「언더우드와 성서사업 1-6」, 『성서한국』, 2006 가을-2007 가을.

왕현종, 「대한제국기 입헌논의와 근대국가론: 황제권과 권력구조의 변화를 중심
　　　으로」, 『한국문화』 제29집, 서울대학교 규장각 한국학연구원, 2002.

윤애선, 「LEXml을 이용한 『한영자전』(1911)의 지식베이스 설계—『한불ᄌᆞ뎐(1880)』
　　　과의 통합적 지식 베이스 구축을 위하여」, 『불어불문학연구』 87, 2011.

이광수, 「「외래어와 조선어」 강연기」, 『啓明』22호, 1932.

이만열, 「선교사 언더우드의 초기활동에 관한 연구」, 『한국기독교와 역사』 14,
　　　2001.

이병근, 「朝鮮總督府編 ≪朝鮮語辭典≫의 編纂目的과 그 經緯」, 『震檀學報』 59,
　　　진단학회, 1985.

＿＿＿, 「서양인 편찬의 개화기 한국어 대역사전과 근대화—한국 근대 사회와
　　　문화의 형성과정에 관련하여—」, 『한국문화』 28, 서울대학교 규장각한국
　　　학연구원, 2001.

＿＿＿, 「근대 국어학의 형성에 관련된 국어관—대한제국 시기를 중심으로」, 이
　　　병근 외 편, 『한국 근대 초기의 언어와 문학』, 서울대학교 출판부, 2005.

이상수, 「한국어로 철학하기」, 『창작과비평』 106, 창작과비평사. 1999.

이상옥 외 대담, 「한국영문학의 형성; 권중휘 선생을 찾아서」, 『안과밖』 2, 영미문
　　　학연구회, 창작과비평사, 1997.

이상현, 「동양 이문화의 표상 일부다처를 둘러싼 근대『구운몽』읽기의 세 국면―
　　　스콧·게일·김태준의『구운몽』읽기」,『동아시아고대학』15, 동아시아
　　　고대학회, 2007.

＿＿＿, 「『천예록』,『조선설화: 마귀, 귀신 그리고 요정들』소재〈옥소선·일타홍
　　　이야기〉의 재현양상과 그 의미」,『한국언어문화』33, 한국언어문화학회,
　　　2007.

＿＿＿, 「제국들의 조선학, 정전의 통국가적 구성과 유통」,『한국근대문학연구』
　　　18, 2008.

＿＿＿, 「〈춘향전〉소설어의 재편과정과 번역」,『고소설연구』30, 2010.

＿＿＿, 「근대 조선어·조선문학의 혼종적 기원 ―「조선인의 심의」(1947)에 내재
　　　된 세 줄기의 역사」,『사이間SAI』8, 국제한국문학문화학회, 2010.

＿＿＿, 「언더우드의 이중어사전 간행과 한국어의 재편과정」,『동방학지』151,
　　　연세대 국학연구원, 2010.

＿＿＿, 「『조선문학사』(1922) 출현의 안과 밖-재조 일본인 고소설론의 근대 학술
　　　사적 함의」,『일본문화연구』40, 동아시아일본학회, 2011.

이영희, 「게일(Gale)의〈한영자뎐〉연구」, 대구카톨릭대학 석사학위논문, 2001.

이용민, 「게일과 헐버트의 한국사 이해」,『敎會史學』제6권 제1호, 한국기독교회
　　　사학회, 2007.

이은령, 「19세기 이중어사전『한불자전』(1880)과『한영자전』(1911) 비교연구」,『한
　　　국프랑스학논집』72, 2010.

이응호, 「외국인의 사전 편찬 사업」,『明知語文學』7, 명지어문학회, 1975.

이준환, 「字典釋要의 제재상의 특징과 언어적 특징」,『비교어문연구』32, 비교어
　　　문학회, 2012.

이지영, 「사전 편찬사의 관점에서 본『韓佛字典』의 특징―근대 국어의 유해류
　　　및 19세기의『國漢會語』,『韓英字典』과의 비교를 중심으로」,『한국문화』
　　　48, 서울대 한국문화연구소, 2009.

이진구, 「한국 근대개신교의 과학담론」, 한국학중앙연구원 종교문화연구소 편,
　　　『근대 한국 종교문화의 재구성』, 한국학중앙연구원, 2006.

이철호, 「영혼의 순례―19-20세기 한국지식인들의 '영혼'인식과 재전유의 궤적」,

『동방학지』152, 연세대 국학연구원, 2010.

이한섭, 「개항 이후 한일 어휘교섭의 일단면 : 「主義」의 예를 중심으로」, 『일본학보』 24, 1990.

_____, 「『서유견문』에 받아들여진 일본의 한자어에 대하여」, 『일본학』6, 동국대학교 일본학연구소, 1987.

임상석, 「근대계몽기 잡지의 국한문체 연구」, 고려대 대학원 박사학위논문, 2006.

임 화, 「言語와 文學」, 『문학창조』1, 1934.

장석만, 「개항기 한국사회의 '종교'개념 형성에 관한 연구」, 서울대학교 박사학위논문, 1992.

_____, 「돌이켜보는 '망국의 종교'와 '문명의 종교'」, 역사문제연구소 편, 『전통과 서구의 충돌 : '한국적 근대성'은 어떻게 형성되었는가』, 역사비평사, 2001.

장효현, 「한국고전소설영역의 제문제」, 『한국고전소설사연구』, 고려대학교 출판부, 2002.

_____, 「구운몽 영역본의 비교연구」, Journal of Korean Culture 6, 고려대학교 BK21 한국학연구단, 2004.

전봉덕, 「大韓國 國制의 制定과 基本思想」, 『韓國法史學會』1, 한국법사학회, 1974.

정승철, 「『국어문법』(주시경)과 English Lessons」, 『국어국문학』134, 2003.

_____, 「근대 국어학과 주시경」, 이병근 외 편, 『한국 근대 초기의 언어와 문학』, 서울대학교 출판부, 2005.

정연태, 「19세기 후반 20세기초 서양인의 한국관-상대적 정체성론・정치사회 부패론・타율적 개혁불가피론」, 『역사와 현실』34, 한국역사연구회, 1999.

정용수, 「천예록 이본자료들의 성격과 화수 문제」, 『한문학보』, 우리한문학회, 2002.

정필모, 「모던朝鮮外來語辭典」, 『韓國學』2, 중앙대학교 부설 영신아카데미 한국학연구소, 1974.

조재룡, 「중역의 인식론, 그 모든 중역들의 중역과 근대 한국어」, 『아세아연구』145, 고려대학교 아세아문제연구소, 2011.

조희웅, 「서구어로 씌어진 한국설화・한국설화론」, 『이야기문학 모꼬지』, 박이정, 1995.

채만식, 「외래어 사용의 단편감」, 『한글』 제8권 제7호, 1940.

최기숙, 「'옛 것'의 근대적 소환과 '옛 글'의 근대적 재배치」, 『민족문학사연구』 34, 민족문화사연구소, 2007.

한기형, 「최남선의 잡지발간과 초기 근대문학의 재편―『소년』, 『청춘』의 문학사 적 역할과 위상」, 『대동문화연구』 45, 2004.

한상범, 「한글화를 통한 법률생활의 민주화로-법률이 우민지배의 통치수단이 된 역사적 잔재를 청산하기 위하여-」, 『아태공법연구』 13, 2005.

한영규, 「변영만 『觀生錄』의 몇가지 특성」, 우리한문학회 동계발표문, 우리한문 학회, 2003.

황호덕, 「漢文脈의 근대와 순수언어의 꿈-한국 근대 개념어 연구의 과제」, 『한국 근대문학연구』 16, 한국근대문학회, 2007.

_____, 「근대 한어(漢語)와 모던 신어(新語), 개념으로 본 한중일 근대어의 재편」, 『상허학보』 30, 상허학회, 2010.

_____, 「번역가의 왼손, 이중어사전의 통국가적 생산과 유통―언어정리 사업으 로 본 근대 한국(어문)학의 생성」, 『상허학보』 28, 상허학회, 2010.

황희영, 「James Scarth Gale의 韓國學」, 『한국학』 8, 영신아카데미, 1975.

2-2. 국내 단행본

권덕규, 『朝鮮語文經緯』, 廣文社, 1923.

권순긍, 『활자본 고소설의 편폭과 지향』, 보고사, 2000.

김민수, 『국어정책론』, 탑출판사, 1973.

김민수・하동호・고영근 편, 『歷代韓國文法大系』 14-15, 塔出版社, 1979.

김영민, 『한국 근대소설의 형성』, 소명출판, 2005.

김우창, 『김우창전집 3: 시인의 보석』, 민음사, 1993.

김윤경, 『朝鮮文字及語學史』, 조선기념도서출판관, 1938.

_____, 『한국의 인물 탐사기 6』, 오늘, 1996.

김윤식, 『이광수와 그의 시대』, 한길사, 1986.

김을환 편, 『천리구 김동성』, 을유문화사, 1975.

김재호・이태진 외, 『고종황제역사청문회』, 푸른역사, 2005.

김종서, 『서양인의 한국종교 연구』, 서울대학교 출판부, 2007.

김현주, 『이광수와 문화의 기획』, 태학사, 2005.

류대영, 『초기 미국선교사 1885-1910』, 한국기독교역사연구소, 2001.

류대영·옥성득·이만열 공저, 『대한성서공회사Ⅱ』, 대한성서공회, 1994.

대한민국국회, 『국회20년』, 서울: 韓國政經社, 1967.

동아일보사, 『東亞日報社史』, 東亞日報社, 1978.

박대헌, 『서양인이 본 조선—조선관계 서양서지—』 상/하, 壺山房, 1996.

박형익, 『사전과 사전학』, 월인, 2004.

유진오, 『헌법의 기초이론』, 명세당, 1950.

연세대학교백년사편찬위원회, 『연세대학교백년사2』, 연세대학교출판부, 1985.

이가원 감수, 김유열 편, 『漢韓日英新字典』, 대영출판사, 1975.

이 관, 『정치소설: 무한풍차(無限風車)』, 新志社, 1954.

이만열, 옥성득 편역, 『언더우드 자료집』 Ⅰ-Ⅴ, 국학자료원, 2005-2010.

이병근, 『한국어사전의 역사와 방향』, 태학사, 2000.

李殷相博士 古稀紀念 論文集 刊行委員會, 『鷺山 李殷相博士 古稀紀念 論文集』,
　　　　鷺山, 1973.

이익섭, 『사회언어학』, 민음사, 1994.(2000년 개정판)

이인직, 『혈의 누』, 권영민 교열·해제, 서울대학교출판부, 2003.

이인직, 『血의淚』, 광학서포, 1907.(김윤식 외 편, 『新小說·飜案(譯)小說1』, 아세
　　　　아문화사 영인본, 1978.)

이주영, 『구활자본 고전소설 연구』, 월인, 1998.

이태진, 『고종시대의 재조명』, 태학사, 2000.

임화문학예술전집편찬위원회 편, 『임화문학예술전집: 평론1』, 소명출판, 2009.

임형택·한기형·류준필·이혜령 편, 『흔들리는 언어들-언어의 근대와 국민국가』,
　　　　성균관대학교 대동문화연구원, 2008.

정용수, 『청파이륙문학의 이해』, 세종출판사, 2005.

정환국, 『교감역주 천예록』, 성균관대 출판부, 2005.

조선일보사 사료연구실 지음, 『조선일보 사람들』, 랜덤하우스 중앙, 2005.

조재수, 『국어사전 편찬론』, 과학사, 1984.

주영하・임경택・남근우 편,『제국 일본이 그린 조선민속』, 한국정신문화연구원, 2006.

최경봉,『우리말의 탄생』, 책과함께, 2005.

최경옥,『한국개화기 근대외래한자어의 수용연구』, 제이앤씨, 2003.

최수일,『개벽연구』, 소명, 2008.

한기형 편,『근대어・근대매체・근대문학』, 성균관대학교 동아시아학술원, 2006.

황호덕,『근대네이션과 그 표상들』, 소명출판, 2005.

2-3. 번역논저

노베르트 앨리아스,『문명화과정』Ⅰ, 박미애 역, 한길사, 1996.

리디아 리우,『언어횡단적 실천』, 민정기 역, 소명, 2005.

리처드 컴스탁,『방법론의 문제와 원시종교』, 윤원철 역, 제이앤씨, 2007.

마사오 미요시,「지구로의 전환: 문학, 다양성, 그리고 총체성」, 김우창・피에르 부르디외 외,『경계를 넘어 글쓰기』, 민음사, 2001.

브루스 커밍스,『한국현대사』, 김동노・이교선・이진준・한기욱 공역, 창작과비평사, 2003.

R. R. K 하트만 편,『사전 편찬의 원리와 실제』, 서태길 외 공역, 제이앤씨, 2008.

앨런 바너드,『인류학의 역사와 이론』, 김우영 역, 한길사, 2003.

이언 F. 맥닐리・리사 울버턴,『지식의 재탄생: 공간으로 보는 지식의 역사』, 채세진 역, 살림출판사, 2009.

자크 데리다,『그라마톨로지』, 김성도 역, 민음사, 1996.

_____,『법의 힘』, 진태원 역, 문학과지성사, 2004.

James Clifford & George Marcus,「문화를 쓴다-민족지의 시학과 정치학』, 이기우 역, 한국문화사, 2000.

페데리코 마시니,『근대 중국의 언어와 역사─중국어 어휘의 형성과 국가어의 발전: 1840-1898』, 이정재 역, 소명, 2005.

마루야마 마사오・가토 슈이치,『번역과 일본의 근대』, 임성모 역, 이산, 2000.

사카이 나오키,『번역과 주체』, 후지이 다케시 역, 이산, 2005.

사이토 마레시,『근대어의 탄생과 한문』, 황호덕, 임상석, 류충희 역, 현실문화,

2010.

야나부 아키라, 『번역어성립사정』, 서혜영 역, 일빛, 2003.

야스다 도시아키, 『「言語」의 構築─小倉進平과 植民地 朝鮮』, 이진호・飯田綾織 역주, 제이앤씨, 2009.

이연숙, 『국어라는 사상─근대 일본의 언어인식』, 고영진・임경화 역, 소명, 2006.

이효덕, 『표상공간의 근대』, 박성관 역, 소명, 2002.

2-4. 외국어 논저

魯迅, 「無聲的中國」, 『魯迅全集』 4, 北京: 人民大學出版社, 1981.

荒川惣兵衛, 『外來語學序說: (「モダン語」研究)』, 名古屋: 荒川惣兵衛, 1932.(2000 部限定版)

『外來語概説』, 東京: 三省堂, 1943.

小島義郎, 『英語辞書の変遷─英・米・日を併せ見て』, 研究社, 1999.

小倉進平, 『增訂朝鮮語學史』, 刀江書院, 1940.

_____, 『增補注訂: 朝鮮語學史』, 刀江書院, 1964.

齋藤稀史, 『漢文脈の近代─清末=明治の文學圈』, 名古屋大学出版会, 2005.

齋藤稀史, 『漢文脈と近代日本』, 日本放送出版協会, 2007.

森田芳夫, 『韓国における国語・国史教育』, 原書房, 1987.

保昌正夫・大谷晃一・槌田満文・鈴木貞美・清原康正 공저, 『昭和文学の風景』, 小学館, 1999.

安田敏朗, 『「言語」の構築』, 東京: 三元社, 1999.

矢野謙一, 「朝鮮總督府 朝鮮語辭典編纂の經緯」, 『韓』 104, 1986.

尹岡求, 「日本からの漢語導入─『明治のことば辭典』における韓語見出し語の韓國語への導入を中心に」, 『日語教育』 16, 한국일본어교육학회, 1999.

Agamben, Giorgio, "Potentiality and Law", *Homo Sacer: Sovereign Power and bare Life*, translated by Daniel Heller-Roazen, Stanford University Press, 1998.

Azim, Firdous, *The Colonial Rise of the Novel*, Routledge, 1993.

Dena, Goodman, *The Republic of Letters: A Cultural History of the French Enlightenment*, Ithaca NY: Cornell University Press, 1994.

King, Ross, "Dialect, Orthography and Regional Identity: P'yong'an Christians, Korean Spelling Reform, and Orthographic Fundamentalism." *The Northern region and Korean culture, history and identity.* Ed. Sun Joo Kim. University of Washington Press, 2010.

King, Ross, "Western Missionaries and the Origins and the Origins of Korean Language Modernization", *Journal of international and area studies* 11 (3): 7-38. Seoul: Institute of International Affairs, Graduate School of International Studies, Seoul National University. 2005.

King, Ross, "Korean grammar education for Anglophone learners: Missionary beginnings", 『한국어교육론』 2, 국제한국어교육학회, 한국문화사, 2005.

Naoki, Sakai, *Translation and Subjectivity*, Minnesota Univ., 1997.

Rutt, Richard, *James Scarth Gale and his History of Korean People*, Seoul: the Royal Asiatic Society, 1972.

Rutt, Richard, "Footprints of the Wildgoose: Horak hongjo or Hodong sorak ki by Kumwon.", *Transactions of Korea Branch of the Royal Asiatic Society* 68, 1993.

III. 사이트

국사편찬위원회 한국사데이터베이스(http://db.history.go.kr)

윤애선, 이은령, 김인택, 서민정, "웹으로 보는 한불자뎐 1.0", 저작권위원회 제호 D-2008-000026, 2008.(http://corpus.fr.pusan.ac.kr/dicSearch/

윤애선, 이은령, 김인택, 서민정, "웹으로 보는 한영자뎐 1.0", 저작권위원회 제호 D-2008-000027-2, 2009.(http://corpus.fr.pusan.ac.kr/dicSearch/)

한국학중앙연구원 역대인물종합정보시스템(http://people.aks.ac.kr)

수록논문 출전

서설

황호덕, 「개화기 한국의 번역물이 국어에 미친 영향 — 외국인 선교사들이 본 한국
　　의 근대어」, 『새국어생활』 제22권 제1호, 국립국어원, 2012 봄.

제1부

황호덕, 「번역가의 왼손, 이중어사전의 통국가적 생산과 유통-언어정리 사업으
　　로 본 근대 한국(어문)학의 생성」, 『상허학보』 28, 상허학회, 2010.

이상현, 「언더우드의 이중어사전 간행과 한국어의 재편과정」, 『동방학지』 151, 연
　　세대 국학연구원, 2010.

황호덕·이상현, 「번역과 정통성, 제국의 언어들과 근대 한국어-유비·등가·분
　　기, 영한사전의 계보학」, 『아세아연구』 145, 고려대 아세아문제연구소, 2011.

제2부

황호덕, 「漢文脈의 근대와 순수언어의 꿈-한국 근대 개념어 연구의 과제」, 『한국
　　근대문학연구』 16, 한국근대문학회, 2007

이상현, 「제국들의 조선학, 정전의 통국가적 구성과 유통-『天倪錄』, 『靑坡劇
　　談』 소재 이야기의 재배치와 번역·재현된 '朝鮮'」, 『한국근대문학연구』
　　18, 한국근대문학회, 2008

이상현, 「근대 조선어·조선문학의 혼종적 기원-「朝鮮人의 心意」(1947)에 내재
　　된 세 줄기의 역사」, 『사이間SAI』 8, 국제한국문학문화학회, 2010,

황호덕, 「근대 한어(韓語)와 모던 신어(新語), 개념으로 본 한중일 근대어의 재편
　　—『모던조선외래어사전』(1937), 공유의 임계 혹은 시작」, 『상허학보』 30,
　　상허학회, 2010.

* 이 책에 수록된 각 장의 글들은 위의 학술지들에 발표된 원고에 수정 가필한 것임을 밝힌다.

【찾아보기】

• **황호덕**(黃鎬德)

    성균관대 국어국문학과 부교수. 성균관대 국어국문학과 및 동대학원 박사과정을 졸업하고, 일본 도쿄대학 총합문화연구과 박사과정을 수료했다. 캘리포니아 주립대학교(Irvine) 동아시아어문학과에서 수학·강의했고, 일본 조사이 국제대학 인문학부 전임강사를 역임했다. 고석규비평문학상·한국비교문학상을 수상했으며, 인문학의 정치성을 재탈환하기 위한 연속 기획 'What's up 총서'를 기획 편집하고 있다. 지은 책으로는『벌레와 제국』,『프랑켄 마르크스』,『근대 네이션과 그 표상들』이 있으며,『전쟁하는 신민, 식민지의 국민문화』를 공편하였다. 역서로는『근대어의 탄생과 한문─한문맥과 근대일본』(공역)이 있다.

• **이상현**(李祥賢)

    부산대학교 점필재연구소 HK연구교수. 성균관대학교 국어국문학과 및 동대학원 박사과정을 졸업하고, 서울 대학교 국어국문학과에서 박사후과정(Post-Doc)을 거쳤다. 한국 고소설을 비롯한 고전문학 전반에 있어서의 번역의 문제, 외국인들의 한국학 연구, 한문 전통과 근대성의 관계, 한국문학사론 등에 관심을 갖고 공부 하고 있다. 주요논문으로는「제국들의 조선학 정전의 통국가적 구성과 유통」(2008),「언더우드의 이중어사전 간행과 한국어의 재편과정」(2010),「〈춘향전〉 소설어의 재편과정과 번역」(2011),「『조선문학사』(1922) 출현의 안과 밖」(2011) 등이 있다.

동아시아개념어총서

개념과 역사, 근대 한국의 이중어사전 1 연구편
- 외국인들의 사전 편찬 사업으로 본 한국어의 근대

초판인쇄 2012년 05월 29일
초판발행 2012년 06월 15일

공   저 황호덕·이상현
발 행 인 윤석현
발 행 처 박문사
등록번호 제2009-11호
책임편집 이신

우편주소 132-702 서울시 도봉구 창동 624-1 북한산현대홈시티 102-1206
대표전화 (02) 992-3253(대)
전   송 (02) 991-1285
홈페이지 www.jncbms.co.kr
전자우편 bakmunsa@daum.net

ⓒ 황호덕·이상현 2012 All rights reserved. Printed in KOREA

ISBN 978-89-94024-78-3 93710   정가 38,000원